Michael Haller, Dr. phil., ist Professor für Allgemeine und Spezielle Journalistik an der Universität Leipzig. 1945 in Konstanz geboren, kam er nach der Schule über ein Praktikum bei der »Badischen Zeitung« zum Journalismus. Nach dem Studium der Philosphie, Sozial- und Politikwissenschaften war er leitender Redakteur im Lokal-/Regionalressort der »Basler Zeitung«, dann Mitarbeiter der »Weltwoche« in Zürich. 1975 wechselte er zum »Spiegel« nach Hamburg als Redakteur und Reporter im Auslandressort. 1987 holte ihn die »Zeit« als Ressortleiter. Von 1990 an widmete er sich der Medienforschung und -entwicklung. 1993 erhielt er den Ruf an die Universität Leipzig.

Neben dem Journalismus war Haller seit 1980 an Akademien und Journalistenschulen als Dozent tätig. Auch führte er mehrere Projekte zur Massenkommunikationsforschung durch. Zahlreiche Publikationen in Fachzeitschriften und Anthologien. Wichtigste Buchveröffentlichungen: »System und Gesellschaft«, Stuttgart 1980; »Eine deformierte Gesellschaft – die Schweizer und ihre Massenmedien« (herausg. mit M. Jäggi und R. Müller) Basel 1981; »Die Kunst der Verweigerung«, über subkulturelle Kommunikation, Zürich 1982; »Recherchieren. Ein Handbuch für Journalisten«, München 1983 ff.; »Die Reportage. Ein Handbuch für Journalisten«, München 1987 ff.; »Medien-Ethik« (herausg. mit H. Holzhey), Opladen 1991 ff.

Michael Haller

Das Interview

Ein Handbuch für Journalisten

mit Beiträgen von
Amelie Gräf, Reimer Hintzpeter,
Heiner Käppeli, Ulrich Zeutschel
und unter Mitarbeit von
André Müller, Rudolph Rohlinger, Dieter Wild

UVK
Medien

Reihe Praktischer Journalismus

Band 6

Die Deutsche Bibliothek – CIP-Einheitsaufnahme

Das **Interview** : ein Handbuch für Journalisten / Michael Haller. - 2. Aufl. - Konstanz : UVK Medien, 1997
(Reihe praktischer Journalismus ; Bd. 6)

ISBN 3-89669-009-4
NE: Haller, Michael; GT

ISBN 3-89669-009-4
(früher: ISBN 3-88295-085-4)

1. Auflage 1991
2., überarbeitete Auflage 1997

Satz: Pressebüro Michael Haller, Hamburg
Druck: Legoprint, Lavis

Schützenstr. 24
D-78462 Konstanz
Tel.: (07531) 9053-0
Fax: (07531) 9053-98

»Stets soll das Interview auf möglichst unterhaltsame Art nicht nur Wissen und Meinung, sondern auch die Denkweise(n) bemerkenswerter oder für die Sache aufschlußreicher Personen als Argumentationsfolge in einer authentischen Form zur Darstellung bringen.«
(Seite 141)

INHALT

Erstes Kapitel:
Die Interviewformen im Journalismus
Themen – Partner – Präsentationen

Zweites Kapitel:
Wie macht man ein Interview?
Vorbereitung und Durchführung von
Befragungen, Interviews, Gesprächen

Drittes Kapitel:
Medienrecht und Interview

Rechtsrelevante Merkmale – Persönlichkeitsrecht – Mitwirkungsrechte – Urheberrecht – Haftung

Fünftes Kapitel: Das flüchtige Interview

Besonderheiten des Interviews in den elektronischen Medien

Dritter Teil

Interview-Werkstatt

Interviews mit Interviewern über deren Interviews

VORWORT

Szenen, die man nicht vergißt: Wir sitzen einem Konzernmanager gegenüber und befragen ihn nach den Gründen seines Tuns; wir kommentieren die wenig plausible Antwort mit einem kritischen Einwand – worauf unser Gegenüber in spitzem Ton das Interview für beendet erklärt: Wir würden diskutieren statt zu fragen; und dafür sei ihm die Zeit zu schade. Haben wir was falsch gemacht?

Interviews seien die einfachste, Interviews seien die überhaupt schwierigste journalistische Form: Die eine wie die andere Meinung hat man von Theoretikern wie Praktikern des Journalismus schon mal gehört.

Vermutlich sind beide richtig: Manchmal läuft ein Interview wie geölt, die Fragen treffen ins Schwarze und der Befragte spricht klar und prägnant. Oft genug aber schleppt sich das Interview von Frage zu Frage, der Gesprächspartner gibt sich zugeknöpft, das Thema bleibt spröde. Was läuft da falsch?

Seitdem die Printmedien – im Nachgang zu den elektronischen – die Darstellungsform des Interviews wieder entdeckt haben, treten die Schwächen und Schwierigkeiten im Umgang mit dieser Form deutlich zutage: Das Interview wird gerne als schnelle und billig zu produzierende Textform eingesetzt – und es erweist sich dann oft als eine Gelegenheit, die mangels Sorgfalt, Einfühlungsvermögen und Know-how verschenkt worden ist. Es verwundert jedenfalls nicht, daß in Aus- und Weiterbildungsseminaren immer wieder nach einem Handbuch gefragt wurde, das über diese heikle Darstellungsform informiert und in die Interviewtechnik für Presse, Radio und Fernsehen einführt.

Wir wollten mit diesem Handbuch beides: eine medientheoretisch abgesicherte Darstellung des Interviews als »professionelle Befragung zum Zweck der Informationsbeschaffung« – und eine aus der journalistischen Praxis hergeleitete Einführung in die verschiedenen Interviewtechniken der Presse wie der elektronischen Medien.

Im Fortgang der Arbeiten an diesem Projekt haben wir vielfältige Hilfe in Anspruch nehmen können. Zuerst sind die Teilnehmer verschiedener journalistischer Aus- und Fortbildungsseminare in Berlin, Hamburg,

Hagen, München, Zürich und Luzern zu nennen, mit denen wir Techniken der Interviewführung erproben und weiterentwickeln konnten. Nützliche Hinweise zur Theorie und Praxis des Interviews erhielt ich von Siegfried Weischenberg (Münster), Will Teichert (Hamburg) und Joan Connett (New York). Zum Spezialthema »Interview und Medienrecht« gaben mir Udo Branahl (Dortmund), Matthias Prinz und Joachim Kersten (Hamburg) wertvolle Ratschläge. Mit Auskünften aus ihrer reichen Interviewpraxis halfen mir unter anderen Günter Gaus, Ben Witter und Erich Böhme. Mehrere Redaktionsmitglieder, so vor allem Gernot Facius von der »Welt«, erläuterten ihren Umgang mit Interview-Rubriken. Bei ihnen möchte ich mich ebenso bedanken wie bei den Kolleginnen und Kollegen, die mir ihre Interviews zum Nachdruck für unsere Beispielsammlung (zweiter Buchteil, 1. Kapitel) freigegeben haben.

Wenn das Buch zudem Einblicke in die Arbeit hervorragender Interviewer geben kann, dann habe ich dies drei Spezialisten zu verdanken: André Müller, der wohl einzige hauptberufliche Presse-Interviewer in Deutschland; Rudolph Rohlinger, einer der erfahrensten Fernseh-Interviewer im deutschen Sprachraum; Dieter Wild, der vielleicht beste Politiker-Interviewer des »Spiegel«. Jeder von ihnen stellt sich einem umfänglichen Interview über das Interviewen (6. Kapitel).

Daß auch die technisch definierten Besonderheiten der elektronischen Medien praxisgerecht erläutert werden, verdanke ich der Rundfunkjournalistin und Ausbildnerin Amelie Gräf wie auch Heiner Käppeli, Rhetorik-Spezialist für Rundfunk und Studienleiter am MAZ in Luzern: Ihre Texte (zweiter Buchteil, 5. Kapitel) bieten wichtige Ergänzungen. Das Buch bereichert haben auch die beiden Hamburger Psychologen Reimer Hintzpeter und Ulrich Zeutschel, die sich der nonverbalen Kommunikation widmen und eine kleine Anleitung über die Psychologie der Interviewführung (zweiter Buchteil, im 2. Kapitel) verfaßt haben.

Für die zweite Auflage wurden mehrere Passagen erweitert und die Beispielsammlung sowie die Hinweise auf Trends, auf Quellen und Literatur aktualisiert. Um den Nutzwert als Handbuch zu verbessern, sind mehrere Kapitel überarbeitet worden und in einer neuen, auf Übersichtlichkeit angelegten Gliederung geordnet. Mein Dank gilt Katrin Mengen, die mit viel Sorgfalt diese zweite Auflage lektoriert hat.

Hamburg, im Dezember 1996

ERSTER TEIL

DIE GESCHICHTE DES INTERVIEWS

Wie aus der Befragung eine journalistische Darstellungsform wurde

Übersicht

Am Anfang steht das Fragen: Journalistisches Handeln beginnt mit dem von Neugier getriebenen Befragen anderer Menschen. Dieser erste Buchteil erzählt die wechselvolle Geschichte der journalistischen Gattung »Interview«, die im 19. Jahrhundert entstand, als die Massenpresse aufkam und sich der Journalismus zu professionalisieren begann.

Die ersten zwei Kapitel

schildern die Entwicklung des Presseinterviews bis zum Zweiten Weltkrieg als eine Geschichte der Befreiung des Journalismus aus seiner nicht nur selbstverschuldeten Unmündigkeit.

Seiten 21 bis 26; 27 bis 35

Das dritte Kapitel

erzählt, wie im 20. Jahrhundert die Entwicklung des Interviews vom Hörfunk und der öffentlichen Funktion der Sprechsprache geprägt wurde.

Seiten 36 bis 40

Das vierte Kapitel

berichtet von der audiovisuellen Entdeckung der Person durch das Fernsehen: im TV-Interview wird das Private zum öffentlichen Spektakel.

Seiten 41 bis 52

Das letzte Kapitel

beschreibt die vor allem durch das »Spiegel-Gespräch« und durch neue Befragungsstile geprägte Weiterentwicklung des Presse-Interviews in Deutschland seit den 50er Jahren.

Seiten 53 bis 94

1. Wie das Zeitungsinterview in den USA entstand

Es handele sich um »das vereinigte Produkt aus dem Humbug eines Politikers und dem anderen Humbug eines Zeitungsschreibers«, urteilte die angesehene New Yorker Zeitung »Nation« in einem redaktionellen Kommentar am 28. Januar 1869 über jene merkwürdige, unter dem Namen *interviewing* sich ausbreitende Mode. Ihr Spott galt insbesondere dem Reporter Joseph Burbridge McCullagh von der »New Yorker Associated Press«. Der nämlich hatte zwei Jahre zuvor den stehenden Titel »The Interview« eingeführt – das Wort entstammte der englischen Hofsprache und hieß so viel wie: Zusammentreffen – und hatte damit eine damals neue Darstellungsform auf den Begriff gebracht (zit. nach John Brady 1976; 223).

Doch der Hochmut der »Nation« war verfehlt: Kaum eingeführt, findet das Frage-Antwort-Spiel des »Interview« zuerst an der Ostküste der USA, bald auch in England viele Nacheiferer. Rund fünfzehn Jahre später schreibt die in England zu den tonangebenden Blättern gehörende Abendzeitung »Pall Mall Gazette« in ihrem Leitartikel der Neujahrsausgabe vom 31. Dezember 1884: »Unter den Errungenschaften des letzten Jahres sollte der Siegeszug des Interviews im englischen Journalismus sicherlich erwähnt werden.« Kurz darauf taucht das Wort »Interview« erstmals auch im deutschen Sprachraum auf, wird modisch und bürgert sich ein.

Zehn Jahre später definiert Meyers Konversationslexikon: »Interview = Zusammenkunft. Interviewer, Vertreter oder Berichterstatter einer Zeitung, welcher zum Zweck publizistischer Verwertung Persönlichkeiten von hervorragender Bedeutung besucht und sie über ihre Meinungen und Absichten ausfragt. Das I. ist von englischen und amerikanischen Zeitungen ausgegangen und dann in allen übrigen Ländern nachgeahmt worden.« (Zit. nach H. Dittmar 1961; 71 f.).

Daß ein amerikanischer Journalist auf die Interview-Idee kam, oder richtiger: daß die amerikanische und dann die britische Presse – und nicht etwa die deutsche – dieser Idee zum Durchbruch verhalfen, war kein Zufall, sondern Ausdruck eines gegenüber Deutschland weniger hierarchiegläubigen, in diesem Sinne: emanzipierteren Journalismus. Während in den deutschen Ländern die Publizistik mit den 1832 verschärften Zensurbestimmungen und durch Polizeiwillkür auf Untertänigkeit verpflichtet blieb, konnten die amerikanischen Zeitungen sich auf dem freien und weiten Feld der Informationsbeschaffung üben.

Vom Polizeibericht zum Interview

Doch dieser Hinweis liefert nur die halbe Erklärung. Denn das »interviewing« wurde schon zu einer Zeit Mode, als im Anschluß an Europa auch in den USA mit der *penny press* die Massenblätter aus der Taufe gehoben wurden. (Das erste »Penny Magazine«, ein Wochenblatt, erschien 1832 in London und erreichte innerhalb Jahresfrist eine Auflage von mehr als 200 000; eine Nachahmung, das »Pfennig-Magazin«, kam 1833 in Leipzig heraus). Für diese Blätter wurde ein neuer (man würde heute sagen: Boulevard-) Journalismus entwickelt, der sich auf die Darstellung von *human interest news* ausrichtete. »Mit dem Aufkommen der populären *penny press* konnten sich sehr viel mehr Amerikaner eine Zeitung leisten, und die Zeitungsleute benutzten die *human interest stories*, um neue Leser ans Blatt zu binden und die Auflagen zu erhöhen«, erläutern die Journalistik-Dozenten Michael Ryan und James Tankward: »Reporter entdeckten, daß das journalistische Interview ein hervorragender Weg war, um jenen Typus wörtlicher Aussagen zu erhalten, mit dem sich die Personen-Geschichten ebenso spannend wie handfest machen ließen.« (1977; 175).

Die amerikanischen Zeitungshistoriker waren sich lange Zeit nicht ganz einig, wann das überhaupt erste Interview erschienen ist, zumal sie von unterschiedlichen Definitionen des Interviews ausgingen (→ mehr zum Problem der Definition im zweiten Buchteil, Einführung). Die wohl plausibelste Herleitung stammt vom schwedischen Journalisten und Medienforscher Nils Gunnar Nilsson, der an der Universität von Minnesota Quellenstudien betrieb. Er weist nach, daß die Darstellungsform des dialogischen Frage-Antwort-Spiels wie auch der Name »interview«

bereits Mitte der 30er Jahre des vorigen Jahrhunderts in Mode kamen – nicht im politischen Journalismus, sondern in den *human interest stories* der Polizeireporter. So gilt inzwischen als sicher, daß der Polizeireporter James Gordon Bennett des New Yorker »Herald« bereits 1935 damit begann, seine beliebten Polizeigeschichten mit wörtlichen, von ihm geführten Dialogen zu durchsetzen, um mehr Nähe, mehr Lebendigkeit zu erreichen, wie er selbst schrieb: »There is a moral – a principle – a little salt in every event of life – why not extract it and present it to the public in a new and elegant dress ?« (Zit. nach Nilsson 1971; 712). Diese neue, »elegante« Verpackung kam wegen ihres voyeuristischen, zugleich authentischen Charakters bei den Lesern sehr gut an.

Dann, am 16. April 1836, erschien Bennetts Befragung der Rosina Townsend, Kronzeugin in einem Lustmord-Prozeß, der damals New York in Atem hielt. Der erfahrene Gerichtsreporter orientierte sich an der ihm geläufigen Verhör-Methode und schrieb den Text so wie einen vor den Schranken des Gerichts ablaufenden Frage-Antwort-Dialog. Nur: Bennett agierte anstelle des Richters und stellte andere, nun eben: Human-Interest-Fragen. Der Zeitungswissenschaftler Mitchell V. Charnley konstatiert, daß diese Townsend-Befragung »im Stil eines Zeugen-Verhörs« die Geburtsstunde des journalistischen Interviews bedeutete (Charnley 1966; 211). Und Nilsson bekräftigt: »Als James Gordon Bennett mit der Kronzeugin in jenem sensationellen Mordprozeß sprach, bediente er sich schlicht der ‚Interviewmethode' des Gerichts, er setzte sich also an die Stelle der Magistratsperson.« (Nilsson 1971; 713).

Diese als erstes Zeitungsinterview identifizierte Befragung war im Grunde untypisch für den damals neuen Erzählstil der Polizeireporter. Denn Bennetts Markenzeichen waren ja die mit Reportage-Elementen durchsetzten, als Erlebnisse geschriebenen Gespräche mit Gestalten aus der Kriminellen-Szene. Diese Form machte damals Schule und fand bald viele Nachahmer in der aufkommenden Massenpresse der Ostküste.

Beispiel: Textauszug aus einem Interview von James G. Bennett mit dem Bigamisten John Cowan, den er »auf der Straße getroffen« habe (New Yorker »Herald« vom 3. Mai 1836):

»Herr Cowan«, sagte ich, »Sie sehen heute morgen recht nachdenklich aus. Wenn ich fragen darf: Ist irgendwas vorgefallen, das Ihnen die Laune verdorben hat?«

»Ach«, entgegnete er, »wenn Sie wüßten, welche Last auf meiner Seele lag! Wenn

Sie wüßten, wie sehr ich heute leide und wie ich gelitten habe – Wenn Sie wüßten, wie oft und wie sehr ich bereut habe ...«

»Wie oft denn, Cowan?«

»Siebenundzwanzig Mal. Denn jedesmal, wenn ich in einer gedrückten Stimmung war, wollte ich mich davon freimachen, indem ich mich verheiratete. Dabei habe ich bis jetzt keine Frau gefunden, der ich rasch überdrüssig geworden wäre, die ich dann hätte verlassen können, um eine neue zu nehmen.« »Wie aber, Mister Cowan, wie haben Sie es geschafft, eine so große Zahl an Damen gleichzeitig zu besitzen – Mädchen, gesetzte Damen und Witwen?«

»Na ja, wissen Sie (und ein Lächeln hellte seine Miene auf), in Sachen Sex war ich immer ein Günstling – ich hatte niemals Schwierigkeiten, geheiratet zu werden ...« (Zit. nach Nilsson 1971; 709).

Kritische Öffentlichkeit als Bedingung

Keine Frage: Die neu entstandene Massenpresse schuf den Bedarf an authentischen, zugleich simpel gestrickten, auf Unterhaltung ausgerichteten Personengeschichten. Doch ebenso wichtig war, daß sich fast zeitgleich ein eigenständiger, von der Staatsmacht unabhängiger politischer Journalismus herausbildete: Beides brachte in den USA das moderne Interview hervor.

Für die republikanisch geprägte, das städtische Publikum der Nordstaaten repräsentierende Öffentlichkeit war der emanzipatorische Impetus entscheidend, den politische Journalisten wie McCullagh besaßen. Als 12jähriger war er aus Irland in die USA eingewandert, lernte dort die Kurzschrift und war damit für den Beruf des Berichterstatters prädestiniert. Er profilierte sich zunächst als Reporter, dann als Kriegsberichterstatter während des Sezessionskriegs. Nach Kriegsende 1863 wurde er Senatsreporter in Washington für die »New York Associated Press«.

Kaum in Washington, knüpfte McCullagh persönliche Kontakte zu den Politikern, die ihn als klugen und unvoreingenommenen Journalisten respektierten. Autoritäres Magistratsgehabe, aber auch das Kungeln und Liebedienern mit Journalisten waren damals im republikanisch geprägten Parlamentarismus der Vereinigten Staaten verpönt.

Regelmäßig wurden Zusammenkünfte mit prominenten Politikern, darunter etwa Senator Alexander H. Stephens (dem späteren Vizepräsidenten) organisiert, über die dann McCullagh in der Zeitung berichtete: Politik aus erster Hand. Nach der Ermordung Lincolns im April 1864 wurde mit

Andrew Johnson ein guter Bekannter McCullaghs zum neuen amerikanischen Präsidenten gewählt. Dieser setzte die früheren gelegentlichen Zusammenkünfte mit dem Journalisten fort – nun als Exklusiv-Gespräche des Präsidenten. Unter dem Kürzel »Mack« berichtete dann McCullagh in der Zeitung über diese Zusammenkünfte; er schrieb überwiegend in Zitatform und referierte auch viele seiner Fragen, um die Authentizität der Gesprächssituation zu dokumentieren.

Nicht zuletzt der mit dieser zitierenden Darstellungform dokumentierte Nachweis des Inside-Wissens und der großen Vertrautheit mit den Amts- und Würdenträgern machten den Journalisten als Interviewer schlagartig berühmt.

Gleichberechtigung zwischen Fragen und Antworten

Mit dem politischen Interview war eine Form geschaffen worden, die beiden Seiten – den Interviewern wie den Interviewten – gleichermaßen vorteilhaft erschien: den Journalisten und ihren Zeitungen bedeutete der Abdruck eines Interviews mit einer prominenten Persönlichkeit Exklusivität und Renommée; und die Persönlichkeiten, meist Politiker, sahen im Interview ein Medium, über das sie sich in der öffentlichen Meinung profilieren oder auch indirekt Politik machen konnten. Aber nicht nur dies: Mit dem Frage-Antwort-Spiel konnte sich ein – insbesondere für den deutschen Sprachraum – neues journalistisches Selbstverständnis entfalten. Denn der Interviewer wollte nicht mehr nur Empfänger offiziöser Mitteilungen oder nur Multiplikator von Depeschen sein, sondern selbst auf die Beantwortung wichtiger oder vermeintlich wichtiger Fragen dringen. Er sah sich hierzu legitimiert durch das, was damals erst zaghaft das öffentliche Interesse genannt wurde: den Anspruch der Bürger, über die Handlungsmaximen der Politiker authentisch ins Bild gesetzt zu werden.

Joseph Burbridge McCullaghs Interviews waren denn auch nicht nur Ausdruck seiner privilegierten Rolle im Umgang mit den Mächtigen; sie wurden populär als eine Form unvoreingenommener Direktheit zwischen zwei gleichberechtigten Gesprächspartnern: Mit der fachlichen Autorität des Befragten korrespondierte nun die publizistische Autorität des Fragenden. Denn nur der Journalist soll ja die Fragen stellen und damit den Gesprächsverlauf dirigieren; »der Interviewte bestimmt den Inhalt, der Interviewer bestimmt die Form«, definierte »Pall Mall« dieses neue Instrument in der Silvesterausgabe 1884. Das heißt: Mit der Einführung des politischen Interviews ging ein Stück Demokratisierung in den Spielregeln des öffentlichen Gesprächs einher.

2. Das Interview im Deutschen Reich

Am Gängelband der Machthabenden

Im deutschen Sprachraum allerdings blieb das journalistische Interview während vieler Jahrzehnte reserviert als Vehikel für Staatsmänner und Magistratspersonen: Wenn sie der Öffentlichkeit – meist aus politisch-taktischen Gründen – eine Mitteilung machen wollten, bedienten sie sich für diesen Zweck der Presse und beglückten eine Zeitung mit einem sogenannten Interview; einwendende, gar kritische Fragen gab es nicht. Für die publizistische Präsentation waren damals zwei Darstellungsformen beliebt: entweder bestand die Äußerung aus einem längeren Statement, das dann mit kurzem redaktionellen Ingreß als Meldung präsentiert wurde – oder es handelte sich um eine exklusive Begegnung mit einer wichtigen Persönlichkeit; über diesen Anlaß verfaßte dann der Journalist einen zitierenden Bericht. Das gestaltete Interview als explizites Frage-Antwort-Spiel war im deutschen Sprachraum unbekannt.

Exkurs: Es geht hier um die journalistische Gattung, nicht um die literarische. Tatsächlich gilt ja das Gespräch seit der Antike als eine seither gepflegte Kunstform der Rhetorik. Mit der Gründung populärwissenschaftlicher und erbaulicher Zeitschriften gegen Ende des 17. Jahrhunderts in England, einige Jahrzehnte später in Deutschland, wurde die in den bürgerlichen Salons sich entfaltende Konversationskultur auch für die Medien entdeckt: In fingierten Dialogen – mal in der Postkutsche, mal auf dem Erntefeld oder am Totenbett – schrieben die Autoren über die Themen der Zeit; ihre Absicht galt nicht der Information, sondern der Erbauung und Belehrung. Im 19. Jahrhundert erblühte diese Tradition während der deutschen Romantik zur regelrechten Philosophie des Gesprächs mit einer ausgeprägten Salonkultur, »die Witz und Ironie und spielerische Geselligkeit zum Kernstück einer ganzen Poetik machte«, wie Claudia Schmölders schreibt (1979; 223). Es war freilich eine deutlich ästhetisierende Gesprächskultur, die in einem metaphysisch überhöhten Begriff der Geselligkeit eine schöne Welt des Scheins gegen die gesellschaftlichen Realitäten zu stellen suchte. Der 1801 in Warschau geborene deutsche Feuilletonist Bogumil Goltz machte immer wieder deutlich, daß die verlangte Weltklugheit wie auch die Konversationskultur von den gesellschaftlichen Lebensverhältnissen nicht zu erfüllen seien – ein durchaus journalistischer Blickwinkel. Sein 1869 in Berlin publizierter Aufsatz »Weltklugheit und die Lebens-Weisheit« kritisiert die unaufrichtige Konversationskultur zugunsten einer authentischen Lebensführung. Trotz solcher Anstöße gelang es der deutschen Publizistik nicht, die literarisch entfaltete Gesprächskultur für die eigenen Zwecke fruchtbar zu machen. Das Interview blieb eine von den Magistraten und der Obrigkeit gewährte Gunst, die sich meist auf die Geste der Zitatvergabe beschränkte.

Die von dem Politiker beabsichtigte politische Wirkung seiner Presse-Äußerungen ließ sich steigern, wenn das Interview einem ausländischen Blatt gegeben und die Äußerung dann in den inländischen Zeitungen kolportiert wurde: dies erweckte in der Öffentlichkeit den Anschein, als werde über ein bedeutsames Ereignis berichtet, das bereits internationale Beachtung gefunden habe.

Die Presse ließ sich schon damals für solche Kampagnen willfährig einspannen (läßt sie sich auch heute; aber sie kann heute die Absicht des Interviewten durch kritisches Nachfragen unterlaufen). Man sieht: Die Tricks der Öffentlichkeitsarbeit und Public Relations beherrschten viele Politiker lange bevor es die entsprechenden Begriffe gab.

Berühmt wurde diese Taktik durch den Ex-Reichskanzler Bismarck. 1892, zwei Jahre nach seiner Entlassung, wollte er das Ruheständlerleben nicht einfach hinnehmen. Er hielt die Politik seines Nachfolgers Caprivi für naiv, letztlich für gefährlich, weil sie die – nach Meinung Bismarcks – rasch wachsende Gefahr eines internationalen Sozialismus nicht zur Kenntnis nahm. Bismarck wollte nun die Schlafmützen im Berliner Ministerium aufrütteln und auf eine politische Kurskorrektur hinwirken. In der ersten Dezemberwoche 1892 empfing er den Korrespondenten der international renommierten Pariser Morgenzeitung »Le Matin« und gab ihm ein Interview. Am 12. Dezember brachte das Blatt mit großer Aufmachung den Bericht des Korrespondenten A. des Houx über dessen »Unterredung« mit Fürst Bismarck in Varzin. Des Houx schildert seinen Besuch und gibt Bismarcks Äußerungen mit langen Zitatblöcken wieder. Die an die Regierung in Berlin unter Wilhelm II. gerichtete Tirade Bismarcks lautete:

»Es gibt noch eine andere Frage, über welche unter jetzigen Verhältnissen eine Vereinigung möglich und wünschenswert wäre, nicht nur zwischen Frankreich und Deutschland, sondern zwischen allen denjenigen Regierungen, die derselben Gefahr ausgesetzt sind und deshalb eine enge Solidarität untereinander begründen müssen. Wenn ich noch die Ehre hätte, an der Spitze der Geschäfte zu stehen, so würde ich mich bemühen, nach dieser Seite hin Unterhandlungen anzuknüpfen. Ich meine nämlich den Internationalen Sozialismus, der uns alle gerade wie Sie bedroht.« (Johannes Penzler: Fürst Bismarck nach seiner Entlassung, Leipzig 1897; zit. nach H. Dittmar 1961; 75).

Wenige Tage später bringen die führenden deutschen Blätter ausführliche Berichte über den »sensationellen« Interviewbericht. Einige Zeitungen übersetzen die wichtigsten Äußerungen Bismarcks und drucken sie auf deutsch nach; andere kolportieren den Bericht, indem sie ihn in indirekte Rede setzen. Die »Leipziger Neuesten Nachrichten« publizieren am 14. Dezember 1892 zunächst die auszugsweise Wiedergabe des Textes von des Houx, daran anschließend einen eigenen Bericht über den Bericht:

»Während der Fürst, auf dem Sofa lang ausgestreckt, langsam aus seiner Porzellanpfeife rauchte, gleichzeitig eine endlose Zahl ausländischer und deutscher Zeitungen durchfliegend, saß die Fürstin, schweigend und den Blick auf den Gatten gerichtet, diesem gegenüber, bereit, seine leisesten Wünsche zu erfüllen, und aufmerksam in seinen Zügen den Eindruck verfolgend, welchen der Sinn der einzelnen Zeitungsartikel auf ihn machte. Währenddessen spielten wir, die Gräfin Rantznau, eine Freundin der Fürstin, und ich Karten, die Fürstin Bismarck bot alles auf, um die böse Fee Politik fernzuhalten. Sie hatte auch direkt Crysander bitten lassen, die schmerzlichen Aufregungen derselben dem Fürsten zu ersparen. Kam trotzdem das Gespräch hier und da, besonders bei Tisch, auf die leidige Politik, so verstand sie es mit dem zartesten Takt, uns schnell auf ein anderes Thema hinüberzuführen. Wovon soll ein Staatsmann außer Diensten anders mit einem Journalisten sprechen? sagte der Fürst; ich hatte ihn nicht über die angebliche ‚Fälschung' der Emser Depesche befragt, aber zu wiederholten Malen, indessen mit Unterbrechungen und ohne Zusammenhang, kam er darauf zu sprechen.«

»Des Houx betont, daß er keinerlei Notizen sich gemacht, daß er nur aus dem Gedächtnisse heraus nach bestem Wissen und Gewissen den Sinn der Bismarckschen Mitteilungen zu Papier bringe ... Des Houx hebt dann ausführlich hervor, wie man bei der Wiedergabe der Unterhaltung mit Bismarck gerade durch die äußerste Genauigkeit Gefahr laufe, die Wahrheit zu verdrehen und zum Verräter am Fürsten zu werden. Die bittere Ironie, das bezeichnende Mienenspiel, welche die kurzen Paradoxen des Fürsten begleite und das eine oder andere seiner Worte gewissermaßen unterstreiche, sei nur in seiner direkten Form voll verständlich für denjenigen, welcher persönlich und lange mit Bismarck sich unterhalte. So seien gewisse Tischgespräche und Bemerkungen des Fürsten, welche Moritz Busch veröffentlichte, keineswegs verständlich, da sie eben nur einfach wiedergegeben werden.«

Als erstes sticht ins Auge, daß zu jener Zeit die Darstellungsform des puren Interviews – Frage-Antwort-Frage und so weiter – nicht nur ungebräuchlich war, sondern auch als eine mindere, oberflächlichere Form galt. So wird das Bismarck-Interview des Moritz Busch als seicht abgetan, weil es protokollarisch die Ausführungen festhielt, also um Authentizität bemüht war. Demgegenüber möchte Monsieur des Houx über seinen Besuch erzählen und seine Beobachtungen deuten; Bismarcks Monologe referiert er aus dem Gedächtnis, er brüstet sich damit, keine Notizen angefertigt zu haben – für einen heutigen Journalisten eine sträfliche Unterlassung. Statt des Protokolls erhalten die Leser eine subjektiv gehaltene, porträtierende Reportage des Besuchs bei den Eheleuten Bismarck. Der Verlust an Authentizität wird hier wett gemacht durch gute Beobachtungen und durch Einfühlungsvermögen.

Freilich, als zweites fällt die devote, autoritätsgläubige Haltung des Journalisten auf, der sich in einer spätfeudalen Gesellschaft zu bewegen scheint. Der emanzipatorische Impetus des Interviews kommt nicht zur Geltung – kann nicht, denn im Grunde handelt es sich um Mitteilungen des Fürsten: Der von seiner Umgebung stets bewunderte Bismarck monologisiert, von Stichwort-Zuflüsterungen des Journalisten beflügelt, über seine politischen Visionen. Der Ex-Kanzler hätte ebensogut einen Text, ein Memorandum verfassen und der Presse zuspielen können, doch schien ihm die objektivierte, indirekte Artikulation vermittels der Presse zweckmäßiger zu sein. Ein tragendes Merkmal des Interviews – der Journalist nennt Einwände und begehrt nach Antworten auf diese Einwände – bleibt hier unerfüllt.

Man erkennt an diesem Beispiel, daß die Presse, wenn sie instrumentalisiert und in den Dienst bestimmter Interessen gestellt wird, keinen emanzipatorischen, praktisch auch keinen unabhängigen Journalismus hervorbringt: Das bestellte Audienz-Interview funktioniert wie ein Lautsprecher und bewegt sich hart an der Grenze zum Etikettenschwindel. Natürlich sind Journalisten damals wie heute stolz, wenn sie von einer bedeutenden Person der Zeitgeschichte zu einer Audienz geladen werden, doppelt, wenn das Treffen exklusiv bleibt. Und doch ist die Funktion des Interviews jedenfalls in einer demokratisch verfaßten Gesellschaft an die Unabhängigkeit des Journalisten gebunden: Er soll sich nicht vereinnahmen lassen, sondern hat Distanz zu seinem Gesprächspartner zu wahren.

Pressefreiheit durch die Hintertür

Nicht alle Politiker waren taktisch so versiert wie Bismarck; manche stellten sich in das (meist ausländische) Licht der Öffentlichkeit auch aus Geltungs- und chauvinistischer Prahlsucht. Die im eigenen Land wirksame Pressezensur hatte dann dafür zu sorgen, daß im Inland ein Nachdruck der Äußerungen unterblieb (so funktionierte die Medienzensur auch im Sowjetsystem bis Mitte der 80er Jahre).

Einen Beitrag zur Emanzipation der deutschen Presse aus ihrem selbstverschuldeten Untertanengeist leistete die Berliner Boulevardzeitung »B.Z. am Mittag« und ein Interview, das Kaiser Wilhelm II im Oktober 1908 dem britischen »Daily Telegraph« gab. In prahlerischer Manier hatte sich der Kaiser in diesem Interview als Gönner des Inselreichs aufgespielt und unter anderem von den Engländern für seine Haltung im Burenkrieg Dank abverlangt. Am 28. Oktober 1908 erschienen die kaiserlichen Sottisen in der Morgenausgabe der britischen Zeitung; am frühen Vormittag erhielt der Reichspressechef den Bericht, angeliefert von der Londoner Agentur des gouvernementalen Wolffschen Telegraphen-Büros. Er wünschte eine Nachrichtenunterdrückung – und mußte sogleich die Sinnlosigkeit dieses Unterfangens einsehen. Denn die erst drei Jahre zuvor vom Ullstein-Verlag gegründete »B.Z. am Mittag« unterhielt (als erste deutsche Zeitung) ein eigenes Korrespondentenbüro in London; zudem galt das Blatt als »schnellste Zeitung der Welt« und konnte sogar noch Informationen berücksichtigen, die erst am Spätvormittag in der Redaktion eintrafen. Ein Dementi hätte also die »B.Z. am Mittag« gar nicht mehr erreicht.

Der damalige Reichspressechef Geheimrat Otto Hammann schrieb zehn Jahre später über jene Interview-Affäre: »Am 28. Oktober 1908 früh erhielt ich mit besonderem Boten eine Wolffsche Depesche im Durchdruck aus London: Kaisergespräche aus dem Daily Telegraph. Auf einem Zettel von der Hand des W.T.B.-Direktors Mander stand ungefähr, die Sache sei sehr eilig, die Ausgabe der Depesche sei noch aufgehalten, weil es sich wohl empfehle, gleichzeitig eine Berichtigung zu bringen. Man war ja an manches gewöhnt, aber was da in der Depesche dem Kaiser in den Mund gelegt war, schien mir alles Dagewesene zu übertreffen. Natürlich dementieren. Man mußte nur erst wissen, aus welcher Mücke dieses Mastodon entstanden sein mochte. Im Amt ging ich sofort zum Staatssekretär und legte ihm das Schriftstück vor. Können wir es noch unterdrücken? – Unmöglich, in einer Stunde wird es die B.Z. am Mittag schon herausbringen. Wir müssen es sofort mit einer kräftigen Verwahrung abschütteln. – Dementi!? Wir haben ja, während ich noch im Urlaub war, das ganze Manuskript hier gehabt, durchgesehen und gebilligt! – Nun war guter Rat teuer.« (Zit. nach Mendelssohn 1959; 158 f.).

Die Affäre, die Reichskanzler Bülow seinen Posten kostete, war nach Meinung des Pressehistorikers Peter de Mendelssohn »für die gesamte deutsche Presse von grundsätzlicher Bedeutung«; die »B.Z. am Mittag« habe »die Verstümmelung oder Vertuschung dieser wichtigen Nachricht« verhindert; zudem habe sie mit ihrer Leistungskraft bewiesen, »daß die übliche offizielle Gängelung durch das amtliche Nachrichtenbüro (...) sich abschütteln ließ«. Vor allem aber habe sie einem journalistischen Grundsatz Geltung verschafft, der bis dahin überhaupt nicht beachtet worden sei, daß nämlich »die deutsche Öffentlichkeit ein selbstverständliches Recht darauf (hat), informiert zu werden« (Mendelssohn 1959; 159 f.).

Der Nachrichtenwert hing nach Einschätzung der »B.Z.«-Redakteure nicht primär von der Frage ab, was der Kaiser nun tatsächlich gesagt haben könnte; maßgebend war, daß die Interview-Aussagen veröffentlicht und »die ganze Welt von dieser Veröffentlichung Kenntnis hatte« (160). Mit anderen Worten: Erstmals wollte hier eine deutsche Zeitung die Relevanz einer magistralen Interviewäußerung eigenständig nach Gesichtspunkten des öffentlichen Interesses, mithin unabhängig staatlicher Instanzen beurteilen. Dies hätte zweifellos einen Zuwachs an publizistischer Eigenständigkeit nach sich gezogen, wenn die Tagespresse diesem Beispiel gefolgt wäre und eigene Informationsnetze aufgezogen hätte.

Mit dem Kaisergespräch von 1908 vergleichbare Interview-Affären ereignen sich immer wieder, teils, weil unbedachte Äußerungen wider Erwarten öffentlich werden (der US-Präsident Ronald Reagan war berühmt für seine angeblich *off the record* geäußerten Witze über Kontrahenten und Gegner), teils, weil der Interviewte die Wirkung seiner Äußerungen falsch einschätzt. Und wie damals 1908, so wird dann zwecks Schadensbegrenzung gern versucht, den Journalisten die Schuld zuzuschieben. Zu einem berühmten Beispiel geriet Helmut Kohls Vergleich Gorbatschows mit Goebbels in seinem am 15. Oktober 1986 dem US-Nachrichtenmagazin »Newsweek« gegebenen Interview, das eine diplomatische Krise auslöste (in deren Verlauf der Kanzler die – später revidierte – Behauptung aufstellte: »Das Interview ist eine nicht korrekte Wiedergabe eines Gesprächs, das ich mit Newsweek geführt habe«). Die Parallele lag auf der Hand: »Nur in neo-wilhelminischer Tumbheit«, kommentierte »Die Zeit«, könne ein deutscher Politiker darauf verfallen, »Nazi-Untertanen als Vergleichsgröße in die internationale Politik einzuführen«. Der Kommentar stand unter der Oberschrift: »Wilhelm III.« (Die Zeit, 7. November 1986).

Das Interview als Instrument der Politik

Die damals von der »B.Z. am Mittag« praktizierte Eigenständigkeit beförderte zwar das Selbstbewußtsein der Journalisten, führte aber nicht zur Unabhängigkeit der Presse oder gar zur Überwindung des staatlichen Nachrichtenmonopols. Das Kaiserreich bekräftigte seinen autoritären Führungsstil mit vielfältigen Zensurmaßnahmen und mit individueller Bevorzugung einzelner Pressevertreter.

Zu Beginn des Ersten Weltkriegs wurde die »Berliner Pressekonferenz« eingerichtet – ein Führungsinstrument zunächst der Militärs, später der zivilen Behörden, um mit sehr detaillierten Anweisungen die Pressearbeit zu steuern. Nach dem Urteil der Zeitungshistoriker dienten diese sogenannten Konferenzen »der zentralen Steuerung, die in einem demokratischen, nicht autoritär gelenkten Staat völlig überflüssig gewesen wäre«. Vor allem aber: Die an diesen Führungsstil »gewöhnte Presse schien im großen und ganzen mit dem Vorgang der Befehlsausgabe zufrieden zu sein«, urteilt der Pressehistoriker Kurt Koszyk (1972; 20 f.).

Nach dem Untergang des Kaiserreichs blieb die Presse am Zensur-Gängelband des Staates; ein unabhängiger, kritischer Journalismus schien dem Gemeinwohl abträglich zu sein. So ermöglichte das 1922 in Kraft getretene »Gesetz zum Schutz der Republik« Druckerzeugnisse »für eine bestimmte Dauer« zu verbieten. Allein im Jahr 1931 wurden 224 Verbote ausgesprochen, überwiegend gegen die sozialdemokratische und kommunistische Presse.

Mitverantwortlich waren aber auch die Verleger und Journalisten, die lieber Meinungen äußerten als zu recherchieren. Nicht der aufdeckende Bericht, sondern Parteilichkeit, zumindest Parteinahme für oder gegen die Wirtschaft, für oder gegen das politische System, für oder gegen die deutsche Frage galt ihnen als wesentlich. Leitartikler zu sein, war der Traum bald jedes Nachwuchstalents von links bis rechts.

Der Gedanke, daß der Journalist aus seiner Unabhängigkeit heraus die Machtträger beobachten, eigenständig Informationen sammeln und sie kritisch befragen sollte, konnte in dieser Parteipresse-Landschaft nicht gedeihen. Unter diesen Gegebenheiten dienten die Interviews vielmehr meist als Politik-Instrumente, die sich dank der Eitelkeit der Journalisten effektvoll einsetzen ließen. Der Publizist und Zeitungswissenschaftler Otto Groth konstatierte: »Es war nicht verwunderlich, daß (damals) das Interview häufig nur zum Zweck der Eigenreklame gegeben wurde und um die

Macht der Presse für persönliche Zwecke zu mobilisieren.« (Groth 1962; 108). So konnte die zur Servilität tendierende Presse immer wieder als leichtgängiges Vehikel benutzt werden, um mit Hilfe sogenannter Interviews politische Absichten und Ziele zu verfolgen.

Ein Vorfall für viele: Als im April 1922 die Reparationsverhandlungen der Deutschen mit den Alliierten in Genua fortgesetzt werden sollten, fürchteten Franzosen und Briten eine bilaterale Verständigung zwischen Deutschen und Sowjetrussen. Die Spalten der deutschen Presse waren gefüllt mit Artikeln über die Berichte der Zeitungen in London und Paris über das angebliche Doppelspiel der Sowjets. Sein Dementi packte der sowjetische Delegationsleiter in ein Interview mit einem Korrespondenten von »Associated Press« (AP), dann folgte am 4. April 1922 ein weiteres Exklusivinterview in der vornehmen »Vossischen Zeitung« (in der Form eines kolportierenden Berichts), mit dem der sowjetische Delegationsleiter um Verständnis für die Situation in der Sowjetunion warb. Da die geäußerten Vorstellungen den politischen Interessen der Berliner Regierung entgegenkamen, gab es gegen die Publikation keine Einwände. Die Publikation steigerte das Interesse Westeuropas an der vermeintlichen deutsch-sowjetischen Initiative. Doch an der wenige Tage später beginnenden Konferenz in Genua wurde die Presse von den deutschen Staatsvertretern am schlechtesten behandelt, etwa, indem die Journalisten viel zu karge und meist verspätete Informationen erhielten, während die britische Regierung ihre Journalisten stets über den aktuellen Stand der Konferenz ins Bild setzte. »Der britische Premier, klagte die ‚Rheinisch-Westfälische Zeitung' am 12. April, habe den Journalisten aus alter englischer Tradition heraus das Gefühl gegeben, vollkommen gleichgestellte und gleichberechtigte Partner der praktischen Politik zu sein. Daraus hätten die deutschen Staatsmänner viel lernen können« – vor allem, wie man sich den Fragen der Journalisten stellt. (Näheres: Kurt Koszyk 1972; 115-127).

Aber, wie gesagt, auch die Presse, vor allem die rechtsliberalen und konservativen Zeitungen besaßen keine staatskritische Einstellung; die kommerziellen Interessen ihrer Besitzer – Verlagsunternehmer wie Ullstein, Mosse und Scherl, später dann Hugenberg – ließen ihren Redaktionen keinen oder nur geringen Raum für eine unvoreingenommene, kritisch-unabhängige Publizistik.

Die Rolle der Medien erst als Lautsprecher, dann als reines propagandistisches Instrument der Machthabenden, verfestigte sich mit der Gleichschaltung der Presse im Nationalsozialismus: Interviews mit NS-Größen wurden zu hymnischen Berichten über angeblich heroische Persönlichkeiten stilisiert. Ähnlich wie bei der Staatsparteipresse im real existierenden Sozialismus der folgenden Jahrzehnte diente das Interview als Bühne: Entweder sollten Personen als Vorbilder des neuen Menschentyps zur Schau gestellt oder Staats- und Parteierfolge gefeiert werden, indem Gründe und Umstände aus dem Mund der Verantwortlichen im Ton prahlerischer Pseudo-Sachlichkeit referiert wurden. Es entstand das Interview als Propaganda-Instrument.

Vor dem Hintergrund dieser Geschichte überrascht es nicht, daß in Deutschland das moderne Interview in seiner angelsächsischen Tradition – nämlich als gesteuerter Dialog zwischen zwei gleichberechtigten, in ihren Rollen klar zu unterscheidenden Gesprächspartnern – erst nach dem Untergang des Nationalsozialismus entdeckt und mit besonderem Eifer entwickelt worden ist. Daran beteiligt waren nun alle drei Mediensysteme, die sich bei der Herausbildung neuer Formen stets auch wechselseitig beeinflußt haben: Hörfunk, Print und Fernsehen.

3. Wie das Hörfunk-Interview entstand

Das Radio entdeckt das Persönliche

Daß Rede und Gegenrede, daß persönliche Ansichten mit ihren Irrtümern und Einwänden in einem öffentlich zu führenden Dialog zwischen mehreren Individuen überhaupt interessant sein könnten: auf diese Idee wären deutschsprachige Journalisten der Zeit vor 1945 mit ihrer Staats- und Institutionengläubigkeit vermutlich auch dann nicht gekommen, wenn es keine Zensur und keine Presse-Gleichschaltung gegeben hätte.

Mit dem Hörfunk wurde die Idee auf den Weg gebracht. Radioreporter hatten in den 40er Jahren die Sendeform des sogenannten Radio-Feature entwickelt. Darunter wurde eine Art Collage verstanden, die den eigenen Bericht/Text mit den Reden der Leute draußen mischt und dadurch Unmittelbarkeit, Authentizität und Atmosphäre vermittelt. Freilich, unbedarftes Reden evoziert Nach- und Rückfragen des Reporters; er will den Befragten dazu bringen, das Gesagte vielleicht detaillierter oder auch emotionaler darzustellen. So entstanden im Radiojournalismus aus dem Feature bald Formen, die nicht nur den O-Ton der Akteure, sondern auch Dialoge mit dem Reporter enthielten. Von da war es nur noch ein kleiner Schritt zum formellen Interview, das dann meist im Studio durchgeführt wurde.

Hörfunkjournalisten sprachen Anfang der 50er Jahre von der »Entsachlichung und Verpersönlichung« der Hörfunksendungen durch Personenbefragung und Interview. Hinzu kam noch, daß einzig das Interview durch das Mit-Reden des Journalisten stets auch Auskunft über die journalistische Arbeit gibt: Indem der Radiohörer »am Entstehen des Endprodukts teilnimmt, sogar journalistische Berufskniffe erlebt und mitvollzieht, ist das Interview gleichzeitig auch zu einer dramaturgisch originären, selbständigen Darstellungsform geworden«, schrieb damals der Rundfunkjournalist Hans-Joachim Netzer (1970; 34) und brachte damit ein weiteres Hauptkennzeichen dieser Form auf den Punkt (→ mehr zur Interviewtechnik im Hörfunk im zweiten Buchteil, 5. Kapitel S. 381).

Treffpunkt Lokal-Radio

Im Unterschied zur Presse, die wegen der geschriebenen Sprache das distanzierte Verhältnis zum Alltagsgeschehen nie ganz aufheben kann, verfügt das Radio über den O-Ton und so auch über unverfälschte Geräusche; das Gerede klingt spontan, Frage- und Antwortspiele signalisieren Emotionalität; Diskussionen und Streitgespräche wirken lebhaft. Das auf die akustische Wahrnehmung begrenzte Radio-Interview kann unter Umständen mehr transportieren als die Presse, mehr auch als das reizüberflutende Fernsehen: Es kann die Gesprächspartner mit ihrem Spontanverhalten ohne viel Aufwand und dabei sehr geräuschvoll vorführen – und so ein Stück Alltäglichkeit widerspiegeln.

Der lokale Hörfunk, der sich im Verlauf der 80er Jahre in den Städten des deutschen Sprachraums etabliert hat, verfolgt neben den kommerziellen Zielen auch ein journalistisches Konzept, das sich an dem neuen Interesse an Urbanität orientiert – wenigstens dem Anspruch nach. Die Hörfunk-Realität sieht indessen meist anders aus: Unzureichend ausgebildete Mitarbeiter müssen als »Einzelfahrer« die Studiotechnik bedienen, moderieren, Sprüche klopfen, Nachrichten ablesen und, sofern Zeit bleibt, auch noch Menschen während der Sendung zum Sprechen bringen: Publikum, Prominente, Experten. Dies geschieht aus Zeitgründen meist per Telefon.

So findet heute das Radio-Interview in aller Regel per Telefon statt. Der Vorteil: Die anonyme Gesprächssituation und der vertraute Umgang mit dem Telefon bauen bei ungeübten Interviewpartnern Ängste ab; sie sprechen meist ungezwungener. Der Nachteil: Der Interviewer kann den Partner nicht beobachten, meist kennt er ihn auch nicht; er kann das Gespräch nur schwer steuern. Hinzu kommt die bei kommerziellen Lokal-Radios übliche Kürze der Wortbeiträge. Sie zwingt den Interviewpartner zu ungewohnt kurzen Antworten. Die Folge: Die technischen und formalen Gesichtspunkte (wie: verständliche Stimme, kein Rauschen in der Leitung, kurze Sprechdauer) nehmen beide Gesprächspartner so sehr in Anspruch, daß inhaltliche Aspekte eine meist untergeordnete (manchmal gar keine) Rolle spielen. Entsprechend gering ist der Informationswert dieser Telefoninterviews. Ihr ursprünglicher Sinn, über den O-Ton Authentizität und Unmittelbarkeit herzustellen, geht verloren.

»Hallo Ü-Wagen«: Alltag im Gespräch

Daß sich solche Ansprüche gleichwohl einlösen lassen, haben verschiedene Programme der öffentlich-rechtlichen Anstalten bewiesen, allen voran die Sendung »Hallo Ü-Wagen« von Carmen Thomas im WDR 2, die aus einem gewöhnlichen Wunschkonzert hervorging und nach kurzer Zeit zur bekanntesten Mitmach-Sendung wurde. Sie hat das Radio-Interview weiterentwickelt zu einer Kommunikationsform zwischen Betroffenen, Passanten und Fachleuten mit dem Ziel, nicht nur Probleme zu erörtern, sondern auch Zeitthemen im Lebenszusammenhang des Alltags zu beleuchten: eine Art radiophoner Marktplatz.

In diesem Konzept übernimmt der Journalist eine veränderte Rolle: Als Interviewer soll er keine Nachrichten schaffen, sondern Geschehnisse oder Entwicklungen thematisieren, hierzu Fachleute befragen, dann ein möglichst spontanes Gespräch gleichsam auf der Straße anzetteln und im Fortgang moderieren. Das Ziel der journalistischen Unternehmung lautet: über Alltagsthemen das Stadtgespräch in Gang setzen. Soziologisch heißt dies: Über das Medium die Partizipation fördern und dadurch sozial integrierend wirken.

Carmen Thomas schreibt über den Beginn ihrer »Hallo Ü-Wagen«-Sendung:

»Als Regionalfernsehreporterin vor Ort hatte ich gelernt, wie sehr gerade Menschen ohne besondere Bildungsvoraussetzungen daran interessiert sind, ihre Umwelt besser zu verstehen. Für dieses Bedürfnis boten die elektronischen Medien wenig, die Boulevard- und Massenblätter eher unseriöse Hilfestellung an. Auch Lokalzeitungen gingen und gehen nur unvollständig auf die Bedürfnisse ihrer Leser und Leserinnen ein. Dafür sind auch sie zu sehr in Katastrophen-, Termin- und Verlautbarungsjournalismus eingebunden. Deshalb reizte es mich, mit ‚Hallo Ü-Wagen' die Möglichkeit zu erhalten, den Hörer und Hörerinnen Institutionen vorzustellen, die sie angingen. Ich wollte mit ihnen über Themen reden, die sie direkt betrafen. Die neue Sendung schien mir ein geeignetes Mittel, näher an sie heranzukommen, und ein ehrgeiziges Ziel zu entwickeln; sie nicht mit der »Bild«-Zeitung u.ä. allein zu lassen.

Die Grundidee des veränderten Konzepts war sehr einfach: Der Standort (des Sendewagens, M.H.) sollte in Zukunft direkt etwas mit dem Thema zu tun haben und die ‚Verantwortlichen' des Ortes sollten den Besucher und Besucherinnen Auskünfte geben. (...) Die erste ‚Hallo Ü-Wagen'-Sendung, die ich machte, fand am 5. Dezember 1974 statt. Wegen des Datums hatte ich ‚Nikolausbräuche' aufs Programm gesetzt. Wir waren zu Gast in einem Kölner Kindergarten. Ein Nikolaus erschien eigens für uns am Vormittag. Er, die Kinder und die Kindergärtnerin erzählten aus der Nikolaus-Praxis. Ein Historiker gab Auskünfte über die Entstehungsgeschichte dieses Brauches. Zehn bis zwanzig Besucher tröpfelten langsam ein. Ich versuchte, mit ihnen über ihre Kindheitserinnerungen zu reden. Ziel der Sendung war, herauszufinden, ob die Kinder den gleichen Spaß am allwissenden Nikolaus haben wie die Erwachsenen am Erschrecken der Kinder. (...)

Ich fand es mühselig, die Besucher und Besucherinnen zu irgendwelchen Meinungsäußerungen zum Thema ‚Nikolaus' zu bewegen. Ich mußte ihnen richtig die Würmer aus der Nase ziehen. Kein Wunder. Die Ü-Wagen-Besucher und Besucherinnen waren schließlich auf das Ritual eingependelt, ihre Grüße zu sagen und sich einen Musiktitel zu wünschen.« (C. Thomas 1984; 28 f.).

Anfangs gab es am Ort des Geschehens – etwa in der italienischen Pizzeria, wenn es um Ausländerfragen ging, oder in den Gängen des Arbeitsamtes, wenn man über Arbeitslosigkeit sprach – vielfältige aufnahmetechnische Probleme. Dies änderte sich im Sommer 1975, als dem Team das Studiomobil zur Verfügung gestellt wurde. »Von da an änderten sich die Produktionsbedingungen«, erinnert sich Carmen Thomas. »Bei Schnee und Regen, Sonne und Hitze: ‚Hallo Ü-Wagen' fand von nun an im Freien statt.« (1984; 30).

Der Studiowagen war zur einen Seite offen und verfügte über eine dem Publikum zugewandte, mit einem Plexiglasgeländer eingezäunte Plattform von immerhin 35 Quadratmetern: Hier konnten Passanten zum Mikrophon greifen. Auf dieser Plattform befand sich außerdem ein Tisch mit sechs Klappstühlen, der für die Experten-Interviews reserviert war. Nach 18 Monaten, berichtet Carmen Thomas, habe sie sich eines Morgens zur Moderation nicht an, sondern auf den Tisch gesetzt: »Für die Interviews bat ich alle Gesprächspartner und Gesprächspartnerinnen neben mich an den Tisch. Das war eine richtige Entdeckung. Gerade die Mitmacher und Mitmacherinnen, durch die Maße des Tisches gezwungen, fast auf Körperkontaktnähe mit mir zusammenzusitzen, kuschelten sich richtig sicherheitssuchend an mich heran. Bei manchen brachte ein fast unmerklich umgelegter Arm ein bißchen Ruhe in das Zittern.« (33).

Immer wieder wurde das Konzept modifiziert, um die Mikro-Angst zu nehmen, das Publikum stärker einzubinden und das Gespräch interessanter zu gestalten. Anfang der 80er Jahre hatte sich dann ein festes Struktur- und Ablaufmuster für die 160-Minuten-Sendung herausgeschält: Zur Eröffnung wird das Interview eines Betroffenen, werden thementypische Geräusche oder eine Besucherumfrage zum Thema ausgestrahlt; dann kommt die Hörerpost, dann die Begründung des Themenvorschlags durch die einladende Gruppe (die Parts werden mit Musik eingerahmt). Im weiteren stellen die Journalisten einen Gast mit einer Pro-Meinung vor, befragen dann Besucher und Besucherinnen über deren Einstellung zum Thema (Exposition des Themas), ehe ein Fachmann (etwa über die Historie) oder ein Vertreter der Kontra-Meinung zu Wort kommt. Mit Kurzbefragungen werden die Pro- und Kontra-Positionen weiter ausgeführt, ehe der Gesprächskreis zur abschließenden Fragestunde für das Publikum geöffnet wird. Und alles geschieht live. Carmen Thomas bekräftigt auch nach 15 Jahren »Hallo Ü-Wagen«: »Alltagsmenschen sind echt, eckig und spontan. Das bringt Spannung, Spaß, Wut, Freude – den ganzen Wust von Gefühlen.« (In: Journalist 3/1989; 19).

4. Wie das Fernseh-Interview entstand

Biographien als Schau-Stück: Personenporträts von Günter Gaus

Die neben dem Hörfunk zweite, für den Journalismus nicht minder folgenreiche Erneuerung des Interviews leistete das seinerzeit neue Medium Fernsehen, leistete für den deutschen Sprachraum zunächst und als erster der Journalist Günter Gaus. Er hat Anfang der 60er Jahre mit seiner Sendereihe »Zur Person« – um mit Paul Sethe zu sprechen – die Gattung Interview »einen wichtigen Schritt nach vorn« gebracht (zit. nach: Spiegel 29/1968).

Günter Gaus war von 1958 bis 1961 »Spiegel«-Redakteur und hatte während dieser Zeit fünf »Spiegel-Gespräche« geführt – genug, um die Möglichkeiten, aber auch die konzeptionellen Grenzen dieser Form auszuloten (→ über das Genre des »Spiegel-Gesprächs«: dritter Buchteil »Werkstatt«). Er wechselte 1963 zum Zweiten Deutschen Fernsehen und übernahm in der Hauptabteilung für Politik und Zeitgeschehen ein Projekt, das Ressortleiter Hans Herbert Westermann mit einigem Bangen ausgedacht hatte: die Porträtierung wichtiger Persönlichkeiten mit dem Mittel des Interviews.

Viele der damaligen TV-Profis hielten dieses Unternehmen für fragwürdig, weil sie eine fast einstündige Sendung mit zwei Gesprächspartnern, also ohne *action*, ohne Bilderstory und ohne äußere Handlung für fade, bestenfalls für eine akademische Veranstaltung hielten, die vielleicht ein paar tausend Intellektuelle an die Bildschirme bringen würde. Hans Herbert Westermann indessen fand, daß die mit dem Fernsehen gegebenen Möglichkeiten der Visualisierung auch für Personen gelten: »Warum soll ein Tor von Uwe Seeler, die Hochzeit einer Königin oder das Solo eines Stars auf dem Bildschirm unter allen Umständen und für alle attraktiver sein als ein Mann, der etwas zu sagen hat und bereit ist, es zu sagen. Ist in einem Gesicht nichts zu sehen, nichts interessant, kann in einer mimischen Reaktion nichts Aufschluß geben, nichts faszinieren?« (In: Gaus 1964; 8).

Die Idee war nicht grundlegend neu, die amerikanischen TV-Networks nutzten längst schon das Studio-Interview auch für die Porträtierung von Personen. Und die britische BBC hatte Ende der 50er Jahre eine Art TV-Streitgespräch »face to face« mit großem Erfolg installiert. Doch Hans Herbert Westermann wußte, daß insbesondere der Stil von TV-Sendungen »von den publizistischen Traditionen ihrer Länder bestimmt« und darum per se nicht zu übernehmen waren. »Was es zu finden galt, war eine profilierte journalistische Auffassung«, und die entdeckte Westermann in Günter Gaus.

Ihn reizten die mit dem »Spiegel-Gespräch« nicht einzulösenden Möglichkeiten des Personenporträts. Gaus dachte dabei nicht etwa an die möglichst bunte Selbstdarstellung telegener Prominenter nach Art heutiger Magazine, sondern an einen politischen Journalismus neuen Typs: das Aufzeigen des Zusammenhangs zwischen politischen Interessen und individueller Lebensgeschichte. Seiner Meinung nach herrschte damals in der deutschen Öffentlichkeit eine weitgehende Beziehungslosigkeit zwischen den verschiedenen Gruppen; das politische Gespräch bleibe, soweit es überhaupt geführt werde, an den jeweiligen Interessenstandpunkten haften. Die Massenmedien, so folgerte er, sollten einen neuen Kommunikationsraum schaffen »durch die Konfrontation mit handelnden Personen. Namen anstelle von Sachbegriffen, Lebensläufe als das überschaubare Beispiel für blaß gewordene Programme.« (Gaus 1964; 10).

Im April 1963 startete das ZDF mit der allmonatlichen Sendung »Zur Person – Porträts in Frage und Antwort«. Durch seine Fragetechnik und die Art der Gesprächssteuerung machte Günter Gaus von Anfang an deutlich, daß er kein Streitgespräch zu führen beabsichtigte, aber auch, daß der Gesprächspartner seine Sache nicht so vertreten kann wie in einem gewöhnlichen Interview, vielmehr: daß sich der andere dem zusehenden Publikum preisgeben soll, ohne bloßgestellt zu sein. »Mein Partner soll nicht mit mir argumentieren, sondern von sich erzählen«, erläuterte Gaus damals, »freilich nicht erzählen, was ihm von seinem öffentlichen Standort aus als legitime Eigenwerbung nützlich zu sein scheint, sondern – von meinen Fragen gesteuert – berichten über jene Partien seiner Biographie, in denen sein Lebenslauf ein Beispiel ist, wenn es darauf ankommt: ein Beispiel im guten wie im bösen« (1964; 10).

Im Unterschied zu den »Spiegel«-Interviewern definierte Gaus seine Rolle stets als die »eines Katalysators, der dem Partner das Reagieren nicht anheim stellt, sondern ihn zur Reaktion in den wesentlichen Punkten zwingt.« Die wichtige Voraussetzung, damit dies gelinge, sah Gaus in der Kompetenz des Fragenden: Das Wesentliche in der Lebensgeschichte durch die »gründliche Vorbereitung der Gespräche aufzufinden und dann im Verlauf der niemals zufälligen Fragen anzusteuern«, sei für das Gelingen, aber auch für Verzerrungen maßgeblich. Falsch gesetzte Schwerpunkte könnten allzuleicht das beabsichtigte Porträt zu einer Karikatur verzeichnen.

Mehrere Gründe machten die Sendereihe zu einer besonders erfolgreichen, Mitte der 80er Jahre in der WDR-Sendereihe »Deutsche« neu aufgelegten und im Ausland kopierten Sendeform (so das Schweizer Fernsehen SRG/DRS mit der von Frank A. Meyer Anfang der 80er Jahre unternommenen Porträt-Sendung jeweils am Sonntag). Der zweifellos wichtigste Grund liegt in der journalistischen Persönlichkeit von Günter Gaus und seiner engagierten Zurückhaltung: engagiert im Aufklären dessen, was an der befragten Person rätselhaft erscheint – und zurückhaltend im direkten Zugriff auf die Persönlichkeitssphäre derselben Person. Beides zu beherrschen bedeutete eine journalistische Tugend, die bis dahin nur vom angelsächsischen Journalismus bekannt war.

Ein weiterer Erfolgsgrund lag in der auf das Medium Fernsehen zugeschnittenen Fragetechnik: Gaus fragte stets knapp und immer direkt auf die Rede der Person, abgesichert durch einen großen Wissens-Fundus, doch nie auf seine eigenen Meinungen bezogen. Seine Technik war das Optimum zwischen klarer Gesprächsführung und der Absicht, sich selbst zurückzunehmen – und so das Gegenteil von Eitelkeit. Hinzu kam etwas Neues: Nun konnten die Zuschauer den Prozeß der Porträtierung als eine journalistische Arbeit nicht nur akustisch wie beim Hörfunk, sondern auch augenscheinlich mitverfolgen (was ja beim gedruckten Interview wegen der Transkription und der nachträglichen Überarbeitung nur sehr bedingt zutrifft). Dies gestattet dem Interviewer, auch das ad hoc gezeigte Verhalten seines Partners zur Sprache zu bringen: Das besprochene Thema ist die eine Ebene, die Art und Weise, wie der Partner darüber spricht oder nicht spricht, ist die andere. In mehreren Interviews mit prominenten

Politikern (so zum Beispiel mit Franz Josef Strauß) gelang nun Günter Gaus ein für die Zuschauer erhellendes Wechselspiel zwischen diesen beiden Ebenen: Zunächst provozierte er ein bestimmtes Argumentationsverhalten des Partners, um es dann im Fortgang des Interviews zu thematisieren.

Den dritten Grund bescherte die Audiovision des Fernsehens. Hans Herbert Westermann wurde mit seiner Ansicht, daß auch miteinander sprechende Personen telegen seien, bestätigt: Hier wurden die ansonsten abgehobenen Persönlichkeiten von den Studiokameras angefaßt und hautnah den Zuschauern präsentiert. Wie die jüdische Philosophin Hannah Arendt immer wieder die rechte Hand zur Faust schließt und ihre Fingernägel betrachtet, ehe ein überraschend kindliches Lächeln über das Gesicht huscht; oder wie der Bundestagspräsident Eugen Gerstenmeier ausgerechnet zu sehr fragwürdigen Auskünften über seine Mitmenschlichkeit den Zeigefinger oberlehrerhaft in die Höhe reckt, als müsse er die Zuhörer belehren statt überzeugen: Das Zusammenspiel der verbalen mit der nonverbalen Kommunikation bedeutete damals ein neues Medienerlebnis (inzwischen haben die Politiker für ihr Auftreten im Fernsehen die Rhetorik auch der nonverbalen Sprache eingeübt).

Vom Streitgespräch zum »Kreuzfeuer«: Die Zangenbefragung von C.-H. Casdorff und R. Rohlinger

Die mit Günter Gaus' »Zur Person« gefundene (1989 vom Dritten Programm des WDR wieder aufgegriffene und 1990 von Alexander Kluges Programmgesellschaft DCTP fortgesetzte) Sendeform wurde zum Sinnbild eines Interview-Journalismus, der die subjektive Seite der Persönlichkeit ins Zentrum rückt. Ihr Erfolg ermunterte bereits damals, in den 60er Jahren, andere Fernsehredaktionen, ihrerseits telegene Interviewformen zu entwickeln.

Ähnlich bedeutsam wie das Personenporträt, in seiner politischen Wirkung aber weit spektakulärer geriet das – nach einigen Probeläufen – 1964 installierte und während der folgenden 13 Jahre praktizierte »Kreuzfeuer«, eine äußerst gedrängte Befragung von Prominenten während zehn bis 15 Minuten. Deren konfrontativer Stil steigerte die vom »Spiegel-Gespräch« repräsentierte Form des Sachdisputs. Denn unter den Live-Bedingungen des TV-Mediums wirkten nicht so sehr die Argumente, als die Inszenierung des Auftritts, die Reaktions- und Schlagfertigkeit der Interviewer wie auch die Rollenspielstärke des Befragten.

Franz B. Wördemann, zu jener Zeit Chefredakteur beim WDR, wollte in das von mehreren ARD-Anstalten produzierte Magazin »Report« einen Interviewpart einbauen. Es sollte – im Gegensatz zu den großen Personenporträts – ein Schlaglicht auf eine prominente Politiker-Persönlichkeit werfen: »Was ist das eigentlich für einer?«

Wördemann engagierte die beiden Journalisten Claus-Hinrich Casdorff und Rudolph Rohlinger als Fernseh-Interviewer. Sie starteten am 13. April 1964 mit der Befragung des damaligen Bundeskanzlers Ludwig Erhard, es folgten der VW-Chef Heinrich Nordhoff, der CDU-Nachwuchs-Karrierist Rainer Barzel, dann verschiedene Minister und Wirtschaftskapitäne. Ein Jahr später wurde das Interview vom »Report« in das neue, vom WDR produzierte Magazin »Monitor« transplantiert. Die beiden Interviewer eröffneten ihr neu plaziertes »Kreuzfeuer« mit der Befragung des Prinzen Luis Ferdinand von Preußen, Chef des Hauses Hohenzollern. Er könne sich durchaus als künftiger Staatspräsident eines wiedervereinten Deutschlands sehen, bekannte der Prinz den zusehends ironisch fragenden Journalisten.

Die beiden Interviewer nutzten – auch wenn sie Wert legten auf den Unterschied zwischen »Kreuzfeuer« und Kreuzverhör – das Muster des nur in der US-Strafverfolgung angewandten Kreuzverhörs: Dort verhören zwei Beamte den Beschuldigten, indem abwechselnd und in schneller Folge nach verschiedenen Handlungen und Sachverhalten gefragt wird. Das aggressive Fragen-Stakkato und die Vielfalt der angesprochenen Gegenstände sollen den Beschuldigten verwirren und ihn zu einer Art Spontanverhalten verleiten. Der erwünschte Effekt: Die spontan gegebenen Antworten geraten zusehends in Widerspruch zur zurechtgelegten Alibi-Story; am Ende bricht der Beschuldigte unter der Last seiner Widersprüche zusammen und legt ein Geständnis ab (→ Verhör-Interview siehe zweiter Buchteil, Einführung).

Natürlich erzeugt ein journalistisches Interview nie den Aussagedruck eines Verhörs, natürlich dürfen sich Journalisten nicht als Strafverfolger aufspielen, natürlich geht es im Interview nicht um Geständnisse. Gleichwohl bezweckte die »Kreuzfeuer«-Strategie, den Studiogast unter dem Streß des Fragen-Stakkatos aus der Reserve zu locken und zu spontanem Verhalten zu verleiten.

Casdorff und Rohlinger erlangten bald eine beachtliche Eloquenz im Fragen-Pingpong. Es gehörte zu den Spielregeln, daß dem Befragten zuvor nur das Themenfeld genannt wurde, nicht aber die Gegenstände der einzelnen Fragen; er konnte sich – hierin dem Kreuzverhör ähnlich – nicht im Einzelnen vorbereiten, sondern mußte gleichsam als Pingpongball mitspielen. Entsprechend groß war bei vielen das Lampenfieber. »Der große Finanz-Akrobat Alex Möller stand vor der Sendung im Studio und zitterte am ganzen Leib«, erinnern sich Teilnehmer.

Es galten immerhin einige Fairneß-Regeln. Die wichtigste garantierte, daß die Persönlichkeitssphäre des anderen respektiert, also ein Politiker nicht etwa nach seiner neuesten Geliebten gefragt wird (Rohlinger: »keine Fragen unter die Gürtellinie«) und keine Wissensfragen über irgendwelche vergangene Details gestellt werden. Interviewziel war, wie es Rudolph Rohlinger rückblickend nennen möchte, »eine Momentaufnahme mit Tiefenschärfe«. Sie sollte den Befragten gleichsam auf den »Prüfstand« stellen, seine Reden, Handlungen und Meinungen auch mal einem »Härtetest« unterziehen und dabei das Amüsement einer sportiven Veranstaltung bieten.

Die diesem Ziel dienende Fragetechnik basierte im Wesentlichen auf Situationsbewußtsein und Reaktionsschnelle der Interviewer: Genau zuhören und unmittelbar aus dem Gehörten heraus weiterfragen – und dabei die Folgefrage so stellen, daß sie weiterführt zu den Punkten, die sich die Interviewer zuvor als unklar oder problematisch notiert hatten.

Eine weitere wichtige Fertigkeit bestand darin, sozusagen im Dreieck denken und wahrnehmen zu können: Die Antwort des Befragten, die Reaktion des Interview-Kollegen und die eigene Frageabsicht müssen im Zusammenhang gesehen werden, weil sich sonst die Interviewer verheddern und das Interview schlingert. Casdorff und Rohlinger konnten dies ohne vorherige Absprachen und ohne Strategie. »Wir hatten denselben Fragenkatalog und im übrigen nur vereinbart, wer die erste Frage stellt«, erinnert sich Rudolph Rohlinger. So war der Erfolg des »Kreuzfeuers« mehr an die Virtuosität, mithin an Begabung, denn an erlernbare Techniken gebunden.

Es gelang den beiden Interviewern immer wieder, die von ihnen ins Kreuzfeuer genommenen Prominenten zu dekuvrieren, oftmals mit dem Ziel, die Glaubwürdigkeit der öffentlich genannten hehren Motive in Frage zu stellen, nach dem Motto: Gemeinsinn ist Alibi, Selbstvorteil der Zweck und Machtsucht und Egoismus das heimliche Motiv (fast) jeder politischen Tat. Nicht zuletzt diese »Monitor«-Interviews, denen sich viele CDU-Politiker nicht gewachsen sahen, führten zu Kampagnen der rechten Presse und der christlichen Parteien gegen den angeblich links intonierten Kritizismus der Rundfunk-Anstalten.

In Erinnerung ist das »Kreuzfeuer« mit CSU-Parteichef Franz Josef Strauß während des Wahlkampfes vom 8. Oktober 1972, das zu heftigen Gegenangriffen führte und auf beiden Seiten in beißende Ironie mündete – ein Schlagabtausch an der Grenze des journalistisch Vertretbaren, wenn auch mit hohem Unterhaltungswert:

Wortprotokoll (Auszüge) aus jener »Kreuzfeuer«-Befragung:

Casdorff: (...) Ist Ihnen bekannt, daß zumindest ein CSU-Funktionär Starthilfe geleistet hat für die Sozialen Demokraten 1972 in München?

Strauß: Wenn dem so wäre, müßten Sie diesen CSU-Funktionär fragen und nicht mich. Wissen Sie, diese Überfallfragen liebe ich nicht. Bitte lassen Sie das (...).

Rohlinger: (fragt, ob Strauß die eidesstattliche Erklärung eines Herrn Hattrot zu diesem Vorgang kenne; »Monitor« habe darüber ausführlich berichtet).

Strauß: Hätten Sie mir das vorher geschickt, wie es sich für normale journalistische Gepflogenheiten gehört hätte, dann hätte ich Ihnen dazu die Auskunft des Herrn Gaumann mitgebracht.

Rohlinger: Sicher werden Sie doch auch in Ihrem Parteibüro alle politischen Sendungen verfolgen. Diese ist über den Schirm gegangen im September.

Strauß: Aber ich bin nicht verpflichtet, alle Ihre Sendungen zu sehen, habe auch keine Zeit dazu. Aber Sie hätten die Möglichkeit gehabt, mir vor der Sendung mitzuteilen: »Wir haben vor, Ihnen diese Frage zu stellen.« Jetzt darf ich Ihnen sagen, was Sie mir telegraphisch als Themen genannt haben. Da haben Sie genau was anderes genannt.

Casdorff: Ja, das ...

Strauß: Ich kann sie hier dem Publikum vorlesen; ich hab hier dabei, was Sie mir gesagt haben. Ich kann also beweisen, daß Sie die Absicht haben, hier eine Show zu veranstalten, um damit einen, der Ihre geliebte SPD verlassen hat, vor der Öffentlichkeit lächerlich zu machen. Dafür können Sie mich nicht einspannen.

Rohlinger: Aber die Frage war ...

Strauß: Ich bin hier nicht im Wahlkampf bei Ihnen, ich hab auch nicht die Absicht, scharf oder ironisch zu werden. Aber Sie können von mir nicht erwarten, daß ich auf solche Methoden hereinfalle.

Casdorff: Ich mache Ihnen einen Vorschlag, Herr Strauß: Dieses Fernschreiben, von dem Sie sprechen, verlesen wir, wenn das »Kreuzfeuer« zu Ende ist, dann kann der Zuschauer beurteilen, ob Sie die Unwahrheit erfahren haben oder nicht.

...

(Schluß der Befragung):

Casdorff: (fragt nach der Einstellung von Strauß zu den von ihm befehdeten CDU-Politikern Hans Katzer und Norbert Blüm)

Strauß: Ich weiß genau wie Sie, welche Antwort Sie gerne von mir hören würden.

Casdorff: Ich möchte Ihre Meinung hören.

Strauß: Aber lassen Sie mich dazu zwei Bemerkungen machen (es folgen längere Ausführungen über Zusammenarbeit mit Katzer und Differenzen mit Blüm, schließlich:) Ich hoffe, das gehört der Vergangenheit an.

Rohlinger: In der Einleitung zu dieser Antwort haben Sie gleich gesagt, Sie wüßten ganz genau, was wir hören wollten. Herr Strauß, fühlen Sie sich eigentlich gejagt?

Strauß: Aber gar nicht. Aber ich kenne doch solche Fragen, wenn man eine Antwort haben will, aus der heraus man dann weitere politische Konflikte nähren kann.

Rohlinger: Wissen Sie vielleicht, daß wir zu den »jubeljaulenden Hofhunden« gehören – eines der blumigen Worte, die aus Ihrem Munde in letzter Zeit gekommen sind –, haben Sie immer gleich einen Stempel, wodurch Sie gleich wissen, was der andere will?

Strauß: Ich bin doch nur noch halb so farbig wie Herr Wehner.

Rohlinger: Der ist gerade nicht da. Warum unterstellen Sie, daß wir ganz bestimmte Antworten, außer den wahren, von Ihnen haben wollen?

Strauß: Weil ich nicht von heute bin und auch nicht von gestern. Casdorff: Sondern von?

Strauß: Weil ich lange genug Erfahrung mit einer bestimmten Sorte von Interviews und Fragen gemacht habe. Ich habe mich ja darauf gefreut, heute Ihnen hier gegenüberzusitzen.

Rohlinger: Wir haben uns auch darauf gefreut.

Strauß: Das beruht dann auf voller Gegenseitigkeit.

Casdorff: Ja, vielen Dank, Herr Strauß, wir haben uns dann beiden einen Gefallen getan, über eine Zeit von 21 Minuten.

Strauß: Oh!

Casdorff: ...21 Minuten in einer Sendung, von der Sie von vornherein wußten, daß sie bestimmte Kreise einfach nicht zu Wort kommen läßt. Herzlichen Dank, daß Sie sich trotzdem dieser Strapaze unterzogen haben.

Strauß: Es war ein Vergnügen, Herr Casdorff.

Anmerkung: Das fragliche Fernschreiben wurde am Ende nicht verlesen (Quelle: WDR-Dokumentation).

Das Fernseh-Interview als ritualisiertes Schau-Spiel: Platitüden statt Information

Seit jener Entdeckungs- und Experimentierzeit hat sich im Rundfunk das Interview in allen möglichen und unmöglichen Sendegefäßen fest etabliert; bis auf wenige Sender und Programme ist es in den Informationssendungen zumal des Hörfunks inzwischen zum *fast-food* des Polit-Journalismus verkommen: Tagtäglich ist in den elektronischen Medien der Wechselgesang zu hören zwischen den belanglosen Fragen uninformierter Interviewer und den routiniert abgespulten Ausführungen oft inkompetenter Gesprächspartner. Und vertiefende, auf Klärung und Porträtierung angelegte Personengespräche sind zu »talk-shows« mutiert, deren hervorstechendes Merkmal die Profiliersucht der Moderatoren ist.

Wir erinnern uns: Der emanzipatorische Impetus des politischen Interviews setzt mit der Offenheit auch die kritische Distanz des Fragenden zu den Machthabern voraus – und die ist vielen Fernsehjournalisten, soweit einst gegeben, inzwischen abhanden gekommen. »Eunuchen« nannte sie der frustrierte Journalist im Bayerischen Rundfunk, Egid Braun, 1989 in seinem gleichnamigen Buch.

Auch die mit dem modernen Interview verbundene Idee eines Gleichgewichts zwischen fachlicher Kompetenz auf der einen und journalistischer Kompetenz auf der anderen Seite hat einer merkwürdigen, von Überheblichkeit verdeckten Servilität vieler Fernseh-Journalisten vor allem in den öffentlichen Rundfunkanstalten Platz gemacht, als deren Ursache der verunsichernde Einfluß der Parteien zu vermuten ist. Günter Gaus erinnert sich noch gut an seine Befragung des damaligen CDU-Generalsekretärs Heiner Geißler, der gar kein Gespräch mehr zuließ, sondern »hermetisch« antwortete; »da war gar kein Dazwischenkommen«. Für ihn, Gaus, habe damals das Medium seine Offenheit verloren, es sei umfunktioniert worden zur »Sendeanstalt im Eigentum der Politiker«.

Ohne Zweifel haben die um öffentliche Geltung bedachten, von PR- und Media-Experten beratenen Parteien ihren Anteil am Verfall des Rundfunk-Interviews. »Die Zeit der großen Fernseh-Interviews, die sehr geschickt die Bildaussage ergänzend in die Befragung zur Person und zur Sache einbezogen, ist vorbei oder noch nicht wieder da«, trauerte der Journalist Franz Fegeler bereits 1979 und fragte die Mediendarsteller: »Wo ist der Politiker, wo ist die im öffentlichen Leben stehende Persönlichkeit, die angesichts der Reporter-Scharen sagt: ‚Es tut mir leid, dazu will ich nichts sagen, dazu kann ich nichts sagen, diese Dinge sind nicht spruchreif'? Und wo ist der Reporter, der seiner Redaktion erklärt: ‚Diese Stellungnahme ist absolut belanglos, nicht mehr als Wortgeklingel'?« (In: »Journalist« 11/1979; 32 f.).

Zu diesen Stil- und Klimaveränderungen hinzu kam noch ein Drittes: Die mit dem Rundfunk-Interview verbundene Möglichkeit, Politik gleichsam live vorzuführen, verleitete Politiker wie Medien dazu, die »gestanzten, platten Floskel« (Günter Gaus) irgendwelcher Prominenter als Ereignisse zu verkaufen – statt es als das zu zeigen, was es ist: ein bestenfalls informatives Schau-Spiel. In einer subtil durchgeführten Studie über das Politiker-Interview im deutschen Fernsehen zeigte der Medienwissenschaftler Will Teichert schon 1983 auf, wie die (zu) enge Kooperation zwischen TV-Journalisten und Politikern zu einer Subordination der Journalisten geführt hat. Maskenbildnern gleich, sorgen sie für die Verbreitung bestimmter Politik-Images: »Es werden Personen vorgeführt, die ausgestattet zu sein scheinen mit Entscheidungsvollmachten, mit realitätsgestaltender Kraft, mit fachmännischen Fähigkeiten, mit faktendeutenden Begabungen.« Oftmals sei es ein »Ritual mit Scheinkonflikten« und diene, polemisch gesagt, »der symbolischen Funktion einer Loyalitätssicherung im Publikum.« (abgedruckt in: »Frankfurter Rundschau« vom 9. Februar 1983).

Der Kommunikationswissenschaftler Klaus Merten hat im Rahmen des Forschungsprojekts »Medien und Wahlen« das Interviewverhalten von Bundeskanzler Helmut Kohl in der Sendung »Journalisten fragen – Politiker antworten« des Frühjahres 1986 inhaltsanalytisch untersucht. Sein Befund liest sich wie der empirische Beweis für die von Will Teichert vermutete Wirkweise der TV-Interviews: Der Politiker instrumentalisiert die Journalisten, er macht sie zu Vehikeln seiner Politik-Darstellung: »Nur in 29,3 Prozent (sämtlicher Einstellungen) läßt er die Journalisten ausreden (...). Darüber hinaus versucht Helmut Kohl in jeder 11. Einstellung Fragen umzudeuten«; auf fast jede dritte Frage habe Kohl mit einer Gegenfrage statt mit einer Antwort reagiert, und: »Die inhaltlichen Antworten von Helmut Kohl haben in 23,6 Prozent mit den gestellten Fragen nichts zu tun (...). Ungenau antwortet Helmut Kohl in 50,9 Prozent der Fälle (...). Helmut Kohl beschwert sich zudem relativ häufig und auch lautstark über das Verhalten der Journalisten (im Durchschnitt bei jeder 5. Einstellung).« (Merten 1986; 6).

Es geht also nicht um Frage und Antwort, sondern um die Demonstration von Macht: Nicht mehr der Journalist, sondern der Politiker führt das Gespräch – und damit geht die Grundidee des journalistischen Interviews dahin. Mitunter können Politiker ihre TV-Interviewer wie Tanzbären dem staunenden Publikum vorführen, so zum Beispiel Bayerns damaliger Ministerpräsident Franz Josef Strauß in der Sendung »Bericht aus Bonn« den WDR-Journalisten D.L. Schaaf: Strauß stellte nach Belieben die Fragen und ließ den Journalisten antworten.

Auszug aus dem Interview in »Bericht aus Bonn« vom 8. Mai 1987 (Thema: Über Abrüstung und die Null-Lösung):

Schaaf: Warum geht die volle Null-Lösung nicht? Was sind Ihre Einwände gegen den neuen Gorbatschow-Vorschlag »Zweite Null-Lösung«?
Strauß: Warum, sind Sie dafür?
Schaaf: Ich bin kein Politiker.
Strauß: Sie haben doch eine Urteilskraft über alles, weil Sie ein Fernsehmann sind.
Schaaf: Ich bin für Abrüstung.
Strauß: Ich bin auch für Abrüstung und für Frieden, gegen Krieg. Schaaf: Warum können Sie diesem Vorschlag nicht zustimmen?
Strauß: Was halten Sie von der zweiten Null-Lösung?
Schaaf: Ich bin immer dafür, daß Raketen abgebaut werden.
Strauß: Sind Sie auch der Meinung, daß alle Panzer abgeschafft werden müssen?
Schaaf. Ja.
Strauß: Ich auch.
(Zit. nach: Funkreport Bonn Nr. 19 vom 14. Mai 1987).

Die gestörte Kommunikation, die dieser Art Kumpanei zwischen Politiker und Fernseh-Journalist zugrunde liegt, umriß Ernst Elitz, seinerzeit Chefredakteur des Süddeutschen Rundfunks, so: »Das Verhältnis ist meist von gegenseitiger Arroganz geprägt. Und Arroganz führt zwangsläufig zu Spannungen. Das Ergebnis sind widerwillige Pflichtübungen, wie Politiker-Statements, oder die Selbstbestätigung in Interviews mit Gleichgesinnten. Schwächere Charaktere aus der Journalistenbranche dagegen freuen sich über jedes verbale Nackenkraulen. Wenn ein Politiker sie lobt, apportieren sie wie Putzi den Knochen schon schwanzwedelnd das nächste Interviewangebot.« (In: BpB 1989; 50). Der Reporter Cordt Schnibben schrieb 1988 über das »Elend des deutschen Fernsehjournalismus« unter anderem: »Die öffentlich-rechtliche Fehlkonstruktion, die darin besteht, daß Journalisten, die von Berufs wegen Politiker kontrollieren sollen, von Politikern kontrolliert werden, kann nicht allein für das Ausmaß dieser ausufernden Liebedienerei herhalten. In Österreich wurden kürzlich zwei Fernsehjournalisten wegen ‚unehrerbietiger' Fragen getadelt. Wann sind wir soweit ?« (In: »Journalist« 3/1989; 15).

Immerhin: Es gibt auch weiterhin Fernseh-Redaktionen wie die von Klaus Bednarz geleitete »Monitor«-Redaktion, die unabhängigen Journalismus unter Einschluß des Interviews praktizieren. Auch wird in einigen dritten Programmen seit Ende der 80er Jahre eine Wiederbelebung des porträtierenden Gesprächs versucht: harmlos parlierend im NDR 3 mit den »Norddeutschen Profilen«, frech und zupackend im Magazin »MAZ« auf West 3, profund und gedankenreich in den 1989 ebenfalls bei West 3 eingerichteten, von Mathias Greffrath moderierten »Zukunftsgespächen«.

Vom angepaßten Fernseh-Alltag heben sich auch jene TV-Gespräche glanzvoll ab, die der emanzipatorischen Tradition des politischen Interviews verpflichtet bleiben – sei es die kurze, eine aktuelle Nachricht vertiefende Befragung einer Persönlichkeit etwa im Rahmen der ARD-»Tagesthemen«; sei es das eine oder andere porträtierende Gespräch einer Politiksendung wie zum Beispiel in der Zeit der DDR-Öffnung im Spätherbst 1989 bis zum Vereinigungs-Wahlkampf ein Jahr später mit Politikern und Ökonomen: In der ARD durch Fritz Pleitgen (vor allem das 45-minütige Interview mit dem damaligen SED-Generalsekretär Egon Krenz am 23. November 1989) oder im ZDF durch Chefredakteur Klaus Bresser und Klaus-Peter Siegloch (kurz nach Pleitgen mit Krenz-Nachfolger Gysi): Lebenszeichen einer mit dem Fundus an Fernseh-Interview-Erfahrung gut ausstaffierten Gesprächskultur. Indessen: So, wie Fritz Pleitgen jenen platten SED-Chef Krenz in die Zange nahm, so unbestechlich und hartnäckig hätten wir ihn gern bei der Befragung bundesdeutscher Spitzenpolitiker erlebt.

5. Wie sich das Presse-Interview seit 1945 gewandelt hat

Von der Befragung zum Expertengespräch

Am 21. Januar 1949, achtzig Jahre nach McCullaghs »Interview«, setzte die zweite große Erneuerung des journalistischen Interviews ein, und auch diesmal wieder zuerst in den USA. An jenem Tag erschien nämlich die Ausgabe des erst Monate zuvor gegründeten amerikanischen Nachrichtenmagazins »U.S. News & World Report« mit der Ankündigung, der Herausgeber David Lawrence werde von nun an in jeder Ausgabe bedeutende Persönlichkeiten aus Politik und Wirtschaft interviewen. Im Unterschied zum »news getting« und auch im Unterschied zum Inside-Interviewbericht in der Tradition McCullaghs sollte nun das Frage-Antwort-Spiel auch formal als solches dargestellt werden. Zudem sollte der Interviewer auch aus seinem Politik-Fundus schöpfen, um die interviewte Persönlichkeit dazu zu bringen, die eigenen Meinungen zur Diskussion zu stellen, praktisch also ihre Auffassung gegen die kritisch einwendenden Nachfragen des Journalisten zu begründen und zu rechtfertigen.

Dies war das Neue: Fakten (der Herausgeber nannte seine Interviews ein *vehicle of news*) wie auch Betrachtungs- und Denkweisen der befragten Persönlichkeit wurden in Frage und Antwort, Rede und Gegenrede zur Darstellung gebracht. Seither unterscheidet man in der Publizistik zwischen diesem Typus des »geformten« Interviews und dem des berichteten, kolportierten oder nacherzählten.

Da nun Rede und Gegenrede auch die persönlichen Ansichten der beiden Gesprächspartner zum Ausdruck brachten, plazierte »U.S. News & World Report« seine Interviews dort, wo bislang der Kommentar des Herausgebers stand. Freilich sollte mit den Interviews keine redaktionelle

Meinung verknüpft werden; man wollte vielmehr Ansichten und Einschätzungen machtvoller Persönlichkeiten der Leserschaft vorführen. So stand die neue Rubrik unter dem Credo Voltaires: »Ich bin zwar nicht Ihrer Meinung, ich werde aber bis auf den Tod Ihr Recht verteidigen, sie zu äußern.«

Die in der Sache kenntnisreich geführten, das heißt: sehr gut vorbereiteten Interviews waren bald eine beliebte Spezialität von »U.S. News & World Report«; sie wurden als Kaufanreiz auch stets auf dem Cover angekündigt. Der Text war mit rund sechs, manchmal sogar bis zu neun Druckseiten ungewöhnlich lang; er behandelte nicht nur ein Thema, sondern bot mitunter eine regelrechte *tour d'horizon* zu allen Brennpunkten der Weltpolitik (so zum Beispiel bereits das allererste Interview mit John Forster Dulles). Ein beigefügter Kasten (»Insert«) stellte die interviewte Persönlichkeit der Leserschaft vor.

Für den Erfolg maßgeblich war wohl auch, daß die Redaktion das Wortprotokoll überarbeitete, gemäß dem Credo: Das gesprochene (= am Radio zu hörende) Interview folgt anderen Regeln als ein zu lesendes (= in der Zeitung gedrucktes). Nicht die getreue Abbildung der Sprechsituation, sondern die Lesbarkeit des Textes sollte ausschlaggebend sein. Daraus folgte, daß die für den Druck vorgesehene Fassung dem Interviewten zur Autorisierung vorzulegen war, ein Verfahren, daß »U.S. News & World Report« sogleich zum Prinzip erhob. Nebeneffekt: Die Interviews waren damit auch zitierfähige Dokumente der Zeitgeschichte.

»Spiegel-Gespräch«: Vom Interview zum Disput

Ohne die erfolgreiche Interview-Rubrik von »U.S. News & World Report« wäre es vermutlich nicht zur wichtigsten Neuerung im deutschsprachigen Interview-Journalismus gekommen: zum »Spiegel-Gespräch«. Nach einigen Versuchen für den Papierkorb erschien in der vorletzten »Spiegel«-Ausgabe des Jahres 1956 unter der Überschrift »Wie liquidiert man Stalin?« zum ersten Mal ein ausführliches Interview. Gesprächspartner war die Vorsitzende der Sozialdemokratischen Partei Ungarns, Anna Kethly, das Thema der Ungarn-Aufstand und die Folgen – es war sozusagen der Probelauf.

Dann, im ersten Heft des Jahres 1957, präsentierte das Magazin den nächsten, knapp 1.100 Zeilen langen Dialog mit der Unterzeile: »Ein ‚Spiegel-Gespräch' mit dem Bundesminister für Verteidigung Franz Josef Strauß«. Das Thema handelte von der Aufrüstung, der neuen Bundeswehr und der mit der Entstalinisierung möglich gewordenen Entspannung. Ein Gesprächsfoto gab es noch nicht, die Interviewer blieben anonym. In der »Spiegel«-internen Registratur gilt dieses als das erste von seither 2.624 publizierten »Spiegel-Gesprächen« (Stand: Dezember 1995). Erst das folgende Gespräch – Partner war Franz Josef Strauß – stand unter der Rubrik »Spiegel-Gespräch« und endete mit dem inzwischen geflügelten Standardsatz: »Wir danken Ihnen für dieses Gespräch«.

Auszüge aus dem ersten »Spiegel-Gespräch« mit Franz Josef Strauß (Spiegel vom 2. Januar 1957):

(Eröffnungsfrage:) »Spiegel«: Würden Sie uns, Herr Minister, zuerst einmal in großen Zügen die allgemeinen Grundsätze Ihrer Arbeit im Verteidigungsministerium umreißen?

Strauß: Zunächst: das zu verteidigende Gebiet ist die Bundesrepublik. Bei ihrer geografischen Situation, bei der gegenwärtigen militärisch-politischen Lage und bei dem Stand der Waffentechnik einschließlich der Entwicklung fernlenkbarer Großkampfwaffen, die sich über weite Entfernungen hin auswirken, müssen wir von der Vorstellung einer spezifisch deutschen Verteidigung, wie sie vielleicht von 1870 bis zum Kriege Hitlers das Denken beherrscht hat, loskommen.

»Spiegel«: Das ist der politische Unterschied der Situation zu früher...

Strauß: Ja. Ein Blick auf den Globus genügt, um zu sehen, daß, wenn der einzige potentielle Gegner die Sowjet-Union ist – plus Anhang, obwohl letzteres, Gott sei Dank, fragwürdig geworden ist in den letzten Monaten –, daß in diesem Fall von vornherein jede Art des Generalstabsspiels von früher wegfällt, wie etwa Aufmarsch gegen Italien, Frankreich, Maßnahmen gegen England, Dänemark. An ihre Stelle ist jetzt nur eine einzige Aufgabe getreten: die Abwehrbereitschaft gegen die Sowjet-Union, gegen einen als solchen festgestellten ernsthaften Angriff Rußlands (...)

...

(Beginn zweite Hälfte:) »Spiegel«: Herr Minister, Sie haben in der vorletzten Woche auf der Nato-Konferenz in Paris gefordert, daß die Bundesrepublik mit taktischen Atomwaffen ausgestattet wird...

Strauß: Um Mißverständnisse zu vermeiden: ich habe den Antrag des niederländischen Kollegen, die westeuropäischen Streitkräfte mit kleinen Atomwaffen auszurüsten, unterstützt.

»Spiegel«: Wie soll nun die sogenannte atomare Gliederung des Heeres beschaffen sein?

Strauß: Kleine gemischte, in die Tiefe des Raumes verstreute Verbände, die so beweglich sind, daß man sie nicht gleich ausschalten kann, die aber, falls keine

Atomwaffen zur Anwendung kommen, rasch aufschließen können. Wir haben deshalb die klassische Division in kleinerem Maßstab beibehalten, aber durch Kampfgruppenstäbe leicht zerlegbar gemacht.

»Spiegel«: Ist es richtig, daß Sie im Zusammenhang mit diesem Begriff einer atomaren Gliederung vor Ihrer Bestallung zum Verteidigungsminister erklärt haben, 300.000 Mann seien genug?

Strauß: Das betraf nur das Heer. Ich sprach damals von 300.000 Mann für die mobilen Heeresverbände, also die zwölf Divisionen plus Heerestruppen.

»Spiegel«: Unter den voraussehbaren Problemen des Atomkriegs wird vermutlich das Heranführen von Reserven zu den kämpfenden Feldstreitkräften außerordentlich schwierig sein ...

Strauß: Im Falle des ‚general war' ist die Aufstellung von Reserve-Einheiten im deutschen Raum nicht mehr möglich.

»Spiegel«: Würde das nicht dazu führen, daß das Operationsheer – gemessen an den deutschen Verlustraten im russischen Großkampf und an der ungleich stärkeren Wirkung des Atomfeuers – in einem Zeitraum von einer Woche verbraucht ist, ohne daß es irgendeine Möglichkeit der Regeneration gibt?

Strauß: Hoffentlich braucht man nicht aus Erfahrungen die Antwort zu geben. Niemand kann dies beantworten.

»Spiegel«: Gibt es schon Pläne dafür, wieviel wehrpflichtige Jahrgänge die Reserve bilden sollen und wie die Mobilmachung dieser Reserven für die mobile Truppe vollzogen werden soll?

Strauß: Nein, die gibt es noch nicht. Das ist im jetzigen Aufstellungsstand genau so verfrüht, wie man bei der Konstruktion des Autos auch nicht mit den Sitzen anfängt.

...

»Spiegel«: Wollen Sie schon in Friedenszeiten einen obersten Soldaten mit uneingeschränkter Kommandogewalt an die Spitze der Bundeswehr stellen?

Strauß: Nein. Es wird keinen militärischen Oberbefehlshaber geben. Die Spitze der militärischen Kommandogewalt wird beim Korps liegen, oder, wenn eine Armee gebildet wird, bei der Armee. Über den kommandierenden Generalen steht der Minister und – mit dem von ihm ausgehenden Delegationsrecht – ein Generalinspekteur. Die genaue Amtsbezeichnung ist noch offen. Es wird aber ein Vier-Sterne-General sein.

»Spiegel«: Können Sie schon Namen nennen?

Strauß: Leider noch nicht, ich wäre froh, wenn das bald entschieden werden könnte.

»Spiegel«: Wird es ein Flieger- oder ein Heeresgeneral sein?

Strauß: Ich möchte die Auswahl von der persönlichen Eignung abhängig machen. Ein Luftwaffenmann ist nicht schon dadurch, daß er aus der Luftwaffe kommt, ausgeschlossen. Allerdings: Bei gleicher Eignung würde ich einen Vertreter des Heeres vorziehen.

»Spiegel«: Welche Befugnisse wird dieser Generalinspekteur haben?

Strauß: Er ist der Vorgesetzte der im Ministerium verbleibenden Inspekteure der Teilstreitkräfte und der militärische Ratgeber des Ministers. (...)

...

(Schluß:) »Spiegel«: Gibt es Vorstellungen darüber, wie eine gesamtdeutsche Wehrmacht aussehen müßte, falls ein kollektives Sicherheitsabkommen die Unverletzlichkeit der deutschen Grenzen garantiert?

Strauß: Auch für ein wiedervereinigtes Deutschland gibt es nur eine einzige potentielle Gefahr, den Osten. Es muß deshalb eine Form des automatischen Schutzes geschaffen werden, die uns der trostlosen Lage enthebt, mit einer Polizeiarmee gegen strategische Kräfte stehen zu müssen.

»Spiegel«: Bei allen Wiedervereinigungsüberlegungen taucht die Frage auf: Wird der Verteidigungsminister, beraten durch seine Generäle, in jedem Fall ein Veto gegen das Sicherheitsrisiko, das die Wiedervereinigung mit sich bringen könnte, einlegen? Oder können Sie sich Pläne vorstellen, die für die Sowjets akzeptabel sind und für Gesamtdeutschland ein ausreichendes Maß an Sicherheit enthalten?

Strauß: Das würde einmal davon abhängen, was wir selbst aufstellen dürfen, und zweitens, welche Sicherheitsgarantien Amerika zu geben bereit ist. Grundsätzlich bin ich der Meinung, daß es unverantwortlich wäre, aus Angst vor jedem Risiko am Status quo festzuhalten. Wer jedes Risiko vermeiden will, wird eines Tages das ganze Risiko laufen. Ein Rückzug der sowjetischen Truppen hinter die polnischen Grenzen und ein mit westlichen Sicherheitsgarantien ausgestattetes Deutschland, dessen Streitkräfte keine potentielle Bedrohung der Sowjets darstellen können, erscheint mir durchaus denkbar. Ich wende mich aber dagegen, daß mit solchen Ideen gespielt wird, bevor sie akut sind.

»Spiegel«: Diese Fragen sind aber jetzt akut geworden. Die Amerikaner beschäftigen sich ernsthaft damit ...

Strauß: Wir dürfen uns mit solchen Gedanken nicht allzu seiltänzerisch zur Schau stellen. Wenn wir den Anschein des alten Spiels Berlin-Moskau wiedererwecken, erleben wir mit tödlicher Sicherheit, daß uns die Westmächte mißtrauen. Und schneller, als wir in Moskau sind, wären die Amerikaner da. Wir dürfen nur in Absprache mit unseren Bundesgenossen verhandeln und ohne die Nato-Pflichten zu verletzen. Aber in diesem Rahmen ist vieles möglich. Schließlich ist die Nato ja kein Selbstzweck.

»Spiegel«: Sollte man in der gegenwärtigen Lage nicht wenigstens unnötige Eile vermeiden?

Strauß: Wir haben die Aufrüstungsdiskussion 1950 begonnen, die Aufrüstung selbst erst im Jahre 1956. In diesem langsamen Ablauf sind viele Chancen enthalten für jeden – auch für die Abrüstung, auch für die Wiedervereinigung.

Der »Spiegel« habe das Konzept von »U.S. News & World Report« aufgegriffen, schreibt der frühere »Spiegel«-Redakteur Hans Dieter Jaene, »als seine Hefte des Anzeigenzuwachses wegen so dick wurden, daß sie mit Stories allein nicht mehr zu füllen waren. Neben der Titelgeschichte und den Serien ist das »Spiegel-Gespräch« seither drittes repräsentatives und seitenfüllendes Element des ‚Spiegel'« (Jaene 1968; 64 f.). In den folgenden zehn Jahren wurde im Durchschnitt in jeder zweiten Ausgabe ein »Spiegel-Gespräch« veröffentlicht; einige davon bis zu zehn Druckseiten lang und damit umfangreicher als manche Titelgeschichte.

Für den deutschsprachigen Journalismus war das Rollenspiel zwischen den Fragern und dem Antwortenden äußerst ungewohnt: Da sitzen meist zwei Journalisten einer prominenten Persönlichkeit gegenüber, zeigen sich sehr genau informiert, reden wie Experten und können mitunter mit präzisen Gegeninformationen aufwarten. Sie fassen nicht nur nach, sondern bringen in der Pose des stets ungläubigen Skeptikers Einwände und Vorhalte, als hätten sie den Befragten zu examinieren.

Im Verlauf der 60er Jahre kam es immer häufiger vor, daß die zwei fragenden »Spiegel«-Redakteure als Kontrahenten auftraten, die zum Standpunkt des Gesprächspartners eine mit Fakten und Argumenten gestützte Gegenposition einnehmen: Aus der Abfolge logisch aneinandergereihter Fragen – wie noch in den ersten »Spiegel-Gesprächen« – war nun ein argumentativ sich entwickelnder, mitunter zänkischer, gelegentlich in Arroganz gekleideter Disput geworden, in dessen Verlauf nicht nur Sachdarstellungen, sondern auch die Denk- und Argumentationsweisen des Befragten problematisiert werden konnten. Dies machte dann den besonderen Reiz des »Spiegel-Gesprächs« aus: Zur Informationsvermittlung hinzu trat der argumentative Gehalt der Kontroverse.

Doch stets blieben die Gespräche auf ein Sachthema zentriert, die Zankerei ging, wenn schon, um Fakten, Taten und deren Einschätzung (und wirkte mitunter penetrant rechthaberisch), nicht aber um das Eigentümliche der Person und deren Lebensgeschichte: Die »Spiegel-Gespräche« erbrachten keine Personenporträts, sondern waren vom damals vorherrschenden institutionellen Politikbegriff geprägt. (Soweit mir bekannt, die damals einzige Ausnahme: Rudolf Augsteins Gespräch mit Martin Heidegger im September 1966, posthum publiziert in Heft 23/1976).

Während der ersten 25 Jahre »Spiegel-Gespräche« bot die Redaktion durchwegs Prominente als Gesprächspartner auf; rund zwei Drittel waren Politiker, davon die Hälfte aus der Bonner Szene, und von diesen wiederum gehörten mit 76 Prozent die meisten zur SPD und nur 21 Prozent zur CDU/CSU, wie Christina Listl-Steinkrauss in einer Magisterarbeit aufzeigte. Mit 31 Seancen war damals Willy Brandt der mit Abstand häufigste Gesprächspartner, gefolgt von Helmut Schmidt mit immerhin 18 Gesprächen. Spitzenreiter bei der CDU war der damalige Ministerpräsident Schleswig-Holsteins, Gerhard Stoltenberg; er war indessen mit lediglich acht Gesprächen präsent – ein Indiz, so folgert Listl-Steinkrauss, daß der »Spiegel« als »Kommunikator der politischen Elite« funktioniere und das damals von der SPD dominierte Machtgefüge im politischen System reproduziere (1984; 88 ff.).

Im »Spiegel-Gespräch« sei der Journalist »nicht Katalysator der Gedanken des Befragten, sondern (ist) genau informierter und sorgfältig vorbereiteter Gegenspieler, der eine geistige Auseinandersetzung provoziert, in der sich Argument und Gegenargument gleichwertig gegenüberstehen«, umriß Dieter Just zutreffend diese Gattung, und gab als Erklärung: »Das liegt vor allem daran, daß die sehr selbstbewußten Redakteure jeden Anschein, sie seien nur Übermittler der Anschauungen des Interviewten, geflissentlich vermeiden. Nicht selten nehmen die Redakteure – zwar nicht aus eigener Überzeugung, sondern aus taktischen Erwägungen – eine antithetische Haltung ein, um ihren Gesprächspartner zu Widerspruch und profilierter Aussage zu zwingen« (Just 1967; 86). Diese Strategie geriet in den 70er Jahren mehr und mehr zu einer Art Turnier-Ritual mit möglichst hohem Unterhaltungswert.

Als Beispiel (im Vergleich zum ersten Gespräch in Heft 1/57) das »Spiegel-Gespräch« mit Franz Josef Strauß, das Rudolf Augstein, Erich Böhme und Dirk Koch (Bonner »Spiegel«-Büro) in Heft 1/1978 führten. Die seit der »Spiegel«-Affäre feindselige Anzüglichkeit in der Beziehung zwischen Augstein und Strauß gerät hier zu einem schonungslos offenen, mit Winkelzügen und viel Rhetorik inszenierten Debattierstil (Auszüge):

»Spiegel«: Herr Strauß, wenn die Zeitungen nicht allesamt lügen, dann werden wir Sie 1978 als Ministerpräsident des Freistaats Bayern erleben dürfen.

Strauß: Ich darf zunächst dem Wähler meinen Respekt bezeugen und sagen, wenn der Wähler bei den kommenden Landtagswahlen (...)

...

Strauß: (erklärt zur Überraschung der Interviewer, daß er 1966, vier Jahre nach der »Spiegel«-Affäre, eigentlich Chancen gehabt habe, Kanzlerkandidat der CDU/CSU zu werden).

»Spiegel«: Was war der Grund, daß Sie es 1966 nicht gemacht haben? Strauß: Weil ich nicht wollte.

»Spiegel«: Warum wollten Sie nicht?

Strauß: Weil i net hab woll'n. Wenn mi einer fragt, warum mogst net, sag i, weil i net mag. Das ist in Bayern eine ausreichende Auskunft.

»Spiegel«: In Bayern ja, aber dieses Blatt wird auch in anderen Bundesländern gelesen. Können Sie den Nichtbayern eine etwas differenziertere Antwort geben?

Strauß: Wir waren 1966 in Schwierigkeiten (...) Wir einigten uns auf Kurt Georg Kiesinger. Dieses habe ich wenige Minuten später dem wartenden Fernsehteam erzählt. Von da an ging es...

»Spiegel«: Von da an ging's bergab?

Strauß: ...von da an ging's über den Ticker in alle Himmelsrichtungen (...)

...

Strauß: (referiert einen gegen Strauß gerichteten Bericht der Demoskopin Noelle-Neumann, daß ein Katholik aus Süddeutschland im Norden keine Wahlchancen habe) Ich habe dann im kleinen Kreis der Strategiekommission gesagt: Wenn das stimmt, was sie sagt, wenn man das ernst nehmen muß, ..., dann wäre es völlig falsch, überhaupt einen süddeutschen Katholiken als Kanzlerkandidaten aufzustellen – verstehen Sie mich?

»Spiegel«: Sie meinen Kohl.

Strauß: Unter der Prämisse, daß das zwei wichtige Argumente sind. Dann hätten wir uns von vornherein überlegen müssen, warum wir nicht einen Norddeutschen aufstellen, der nicht das Gebetbuch hat, sondern hanseatischen Look, Seglermütze und Gesangsbuch.

»Spiegel«: Namen.

Strauß: Nehmen wir den Namen Carstens (...)

...

Strauß: (referiert über programmatische Ergänzungen und Erweiterungen im Zusammenspiel CDU und CSU, mit dem Gedanken, dadurch das Wählerangebot zu verbreitern. Dann:) Wenn wir das erreichen, dann können wir alle Diskussionen über die Änderung der Parteienlandschaft beenden.

»Spiegel«: Aber so geht das doch nicht. Sie wollen doch nicht einen politischen Selbstbedienungsladen, der für alles und jedes steht und für nichts Bestimmtes.

Strauß: Dann hätten wir die Reichhaltigkeit Ihres Magazins erreicht.

»Spiegel«: Wir reden über eine Partei.

»Spiegel«: Die Strategiekommission scheint sich noch immer im Kreis zu drehen mit dem Zweck, Herrn Kohl zu ärgern.

Strauß: Das ist Ihre Annahme. Denn wenn Sie keine solche Annahme hätten, wüßten Sie nicht, was Sie schreiben sollen.

»Spiegel«: Wir sitzen ja nicht hinter der Tür der Strategiekommission, hinter der Sie mit Herrn Kohl zusammensitzen. Vielleicht liebt ihr euch?

Strauß: Nicht so, wie Sie meinen!

»Spiegel«: Nur eines ist gewiß: Die vor der Tür sind permanent perplex (...)

Strauß: Glauben Sie nicht, daß die Chance, heute perplex zu sein, das Leben verschönt und das Altern verhindert?

»Spiegel«: Das ist noch kein Programm. Die Frage ist nicht, wie perplex wir sind. Die Frage ist, wie perplex Herr Kohl durch Sie ist.

Strauß: Herr Kohl muß sich ja die gleichen Gedanken machen und macht sie sich auch.(...)

...

»Spiegel«: Erlauben Sie uns bitte, das, was die Union mit Kohl anstellt, Demontage zu nennen.

Strauß: Sie sind ein bißchen in der Rolle eines, der ein Haus anzündet und dann schreit, daß die Feuerwehr fehlt.

»Spiegel«: Den Kohl haben wir nicht angezündet. Ein CSU-Mann, den Sie kennen und schätzen, hat uns gesagt, zu einem Drittel demontiert Kohl sich selbst, zu einem Drittel macht das Schmidt, und zum restlichen Drittel machen's die CSU und Strauß.

Strauß: Dann hätten Herr Schmidt und ich zusammen zwei Drittel, das gäbe eine solide Mehrheit.

»Spiegel«: Jetzt einmal ganz im Ernst, streben Sie tatsächlich eine Große Koalition mit der SPD des Helmut Schmidt, so wie Sie es jetzt in einem Interview im »Deutschen Allgemeinen Sonntagsblatt« angedeutet haben?

Strauß: Ich strebe keine Große Koalition an (...).

...

(Anmerkung: Das gesamte Gespräch lief über knapp 1.300 Druckzeilen. Der »Spiegel« äußerte sich 86mal; kaum mehr als die Hälfte, nämlich 45 Äußerungen, enthielten eine explizit formulierte Frage mit Fragezeichen; fast ein Drittel waren oftmals flachsende Einwände oder Entgegnungen; mit 19 Fragen nur rund ein Fünftel enthielt Informationen zu Sachverhalten).

Die bissige, mitunter beißende Art der Gesprächsführung brachte auch Kritiker auf den Plan. »Das ‚Spiegel-Gespräch' will nicht informieren, sondern dekuvrieren, es ist kein Gespräch, sondern Inquisition. Schon die Fronten sind ungleich: dort das Opfer, hier zwei wohlvorbereitete Fragesteller und ein unbestechliches Tonbandgerät«, kritisierte Hans-Joachim Netzer (1970; 34) – und übersah, daß die im »Spiegel-Gespräch« evozierte Selbstdarstellung nicht nur einer prominenten Persönlichkeit gilt, sondern auch von A bis Z auf Freiwilligkeit basiert (was man von einem Verhör oder gar einer Inquisition nicht behaupten kann → mehr hierzu in der Einführung zum zweiten Buchteil), und daß sie neben dem Unterhaltungswert eine gesteigerte Informationsleistung bietet.

Vom Tonband zur Druckfassung: Das Prinzip der Autorisierung

Es gehört zum Mythos des »Spiegel-Gesprächs« zu glauben, die Interviewer seien derart formulierstarke und prägnante Rhetoriker, daß man die Tonbandabschrift des Interviews publiziere. Richtig ist vielmehr, daß jedes Gespräch gestrafft und sprachlich geschönt wird – daß viele Gesprächsprotokolle sogar redaktionell stark überarbeitet werden, bis sie nach Meinung der Redaktion druckwürdig sind.

Die Bearbeitung orientiert sich am selben Grundsatz wie schon »U.S. News & World Report«: Die Lesbarkeit des Textes – er soll abwechslungsreich, prägnant und flüssig, inhaltlich erhellend, wenn möglich auch mal schmunzelig sein – ist weit wichtiger als die Worttreue des tatsächlich geführten Gesprächs. Als Lektüre ist ja das Wort nicht mehr flüchtig, es besitzt nun die Qualität bewahrender Beständigkeit. Darum ist die offenere Syntax der Sprechsprache, sind deren Redundanzen, Unterbrüche und Themen-Schleifen unerwünscht.

Das Rendezvous selbst dauert – den Erfahrungen des Schreibenden und dem Erfahrungsbericht verschiedener Redaktionsmitglieder zufolge – zwischen etwa sechzig und hundertfünfzig Minuten. In seltenen Fällen, wenn eine umfassende Problemsicht vorgenommen wird, wenn der Gesprächspartner sehr wortreich redet und/oder sich eine weitschweifige Diskussion entwickelt, kann sich das Gespräch schon mal über drei oder vier Stunden erstrecken. Im Durchschnitt, sagen »Spiegel«-Redakteure, stellt ein Bonner Politiker rund achtzig Minuten für ein Gespräch zur Verfügung. Das Wortprotokoll dieses Gesprächs umfaßt dann rund 1.200 bis 1.500 Druckzeilen und ist damit fast doppelt so lang wie die zum Druck bestimmte Fassung, die heute in aller Regel zwischen 700 und etwa 900 Zeilen schwankt. Das sogenannte Eindampfen des Gesprächstextes ist also selbstverständlich.

Der gelegentlich geäußerte Vorwurf, »Spiegel-Gespräche« seien wegen der nachträglichen Überarbeitung oft manipulativ, ist insofern korrekt, als viele Leser der Meinung sind, das Protokoll des real stattgefundenen Gesprächs zu lesen, tatsächlich aber eine mitunter stark überarbeitete, manchmal veränderte Fassung vor sich haben. Der Vorwurf zielt indessen daneben, sofern er zum Schutze des Gesprächspartners erhoben wird. Denn die Redaktion verbessert in erster Linie die Redeweise des

Interviewten; schließlich soll er ein interessanter Partner sein und den Lesern ein möglichst spannendes, in der Sache ergiebiges Gespräch bieten. Vor allem aber:

Das »Spiegel-Gespräch« ist nicht zuletzt deshalb zur Institution geworden, weil prinzipiell der druckfertige Text dem Interviewten vorgelegt wird; ihm steht es frei, den Text nach seinem Gutdünken abzuändern. Allerdings können allzu weitreichende Eingriffe dazu führen, daß die Redaktion die autorisierte Fassung für zu langweilig hält und auf die Veröffentlichung verzichtet. Hin und wieder kommt es auch vor, daß sich die politische Lage so rasch ändert, daß der Gesprächspartner den Text vor der Veröffentlichung zurückzieht. Auch dies wurde und wird vom »Spiegel« akzeptiert. So war es im August 1966, als Verteidigungsminister von Hassel das bereits autorisierte Gespräch seines Brigadegenerals Krupinski zurückzog. »Spiegel-Gespräche« seien »die geprüfte und autorisierte Niederschrift einer mündlich geführten Diskussion, die zu bearbeiten oder zurückzuziehen dem Gesprächspartner freisteht«, kommentierte der »Spiegel« (Hausmitteilung 36/1966).

Gesprächserfahrene »Spiegel«-Redakteure wissen über sehr unterschiedliche Autorisierungsformen zu berichten: Persönlichkeiten, die über präzise Vorstellungen und einen prägnanten Sprachausdruck verfügen, überarbeiten bei der Autorisierung nur wenig. Franz Josef Strauß wird da als angenehmer Gesprächspartner in Erinnerung gehalten. Persönlichkeiten indessen, die meist vage bleiben und über keine präzise Begriffssprache verfügen, verändern oftmals den vorgelegten Text und ändern dann nochmals ihre Veränderungen. Man erinnert sich da an Politiker wie den damaligen CDU-Oppositionsführer Helmut Kohl, mit dem vier Gespräche geführt wurden (während seiner Bundeskanzlerzeit verweigerte er sich dem »Spiegel«). Persönlichkeiten wiederum, denen es auf jedes Wort ankommt und die besonders mißtrauisch sind, schwächen Formulierungen nachträglich ab und paraphieren am Ende jede Manuskriptseite, als handele es sich um einen Staatsvertrag.

Dieses Verhalten zeigte Martin Heidegger; man erlebte es vor allem bei osteuropäischen Staatschefs und Drittwelt-Potentaten. (→ Zur Durchführung von »Spiegel-Gesprächen«, über deren Verfahren wie auch Pannen und Abweichungen: siehe Gespräch mit »Spiegel«-Redakteur Dieter Wild im dritten Buchteil »Werkstatt«)

Das Prinzip der Autorisierung und das darin eingeschlossene Recht auf Textkorrektur hat dazu geführt, daß bis heute das »Spiegel-Gespräch« als eine ausgesprochen faire journalistische Einrichtung hoch geachtet wird. Dank dieser Garantie stößt der »Spiegel« auch bei Persönlichkeiten, die unsicher oder dem Magazin politisch zuwider sind, auf Gesprächsbereitschaft. Und schließlich führte das Autorisierungsprinzip dazu, daß »Spiegel-Gespräche« als zitierfähige Dokumente gelten, an denen es nichts zu dementieren gibt. Sie bedeuten oftmals selbst das Ereignis, über das die anderen Medien berichten.

Zurück zu Frage und Antwort: Das »Spiegel«-Interview

Nicht jedes Gespräch glückt den »Spiegel«-Redakteuren; manchmal sind nur einige Passagen interessant; auch ist nicht jedes Interviewthema für ein voluminöses Gespräch hinreichend ergiebig. Vor allem aber: Nicht zu jedem Standpunkt läßt sich eine Antithese sinnvoll aufbauen und argumentativ durchhalten. Kurz: Viele Themen und Personen lassen sich nicht in den großen Rahmen des »Spiegel-Gesprächs« einspannen. So würde man zum Beispiel gern in einem kurzen Interview erfahren, wie der Wortführer der Fluglotsen deren Bummelstreik begründet, in einem anderen, wie der Strafrechtsexperte die fragliche Prozeßführung beurteilt oder wie der Brandmeister den ungemein schwierigen Feuerwehreinsatz durchgezogen hat.

Es lag also auf der Hand, daß der »Spiegel« zur großen Form bald auch die kleine, das »Spiegel«-Interview, dazustellte. Es erschien erstmals in Heft 3/1963 und unterschied sich vom Gespräch durch drei seither maßgebende Eigenheiten: a) Es hatte nur etwa ein Viertel des Gesprächsumfangs; b) der Interviewer trat nur in der Rolle des Fragers auf und debattierte nicht; c) es wurde kein Gespräch vorgeführt, sondern ein Frage-Antwort-Spiel. Dieter Just vermerkte: »Formal und inhaltlich unterscheidet sich das Interview des Magazins nicht von anderen, vorwiegend informativen Kurzinterviews in Presse, Hörfunk und Fernsehen.« (1967; 88).

Die im Vergleich zum Gespräch andere Funktion des Interviews erläuterte der »Spiegel« seinerzeit folgendermaßen: »Die Meinungen, Erfahrungen,

Erlebnisse, Ansichten bei denen herauszubekommen, deren Ansichten, Erlebnisse, Erfahrungen, Meinungen interessant sein könnten, gestattet die Technik des Interviews. Der Journalist übernimmt dabei den Part des Vermittlers oder leistet, wenn er es gut macht, so etwas wie Geburtshilfe.« Demgegenüber: »Das ‚Spiegel-Gespräch' wünscht sich seine Ergebnisse als Resultat einer Diskussion, oft genug ist es zum Streitgespräch geraten« (Hausmitteilung 10/1964). Sieben Jahre später bekräftigte der »Spiegel« diese Funktionsteilung: »‚Spiegel-Gespräche' sind ... nie als Interview gedacht gewesen und geführt worden, als Befragung von Sachverständigen also durch einen Journalisten ..., (sondern) Diskussions- und Streitgespräche, bei denen jede Seite zu einem Maximum an Sachverstand aufgefordert blieb« (Hausmitteilung 22/1971).

Daß beim Interview auch die journalistische Leistung für geringer gilt als beim Gespräch, kam auch in der Anonymität des Interviewers zum Ausdruck: Während (bis 1991) die Situation des »Spiegel-Gesprächs« mit einem sogenannten Gesprächsfoto dokumentiert wurde, das den oder die Interviewer mit ihrem Gesprächspartner zeigt (ein für die Profilierung des »Spiegel«-Journalisten wichtiges Element), wurde beim Interview während Jahrzehnten auf jedes Gesprächsbild verzichtet.

Trotz der mangelnden Profilierungsmöglichkeit für die Redakteure erschienen bald mehr Interviews als Gespräche. Seit Januar 1963 bis Oktober 1989 wurden 1.831 publiziert, im Jahresdurchschnitt also 57,5, mit seither steigender Tendenz. Zum Vergleich: In den 33 Jahren seit Erfindung des »Spiegel-Gesprächs« waren es im Jahresmittel 52,2 (allerdings gab es in den 60er Jahren nur in jeder zweiten Ausgabe ein Gespräch, in den 80er Jahren oft mehrere Gespräche pro Ausgabe; abhängig von der jeweiligen Chefredaktion, war die Frequenz bis zum Ende der 80er Jahre steigend, bis Mitte der 90er Jahre wieder fallend).

Exploration statt Konfrontation: Wandlungen des »Spiegel-Gesprächs«

Heute, in der zweiten Hälfte der 90er Jahre, trifft diese fast drei Jahrzehnte strikt gehandhabte Typologie nur mehr bedingt zu. Die journalistischen Darstellungsformen sind ja immer auch Ausdruck der publizistischen Kultur; indem sich die Kommunikationsstile wandeln, verändern sich auch die Formen – oder sie vertrocknen zu einem starr ablaufenden Ritual. Auch das »Spiegel-Gespräch« lief durchaus Gefahr, zu einer unglaubwürdigen Routine-Inszenierung nach Art eines Schaubuden-Catcherfights zu verkommen.

Verändert wurde insbesondere die Funktion des »Spiegel-Gesprächs«: Es soll den Befragten nicht mehr examinieren. Und verändert haben sich damit auch die Rolle der Gesprächsführer und deren Strategie. Zunächst wurde die Grenze zum »Spiegel«-Interview durchlässiger (gelegentlich erscheint jetzt auch mal ein Gesprächsfoto zu einem Interview, wenn es einer ganz wichtigen Persönlichkeit gilt oder schwierig zu ergattern war); die beiden Formen lassen sich inzwischen kaum mehr voneinander abgrenzen, mitunter erscheint die Etikettierung beliebig. Auch sind die Gespräche inzwischen erheblich kürzer, ihre Themen eingegrenzter als früher. Die negative Folge: »Der zeremonielle Charakter« des Gesprächs, auch »seine Bedeutung als Institution« seien stark herabgemindert, konstatiert der erfahrene »Spiegel«-Ressortleiter Siegfried Kogelfranz und verweist auf die geradezu »inflationäre« Häufung von Interviews in den Heften seit Ende der 80er Jahre.

Vor allem aber nahm seit den frühen 80er Jahren die Zahl der konfrontativ geführten Dispute stetig ab. »Wir meinen heute, wir müßten nicht in der Rolle des Siegers vom Platz gehen«, sagte uns der (Ende 1989 ausgeschiedene) Chefredakteur Erich Böhme. Nur mehr bei bestimmten Personen und Themen sei der »Schlagabtausch«, sei die hart durchgezogene Kontroverse angebracht. »Früher wollten wir die Besserwisser sein«, ergänzte Böhme, »heute wollen wir oft lieber die Person ausforschen.«

Auch Dieter Wild, seit 1994 stellvertretender Chefredakteur, der früher selber so manches zänkische Gespräch geführt hat, spricht heute von einem Gesprächsstil, den er »explorierend« nennt. Gemeint ist ein ausforschendes Fragen, wie man es schon lange in der Sozialforschung als »unstrukturiertes Interview« kennt (→ zweiter Buchteil, Einführung): Aussagen des Gesprächspartners werden nicht sogleich mit Gegenthesen konfrontiert, vielmehr als Einstieg verstanden, um eine erzählerisch zu leistende Themenvertiefung zu erreichen. Vielleicht wird der Gesprächspartner aufgefordert, interessante Erlebnisse zu erzählen oder über eine überwundene Denkweise zu berichten; vielleicht soll er einen bestimmten Vorgang ausdeuten (was früher nur im Rahmen eines Interviews zulässig war) oder seine in einem Geschehnis innegehabte Rolle erzählen und erläutern (was früher nur Material für eine »Spiegel«-Geschichte war).

Wenige »Spiegel-Gespräche« im derzeitigen Wirtschaftsteil und nur einige im Deutschlandteil, doch viele im Ausland- und im Kulturteil folgen inzwischen diesem Duktus und den damit definierten Rollenmustern.

Ein Beispiel für viele (und im Kontrast zum zuvor zitierten Strauß-Gespräch in Heft 1/1978): Das »Spiegel-Gespräch« mit Elie Wiesel über die Angst der Juden vor einer Wiedervereinigung Deutschlands. Die erste Frage der Interviewer intoniert das Subjektive: »Herr Wiesel, was haben Sie empfunden, als Sie die vielen jungen Deutschen sahen, die auf der Berliner Mauer lachten und sangen und tanzten?« Die folgende Frage unterstellt in alter Manier: »Aber Sie meinen nicht, daß ein Jude keinen Grund zur Freude habe, wenn die Deutschen froh sind?« Bereits die übernächste exploriert: »Warum läßt Sie dann der Gedanke an eine deutsche Wiedervereinigung zurückschrecken?«, ebenso die nun folgenden Fragen, etwa die siebte: »Woran liegt es Ihrer Meinung nach, daß Kohl unbefangener mit der Nazi-Vergangenheit umgeht als seine Vorgänger?« Von den nun folgenden 19 Aussagen der Interviewer sind 14 in der Form explorierender oder um Interpretation bittender Fragen gehalten, lediglich vier sind einwendend formuliert, nur ein Part leitet eine auf Ereignisdeutung gerichtete Frage mit einem Einwand ein (in Heft 1/1990).

Den Gesprächspartner auf seine Rolle verweisen, ihn mit sich und seiner Lebensgeschichte konfrontieren, ihn nach Motiven und Eigenheiten zu befragen: Auch dieser dem Tiefeninterview nachempfundene Gesprächsstil wird inzwischen bei Gelegenheit praktiziert. Da werden Neigungen und Selbsteinschätzungen, vielleicht auch Charaktereigenschaften der Person ausgeleuchtet (oder richtiger: aufzuleuchten versucht), werden Empfindungen thematisiert, Wünsche und Bedürfnisse angesprochen, Fragen nach Glaubwürdigkeit, nach Moral und Redlichkeit gestellt - ein für die sprachliche Glätte des »Spiegel« allerdings nur schwer begehbares Terrain, das andere Magazine – allen voran in den 70er Jahren der »Playboy« (siehe das berühmte »Playboy«-Interview, das drei Interviewer mit Rudolf Augstein führten, im Februar-Heft 1978, oder die etwa von Sandra Maischberger geführten Gespräche Mitte der 90er Jahre) – für sich längst erschlossen haben.

Nicht unbedingt verändert, sondern erweitert hat sich mit dem Gesprächsstil auch die Bandbreite der Gesprächspartner. Bis Anfang der 70er Jahre kamen ausnahmslos Vertreter der politischen, wirtschaftlichen und kulturellen Elite zu Wort. Einzig in der Zeit der Studentenrevolte standen auch mal ordinäre Studiosi – drei Vertreter der Deutschen Burschenschaft – Rede und Antwort (Spiegel 25/1968), drei Jahre später zwei (wegen Vietnam) desertierte US-Soldaten.

Erstmals 1974 kamen mit drei Frankfurter Hausbesetzern Zugehörige einer Randgruppe ins Gespräch (9/1974), sechs Jahre später erzählten fünf (von der Redaktion anonym gehaltene) gewalttätige Jugendliche aus der Zürcher Jugendbewegung, warum sie Steine werfen (52/1980). Auch dieses Gespräch wurde in einem freilich mühevollen Verfahren (in einem vielstündigen Palaver der fünf mit den »Spiegel«-Journalisten) von den Jugendlichen genehmigt. Es schien, als sei damals der Prominenten-Zwang und zugleich der Randgruppen-Bann im »Spiegel« gebrochen worden: Im Verlauf der 80er Jahre sprachen »Spiegel«-Redakteure (allen voran Wolfgang Sternsdorff) mit arbeitslosen türkischen Jugendlichen (25/1982), mit Westberliner »Streetfightern« (43/1983), wiederholt mit inhaftierten ehemaligen RAF-Terroristen, mit Wohnungseinbrechern (34/1985), mit Pennälern in Düsseldorf (15/1988), Heroinsüchtigen (30/1988) und Kreuzberger »Autonomen« (19/1989): Hinweise, daß nicht mehr allein die gesellschaftlichen Eliten, sondern auch deren Opfer, vor allem aber die namenlosen Fackelträger sozialer und kultureller Konflikte journalistisch bemerkenswert und darum Gesprächspartner sind – für Gespräche, die kaum konfrontativ, sondern in erster Linie explorativ und einfühlend zu führen sind.

Auch diese Neuerungen liegen, ob beabsichtigt oder nicht, in der mit dem »Spiegel-Gespräch« intendierten Stoßrichtung des gegen die Hierarchiegläubigkeit gerichteten emanzipatorischen Journalismus, da sich dieser nun selbst vom Podest des eitlen Besserwissers herunterholt.

Das Personenporträt: Ben Witters Spaziergänge

Bereits das »Spiegel-Gespräch«, in aller Plastizität dann aber das in den 60er Jahren entwickelte Personenporträt in Radio und Fernsehen gaben dem Interview die Attraktion eines dramatischen Schau-Spiels. Nicht nur, *was* die Interviewer und der Interviewte sagen, nicht allein, *wie* sie es sagen, vielmehr: Wie sie im Verlauf des Gesprächs agieren und reagieren, wie sie kämpfen, wann sie angreifen und wann abwehren, wie und als was sie sich zu erkennen geben – solche Florettfechtereien machen den gesteigerten Reiz der dramatisierten Personenbefragung aus.

Anders als im Fernsehen kann nun aber das gedruckte Frage-Antwort-Spiel die nonverbale Interaktion zwischen Gesprächspartnern nicht lebendig machen. Es war darum naheliegend, daß verschiedene Presse-Journalisten dieses Interviewgeschehen in einer schildernden Sprache vermitteln wollten. So entstanden neue, der Reportage verwandte Formen des erzählten Gesprächs (Näheres zur Personenreportage siehe Haller [2]1990; 116 ff.). In mehreren Tageszeitungen entstanden Rubriken und Kolumnen, um Politiker »menschlich zu sehen«, um Prominente als »Leute von heute« vorzuführen und Künstler in einem »Porträt des Tages« zu feiern. Große Beachtung fand in den 70er Jahren Walter Henkels Kolumne »Bonner Köpfe«: Auf der Basis von Befragungen verfaßte er in der »Frankfurter Allgemeinen« prägnante, auf eine bestimmte Situation zugeschnittene Personenporträts. Inzwischen gibt es kaum noch eine Tageszeitung von Geltung, die nicht in ihrem Lokalteil eine um *human touch* bemühte Porträt-Spalte pflegt.

Für die Kultivierung der porträtierenden Interview-Reportage von besonderer Bedeutung waren die Personenbeschreibungen des Hamburger Reporters und notorischen Spaziergängers Ben Witter in der »Zeit«. Witter, Jahrgang 1920, Journalist und Reporter in Hamburg seit 1946 bis zu seinem Tod 1993, kam Ende der 60er Jahre auf die Idee, die Prominenten nicht (nur) am Schreib- oder Rauchtisch, sondern im Fortgang eines ausgedehnten Spaziergangs zu befragen. Er marschierte mit seinen Gesprächspartnern über Straßen, Plätze und durch Landschaften – und konnte so im Text einen roten Erzählfaden entwickeln, der auch dem Gespräch die besondere Diktion gab: »Das Gehen schlechthin«, sagt Witter metaphorisch, präge Form und Inhalt seiner Texte. Er habe damals seine Form aus einem Unbehagen über den herrschenden Interviewstil entwickelt, erzählte er uns. »Im Frage-Antwort-Interview wird der Mensch festgelegt auf ein paar Fragen.« Doch die Menschen bekäme man mit inquisitorischen Fragen nicht zu fassen. Man müsse sich ihnen wie beiläufig nähern und die Begegnung als flüchtig begreifen. Seine Porträts hätten im Grunde das Fragmentarische, das Vorläufige zum Thema, nicht das Endgültige. Sie zeichnen, wenn sie gelingen, keine Fotografie der Person, sondern ein Psychogramm.

Bald sei ihm aufgefallen, daß sich »die Leute in den Räumen festhalten«. Also lag ihm daran, »daß sie sich freilaufen«, möglichst in die offene Landschaft. Zur Vorbereitung des Spaziergangs las er, was er im Archiv von und über die Person fand. Er nahm auch auf einem Zettel das eine oder andere Zitat mit auf den Weg, doch nicht, um den anderen festzunageln, vielmehr um mit ihm tiefer ins Gespräch zu kommen. Sein Credo hieß: »Ich will hinter das Reden blicken.«

Voraussetzung für einen gelingenden Spaziergang sei, daß »Alltagsstimmung« aufkomme. Er verabredete seine Begegnungen eher kurzfristig, nannte das Interviewprojekt eher beiläufig und hielt dann den Spaziergang auf ein, zwei Stunden begrenzt. In dieser entspannten Atmosphäre lasse sich ein Gesprächsfaden entwickeln. Eine gewisse Anstrengung bereitete die Schwierigkeit, daß während des Spaziergangs das Gespräch nicht aufgezeichnet werden konnte. Ben Witter sprach darum den einen oder anderen Schlüsselsatz seines Partners laut nach – zur Kontrolle und zur Gedächtnisstütze. Und wenn sich der Spaziergang dem Ende näherte, wollte Ben Witter einen »Gesamteindruck« gewonnen haben: »Das Bild von der Person muß in einen Rahmen passen.«

Nach dem Spaziergang ging es darum, das Gesprochene und das Erfahrene zusammenzufügen. Dies sei jedes Mal ein Balanceakt – von »der Angst und der Sorge begleitet, das wiederzugeben, was war, und zugleich den Betreffenden tiefer zu sehen: ihn so zu betrachten, wie es gerechtfertigt ist, auch wenn er sich selbst – vielleicht – anders sieht.« So blieb Ben Witters Sprache stets vorsichtig, tastend, in gewisser Weise vorläufig – und nie respektlos oder aggressiv. Seine Psychogramme sind eine Art Niemandsland, in dem die Person, wie sie sich sieht, und dieselbe Person, wie Witter sie sieht, einander begegnen.

Leseprobe aus Ben Witters Spaziergang mit Axel Springer Ende der 70er Jahre:

Der Regen machte keine richtigen Tropfen, und wir fanden, daß die Oberfläche des Wannsees wie ein Reibebrett aussieht. Ja, ich wußte, daß Goebbels die Hamburger »Alpaca-Engländer« genannt hatte und Himmler die anglophilen Söhne Hamburger Kaufleute ins KZ bringen wollte. Weil sie mit langen Haaren, Bowler-Hut und Regenschirm gegen die Blut-und-Boden-Parolen protestierten, im verbotenen Jazz und Swing ihre Träume von Amerika hochspielten und in Gedanken schon ausgewandert waren. »Sie gehörten doch auch dazu«, sagte ich, »und einige kamen ins KZ.« »Aber das war trotzdem kein Widerstand.« Um auf dem Weg zu bleiben, mußten wir dicht nebeneinander gehen. »Es war kein Widerstand«, sagte Springer, »daß ich einem unserer Redakteure zur Flucht verhalf und von der Gestapo verhört wurde und ältere Nummern des ‚Berliner Tageblatts' verteilte. Man war nur mit Haut und Haaren dagegen.« In seinen Augen lag wieder so eine Art Traurigkeitsgefühl, die Hand wurde lasch und rutschte von der Manteltasche ab.

»Ich bin ein Poet und Träumer«, sagte er so vor sich hin.

...

In einem Sanatoriumspark hätte er nicht bedächtiger gehen und vor sich hinsprechen können. Seine Frau winkte. Wir setzten uns mit nassen Haaren wieder an den Kamin. »Ein Freund«, begann Axel Springer, »sagte dann zu mir: ‚Mach doch Bücher, was sitzt Du da im Waterloo-Theater hinter dem Filmprojektor.' Es war das einzige Kino, wo sich nach der Wochenschau die Swing-Jugend versammelte. Ich hatte eine Kurzausbildung als Filmvorführer erhalten und war auch Platzanweiser. Und wir beschafften Papier und brachten Romane, Essays und Krimis aus der alten ‚Berliner Stadtillustrierten' und wenn es jüdische Autoren waren, unter Pseudonym, zwischen feste Deckel. Der Freund, ein Buchhändler, kam ins KZ und überlebte.« Ich sagte: »Sie haben einen hohen Bariton, und mit der Stimme läßt sich über alles reden, aber Sie fassen sich kürzer als damals, vor dreizehn Jahren.« Springer sah mich an: »Ich hielt immer viel zu lange Reden, ich bin wortempfindlicher geworden.«

...

Ich wollte vom Kamin weg, aber Springer streckte die Hand aus: »Der Buchverlag war meine Rettung gewesen und das Schicksal unserer Zeitung.«

...

»Sind Ihre Haare trocken?«, fragte er dann. Ich sagte: »Wie nett das klingt, und für Ihr ‚Hamburger Abendblatt' erfanden Sie dann den Spruch ‚Seid nett zueinander', und ...« – »Ja, und ich verteilte Blumensträuße auf U-Bahn-Stationen und setzte den Zebrastreifen in der Bundesrepublik durch, und ...« – »Ja, und welchen Spruch würden Sie jetzt erfinden?« Springer zögerte nicht: »‚Es lohnt sich immer, miteinander zu reden.'(...) Wenn Herr Wallraff mich sprechen möchte, kann er sofort kommen.« »Ich leide wie ein Hund darunter, daß manches in meinen Blättern steht, womit ich überhaupt nicht einverstanden bin. Und wie oft leide ich, wenn ich morgens die ‚Bild-Zeitung' lese. In Hunderten von Briefen beschwor ich die Chefredaktion, alles zu unterlassen, was gegen die Würde des Menschen verstößt. ‚Bild' ist das schnellste Informationsblatt der Welt. Da wird nach dem Sekundenzeiger aufgetischt. Von den Hilfsaktionen und Hilfestellungen, die ‚Bild' organisiert, redet man nicht. Aber jede Hilfe ist mit Recht ja selbstverständlich. Und ich will auch gar nichts beschönigen.«

...

Und dann wieder auf dem Uferweg: keine Blicke für den Wannsee, aber für das feuchte Gras: »Der Selbstmord meines Sohnes Axel, ich habe immer für ihn mitgeträumt, er wurde unter dem Pseudonym Sven Simon ein berühmter Fotograf ... Aber er hatte Angst vor dem Riesenverlag ...(...) Nun habe ich Axel ganz bei mir. Durch meinen Glauben ist die Nähe vollständig.«

Mit schlendernden Armen ging er voran: »Ja, ich habe meinen Besitz an der Elbe in Hamburg-Altona, er ist über 50 000 Quadratmeter groß mit einem Haus drauf, (...), dem Hamburger Staat geschenkt. ‚Sven-Simon-Park' soll er heißen, Axel junior war da immer so gerne.«

...

»Und damals wollten Sie in Schleswig-Holstein nur ein Bauernhaus kaufen«, sagte ich, »und daraus ist ein Herrenhaus geworden wie hier ...«. Das Lächeln ließ sich Zeit: »Ich erhalte es doch hauptsächlich für meine Träume und für meine Gäste...« (Zit. nach Witter 1982; 176-185).

Ben Witter folgte nicht den Regeln des Interviews, vielmehr denen der Reportage: Ihn interessierte nicht die Authentizität der Gesprächssituation, sondern das Authentische der Person. Bei der Niederschrift des Textes löste er sich von der Chronologie des Spaziergangs und entwickelte eine dem Textablauf gemäße Dramaturgie des Dialogs. Wie es sich für einen Reporter gehört, hat Ben Witter seine Texte auch niemals den Gesprächspartnern vorgelegt. »Noch nie gab es ein Richtigstellungsbegehren«, erzählte er mir wenige Monate vor seinem Tod.

Witter spazierte im Verlauf der Jahrzehnte für »Die Zeit« mit Walter Scheel durch Kölns Marienburg, mit Ludwig Erhard auf Hamburgs Johanniterstraße, mit Prinz Luis Ferdinand von Preußen entlang der Bremer Wümme, mit Uwe Seeler vor der leeren Tribüne eines Sportplatzes, mit Ernst Jünger im Schloßpark. Es ging nicht lange, da wurden seine »Spaziergänge mit Prominenten« als originelles Amalgam aus Gespräch und Reportage von jüngeren Journalisten nachgeahmt – ohne Ben Witters eigenwillige Erzählweise je übertroffen zu haben.

Interview als Zweikampf: Wer hat Angst vor Oriana Fallaci?

Damals, in den frühen 70er Jahren, tauchte in verschiedenen Zeitungen und Zeitschriften auch ein schonungslos offener, mitunter aggressiver Interviewstil auf, der es – dem Fernseh-»Kreuzfeuer« ähnlich – auf die Entblößung der interviewten Person abgesehen hatte. Doch im Unterschied zu den Fernseh-Veranstaltungen (und anders als im »Spiegel-Gespräch«) wollte sich nun die interviewende Person mit dem Thema selbst ins Zentrum des Gesprächs drängeln.

Ein Name gilt als Erfinder, in gewissem Sinne als Eigentümer dieses invasiven Kampfstils: Oriana Fallaci. Sie wurde nach eigenem Bekunden 1929 als Handwerkerstochter in Florenz geboren und will, kaum 13jährig, mit dem Vater am antifaschistischen Widerstand als Waffenträgerin und Fluchthelferin aktiv mitgemacht haben. Mit 17 hat sie als Gerichtsreporterin für die »L'Italia Centrale« journalistisch zu arbeiten begonnen, wurde Mitarbeiterin der Kulturzeitschrift »L'Epoca«, nach 1955 bei »L'Europeo«. In den 60er und 70er Jahren reiste sie als Reporterin zu den Brennpunkten des aktuellen Geschehens – so lebte sie 1966 mehrere Wochen im Ausbildungscamp der NASA – und bewegte sich wenn möglich in der vordersten Linie: 1968 bei den Studentenunruhen in Mexico (sie trug einige Schußverletzungen davon), bis 1975 wiederholt in Vietnam, wo sie bei Kampfeinsätzen der US-Luftwaffe mitflog und auch mal mit dem Fallschirm absprang. Aus allen diesen Reisen entstanden sogleich viele Artikel und Bücher (wie: »80 Tage in der Hölle«), die zu Prämierungen führten und sogar zu einem 1977 vom Columbia College in Chicago verliehenen Ehrendoktor.

Berühmter noch als durch die Reportagen wurde Oriana Fallaci durch ihre Interviews. »Bei ihr haben schon Mächtige gezittert: vor Zorn über ihre Fragen oder aus Furcht, sie könnte die Antworten der Öffentlichkeit weiterreichen«, schrieb das »FAZ-Magazin« am 26. Juni 1981 in seinem »Fragebogen«-Vorspann. »Sie ist Journalistin mit Leib und Seele, ihre Interviews gehören zum Besten, was es in diesem Genre seit Jahren gibt. Sie verärgert und fasziniert die Befragten gleichermaßen.«

Das Ungewöhnliche – für manchen traditionsbewußten Journalisten auch Unerträgliche – an Oriana Fallacis Interviews ist die hemmungslose Egozentrik ihrer Gesprächsführung: Stets setzt sie sich mit eigenen Ansichten und Urteilen in Szene, oft tritt sie in der Pose der besserwissenden Moralistin auf, gelegentlich auch nimmt sie sich und ihre Meinung wichtiger als die Person, die sie interviewt. Augenzeugen zufolge inszeniert sie ihre Auftritte, als ginge es um eine TV-Show und setzt auch ihre Emotionen augenfällig in Szene. Die bekanntesten Episoden: »Sie brachte Khomeini so in Rage, daß er sie rausschmiß, sie selbst schleuderte dem Boxer Cassius Clay vor Wut das Mikrophon ins Gesicht (...), und der polnische Gewerkschaftsführer Lech Walesa bekam Kopfschmerzen vor Aufregung über ihre bohrenden Fragen.« (FAZ-Magazin 26. Juni 1981).

Früher, in den 60er Jahren, sprach sie überwiegend mit italienischen Prominenten aus Kunst, Wissenschaft und Politik, später ging es ihr um möglichst machtvolle und bizarre Gestalten der Weltpolitik. Die Medienkundlerin Christine Uschold schrieb ihre Magisterarbeit über die Interviews der Fallaci. Sie zählte bis 1987 insgesamt 97 Interviews. Die Liste reicht vom italienischen Alt-Kommunisten Giorgio Amendola über Ingrid Bergman, All Bhutto, Willy Brandt, den südvietnamesischen Fliegergeneral General Cao Ky, Walt Disney, Muammar el-Ghadaffi, »Playboy«-

Chef Hugh Hefner, Henry Kissinger, den Schah und seinen Nachfolger Ajatollah Khomeini, die Schauspielerinnen Anna Magnani, Melina Mercouri und Jeanne Moreau bis hin zum Filmregisseur Pier Paolo Pasolini, zum einstigen Wüsten-Kaiser Heile Selassie von Äthiopien, Polens Lech Walesa und Chinas grauer Eminenz Deng Xiaoping.

Beispiel (Auszug aus dem Interview mit Muammar el-Ghadaffi):

Fallaci: Herr Oberst, wissen Sie eigentlich, wie unbeliebt Sie sind?

Ghadaffi: Ich werde von jenen nicht geliebt, die gegen die Massen sind, und von jenen, die gegen die Freiheit sind. Wer für die Massen und für die Freiheit kämpft, der liebt mich immer und überall.

Fallaci: Also gut, aber sehen wir doch, was man über Sie sagt, wessen man Sie beschuldigt. Wo sollen wir anfangen? Vielleicht bei Ihrer Freundschaft zu dem blutigen Verbrecher Idi Amin? Die Leute fragen: Wie kann Oberst Ghadaffi der Freund eines solchen Menschen sein?

Ghadaffi: Was ist so überraschend dabei? Alle Nachrichten über Amin sind falsch, alles was Sie über Amin sagen ist falsch und künstlich, die Folge zionistischer Propaganda (...). Sie sollten Frankreich verurteilen, weil es die Zentralafrikanische Republik besetzt hält.

Fallaci: Nochmals: Wie können Sie, ein selbsternannter Verteidiger des Rechts, der Freiheit und der Revolution, diesem Schwein Amin Gastfreundschaft und Schutz bieten? Zudem, warum haben Sie Uganda nicht geholfen, sich dieses Schweines Amin zu entledigen, anstatt Amin zu helfen, Uganda durch Terror zu beherrschen?

Ghadaffi: Hatte ich, habe ich das Recht, mich in Angelegenheiten anderer Regimes einzumischen, sie zu stürzen? (...)

Fallaci: So ist es an der Zeit, Sie daran zu erinnern, daß Sie sich, mit dem Vorwand, unterdrückten Völkern zu helfen (...), sehr in die Angelegenheiten anderer Länder einmischen, im Tschad zum Beispiel.

Ghadaffi: Die Bevölkerung des Tschad ist gegen die französischen Truppen! Wir haben das Recht, uns im Tschad einzumischen, um das Volk im Kampf gegen die französischen Truppen zu unterstützen (...)

Fallaci: Entschuldigen Sie, Herr Oberst: Zuerst sagen Sie, daß Sie dem Volk Ugandas nicht geholfen haben, sich Amins zu entledigen, weil Sie das Recht nicht hätten, sich in die Angelegenheiten des Landes einzumischen. Dann sagen Sie, daß Sie dem Volke des Tschad helfen wollten, weil Sie das Recht hätten zu intervenieren (...)

Ghadaffi: (Rechtfertigt sich, daß er sich meist im Armeelager aufhält, dann:) Aber selbst, wenn es einige Mordversuche gegeben hat, wie würden Sie das erklären?

Fallaci: Durch die Tatsache, daß Sie auch in Ihrem Lande nicht sehr beliebt sind.

Ghadaffi: Zuerst sagen Sie, daß ich die Unterstützung der Massen habe, und dann behaupten Sie, daß ich mich zu sehr schütze. Sie widersprechen sich doch.

Fallaci: Nein, nein. Die beiden Seiten haben eines gemeinsam: Angst. Die Leute klatschen aus Angst, und sie schützen sich aus Angst.

Ghadaffi: Das scheint aber eine sehr merkwürdige Schlußfolgerung zu sein, genauso wie Ihre Behauptung, ich sei ein Diktator.

Fallaci: Wenn Sie sich nicht als Diktator betrachten, und auch nicht als Präsident, ja nicht einmal als Minister, dann sagen Sie, was Sie eigentlich sind ?

Ghadaffi: Ich bin der Führer der Revolution (...)

(Schluß:)

Fallaci: Sie sind nicht sehr bescheiden, nicht wahr?

Ghadaffi: Nein, ich bin nicht bescheiden, weil ich den Angriffen der ganzen Welt standhalten kann und weil das Grüne Buch die Probleme der Menschheit und der Gesellschaft gelöst hat.

Fallaci: Dann sind Sie eine Art Messias, der neue Messias?

Ghadaffi: Ich sehe mich selbst nicht so, aber ich wiederhole: das Grüne Buch ist das neue Evangelium.(...) Um sich zu verteidigen, braucht die Dritte Welt nur mein Grünes Buch, mein Wort. Ein Wort, und die ganze Welt könnte explodieren, alle Werte könnten sich ändern, ihr Gewicht, ihr Umfang überall und für immer.

Fallaci: Glauben Sie an Gott?

Ghadaffi: Natürlich, warum fragen Sie mich so etwas?

Fallaci: Weil ich dachte, Sie wären Gott.

(zuerst erschienen in »Corriere della Sera«; zit. nach der vom »Spiegel« in Heft 50/1979 publizierten Fassung).

Die Vorbereitung auf ihre Interviews verglich Oriana Fallaci gern mit dem Training eines Kampfsportlers. »Jedes Interview ist ein Kampf und eine Umarmung. Ich bereite mich darauf vor wie ein Boxer auf seinen Kampf«, erläuterte sie der Journalistin Carla Tagliarini. »Danach erntet man nur Feindschaft oder bestenfalls Mißtrauen, Freundschaft nie. Nicht umsonst habe ich mit jedem nur ein Interview gemacht.« (in: Zeit-Magazin Heft 44/1976).

Ihrer am Genialischen orientierten Selbsteinschätzung zufolge gründet der Interviewerfolg – neben Beharrlichkeit und viel Geduld – vor allem auf ihrer Intuition. »Ein Journalist ist wie ein Arzt. Ein Arzt ohne Intuition kann über alles Wissen der Welt verfügen, über Computer und Labors so viel er will, aber er wird Sie nicht heilen können, wenn ihm die Intuition fehlt. (...) Ich habe diese Intuition und habe noch nie eine falsche Diagnose gestellt.« (Zit. nach Uschold 1988; 44).

Fallacis Interviewführung hat nicht mehr viel gemein mit der beschriebenen Idee eines offenen Dialogs zwischen zwei gleichberechtigten Partnern; die leitende Interview-Idee ist nicht Offenlegen, sondern Kampf, das Ziel nicht eigentlich Aufklärung der Sache, sondern Bloßstellung der Person. Christine Uschold analysierte die Fragetechnik in drei Interviews und stellte fest, daß die Fallaci zwar in rund 40 % ihrer Äußerungen mit Folgefragen nachhakt (= Hartnäckigkeit), aber in weiteren fast 40 % ihrer Parts nicht fragt, sondern Vorwürfe und Anklagen formuliert (= Arroganz und Selbstdarstellung), in knapp 20 % ihrer Äußerungen eine Provokation vorbringt (= Aggression) und in den verbleibenden Äußerungen fast ausnahmslos suggestive oder unterstellende Fragen formuliert (Uschold 1988; 153 – Klammerbemerkungen von M. H.). Gleichwohl ist richtig: »Oriana Fallaci zwingt ihre Gesprächspartner durch ihre Fragestellung zu konkreten Antworten.« (158).

Auf der Höhe ihres Ruhms, in einem seither viel zitierten Interview mit Jordan Bonfante vom »Time magazine«, umriß sie ihre Arbeitsweise folgendermaßen (Auszug):

»Time«: Welche Bedeutung hat für Sie Objektivität?

Fallaci: Keine. Was ist Objektivität? Ich hasse das Wort Objektivität. Ich benutze stets die Worte Zuvorkommenheit und Genauigkeit.

»Time«: Warum lösen Sie bei Ihren Gesprächspartnern so viel Angst und Erregung aus? Fellini nannte Sie eine wilde kleine Hexe.

Fallaci: Ja. Und ich nannte ihn einen dreckigen Lügner. Ich provoziere sie, weil ich mich engagiere, weil meine Interviews nie kalt sind, weil ich mich in mein Gegenüber verliebe, selbst wenn ich sie oder ihn hasse. Ein Interview ist für mich eine Liebesgeschichte, ein Kampf, ein Koitus.

»Time«: Haben Sie niemals Sex, weibliche Attraktivität, als Waffe eingesetzt?

Fallaci: Nein. Ich habe dies nie in meinem Leben getan.

(In: Time Nr. 44 vom 20. Oktober 1975).

Kein Zweifel: Allein schon durch die verbale wie nonverbale Inszenierung ihrer Gesprächsführung rief Oriana Fallaci ganz ungewöhnliche Reaktionen bei ihrem Gesprächspartner hervor; sie entblößte ihr Gegenüber gleichsam und steigerte damit das voyeuristische Interesse ihrer Leser. So war und ist die Fallaci auch ein Profi im Pointieren und Herausstellen der Attraktion ihrer Interviews, mithin in der Vermarktung ihrer Texte. Sie wurden in vielen führenden Blättern rund um den Globus (nach-)gedruckt.

Doch nicht alle ihre Interviews waren über jeden Verdacht erhaben. In Journalistenkreisen geriet die Fallaci Ende der 70er Jahre, in der Zeit des Khomeini- und des Ghadaffi-Interviews, in den Verdacht, dem Credo »nach mir die Sintflut« zu folgen, also ihr Gegenüber so zu verprellen, daß der Betreffende von da an kaum mehr einem Journalisten ein offenes

Interview mündlich zu geben bereit war. »Taktik der verbrannten Erde« nannte dies die Kollegin Carla Tagliarini (Zeit-Magazin 44/1976).

Es gehört zur Taktik Oriana Fallacis, möglichst ohne Partner und (abgesehen vom gegebenenfalls erforderlichen Dolmetscher) ohne journalistische Zeugen ein zeitlich möglichst ausgedehntes (bis zu acht Stunden langes) Gespräch zu führen und per Tonband aufzuzeichnen. Das Wortprotokoll eines so langen Gesprächs würde mehrere hundert Seiten umfassen. Es liegt auf der Hand, daß am Ende der Bearbeitung nur mehr ein kurzer Extrakt des tatsächlich Gesprochenen als druckfertiger Text übrigbleibt, der das Gesagte mitunter entstellt und es in einen veränderten, vielleicht ganz neuen Zusammenhang bringt, der nicht mehr mit dem Kontext übereinstimmt, in dem die Aussage fiel. Soweit bekannt, gibt es kein Fallaci-Interview mit einer international prominenten Person, das vor der Drucklegung autorisiert worden ist.

Die Fallaci, die ihre Interviewarbeit mit dem Schaffen einer Kunstmalerin vergleicht, reklamiert denn auch künstlerische Freiheiten: »Wenn ich Sie porträtiere: Habe ich das Recht oder habe ich es nicht, Sie so zu malen wie *ich* will?« (Zit. nach Uschold 1988; 46). Doch die Objekte ihrer Kunst, die Befragten, sahen dies hinterher oftmals anders. Henry Kissinger soll sich beschwert haben, der vielzitierte Ausspruch, er wirke wie »a lone gunslinger on a horse«, habe ihm die Interviewerin angedichtet. Und auch der angeblich vom südvietnamesischen General Ky im Interview gezogene Vergleich zwischen seinen militärischen Leistungen und denen Hitlers hat ihm wohl die Fallaci in den Mund gelegt: Kaum anzunehmen, daß damals der ebenso ungebildete wie naive Ky auch nur ahnte, was die Europäerin mit dem Wort Hitler bezweckte. Eine ähnliche Kritik äußerten kundige Journalisten über die Interviews mit Ghadaffi (zuvor auszugsweise wiedergegeben) und mit Khomeini, der sie zunächst sitzenließ, weil sie keinen Tschador trug (in: »New York Times«, nachgedruckt u.a. in »Stern« Nr. 41/1979): Es seien post festum dramatisierte Versionen. Keiner der mir bekannten, mit Oriana Fallaci in Kontakt gekommenen Journalisten erhielt je akustischen Einblick in ihre Tonbandaufzeichnungen.

Tatsächlich haben die Fallaci-Interviews kaum dokumentarische Bedeutung, sondern sind eher das Ergebnis einer mehr oder weniger freien, in den einzelnen Zitaten vermutlich korrekten künstlerischen Materialgestaltung. So antwortete Oriana Fallaci auf die Frage, welche besonderen Techniken des Interviews sie denn entwickelt habe: »Jedes ist ein Porträt *von mir.* Es ist diese eigenartige Mischung aus meinen Ideen, meinem Temperament, meiner Geduld, die meine Fragen steuert.« (In: »Time« 44/1975). Über ihre Gesprächspartner kein Wort.

Das Interview als Psychotrip: André Müllers Entblößungen

Das Interview als das Mittel, nicht, um Hintergründe auszuleuchten oder eine Person zu zeigen, sondern um sich selbst zu erfahren, zu erleben: Diese radikale Verkehrung der ursprünglichen Interview-Idee zu einer Art *trip* hat der in München lebende Österreicher André Müller im Verlauf der 80er Jahre zu einer journalistischen Kunstform entfaltet.

Manche seiner Interviews führten zu einem großen Eklat, wie etwa 1980 die Äußerungen des Filmemachers Werner Schroeter, der Franz Josef Strauß ein »Weißwurstbömbchen« wünschte, oder jenes 1988 mit dem Direktor des Wiener Burgtheaters Claus Peymann, das eine mittlere Staatsaffäre auslöste. »Müller der Killer« nannte damals das Österreichische Fernsehen den Journalisten.

Im Gegensatz zur aggressiven Fallaci, deren Fragen zwar schlau, aber oft auch oberflächlich sind und die sich gern in der Pose der besserwissenden Moralistin zeigt, gibt sich der Interviewer André Müller in seinen Befragungen ebenso offen wie verletzlich. Er spielt nicht den harten Boxkämpfer, sondern kommt wie ein Aussätziger, der den Gesprächspartner mit seiner Krankheit infiziert. Die meisten ließen sich auch infizieren, denn Müllers Leiden ist allgemein und wohl eine mit dem Menschsein urwüchsig verbundene Krankheit: die Sorge um das mißlingende Leben und die Angst vor dem Tod. »Ich bin ein verzweifelter Mensch«, sagt er über sich, »ich finde das Leben grauenvoll«. Ihn interessiert nicht die Antwort auf dieses oder jenes Detail. Er fragt nach dem Leid des anderen, nach dessen Existenz und fragt doch stets nach sich selbst.

André Müller rapportiert seine Lebensgeschichte so: »Geboren 1946 in Michendorf, Brandenburg; die Mutter Österreicherin, der Vater Franzose, Soldat auf der Durchreise, der, schon bevor das Kind überhaupt da war, das Weite suchte. 1950 Übersiedlung nach Wien, dort aufgewachsen mit der Mutter, einer Angestellten der Wiener Gebietskrankenkasse; zunächst, da unehelich, ein Fall für die öffentliche Fürsorge, dann Volksschüler, Gymnasiast, Student der Philosophie, Germanistik, Geschichte; ab 1967 Gerichtsreporter bei der Wiener »Kronenzeitung«, später Theaterkritiker; 1970 Übersiedlung nach München, Redakteur im Feuilleton der Münchner ‚Abendzeitung', seit 1975 freischaffend.«(1989; Selbstauskunft).

Seine ersten großen Psycho-Interviews in »Playboy« und »Stern« gegen Ende der 70er Jahre fielen damals auf als profunde Gegenstücke zur Sach-Pedanterie der »Spiegel-Gespräche«. Er sah sich damals in der »perversen Situation eines Reporters, der auf der Suche nach sich selbst andauernd andere aufsucht« (1979). Die in seinem ersten Sammelband unter dem bezeichnenden Titel »Entblößungen« zusammengestellten 35 Interviews folgten der Form des erzählten Gesprächs wie einst die amerikanischen Polizeireporter der *penny press*: Wie und unter welchen Umständen er den Prominenten der Kultur – Thomas Bernhard etwa, O.-W. Fischer, Geraldine Chaplin, Rainer Werner Fassbinder, Franz Xaver Kroetz oder der Flickenschildt – begegnete, dies auszubreiten war ihm ebenso wichtig wie das, was sie sagten – ein Mix aus Erzählung und Befragung.

Müller genoß geradezu die Spannung der Interviewsituation und seine Angst vor dem Scheitern – und klagte hinterher über die Mühsal der Niederschrift des Erlebten: »Das Schreiben war die Beschäftigung mit den von den Interviews heimgebrachten Kadavern der Interviewten ... Das geschriebene Interview ist nicht die Reproduktion dessen, was zwischen mir und dem Interviewten tatsächlich stattfand. Es ist der künstliche Wiederbelebungsversuch an einer Leiche.« (1979; Vorwort 10).

In vielen der Fälle gelang der Versuch. Jedes der drei Gespräche mit Fassbinder, ein 1978 geführtes mit Peter Handke, vor allem diejenigen mit dem österreichischen Literaten Thomas Bernhard (wobei das erste eigentlich in einem Bericht über einen Gesprächsversuch besteht): Diese Interviews lesen sich zwar wie aneinandergereihte Gesprächsfetzen ohne logischen Faden, doch sie sind von einer tiefen Offenheit und bringen das Unsägliche des Menschen zur Sprache. Sie übersteigen aber auch gelegentlich die durch Scham und Schuld gesetzten Schranken des öffentlichen Interesses; indem sie das Intime bloßlegen, verfallen sie dem Voyeurismus.

Seine zweite, 1982 publizierte Interview-Sammlung gibt durchwegs geformte Gespräche in Rede und Antwort wieder, deren Umstände in einem Vorspann erläutert werden: unter anderen die Befragung Konstantin Weckers, Joseph Beuys', Ingrid Cavens und Friedrich Dürrenmatts. Die Vorspann-Beschreibungen der Interviewsituationen lassen indessen eine für den Leser dieser Interviews ungewohnte Parallele zu Oriana Fallacis fragilen, leicht kränkbaren Narzißmus erkennen. Wort- und geistreich schildert er, wie sehr sich doch die als genial gefeierte Theater-Regisseurin Ariane Mnouchkine bloßgestellt habe, weil sie ihm ein Interview verweigerte (1982; 10-16). Im Vorspann zum Wecker-Gespräch ist ihm die Mitteilung der großen Vertraulichkeit wichtig, die ihm der Chansonnier habe zukommen lassen. In seinem Bericht zum Interview mit dem Urschrei-Erfinder Arthur Janov münzt er sein ungenügendes Faktenwissen (= Vorbereitung) in eine nachgereichte Enthüllung über die Praktiken der Janov-Institute um. Und doch sind viele dieser Befragungen stringenter geführt als die erste Serie, auch ernsthafter: kaum ein Gespräch, das nicht wie beiläufig die Verzweiflung berührt, die im Gefühl der Vergeblichkeit aller Anstrengung aufbricht.

Eine dritte Interview-Sammlung mit zwölf Gesprächspartnern (darunter: Rosa von Praunheim von 1981, Heinz G. Konsalik von 1983, Claus Peymann von 1988) gab Müller 1989 heraus. Sie zeigen eine überraschend offenherzige, mitunter exhibitionistisch wirkende Redebereitschaft der Interviewten auf der einen und die äußerst knappe, nie aggressive Frageweise des Interviewers auf der anderen Seite: Es ist, als drücke Müller, indem er kaum mehr als Stichworte liefert, bei seinen Partnern gleichsam die Sprechtaste.

Diesen Effekt erzielt André Müller vor allem durch die sehr komprimierende, auf prägnante Formulierungen bedachte nachträgliche Bearbeitung des Textes für die Drucklegung (→ über die Arbeitsweise von André Müller siehe Müller-Interview im dritten Buchteil »Werkstatt«).

Nur wenn ausdrücklich verlangt, legt er die Druckfassung dem Interviewten zur Autorisierung nochmals vor. So war es mit Syberberg, nicht aber im Falle Peymann, der auf Umwegen eine Druckfassung zugesandt erhielt, später, als das Interview zur Affäre wurde, aber erklärte, den Umschlag nicht geöffnet zu haben (die Frage der Korrektheit der Zitate aber nicht kommentierte).

Beispiel (Auszüge aus dem Interview mit Claus Peymann, der damals, zur Zeit der Waldheim-Affäre, erst seit kurzem Direktor des Wiener Burgtheaters war; veröffentlicht in der »Zeit« Nr. 22 vom 27. Mai 1988. Die Zurückhaltung des Interviewers kommt auch formal zum Ausdruck: seine Parts tragen keinen Namen; sie sind nur kursiv abgehoben):

(Beginn:) *Ihr Vertrag als Burgtheaterdirektor läuft noch drei Jahre. Nachfolger von Peter Zadek in Hamburg können Sie nicht mehr werden.*

Peymann: Wollte ich gar nicht. Dort hat man eine drittklassige Figur aus England, Bogdanov oder wie der heißt, zum Intendanten gewählt, weil er die Etatkürzungen mitmacht. Das ist das Ende des Hamburger Schauspielhauses.

Wie lange wollen Sie in Wien weitermachen?

Peymann: Solange ich produktiv arbeiten kann. Wenn Sie wüßten, was für eine Scheiße ich hier erlebe! Man müßte dieses Theater von Christo verhüllen und abreißen lassen. Vielleicht schmeiße ich morgen schon alles hin. Beim österreichischen Kanzler Vranitzky liegt gerade ein Rücktrittsgesuch.

Gedroht haben Sie bereits öfter. Worum geht es denn diesmal?

Peymann: Um eine Lüftungsanlage. Es gibt im Haus drei Lüftungsanlagen, die behördlich erzwungen wurden und alle außer Betrieb sind. Jetzt will man eine vierte einbauen. Dieses Land ist ein Irrenhaus.(...)

...

Peymann: (...) Wenn in den Kopf eines Schauspielers nicht hinein will, was ich mir vorgestellt habe, wende ich die bedingungsloseste und brutalste Gewalt an. Das geht von Gebrüll bis zu Mord und Totschlag. Ich breche den Widerstand, und ich weiß, daß es andere Regisseure genauso machen.

Ihr Kollege George Tabori sagt, er bevorzuge die sanfte Methode.

Peymann: Davon glaube ich ihm kein Wort. Tabori ist eine absolute Sau in der Arbeit. Der gibt in nichts nach, ein Tyrann erster Güte.

Ein Wunder, daß sich die Schauspieler das gefallen lassen.

Peymann: Es ist ja zu ihrem Nutzen. Oda Thormeyer, die Miranda in meiner »Sturm«-Inszenierung, ist deshalb eine tolle Schauspielerin, weil sie durchgestanden hat, was ich an Quälereien und Verzweiflungen mit ihr angestellt habe. Es war furchtbar, aber dafür hat sie jetzt einige wirklich bewegende Augenblicke. Diese Aufführung wird sich für ihre Karriere als ein historisches Datum erweisen. Leider haben davon die Kritiker nicht das geringste begriffen.

Man hat Ihnen Harmlosigkeit vorgeworfen.

Peymann: Eine Schweinerei ist das. Man akzeptiert nicht, daß in deutschen Theatern gelacht wird, außer bei Feydeau und Ayckbourn. Eine Art Düsternis wird propagiert. Das deprimiert mich zutiefst. Man hat ja auch meinen »Richard« verrissen. Gelobt wurde ausschließlich Herr Voss (Anm.: der Hauptdarsteller). Mit dem »Wintermärchen« ist es mir genauso ergangen. Das hat zur Folge, daß ich mir überlege, ob ich »Wie es euch gefällt«, das von mir als nächstes geplante Stück, inszenieren soll. Ich bin dabei umzusteigen.

Das sollten Sie nicht tun.

Peymann: Ich weiß, ich muß mich befreien. Aber leicht ist es nicht. Man verinnerlicht solche Attacken. Trotz aller Verachtung der Theaterkritiker, auch als Personen, verstellen sie einem den Blick auf die eigene Arbeit. Sehen Sie sich doch an, wie verhärmt Heyme herumläuft. Peter Stein rührt keinen Shakespeare mehr an.

Stein sagt, er lese keine Kritiken mehr.

Peymann: Das verstehe ich gut. Man braucht die Bestätigung. Früher, als man mich lobte, habe ich, wenn es mir schlecht ging, zwanzig Hefte »Theater heute« um mich herum auf den Boden gelegt und mich auf diese Weise ganz pubertär angefeuert. Man stellt sich doch jeden Morgen die Frage, ob das, was man macht, überhaupt Sinn hat.

Hätten Sie eine Alternative?

Peymann: Das weiß ich nicht. Ich habe in diesem Beruf, was auch ein Glück ist, wenig Gelegenheit, über mich nachzudenken. Andere gehen zum Psychiater, um sich kennenzulernen. Daran bin ich nicht interessiert.

Haben Sie Angst vor dem, was Sie erfahren könnten?

Peymann: Wie meinen Sie das?

Ihre Abgründe zum Beispiel.

Peymann: Abgründe habe ich keine, abgesehen davon, daß ich mich weigere, erwachsen zu werden. Das könnte man vielleicht abgründig nennen. Ich trage zwar, seit ich fünfzig bin, keine Blue jeans mehr, aber meine Träume sind immer noch Kinderträume. Ich erfülle mir ununterbrochen den Traum, daß das Leben ein Märchen ist, in dem das Gute eindeutig gut und das Schlechte schlecht ist (...).

...

Peymann: (...) Ich lebe zwar mit Kurt Waldheim in einer Stadt und arbeite nur 200 Meter von seinem Büro entfernt. Aber sonst verbindet mich mit diesem Mann gar nichts. Er hat mich erst neulich überraschenderweise in den Nacken geküßt.

Sie scherzen!

Peymann: Nein. Er hat sich von hinten an mich herangeschlichen. Ich saß mit einem Besucher im Hotel Imperial. Plötzlich kam von hinten der Bundespräsident an mich heran und küßte mich. Er war im »Richard« gewesen und wollte mir gratulieren. Auch seine Frau sei ganz begeistert. Seine Tochter habe noch nie einen so guten »Richard« gesehen. Er überschlug sich förmlich. Mein Gegenüber konnte es kaum fassen.

War Ihnen das angenehm?

Peymann: Was sollte ich machen? Es war eine Vergewaltigung.

...

(Anmerkung: Tage nach der Veröffentlichung ließ Waldheim dementieren, Peymann geküßt zu haben; Peymanns Burgtheater-Vertrag wurde 1989 um weitere drei Jahre bis 1993, dann abermals verlängert).

Die meisten seiner großen Interviews publizierte André Müller zuerst im »Playboy«, später in der »Zeit«; seit 1988 steht er mit der Hamburger Wochenzeitung (Feuilleton) unter Vertrag. Seine neben Peymann interessantesten Gespräche seither: mit dem Lyriker Wolf Wondratschek (Zeit Nr. 11/1988), mit dem Regisseur Hans Jürgen Syberberg (Zeit Nr.

40/1988) und mit dem Schriftsteller Peter Handke (Zeit Nr. 10/1989), das vierte große Handke-Interview im Verlauf von zehn Jahren; schließlich die Befragung des 95jährigen Schriftstellers Ernst Jünger (Zeit Nr. 50/1989), dessen kauzig karge Antworten auch die Grenzen der psychologisierenden Gesprächsführung Müllers deutlich machen.

Ein im Journalismus ohne Zweifel heikles, weil egozentrisch wirkendes Experiment lieferte André Müller im Herbst 1989 der »Zeit«-Redaktion ab: ein Gespräch mit seiner Mutter über ihre Lebensgeschichte und ihre Lebenslügen, mithin auch ein Gespräch über seinen eigenen Werdegang (in: Zeit Nr. 40/1989). Will da plötzlich der Frager selbst das Thema sein? Das Stück wäre wohl zu einer peinlichen Selbstbeleuchtung mißraten, handelte es sich nicht um einen von Müller sprachlich glänzend getexteten Dialog von literarischer Güte: ein in die Form des Interviews gekleidetes Kunst-Stück, eine Metapher über das Vergebliche des Lebens, wenn auch ohne jeden dokumentarischen Wert.

Fragen stellen sich neuerdings hinsichtlich der journalistischen Sorgfalt Müllers. So bewirkte der in Paris lebende Mode-Designer Karl Lagerfeld mit Beschluß vom 8. März 1996 eine einstweilige Verfügung wegen eines in der »Zeit« publizierten Interviews. Müller und der »Zeit« werden zahlreiche angebliche Lagerfeld-Aussagen zu äußern verboten (Ordnungsgeld bis 500.000 Mark); die fragliche »Zeit«-Ausgabe ist seither nur ohne das Interview mit Lagerfeld erhältlich (siehe auch das Lagerfeld-Interview im zweiten Buchteil Seite 203 ff. sowie Kapitel »Medienrecht«).

»Die Tyrannei der Intimität«: Introversion statt Emanzipation

Vom Sach-Disput über den Schlagabtausch zur psychologisierenden Offenbarung, schließlich zur Entblößung des intimen Kerns der Persönlichkeit: Dieser Trend in der Entwicklung des porträtierenden Interviews zeigt die wachsende Faszination am Privaten, die Lust am Entgrenzen der Intimität – als seien etwa die Potenzängste Fassbinders, die Zeugungsunfähigkeit Wim Wenders oder der Guru-Trip der Nina Hagen per se von öffentlichem Interesse.

Der Eindruck ist nicht von der Hand zu weisen, daß die Massenmedien das Interview mehr und mehr als Vehikel benutzt haben, um das Publikumsinteresse von den öffentlich relevanten Sachverhalten auf das sogenannte Persönliche abzulenken: Die bedeutungslose Attitüde irgendeines prominent gemachten Zeitgenossen wird zur Nachricht, die zusehends das für die Menschen tatsächlich Bedeutsame überdeckt.

Die geschilderte Entwicklung des personenzentrierten Interviews zum Psycho-trip ist nicht Ursache, vielleicht aber Merkmal eines Prozesses, den der amerikanische Kulturhistoriker Richard Sennett den »Verfall des öffentlichen Lebens« durch die »Tyrannei der Intimität« genannt hat.

Sennett interessiert sich für den kulturellen Wandel im größeren Zusammenhang. Gleichwohl sind seine Einschätzungen auch für die Funktionsweise der Medien und deren journalistische Darstellungsformen kennzeichnend. »Heute dominiert die Anschauung, Nähe sei ein moralischer Wert an sich. Es dominiert das Bestreben, die Individualität im Erlebnis menschlicher Wärme und in der Nähe zu andern zu entfalten. Es dominiert ein Mythos, demzufolge sich Mißstände der Gesellschaft auf deren Anonymität, Entfremdung, Kälte zurückführen lassen. Aus diesen drei Momenten erwächst eine Ideologie der Intimität: Soziale Beziehungen jeder Art sind um so realer, glaubhafter und authentischer, je näher sie den inneren, psychischen Bedürfnissen der einzelnen kommen«, urteilt Sennett aufgrund eines Vergleichs des heutigen Stadtlebens mit dem öffentlichen Leben im 18. und 19. Jahrhundert.

Sennett konstatiert: »Diese Ideologie der Intimität verwandelt alle politischen Kategorien in psychologische. Sie definiert die Menschenfreundlichkeit einer Gesellschaft ohne Götter: Menschliche Wärme ist unser Gott. Aber die Geschichte von Aufstieg und Fall der öffentlichen Kultur stellt diese Menschenfreundlichkeit in Frage.« (Sennett 1983; 293). Sie steht auch bei vielen, angeblich um das Menschliche bemühten Interviews in Frage, weil diese Befragungen nicht vom Wunsch nach Aufklärung, sondern nach Ausbeutung dirigiert werden. Sie verkaufen sich »auf dem Markt der Selbstbekenntnisse« so gut, weil soziale Qualitäten wie etwa die »Würde« verloren gegangen sind. Die Folge: »Der Narzißmus und der Markt der Selbstoffenbarungen strukturieren Verhältnisse, unter denen der intime Ausdruck von Gefühlen destruktiv wird.« (Sennett 1983; 23).

Um Mißverständnissen vorzubeugen: Sennetts Untersuchung des Strukturwandels der Öffentlichkeit bezieht sich nicht auf die Entwicklung des Interviews; auch ist sie weit mehr auf die heutigen Probleme amerikanischer denn europäischer Stadtgesellschaften ausgerichtet. Und doch trifft sie einen für den Verfall des öffentlichen Interesses entscheidenden Prozeß, der mit dem konstatierten Funktionswandel des Personen-Interviews zusammenfällt. Tatsächlich fördern Interviewformen, wie sie TV-Moderatoren, Talk-Runden und Zeitgeist-Hefte in Nachahmung André Müllers praktizieren, die von Sennett konstatierte »Verdrängung der res publica durch die Annahme, gesellschaftlicher Sinn erwachte aus dem Gefühlsleben der Individuen« (Sennett 1983; 381) – ein Irrtum, der den eingangs skizzierten emanzipatorischen Impetus des Interviews in sein Gegenteil verkehrt.

Das Interview in der Tagespresse: Ein Recherche-Ersatz?

Die soeben skizzierten Trends am Beispiel hervorragender Interviewformen und Leistungen vornehmlich im Zeitschriftenbereich dürfen nicht darüber hinwegtäuschen, daß vor allem die Lokal- und Regionalpresse während der vergangenen Jahrzehnte mit dem Interview geradezu mißbräuchlich umging und diese Form verschludern ließ.

Zwar entdeckte eine wachsende Zahl an Zeitungen in den 70er Jahren die Vorzüge des gedruckten Frage-Antwort-Spiels. Meist wurden Experten, Politiker und Prominente nach Daten und Fakten, also nachrichtlichen Informationen befragt in Nachahmung der angloamerikanischen Devise, daß »interviewing« eine Form des »news getting« sei. Die subjektiven Berichterstattungsformen – allen voran die Reportage – waren damals wenig beliebt (Näheres hierzu siehe M.Haller [2]1990; f.).

Doch die meisten dieser Interviews der Nachkriegszeit waren ebenso mühevoll wie langweilig zu lesen; die Form hatte keine Struktur und galt unter Journalisten als Ersatzlösung für den unterbliebenen Recherchebericht. Tatsächlich ist ja das Interview eine organisierte und formalisierte, zum Dialog erweiterte Befragung. Die Befragung wiederum ist das älteste und wichtigste Instrument der Recherche. Viele Journalisten gingen deshalb dazu über, eine nicht zu Ende geführte Recherche gleichsam als Fragment in der Form eines Frage-Antwort-Interviews zu veröffentlichen. Dieses Interview war aber nichts anderes als das ausgeschriebene Protokoll einer Recherchenbefragung: für die Beschaffung einiger Informationen wohl hinreichend, doch für die Wiedergabe als eigenständige Darstellungsform zu dünn und langweilig.

Ohnehin herrschte (und herrscht noch heute) unter den Presse-Journalisten weithin Unsicherheit, wie diese ungewohnte Form wohl einzusetzen sei: Darf der Journalist nur Fragen stellen – oder auch mal einen Einwand formulieren? Muß ein Protokoll geschrieben werden? Darf man das mündlich geführte Gespräch für den Druck abändern? Und wenn ja: wie weit dürfen solche Redigaturen verändernd in den Text eingreifen? Ist es richtig, Wortwahl und Satzbau der Sprechsprache im gedruckten Text beizubehalten? Dürfen eigene Erlebnisse und Beobachtungen dem Interview hinzugefügt werden? Ist das gesprochene Wort per se zum Druck freigegeben – oder muß die für die Publikation bestimmte Fassung autorisiert werden? Jede Zeitung fand Antworten nach eigenem Gutdünken.

Durchgängig war wohl die Leichtfertigkeit, mit der zumal im Lokaljournalismus Interviews geführt und in den Zeitungen publiziert wurden – aus naheliegenden Gründen: Das Frage-Antwort-Schema läßt sich ohne größere Vorbereitung mit annähernd jedem, der Publizität wünscht, nach dem simplen Motto abspulen: ein paar Fragen werden mir zu dem Thema, über das ich eigentlich nichts weiß, wohl noch einfallen. Und diese paar Fragen mit den (entsprechend schwafeligen) Antworten hat man schon nach wenigen Minuten am Telefon abgespult, bald auch einen Text von – sagen wir: – hundert Zeilen zu Papier und ins Blatt gebracht.

In den 60er Jahren wurde das Presse-Interview – im Unterschied zum Rundfunk – als schnelle und billige Textform entdeckt (Honorare fallen ja meist nicht an) und bei x-beliebigen Gelegenheiten als Lückenbüßer eingesetzt, insbesondere wenn

a) der Journalist einen Anlaß versäumt hatte und sich nun über Augenzeugen informieren wollte (Beispiel: Brandausbruch während der Kino-Vorstellung) oder wenn er

b) keinen Zugang zur Veranstaltung hatte und auf die Erzählungen von Teilnehmern angewiesen war (etwa: nach der Kabinettssitzung), oder auch, wenn

c) zu einem beliebigen politischen Anlaß ein Politiker-Statement einzuholen war (typisch: Der Minister vor seiner Abreise am Flughafen).

Sehr viel seltener diente das Interview funktionsgerechten Zwecken, etwa, um das Motiv eines Politikers auszuloten, einen Entscheidungsträger festzunageln oder die Ansicht einer prominenten Persönlichkeit zu zeigen (das Pseudo-Interview als Lückenfüller ist auch heute noch verbreitet).

Erst im Fortgang der 70er Jahre lernten namhafte Tageszeitungen, das Interview funktionsgerecht zu nutzen. Diese Versuche, die der Verfasser seinerzeit in der Tagespresse mittrug, wurden wesentlich von der beschriebenen Interviewpflege in den Zeitschriften, vor allem im »Spiegel« beflügelt. So fand in der Tagespresse die journalistische (Wieder-)Entdeckung des im Dialog laut denkenden Subjekts statt.

Das Interview zur Profilierung: »Die Welt im Gespräch«

Gegen Ende der 80er Jahre entwickelte die damals in Bonn edierte, vom Hamburger Axel Springer Verlag verlegte »Welt« unter dem Logo »Die Welt im Gespräch« diesen Interviewtyp zur großen Form.

Im Zuge einer Modernisierung des redaktionellen Konzepts entdeckte die »Welt«-Redaktion die mit dem »Spiegel-Gespräch« nicht ausgefüllte Marktlücke des verschränkten Interviews: ein (für eine Tageszeitung ungewöhnlich) langes Gespräch mit einer »Persönlichkeit von Rang«, die über ihr Fachgebiet, aber auch über ihre Ansichten zu Geschehnissen in Kultur und Politik wie auch über ihre Lebenseinstellung befragt wird – nicht in Form eines kontroversen Disputs, auch nicht als tiefenpsychologische Befragung, vielmehr im Geist eines explodierenden Gesprächs über Gott und die Welt, manchmal ohne tagesaktuellen Aufhänger. »Alle Facetten der Persönlichkeit sollen zum Ausdruck kommen«, sagt uns der für die Entwicklung dieser Rubrik maßgebliche Redakteur Gernot Facius, (seit 1996 stellvertretender Chefredakteur), »am Ende sollen ein möglichst objektives Porträt des Interviewten und eine klare Darstellung seiner persönlichen Lebensleistung, seiner Gedanken, seiner Maximen stehen.«

In einem lockeren Rhythmus – etwa drei Publikationen pro Monat – bringt die Zeitung auf einer ganzen Druckseite (mit Kapitel-Uberschriften gegliedert) ihr »Welt im Gespräch«, das mit 550 bis 650 Zeilen durchaus die Länge eines »Spiegel-Gesprächs« aufweist: einmal ist es ein bedeutender Wissenschaftler wie etwa der Krebsforscher Steven A. Rosenberg (Welt vom 25. September 1989), ein Militär wie der NATO-Oberkommandierende General John R. Galvin (2. Mai 1989), ein Künstler wie der russische Clown Oleg Popow (27. November 1989) oder ein Schriftsteller wie der Zürcher Literat Adolf Muschg, dessen ziselierte Darlegungen über die Deutschen, die Schweizer und die Zukunft Europas sogar in zwei

Folgen publiziert wurden (9. und 11. Oktober 1989). Es ist ein anspruchsvoller, manchen »Welt«-Leser strapazierender Journalismus, der indessen werbewirksam der Zeitung zum Image eines gehaltvollen Blattes verholfen hat. Am Ende jeder Gesprächsseite steht der für das Blatt imagestärkende Refrain: »An dieser Stelle ist die ‚Welt' im Gespräch mit Persönlichkeiten von Rang.«

Zwar müsse jeder dieser Gesprächspartner zu »Fremdthemen« Stellung nehmen; gleichwohl bleibe die »Reichweite« jedes einzelnen Gesprächs natürlich begrenzt, argumentiert Gernot Facius. »Deshalb muß der Leser das Gefühl erhalten: Eines Tages bin ich auch mit meinem ‚Wunschpartner' dran«. Wichtig sei, daß die Redaktion die »gute Mischung« erziele: »Auf den Politiker folgt der Sänger, auf den Sänger folgt der Philosoph, auf den Philosophen der politisierende Dichter. Und selbst bei Interviews mit Sportlern gibt sich der Befrager nicht mit Auskünften zur ‚Technik' zufrieden, er traktiert sein Gegenüber auch mit Fragen zum Umweltschutz, zur religiösen Einstellung, zum politischen Engagement«, erläutert er uns.

Der Interviewer soll nicht ahnungslos, sondern ein journalistischer Fachmann sein, der das Gebiet der befragten Person kennt. »Zwischen Frager und Befragtem muß annähernd Waffengleichheit herrschen«, befindet Gernot Facius und folgt hierin dem Credo des »Spiegel-Gesprächs«, »der Interviewer muß von seinem Gegenüber als Fachmann akzeptiert werden, damit sich auf beiden Seiten des Tischs der Sachverstand entfalten kann.« Er nennt als Beispiel: »Der Hollywood-Altmeister Billy Wilder muß einen journalistischen Widerpart haben, der noch in der Lage ist, das Berlin der unruhigen Zwanziger nachzuvollziehen.«

Zur fachlichen Kompetenz hinzu trete im übrigen die gründliche Vorbereitung: »Der Interviewer muß wenn möglich alles gelesen haben, was die zu befragende Person schon alles gesagt hat«, zudem solle er die Lebensgeschichte so genau wie möglich kennen, also das Archivmaterial ausgewertet haben. »Fünfundzwanzig Minuten stand die pakistanische Ministerpräsidentin Benazir Bhutto der »Welt« Rede und Antwort. In diesen fünfundzwanzig Minuten mußte alles abgehandelt werden, von der inneren Verfassung des Landes über die außenpolitischen Beziehungen bis zur delikaten Frage nach der Position der Frau im Islam«, erinnert sich Facius. Dies sei dank der guten Vorbereitung auch geglückt.

Hektik ist die Ausnahme. In der Regel nehmen sich die »Welt«-Interviewer – ähnlich wie ihre Kollegen vom »Spiegel« – weit mehr als eine Stunde für ein Gespräch. Doch dadurch ist das Wortprotokoll zwei- bis dreimal so lang wie der zum Druck bestimmte Text. Eine weitreichende redaktionelle Bearbeitung drängt sich auf. »Die Redaktion muß nicht nur streichen, sie muß auch Antworten komprimieren, sie hat notfalls den Duktus des Gesprächs, die Dramaturgie, zu verändern, Kapitel zusammenzuziehen, gegebenenfalls andere Schwerpunkte zu setzen, als dies zur Zeit des Gesprächs der Fall war«, erläutert Facius. Folgerichtig erhält der Gesprächspartner den für den Druck bestimmten Text zum Gegenlesen. Facius: »Kein Text geht in Druck, der nicht wie vereinbart vom Interviewten abgezeichnet ist.« Auch dieses Prinzip folgt der Tradition des »Spiegel-Gesprächs«.

Die mit der »Welt im Gespräch« neu belebte Tradition des großen verschränkten Gesprächs hat die im Februar 1993 gegründete »Woche« aufgegriffen, allerdings mit knapper gehaltenen, auf Prägnanz redigierten Dialogtexten. In annähernd jeder Ausgabe publiziert sie auf einer Seite ein solches Gespräch (Umfang: zwanzig bis dreißig Fragen).

Mustergültig für diesen Interviewtyp ist das Gespräch mit Tennis-Unternehmer Ion Tiriac in Ausgabe 47/1996. Die erste, treffende Frage des »Woche«-Reporters lautet: »Herr Tiriac, mit welchem Ihrer vielen Berufe dürfen wir Sie heute bei den Lesern einführen?« Das ist die Melodie, die den Bären zum Tanzen bringt.

Vom Dialog zum Ereignis

Wenn auch nicht als Markenzeichen wie bei der »Welt« oder bei der »Woche«, so pflegen doch auch viele andere Blätter (meist im politischen Teil, wie etwa die »Frankfurter Rundschau« mit ihrer Wanderrubrik »Das Interview«) inzwischen das große Gespräch: Kompetente, wenn möglich bemerkenswerte oder originelle Personen des Zeitgeschehens werden aus aktuellem Anlaß mehr oder weniger gekonnt befragt.

Insbesondere die »Süddeutsche Zeitung« hat mit ihrer Gelegenheitsrubrik »Interview« mitunter hervorragende Leistungen erbracht. Das Besondere liegt nicht etwa in einer besonders ausgefeilten Fragetechnik, vielmehr in der richtigen Partnerwahl zum richtigen Zeitpunkt, um aktuelle Geschehnisse ausleuchten und die damit verbundenen Denkweisen aufzeigen zu können: Hier funktioniert das Interview als wichtiges Supplement zur Vertiefung des aktuellen (nachrichtlichen) Geschehens.

Beispielhaft gelang es dem damaligen Chefkorrespondent der »SZ«, Olaf Ihlau, im Winter 1989/90, interessante DDR-Persönlichkeiten als Interviewpartner zu gewinnen, die durch ihre gesellschaftliche Rolle wie durch ihr Denken und Handeln das Problemthema »Wende« verkörpern. So gab zwei Wochen nach der Maueröffnung der vom SED-Regime gedemütigte Ostberliner Philosoph Wolfgang Harich seine Ansichten zum Zusammenbruch des DDR-Staates bekannt (SZ vom 23. November 1989), zwei Tage später war es der international renommierte Schriftsteller Stephan Heym, der sich über die Perspektive des Novemberumbruchs äußerte; es folgten weitere Intellektuelle, dann die sich profilierenden Wortführer verschiedener Gruppierungen und Parteien. So erhielt der »SZ«-Leser nicht nur authentische Deutungen, sondern auch immer wieder tiefe Einblicke in das Denken und Empfinden derjenigen, die den Umbruch in Gang gesetzt oder mitgetragen haben.

In Zeiten des Umbruchs und der großen Ungewißheiten gewinnen die Aussagen der Entscheidungsträger mitunter Nachrichtenwert: Als etwa der politisch unbedarfte DDR-Außenminister Meckel im Juli 1990, direkt nach der Währungsunion, während Bundeskanzler Kohl bei Gorbatschow im Kaukasus die Modalitäten der Einverleibung der DDR aushandelte, sich gegen die Präsenz von Nato-Bundeswehr-Soldaten auf DDR-Territorium aussprach, konnte man darin einen Nachrichtenwert erblicken. Die schwierige Frage aber ist, wann Meinungen und Einschätzungen überhaupt den Rang einer Nachricht besitzen: Wann besitzen symbolische Handlungen das Gewicht des Faktischen?

Um im Medienwettbewerb Beachtung und für die eigene Eitelkeit Befriedigung zu finden, reizt es die Journalisten, mit ihrem Interview eine exklusive Nachricht zu verbinden. Oftmals textet dann die Redaktion aus der im Verlauf einer längeren Befragung geäußerten Ansicht eine gewichtig klingende Nachricht. Diese stellt sie dann als Meldung und Hinweis (sogenannter Trailor) auf die Frontseite und läßt sie über die Nachrichtenagenturen verbreiten. So werden aus Reden Zitate, aus Zitaten werden Nachrichten, und aus diesen werden Ereignisse – Medienereignisse, die Reaktionen als Follow-up-Ereignisse nach sich ziehen.

Erstaunlich viel Geschick mit dieser Art der Interview-Verwertung entwickelte in den 80er Jahren die im übrigen eher provinzielle »Neue Osnabrücker Zeitung«, deren Bonner Redaktion immer wieder prominente Politiker zu aktuellen Ereignissen sich äußern ließ, um daraus dann eine über »dpa« landesweit verbreitete Nachricht zu machen. Ein ähnliches Konzept verfolgte »Focus« in den ersten Jahren nach seiner Gründung im Frühjahr 1993, um auf diesem Weg öffentliche Beachtung zu finden.

Die neue Sachlichkeit

In den 90er Jahren hat vor allem das Münchner Nachrichtenmagazin »Focus« das kurze, sachzentrierte Interview neu belebt und in sein Repertoire aufgenommen: Mit nüchternen Sachfragen wird der Interviewpartner zu einem Vorgang, einem Problem, einer Entscheidung befragt – meist nach dem Muster eines Abfrageinterviews, ohne verbale Schnörkel und mit nur geringem Anteil an argumentierenden oder kontroversen Einwänden. Sie dienen teils als Supplement zu einer Geschichte, teils als eigenständiges Kurzinterview, teils als groß aufgemachter Beitrag; den Unterschied zwischen Interview und Gespräch, wie sie der »Spiegel« institutionalisiert hat, macht »Focus« nicht. Die Übergänge zwischen einem »Nachgefragt« und einem großen Gespräch sind fließend.

Drei Jahre nach seiner Gründung bietet »Focus« (bei einem Heftumfang von 260 bis 300 Seiten) deutlich mehr Interviews pro Ausgabe als etwa der »Spiegel«. Als beispielhaft für die Interview-Pflege kann die Ausgabe Nr. 14/1996 herangezogen werden. Sie enthält insgesamt 17 Interviews; die durchschnittliche Länge (ohne Bilder) umfaßt knapp zweieinhalb Spalten mit acht Fragen.

Das kürzeste Interview (mit einem krebskranken Kind in Österreich) besteht aus vier Fragen (zweite Frage: »Hast Du noch Schmerzen?«) und wurde als Supplement zum Interview mit dem Vater dieses Kindes – es umfaßt sieben Fragen zu dessen Wunderheilglauben – gestellt. Zwei weitere Kurzinterviews mit je fünf Fragen gelten einer TV-Seriendarstellerin und einem arabischen Terrorismus-Experten. Das längste umfaßt 22 Fragen und hat den Schlager-Moderator Dieter Thomas Heck als Gesprächspartner; das zweitlängste gilt dem Mostar-Administrator Hans Koschnik mit zwei Druckseiten. Kennzeichnend für diese Interviews ist der geringe Anteil an intervenierenden, an kritisch einwendenden oder Gegeninformationen präsentierenden Fragen. Zum Vergleich: Die 1996 im »Spiegel« publizierten Gespräche bestanden im Durchschnitt aus vierzig Fragen und waren doppelt so lang. Mehr als die Hälfte der Fragen dieser Interviews evozieren oder konfrontieren den Gesprächspartner.

Insbesondere hat »Focus« das Experten-Interview ausgebaut, nach dem Muster: Fünf knappe Fragen, fünf erklärende Antworten. Die Stärke dieser Interviewform ist darin zu sehen, daß sie komplexe Sachthemen auf konkrete Leserinteressen beziehen und allgemeinverständlich umsetzen – und damit Nutzwert transportieren kann. Die Schwäche dieser Form liegt darin, daß die Ausführungen oberflächlich bleiben, daß der Experte gleichsam sakrosankt spricht und ein wesentlicher Aspekt der Darstellungsform – die dialogische Interaktion zwischen zwei (oder mehr) Gesprächspartnern – nicht zum Ausdruck kommt. Der Erfolg ist vielmehr im Unterhaltungswert zu sehen, der vor allem über die abwechslungsreich wirkende Gestaltung des Layouts erzielt wird.

Dieser erfolgreiche Einsatz des Kurzinterviews färbte auch auf den »Spiegel« ab. Jedenfalls führte er 1995 das Kurzinterview, das er Ende der 80er Jahre nach bescheidener Lebensdauer abgeschafft hatte, wieder ein. Im Verlauf des Jahres 1996 wurde es vor allem auf den Rubrikseiten (»Panorama«, »Trend«, »Medien«, »Spektrum«) plaziert, meist mit einem Umfang von fünf Fragen. Doch im Unterschied zu »Focus« bieten selbst diese Kurzinterviews ein bis zwei einwendende, pointierende Fragen.

Die Personalie als Ereignis

Unabhängig von dieser auf Aktualität und Sachlichkeit bedachten Interviewpflege entstanden im übrigen auch neue, ganz auf die Darstellung der befragten Person gerichtete *Präsentationsformen.*

Unter dem Einfluß der personenzentrierten Fernseh-Talkkultur suchten vor allem die Zeitungsbeilagen nach attraktiven Formen der Interview-Präsentation. Das »FAZ-Magazin« pflegte von Anfang an das eher kurze, dabei aber ganz auf die Person des Befragten zugeschnittene Interview (auf einer Doppelseite: »Warum sind Sie...?«). Außerdem erzielte das Magazin mit dem durch den Schriftsteller Marcel Proust berühmt gewordenen »Fragebogen« große Resonanz; ihn haben inzwischen zahllose Prominente beantwortet (ob Fragebogen-Befragungen überhaupt als Interview zu gelten haben → Einleitung zum zweiten Buchteil). Das seit Frühsommer 1990 der »Süddeutschen Zeitung« beigelegte »Magazin« ist darauf spezialisiert, Personengeschichten unter einem möglichst abseitigen Aspekt als Interview in Szene zu setzen. Beispiel aus dem Jahre 1994: Zum Thema »Die Farbe Rot« wurde der letzte KP-Vorsitzende der USA über sein Verhältnis zur roten Fahne befragt. Der Feuilletonist Joachim Kaiser wählte Anfang der 90er Jahre unter der Rubrik »Kaisers Interview« die Frage-Antwort-Form, um Äußerungen längst verstorbener Dichter und Denker pseudo-authentisch auftischen zu können: Wiederbelebungsversuche am Leichnam, die nichts brachten.

Vom personenzentrierten Fragen zur möglichst authentischen Selbstdarstellung ist es nur ein kurzer Weg. So hat zum Beispiel das Schweizer »Magazin«, die Beilage des Zürcher »Tages-Anzeigers« und der »Berner Zeitung«, seit den 80er Jahren mit großem Erfolg unter der Rubrik »Ein Tag im Leben von ...« Personenbefragungen in der Form von Tagebuchaufzeichnungen publiziert: Der/die Befragte »erzählt« in der Ich-Form den Ablauf eines Arbeitstages; tatsächlich aber wurde diese Erzählung abgefragt, vom Interviewer verfaßt und vom Interviewten autorisiert.

Dieser Trend zur Selbstdarstellung tritt vor allem in den Jugend-Magazinen der 90er Jahre in den Vordergrund. Statt die Personen zu interviewen, läßt man sie ihr Statement, ihre Tagebuchnotiz, ihren Zuruf, ihre Selbstdarstellung selbst schreiben. Dieses Muster kultiviert zum Beispiel »jetzt«, das 1993 eingeführte Jugend-Supplement der »Süddeutschen Zeitung«: Hier äußern sich Jugendliche über ihre erste Liebe, Probleme am Arbeitsplatz, in der Schule, mit den Eltern. Solche Selbstzeugnisse haben einen für die Altersgruppe der Teenager wichtigen Identifikationswert. Es sind indessen keine journalistischen Darstellungsformen, sondern Textmontagen, die eher nach ästhetischen Gesichtspunkten produziert werden.

Die in diesem Kapitel skizzierten Trends der 90er Jahre zeigen, daß sich – trotz aller Gefährdungen – vor allem drei Interviewtypen neu herauskristallisiert und erfolgreich weiterentwickelt haben:

■ Das knapp gehaltene sach- oder ereignisbezogene Interview mit einer Person, die sich durch besondere Fachkompetenz (wie: Experte), durch ihr Beteiligtsein (wie: Augenzeuge) oder ihre Sachzuständigkeit (wie: Politiker, Geschäftsführer) auszeichnet.

■ Das auf ein Problemthema und zugleich auf die Person bezogene Interview, das den Zusammenhang zwischen einem Sachverhalt und dem Denken und Handeln des Interviewten herausstellen soll (verschränktes Interview, etwa mit Politikern über deren Entscheidungen, mit hervorragenden Künstlern über Beurteilungen oder Sportlern über deren Motive).

■ Das auf die Person fixierte Interview, bei dem es vor allem um außergewöhnliche Erlebnisse, Erfahrungen, Auffassungen und Verhaltensweisen einer irgendwie bemerkenswerten Person geht (wie: Szeneleute, Künstler, Extremsportler, Außenseiter, Exoten).

Bedrohte Interviewkultur

Inbesondere im Zeitschriftenjournalismus wächst am Ende der 90er Jahre die Gefahr der Wiederkehr des Gefälligkeitsinterviews. Unter dem wachsenden Wettbewerbsdruck bei sinkenden Anzeigenerlösen fühlen sich vor allem Titel wie »fit for fun« und Fachzeitschriften genötigt, das Frage-Antwort-Spiel als kostenlose PR-Veranstaltung für Anzeigenkunden durchzuziehen. In Computer-Zeitschriften erhalten Product-Manager stets Raum zur Selbstbelobigung; in Motor-Zeitschriften feiern Sprecher der Hersteller ihre neuesten Produkte; in Mode- und Reise-Magazinen schildern die Unternehmenssprecher ihre Angebote in den schönsten Farben; in Media-Zeitschriften stellen Marketingfachleute ihre simplen Strategien als kreative Geistesblitze dar. Und jedes Mal fungiert der Interviewer als Stichwortgeber, der die blumigen Darstellungen seines Interviewpartners unwidersprochen in die Spalten hebt: Als Marketing getarnter Etikettenschwindel, indem Gratiswerbung als Journalismus verkauft wird.

Fragen stellen und Antworten einfordern: Journalistisches Handeln, so sollte der erste Buchteil deutlich machen, ist verbunden mit der Emanzipation des Journalismus aus seiner Servilität.

Er sollte auch aufzeigen, daß diese Erfahrung immer wieder erworben werden muß, weil Journalisten ihre Unabhängigkeit stets aufs neue einbüßen oder einfach aufgeben – zum Beispiel, wenn der Interviewpartner eine einflußreiche Persönlichkeit oder auch nur im selben Rotary-Club wie der Verleger Mitglied ist. Oder wenn in den Rundfunkanstalten der Redakteur die Härte seiner Fragen auf das Machtfeld des Gesprächspartners abstimmt; wenn sich TV-Moderatoren von Politikern gängeln, hänseln und kontrollieren lassen. Oder wenn Boulevardjournalisten nichts anderes als den Voyeurismus ihres Publikums, das heißt: die *Verkaufe* ihres Blattes oder ihrer TV-Sendung im Kopf haben: Da kommen Abhängigkeiten zum Vorschein, die das Frage-Antwort-Spiel erneut zur Dienerei verkommen lassen wie einst im Deutschen Reich.

ZWEITER TEIL

DIE PRAXIS DES INTERVIEWENS

Wie man Interviews macht

Übersicht

Der zweite Buchteil dient als Hand- und Lehrbuch für die praktische Durchführung von Befragungen, Interviews und Gesprächen in den Printmedien wie im Rundfunk.

Die Einführung

beschreibt und definiert die Gattung des Interviews und der mit ihm verwandten Formen.

Seiten 97 bis 142

Das erste Kapitel

erläutert die Eignung bestimmter Themen, Gesprächspartner und Präsentationsformen.

Seiten 143 bis 210

Das zweite Kapitel

zeigt, wie man Befragungen, Interviews und Gespräche konkret vorbereitet und durchführt.

Seiten 211 bis 300

Das dritte Kapitel

erklärt die Rechte und Pflichten der Interviewpartner.

Seiten 301 bis 330

Das vierte Kapitel

gibt Hinweise für die Bearbeitung des Interviews in den Printmedien.

Seiten 331 bis 358

Das fünfte Kapitel

gibt Hinweise für die Durchführung von Interviews in den elektronischen Medien.

Seiten 359 bis 401

Einführung:

WAS IST EIN INTERVIEW?

Herleitungen – Definitionen – Abgrenzungen

Übersicht

Darf der Journalist, wenn er ein Gespräch führt, auch in der Art eines Untersuchungsrichters Verhör-Fragen stellen? Soll der Interviewer, wenn er Meinungen sammelt, das Publikum auf der Straße fragen? Kann der Interviewer, wenn er sein Gegenüber genauer kennenlernen möchte, Techniken der Tiefenpsychologie anwenden? Ganz allgemein: Wo eigentlich beginnt, wo endet das journalistische Interview? Sind etwa die Erkundigungen des Rechercheurs oder die des Reporters ebenfalls Interviews?

Diese Einführung beschreibt die mit dem journalistischen Interview verwandten Befragungsformen, klärt dann die journalistische Gattung und gibt allgemeingültige Definitionen.

Der erste Abschnitt

umreißt die dem journalistischen Interview verwandten Befragungsarten und erforscht die Merkmale der Interview-Gattungen.

Seiten 99 bis 122

Der zweite Abschnitt

nennt die definitorischen Merkmale des journalistischen Interviews in Lexikon und Lehrbuch und stellt die für alle professionellen Befragungsformen gültigen Kriterien vor.

Seiten 123 bis 128

Der dritte Abschnitt

zeigt die Unterschiede zwischen den drei journalistischen Befragungstypen: die Informationsbeschaffung für die Recherche, die Materialbeschaffung für die Reportage und den Frage-Antwort-Dialog für das Interview als Darstellungsform.

Seiten 129 bis 140

1. Die mit dem Interview verwandten Gattungen

1.1 Beeinflussung zwischen Journalismus und Wissenschaft

Als die Medien gegen Ende des 19. Jahrhunderts die journalistische Befragung unter der Etikette »Interview« als Neuheit feierten, hatten sie zwar eine neue Darstellungsform gefunden, sich aber einer bereits eingeführten Methode bedient. Tatsächlich war die Befragung als eine Technik der Meinungs- und Informationsbeschaffung längst in Gebrauch, zuerst in der Kriminalistik, dann auch unter Volkskundlern und Ethnologen, später in der Medizin und zuletzt auch in den Sozialwissenschaften.

Allerdings sprach da zunächst niemand von Interview, sondern von »Vernehmung«, von »Befragung« oder »Abklärung«. Und doch flossen die dabei entwickelten Fragetechniken bald auch in das journalistische Interview ein. Gegen Ende des 19. Jahrhunderts kamen Journalisten auf die Idee der Bevölkerungsbefragung, indem sie willkürlich ausgewählte Bürger – meist Passanten – vor Wahlgängen nach ihrer Meinung befragten. Diese damals sogenannten *straw tolls* (Probeabstimmungen) inspirierten wiederum die von den Sozialwissenschaften betriebene Meinungsforschung; es dauerte nicht lange, da sprachen nun umgekehrt Wissenschaftler immer häufiger von »Interview«, wenn sie eine Befragung meinten. Heute etikettieren die Psychoanalytiker, wenn sie einen Patienten zum ersten Mal sehen und seine seelischen Beschwerden erkunden, diese Sitzung als »Erstinterview«. Auch Meinungsbefrager, die mit standardisierten Fragebögen in der Wohnungstüre stehen, bezeichnen sich meist als »Interviewer«. Und um die Verwirrung noch zu vergrößern: Eine wachsende Zahl an Zeitungen und Radiostationen nennt inzwischen selbst banale Statement-Abfragen vollmundig »Gespräch«, als sei ihnen inzwischen »Interview« nicht mehr gut genug.

Alle diese Formen gehen zurück auf Befragungstechniken, die zwar mit dem journalistischen Interview einige Gesetzmäßigkeiten teilen, die aber je unterschiedlichen Zwecken dienen. Die folgenden Abschnitte sollen die sechs wichtigsten, mit dem journalistischen Interview verwandten Gattungen unter dem Blickwinkel ihrer journalistischen Eignung kurz umreißen.

1.2 Das kriminalistische Interview: Die Vernehmung

Die vermutlich älteste Form der direktiven Befragung trägt den Namen »Verhör« und ist geprägt von der meist häßlichen Geschichte des polizeilich gepanzerten Machtstaats.

Heute, im Zeitalter und unter den Bedingungen des Rechtstaats, darf die Vernehmung deshalb Befragung genannt werden, weil sie – wenigstens in der Theorie – die persönliche Integrität auch des Beschuldigten als Merkmal der Menschenwürde zu respektieren hat. Und doch ist bei diesem Interview das markante Machtgefälle in Verbindung mit bestimmten Fragetechniken ausschlaggebend.

Man kennt das Klischee aus vielen Krimis: Mit zusammengezogenen Schultern und gesenktem Kopf kauert der Beschuldigte auf dem Stuhl und starrt stumm auf die Tischkante, die Hand zur Faust geballt; ihm gegenüber trohnt, das Gesäß auf der Tischplatte, der Kriminalbeamte und bohrt dem Beschuldigten mit jeder Frage, die er stellt, den ausgestreckten Zeigefinger in die Brust. Zehn Minuten später, als der Beschuldigte in trotziges Schweigen verfällt, schlendert der Beamte zu ihm rüber, klopft freundlich die Schulter und bietet ihm eine Zigarette an. »Nun sag schon, mit wem hast Du das Ding gedreht?« Der Beschuldigte blickt mißtrauisch hoch, dann greift er gierig zur Zigarette, läßt sich Feuer geben. Nach drei Lungenzügen beginnt er zu sprechen.

Das Rollenspiel ist festgelegt: Der Fragende ist legitimiert, er hat das Recht auf seiner Seite; der Befragte ist das Objekt und gelegentlich auch mal das Opfer des Fragers. Beschuldigte sprechen nicht frei; sie werden unter Druck gesetzt, werden bedrängt, verunsichert und oftmals auch genötigt: sie sollen endlich eingestehen und berichten, was und wie es sich zugetragen hat. Der Frager verfolgt nicht nur ein klares Informationsziel, er fordert zudem bestimmte Aussagen ein, um die Tatbestände zu rekonstruieren: er verhört. Meist hat er die Antwort, die er hören möchte, in Umrissen schon im Kopf. Er fragt gezielt auf die noch unklaren Punkte hin, die er aufgedeckt oder belegt wissen möchte. Seine verbale wie nonverbale Fragetechnik steht im Dienst dieses Ziels, dem er auch sich und seine Funktion unterordnet. Im Zweifelsfalle stehen ihm legale Disziplinierungs- und Saktionsmittel zur Verfügung.

Den vernehmenden Beamten stehen – je nach Situation und Sachverhalt – im wesentlichen drei Vernehmungstypen zur Verfügung; (Die folgenden Ausführungen stützen sich vor allem auf Friedrich Geerds Neubearbeitung der erstmals 1939 erschienenen »Vernehmungstechnik« von Franz Meinert, das unter Kriminalisten auch heute als Standardwerk gilt – siehe F. Geerds [5]1976; 95-132):

Die Überrumpelungsstrategie: Der befragende Beamte nimmt zu Beginn der Vernehmung das von ihm erwünschte Ergebnis als unterstellende Behauptung vorweg, etwa, indem er dem Beschuldigten die Tat auf den Kopf zusagt und dabei den Hergang so darstellt, als sei die Tat im Grunde bereits nachgewiesen. Eine Überrumpelung kann auch in der Inszenierung von Überraschungen liegen, etwa durch die unerwartete Konfrontation mit Detailwissen, mit Beweismitteln oder mit Zeugen.

Ziel der Überrumpelung ist die Aufgabe der Abwehrstrategie des Beschuldigten: Er soll schockartig den Eindruck gewinnen, daß seine Position gegenüber dem Wissensstand des vernehmenden Beamten nicht zu halten und die aufbrechenden Widersprüche für ihn belastend seien. Der Zusammenbruch der Abwehrstrategie führt zu einem Erklärungsdefizit, das der Beschuldigte mit neuen, realistischeren Äusserungen ausgleichen soll: Im Fortgang der Vernehmung nähern sich die Aussagen mehr und mehr den tatsächlichen Geschehnissen an. Übrigens: Manches Presse-Interview, vom »Spiegel-Gespräch« animiert, versucht mit der Einstiegsfrage die Überrumpelungsstrategie nachzuahmen – und fabriziert, wie dann die Antwort offenbart, meist doch nur einen plumpen Bluff.

Die Sondierungsstrategie: Sie gilt in der Kriminalistik als »Regeltyp« (Geerds; 96) und Grundlage der richterlichen Vernehmung gemäß StPO. Sie beginnt mit der Aufnahme der Personalien, fragt nach dem Werdegang des Beschuldigten (= Aussagen zur Person) und geht dann weiter zum

Thema der Vernehmung, indem der Tatverdacht eröffnet und im weiteren die Rolle des Befragten erörtert wird (= Aussagen zur Sache). Der fragende Beamte lenkt die Vernehmung so, daß der Beschuldigte möglichst detailliert und chronologisch den Ablauf der Ereignisse darstellen soll. Mit gezielten Fragen nach Details fordert der Befrager immer neue, noch detaillierte Angaben. Im Fortgang der Vernehmung greift der Frager bereits gegebene Antworten auf und formuliert sie als Vorhaltungen (die Kriminalisten sprechen von »Vorhalte«), um Ungereimtheiten oder gar Widersprüche in den Aussagen aufzuzeigen. Diese erzeugen beim Befragten einen Erklärungsdruck, der dazu führen soll, daß der Befragte neue Eingeständnisse macht.

Diese Strategie hat vor allem dann Erfolg, wenn der Beschuldigte zwar leugnet, aber über kein lückenloses »Drehbuch« seiner angeblichen Rolle verfügt: der Teufel, so wird er bald bemerken, sitzt im Detail – eine Erfahrung, die auch der recherchierende Journalist bei seinen Befragungen zu nutzen sucht.

Die Zermürbungsstrategie: Die detailliert angelegte Sondierung läßt sich bei anhaltendem Widerstand des Beschuldigten nach und nach zu einer Zermürbungstechnik steigern, indem der vernehmende Beamte die bereits besprochenen Sachverhalte immer wieder aufgreift, nun aber von Mal zu Mal den Gegenstandsbereich ausweitet: Die Angaben zur Person werden erweitert auf die Geschwister, die Eltern und Großeltern, die Freunde und Bekannten. Unter Umständen wird der Ausbildungs- und Berufsweg haarklein rekonstruiert, werden Urlaubsreisen, der Arbeitsplatz und die Wohnung mikroskopisch betrachtet, um den Beschuldigten über diese vielen Umwege so zu ermüden, daß er schließlich auch die – bewußt beiläufig gestellte – Fragen etwa zur Vorgeschichte der fraglichen Tat beantwortet. Der Kriminalist Friedrich Geerds meint: »Wenn man die nun folgende Vernehmung zur Sache mit derselben Gründlichkeit behandelt, so wird man in der Regel merken, daß eine zur Unwahrheit entschlossene Aussageperson sich krampfhaft bemüht, zwischendurch die wohlvorbereiteten Lügengeschichten an den Mann zu bringen. Doch vertragen diese meistens nicht ein Zerpflücken bis in die kleinsten Einzelheiten. Es kann bei einem solchen Vorgehen gar nicht ausbleiben, daß man alsbald auf Widersprüche und Unmöglichkeiten der Darstellung stößt.«

Geerds verweist in diesem Zusammenhang auf die Technik des vor allem in Frankreich üblichen »Zickzackverhörs«: Die (meist zwei) vernehmenden Beamten fragen vermeintlich chaotisch nach Details verschiedener Ereignisse und Gegenstände, die sie aus jedem Zusammenhang gelöst haben, folgen dabei aber einem Plan, der dem Beschuldigten verborgen bleibt. Die Verhörenden verfolgen damit das Ziel, den Beschuldigten mehr und mehr zu verunsichern und ihm die von ihm ausgedachte Geschichte aus der Hand zu nehmen. (Geerds [5]1976; 97 f.). Gewisse Parallelen zu der im vorausgegangenen Buchteil (4. Kapitel) beschriebenen ARD-Interviewsendung »Kreuzfeuer« sind offenkundig.

Das Grundkonzept aller drei Strategien geht davon aus, daß die »Aussageperson« Beobachtungen und Handlungen verschweigen will und darum für die Vernehmung Ersatzgeschichten bereithält. Dank seiner Strategie werde der Befrager »den Beschuldigten oder Zeugen nicht dazu kommen lassen, die sorgsam vorbereitete Schallplatte vorzuspielen, sondern er wird ihn, um das ganze, mühsam gebastelte Kartenhaus zum Einsturz zu bringen, in eine Situation versetzen, die er nicht vorgesehen hat und die nicht in seinem Programm steht.« (100). Für den Erfolg – das Geständnis – ist aber nicht nur die Befragungsstrategie entscheidend, sondern auch die Einstellung, die der Beschuldigte zum Vernehmenden gewinnt: »Vielmehr setzt jegliches Offenbaren von Geheimnissen ein erhebliches Maß von Vertrauen zu der Persönlichkeit des Beamten voraus.« (102)

Schon die ersten Minuten des Verhörs seien entscheidend, erläutert Geerds. Wichtig seien zum Beispiel die präzise Vorbereitung – die Akten und der Notizblock liegen griffbereit – und der angemessene, zugleich effiziente Umgang mit der »Aussageperson«; entscheidend sei aber auch die Art der Kontaktnahme, zum Beispiel die Begrüßung: Bereits jetzt werde die zu befragende Person – etwa durch einen schroffen Begrüßungston – entsprechend eingestimmt. »Insgesamt aber läßt sich feststellen, daß es in 90 bis 95 Prozent aller Fälle richtig sein wird, eine Vernehmung in ruhigem, sachlichem Ton und mit der üblichen Freundlichkeit zu beginnen« (101).

Für den Vernehmungserfolg ist im weiteren die Rollenverteilung und vor allem die Fragetechnik wesentlich: »Wir hören zu und fragen nur da und dann, wo es notwendig oder doch zweckmäßig ist«, hält Geerds fest; niemals dürfe es zu einem Rollentausch kommen, indem der Beamte erzähle und der Beschuldigte zuhöre. »Die Fragen müssen kurz und knapp, aber präzise sein. Jede Vernehmung, bei welcher der Beamte mehr redet als die zu vernehmende Person, ist falsch geführt.« Doppelfragen seien zu vermeiden, Suggestivfragen nur mit Bedacht einzusetzen. »Derartige Frageformen (bergen) die Gefahr in sich, den Vernommenen zu einer unwahren Aussage zu verleiten«, weißt der Kriminalist Geerds: »Bei Kindern und Jugendlichen sowie bei Psychopathen und häufiger auch bei Frauen (!) besteht erfahrungsgemäß (!) sogar eine so große Gefahr der Beeinflußbarkeit, daß man hier auf derartige Fragen am besten völlig verzichtet.« (ob Friedrich Geerds diesen Satz von Franz Meinert aus dem Jahr 1939 übernommen hat, geht aus dem Werk nicht hervor). Allerdings hebt auch Geerds hervor, daß mitunter Suggestivfragen unentbehrlich seien. »Es gibt nämlich des öfteren kein anderes Mittel, um in einem einzelnen Punkt einen Schuldigen einmal zu überrumpeln oder dem Vernommenen diese bzw. jene Tatsache zu entlocken.« (105). Um gewonnene Aussagen zu sichern und Mißverständnisse auszuschließen, soll man – empfehlen erfahrene Kriminalbeamte – die Antwort der vernommenen Person in der nächsten Frage wiederholen. (Muster: Frage: »Wo waren Sie gestern abend nach 22 Uhr ?« Antwort: »Bei meiner Freundin.« Frage: »Wo wohnt Ihre Freundin?« Antwort: »In der Maria-Luisen-Straße 35.« Frage: »Mit welchem Verkehrsmittel sind Sie in die Maria-Luisen-Straße Nummer 35 gekommen ?« usw.)

Für den Erfolg maßgeblich ist auch das nonverbale Verhalten des Befragers. »Es empfiehlt sich, trotz aller verbindlichen Freundlichkeit reserviert und undurchdringlich zu bleiben. Das Mienenspiel des Beamten sollte in jeder Situation beherrscht sein; denn Dinge, auf die es wirklich ankommt, fragt man zweckmäßig immer beiläufig«, empfiehlt Geerds, »im Gesicht des Vernehmungsbeamten (...) sollte nur eine allgemeine, wohlwollende Teilnahme zu lesen sein, die zudem mehr der Persönlichkeit des Vernommenen als der Sache zu gelten scheint. Nur so kann man unauffällig, aber erfolgreich den anderen Teil völlig im unklaren über das lassen, was wir eigentlich wissen und was nicht.« (106) Hinzu kommt die Fähigkeit des Beamten, das Verhalten des Beschuldigten zu beobachten und richtig zu interpretieren, um Schlüsse »auf seinen augenblicklichen Widerstandswillen ziehen« zu können (117). Friedrich Geerds empfiehlt darum, das Rauchen zu gestatten (»Eine Zigarette in der Hand eines erregten Menschen ist ein aufschlußreiches Spielzeug«), andere Utensilien aber wegzuräumen und der zu vernehmenden Person keine »Ablenkungsmittel«, nicht einmal Aktenordner, Bleistift oder Füllfederhalter zu belassen (118).

Der Erfolg hängt schließlich auch noch davon ab, ob der Beamte die Aussagen der vernommenen Person mit einwendenden Argumenten und Belegen, den sogenannten Vorhalte, konterkarieren kann. Auch für Journalisten aufschlußreich ist die von Kriminalisten unternommene Unterscheidung zwischen sachlichem und emotionalem Vorhalt. Bei den sachlichen handelt es sich um Widersprüche entweder in den Aussagen oder zwischen den Aussagen und dem dokumentarischem Material, das dem Beamten vorliegt (andere Vernehmungsprotokolle, Urkunden, Briefe usw.). Vor allem solche Ungereimtheiten und Widersprüche seien ergiebig, heißt es, weil sie den Beschuldigten viel deutlicher als unwahrhaftig demaskieren und einen höheren Erklärungsdruck erzeugen. Aus dieser Situation ergibt sich die Möglichkeit des emotionalen Vorhalts: Der Beamte kann moralisch argumentieren, also an das schlechte Gewissen appellieren, er kann aber auch die emotionale Bindung des Beschuldigten an seine unmittelbaren Mitmenschen ansprechen und Schuldgefühle wecken. »Die einfachste Einleitung zu einem gefühlsbetonten Vorhalt ist immer ein Eingehen auf persönliche Umstände des Vernommenen, selbst wenn diese an sich außerhalb des Rahmens unserer Befragung liegen«, empfiehlt Friedrich Geerds. »Man kann beispielsweise auf seine Jugend zu sprechen kommen, sich mit ihm über seine Eltern, besonders seine Mutter, unterhalten; Frau und Kinder bieten unerschöpflichen Gesprächsstoff. Man wird so bald fühlen, in welcher Richtung eine Schwäche liegt, die man für einen solchen Vorhalt nutzen kann.« (113)

Zweckmäßig, so die Kriminalisten, sei der verzögerte Gebrauch der Vorhalte: Beweise, etwa die gesicherte Fußspur, die auf den Schuh des Beschuldigten paßt, solle man erst dann nennen, wenn alles über das Schuhwerk besprochen worden ist. Auch Rückschlüsse sollten im Verlauf der Vernehmung nicht geäußert werden; sie sind im Grunde »lautes Denken« und ermuntern den Beschuldigten, nun seinerseits zu spekulieren und zu fabulieren. »Die Faustregel lautet hier demnach, daß wir den Vernommenen so wenig wie möglich erkennen lassen, was und wieviel man schon von der ganzen Angelegenheit und von ihren Einzelheiten weiß« (116). Und schließlich: Wenn möglich solle man nicht zu lange verhören, denn irgendwann bringe auch der ermüdete Beamte Fakten und Namen durcheinander – und verliere an Glaubwürdigkeit.

Diese Skizze mag genügen, um die Funktionsweise des kriminalistischen Interviews aufzuzeigen: Es herrschen klare hierarchische Machtverhältnisse; Frager und Befragte gehen von geradezu konträren Interviewzielen aus; die Frager suchen nach Widerspruchsfreiheit und verlangen faktizierbare Aussagen als Informationsziel, der Befragte möchte jede Einlassung soweit wie möglich vermeiden und äußert sich meist nur aus Angst vor Nachteilen. Die Vernehmung ist das pure Gegenteil einer emanzipatorischen, auf Gleichberechtigung beider Seiten bedachten Interaktion, wie sie im Grundmodell des journalistischen Interviews angelegt ist.

Der verhörende Kriminalbeamte, der Staatsanwalt und der vernehmende Richter, sie sind durch den Strafverfolgungsauftrag hinreichend legitimiert: Es herrscht weithin Konsens, daß die demokratische Organisation der Gesellschaft zwar das Gewaltmonopol des Staates kontrollieren soll, daß sie aber zugleich auf dieses Monopol angewiesen bleibt, um die demokratische Ordnung zu sichern. Die mit dem Rechtstaatsprinzip verbundene Verfahrenssicherheit macht diesen Widerspruch erträglich.

Über eine vergleichbare Legitimation verfügen die Journalisten nicht. Manche mögen sich vielleicht als Vertreter der »vierten Gewalt« und Statthalter der öffentlichen Meinung zur Inquisition aufgerufen fühlen; doch es sind in aller Regel selbstgewählte Rollen, die mit Artikel 5 des Grundgesetzes (Meinungsfreiheit) und dem daraus abgeleiteten »Verfassungsauftrag der Presse« nur ausnahmsweise einzulösen sind – nur dann nämlich, wenn die Verfassungsorgane ihren Auftrag der Machtkontrolle nicht erfüllen. In solchen Situationen – man denke zum Beispiel an den im Juli 1990 von den Medien (zuerst vom ARD-Magazin »Panorama«) enthüllten Beschaffungsskandal rund um das »Tornado«-Radarabwehrsystem »Cerberus« – darf sich der Journalist bei seinen Recherchen mancher Fragetaktik aus dem Arsenal der Kriminalisten bedienen.

Doch Journalisten sind keine Staatsanwälte. Und so bleibt auch der in der Sache hartnäckig und mit allerlei Tricks nachfragende Rechercheur stets der Maxime treu, daß der Befragte in dem, was er zu sagen hat, kein Gefangener der Medien, sondern ein freier, sich selbst bestimmender Mensch ist.

1.3 Das diagnostische Interview

Auch diese Interviewform hat längst gängige Klischees nicht erst seit der TV-»Schwarzwaldklinik« hervorgebracht: Da sitzt der Patient auf dem Drehstuhl, am freigelegten Arm die aufgepumpte Gummi-Manchette, am linken Zeigefinger das nach dem Blutentnahme-Stich aufgeklebte Pflästerchen. Er antwortet beflissen auf die leisen, beiläufig gestellten Fragen des Arztes, der gerade ein paar Elektroden auf dem Brustkorb fixiert: »Tuts nur da weh ?«, Und: »Erinnern Sie sich, war was Besonderes, als es mit diesen Schmerzen anfing ?«

Der Patient ist, aus der Sicht des Arztes, freiwillig gekommen, und er könnte auch jederzeit das Interview abbrechen und wieder gehen. Und doch ist auch diese Befragungssituation von einem ähnlich klar strukturierten Machtverhältnis dominiert wie das kriminalistische Interview, die Vernehmung. Der Unterschied liegt im Informationsinteresse: Dort war es ein gegen den Befragten gerichtetes öffentliches Interesse an Aufklärung, hier fällt das diagnostische Interesse des Arztes zusammen mit dem Heilungswunsch des Patienten – und schon empfindet der Befragte dieses Machtverhältnis in aller Regel als nicht gegeben, zumindest nicht als Zwang, vielmehr als ein Kompetenzgefälle.

Auch die Frageabsicht vieler Ärzte ist der des Kriminalbeamten nicht unähnlich: Sie fahnden nach den richtigen Antworten, nämlich solchen, die in ihren Diagnose-Raster passen: Sie wünschen möglichst faktizierbare und interpretierbare (in diesem Sinne: richtige) Aussagen als Belege für ihre Hypothesen über die Krankheit und deren Ursache.

Diese auf *Abklärung* gerichtete Befragung war früher die wichtigste Diagnosetechnik der Medizin; heute klagen erfahrene Ärzte, die von Hightech-Apparaten umstellten Kollegen hätten das Fragen verlernt; und das Reden der Patienten sei ihnen eher lästig.

Der damit verbundene Kompetenzverlust begann noch vor der Jahrhundertwende, als das naturwissenschaftliche Menschenbild in der Medizin überhand nahm. Damals wollten die Mediziner aus dem persönlichen Arzt-Patienten-Gespräch eine Art Diagnose-Test machen und feste Krankheitsbilder systematisieren. Ärzte in den Forschungskliniken der USA entwickelten Standardfragen, um die Antworten verschiedener Patienten miteinander vergleichbar zu machen; die ersten Fragebogen tauchten auf.

Bald erkannten die Mediziner, daß mit dem Interview nicht nur Selbstbeobachtung und erinnertes Wissen, sondern auch die Einstellung, die Denkweise des Patienten abgefragt werden kann. Hinzu kam die Entdeckung, daß die Interview-Situation derjenigen eines Labors ähnelt: Man kann unter stets gleichen Bedingungen verschiedene Menschen dasselbe fragen, mehr noch: Man kann ihnen dieselben Gedankenübungen (»Aufgaben«)

abfordern und die Resultate miteinander vergleichen und bewerten. Kurz: man kann sie testen. »Bewußtseinstest« (*mental test*) nannte erstmals der amerikanische Psychologe McCattell 1890 dieses Verfahren. Und so haben amerikanische Mediziner während des Ersten Weltkriegs den ersten, den sogenannten Alpha-Intelligenz-Test entwickelt und in der US-Armee massenhaft eingesetzt. Aus dem Arzt-Patienten-Gespräch war ein generalisiertes Meßverfahren geworden.

In den medizinischen Wissenschaften gibt es seither zwei miteinander eng verknüpfte Interview-Gattungen: die Fragebogenerhebung und den Test mit »Probanden« genannten Testpersonen.

1.4 Das Interview als Test

Bis in die 70er Jahre wucherte in den klinischen Wissenschaften die Test-Begeisterung, die eine eigenständige Fachrichtung, die Testpsychologie, hervorgebracht hat: Mit aufwendigen, zu »Testbatterien« verknüpften Aufgaben-Sets lassen sich Einstellungs- und Verhaltensweisen messen, mit Untersuchungsbefunden verknüpfen und daraus Rückschlüsse auf die Erkrankung oder gar auf das Charakterbild des Patienten ziehen. Auch heute werden solche Tests als Diagnoseinstrument in der Psychiatrie wie auch zur Erprobung (Verträglichkeit) neuer Medikamente eingesetzt; sie sind aber auch beliebt bei Ehevermittlern für die Partnerwahl oder bei Personalberatern etwa zur Ermittlung der Team- oder der Streßfähigkeit von Stellenbewerbern.

Man könnte nun meinen, diese Art Interview läge weit abseits des Journalismus. Doch dieser Eindruck täuscht. Daß nämlich die Interview-Situation für den Befragten immer auch eine Art von Test bedeutet, haben findige Interviewer längst erkannt: Sie fragen nicht nur nach Wissen und nach fertigen Auffassungen, sondern stellen ihrem Gegenüber manchmal auch Aufgaben (etwa mit hypothetischen Fragen in der Art: »Gesetzt den Fall, Sie hätten ein Gewehr in der Hand und einen Gangster vor sich...«) oder thematisieren das aktuelle Interview-Verhalten durch den plötzlichen Umstieg auf die Meta-Ebene (etwa: »Warum reagieren Sie auf unsere letzte Frage so aggressiv ?«). Die Art, wie der Interviewte mit seiner Aufgabe umgeht, soll den Lesern, Hörern oder Zuschauern Einblick geben in dessen sonst verborgene Persönlichkeit.

Tatsächlich läuft das journalistische Interview gleichsam unter den Augen der Öffentlichkeit ab; es ist einer Prüfung oder einem Psychotest durchaus vergleichbar, in dessen Verlauf der Befragte durch die Art seines Auftretens, seines Agierens und Reagierens die Sympathien seines Publikums gewinnen möchte. Demzufolge bewegen sich Interviews stets auf zwei Ebenen: auf der des Wissens (Fragen und Antworten zu Sachverhalten und Meinungen) und der des Verhaltens (verbales und nonverbales Agieren und Reagieren). Diese Doppelbödigkeit kann der Interviewer ausnutzen, auf ihr kann er aber auch (im Falle unzureichender Kompetenz) ausrutschen – einem Drahtseilakt vergleichbar, der dem Interview in Life-Sendungen die ihm eigene Spannung verleiht.

Es besteht also ein großer Unterschied im Situationserleben zwischen einem Presse-Interview, das erst abgeschrieben und dann gedruckt werden soll, und einem Rundfunkinterview, sofern es life ausgestrahlt wird. Vor allem im Fernseh-Interview wirkt ja der Befragte weniger durch das, *was* er sagt, als durch die Art, *wie* er es sagt: Sein Spontanverhalten – und sei es auch für den Fernseh-Auftritt sorgsam einstudiert – prägt maßgeblich den Eindruck des Zuschauers, ob er den Test bestanden hat oder nicht.

Manche Fernseh-Journalisten bauen in ihre Interviews knifflige, aber inhaltlich belanglose Psychotestfragen ein, um ein möglichst entblößendes Spontanverhalten des Befragten zu provozieren. So zog das ZDF seit Ende der 80er Jahre mit Chefredakteur Klaus Bresser und (bis 1994) Klaus-Peter Siegloch einen Interviewtyp auf (»Was nun ?«), in dessen Verlauf dem Befragten Halbsätze hingeworfen werden, die er spontan vervollständigen soll (zum Beispiel im ZDF-Interview mit dem Stunden zuvor auf dem SED-Parteitag gewählten neuen Vorsitzenden Gregor Gysi am 9. Dezember 1989. Erster Halbsatz der Interviewer: »An Helmut Kohl bewundere ich...« schmunzelige Antwort Gysis: »...seine ruhige Gelassenheit«. Interviewer: »Den Bau der Berliner Bauer halte ich ...« zögerliche Antwort von Gysi: »... für ein sehr schwieriges, aber damals eben doch notwendiges Unternehmen« usw.).

Kein Zweifel, daß solche Reaktionstestfragen gelegentlich ein Verhalten provozieren, das Einblicke in die befragte Persönlichkeit gestattet. Kein Zweifel aber auch, daß dies nur bei offenen und medienunerfahrenen Menschen gelingt; die Routiniers des politischen Schaugeschäfts spielen solche Situationen zum Nutzen der Selbstdarstellung durch, ihre Offenheit ist Theater, das Interview eine Show.

1.5 Die Meinungsbefragung

Die vor rund hundert Jahren im Zusammenhang mit den klinischen Tests entwickelte Befragung per Fragebogen hat sich ebenfalls schon kurz nach der Jahrhundertwende zu einer eigenständigen Methode aufgebläht. Man hatte nämlich rasch erkannt, daß mit dem Fragebogen nicht nur individuelle Denkweisen, sondern massenhaft verbreitete Ansichten und Meinungen (= Einstellungen) erfaßt, typisiert und quantifiziert werden können: ein hervorragendes Instrument, um die Akzeptanz von Waren (= Verkaufbarkeit von Produkten), Personen (= Wählbarkeit von Kandidaten) und Meinungen (= Zustimmung zu Parteiprogrammen) zu ermitteln: Die Fragebogenerhebung entstand als Instrument der Meinungsforschung nach Maßgabe kommerzieller Interessen der Unternehmen und Parteien. So richtete erstmals die Werbeagentur Young & Rubicam 1932 für den Marktforscher George Gallup eine eigene Marktforschungsabteilung ein. Im Verlauf der Dreißiger Jahre blähte sich die einfach auszuwertende Fragebogenerhebung zur wichtigsten Methode sowohl der Sozial-, wie der Markt- und Meinungsforschung auf. Und noch heute ist das Interview in Form der fragebogengestützten Befragung das dominierende Instrument der empirischen Sozialforschung.

Der Kerngedanke der Fragebogenerhebung lautet: Verschiedene Aussagen zum selben Thema sollen vergleichbar gemacht werden. Dies gelingt mit dem Fragebogen, weil hier Antworten auf stets dieselbe(n) Frage(n) gegeben werden. Diese Aussagen werden dann als Kennzeichen der in einer Gruppe oder in einer Population vorherrschenden bzw. verbreiteten Einstellungen gedeutet.

Damit aber diese Deutung nicht Spekulation, sondern Abbild der verbreiteten Meinungen ist, verlangen die Sozialwissenschaften die Einhaltung recht strenger Vorschriften.

Zunächst: Massenhaft verbreitete Einstellungen lassen sich nur messen, wenn eine hinreichend große und für die Bevölkerung repräsentative Personengruppe befragt werden kann. Zudem müssen an alle Personen dieser großen Gruppe die genau gleichen Fragen gestellt werden. Um dies zu erreichen, entwickelten die Meinungsforscher den sogenannten standardisierten Fragebogen; er besteht aus vorformulierten, stets gleichlautenden und in derselben Reihenfolge zu stellenden Fragen.

Doch gleiche Fragen führen nicht unbedingt zu vergleichbaren Antworten: der eine sagt vielleicht Kolrabi, ein anderer Bananen, ein dritter Tiramisu, wenn nach der Lieblingsspeise gefragt wird. Kurz: Tausende verschiedener Aussagen sind wahrscheinlich, wenn offene Fragen zu beantworten sind.

Um nun diese Breite möglicher Antworten auf das enge Feld der Vergleichbarkeit zu verkürzen, werden die Antwortmöglichkeiten durch eine Antwortauswahl vorgegeben. Die Folge: Der Befragte antwortet eigentlich nicht, sondern gibt seine Zustimmung zu einer Position aus einem Set an Antwortmöglichkeiten. Und wenn die Vorgaben hinreichend breit gehalten werden, müssen für die Auszählung der Antworten entsprechende Kategorien geschaffen werden. Im genannten Beispiel genügen vier: Gemüse, Südfrüchte, Süßspeisen und sonstiges. Freilich, die so gewonnenen Ergebnisse sind durch die Antwortkategorien abstrakt und schablonenhaft; sie sagen nichts über das individuelle Verhalten in konkreten Lebenssituationen, nichts über Motive und Erfahrungen, sondern etikettieren nur typische (= aggregierte) Verhaltensmuster.

Ein weiteres Problem tritt hinzu: Die Frageformulierung. Die Frage soll *voraussetzungslos* von allen in der möglichst gleichen Weise verstanden werden – eine Idealforderung. Erwin K. Scheuch schrieb hierzu: »Einer der wichtigsten Grundsätze ist, daß eine Frage so einfach formuliert sein soll, wie noch eben mit dem sachlichen Zweck der Fragestellung vereinbar ist. Dies impliziert, daß Fragen möglichst kurz sein sollen, grammatikalisch schwierige Konstruktionen zu vermeiden sind (wie doppelte Verneinung), man sich der Alltagssprache möglichst anzunähern habe und sehr vorsichtig bei Unterstellungen über den Wissensstand der Befragten sein müsse.« (Scheuch 1967; 142). Nicht von ungefähr beschäftigt sich die empirische Sozialforschung seit Jahrzehnten mit dem Problem der Frageformulierung; so weiß man inzwischen, daß zum Beispiel die (für die Auswertung einfache und darum beliebte) sogenannte geschlossene Frageform beim Antwortenden eine eindeutige und abrufbare Meinungsbildung unterstellt.

Von Meinungsforschern – und im Gefolge von den berichtenden Journalisten – wird gern übersehen, daß die Meinungsbefragung per Fragebogen der Explikationsfähigkeit der Menschen enge Grenzen setzt. Abfragen kann man nur, so lautet eine alte Regel, was die Befragten zum Zeitpunkt der Befragung wissen oder zu wissen meinen. Die Frage: »Wieviel alkoholische Getränke trinken Sie pro Woche ?« ist artefaktisch und nötigt dem Befragten, sofern er Alkoholika trinkt, eine aufwendige Rechenarbeit ab, ehe er die Information zur Verfügung hat. Noch schwieriger wird es, wenn prognostische Fragen gestellt werden in der Art: »Glauben Sie, daß es Ihnen im nächsten Jahr besser gehen wird als im jetzigen?« Sicher ist, daß die Antwort nichts Reales über den künftigen Berufserfolg, bestenfalls etwas über die Bereitschaft zum Spekulieren aussagt. Ähnlich ergeht es auch den Meinungsumfragen zu aktuellen oder künftigen Entwicklungen und Trends, solange die Meinungen im Wandel oder Entstehen begriffen sind – wie etwa bei der sogenannten Sonntagsfrage (»Wenn nächsten Sonntag Bundestagswahlen wären: Welcher Partei würden Sie Ihre Stimme geben?«), die zum Beispiel die Zeitung »Die Woche« als »Wahlbarometer« seit 1993 regelmäßig stellen läßt.

Wie unrealistisch solche Daten oftmals sind, zeigte mustergültig die vom ZDF und dem »Spiegel« finanzierte Umfrage über Einstellungen der DDR-Bevölkerung Ende 1989, also wenige Wochen nach der historischen November-Wende; bereits zum Zeitpunkt ihrer Publikation waren die Ergebnisse wegen der rasch fließenden Meinungströme und der Undurchsichtigkeit der Entwicklung überholt (vgl. »Spiegel« Heft 51/1989: »98 Prozent gegen die Funktionäre«): Im Meinungsdurchschnitt lag die CDU mit minus 1,3 sehr schlecht, die SPD mit plus 2,5 sehr gut; nur zehn Wochen später erbrachten die für den Untergang der DDR entscheidenden März-Wahlen das entgegengesetzte Bild.

Gegen die farblose Abstraktheit des standardisierten, also starr strukturierten Interviews haben Psychologen und Sozialwissenschaftler schon früh den Typus der *unstrukturierten Befragung,* das »permissive interviewing«, entwickelt. Damit ist eine weitgehend auf den Interviewten und die Interviewsituation bezogene Fragetechnik gemeint: Der Befrager soll sich der Denk- und Verstehensweise des Befragten möglichst anpassen und die Reihenfolge der Fragen variieren. Bald sprach man in den Sozialwissenschaften vom »qualitativen Interview« im Unterschied zu den rein quantitativen Ergebnissen der Fragebogenerhebung. Als Definition formulierte das Bureau of Applied Social Research der New Yorker Columbia University: »Das qualitative Interview unterscheidet sich im Vorgehen ganz wesentlich vom früher behandelten Typus des Interviews, dem ein formeller Fragebogen zugrunde liegt. (...) Die Absicht des qualitativen Interviewers (geht) dahin, dem Befragten bei seiner Darlegung seines individuellen Falles im Hinblick auf das Untersuchungsproblem behilflich zu sein.« Die Methode sei insofern »qualitativ«, als »es die individuelle

Qualität jeder einzelnen Antwort im Gegensatz zur typisierten Antwort des formellen Fragebogens betont« (in: R. König [10]1976; 144 f.).

Die Verfechter dieses nicht-standardisierten Interviews sind offenbar der Ansicht, daß derselbe Wortlaut einer Frage bei den Befragten ganz unterschiedliche Bedeutungen haben kann, je nach Region, Alter, Schicht, Bildungsstand und sozialem Status. Man würde bessere Ergebnisse erzielen, wenn die Interviewer ihre Fragen situationsgerecht formulieren, mit dem Ziel, unter den Befragten möglichst »gleichwertige Bedeutungen« zu erlangen. Die Meinung etwa zur »Inflation« lasse sich bei einer gut ausgebildeteten Person erfragen; bei einer weniger gebildeten müsse man vom »Ansteigen der Preise« sprechen; oder: Ansichten zum Sexualverhalten könnten bei Jugendlichen mit unverschlüsselten Fragen, bei älteren Menschen nur durch indirekte Fragen ermittelt werden – und so weiter.

Berühmt und zugleich auch fragwürdig wurde die nicht-standardisierte Fragetechnik durch Alfred Charles Kinsey mit seiner Untersuchung des Sexualverhaltens der Amerikaner 1948 und der Amerikanerinnen 1953. Er fand heraus, daß die meisten Ausdrücke im Sexbereich von den Befragten nicht im gleichen Sinne verstanden wurden. Kinsey hielt es nun für richtig, die Formulierungen und die Reihenfolge der Fragen entsprechend der sozialen Schicht des Befragten zu verändern.

Der Einwand der Kritiker lag auf der Hand: Wenn die Reihenfolge der Fragen variiert wird, ändern sich die Zusammenhänge; und gerade diese sind für die Bedeutung (auch für die Gewichtung) mindestens so wichtig wie die Verständlichkeit der Frageformulierung. Wissenschaftler äußerten den Verdacht, daß so manches Ergebnis Kinseys über schichtabhängige Sexualpraktiken weniger auf die Realität als auf die Untersuchungsmethoden des Forschers zurückgehe.

Inzwischen gilt der Streit um die Aussagekraft des qualitativen Interviews in den Sozialwissenschaften als ausgefochten: Will man massenhaft verbreitete Verhaltens- und Denkweisen in Erfahrung bringen, empfiehlt es sich, eine repräsentativ ausgewählte Bevölkerungsgruppe nach dem gleichen Muster zu befragen; tatsächlich sind die erhaltenen Antworten nur vergleich- und meßbar, wenn allen dieselben Fragen in derselben Reihenfolge gestellt werden.

Um aber realistische Antwortkategorien überhaupt aufstellen zu können, ist die Variationsbreite wie auch der Sprach- und Sinnzusammenhang der zu erwartenden Antworten auszuloten. Fragebogen werden deshalb mit

Hilfe der qualitativen Befragung in einer kleinen Gruppe getestet und ausformuliert. Aber auch, um die Ergebnisse qualitativ deuten und die erfragten Einstellungen bewerten zu können, ist es sehr nützlich, unstrukturierte Interviews mit einer begrenzten Zahl an Personen zusätzlich durchzuführen. Sie sind freilich schwieriger zu führen und verlangen darum besser geschulte Interviewer; diese aber stehen den Marktforschungsinstituten oft nicht zur Verfügung. Darum arbeiten die meisten kommerziellen Institute in der Regel nach standardisierten Verfahren und verzichten auf diese subtileren Methoden.

In der Sozialforschung hat sich – als eine Art Mittelweg – das *»halbstandardisierte« Interview* eingebürgert: neben festgelegten Fragen bietet der Fragebogen auch breit und offen formulierte Fragefelder ohne Antwortvorgaben, damit das Meinungsbild des Befragten tiefer ausgeleuchtet werden kann. Um nun aber Vergleichbarkeit zu erreichen, werden den Befragern strikte Interviewanweisungen an die Hand gegeben – Anleitungen, die dem Interviewer Situationsbewußtsein und einige Fertigkeiten im spontanen Formulieren der Fragen abverlangen. Denn unversehens kann eine rasch hingeworfene Anschlußfrage suggestiv klingen, Vorurteile transportieren oder zur Unterstellung werden.

Ob standardisiert, ob offen oder ob halboffen: Stets bleibt das Formulieren der Fragen ein äußerst heikles Unterfangen. Falsch, ungenau, tendenziös oder mißverständlich abgefaßte Fragen führen zu falschen Ergebnissen, nämlich zu Antworten, die eigentlich nicht gefragt waren. Hinzu kommt die Gefahr der Verfälschung durch das Verhalten des Interviewers und dessen nonverbale Kommunikation. In der Sozialforschung gilt darum der Grundsatz, daß sich der Interviewer so neutral wie möglich zu verhalten habe, um eine Beeinflussung der Interviewsituation und in der Folge eine Verfälschung der Antworten zu vermeiden. So haben pingelige Meinungsforscher von ihren Interviewern auch schon das Kunststück verlangt, beim Fragen stets die gleiche Stimmlage, Intonation und Lautstärke, aber auch dieselbe Körperhaltung und Mimik aufzusetzen, weil sonst das Antwortverhalten beeinflußt würde.

Solche Anstrengungen erinnern an den Versuch jenes Kürschners, der das Fell gerben wollte, ohne es naß zu machen. Denn auch in der Sozialforschung gilt ja die Regel, daß jede Interviewsituation einmalig und unwiederbringlich ist. Es kann also nicht darum gehen, aus dem Befrager einen Automaten zu machen, der das Interview in stets derselben Weise abspult. Richtig ist vielmehr die Einsicht, daß nur solche Fragen zu verläßlichen Ergebnissen führen, die durch die Interviewsituation möglichst nicht beeinflußt sind: Fragen nach klar erkenn- und benennbarem Verhalten und nach Ansichten, derer sich der Befragte bewußt ist. Eine Befrager-Regel lautet: »Nicht erfragbar sind Verhaltensweisen oder Vorgänge, die sich (...) unter Aufmerksamkeitsverzicht abspielen«. Und eine weitere: »Man sollte niemals Fragen stellen, die man selbst nicht ohne Überwindung oder Zwang freimütig und ehrlich beantworten kann.« (Gert Gutjahr 1985; 15, 19).

Wie Menschen, Gruppen und Bevölkerungen auf aktuelle Vorgänge reagieren, wie sie denken und was sie meinen, ist allgemein interessant und darum immer auch ein Thema für die Medien: Ob wohl die Flut der Asylbewerber im Herbst 1994 von (welchen ?) Einheimischen als bedrohlich empfunden wird; ob die neuen Ladenöffnungszeiten (wie häufig und von wem) genutzt werden; ob die verkehrsfreie City in unserer Stadt als Verbesserung erlebt wird; ob (und bei wem) der neue Theater-Spielplan oder das neue Konzertprogramm oder das Park-and-ride-System auf Interesse stößt – und so weiter.

Freilich, Medienredaktionen können kaum je die korrekte Ermittlung verbreiteter Meinungen und Denkweisen selbst übernehmen. Ihr Versuch würde schon am ersten Problem, der Bildung einer repräsentativen Bevölkerungsgruppe, kläglich scheitern. Auch fehlt den meisten Journalisten das Wissen, wie standardisierte Fragen formuliert und der Fragebogen aufgebaut, wie abgefragt, die Antworten erfaßt und kategorisiert werden müssen.

Große Zeitungen und Zeitschriften beauftragen deshalb hin und wieder Markt- und Meinungsforschungsinstitute mit der Durchführung von Befragungen, über deren Ergebnisse dann exklusiv berichtet werden kann nach dem Muster: »Zwei Drittel aller Pappenheimer wollen keine Autos mehr in der Innenstadt«. Aber auch da wird gelegentlich geschlampt, etwa, wenn die Zeitung als Auftraggeber nur wenig Geld ausgeben möchte und darum das beauftragte Institut mit schlecht ausgebildetem Personal eine flüchtige Telefonbefragung bei einer nur bedingt repräsentativen Bevölkerungsgruppe durchführt. Da ist es schon sinnvoller, sich von seriösen Instituten genau beraten zu lassen und im Falle aufwendiger, also auch kostspieliger Befragungen eine Kooperation mit einem anderen Medium oder auch Institutionen zu suchen.

1.6 Straßeninterview (Publikumsbefragung)

Es muß aber nicht immer eine Meinungsumfrage sein. Bei aktuellen Großereignissen, saisonalen Anlässen (wie: Urlaubsziele), öffentlichen Maßnahmen (etwa: Rauchverbot auf den Straßen) und Trends (wie: Immer mehr Erwachsene fahren Inline-Skates) kann die Wiedergabe eines Stimmungsbildes sehr interessant und unterhaltsam sein.

Zum Beispiel in der Adventszeit: Was sagen die Passanten in der City zur wachsenden Zahl an bettelnden Obdachlosen? Was bedeutet ihnen das christliche Gebot der Nächstenliebe? Warum soll man Almosen geben bzw. warum soll man es nicht tun? Oder nach Bekanntgabe des öffentlichen Rauchverbots: Stört Sie der Anblick eines rauchenden Menschen? Fühlen Sie sich auf offener Straße belästigt? Darf der Staat einem Erwachsenen vorschreiben, wie er sich zu verhalten hat? Sollte der Staat noch konsequenter die Einnahme von Gift unterbinden? und so weiter. Für eine gutgemachte Lokalzeitung oder das Lokalradio ist es naheliegend, die verschiedenen Empfindungen der Menschen im O-Ton einzufangen und den Lesern/Hörern vorzuführen.

Das hierfür taugliche Verfahren heißt *Straßeninterview:* eine eher kleine Zahl Passanten – Auswahlkriterien: gleichmäßige Verteilung nach Geschlecht, nach Altersgruppen und vielleicht (je nach Situation) nach Berufstätigkeit – wird in halbstandardisierten Kurzinterviews nach ihren Erlebnissen, nach Meinungen und Ansichten befragt. Die markanten wie auch die konsonanten Antworten werden dann in einem Artikel, in kleinen Mini-Porträts (mit Foto) oder im Radio-Feature dem Publikum als *Stimmungsbild* präsentiert. Das ist eine journalistisch sehr ansprechende Darstellungsform, die darum in den folgenden Kapiteln noch genauer behandelt wird.

Es liegt indessen auf der Hand, daß dieses Verfahren immer nur ein *aktuelles Stimmungsbild* vermittelt; es kann niemals ein Abbild verbreiteter Denkweisen sein, weil es nicht einmal den simpelsten Anforderungen an eine Meinungsbefragung genügt. Gleichwohl blufft so manche Zeitung und verkauft flüchtig und willkürlich durchgeführte Straßeninterviews vollmundig als »Meinungsumfrage«. Dies ist irreführende Wichtigtuerei, die im übrigen übersieht, daß oftmals die journalistische Skizze eines Stimmungsbildes interessanter ist als die abstrakte Oberflächenbeschreibung der Meinungstopografie.

1.7 Das psychotherapeutische Interview

Aus der vielschichtigen Arzt-Patienten-Beziehung vergangener Zeiten ist auch die Befragungsform hervorgegangen, die der Psychotherapeut mit dem seelisch krank oder beeinträchtigt sich fühlenden Klienten führt.

Auch dieses Genre gewann seine zur Methode verfestigte Form in der Zeit der Jahrhundertwende, als viele Ärzte entdeckten, daß die in der Tiefe der Seelen verborgenen Nöte und Schmerzen am besten durch das Gespräch hervorzuholen, zu bearbeiten und zu lindern seien. Damals begann die Ära der Psychotherapie, in deren Zentrum die tiefenpsychologische Analyse Sigmund Freuds stand. Viele verschiedene Therapieformen haben sich seither entwickelt, die das Gespräch mit dem Patienten in je unterschiedlicher Weise einsetzen und gestalten.

Aus Büchern und Filmen kennt man auch dieses Klischee: Da liegt der hünenhaft gebaute 32jährige Mann im weißen Hemd und mit gelockerter Krawatte auf der Couch; tagsüber ist er der gefürchtete Abteilungschef, jetzt wimmert er leise und spricht im Tonfall eines Zweijährigen mit seiner imaginierten Mutter. Hinter seinem Kopf, für ihn unsichtbar, sitzt im Dämmerlicht der Analytiker im Lehnstuhl, wippt mit den Füßen und kämpft gegen das Einschlafen. »Sie soll mich nicht immer zurückweisen«, jammert der Mann auf der Couch. »Fühlen Sie sich auch jetzt zurückgewiesen ?« kommt es aus dem Schaukelstuhl. »Ich spreche von meiner Mutter, sie will mich nicht auf den Arm nehmen« jammert der Mann. Er regrediert auf ein kindlich-vorsexuelles Niveau, denkt der Analytiker, wahrscheinlich leidet er unter einer ödipalen Enttäuschung. »Sie fühlen sich nicht geliebt«. Der Patient nickt und weint und fühlt sich schuldig. Die Stimme aus dem Lehnstuhl wird noch leiser: »Was empfinden Sie jetzt, wenn Sie an Ihre Mutter denken?« Und so weiter.

Auch das therapeutische Gespräch ist geprägt – ähnlich wie das kriminalistische – vom machtbesetzten Beziehungsfeld, zumal in der tiefenpsychologischen Analyse. Zwar zeigt sich der Analytiker zuwendend und spricht mit stets zurückhaltender Gelassenheit. Dennoch ist der Analysand der Ausgelieferte, der sich hingeben und offenbaren soll, während der Analytiker gleichsam von oben herab, aus dem Verborgenen, das Therapiegeschehen dirigiert. Doch im Unterschied zum kriminalistischen oder diagnostischen Interview verfolgt er keine Informationsbeschaffung, seine Fragen zielen nicht, sondern sind offen, sie sollen explorieren oder das

Explorierte auf einer anderen Sinnebene *deuten*: die Seelenlandschaft ist terra incognita. »Tiefenpsychologisches Verstehen sucht ausdrücklich nach einem zweiten Sinnzusammenhang unterhalb der Motivationsebene«, heißt es bei Alfred Lorenzer (1985; 1-11) über die Verstehensleistung des Therapeuten. Damit sind Inhalte angesprochen, die keine der bisher besprochenen Interview-Gattungen zutage fördern könnte. Während des Gesprächs bewegt sich der fragende Analytiker im Grunde auf dieser zweiten Sinnebene. Ihn interessiert – auch dies im Unterschied zur Befragung oder zum Test – das Faktische der Aussagen des Patienten nicht sonderlich; für ihn ist *alles*, was der Analysand sagt, Teil der Wirklichkeit, sozusagen ein Stück des Territoriums, auf dem sich Therapeut und Patient begegnen: Das Gespräch definiert die Form und den Inhalt ihrer Beziehung; ihr Gespräch (oder der Monolog des Klienten) entwickelt sich zum roten Faden der gesamten Therapie.

Es wäre wenig sachdienlich, dieses ja oft über mehrere hundert Stunden während mehrerer Jahre andauernde Gespräch ein »Interview« zu nennen. Unsinnig auch zu glauben, es könnte dem journalistischen Interview ein Vorbild sein. Und doch gibt es in der Psychoanalyse eine ganz besondere Gesprächssituation, die für das journalistische Interview sehr instruktiv ist: das sogenannte Erstinterview zu Beginn der Therapie, das einigen methodischen Regeln genügen muß.

Im Unterschied zum (daran anschließenden) therapeutischen Gespräch verfolgt das *Erstinterview* diagnostische Ziele: Zunächst soll sich der Patient mit seinen Beschwerden, Ängsten und Nöten aussprechen können; im weiteren sollte er mit möglichst großer Offenheit über belastende Geschehnisse im Verlaufe seines Lebenswegs sprechen; zudem sollte er seine Persönlichkeitsstörungen offenbaren, die der Analytiker für die diagnostische Urteilsbildung erfahren muß. »Im psychotherapeutischen Erstinterview nehmen wir die Anamnese auf und erheben gleichzeitig den Befund«, formuliert Hermann Argelander, der sich wissenschaftlich mit dem therapeutischen Erstinterview beschäftigt hat (1970; 36). Dies freilich ist kein leichtes Interviewziel.

Nur schon, um eine günstige – also eine möglichst machtfreie – Interviewsituation zu erzeugen, hat der Therapeut laut Argelander drei Bedingungen zu beachten: er soll dem Klienten das »Vorfeld des Interviews« überlassen (jener darf wenn möglich den Interviewtermin bestimmen und ihn auch wieder verschieben); als zweites soll er genügend Zeit zur

Verfügung stellen (etwa eine Stunde) und Räumlichkeiten anbieten, die »Ruhe und Behaglichkeit« ausstrahlen; als drittes muß er eine verstehende »Haltung« einnehmen (er kritisiert und urteilt nicht, sondern forscht nach dem Sinn dessen, was er hört). Argelander betont, daß diese Haltung »sowohl für banale Daten als auch für peinlichste Intimitäten und aufregende reale Tatbestände« gelte: »Die meisten Patienten schließen sich unter dieser Haltung erstaunlich schnell auf und sprechen mit Erleichterung über Dinge, die sie sonst niemandem anvertrauen.« (1970; 42 f.).

Wenn der Analytiker den Klienten im Verlauf des Interviews mit Krankheitsdeutungen konfrontiert, dann neigt der Klient dazu, diese Deutungen abzuwehren, ein Verhalten, das sich auf den Fortgang störend auswirken kann. Darum werden Techniken eingesetzt, um diese Abwehr des Klienten zu umgehen. Argelander nennt vor allem zwei: Erstens solle der Interviewer jede Auseinandersetzung, jede Konfrontation vermeiden; der Patient sei somit »von der verständnisvollen Zurückhaltung des Interviewers angenehm berührt und fühlt sich durch diesen Gesprächsstil entlastet«. Zweitens spreche der Interviewer die erhaltenen Informationen mit dem Klienten durch; auf diesem Wege hole er sich »für jede Interpretation vom Patienten die erforderliche, unbewußte Bestätigung« (56 f.): er kann die Deutung akzeptieren und fühlt sich nicht bedrängt.

Solche Techniken stützen den Kerngedanken jedes therapeutischen Gesprächs, den Alfred Lorenzer »die Teilhabe an der Situation des Patienten« nannte: Der Interviewer soll nicht nur die Aussagen begreifen, sondern auch die Umstände und Voraussetzungen verstehen, unter denen sie geäußert wurden: »szenisches Verstehen« nennen dies die Analytiker. Im Grunde sei das Erstinterview eine »schöpferisch gestaltete Szene«, in der sich der Klient frei bewegen und preisgeben könne.

Das richtig geführte Erstinterview ist offenkundig darauf angelegt, das zwischen Arzt und Patient fixierte Machtgefälle aufzuheben: Obwohl sich der therapeutische Interviewer unablässig auf einer Deutungsebene bewegt und den Klienten aus dem Blickwinkel seiner analytischen Theorie gleichsam von oben herab taxiert, erzeugt er durch seine Haltung und die Fragetechniken eine vom Klienten als machtfrei und offen erlebte Atmosphäre. Die interessierte Zuwendung des Interviewers gibt dem Klienten soviel Situationssicherheit, daß er sich bloßstellen und analysieren läßt. Der Ertrag ist offenkundig: Schon nach kurzer Zeit treten auch verborgene, vom Bewußtsein übergangene Seiten der Persönlichkeit hervor.

Es ist naheliegend, diese Techniken des Erstinterviews im Journalismus für das *Personenporträt* zu nutzen: Durch subtile, nach und nach aber in die Tiefe stoßende Fragen soll sich der Befragte gleichsam entkleiden, er soll sich dem Interviewer (und in der Folge vor dem Publikum) offenbaren. Diese Art der Befragung nennen Journalisten – in Anlehnung an das therapeutische Gespräch – etwas hochstapelnd »Tiefeninterview«. Mit dem wachsenden Interesse an Menschen und Schicksalen hat auch dieser Interviewtyp Verbreitung gefunden (→ letzter Buchteil »Werkstatt«).

Allerdings ist der Gesprächsrahmen, sind die Interaktionsbedingungen im Journalismus ganz andere: Anstelle der schützenden Mauer des Therapieraums sieht sich der Befragte einem gaffenden Publikum ausgesetzt: Seine Entkleidung geschieht unter den Augen der Öffentlichkeit und evoziert Schamgefühl. Darum fühlt sich der Befragte meist auch vom Interviewer verleitet und verführt; von Herrschaftsfreiheit also keine Spur. Oder es handelt sich beim Interviewten um einen exhibitionistisch veranlagten Menschen, wie man ihn unter Prominenten häufig antreffen kann. Dessen Offenherzigkeit ist dann meist gespielt.

Um dieses Spiel im Spiel aufdecken und den Mann als Spieler entlarven zu können, sind wiederum Interviewtechniken vonnöten, die natürlich nicht dem Therapiegespräch entlehnt sind. Sie ähneln eher den beschriebenen Methoden der Vernehmung – oder richtiger: solchen Methoden, die zwischen den verschiedenen Interviewtypen und Fragetechniken, zwischen Vertrauen und Argwohn, Informationsinteresse und Voyeurismus pendeln müssen.

Die Vermittlungs- und Präsentationszwecke der Massenmedien haben – wie dieses erste Kapitel zeigen sollte – im Verlaufe des 20. Jahrhunderts zu differenten, spezifisch journalistischen Interviewtypen geführt. Doch manche von ihnen sind durch zu häufigen oder falschen Gebrauch zum leerläufigen Ritual verflacht: Interview als die billigste Lösung eines journalistischen Informationsproblems. Die in diesem Kapitel kurz vorgestellten Gattungen könnten auf die journalistische Interview-Szene vor allem im Rundfunk belebend wirken: Warum nicht Meinungsumfragen mit Stimmungsbildern garnieren, warum nicht anstelle eines Abfrageinterviews eine vertiefte Falldarstellung mit explorierenden Fragen zur Person bringen, warum nicht anstelle eines nichtssagenden Kommentars ein paar markante Statements publizieren, warum nicht Personen der Zeitgeschichte auch mal mit Testfragen drangsalieren?

1.8 Zusammenfassung: Merkmale der Interview-Gattungen

Die in den vorausgegangen Abschnitten gegebene Übersicht über die mit dem journalistischen Interview verwandten Arten und Formen lassen sich unter funktionalem Blickwinkel folgendermaßen typisieren:

Vernehmung: Das Interview soll der Beschaffung von beweisfähigen Informationen über Sachverhalte, Handlungen und Motive (im juristischen Sinne: der Wahrheitsfindung) dienen. In der Praxis ist mit »Wahrheitsfindung« meist die Angleichung von Aussagen der befragten Person an die vom Befrager angenommenen Sachverhalte bzw. deren Ereigniszusammenhang intendiert. Dabei sollen die Aussagen des Befragten über die Interviewsituation hinaus gültig bleiben. Interviewablauf und Fragetechnik werden einseitig vom Befrager definiert. Die Situation ist von einem markanten Machtgefälle geprägt (Typ: sogenanntes hartes Interview unter Einschluß auch suggestiver und unterstellender Frageformen).

Diagnostik: Zwar sind auch hier Interviewablauf und Fragetechnik vom Kompetenzgefälle zwischen Interviewer und Befragtem geprägt. Doch die Interviewsituation setzt Freiwilligkeit voraus und ist kooperativ angelegt. Das Frageziel dient der Ermittlung von Störungen; der Befrager schließt von mitgeteilten Erscheinungen (Symptomen) auf Leidensursachen (Typ: explorativ-direktives Interview mit vorwiegend indirekten, rhetorischen und geschlossenen Fragen).

In der Form des *Tiefeninterviews* dient diese Technik der Erschliessung verborgener Seelenzustände, indem der Befragte Darstellungen gibt, die über nicht (mehr) gewußte Erlebnisse Auskunft geben (Typ: exploratives Interview mit offenen, auch indirekten und rhetorischen Frageformen).

Interview als Test: Jede einzelne, meist standardisierte Interviewfrage hat Aufgaben-Charakter: Anhand vorgegebener Soll-Werte sollen mit Hilfe der Antworten Einstellungs- und/oder Verhaltensweisen des Interviewpartners, auch »Proband« genannt, gemessen werden. Test-Interviews dienen als Diagnose-Instrument zur Ermittlung von Störungen oder zur Erprobung (Verträglichkeit) neuer Produkte, aber auch zur Feststellung psychischer Merkmale (wie: Reaktions- und Streßverhalten, Charakter-

Abbildung 1: Die Herkunft des Interviews

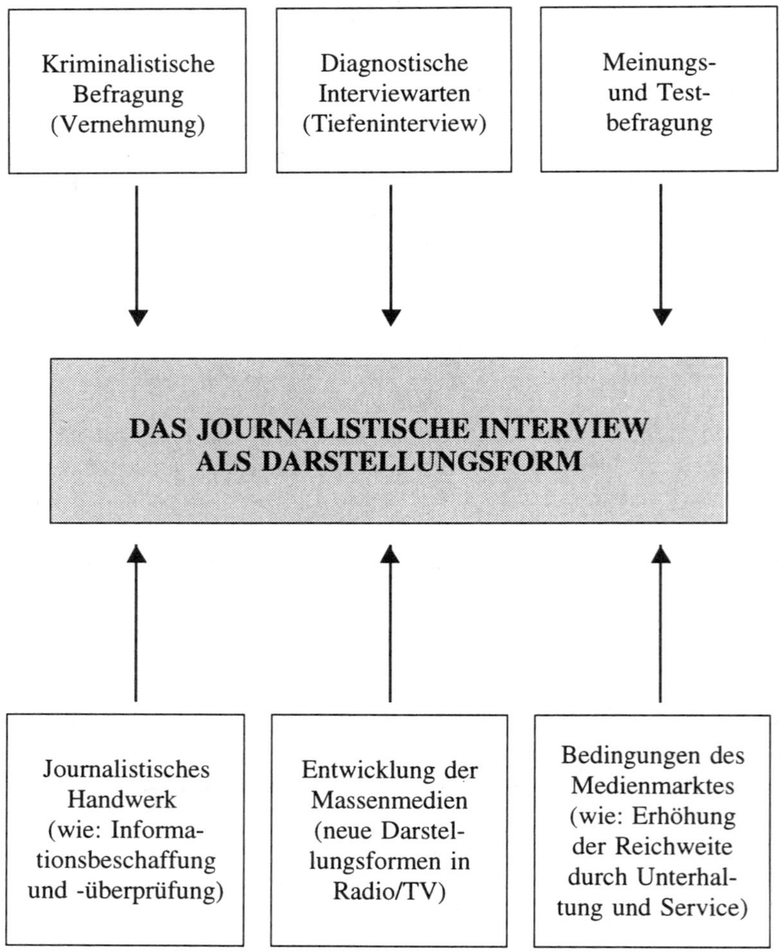

eigenschaften). Analog zur Meinungsbefragung soll der Frageablauf gleichförmig (gelegentlich mit Zeitvorgaben), die Fragesituation vom Befrager neutral gehalten werden (Typ: Abfrage-Interview anhand eines getesteten Fragebogens nach dem Stimulus-Reaktions-Modell).

Meinungsbefragung: Verschiedene Aussagen zu einem Thema sollen mittels möglichst gleichförmiger (= konstant gehaltener) Befragungen vergleichbar gemacht werden. Darum sind Fragesituation und -technik nach methodisch verifizierten Kriterien neutral und möglichst ohne Macht- oder Kompetenzgefälle angelegt. Die Befragung dient der (allerdings verkürzten) Abbildung massenhaft verbreiteter Einstellungen und/oder der Überprüfung von Hypothesen über Einstellungen, Meinungen und Verhaltensweisen (Typ: Abfrage-Interview mit standardisierten Fragen, meist mit begrenzten Antwortmöglichkeiten anhand eines getesteten Fragebogens).

Straßen-Interviews (Publikumsbefragung): Die Befragungen sollen ein aktuelles, nicht repräsentatives Stimmungsbild zum Ausdruck bringen. Eine meist ad hoc ausgewählte Gruppe von Passanten (Auswahlkriterien: neben Geschlecht und Alter auch die Bezugnahme zum aktuellen Anlaß) wird in meist halbstandardisierten Kurzinterviews (3-5 Fragen) nach Erlebnissen, Meinungen oder Verhalten befragt. Die Fragesituation ist offen, die Interviewtechnik auf Exploration angelegt (Typ: Unverbundenes Abfrage-Interview für die Gewinnung von Statements).

Straßen-Interviews sind keine Meinungsumfragen im eigentlichen Sinn, sondern eine journalistisch zubereitete, von Zufällen geprägte Skizze, die ein Stimmungsbild zeigt (mehr hierzu siehe 1. Kapitel, Abschnitt 2.4).

2. Zur Definition des Interviews

2.1 Das Interview in Lexikon und Lehrbuch

»Einander (kurz) sehen, sich begegnen, treffen«, dies sei die Bedeutung des französischen Verbs ‚entrevoir', Ursprungswort von Interview«, erläutert der Duden die Herkunft dieser journalistischen Gattung. Danach sei das Hauptwort »entreview« entstanden, das soviel heiße wie »verabredete Zusammenkunft«. Dieses Wort sei dann in die englische Hofsprache eingegangen, ehe es von den amerikanischen, wenig später von den englischen Journalisten in der Mitte des vorigen Jahrhunderts übernommen wurde. »Interview« bedeute seither eine »für die Öffentlichkeit bestimmte Unterhaltung zwischen (Zeitungs)berichterstatter und einer meist bekannten Persönlichkeit über aktuelle Tagesfragen oder sonstige Dinge, die besonders durch die Person des Befragten interessant sind.« (Duden Etymologie 1963; 210 ff.)

Unter journalistischem Blickwinkel bereitet diese wortgeschichtliche Definition wegen des Hauptworts »Unterhaltung«, das ein zielloses Reden meint, ein gewisses Unbehagen. Der Lokalreporter trifft auf dem Weg in die Redaktion zufällig den Intendanten der städtischen Bühnen und kommt mit ihm ins Gespräch über den Spielplan der nächsten Saison: ein Interview? Der Moderator der Fernseh-Talkshow unterhält sich mit den drei Prominenten, die er diesmal geladen hat, über die Trends in der Herrenmode: ein Interview?

Was nur Geschwätz, was Dialog und was ein Interview sein soll, hängt offenbar von Rahmenbedingungen ab, die das dialogische Geschehen deutlicher strukturieren, als es die Duden-Definition leistet. Beim Interview handle es sich um »eine gezielte Befragung von Personen (Informanten) durch einen Interviewer zur Ermittlung allgemein sachlicher oder personenbezogener Informationen«, heißt es im Brockhaus (1986): statt Unterhaltung also »gezielte Befragung« zum Zweck der Informationsbeschaffung. Diese Umschreibung ist funktional, sie läßt indessen die Frage nach der Darstellungsform offen.

Das Fischer-Publizistik-Lexikon (Verfasser: Kurt Reumann) weist auf zwei konstituierende Funktionen hin: »Das Interview ist nicht nur eine Darstellungsform, sondern auch eine Methode des Recherchierens.« (1994; 105). Offenbar verfolgt das Interview ein Informationsziel, es ist also ein gerichteter Dialog, der dann in der für die Öffentlichkeit bestimmten Fassung wiederum unterschiedliche Formen annehmen kann.

Doch diese Präzisierung stößt auf Widerspruch: »Von einem Interview sprechen wir nur dann, wenn sich das Gespräch bei der Veröffentlichung ... als solches erkennen läßt«, schreibt Walther von LaRoche in der »Einführung in den praktischen Journalismus«; dort wird kategorisch festgestellt: »Man unterscheidet drei Interview-Arten: Das Interview zur Sache... Das Meinungs-Interview ...Das Interview zur Person« ([9]1985; 144). Die Handbuch-Schreiber W. Schneider und J.-P.Raue gliedern ihre Definition nach Maßgabe der Produktionsphase: Interview sei »erstens die Begegnung« zwischen Gesprächspartnern; sie sei »zweitens der zur Veröffentlichung bestimmte Teil ihres Gesprächs und drittens das, was davon gedruckt und gesendet worden ist.« (1996; 71). Jede Art persönlichen Wortwechsels ist demnach »erstens« ein Interview.

Zweckhaft wird in dem vom Projektteam Lokaljournalisten herausgegebenen »ABC des Journalismus« definiert: »Es gibt zwei Anlässe für ein Interview. Entweder Sie wollen die Haltung einer Person zu bestimmten Sachfragen ergründen, oder Sie möchten die Persönlichkeit eines Mitmenschen darstellen« ([6]1990; 44). In der von C. Mast herausgegebenen Neuauflage wird noch die »Umfrage« dazugerechnet: Sie sei »eine zunehmend beliebte Darstellungsform, um mehrere Personen in knappen Statements zu einem bestimmten Thema zu Wort kommen zu lassen.« Im übrigen bleibt es bei der Zweiteilung: Entweder »Sachinterview« oder »personenzentriertes Interview«; bei letzterem »sollen seine Persönlichkeit oder sein Charakter dargestellt« werden. ([7]1994; 192).

Wieso »oder«? Ist eine Expertenbefragung, bei der es nicht nur um Sachverhalte, sondern auch um Einschätzungen und Erfahrungen geht, kein Interview? Liegt nicht der Reiz (und die Schwierigkeit) vieler Interviews gerade in der untrennbaren Durchmischung von sachlichen, persönlichen und erfahrungsgetragenen Aspekten?

Meist werde »gemixt«, stellte bereits Werner Meyer in seinem »Zeitungspraktikum« fest; aus dem Interview könne »ein Kreuzverhör oder ein kreuzbraves Protokoll werden«, je nach »Qualität der Fragen« (1985; 7, Kap. 3). Mit anderen Worten: Ob es eine formlose Unterhaltung, eine gezielte Befragung oder ein publikationswürdiges Interview ist, hängt vom dialogischen Geschehen ab, mithin von der kommunikativen Kompetenz des Journalisten: Er muß einen informativen Dialog führen können und dabei die Unterschiede zwischen einer Unterhaltung, einer Befragung und einem Gespräch kennen und nutzen.

2.2 Merkmale dialogischer Kommunikationsbeziehungen

Ob im Konferenzzimmer des Personalchefs, im Amtszimmer der Kripo, im Sprechzimmer des Allgemeinarztes oder an der Haustüre des Konsumenten: Stets werden von der einen Seite Fragen gestellt und von der anderen Seite – unbesehen ihres Status und ihres Gehabes – Antworten erwartet. Sicher ist: Wenn die Fragen unbeantwortet bleiben, gilt die Befragung als mißglückt. Demnach ist die Befragung nicht nur eine Interaktion, ein Wechselspiel zwischen Rede und Gegenrede, sondern ein auf Fragegegenstände *gerichtetes* Sprechen mindestens zweier Personen, wobei stets dieselbe Person die andere Person zu Aussagen zu veranlassen (zu stimulieren) sucht.

In jeder Befragung muß sich also ein Dialog entwickeln, dessen Verlauf von einer Seite dirigiert und von der anderen Seite akzeptiert wird – im Unterschied etwa zur vergleichsweise offenen Fernseh-Talk-Runde: Der Kriminalbeamte, der Arzt, der Meinungsbefrager oder Wissenschaftler, sie wollen zu konkreten Sachverhalten klar verständliche und gültige Aussagen. Der Dialog wird von denen, die etwas in Erfahrung bringen wollen, *gesteuert*. Man weiß es: Kehrt sich das Spiel um und stellt plötzlich der Befragte seinerseits Fragen an den Befrager, dann droht der Dialog zu scheitern. Zwischen Frager und Antwortendem entsteht also eine spezifisch strukturierte Beziehung.

Gelegentlich scheitert der Dialog, auch wenn beide Seiten guten Willens sind, so vor allem, wenn die Teilnehmer *unterschiedlichen Kulturen* zugehören. Ethnologen können viel darüber erzählen, wie schwer es ist, Angehörige einer uns fremden Kultur zu befragen, auch wenn sie deren Sprache sprechen: Körperhaltung, Gestus und Intonation werden oftmals in einem anderen Sinne verstanden, als der Befrager meint – zum Beispiel das Lachen, Lächeln und Grinsen in Skandinavien gegenüber Südeuropa, überhaupt in Europa im Unterschied zu den asiatischen Kulturen, und dort wiederum im Gegensatz zur Kommunikationskultur auf den Südseeinseln im Unterschied zu den Menschen auf dem amerikanischen Kontinent. »Jeder Aspekt der nonverbalen Kommunikation«, bemerkt der Ethno-Psychologe Michael Argyle, »weist Unterschiede zwischen den Kulturen auf.« Und als Beispiele zählt er unter anderem auf: »Abendländer haben beim Gespräch mit Japanern große Schwierigkeiten, hauptsächlich wegen deren beherrschtem Gesichtsausdruck und deren Gewohnheit, für sie unerwartet zu lächeln oder zu lachen (...) Griechen (und vermutlich auch andere), die nach England kommen, sind verwirrt, weil man sie in der Öffentlichkeit nicht erstaunt anblickt, und sie fühlen sich dabei ignoriert (...) (Es wird) berichtet, daß ein Tonfall, der von Ägyptern als 'ernst' interpretiert wird, für Amerikaner 'streitlustig' klingt.« (Argyle 1979; 97 f.)

Zusätzlich zu den *universellen Kommunikationsformen* der Körpersprache verfügt jede Kultur offenbar über eigene Interaktions- und Gesprächsregeln; jede Kultur besitzt auch ihr eigentümliche Symbole, Werteordnungen und Tabuzonen, die das individuelle Verhalten prägen. Sie bestimmen viele Ausdrucksmittel der *verbalen*, *paraverbalen* und *nonverbalen* Kommunikation und führen, wenn der interkulturelle Dialog versucht wird, oftmals zu Irritationen, Mißverständnissen und Fehlschlüssen (vgl. Morris 1978; 21 f.; Argyle 1979; 147 ff.).

Solche Kommunikationsprobleme verweisen auf die Notwendigkeit kulturell tradierter Konventionen. Doch dieses Regelwerk funktioniert nur soweit, als zwischen den Dialogpartnern die Übereinkunft besteht, daß sich beide Seiten an die Konventionen (wie: Höflichkeits-, Anstandsregeln) halten und ihre *Kommunikationsbeziehung* rituell gestalten wollen. Daß man zum Beispiel den Fragenden, wenn er etwas Ungehöriges fragt, nicht beschimpft, bedroht oder ihm gleich den Kaffee ins Gesicht schüttet, vielmehr höflich auf die Beantwortung verzichtet und dabei dialogbereit bleibt. Vor allem die polizeiliche Vernehmung bewegt sich aus naheliegenden Gründen mitunter in gewissem Abstand zu konventionellen Kommunikationsformen wie etwa derjenigen der Aggressionsunterdrückung.

Doch auch wenn diese Regeln von den Dialogpartnern respektiert werden, ist die Kommunikation meist gestört, weil die Fragen andere Zusammenhänge meinen als die Antworten: Interviewsituationen sind in ihrer Semantik unweigerlich *verzerrt*.

Der Arzt im Sprechzimmer zum Beispiel ist mit dem Problem konfrontiert, daß die Antworten des Patienten aus einer völlig anderen Wahrnehmung heraus gegeben werden. »Immer nach dem Aufstehen« tue es ihm weh, antwortet der Patient und denkt voll Selbstmitleid an die Mühsal seines Berufsalltags. Ist der Schmerz symptomatisch oder unspezifisch, fragt sich der Arzt, der ein bestimmtes Krankheitsbild vor Augen hat und nach einem lädierten Organ sucht. Oder die reiche Erlebnisschilderung des Beschuldigten während der Vernehmung: Erzählt er soviele Details, weil er sich schuldig fühlt – oder phantasiert er aus Angst vor der ihm drohenden Untersuchungshaft? Hier wie dort überlagern subjektive (Selbst-)Darstellungen und Deutungen die objektiven Sachverhalte, hier wie dort werden mittelbare und unmittelbare Aussagen vermischt .

Probleme mit semantisch verzerrter Kommunikation hat auch der Meinungsbefrager, selbst wenn er sich nach faktischen Sachverhalten erkundigt. Die Frage zum Beispiel: »Wie lange sitzen Sie täglich vor dem Fernsehapparat ?« ist eindeutig gestellt, doch die Antwort ist oft verschwommen oder vielleicht sogar falsch. Wenn nämlich der Befragte der Meinung ist, daß viel Fernsehen nachteilig sei, wird er seinen Fernsehkonsum eher untertreiben, ähnlich dem von Schuldgefühlen gequälten Raucher, der auf die Frage nach seinem täglichen Konsum meist einer Selbsttäuschung unterliegt. Und fragt der Meinungsforscher nach Meinungen, dann muß er damit rechnen, daß der Befragte sich dem vorherrschenden Meinungsklima anpaßt und seine wahre Überzeugung, sofern sie vom Trend deutlich abweicht, nicht offenlegt.

Beispiele: Die von den Demoskopen periodisch gestellte sogenannte Sonntagsfrage (»Wenn nächsten Sonntag Bundestagswahlen wären: Welcher Partei würden Sie ihre Stimme geben?«) steht in der Sicht der Befragten in einem anderen Kontext als der real stattfindende Wahlgang. Oder die Ausländerfeindlichkeit: Sie wurde in der Bundesrepublik lange unterschätzt, weil sich viele Menschen nicht zu ihrer rassistisch gefärbten Gesinnung bekennen mochten; erst durch Übergriffe extremistischer Gruppen (wie die politische Organisation der Kurden) erschien die gegen Asylbewerber gerichtete Ausländerfeindlichkeit plötzlich legitim; viele Leute bekannten sich nun offen zu dieser Gesinnung.

Eine um Aufklärung bemühte Befragung beachtet also nicht nur die kulturell definierten Kommunikationsregeln, sondern klärt in der Metakommunikation die Sinn- und Bedeutungsfelder der Fragen und der Antworten, auch wenn eine Übereinstimmung nicht erreicht werden kann (vgl. Delhees 1994; 324).

2.3 Durchgängige Merkmale jeder Befragung

Wenn wir diese mit der dialogischen Kommunikationsbeziehung verbundenen Probleme auf die Interviewsituation beziehen, dann sind offenbar allen Befragungsformen fünf universelle Merkmale gemeinsam, die damit zugleich auch das Interview in seiner allgemeinsten Form definieren:

1.) Die Befragung ist, damit sie als Dialog zustande kommt, auf verschiedene kulturell festgelegte Kommunikationsregeln und Konventionen angewiesen. Die wichtigste entstammt dem Persönlichkeitsrecht: Der Befragte darf die Antwort verweigern, ohne mit Sanktionen rechnen zu müssen.

2.) Der Dialog basiert auf einer festen Rollenverteilung zwischen dem Fragenden, der wissen will, und dem, der Antworten geben soll. Diese Rollenverteilung wird von beiden Seiten anerkannt und prägt ihre kommunikative Beziehung.

3.) Der Fragende führt den Dialog. Er verfolgt im Fortgang der Befragung eine Intention, die auf ein Informationsziel gerichtet ist.

4.) Die Aussagen des Antwortenden sind eine Mischung aus mittelbarsachlichen und unmittelbar-persönlichen Apekten. Die Aussagen sind an die Fragesituation gebunden.

5.) Die Kommunikation weist eine gewisse Verzerrung auf, indem der Fragende eine andere Intention verfolgt als der Antwortende. Zudem gehören Frage und Antwort unterschiedlichen Wahrnehmungsfeldern an.

In der Fachliteratur ist strittig, ob es weitere durchgängige Merkmale der Befragungsformen gibt (Näheres hierzu siehe R. König [8]1972, 37-180; E. K. Scheuch 1967, 137-140; K.H. Delhees 1994, 233). Umso wichtiger ist es, die Eignung der verschiedenen Formen und Techniken zu kennen: Auch Journalisten versuchen sich ja gelegentlich als verhörende Frager, als naive Meinungsbeschaffer oder auch als Hobbypsychologen, die mit hintergründigen Fragen in die Tiefen des Unbewußten ihrer Gesprächspartner zu leuchten suchen.

3. Das journalistische Interview

3.1 Merkmale des journalistischen Interviews

Der junge Tageszeitungsvolontär lacht, als er im Rahmen eines Ausbildungsseminars eine möglichst praktische Definition geben soll: »Ein Journalist stellt Fragen, die befragte Person antwortet.«

In der Seminarrunde – die 18 Volontäre üben gerade Darstellungsformen – wird zustimmender Kommentar laut. »Den Mann dazu bringen (eine Kollegin ruft dazwischen: oder die Frau), daß er die Fragen beantwortet«. Solche und ähnliche Sätze sind zu hören. Nun entspinnt sich folgender Dialog zwischen dem Dozenten und dem Zeitungsvolontär:

DOZENT: Wenn Sie bei der Pressestelle der Stadtwerke anrufen und nach den Betriebskosten der Müllverbrennungsanlage fragen: Ist das dann ein Interview?

VOLONTÄR: Ich finde schon, vorausgesetzt, daß ich in meinem Bericht die Angaben des Pressesprechers zitieren kann.

DOZENT: Ist jede in Ihrem Artikel zitierte Aussage schon ein Interview?

VOLONTÄR: Okay, vielleicht nicht jede. Aber doch die Zitate, die aus einer längeren Befragung hervorgehen. Ich könnte ja auch den ganzen Dialog mit dem Pressesprecher drucken. Ich habe aber den Platz dafür nicht. Darum bringe ich aus meinem Gespräch mit dem Pressemann nur die interessanteste Aussage als ein Zitat aus meinem Interview mit ihm.

DOZENT: Liegt es tatsächlich nur daran, daß Sie zu wenig Platz haben, wenn Sie den Pressesprecher mit nur einer Aussage zitieren?

VOLONTÄR: Was meinen Sie damit?

DOZENT: Es könnte ja auch daran liegen, daß der Wortwechsel mit dem Pressesprecher über dessen Zuständigkeit und über die miese Datenlage für die Leser einfach nur langweilig ist.

VOLONTÄR: Warum? Es wäre vielleicht ganz erhellend, wenn unsere Leser mal erfahren könnten, wie mühsam es ist, vom Pressemann einer Behörde präzise Informationen zu beschaffen.

DOZENT: Ihr Thema heißt aber »Müllverbrennunganlage« und nicht »Informationspolitik«.

VOLONTÄR: Also gut, ich will von ihm ein paar Angaben zu den Betriebskosten. Für ein richtiges Frage-Antwort-Interview wäre er vermutlich der falsche Mann.

DOZENT: Wer wäre denn der richtige?

VOLONTÄR: Bei dem Müllverbrennungsthema zum Beispiel der Chef der Verbrennungsanlage. Oder der für die Stadtwerke verantwortliche Bürgermeister im Rathaus. Jedenfalls Leute, die in der Sache Entscheidungen zu fällen haben.

DOZENT: Und würden Sie den fraglichen Mann auch nur nach ein paar Daten fragen wie den Pressesprecher?

VOLONTÄR: Wenn ich mir das genauer überlege: nein. Ich hätte ja jemanden vor mir, der Sachwissen und für den Betrieb die Verantwortung hat; ich müßte mich ganz anders vorbereiten. Vielleicht habe ich mir zuvor Informationen beschaffen können, wie man die Betriebskosten senken oder die Umweltbelastung mindern oder mehr Abfallanteile wiederverwerten könnte. Mich würde interessieren, wie der Mann sein Konzept verteidigt. Und die Leser fänden das vermutlich spannend.

DOZENT: Es käme Ihnen also darauf an, einen Gesprächspartner zu finden, der selbst mit dem Thema in möglichst verantwortlicher Position verbunden ist und auch über sich und seine Entscheidungen sprechen kann?

VOLONTÄR: Stimmt, Person und Thema sind beide wichtig. Und die Leser wollen beim Thema Müllverbrennungskosten wohl lieber die Meinung von jemandem hören, der auch wirklich was zu sagen hat.

DOZENT: Nehmen wir an, Sie sprechen mit dem Bürgermeister. Wie würden Sie das Gespräch einleiten?

VOLONTÄR: Also ich würde ihm das Thema nennen und ihm sagen, daß ich gerne mit ihm darüber ein Interview machen wolle.

DOZENT: Warum? Beim Pressesprecher wollten Sie doch einfach nur anrufen und nach Informationen fragen.

VOLONTÄR: Also gut, ich muß wohl meine Interviewabsicht vorher ankündigen, sonst weiß der Mann nicht, daß er mit jeder seiner Antworten in der Zeitung zu lesen sein wird. Und er könnte nachher behaupten, es sei ein vertrauliches Hintergrundgespräch gewesen und jetzt hätte ich sein Vertrauen komplett mißbraucht.

DOZENT: Nehmen wir jetzt einmal an, Sie wollen eine Reportage über die Müllverbrennungsanlage machen. Sie fahren hin und treffen in der Zentrale hinter dem Komandopult den Chef. Konfrontieren Sie den auch mit alternativen Betriebskonzepten und -berechnungen?

VOLONTÄR: (überlegt, dann:) Vielleicht später. Wichtiger aber wäre mir, daß er zuerst einmal über die Organisation der Arbeit in der Verbrennungsanlage und über seine Rolle möglichst ausführlich spricht. Ich will ihn ja später in der Reportage konkret und mit 0-Ton beschreiben können.

DOZENT: Bedenken wir das alles: Was nun ist eigentlich ein Interview?

VOLONTÄR: Ich denke, es müssen es mehrere Fragen und Antworten zum selben Thema sein. Und der andere muß wissen, daß er interviewt wird. Wahrscheinlich entsteht daraus diese besondere Interview-Situation: ein persönliches Fragen und Antworten. Gleichzeitig aber ist es ja auch öffentlich, für den Interviewten wie ein Privatgespräch auf offener Bühne.

(Nun melden sich andere Seminarteilnehmer zu Wort und nennen weitere Kriterien und Bedingungen des Interviews).

Zunächst war der Volontär davon ausgegangen, daß man »Interview« einfach als Synonym für journalistisches Befragen gebrauche. Im Verlauf dieses Dialogs – oder war es ein Interview? – wurde dann aber deutlich, daß nicht jede Fragesituation ein journalistisches Interview sein kann. Tatsächlich steht »Interview« nicht für eine beliebiges Fragen, sondern – wie im ersten Buchteil ausgeführt – für eine Form, die sich durch vielfältige Adaptionen im Verlauf der Pressegeschichte herausgebildet hat. Halten wir darum die wichtigsten Merkmale fest, die uns im Dialog zwischen dem Volontär und dem Dozenten aufgefallen sind:

→ Beiden Interviewpartnern ist bewußt, daß sie sich zwar auf einen persönlichen Dialog einlassen, daß aber ihr Reden zugleich auch öffentlich ist, sei es vor einem teilnehmenden (live) oder einem künftigen Publikum. Beide Gesprächspartner denken, während sie miteinander sprechen, an den Effekt, den ihre Aussagen in der Öffentlichkeit erzielen oder erzielen könnten. Umgekehrt erlebt das zuhörende oder lesende Publikum das öffentliche Frage-Antwort-Spiel zugleich auch als einen persönlichen Dialog zwischen zwei oder mehreren Individuen – und sieht vielleicht genau darin den besonderen Reiz des Interviews.

Die Medienpädagogen Hans-Peter Ecker, Jürgen Landwehr, Wolfgang Settekorn und Jürgen Walther haben diese Eigenheit des journalistischen Interviews durch Unterscheidung zwischen der Primärsituation (= Dialog) und der Sekundärsituation (= Rezeption des Dialogs durch das Publikum) zu definieren versucht. Unsere Abbildung 2 orientiert sich an diesem Modell (vgl. H.-P. Ecker u.a. 1977; 19).

→ Der Dialog zwischen den beiden (oder mehreren) Partnern besitzt über die allgemeinen Regeln der Konversation hinaus ein dominantes Strukturmerkmal: Zwar muß der Journalist als Interviewer nicht unbedingt Fragen stellen, da der Dialog auch durch Rede und Gegenrede gestaltet werden kann; zweifellos aber sollte *er* seinem Partner den Gesprächsgegenstand (Thema, Ereignis, Sachverhalt) nennen und ihn veranlassen, hierzu informierende Aussagen zu machen. Kommunikationswissenschaftler sprechen in diesem Zusammenhang von der »Asymetrie« des Dialogs (vgl. J. Friedrichs 1979; Manuskriptseite A 1).

→ Der minimale Umfang des geformten Dialogs: Man ist sich im praktischen Journalismus weithin einig, daß für ein Interview minimal drei

Abbildung 2: Die Verdopplung der Interview-Situation

Der fragende Journalist ...

...und die ihm antwortende Person

gestalten gemeinsam einen Dialog. Im Interview ist dies die *Primärsituation*

Hörfunk, Fernsehen und die Presse: Das Medium ist die Bühne

Durch die Veröffentlichung nimmt das Publikum am Dialog teil. Im Interview ist dies die *Sekundärsituation*

Fragen und drei Antworten zu artikulieren notwendig sind. Demgegenüber hält die Kommunikationstheorie zwei Fragen für hinreichend (übrigens auch das Magazin »Focus«, das gelegentlich nur zwei Fragen als »Interview« deklariert - vgl. etwa Heft Nr. 1/1997; 89). Über weitere Kennzeichen, so machten die Einwände des Dozenten in unserem Dialog deutlich, kann man nicht generell sprechen, sondern nur im Hinblick auf bestimmte themengebundene Frageziele des Interviewers.

Für die weitere Definition des Interviews muß darum nach den Interviewzwecken unterschieden werden (der Einfachheit halber gehen wir davon aus, daß dem Interviewzweck die Partnerwahl folgt, auch wenn es in der Praxis oft genug umgekehrt läuft).

3.2 Interviewtypen im Journalismus

Die Art des Interviews (= Interviewtyp) fällt sehr unterschiedlich aus, je nach dem, ob
a) der fragende Journalist nichts anderes als Informationen zu einem Sachverhalt begehrt, ob er
b) die Person mit ihren Erlebnissen, ihren Denk- und Verhaltensweisen kennenlernen will und/oder ob er sich
c) auch noch für die Argumentationsweise des Partners und für den Ablauf des Dialogs interessiert.

Wir unterscheiden je nach Informationszweck *drei* journalistische *Interviewtypen* (siehe folgende Abbildung 3):

3.2.1 Das Recherchen-Interview (Befragung)

Das Interview als Instrument der Informationsbeschaffung und -überprüfung im Rahmen einer Recherche: Hier ist der Journalist an der Dokumentation, der Rekonstruktion und/oder an der (Auf-)Klärung bestimmter Sachverhalte und Vorgänge interessiert. Er befragt solche Personen, deren Rolle und/oder Wissen für die Klärung nützlich zu sein verspricht.

Das Interviewziel besteht im Erwerb möglichst sachdienlicher Informationen. Diesem Ziel ordnet sich die Interviewsituation (das sind: die Umstände, der Ort und die Dauer der Befragung, technische Hilfsmittel,

Anzahl der Teilnehmer) unter. Diesem Ziel dient die vom Interviewer benutzte Fragetechnik. Persönlichkeitsmerkmale oder die Selbstdarstellung des Befragten sind von untergeordnetem Interesse. Auch der Gesprächsverlauf als solcher ist uninteressant; es zählt das Ergebnis. Man sollte darum besser von einer *Befragung* statt von einem Interview sprechen.
Das Befragungsergebnis, die erhaltenen Aussagen, wird der Journalist entweder als neu gewonnene Sachverhalte (sofern überprüfte Informationen) und/oder als Zitate des Interviewpartners (wenn subjektiv gefärbt oder unüberprüft) oder auch nur als sogenanntes Hintergrundwissen verwenden (sofern der Informant zu schützen ist).

Bei der Umsetzung der Ergebnisse am Ende der Recherche wird der Frage- und Gesprächszusammenhang des Interviews aufgelöst; der Journalist nennt in seinem Bericht die Informationsquelle, läßt sich selbst als Fragenden aber außer Betracht (die erhaltenen Informationen sollen ja unabhängig von der Interviewsituation zutreffend sein).

Das Recherchen-Interview (meist in Form der telefonischen Befragung) ist demzufolge keine journalistische Form, sondern im wesentlichen eine *Fragetechnik* und darum ein – wenn auch besonders wichtigter – Teil der Recherchiermethoden.
Diese Methoden sind im Handbuch »Recherchieren« ausführlich beschrieben. Wir verzichten deshalb darauf, in diesem Buch auf die Recherchen-Befragung einzugehen (Näheres siehe Haller [4]1991; insb. 203-208).

Übergänge: Gelegentlich entwickelt sich eine Befragung, die Recherchierzwecken dienen sollte, unversehens zu einem interessanten Gespräch, vielleicht, weil der Befragte nicht nur nackte Fakten, sondern auch bemerkenswerte Episoden oder originelle Ansichten äußert. Natürlich kann dann der Journalist – die Zustimmung des Befragten vorausgesetzt – eine Recherchen-Befragung auszugsweise in der Frage-Antwort-Abfolge zu einem eigenständigen Interview aufbereiten und dann als Supplement zu seiner Recherche – etwa als Kasten – drucken. Der Übergang von der Recherchenbefragung zur gestalteten Interviewform kann durchaus fließend sein.

Gleichwohl wird sich der Journalist nur dann für die Form des eigenständigen Interviews entscheiden, wenn die Befragung nun eben mehr erbrachte als Sachverhaltsinformationen. Es ist dieses »mehr«, das uns im ersten Kapitel noch eingehend beschäftigen wird.

Abbildung 3: Grundtypen des Interviews

Der fragende Journalist...

...und die ihm antwortende Person

Dialog-Grundsituation der drei journalistischen Intverviewtypen

↓ ↓ ↓

Das Recherchen-Interview

Zweck:
Beschaffung und Überprüfung von Informationen

Interviewziel:
Zitierfähige Aussagen über Personen, Ereignisse und/oder Sachverhalte

Das geformte Interview als Darstellungsform

Zweck:
Im dialogischen Ablauf die Produktion von Aussagen vorführen

Interviewziel:
Die Person mit Sachaussagen und Beurteilungen sich selbst darstellen lassen

Das Reportagen-Interview

Zweck:
Näheres Kennenlernen der Personen mit ihren Taten und Tätigkeiten

Interviewziel:
Selbstdarstellung der interviewten Person durch Erzählen und Kommentieren der eigenen Denk- und Lebensart

3.2.2 Das Reportagen-Interview (Befragung)

Das Interview als Hilfsmittel, um Geschichten zu erfahren und um Menschen näher kennenzulernen: Der *Reporter* ist im Unterschied zu seinem recherchierenden Kollegen nicht primär am Dokumentieren und Aufdekken von Geschehnissen interessiert; um eine gute Reportage schreiben zu können, benötigt er anschauliches Material, das über Ereignisse und Personen möglichst authentischen und zugleich farbigen Erzählstoff liefert. Dieses Material gewinnt er nur durch Nähe; er muß sich in Situationen und Personen einleben, um sie verstehen und schildern zu können. Darum wird er nach Gesprächspartnern Ausschau halten, die seinem Thema Authentizität und Farbe zu geben versprechen.

Zwar sollte auch die Reportage in aller Regel eine präzise Darstellung der mit dem Thema verbundenen Sachverhalte und Vorgänge bieten; deshalb unternimmt der Reporter auch eine exakte Befragung. Doch diese Arbeit ist Teil seiner Recherche, die Befragungen sind Recherche-Interviews (siehe oben) und darum für die Reportage unspezifisch. Tatsächlich besteht das (primäre) Interviewziel des Reporters nicht in der Datenbeschaffung zur Klärung eines Sachverhalts, es gilt vielmehr der Selbstdarstellung der in dem Thema handelnden Personen.

Persönlichkeitsmerkmale, allgemein: Selbstzeugnisse des Interviewpartners, stehen daher im Vordergrund. Im Unterschied zum Rechercheur geht der Reporter mit eigenen Ansichten und Informationen zurückhaltend um. Er fungiert oftmals als Artikulationshelfer und Moderator, um den Interviewpartner zum Erzählen zu bringen.

Die Interviewsituation hat sich nicht einem Informationsziel unterzuordnen. Sie wird mit Bedacht so gewählt, daß der Interviewpartner in dem für ihn bzw. für das Thema typischen Handlungszusammenhang agieren und sprechen kann. Mit anderen Worten: Die Interviewsituation läßt den Interviewpartner möglichst authentisch in Erscheinung treten.

Das Interviewergebnis umfaßt nicht nur die gewonnenen Aussagen, sondern auch einen (auch wenn vorläufigen) Gesamteindruck, den der Reporter von der befragten Person im Zusammenhang mit dem Thema gewonnen hat. Der Reporter wird dieses Material zur Beschreibung/ Schilderung der befragten Person benutzen und in diese Beschreibung Interviewaussagen als Zitate einstreuen. Das Material für die Beschreibung und für die Zitate wird so ausgewählt, daß es die befragte Person möglicht unverwechselbar charakterisiert.

Im Reportagentext kann die Interviewsituation erhalten bleiben, da sie eine für das Thema typische oder für die Person kennzeichnende Szene zeigen kann. Gleichwohl tritt der Reporter als Interviewer hinter die von ihm zu erzählende Geschichte zurück; nur ausnahmsweise, etwa wenn der Reporter selbst Akteur ist und in der Ich-Form schreibt, kann er in seiner Reportage explizit als Gesprächspartner auftreten.

Ähnlich wie das Befragen der Informanten bei der Recherche, so ist auch das auf Erzählen angelegte Fragen des Reporters ein Instrument der Materialbeschaffung. Das Reportagen-Interview gehört demnach zu den *Techniken der Reportage* und besitzt keine eigenständige Form. Die Handhabung dieses Instruments im Rahmen der Materialbeschaffungstechniken ist in dem Handbuch »Die Reportage« ausführlich beschrieben. Unter Verweis auf die dort gegebenen Darstellung verzichten wir hier auf eine Beschreibung dieser Technik (Näheres siehe Haller [3]1995; 121-131).

Übergänge: Befragungen und Gespräche mit interessanten Personen müssen, wenn sie als Interview wiedergegeben werden, nicht zwingend in der Frage-Antwort-Form dargestellt werden. Im Verlauf der Geschichte des Interviews entstand ja auch die Form des erzählten Interviews: Die Antworten werden in einem Fließtext mit Zitaten und indirekter Rede berichtet. Dieser Bericht kann nun noch mit Beobachtungen des Interviewers erweitert werden, etwa mit der Beschreibung der befragten Person und/oder der Schilderung der Interviewsituation. Der Ablauf des Interviews gar könnte aufgelöst und in eine Erzählung umgewandelt werden: der Übergang vom Interview zur Reportage beginnt zu fließen. Doch sobald bei dieser Mischform die auf Fragen antwortende und erzählende Person im Mittelpunkt steht, ist der fragliche Text im Kern als Interview – und nicht als Reportage – zu betrachten. Deshalb haben wir der Form des erzählten Interviews in diesem Buch breiten Raum gegeben.

3.2.3 Das Interview als Darstellungsform

Hier soll das Wechselspiel zwischen Frage und Antwort, zwischen Rede und Gegenrede zur Darstellung kommen: Wenn der Interviewer mit Zustimmung seines Interviewpartners nicht nur einzelne Aussagen, sondern mit den Aussagen auch den Dialogverlauf zeigen will, entscheidet er sich für die Darstellungsform »Interview«. Der Dialog wird unter expliziter

Nennung der Sprecher vorgeführt. In der Journalistik nennt man diese Darstellung auch »geformtes« oder »gestaltetes« Interview.

Das erste Hauptmerkmal eines Interviews als Darstellungsform ist seine doppelte Aussageleistung: Zum einen orientiert es darüber, *was* gesagt wird; und zum andern führt es vor, *wie* die Aussagen zustande kommen. Die Zuschauer/Hörer/Leser des Interviews nehmen an der Aussagenproduktion teil. Damit besitzt das gestaltete Interview die größtmögliche Medien-Transparenz unter allen *Darstellungsformen.*

Das zweite Hauptmerkmal gilt der Beziehung zwischen dem interviewenden Journalisten und der interviewten Person: Indem die eine Seite durch ihren Sprachgestus der anderen Seite Aussagen abverlangt, die zu neuen Begehren und neuen Antworten führen, folgt das Interview einem »kommunikativen *Rollenspiel*« (siehe Ecker u.a. 1977; 17) mit festen Spielregeln. Die wichtigsten seien hier genannt:
a) Die zu interviewende Person stellt sich dem Frage-Antwort-Spiel aus freien Stücken (im Unterschied etwa zum Pressesprecher der Behörde, der einer Auskunftspflicht zu folgen hat).
b) Der interviewende Journalist (und nicht etwa der Interviewte) bestimmt den Fragegegenstand und steuert den Gesprächsverlauf.
c) Die gewonnenen Aussagen bleiben an die sprechenden Personen gebunden und werden stets im Zusammenhang der Sprechsituation dargestellt. Sie informieren mittelbar über das zur Frage stehende Thema oder Ereignis – und zugleich unmittelbar über den, der diese Aussagen gerade jetzt macht. Dies bedeutet:
d) Das gestaltete Interview bietet zur doppelten Aussageleistung auch einen zweifachen Informationswert (siehe Scheuch 1967; 138). Beides einzulösen ist das vom Journalisten gesteckte Interviewziel.

Das dritte Hauptmerkmal besagt, daß die Gesprächssituation (Ort, Zeit, Umstände) in hohem Maße den Informationswert beeinflußt. Sie ist darum ein wichtiger Bestandteil und Identifikator des Interviews; sie verbürgt dessen Authentizität und sollte dem Publikum stets kenntlich gemacht werden, im Printmedium etwa durch ein Photo mit Bildzeile. Die erhaltenen Aussagen verbleiben im Zusammenhang und folgen dem Dialog- oder Frageablauf. Sie können in der Form des Frage-Antwort-Spiels (Rede und Gegenrede) wiedergegeben, aber auch berichtend nacherzählt werden.

Der Interviewer tritt nicht hinter die Aussagen zurück, sondern macht seine evozierende Rolle dem Publikum kenntlich. Die Wahl bestimmter Frage- und Provokationsformen – von kurzen Sachverhaltsfragen bis zur kontradiktorischen Gegenrede – hängt (je nach Thema, Person und Medium) von der jeweiligen Interviewabsicht ab.

3.2.4 Zusammenfassung

Folgende Kennzeichen charakterisieren das journalistische Interview und unterscheiden es von den im Abschnitt 2.3 beschriebenen allgemeinen Befragungsformen:

- Die *Verdopplung der Interviewsituation* ist *das* Hauptmerkmal des journalistischen Interviews: Der persönliche Dialog ist immer auch öffentliches Spektakel.

- Im Dialog müssen *vier verschiedene Dimensionen* berücksichtigt, wenn möglich zur Übereinstimmung gebracht werden:
  → die journalistischen Absichten des Befragers bzw. der Redaktion,
  → die publizistisch-technischen Gegebenheiten des Mediums,
  → die persönlichen Interessen des Befragten und nicht zuletzt
  → die Erwartungen und Bedürfnisse des Publikums.

Innerhalb dieses Rahmens hat das journalistische Interview verschiedene Funktionen zu erfüllen; dabei bedient es sich unterschiedlicher Muster aus dem Arsenal der in dieser Einführung beschriebenen Formen. Darum lassen sich seine Frageziele und -techniken nicht auf eine Hauptfunktion verkürzen; sie dienen vielmehr *unterschiedlichen Vermittlungszielen*: Einmal steht die Sache oder das Thema, ein andermal die befragte Person im Mittelpunkt und oft genug sind es beide zugleich. *Stets aber soll das Interview auf möglichst unterhaltsame Art nicht nur Wissen und Meinungen, sondern auch die Denkweise(n) bemerkenswerter oder für die Sache aufschlußreicher Personen als Argumentationsfolge in einer authentischen Form zur Darstellung bringen.*

Was die Person zur Sache sagt, wie sie es sagt und wie sie sich zum Gesagten verhält: Im Interview verschmelzen diese Elemente zu einem *informativen Gesamtbild.* So liegt der *Informationswert* eines Interviews nur ausnahmsweise im mitgeteilten Wissen der interviewten Person. Meistens besteht er in der möglichst interessanten – auch: überraschungsreichen – Kombination aus Person und Thema.

Manchmal geht es um eine knappe Klärung, gelegentlich um eine profunde Darstellung, mitunter um das bunte Erzählen: Offenkundig gibt es unterschiedliche Interviewarten. Für wen und was sich diese verschiedenen Arten eignen – ihre Besonderheiten und Anwendungsmöglichkeiten –, ist Gegenstand des folgenden ersten Kapitels.

Erstes Kapitel:

DIE INTERVIEWFORMEN IM JOURNALISMUS

Themen – Partner – Präsentationen

Übersicht

Ein gelungenes Interview unterscheidet sich von einem mißglückten darin, daß zum richtigen Thema die passende Person – oder zur Person das zu ihr passende Thema gefunden wurde. Passen Person und Thema nicht zusammen, kann auch eine ausgefeilte Fragetechnik das Gespräch nicht immer retten.

Dieses Kapitel gibt eine Einführung in die verschiedenen Interviewarten und -formen. Er beschreibt die Themenfelder, die sich dem Interviewer bieten, charakterisiert anschließend die Interviewarten, wie sie sich aus der jeweiligen Kombination Thema/Person ergeben und erläutert die gebräuchlichen Darstellungsformen. Zehn kommentierte Interview-Beispiele aus dem deutschen Sprachraum zeigen zum Schluß dieses Kapitels die breite Palette verschiedener Interviewformen.

1. Das Thema: Wen soll man nach was fragen?

Damit dem Zeitungs- oder Rundfunkjournalisten ein interessantes Interview gelingt, müssen sowohl das Interviewthema wie auch die zu befragende Person gleichermaßen geeignet, d.h. für eine Sach- oder Problemdarstellung *bemerkenswert* und *authentisch* sein.

Der Pressesprecher der Behörde ist nicht authentisch, sondern eben nur ein (wenn auch vielleicht sehr kompetenter) Sprecher im Namen anderer. Das Thema, zum Beispiel die von der Stadt neu erstellte Müllverbrennungsanlage, ist nur insofern für ein Interview interessant, als die zu erwartenden Aussagen der Verantwortlichen über das allgemein Bekannte oder das zu Erwartende hinausgehen. Aber was heißt hier: hinausgehen? Mehr technische Details über die Anlage? Etwa verheimlichte Gutachten oder undurchsichtig begründete Etatbeschlüsse – oder was?

Der Journalist sollte sich Klarheit verschaffen,
→ ob die von ihm zu treffende Kombination Person/Thema eher im Dienste der Erhellung des Sachverhalts stehen soll, etwa durch die Befragung eines Experten oder eines Sachverständigen oder
→ ob nicht besser die Erlebnisse und Erfahrungen eines umittelbar Beteiligten oder Betroffenen zum Ausdruck kommen sollen oder
→ ob vielleicht die Erörterung der Meinungs- und Willensbildung des Hauptverantwortlichen einen weit größeren Aufschluß gibt.

Wenn zum Beispiel die in der neuen Müllverbrennungsanlage der Stadt beobachteten Mängel noch nicht nachgewiesen sind, macht ein Interview mit dem zuständigen Magistraten wenig Sinn: Er würde die Mängel verharmlosen oder abstreiten können. In dieser Situation versucht darum das Interview erst einmal zu klären, ob und welcher Art Mängel beim Betrieb solch einer Anlage auftreten. Interessant wäre vielleicht ein Interview mit einem (unabhängigen) Experten über Probleme der Betriebssicherheit und der Umweltbelastung durch diese Art Müllverbrennungsanlage. Dieses Interview wäre dann ein Supplement zu einem nachrichtlich verfaßten redaktionellen Bericht. Denkbar wäre im Fortgang der Debatte ein paar Tage später (im Anschluß an eine kleine Recherche) die Befragung eines Werkangehörigen, der mit der Bedienung der Anlage Probleme hat – oder ein Interview über die Ängste der Betroffenen. Sofern dann (durch Recherchearbeit?) die Mängel offenkundig geworden sind, müßte der Hauptverantwortliche zu dem Debakel befragt werden. Er sollte öffentlich Rede und Antwort stehen; ihm müßte aber auch die Chance der öffentlichen Rechtfertigung seiner Entscheidung geboten werden: beides leistet das Interview.

Als erstes sollte sich der Interviewer fragen: Was ist mein Thema: Ist es der abzuklärende oder zu kommentierende Sachverhalt, ist es die Person mit ihren Denkweisen und Handlungen – oder ist es das eine in Bezug auf das andere?

1.1 Wenn es um die Sache geht

Im Mittelpunkt des journalistischen Interesses steht hier nicht die Persönlichkeit des Befragten, sondern ein ungeklärter oder strittiger Sachverhalt, ein aufregendes *Ereignis,* ein bedeutsamer *Vorgang.* Die zu befragende Person ist umso interessanter, je mehr (je präziser, je zuverlässiger) sie etwas über den Gegenstand zu sagen weiß.

Meist ist es ein Aufklärungsinteresse, das den Journalisten zum Interview führt. Ihn beschäftigen Fragen wie diese:

→ Wie kam es zu dem bedeutsamen Beschluß des Vorstands, der Geschäftsleitung oder der Behörde?

→ Was genau hat dieser Augenzeuge des Unglücksfalls, des Polizei-Einsatzes, der Geschäftseröffnung usw. gesehen?

→ Wie stellt sich diese Maßnahme oder dieser Unglücksfall im Lichte des Fachwissens eines Experten dar?

Im Falle unserer neu errichteten und doch bereits störanfälligen Müllverbrennungsanlage interessiert sich das themenzentrierte Interview in erster Linie für die Planung, den Bau und Betrieb der Anlage und nicht primär für die politisch Verantwortlichen: Sachwissen soll beigebracht werden, um den Lesern/Hörern das komplizierte System der Abfallvernichtung oder auch die Ungereimtheiten beim Anlagenbau durchsichtig zu machen.

Gegenstandszentrierte Interviews haben im wesentlichen drei Informationsaufgaben und sind (meist in dieser Reihenfolge) zu erfüllen:

1.) *Abklärung (Nachweis) der Kompetenz der Interviewperson* und deren

Beziehung zum Thema (meist zu Beginn des Interviews im Anschluß an die Eröffnungsfragen),
2.) *Erörterung der Sachverhalte*
mit dem Ziel ihrer Darstellung, ihrer Klärung oder Bewertung (Hauptteil des Interviews),
3.) *Einordnung der gewonnenen Darlegung* durch Erörterung weiterer (insb. abweichender) Auffassungen vor allem Dritter zum behandelten Sachverhalt (letzter Interviewteil).

Da es sich meist um einen Gegenstand handelt, zu dessen Beurteilung Fachwissen erforderlich ist, und da Fachleute gerne ihre Fachsprache benutzen, laufen solche Interviews Gefahr, langweilig und trocken zu werden. Der Interviewer begegnet dieser Gefahr, indem er sich nicht zu fachsprachlichen Erörterungen hinreißen läßt, vielmehr an den praktischen, den (aus dem Blickwinkel der Leser/Hörer/Seher) naheliegenden Fragen festhält. Die zweite Schwierigkeit hängt mit der Rolle der Interviewperson zusammen. Häufig zeigt sie nämlich eine gewisse Distanz zum Thema und den mit ihm verbundenen Unstimmigkeiten und Konflikten; sie spielt meist die Rolle des Zeugen oder des neutralen Fachmannes, dessen Sprache spröde und nüchtern ist. Darauf stellt sich der Interviewer ein, indem er seine Fragen vor allem auf die erzählerische Beschreibung und Klärung der Sachverhalte und weniger auf die nackte Wissensvermittlung oder die Selbstdarstellung der befragten Person richtet. Die vom Journalisten angewandte Fragetechnik ist um Aufklärung, mithin um detailgenaue Darstellung des Gegenstands bemüht. Sie ist eher bohrend (Übergang von offenen zu zunehmend geschlossenen Fragen) und vermeidet das sogenannte Abgrasen, also das weitschweifige Über-die-Sachen-reden.

1.2 Wenn es um den Menschen geht

Hier steht die zu befragende Person im Mittelpunkt – nicht nur als Meinungsträger oder auskunftgebender Informant, sondern in erster Linie als Interviewgrund: *Die Person selbst ist das Thema;* ihre Antworten dienen vor allem der Selbstdarstellung, manchmal auch der Selbstentblößung. Zwar geht es auch beim personenzentrierten Interview stets um Ereignisse und Sachverhalte; sie liefern indessen nur den Gesprächsstoff, durch den die denkende und handelnde Persönlichkeit erkennbar werden soll. Mitunter dient der Gesprächsstoff auch dem Ziel, Hinter- und Untergründe der befragten Person zum Vorschein zu bringen – und sei es auch nur, um die Neugierde, gar den heimlichen Voyeurismus der Leser/Hörer/Seher zu befriedigen. Im Verlauf eines auf die befragte Person zentrierten Interviews wird der Journalist mit seinen Fragen die Fassade seines Interviewpartners zu überwinden suchen. Der Reiz liegt ja gerade darin, daß sich die befragte Person zu erkennen gibt, daß sie sich unter den Fragen des Interviewers öffnet, sich gleichsam entblößt. Da die Preisgabe von Intimität zugleich öffentlich geschieht, ist aber die befragte Person mit allfälligen Schamgefühlen konfrontiert. Viele Persönlichkeiten, zum Beispiel Wissenschaftler, lehnen darum ein auf ihre Person zentriertes Interview ab; und viele sogenannte Publikumslieblinge leiden unter dem Verlust ihrer Persönlichkeitssphäre.

Kompetente Journalisten nehmen auf diese Empfindungen Rücksicht, indem sie im Vorgespräch daß Maß des Zumutbaren klären und während des Interviews ihre Fragen zwar klar, aber subtil formulieren. Allerdings zeichnen sich viele prominente Personen durch eine gewisse Schamlosigkeit in der Selbstdarstellung aus. Viele Stars der Unterhaltungsbranche finden Gefallen an ihrer öffentlichen Entblößung, sie neigen zum Exhibitionismus. So gesehen korrespondiert der heimliche Voyeurismus des Publikums in hervorragender Weise mit den exhibitionistischen Neigungen vieler Prominenter; auch auf bohrende, gar schamlose Fragen nach ganz persönlichen Dingen geben sie mit lustvoll verzücktem Gesicht öffentlich Antwort. Der Interviewer kann nun diese Neigung bloßstellen, indem er zunächst so fragt, daß sich die Person selbst zur Schau stellt (etwa: »Erzählen Sie mal von Ihrem Auftritt...«, oder: »Wie geht man mit soviel Erfolg um, wenn ...«), um dann die Themenebene zu wechseln und die exhibitionistische Seite direkt anzusprechen (etwa: »Warum sprechen Sie so gerne über sich?«, oder: »Mir fällt auf, Sie sprechen nie von den anden, die zu Ihrem Erfolg beigetragen haben«).

Die für das Personenporträt vom Journalisten benutzte Fragetechnik folgt überwiegend dem explorativen Typ. Um verborgene, vielleicht auch unbewußt gebliebene Aspekte sichtbar werden zu lassen, benutzt der Interviewer mitunter auch Frageformen des Psychotests und des Tiefeninterviews mit seinen meist offenen, aber gelegentlich auch indirekt und rhetorisch gestellten Frageweisen.

1.3 Wenn es um Mensch *und* Sache geht

Eine häufige und für diese Darstellungsform wohl auch angemessene Art, ein Interview zu führen, besteht in der Verschränkung des Gegenstandes mit der zu befragenden Person: *Der innere Zusammenhang zwischen der Sache und der Person wird zum Interviewthema.*

Diese Verschränkung tritt besonders deutlich hervor, wenn nach Ansichten, Meinungen und Einschätzungen gefragt wird (manche Theoretiker sprechen etwas ungenau vom »Meinungs-Interview«).

Tatsächlich ist bei diesem Themenfeld die Person für sich genommen nicht hinreichend interessant. Die meisten Prominenten sind ja nicht als Prominenz vom goldenen Himmel eines Adelsgeschlechts oder einer Industriellenfamilie gefallen, sondern durch ihre Tätigkeit oder ihre Handlungen auffällig geworden.

Viele Wissenschaftler und wohl auch die meisten Politiker dürften als Privatpersonen uninteressant sein; für die Öffentlichkeit werden sie erst im Zusammenhang mit ihrer Arbeit oder durch ihre Leistungen bemerkenswert.

Diesen Zusammenhang stellt nun der Interviewer her. Er veranlaßt den Interviewpartner, sich möglichst einläßlich und offen über die Ereignisse in Verbindung mit seinen Handlungen, Meinungen und Denkweisen zu äußern, damit er sich zugleich auch selbst charakterisiert.

Zwar ist der Interviewer an der Darstellung oder auch Aufklärung ungeklärter Sachverhalte beharrlich interessiert. Zugleich aber legt er durch die Art seiner Fragen einiges Gewicht auf personenzentrierte Aspekte – mit dem Ziel, die Darlegungen als Ausdruck, gleichsam als Handschrift dieser Person vorzuzeigen. Damit dies gelingt, sollte jede Frage so formuliert sein, daß der Bezug der Person zum Gegenstand geklärt ist (Beispiele: »Bis zum vergangenen Sommer waren Sie selbst im Vorstand. Wie haben Sie damals...«; oder: »Wenn Sie jetzt diesen Vorgang als Fachmann beurteilen müßten: Wie würde ...«; oder : »Sie haben diese Maßnahme zu verantworten. Was hat Sie damals veranlaßt...«). Das verschränkte Interview sieht im Interviewpartner also nicht nur den Informanten, aber auch nicht nur den Selbstdarsteller; es versucht vielmehr, das eine im andern aufzuzeigen. Tatsächlich ist in den meisten Fällen die zu befragende Person aufgrund ihrer aktuellen Rolle, ihrer Funktion, Tätigkeit, Mitgliedschaft usw. von öffentlichem Interesse – und nur selten wegen ihrer besonders geistreichen Ausdruckskraft.

Abbildung 4: Interviewthemen

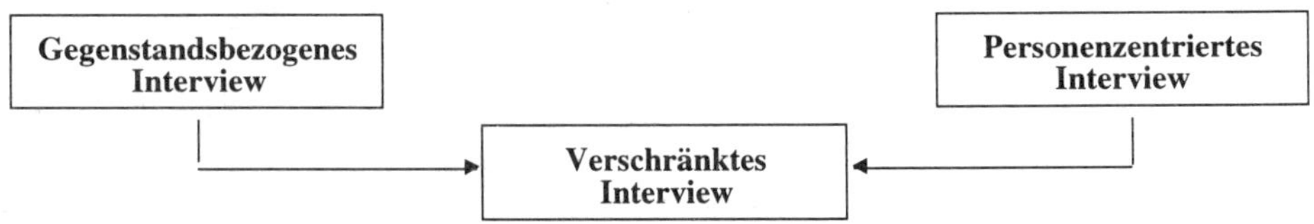

	Gegenstandsbezogenes Interview	Verschränktes Interview	Personenzentriertes Interview
Thema	Gegenstände, Sachverhalte unter Ausklammerung der emotionalen Beziehung zwischen Interviewtem und Thema	Sachverhalte unter Einbezug der Beziehung zwischen Interviewtem und Thema	Erlebnisse, Erfahrungen und Eigentümlichkeiten einer einzelnen Person
Hauptfunktion	Orientierung und/oder authentische Information (Interviewter als Augenzeuge, Sachverständiger, Verantwortlicher)	Zusammenhang zwischen Handeln, Einstellung und Fakten sichtbar machen	Den Interviewten in seinen individuellen Lebenszusammenhängen hervortreten lassen (Sachverhalte/Ereignisse dienen als Anknüpfungen)

Ein Politiker zum Beispiel, der nur Meinungen, aber keine sachklärenden Äußerungen von sich gibt, wirkt irgendwie aufgeblasen und inkompetent; ein Politiker indessen, der das Geschehen nur analysiert, aber keine Beurteilung, keine Einschätzung zu geben vermag, wirkt entscheidungsschwach, jedenfalls nicht überzeugend. Das Interview faßt darum sein Thema in der Verknüpfung – und verfährt oftmals wie das Pendel einer Standuhr, das zwischen den beiden Extremen hin- und herschwingt.

Das Interview mit dem Direktor der Müllverbrennungsanlage über seine Sorgen und Nöte könnte wie eine Expertenbefragung, mithin themenzentriert abrollen – und wäre falsch zentriert, weil der Direktor dazu neigen würde, die Störungen zu verharmlosen und die Betriebssicherheit herauszukehren. Interessanter wäre es, mit dem Direktor auch über seinen persönlichen Umgang mit dem Müll, über seine eigenen, privaten Anstrengungen zur Müllvermeidung zu sprechen – und die Erörterung der Betriebsstörungen mit einem Gespräch über die Folgen der Konsumgesellschaft zu verbinden, um so auch die persönliche Einstellung des Direktors zu erfahren. Dasselbe würde auch für das Interview etwa mit dem zuständigen Bürgermeister oder Referatsleiter gelten: Fragen nach seiner Verantwortung für den Betrieb oder nach seiner Meinung über das Müllbeseitigungskonzept des Ministers lassen sich verknüpfen mit Fragen etwa nach seinem persönlichen Müll-Verhalten im privaten Kreis seiner Familie.

Bei verschränkten Interviews besteht die Gefahr, daß der Fragegegenstand allzu trivial ausfällt: Fragen und Antworten entsprechen dem Erwarteten (»Seit wann haben Sie...?« »Wer hat Ihnen gezeigt, daß...?« »Was brachte Sie auf die Idee,....?« usw.). Der Interviewer sollte daher dank guter Vorbereitung unerwartete Aspekte, komische Episoden, originelle Bezugnahmen usw. finden und in den Interviewablauf einstreuen, um so für Überraschungen und Aha-Erlebnisse bei den Lesern/Zuhörern zu sorgen.

In seiner Fragetechnik folgt das verschränkte Interview keinem Muster, sondern wechselt zwischen weichen und harten Formen, zwischen invasiven und explorierenden Frageformen, wobei die weicheren, offeneren Formen die einzelnen Themen einleiten und gleichsam den Boden ebnen für nachfassende, auch invasive Fragen.

2. Interviewpartner: Mit wem wie sprechen?

Nicht nur das Thema bietet unterschiedliche Aspekte; oft auch spielen die für ein Interview geeigneten Personen ganz verschiedene Rollen:

Der Bürgermeisterkandidat ist Professor an der Fachhochschule; er engagiert sich als Bewohner des Stadtteils Nord für die Stadtteilerneuerung, außerdem ist er im Vorstand des Kunsthallen-Trägervereins, im übrigen auch eine bei gesellschaftlichen Anlässen gerne gesehene Prominenz: Nicht alle, sondern nur eine dieser Rollen sollte im Zentrum des Interviews stehen – aber welche? Oder: Der Biochemiker spricht als Experte, wenn er die Gewässerverschmutzung begutachten soll; er ist Meinungsträger, wenn er die Umweltpolitik der Regierung beurteilt; er wird vielleicht zu einer interessanten Persönlichkeit unserer Stadt, wenn er von seinem Lebensweg und beruflichen Werdegang erzählt. In welcher dieser Rollen möchte ich den Biochemiker sich äußern lassen?

Es sind sehr unterschiedliche Interviews möglich, je nach dem, welche Rolle der Interviewpartner – im Rahmen der drei zuvor ausgeführten Themenfelder – vor dem zusehenden, hörenden oder lesenden Publikum spielen soll. Der Journalist muß sich also fragen: *Welche Funktion soll das Interview erfüllen?* Von der Antwort hängt ab, welche Rolle der Befragte zu übernehmen hat. Nachfolgend eine Übersicht über die mit den wichtigsten Interviewarten verbundenen Rollen der Interviewpartner:

2.1 Experten

Funktion: Das Interview dient fast ausschließlich der Aufklärung und Deutung ungeklärter/unverstandener Vorgänge und Sachverhalte.

Rolle des Befragten: Fachliche Kompetenz und persönliche Unbefangenheit gegenüber dem zur Diskussion gestellten Sachverhalt.

Besonderheiten und Probleme: Experten-Interviews sind beliebt und scheinen angesichts der (vorausgesetzten) fachlichen Kompetenz der zu befragenden Person einfach durchzuführen zu sein.

Tatsächlich aber sind interessante Experten-Interviews vergleichsweise schwer zu führen, weil

→ die Experten gerne ins Detail gehen und immer weiter zu differenzieren suchen,

→ weil sie meist fachsprachlich formulieren und

→ weil sie vor konkreten Schlußfolgerungen zurückschrecken.

Die Folge: Expertengespräche bewegen sich rasch in einiger Distanz zum Publikumsinteresse. Keine andere journalistische Form ist langweiliger zu lesen als ein Interview, in dessen Verlauf die Sprecher immer nur Daten und technische Details ausbreiten, wenn möglich noch in der schwer verständlichen Terminologie des fraglichen Fachgebiets.

Der Journalist sollte sich darum stets fragen, ob sein Interview nicht eher dem (schriftlichen oder akustischen) Protokoll einer Recherchenbefragung entspricht – und darum besser als Material für einen Bericht oder ein Feature auszuwerten wäre. Das Experteninterview kann indessen spannend werden, wenn die Fragen konkret und allgemein interessant – und die Antworten allgemein verständlich ausfallen. Bedingung freilich ist, daß die befragte Person durch Unabhängigkeit und fachliche Kompetenz auffällt.

Die Durchsicht meiner Sammlung gelungener Experten-Interviews ergab, daß die Befragten

→ die Bedeutung, insbesondere die praktischen Folgen eines Geschehnisses aufzeigen konnten oder

→ einen Beschluß oder eine Maßnahme indirekt durch das Experten-urteil in Frage stellten oder

→ zu anstehenden (oder auch schon getroffenen) Entscheidungen Alternativen und Varianten beibringen konnten.

Stets wurde auch die Kompetenz des Experten und dessen Unabhängigkeit gegenüber der zur Diskussion gestellten Sache offen gelegt (zum Beispiel durch einen Vita-Kasten als Supplement oder durch entsprechende Einstiegsfragen).

In Sachen Müllverbrennungsanlage könnte zum Beispiel der zuständige Referats- oder Abteilungsleiter einer anderen, in Größe und Demographie mit unserer durchaus vergleichbaren Stadt als Experte auftreten: Dort gab es ja auch dieselben Abfallbeseitigungsprobleme; wie wurden sie gelöst? Es versteht sich, daß durch Vorabklärungen sichergestellt sein muß, daß die Entsorgungsprobleme der anderen Stadt mit den hiesigen vergleichbar sind; im weiteren, daß die dort gefundene Lösung fortschrittlich und beispielhaft ist; und schließlich auch, daß der Befragte seine Expertenrolle und seine Entscheidungen plausibel darlegen kann.

Nicht nur der Betrieb der neuen Verbrennungsanlage hat zu Ärger geführt; der Anlagetyp war schon damals, als er von unseren Stadt-Magistraten beschlossen wurde, unter Fachleuten umstritten. Es bieten sich darum Umweltexperten unabhängiger Institute als Interviewpartner an (nicht aber die Fachleute der Konkurrenzunternehmen): Sie könnten die Vor- und Nachteile der unterschiedlichen Verbrennungsanlagetypen deutlich machen – und würden vielleicht klarstellen, daß die Stadt zu wenig für die Abfallvermeidung tut und darum eine überholte Abfallpolitik verfolgt.

2.2 Augenzeugen

Funktion: Das Augenzeugen-Interview dient meist der Vermittlung von Unmittelbarkeit – und von detailreichem Erlebnisstoff durch den, der das Geschehnis (wenigstens als Zuschauer) miterlebt hat.

Rolle des Befragten: Als Zuschauer, Helfer, Mitarbeiter bietet er einen unvermittelten und authentischen Zugang (die Person darf aber kein Akteur oder Verantwortungsträger sein).

Besonderheiten und Probleme: Das Interview führt die befragte Person (und damit auch die Hörer/Seher/Leser) an den Ort des Geschehens. Zuerst klärt es die Rolle (den Standpunkt und -ort) des Befragten und läßt dann das Erlebte wie einen Film nochmals abrollen, ehe es den Befragten zurückführt ins hier und jetzt.

Im Gegensatz zum Experten ist der Augenzeuge – wenn möglich – ins Geschehene (zumindest emotional) involviert und in seiner Darstellung subjektiv.

Hier geht es dem Journalisten nicht um eine Beweissammlung und -würdigung nach Art der kriminalistischen Befragung, sondern um Umittelbarkeit. Die Darlegungen des Augenzeugen sind umso interessanter, je näher er am Geschehen »dran« war und je mehr Details, auch Anektoten und Epsioden, er zu erzählen weiß. Ein besonderer Reiz, aber auch eine

Schwierigkeit besteht darin, Augenzeugen möglichst kurz nach dem fraglichen Ereignis zu interviewen: Reizvoll daran ist die Unmittelbarkeit; schwierig die emotionalisierende Betroffenheit, die zu verschwommenen bis mißverständlichen Antworten führt.

Vor allem für das *Hörfunk-Interview* stellt sich oft das Problem mangelnder Ausdrucksfähigkeit des Befragten: Die Person antwortet nicht auf die Fragen, sondern erzählt etwas anderes; sie kann sich nicht fassen, sondern quasselt drauf los; sie kann sich von einem bestimmten Eindruck nicht lösen und wirft darum ihre Beobachtungen durcheinander – usw. Darum sollte der Interviewer, bevor er den Augenzeugen im O-Ton (womöglich live) befragt, mit ihm ein kurzes Vorgespräch führen und unter Umständen statt eines Interviews ein Feature produzieren.

Printmedien-Journalisten haben es da einfacher, weil sie das Gesprochene redigieren können. Gerade wegen der subjektiven, meist einseitigen Sicht der befragten Person ist das Augenzeugen-Interview oft als ein interessantes *Supplement* zum eher nachrichtlich abgefaßten Ereignisbericht.

Im Fortgang der Müllverbrennungsanlage-Recherchen stößt der Journalist vielleicht auf einen Techniker, der dabei war, als die Staubfilter eingebaut und die Anlage justiert wurde – und der nach einigem Drängen bereit ist, über jene unbefriedigende Justierung zu berichten: Der Techniker, zunächst als Fachmann geeignet für ein Experten-Interview, wird plötzlich in der Rolle als kundiger Augenzeuge viel interessanter. Oder vielleicht ergeben weitere Abklärungen, daß sich das politisch brisante Geschehen im Rathaus abspielte, als das Projekt evaluiert wurde. Damals war in dem Gemeinderats-Ausschuß die Mehrheit der Mitglieder von zwei Fachleuten, die das zuständige Referat aufgeboten hatte, regelrecht in die Mange genommen worden. Nun findet der Journalist ein Ausschuß-Mitglied, das sich an jene Sitzung erinnert – und aus persönlichen Gründen aussagebereit ist: Wie die Bürgervertreter – von den Interessenvertretern überrollt und in den Glauben versetzt wurden, die bestmögliche Anlage zu bewilligen. Auch wenn die auskunftswillige Person damals (Mit-)Entscheidungsträger war, so tritt sie nun in der Rolle des Augenzeugen auf.

Selbstverständlich muß der Interviewer diese Rolle zu Beginn des Interviews durch entsprechende Einleitungsfragen herausstellen, etwa durch diese: »Sie waren ja an dem turbulenten Nachmittag damals dabei: Was haben denn die beiden Fachleute den Volksvertretern erzählt?« – und am Ende des Interviews sollte er diese Augenzeugen-Rolle wieder überführen in diejenige des (Mit-)Verantwortlichen, etwa durch folgende Überleitungsfrage: »Und Sie, warum haben Sie sich denn damals von diesen zwei Männern so beeindrucken lassen?«

2.3 Hauptpersonen

Funktion: Das Interview hat zur Aufgabe, die Ursachen und Folgen von Geschehnissen aus dem Blickwinkel derjenigen aufzuzeigen, die für das Geschehene (zumindest partiell) die Verantwortung tragen.

Rolle des Befragten: Es sollten möglichst Personen gewählt werden, die als Hauptverantwortliche handeln und in der Rolle des Entscheidungsträgers auch tatsächlich befragt werden können. Wesentlich ist die handlungsstarke Akteurrolle der fraglichen Person in der zur Diskussion stehenden Sache. Für die Personenwahl – so man sie hat – ist entscheidend: Je verantwortungsvoller, je entscheidungsmächtiger die Rolle, desto geeigneter ist die Person für diese Art des Interviews.

Besonderheiten und Probleme: Auch das Hauptpersonen-Interview dient nicht in erster Linie der Porträtierung der befragten Person, sondern der Klärung, auch Aufdeckung eines Geschehnisses, seiner Vorgeschichte wie seines Ablaufs – nun aber aus der Sicht desjenigen, der für die Folgen Verantwortung zu tragen hat. Personen- und sachbezogene Aspekte sind untrennbar verwoben.

Es geht dabei meist um Fragen wie diese:
→ Wie und durch wen kam es zu dieser Entscheidung?
→ Welche Motive liegen der getroffene Entscheidung zugrunde?
→ Welches Sachwissen stand zur Verfügung?
→ Wurden Experten herangezogen?
→ Über welche Erfahrungen (in dieser Sache) verfügt die Hauptperson?
→ Wurden an anderen Orten gesammelte Erfahrungen verwertet?
→ Wie begründet/rechtfertigt die Hauptperson ihre Entscheidung/ihre Handlungen?
→ Gab es Handlungsalternativen – und wenn ja: welche?

Weit mehr noch als die Experten- und Augenzeugen-Interviews setzt die Befragung von Verantwortlichen eine sehr umfassende, detailgenaue Vorbereitung voraus (zum Beispiel durch Experten- und Augenzeugen-Interviews!), da Entscheidungsträger meist öffentlichkeitserfahrene, rhetorisch geschulte Personen sind, die auch auf knifflige Fragen (meist mit nichtssagenden Formeln) zu antworten wissen. Die Schwammigkeit der Antworten kann der Interviewer nur mit präzis nachfassenden Fragen bloßstellen und überwinden, was wiederum eine pingelige Vorbereitung – Erarbeitung des verfügbaren Wissens – voraussetzt. Gegenüber schlecht vorbereiteten Interviewern kann die Hauptperson auch einen Rollenwechsel vornehmen: Auf vage gestellte Fragen antwortet sie nicht in der Rolle des Entscheidungsträgers, sondern wie ein Experte, der alles gewußt und nach bestem Wissen und Gewissen entschieden und im übrigen keine Verantwortung zu tragen habe. Ihre heikle Rolle als Hauptverantwortliche – das eigentliche Thema des Interviews – wird nicht oder nur andeutungsweise thematisiert.

Angenommen, die Recherchen in Sachen Müllverbrennungsanlage führen den Journalisten zur Frage, ob der zuständige Gemeinderat oder Referatsleiter vor der Ausschreibung hinreichend gründlich das Müllbeseitigungskonzept geplant und das Projekt evaluiert habe; im Verlauf seiner Befragung hörte nämlich der Journalist die Meinung, der Hauptverantwortliche favorisiere von Anfang an ein bestimmtes, eigentlich veraltetes Konzept, vielleicht, weil das daraus resultierende Projekt von der Firma Meier-Müller verwirklicht werde. Immerhin ist der Vorstandsvorsitzende von Meier-Müller in der selben Partei wie unser Referatsleiter. Ob das nicht ...?

Wenn nun der Journalist im Verlauf des Interviews mit dem Hauptverantwortlichen dieses Gerücht einfach nur anspricht, wird er nichts erfahren: Dem Befragten wird es nicht schwer fallen, mit plausiblen Argumenten, vielleicht auch mit drohendem Unterton (»eine ehrverletzende Unterstellung!«) zu kontern. Vom Verdacht bliebe nichts übrig, schlimmer noch: Der Journalist stünde nachher als verantwortungsloser Gerüchte-Kolporteur da und der Hauptverantwortliche wäre nun auch für den Fall einer nachfassenden Recherche gewappnet, er würde undichte Stellen stopfen und sich stichfeste Belege beschaffen.

Bei einer gründlichen Recherche vor dem Interview indessen sowie durch die Beschaffung von damaligen Protokollen und Zeugenaussagen könnte der Journalist auf eine erste, abweisende Entgegnung des Hauptverantwortlichen nun seinerseits mit präzisen Detailfragen kontern, aus dem Protokoll zitieren und im Anschluß an die Antwort anderslautende Äußerungen Dritter erwähnen. Sobald der Befragte die sachfeste Grundlage der Fragen erkennt, wird er nicht mehr pauschal abwehren, sondern auf den Vorwurf eingehen – also auch erhellende Antworten geben.

2.4 Publikum

Funktion: Das Interview hat den Zuschnitt einer kleinen, unsystematischen Umfrage. Es sind farbige, doch flüchtige Momentaufnahmen, gleichsam Schnappschüsse aus dem breiten Meinungsspektrum. Gut präsentierte

Straßeninterviews können über das aktuelle Stimmungsbild orientieren; sie zeigen einen Ausschnitt, eine Situation aus dem Lebensalltag, mit der sich die Leser/Hörer/Seher identifizieren können.

Rolle der Befragten: Die Personen, meist Passanten, äußern sich stellvertretend für eine Gruppe; sie vermitteln ein aktuelles, jedoch flüchtiges Stimmungsbild in der Bevölkerung. Sie artikulieren Betroffenheit, Reaktionen oder auch Mentalitäten als »Antwort« auf eine Veränderung im Alltagsleben.

Als Themen für Straßen-Interviews sind vor allem geeignet:
→ Abgeschlossene Ereignisse, auf die sich die Menschen inzwischen eingestellt haben, so etwa eine in Kraft getretene Maßnahme (wie: Ein Jahr verkaufsoffener Donnerstagabend: Mögen die Leute diese Veränderung? Nehmen sie die neue Möglichkeit überhaupt noch in Anspruch?)
→ oder eine soeben begonnene Veränderung, ein Ereignis, das die Menschen betrifft (wie: Der erste Schulferientag: Das Stimmungsbild auf dem Hauptbahnhof. Oder: Seit gestern gibt es in unserer Stadt überhöhte Ozonwerte: Wie reagieren die Leute darauf?).

Bei Lokalradios beliebt, für Straßeninterviews aber völlig ungeeignet sind sogenannte »Wenn«-Themen, also Spekulationen (»Was würden Sie tun, wenn morgen...« usw.). Denn je zukünftiger das Thema und dessen praktische Folgen, desto diffuser und irrealer die Antworten; sie sind meist von der individuellen Augenblicksstimmung diktiert, die nichts zum Thema beiträgt, aber das Hörer-Publikum irreführen kann.

Besonderheiten und Probleme: Straßeninterviews sollten stets konkrete und zugleich allgemein geltende Ereignisse, Vorgänge, Maßnahmen oder Prozesse zum Inhalt haben, zumal die Leser/Hörer/Seher die Antworten auch auf die eigene Situation und Meinung beziehen möchten (dies im Unterschied zu Quiz- und Talkshow-Sendungen, bei denen ja das Blödeln einen tragenden Bestandteil ausmacht).

Die Befragung darf sich nicht auf ein oder zwei Personen beschränken, sondern muß als eine kleine Umfrage angelegt sein und – je nach Thema – eine Gruppe soziographisch unterschiedlicher Menschen (Unterschiede in Alter, Geschlecht, Beruf, Einkommensklasse, Ausbildung, Wohnort) umfassen. Nach Art der demoskopischen Meinungsbefragung werden diese Interviews mit mehr oder weniger standardisierten Fragen durchgeführt; nur ein oder zwei Fragen werden individuell auf die besondere Situation der befragten Person zugeschnitten, die übrigen drei oder vier Fragen (mehr sollten es nicht sein) sind gleichlautend, mithin vor Beginn der Befragung festgelegt. Die veröffentlichte Fassung der Interviews gibt dann nur einige, für das Thema wichtige persönliche Daten der Befragten wieder, etwa Alter, Geschlecht und berufliche Tätigkeit. Zur Hauptsache reflektiert es die Meinungen und Stimmungen zum befragten Sachverhalt. Stets muß der Schnappschuß-Charakter der Umfrage hervorgehoben werden, um dem verbreiteten Mißverständnis der Repräsentativität vorzubeugen.

Angenommen, mit der Inbetriebnahme der neuen Müllverbrennungsanlage sei auch eine neue Müllverordnung in Kraft gesetzt worden, die den privaten Haushaltungen das Vorsortieren des Mülls – Glas, Papier, organische Substanzen, Kunststoffe, Sonstiges – auferlegt, und die Recherche hätte ergeben, daß die Anwendung dieser neuen Verordnung nicht klappt, also der Hausmüll nicht hinreichend vorsortiert und der Betrieb der Müllanlage über Gebühr belastet wird.

Um den Umgang der privaten Müllerzeuger mit der neuen Regelung aufzuzeigen, wäre nun ein Straßen-/Publikumsinterview denkbar: Mehrere Hausfrauen, die in verschiedenen Stadtteilen wohnen, unterschiedlichen Alters sind und verschiedenen Schichten angehören, werden befragt, was sie an der Handhabung der neuen Verordnung stört und wie sie mit ihrem Müll umgehen. Das Ergebnis dieser kleinen Umfrage könnte dann als Supplement zum Bericht über die Müllverbrennungsprobleme gestellt werden; entweder, indem jede befragte Person (mit Photo) mit ihren Antworten dargestellt wird, oder, indem die Antworten erzählend in Form eines zitierenden Berichts wiedergegeben werden (letztere Form gestattet es, weitere Elemente – etwa Beobachtungen oder Daten – in den Text einfließen zu lassen).

Radio-Umfragen dienen auch zur Weckung des Hörerinteresses während einer Unterhaltungs- oder Magazinsendung: Passanten artikulieren sich in der Umgangssprache meist unbefangener als Amtsträger und Experten; dieser O-Ton wirkt auflockernd und identifikatorisch (der Hörer identifiziert sich mit seinesgleichen).

Vor allem Lokalradios setzen häufig die Telefon-Umfrage ein: Im Verlauf einer Live-Sendung werden die Hörer oder wird eine Hörergruppe (Mütter mit kleinen Kindern, Junggesellen über Fünfzig usw.) aufgefordert, sich zu einer in der Sendung gestellten Frage zu äußern. Meist werden die Antworten live in die Sendung eingespielt. Diese Publikumsbefragung hat mit dem Interview nichts gemein.

2.5 Prominente

Funktion: Das Interview dient in erster Linie der Selbstdarstellung der befragten Person. Die Fragen des Interviewers sind gleichsam die Bühne, auf der sich die Person zur Schau stellt.

Rolle des Befragen: Die Person ist Objekt der Bewunderung, der Verehrung, der Verachtung, des Hasses, usw.. Gelegentlich handelt es sich um eine bemerkenswerte (originelle, genialische) Persönlichkeit; und meist dient sie der Befriedigung voyeuristischer Bedürfnisse.

Besonderheiten und Probleme: Prominenten-Befragungen sind unter sogenannten Society- und Modern-living-Journalisten beliebt. Meist aber geraten solche Interviews zu peinlich wirkenden, weil übertrieben, exhibitionistischen Selbstinszenierungen von Personen, die aus manchmal unerfindlichen Gründen populär geworden sind: sogenannte Fernsehstars (derzeit gilt dies auch für einige Moderatoren der U-Produktion), der Geldadel natürlich, die Modemacher und Filmschaffenden. Aber auch der eine oder andere populistisch begabte Politiker oder Wissenschaftler (man erinnere sich an Christiaan Barnard und Julius Hackethal), nimmt das Interview nur mehr zum Anlaß – oder Vorwand – für seine Personality-Show: Der Interviewer wird unversehens zum mikrofonhaltenden Stichwortgeber degradiert.

Die Aufgabe des Prominenten-Interviews sollte indessen weniger der werbewirksamen Ego-Schau dienen als der – sagen wir – Vermenschlichung einer abgehobenen Glamour-Gestalt, die sich zu den vom Journalisten erfragten Lebenssituationen möglichst unverstellt äußern soll.

Die Frageweise des Prominenten-Interviews ist individuell auf die Persönlichkeit und die Lebensgeschichte der betreffenden Person zugeschnitten. Dabei geht es vor allem um solche Fragen:
→ Wie geht die Person mit ihrer Prominenten-Rolle um?
→ Wo sieht sie ihre Stärken, wo ihre Schwächen?
→ Über Wünsche, Hoffnungen – und Enttäuschungen.
→ Wie ist ihr Umgang mit Mitmenschen, in erster Linie mit (abhängigen) Mitarbeitern?
→ Wie sind die Beziehungen zu Freunden, wie waren sie zu den Eltern?
→ Über den Umgang mit dem Lebenspartner, mit den Kindern.

→ Wie ging es damals in der Schule, während der Ausbildung; wie kam es zum ersten Auftritt?
→ Erinnerungen an die Anfängerzeit, an Pannen und eigene Versagerängste oder -erlebnisse.
→ Konfrontation mit Einschätzungen/Urteilen anderer Persönlichkeiten über die befragte Person.
→ Was haben andere Menschen der prominenten Person Gutes getan (Gefühle der Dankbarkeit)?

Das unterhaltsame und zugleich informierende Prominenten-Interview bewegt sich irgendwo zwischen Psychostrip und Plauder-, manchmal auch Märchenstunde: Die Fragen sind nicht bohrend, aber doch unverschämt offen. Sie sollen die prominente Person dorthin führen, wo sich der Alltag ereignet, wo die Träume mit den Gegebenheiten des praktischen Lebens kollidieren, wo der Perfektionismus am Unzulänglichen scheitert: wo es Glücks- und Zufälle, aber auch Pannen, Irrtümer und Mißgeschicke gibt, wo die menschlichen und darum auch liebenswerten Seiten der befragten Person – vielleicht wider Erwarten – zum Vorschein kommen. Das Interviewziel soll darin bestehen, die Person vom Sternenhimmel der Bewunderung auf den Boden des real existierenden Lebens – und so auch in die Reichweite der Leser/Hörer/Seher zurückzuholen. So ist das gelungene Prominenten-Interview eine Art Kompromiß zwischen den Selbstverzauberungswünschen der Person und dem Entzauberungsinteresse des Journalisten.

Oft genug – zumal in der Regenbogenpresse und in den Sportsendungen lassen sich die Interviewer zu Reklamehelfern umfunktionieren, vielleicht, weil sie selbst naive Bewunderer sind, vielleicht aber auch, weil sie sich durch »supporting« und »product placement« einer Vermarktungsfirma ihrerseits haben korrumpieren lassen. Vor allem die Fernseh-Sportsendungen und die darin mitgelieferten Prominenten-Interviews bieten hierzu reichhaltiges Anschauungsmaterial.

Unser Müllverbrennungsanlage-Beispiel bietet, soweit es realistisch angelegt sein soll, keinen Anlaß für ein Prominenten-Interview. Dieselbe Stadt, in der die Müllanlagen-Handlung spielt, verfügt übrigens über eine der größten Kongreßhallen der Region. Außerdem ist die Gegend für ihren guten Rebensaft und die Freizeitlaune der Bewohner bekannt. So war es für die Organisatoren der ARD-Unterhaltungsschau »heute, morgen, übermorgen« naheliegend, die nächste Sendung mal wieder in dieser Stadt in Szene zu setzen. Zu den geladenen Stars der Schau gehört auch der vor ein paar Jahre international gefragte, dann aber nach einem LP-Flop etwas in Vergessenheit geratene Sänger Harry Hammer. Die den Sänger vermarktende Agentur wird am Tag seines Auftritts neben einer Autogramm-Show im größten Schallplattengeschäft am Ort auch noch mit dem Lokalradio eine Sendestunde »Radio sunshine exklusiv: heute mit Harry« produzieren. Der Moderator der Sendung, dies wissen die Kollegen von der Lokalzeitung, wird mit Harry nur Sprüche nach der Art »Wie bist Du drauf heute?« klopfen, den Sänger seine eigenen Titel ansagen lassen und die Zuhörer auffordern, beim Sender anzurufen und Harry Fragen zu stellen, die er dann in der Sendung beantwortet. Statt Interview also eine Stunde Plauderei, zumal Harrys Plattenfirma sagenhafte 180 Sekunden Werbezeit gebucht hat.

Der Kollege von der Lokalzeitung will lieber ein Personenporträt versuchen. Er arrangiert über Harrys Agentur einen Interviewtermin mit Harry am Tag vor seinem Auftritt und trifft ihn am Spätvormittag. Harry ist noch nicht warm gelaufen, sondern sieht eher zerknittert aus. Bei einem Glas Orangensaft – der Mensch von der Agentur, der auch dabei sein wollte, hat sich (zum Glück für den Journalisten) verspätet – kommen die beiden ins Gespräch. Erstaunlich freimütig erzählt Harry von der Krise, die er nach dem Flop durchgemacht hat. Daß er sich, seine Musik und seine Band beschissen fand; daß die Freunde, auf die er sich verlassen zu können glaubte, ihn hängen ließen; daß die Freundin ihn mit Vorwürfen und Mäkeleien überhäufte, ehe sie davonlief, daß er sich selbst als mimosenhaft, als viel zu eitel empfand; daß ihm Anerkermung, vielleicht auch Bewunderung viel zu wichtig gewesen sei. Er erzählt, Lust an der Musik und seinen »drive« habe er erst wieder vor einem Jahr durch zwei junge, neu in die Band aufgenommenen Musiker gefunden – und so weiter.

Zwei Stunden später sitzt der Lokaljournalist am Schreibtisch und tippt das Interview ins System – nicht als Frage-Antwort-Spiel, sondern als ein erzähltes Personenporträt. Denn er will auch über seine Eindrücke schreiben, über seine eigenen Vorurteile, die er vor dem Gespräch gegenüber Harry hatte: und über sein neu gewonnenes Bild von Harry, mit dem er das Hotel verlassen habe. Am folgenden Morgen, dem Tag von Harrys Auftritt, kann man das Harry-Porträt unter der Rubrik »Zu Gast in unserer Stadt« im Lokalteil lesen.

2.6 Dichter/Denker/Künstler

Funktion: Das Interview soll die hervorragende, vielleicht bizzare Persönlichkeit eines Kulturschaffenden im Zusammenhang mit seinen Werken dem Publikum nahe bringen.

Rolle des Befragten: Die befragte Person ist sowohl eine durch ihre Fähigkeiten geniale (bewunderswerte) Persönlichkeit, als auch ein wichtiger Vermittler gesellschaftlicher Selbsterfahrung (sofern man Kultur als den Inhalt gesellschaftlicher Identität definieren möchte).

Besonderheiten und Probleme: Der Künstler oder der geistreiche Intellektuelle ist ja – im Unterschied zur Society-Prominenz – vor allem durch das, was er geschaffen hat, von besonderem Interesse. Gleichwohl sind solche Interviews kein leichtes Unterfangen, weil die meisten Künstler über sich und ihre Arbeit aus naheliegenden Gründen nichts oder nur wenig erhellendes zu sagen vermögen: Ein Maler, der auf entsprechende Fragen seine Kunstschöpfung wortreich zu deuten vermag, wirkt irgendwie oberschlau und als Maler nicht sonderlich überzeugend.

Das »DDK«-Interview wird kaum je die Inhalte oder Absichten des Kulturschaffens zum Thema nehmen, sondern die Erlebnisse und Ereignisse im Leben der befragten Person ansprechen, um über die erzählten Episoden und Geschichten den Zusammenhang zwischen der Person und ihren Werken herzustellen.

Der Interviewer wird (im Anschluß an den allgemeiner gehaltenen Interviewbeginn) vor allem persönliche Fragen stellen, die zum Beispiel folgenden Aspekten gelten können:
→ Über die Beziehung zu den Eltern, ihre Rolle für den Lebensweg;
→ über die für den Lebensweg entscheidenden Situationen (Begegnungen, Beschlüsse, Erfahrungen);
→ über die eigenen Motive (woraus schöpft der Ehrgeiz?);
→ über den Ablauf eines typischen Alltags im Leben der Persönlichkeit;
→ was besonders ärgerlich, besonders erfreulich ist im Alltag;
→ über ihre Vorbilder, die mit Lebenszielen und Werten zu tun haben;
→ über Begegnungen mit anderen bedeutenden Persönlichkeiten.

Das Ziel des »DDK«-Interviews ist niemals die Bloßstellung, auch nicht die Selbst-Inszenierung, sondern das Verstehen, also das Kennenlernen und Verstehbarmachen einer durch ihre Werke entrückten Persönlichkeit – eine Gratwanderung zwischen Affirmation und Respektlosigkeit.

2.7 Politiker

Funktion: Politische Vorgänge sollen aus dem Blickwinkel der Akteure transparent gemacht werden. Das Interview setzt darum die zu befragende Person in Beziehung zu einem aktuellen Vorgang, der als Anlaß dient oder zum Thema gemacht wird.

Rolle des Befragten: Meist ist es ein Entscheidungs- und Handlungsträger, der die Gründe und die bezweckten Folgen einer politischen Tat darlegen bzw. plausibel machen soll (Analogie zum Hauptpersonen-Interview). Gelegentlich tritt der Politiker auch in der Rolle des Interpreten politischer Ereignisse und Prozesse auf, um Ursachen und Folgen eines Geschehens, für das er keine Mitverantwortung trägt, durchsichtig zu machen (Analogie zum Experten-Interview).

Sinn und Zweck des Politiker-Interviews bestehen vor allem
→ in der Deutung und Bewertung von Ansichten;
→ in der Erläuterung und Begründung getroffener Entscheidungen;
→ in der Preisgabe eigener Absichten und Zielsetzungen, um politische Interessen, aber auch Optionen und Vorurteile vorzuführen.

Besonderheiten und Probleme: Das Thema des Politiker-Interviews ist meist auf den aktuellen Problem- und Sachverhalt bezogen und auch darauf beschränkt. Greift der Journalist tiefer und fragt nach Grundsätzlichem und nach Perspektiven, so antwortet ihm der Politiker meist vage und pathetisch. In der Regel suchen die öffentlichkeitsgeübten Politiker der Bonner (Berliner) Bühne den Fragen auszuweichen und ihre politischen Optionen durch möglichst unbestimmte Formulierungen oder Phrasen offen zu halten.

Gleichwohl könnten Politiker-Interviews, so der SPD-Parteivorsitzende Jochen Vogel, »ungeheuer enthüllend sein, um das Modewort entlarvend zu vermeiden: Durch die Wortwahl, durch die Art, wie einer etwas sagt, natürlich auch durch den Inhalt« (Meyer 1983; Kap.III, 25)

Dieser Effekt tritt natürlich eher im Live-Interview des Hörfunks und Fernsehens zutage, das viele Politiker zu intensiver Medien-Schulung beflügelt. Printmedien-Interviews werden in der Regel zur Autorisierung vorgelegt und der Politiker sieht sich veranlaßt, allzu bloßstellende Äußerungen wegzubügeln. Unter besonderen Bedingungen (siehe Vorgespräch, Vorbereitung, Fragetechnik) gelingen indessen auch im gedruckten Interview immer wieder Antworten, die den Lesern die Persönlichkeit des Politikers mit ihren Eigenheiten erkennbar machen.

Das porträtierende Interview setzt darum beim Politiker die Bereitschaft zur Offenbarung persönlicher Merkmale, beim Interviewer die Fähigkeit zur insistierenden Personenbefragung – und genügend Interviewzeit voraus. Erleichtert werden solche Vorhaben durch Formen, die wie eine institutionelle Garantie des Fairplay funktionieren, wie etwa das Spiegel-Gespräch mit seiner Autorisierungsgarantie, oder Günter Gaus' Sendung »Zur Person« und der dort gepflegten distanzierten Frageweise.

2.8 Helden

Funktion: Das Interview porträtiert eine durch ihre Handlung(en) herausragende Person, die wegen ihrer Leistung bewundert wird und die meist als Projektionsleinwand virulenter Wünsche und Sehnsüchte dient.

Rolle des Befragten: Als Helden gelten solche Personen, die durch eine mutige Tat oder durch ebenso mühevolle wie hervorragende Leistungen auffällig und öffentlich interessant geworden sind.

Besonderheiten und Probleme: In unserer Zeit handelt es sich bei den Helden leider kaum je um Künstler oder Denker, sondern überwiegend um Körper- und Gerätetechniker, also um Sportler, die nach langjährigem Training in der einen oder anderen Disziplin körperliche Hochleistungen erzielen und dafür nicht nur mit Geld, sondern auch mit öffentlicher Anerkennung belohnt werden: Reinhold Messmer oder Boris Becker und Steffi Graf, die deutschen Fußballer oder die Schweizer Skirennfahrer.

Es gibt zwar auch Helden, die über ihre athletische Rolle hinaus hervorragende Talente etwa als Manager, Unternehmer, Promoter usw. zur Darstellung bringen und darum für ein Interview interessant sind – man denke an Persönlichkeiten wie »Kaiser« Franz Beckenbauer in seiner Zeit als Spielleiter der deutschen Nationalmannschaft. Doch in der Regel sind Sportler keine besonders geistvollen Kommunikatoren, ihre bonmots sind meist nicht gewollt, ihre komischen Antworten unfreiwillig.

Vor allem Fernseh-Sportsendungen führen immer mal wieder ungewollt vor Augen, daß die meisten Sportler-Stars heillos überfordert sind, wenn sie vor laufenden Kameras über die Gründe ihres Siegs oder Niederlage Rede und Antwort stehen sollen – und nur sagen können, was schon alle wissen.

Den Fehler begehen denn auch nicht die Sportler, deren Sponsoren und Agenten Medienauftritte verlangen, sondern die Journalisten, die mit den Sportlern Experten-Interviews abziehen. Die Interview-Tragödien mit den Tennis-Stars Boris Becker und Steffi Graf Ende der 80er Jahre (»ja, im dritten Satz war ich weniger konzentriert... jaja, der Aufschlag kam dann nach dem Break besser...«) sind auffällige Belege.

Helden-Interviews sind nicht als Expertengeschwätz interessant, sondern durch die Verschränkung von Denken, Empfinden und Handeln, etwa wenn verborgene Ängste und Wünsche im Verlauf einer riskanten Unternehmung zur Sprache gebracht werden.

Steffi Graf über den dritten Satzball zu hören ist langweilig. Ihr Verdruß über die Medienmeute jedoch, die ihren wegen eines Freudenmädchens in die Schlagzeilen geratenen Vaters verfolgt – und so die Abhängigkeit dieser Beziehung ausleuchtet: Ein solches Interviewthema ist interessant. Oder Reinhold Messmers Marsch zum Südpol ist als heldische Tat allein kein Interviewstoff; spannend aber ist der Bericht über die Exkursion wegen des allzumenschlichen Streits, der zwischen Messmer und Arved Fuchs ausbrach.

Das Vordergrundthema sind Erlebnisse und Geschichten des Helden. Das Hintergrundthema indessen lautet: Die Sucht nach Großartigkeit auf der einen, die Gewöhnlichkeit und Vergänglichkeit auf der anderen Seite des Lebens.

2.9 Menschen wie Du und ich

Funktion: In der Anlage dem Personenporträt ähnlich (siehe Prominente, Helden), liegt die Hauptfunktion des Interviews in der identifikatorischen Abbildung der Lebenswelt: ein Stück Alltag mit seinen Zwängen, Glückserlebnissen, Hoffnungen und Problemen sind die Themen.

Rolle des Befragten: Das Individuum tritt hinter seine Funktion zurück. Denn das Interview stellt gewöhnliche Zeitgenossen dar, die durch ihre Berufstätigkeit, durch ein ungewöhnliches Ereignis usw. plötzlich bemerkenswert sind – als Objekte der Neugier, aber auch zur Illustrierung eines Vorgangs, eines Ereignisses (Analogie zum Augenzeugen-Interview).

Beispiele: Der letzte Schuster im Stadtteil Südwest schließt seinen Laden und wird Rentner. Der Lokomotivführer des seit der Grenzöffnung ersten Intercity von Hamburg nach Berlin spricht über seine neue Aufgabe.

Diese Beispiele bedeuten: Die Person für sich betrachtet ist für ein öffentliches Gespräch meist zu wenig interessant; in Verbindung mit ihrer

Tätigkeit (Rolle) und dem damit verbundenen Thema gewinnt sie indessen unser Interesse und das Interview sein Profil.

Besonderheiten und Probleme: Die Menschen-wie-Du-und-ich-Gespräche haben meist nicht den Zweck, ein aufregendes Ereignis aus der Sicht des Beteiligten nachzuzeichnen, wie es das Augenzeugen-Interview leisten soll. Darum ist nicht die Prägnanz der Aussagen wichtig, sondern die Atmosphäre und der Erlebniszusammenhang. Die Erfahrung lehrt, daß solche Stimmungsbilder oder auch Erfahrungsberichte mit einem geformten Interview (Frage-Antwort-Spiel) nur sehr schwer zu vermitteln sind, da viele Menschen in ihrer sprachlichen Artikulation nicht genügend geschult und oft auch unsicher sind, um das eigene Empfinden, ihr Anliegen oder ihre Erfahrungen hinreichend klar in Worte zu fassen. Es empfiehlt sich deshalb, das Interview als Materialbeschaffung einzusetzen, um dann die Aussagen mit den eigenen Beobachtungen zu verknüpfen und ein erzähltes Interview mit Reportageelementen zu schreiben.

Insbesondere die Lokalradios laufen Gefahr, mit dieser Interviewart bei vielen ihrer Hörer den Eindruck der Belanglosigkeit zu erwecken. Die von Carmen Thomas entwickelte Sendeform »Hallo-Ü-Wagen« hat dieses Problem nur mit einem großen zeitlichen und apparativen Aufwand lösen können: Vor Beginn der Übertragung bauen die Journalisten zwischen sich und dem Publikum eine lockere Gesprächsatmosphäre auf; während der Sendung tragen sie Sorge, daß stets mehrere Leute fast in der Art einer Selbsterfahrungsgruppe ins Gespräch kommen und sich verbal stützen. Folglich übernehmen die Journalisten die Rolle von Moderatoren. Damit hat Carmen Thomas eine bedeutsame soziale Funktion des lokalen Rundfunks kultiviert und aus den Dialogformen eine eigenständige journalistische Kommunikationstechnik entwickelt, die man indessen nicht »Interview« nennen sollte.

3. Die Präsentation: Welche Form ist angemessen?

Das im Dialog mit dem Interviewpartner gewonnene Material kann auf unterschiedliche Weise in ein publizistisches Produkt umgesetzt werden. Es gibt Interviews, deren Ertrag allein in der Bekanntgabe einiger Daten und Fakten liegt: Soll man, um diese mitzuteilen, tatsächlich die raumgreifende Form des Frage-Antwort-Spiels benutzen? Und es gibt andererseits auch Interviews, die nur wegen des persönlichen Eindrucks bemerkenswert sind, die der Journalist von seinem Interviewpartner gewonnen hat: Wie soll man diesen Eindruck in ein Frage-Antwort-Schema pressen?

Offenkundig gibt es Situationen, für deren Darstellung eine nachrichtliche Form zu bevorzugen ist, und andere, für die eine betont subjektivierende Darstellungsform eher geeignet ist: Der Journalist wählt die für eine Präsentation des Interviews geeignete Form entsprechend dem gewollten Grad der Subjektivität aus.

Die im folgenden skizzierte Gliederung der Formen ist so angelegt, daß sie für alle drei Medientypen (Printmedien, Hörfunk, Fernsehen) zutrifft. Besonderheiten der redaktionellen Bearbeitung im Bereich der Printmedien sowie der elektronischen Medien werden im 4. und 5. Kapitel dargestellt.

3.1 Bericht mit O-Ton

Angenommen, der Interviewpartner äußert viel Faktenwissen, nennt vor allem Daten und Zahlen und gibt viele Sachverhaltsinformationen – Äußerungen also, die nichts Eigenwilliges über die Sache oder die Person aussagen (mit Ausnahme vielleicht, daß diese Person viel weiß).

Angenommen, der Interviewpartner redet zwar viel, doch überwiegend Nichtssagendes; die Auswertung der Tonaufzeichnung zeigt, daß lediglich zwei oder drei Äußerungen hinreichend interessant sind, um sie im Originalton zu zitieren.

Angenommen, der Interviewpartner spricht über ein Sachgebiet, das ein großer Teil der Leser/Hörer/Seher kaum kennt und versteht – um das Thema und dessen Bedeutung verständlich zu machen, müßte nun der Interviewer seine Fragen um zahlreiche Hinweise und Informationen erweitern.

In jedem dieser drei Fälle empfiehlt es sich, auf die vergleichsweise aufwendige Wiedergabe des Dialogs im Sinne des geformten Interviews zu verzichten: Das gewonnene Material entspricht dem einer Recherchenbefragung. Darum sollte auch die adäquate Umsetzung gewählt und statt des geformten Interviews ein Bericht produziert werden.

Im Unterschied zum (eher analytisch angelegten) Recherchenbericht stehen hier allerdings die Äußerungen der befragten Person im Zentrum. Es handelt sich darum um einen Zitatenbericht (Printmedien) oder einen Radiobericht mit O-Ton: Die wörtlichen Zitate im Pressetext sind die O-Töne im Hörfunk.

Der Aufbau folgt hier wie dort denselben Regeln: Am Anfang steht meist ein Zitat (im Hörfunk für Atmo, im Pressebericht als Auftakt), dem folgen der Kern der Nachricht als Neuigkeit und schließlich die Wiedergabe der Sachverhaltsinformationen sowie der Einschätzungen. Der Journalist verzichtet auf eigene wertende Zusätze.

Für den O-Ton (= Zitate) des Interviewpartners werden dessen Kernsätze ausgewählt und mit An- und Abtexten (= Verknüpfungen) eingebaut. Auswahlkriterien:
→ möglichst pointierende, einprägsame Sachdarstellungen;
→ möglichst plausible, klärende Begründungen;
→ möglichst prägnante Einschätzungen und Meinungen;
→ möglichst originelle, eigenwillige Formulierungen.

Im Hörfunk wie auch im Fernsehen wirkt der O-Ton erheblich einprägsamer als das Zitat im Pressebericht: Der O-Ton hebt die Aussage des Interviewpartners durch dessen andere Stimme besonders heraus; er bietet darum einen gesteigerten Höranreiz. Im Fernsehen wirkt der O-Ton wegen der Bildunterstützung in gesteigertem Maß authentisch. Gerade wegen ihrer hervorhebenden Funktion sollten O-Töne nicht zu häufig eingesetzt werden. Erfahrene Hörfunk-Journalisten sprechen von rund der

Hälfte des Beitrags, die mit O-Tönen bestritten werden dürfe. (Näheres siehe 5. Kapitel; vgl. auch La Roche/Buchholz [3]1986; 27-32).

3.2 Bericht mit Interview-Supplement

Angenommen, der Interviewpartner hat auf ein paar zusammenhängende Fragen mit einigen bemerkenswerten Äußerungen geantwortet, im übrigen aber vor allem trockene Informationen gegeben und Sachverhalte nüchtern referiert.

Angenommen, der Journalist will zu einem Ereignis einen nachrichtlichen Bericht verfassen und spricht noch mit einem der Hauptbeteiligten über dessen Motive oder mit einem Augenzeugen über dessen Erlebnisse.

Angenommen, der Journalist soll über einen komplizierten Vorgang berichten und befragt zum besseren Verständnis einen unabhängigen Experten.

In jedem dieser Fälle ist es ratsam, zwei formal getrennte Produkte zu erstellen: den Bericht und – optisch oder akustisch getrennt – ein kurzes Frage-Antwort-Interview als Supplement (Beiwerk). Bei dieser Verfahrensweise kann das Geschehnis nachrichtlich, mithin als Sachbericht abgehandelt werden; den besonderen Aspekt, die Deutung oder die wertende Einschätzung liefert das Interview, das nun seinerseits von dem belastenden Transport informierender Daten und Fakten befreit ist.

Im Fernsehen entwickelte Ende der 80er Jahre Hans-Joachim Friedrichs, damals Chefredakteur der ARD-»Tagesthemen«, diese Form: Zu einem aktuellen Ereignis, über das in den »Tagesthemen« zunächst nachrichtlich berichtet wird, befragt der Redakteur während einiger Minuten eine Person als Studiogast in der Rolle des Experten, als Augenzeuge, als Hauptperson oder des deutenden Politiker.

Ein ähnliches Muster verwenden auch die Printmedien, die Ereignisberichte mit Kurzinterviews garnieren. Verschiedene Zeitungen haben hierfür vornehmlich im Lokalteil einen Rubriktitel geschaffen (wie zum Beispiel die »HNA« in Kassel mit der Gelegenheitsrubrik »kurz gefragt«). Wenn das Thema

→ für Teile der Bevölkerung (= Leserschaft) folgenreich oder

→ unter den Beteiligten/Betroffenen strittig oder

→ in seiner Bedeutung (Auswirkung) nicht hinreichend geklärt ist, wird zum Bericht ein mit drei bis fünf Fragen eher knapp gehaltenes, meist einspaltig umbrochenes Interview-Supplement hinzugefügt.

Der besondere Reiz dieser Lösung liegt darin, daß die neutrale Sachverhaltsdarstellung mit persönlichen Äußerungen erweitert werden kann. Handlungszusammenhänge werden aufgezeigt, Nutzungsweisen (Service), Deutungen oder auch Wertungen geliefert, die der Leser/Hörer/Seher von der Nachricht getrennt als einen eigenständigen Teil wahrnimmt.

3.3 Das geformte Interview

Angenommen, die Kombination aus Gesprächspartner und Interviewthema erbrachte nicht nur informative, sondern auch originelle Antworten.

Angenommen, der Dialogverlauf macht die Denk- und Argumentationsweise einer bemerkenswerten Person durchsichtig.

Angenommen, die befragte Person gibt im Fortgang des Interviews mit ihren Äußerungen den Blick frei auf verborgene Seiten und Aspekte ihrer Persönlichkeit.

In jedem dieser Fälle ist die Präsentation des Materials als geformtes Interview in der Abfolge von Frage und Antwort angemessen. Mit dieser Form kommt nicht nur die Persönlichkeit des Interviewpartners, sondern auch die subjektive Seite des Journalisten zur Geltung: Wie er das Interview anlegt, wie er fragt, einwendet und nachfragt, wohin er den Gesprächspartner führt und ähnliches mehr wird sichtbar. Wir haben in der Einführung das geformte Interview als eigene Darstellungsform hinreichend vorgestellt.

Diese steht im Mittelpunkt auch der folgenden Kapitel: wie das Interview durchgeführt wird (2. Kapitel), wie es als Presse-Interview bearbeitet (4. Kapitel) und wie es im Rundfunk gestaltet wird (5. Kapitel). Darum sollen diese Angaben hier genügen.

3.4 Das Personenporträt

Angenommen, der Interviewer findet die Antworten der befragten Person eher nichtssagend, ihr Auftreten und ihr Verhalten indessen vielsagend.

Angenommen, der Journalist möchte seinen Gesprächspartner in einem größeren Zusammenhang zeigen: Wie er im Alltag lebt, wie er mit anderen Menschen umgeht, wie er zu seiner Lebensgeschichte steht.

Angenommen, der Journalist möchte seinen eigenen Eindruck vom Interviewpartner deutlich zur Sprache bringen.

Solche und ähnliche Ansprüche übersteigen die Möglichkeiten des geformten Interviews. Es muß eine subjektivere Darstellungsform gesucht werden. Irritation entstünde, wenn der Journalist zum Interview einen bewertenden Kommentar stellte: Die Leser/Hörer/Seher würden sich sogleich fragen, warum er denn die im Kommentar geäußerte Meinung seinem Gesprächspartner nicht vorgelegt hat. Die geeignete Form ist das Personenporträt, eine Darstellung, die sich an der *Reportagetechnik* orientiert.

Im Rundfunk gibt es keine eigene Darstellungsform für das Personenporträt. Der Radiojournalist produziert eine Sendung, die wohl von den einen als Mini-Feature, von anderen als erweiterter O-Ton-Bericht klassifiziert würde. Tatsächlich muß er auf die Techniken des Presse-Reporters zurückgreifen und seine Beobachtungen als eigene Schilderungen vertexten und sprechen. Erfahrene Rundfunk-Journalisten warnen davor, die Beobachtungen zu vertonen und eine O-Ton-Collage zu machen, etwa, indem verschiedene Geräusche (Kaffeegeschirr-Geklappere, Straßenbahn, Stimmengewirr und so weiter) erzeugt und mit O-Ton-Zitaten und der Stimme des Reporters gemischt werden: Die Collage liefert bestenfalls ein Stimmungsbild mit Atmosphäre, aber kein Personenporträt. Es wird darum empfohlen, statt eines Mix einen O-Ton-Bericht zu produzieren.

Ganz anders im Fernsehen: Hier ersetzt die Kamera das beobachtende Auge des Reporters. Sie nimmt aber nicht nur Einzelheiten auf, sondern kann den Interviewpartner in verschiedenen Situationen zeigen, während akustisch das Gespräch im »off« weitergeht: Durch diese Zweispurigkeit und entsprechende Ton-/Bild-Schnitte werden in den Köpfen des fernsehenden Publikums Eindrücke und Assoziationen erzeugt, die das Presse-Porträt nicht hervorzubringen vermag.

4. Beispiele zu einzelnen Interviewformen

Die im folgenden faksimilierten Interviews, die in der Presse des deutschen Sprachraums publiziert worden sind, sollen die in den vorausgegangenen Kapiteln gegebenen Umschreibungen veranschaulichen.

Bei der Auswahl kam es uns weniger auf das Thema als auf die Frageweise, die Rolle des Interviewpartners und auf die Umsetzung an. Die Palette der Beispiele deutet damit auch die Vielfalt an brauchbaren Interviewarten an.

Ursprünglich war vorgesehen, neben Pressetexten auch Radio-Interviews wiederzugeben. Wir haben dann aber davon Abstand genommen, denn die Qualität eines guten (spontan geführten) Live-Interviews läßt sich mit einem transkribierten Text nicht zeigen. Dies war für uns ein weiterer Beleg, daß die dialogische Situation des Interviews ganz anderen Gesetzen folgt als ein Interview-Text.

4.1 Beispiel Prominenten-Kurzinterview

Während zwei Jahren, bis zum Juni 1989, brachte »Der Spiegel« stets in der rechten Spalte seiner »Personalien«-Seite die beim Lesepublikum beliebte Interview-Rubrik »Fragen an«. Auf lediglich rund 30 bis 35 Zeilen wurden im Durchschnitt vier Fragen mit ihren Antworten untergebracht; die Spalte gehörte zu den kürzesten Interview-Rubriken der seriösen deutschen Presse.

Die Idee: Zu einem tagesaktuellen, eher komischen als bedeutsamen Anlaß sollte die betreffende Hauptperson kurz, mit Witz und mit Informationsgewinn befragt werden – gleichsam die Quadratur des Kreises.

Meist wurde erst am Tag des Redaktionsschlusses (Freitag) aus dem eintrudelnden Personality-Agenturmaterial ein skurriles Ereignis oder eine merkwürdige Äußerung herausgepickt, rasch der Urheber ausfindig gemacht

FRAGEN AN

KLAUS BÖLLING, 60. Der gelernte Journalist war, mit Unterbrechung von einem Jahr, von 1974 bis zum Ende der sozialliberalen Koalition 1982 Chef des Bundespresseamtes. Im Gegensatz zum neuen Regierungssprecher Hans („Johnny") Klein hatte Bölling, der zur Zeit Publizistik an der FU Berlin lehrt, nie Ministerrang.

SPIEGEL: Muß es denn unbedingt ein Minister sein?

BÖLLING: Sicher nicht, wir hatten schon mal einen. Jenen, mit dem der Kanzler Gorbatschow verglichen hat.

SPIEGEL: Wie muß Regierungsarbeit verkauft werden?

BÖLLING: Auch wenn es schrecklich einfältig klingt. Sie muß nicht verkauft, sondern sie muß gedeutet und dem Bürger begreiflich gemacht werden.

SPIEGEL: Was kann Johnny Klein besser machen als sein Vorgänger?

BÖLLING: Er hat viel Charme und schnellen Witz. Frage, ob das reicht. An der Schopenhauer-Wahrheit kommt er nicht vorbei, daß eine Regierung schlecht dran ist, die darauf angewiesen ist, daß man gut von ihr redet.

SPIEGEL: Ost geht, schlägt Kohl nicht den Sack und meint den Esel?

BÖLLING: Glaube ich nicht. Kohl opfert einen Freund den Parteifreunden. Das Problem ist nicht das angebliche Verkaufen. Das Problem ist die Substanz der Politik.

SPIEGEL: Was würden Sie tun, wenn Kohl Sie fragen würde?

BÖLLING: Das wäre ein Beweis, daß er aufhören müßte, Kanzler zu sein.

FRAGEN AN

KLAUSJÜRGEN WUSSOW, 59. Der Schauspieler, als Professor Brinkmann der „Schwarzwaldklinik" eine nationale Institution, denkt nach der 70. Folge der jetzt verblichenen ZDF-Serie über ein neues Angebot nach. Falls sich die Mainzer wirklich weigern, die Erfolgsserie aus dem Glottertal fortzusetzen, soll der Fernsehstar künftig einen Veterinär spielen: den Chefarzt eines Pferdehospitals in der neuen ZDF-Serie „Rivalen der Rennbahn".

SPIEGEL: Vom Klinik-Professor zum Pferdedoktor. Wie verkraften Sie den Abstieg?

WUSSOW: Wieso Abstieg? Lieber gesund in der Tierarztpraxis als krank im Großklinikum.

SPIEGEL: Lieben Sie Tiere?

WUSSOW: Alle – außer Presse-Enten. Und auch mit wildgewordenen Bambis habe ich so meine Probleme . . .

SPIEGEL: Haben Sie denn Pferdeverstand?

WUSSOW: Wohl nie „Kurier der Kaiserin" gesehen?

SPIEGEL: Das Serien-Pferd „Samurai" gehörte dem früheren Bundespräsidenten Walter Scheel – ein Konkurrent in der Publikumsgunst?

WUSSOW: Ganz bestimmt – ich tanze nicht auf allen Hochzeiten. Aber vielleicht kann ich besser reiten als Herr Scheel singen?

SPIEGEL: Demnach liegt auch für Sie das Glück der Erde auf dem Rücken der Pferde?

WUSSOW: Zu meinem Glück muß niemand auf dem Rücken liegen.

INTERVIEW

Lebenshilfe

Göttliches Licht

Der Hamburger Wahrsager Dietmar Bittrich, 43, über sein „Gummibärchen-Orakel", das jetzt als Buch im Bielefelder Pendragon-Verlag erschienen ist

SPIEGEL: Sie wollen Ihren Lesern wohl einen Bären aufbinden?

Bittrich: Man kann jedes Orakel ernst nehmen, muß es aber nicht. Eine Leserin hat aufgrund meines Gummibärchen-Orakels schon eine lebenswendende Entscheidung getroffen: Sie verließ ihren Mann.

SPIEGEL: Wie sollen ausgerechnet Gummibärchen etwas über die Zukunft eines Menschen aussagen?

Bittrich: Ganz einfach: Man zieht mit verschlossenen Augen fünf Gummibärchen aus der Tüte. Daraus ergibt sich eine bestimmte Farb- und Zahlenkombination. Nach klassischer Tradition bedeuten gerade Zahlen Stagnation, ungerade verheißen Bewegung. Die Farbe Rot wiederum stand schon immer für Liebe oder Aggression. Weiß ist die Farbe des Geistes. Das sieht man gut am durchsichtigen Weiß des Gummibärchens: Das göttliche Licht durchscheint den Geist der Gelatine.

S. HARTZ

Bittrich

SPIEGEL: Sehr skurril. Aber immerhin sind die Bärchen schon altersweise. 1997 werden sie 75 Jahre alt. Was prophezeien die Tierchen in ihrem Jubeljahr denn dem Kanzler Kohl?

Bittrich: Das weiß ich erst, wenn ich fünf Bärchen aus der Tüte gezogen habe.

SPIEGEL: Dann tun Sie das.

Bittrich: Ich schließe die Augen und nehme die linke Hand. Die ist der Intuition förderlich. Aha. Zwei rote, zwei weiße, ein grünes. Das grüne zeigt, daß Herr Kohl bei allem Ärger Selbstvertrauen behält. Aber er muß im kommenden Jahr mit unterdrückten Aggressionen kämpfen, das zeigen die beiden roten Bärchen. Die zwei weißen sprechen dafür, daß er vor lauter Selbstvertrauen den Realitätssinn verliert.

und telefonisch angefragt. Wegen ihrer Popularität drängten viele Prominente darauf, in diese Spalte aufgenommen zu werden; die Redaktion ging indessen auf solche Wünsche nie ein, Prominenz war nicht das ausschlaggebende Kriterium. Der tagesaktuelle Anlaß lieferte den Gegenstand der Fragen, eine vertiefende Vorbereitung entfiel. Fragen und Antworten – das Wortprokotoll war natürlich um ein Vielfaches umfänglicher als der zur Verfügung stehende Platz – wurden von der Redaktion eingedampft, auf die mit der Einstiegs- und der Schlußfrage angestrebte Pointe zugespitzt und sprachlich durchgefeilt. Der befragten Person wurde dann die zum Druck bestimmte Fassung am Telefon vorgelesen und nur die autorisierte Version publiziert. Nach Meinung der Chefredaktion lasen sich diese Kurzinterviews zusehens verkrampft, sie wirkten oftmals getextet, mitunter auch ausgedacht. Der Inhalt habe sich verflüchtigt, der Gag der Formulierung sei mehr und mehr in den Vordergrund getreten, urteilte Erich Böhme im Frühsommer 1989. Auch war der Anzeigenabteilung das Interview ein Dorn im Auge, weil diese rechte Spalte zu den begehrten Anzeigenplätzen gehörte.

Das mit Klaus Bölling wiedergebene Interview (Heft 16/1989) läßt erkennen, wie auf 37 Zeilen Witz, Urteilskraft und »personality« verknüpft werden können; das zweite Interview mit Klausjürgen Wussow (Heft 15/1989) ist ein Beleg für die von der Chefredaktion kritisierte hohle Wortklingelei.

Seit 1995 bietet der »Spiegel« in seinen verschiedenen Rubriken immer mal wieder Prominenten-Kurzinterviews, die an jene kurze Tradition anknüpfen. Beispiel: Vier Fragen an den Wahrsager Bittrich auf der »Szene«-Seite in Heft 1/1997; der Text wurde nach dem oben beschriebenen Verfahren erstellt. Auch dieser Fall zeigt, daß sich bei solchen Mini-Interviews Unterhaltungs- und Informationswert ausschließen.

4.2 Beispiel Künstler/Denker/Dichter

Eine geistreiche und/oder prominente Persönlichkeit zu einem aktuellen Thema zu befragen, stellt ein weit verbreitetes Interview-Schema dar: Die Person soll, indem sie ihre Ansichten und Einschätzungen zu einzelnen Aspekten des Themas äußert, möglichst viel von und über sich sagen. Leider ist dieses Schema vor allem durch die auf Prominenz angewiesenen Fernseh-Talkshows ziemlich verbraucht worden. (Forts. Seite 179)

Man stirbt. Und plötzlich blickt man zum Mond.

ZEIT-Gespräch mit Friedrich Dürrenmatt / Von Michael Haller

Wie gefällt Ihnen, Herr Dürrenmatt, das aktuelle weltpolitische Theater?

FRIEDRICH DÜRRENMATT: Ich finde es zusehends grotesk und immer unberechenbarer. Zum Beispiel Michail Gorbatschow: Vor kurzem noch sah Reagan in ihm den Diktator über das „Reich des Bösen". Inzwischen ist er Friedensnobelpreisträger. Zur gleichen Zeit aber geht es seinen Landsleuten so schlecht wie seit sechzig Jahren nicht mehr. Grotesk, daß die kommunistische Partei, die doch die Weltrevolution feiern wollte, ganz ohne äußeren Feind auseinanderfällt. Bizarr ist aber auch die Lage der USA, die sich mit dem Wettrüsten so hoch verschuldet haben, daß die amerikanische Politik inzwischen von ausländischen Banken abhängig ist. So wird das außenpolitische Geschäft immer unberechenbarer. Niemand wagt heute, im Dezember 1990, eine verläßliche Prognose, ob in sechs Wochen am Golf Krieg oder Frieden sein wird.

Man könnte meinen, die Realität wolle ein Stück von Dürrenmatt inszenieren, der unsere Welt am liebsten als ein Irrenhaus zeigt, 1962 in den „Physikern" und 1988 in seinem letzten Stück, „Achterloo". Die Hauptpersonen der Weltpolitik reden anders, als sie denken, und sie denken anders, als sie handeln – ähnlich grotesk wir Ihre erfundenen Figuren.

DÜRRENMATT: Oder noch grotesker. Mitunter habe ich den Eindruck, die Welt spiele ein noch viel verrückteres Theater. Die Atomwaffen in den Händen unberechenbarer Drittwelt-Potentaten oder die durch die Technik in Gang gesetzte Zerstörung unserer natürlichen Umwelt: Diese Prozesse sind absurd, weil die Menschen sie gerne aufhalten möchten, sie in Tat und Wahrheit aber beschleunigen. Das real existierende Welttheater hat mit seinen Paradoxien mein Bühnentheater weit überholt. Ich bin froh, daß ich vor vier Jahren beschlossen habe, kein Bühnenstück mehr zu schreiben, denn die Perspektive der Menschheit ist wahrhaft apokalyptisch.

Es gibt aber auch Zeichen der Hoffnung. In Mittel- und Westeuropa immerhin scheint sich die politische Lage derzeit zu stabilisieren. In dieser Region hat die militärische Bedrohung und damit die Unberechenbarkeit abgenommen.

DÜRRENMATT: Sind Sie sicher? Das wachsende Wohlstandsgefälle von West nach Ost wirkt sich doch eher destabilisierend aus. Wir erwarten eine gigantische Völkerwanderung aus dem Osten in Richtung Westen. Glauben Sie, die Tschechen, die Polen und die Deutschen werden das Millionenheer der Notleidenden aus der Sowjetunion einfach bei sich aufnehmen? Der Flüchtlingsstrom wird ungeahnte, unvorhersehbare Folgen haben. Wir wissen nicht, was geschehen wird, wenn die westliche Wirtschaft ihre nächste Konjunkturkrise durchmachen wird. Die Welt des 20. Jahrhunderts ist unberechenbar und unplanbar geworden. Wer zum Beispiel hat schon am Ende des Zweiten Weltkriegs prophezeit, daß die beiden Kriegsverlierer Japan und Deutschland vierzig Jahre später Wirtschaftssupermächte sein werden, die dem hochverschuldeten Amerika überlegen sind?

Wird das neue große Deutschland etwa auch unberechenbarer? In Ihrem autobiographisch angelegten Buch „Labyrinth" haben Sie vor zehn Jahren Hitlers Großdeutschland mit einer Supernova verglichen, einer explodierenden Super-Sonne, die alle ihre Planeten verbrennt, ehe sie in sich zusammensackt und wie ein Riesen-Schrotthaufen ausglüht. Fürchten Sie als Schweizer abermals eine Supernova, die Ihr Land verbrennen könnte?

DÜRRENMATT: Ich gebrauchte das Bild der Supernova für das damalige Japan und für das Großdeutschland der Nazis. Beide hatten gewisse Ähnlichkeiten, so zum Beispiel die Ideologie der Herrenrasse, der Wunsch nach Ausdehnung und der Traum der Autarkie. Und beide waren fest entschlossen, sich mit militärischen Mitteln gegen ihre Nachbarn auszudehnen. Diese Gefahr kann ich heute in Europa und Japan nicht erkennen. Und die militärische Bedrohung hat sich zum Nord-Süd-Konflikt verschoben.

Die dominierende Wirtschaftskraft des neuen Deutschlands ängstigt verschiedene Nachbarn: Aus dem einstigen Kriegs- ist ein Wirtschaftstheater geworden.

DÜRRENMATT: Ja, da können wir kleinen Schweizer nur staunen: Westdeutschland hat sich seine Ostgebiete regelrecht erkauft. Groteskerweise mußte die UdSSR ihr einstiges Renommierstück, die sozialistische DDR, gegen fünfzehn oder sechzehn Milliarden Mark verkaufen. Darin kann man eine neue Form der Kriegsführung sehen: Westdeutschland hätte den militärischen Krieg gar nicht nötig, denn der Bundeskanzler zückt einfach sein Scheckbuch. Vielleicht greifen die deutschen Politiker eines Tages auch in Warschau zum Scheckbuch und kaufen sich die ehemals deutschen Gebiete Polens.

Der Schriftsteller Dürrenmatt kommt in Fahrt, das aktuelle Welttheater beflügelt seine dramaturgischen Phantasien, von denen wir nicht wissen, ob und wann auch sie von den Realitäten eingeholt werden.

DÜRRENMATT: Doch, ich sehe die alte Welt in einem erbittert geführten Wirtschaftskrieg, in der Mitte der Bühne stehen die Westeuropäer, Wortführer sind jetzt die Deutschen, und beraten den nächsten strategischen Zug im Wirtschaftskrieg gegen Amerika und Japan. Zur selben Zeit schimpfen auf der linken Bühnenseite die Politiker in Washington über ihre Wirtschaftsbosse, deren Taschen prall gefüllt sind mit den Gewinnen, die sie hätten wieder investieren sollen; dadurch haben sie die US-Wirtschaft so geschwächt, daß jetzt auf der rechten Bühnenseite die Japaner voll in die Offensive gehen. Alle sputen sich, den Krieg zu gewinnen, denn niemand weiß, wie lange es geht, bis auch Osteuropa in die Konsumgüterproduktion einsteigt und die Fronten durcheinanderbringt. Sicher ist: Dieses Bühnenstück läuft chaotisch ab.

Protzen die Deutschen auf der Weltbühne nur mit ihrer Wirtschaftskraft? Ist die Deutschtümelei vergangener Zeiten endgültig überwunden?

DÜRRENMATT: Ich bin mir nicht so sicher. Wir Schweizer reagieren da vielleicht besonders sensibel, aber mir scheint, viele Deutsche geben sich auf eine merkwürdige Weise zunehmend nationalistisch. Zum Beispiel das Riesentheater, das alle vier Jahre als Fußballweltmeisterschaft gespielt wird: Sport ist heute das wichtigste Vehikel, um so etwas wie nationales Bewußtsein zu wecken. Und der Nationalsport nimmt in den deutschen Medien einen erschreckend bedeutsamen Platz ein. Ich mache keinen Hehl daraus, daß mir die alte Ordnung mit den beiden Deutschlands wesentlich besser gefiel. Natürlich hatten die Ostdeutschen in der DDR ein demokratisches System verdient. Ich habe aber nicht verstanden, warum nun unbedingt politisch zusammenwachsen soll, was geschichtlich zusammengehört. Ich habe immer einen Vorteil darin gesehen, daß der deutsche Sprachraum aus vielen verschiedenen Staaten zusammengesetzt ist. Die kleinen Volksbühnen der Vielstaaterei gehören in Wahrheit zur deutschen Tradition, nicht der Einheitsstaat. Ich fürchte, die riesengroße Bühne des neuen deutschen Einheitsstaats könnte so manchen Politikdarsteller zu imposanten oder tragischen Posen verleiten. Die Grenzenlosigkeit war immer eine Neigung der Deutschen. Doch wenn sie ihre Grenzen nicht spüren, spielen sie schlechtes Theater.

Die Schweiz feiert das 700. Jahr ihres Bestehens: Mit vielen Veranstaltungen soll das 1991 über die Bühne gehen. Wieso braucht ein Kleinstaat, der Politik stets nur als Dienstleistung verstand, solch ein nationalistisch intoniertes Theater?

DÜRRENMATT: Die Inszenierung dieser sogenannten 700-Jahr-Feier gerät deshalb zur Groteske, weil die Schweiz in einer tiefen Identitätskrise steckt: Die Schweiz ist nicht mehr das, was sie war, und auch nicht das, für was die Schweizer sie halten.

Sie haben Ende November in einer Rede zu Ehren des tschechoslowakischen Staatsgastes Václav Havel ausgerechnet die Schweiz mit einem Gefängnis verglichen, in dem die Schweizer als Gefangene freiwillig lebten. Wie meinen Sie das?

DÜRRENMATT: Ich sagte, Havel habe als Schriftsteller bittere Grotesken geschrieben über den früheren sozialistischen Alltag in der Tschechoslowakei. Man könne aber auch die blühende Schweiz als Groteske darstellen. Die Schweizer gäben sich nämlich eingeschlossen, als säßen sie in einem Gefängnis, in das sie hineingeflüchtet seien aus Angst, draußen überfallen zu werden. Um sich nun zu beweisen, daß sie freiwillig in ihrem Gefängnis säßen, habe jeder Schweizer auch noch die Rolle des Gefangenenwärters übernommen: In der Schweiz bewacht jeder sich selbst. Nehmen Sie den jüngsten Skandal, die sogenannte Fichen-Affäre: Ausgerechnet in dem Land, das von sich behauptet, die älteste Demokratie zu sein; in dem Land, das die direkte Beteiligung des Volkes an der politischen Macht eingeführt hat; das Land, das jede fremde Vormacht frühzeitig abgeschafft und das Milizwesen eingeführt hat: Ausgerechnet in der Schweiz hat die politische Polizei während Jahrzehnten ein gigantisches Geheimarchiv angelegt, in dem weit mehr als eine Viertelmillion Schweizer Bürger registriert wurden, und dies bei nur rund 6,5 Millionen Einwohnern. Dies bedeutete eine ähnlich flächendeckende Überwachung, wie es die Stasi im totalitären Einheitsstaat der DDR besorgte, nur mit dem vielleicht beruhigenden Unterschied, daß die Schweizer Schnüffler viel dilettantischer arbeiteten. Dieser Skandal kam im Zusammenhang mit einem anderen Skandal zum Vorschein, der Kopp-Affäre: Eine Bundesrätin nutzte ihre Stellung als Justizministerin, um ihren in eine dunkle Geldschieber-Affäre verwickelten Ehemann zu warnen. Auch diese Affäre widerspricht radikal dem Selbstbildnis der Schweizer, die sich gern als einen Hort der politischen Tugend mißverstehen. Zum ersten Mal begreifen viele Schweizer, daß auch ihr Staat Macht entfalten und gegen die eigenen Bürger einsetzen kann, ohne einen äußeren Grund zu haben. Denn das Groteske ist auch darin zu sehen, daß die SED von der Mehrheit des Volkes abgelehnt wurde, also Grund zum Bespitzeln hatte, während die Schweizer zu ihrem Staat absolut loyal standen.

Welche nationalen Werte feiert die Schweiz an ihrem 700. Geburtstag?

DÜRRENMATT: Die Schweiz weiß nicht genau, was sie feiern soll. In Tat und Wahrheit ist ja der moderne Staat, um den es heute geht, aus einer Niederlage heraus entstanden. Er ist Napoleon zu verdanken, einem Ausländer und Eroberer. Aber darüber reden die Schweizer nicht so gern wie über den ziemlich frei erfundenen Wilhelm-Tell-Mythos, der 700 Jahre alt sein soll. Um das Problem der Identitätskrise zu verstehen, ist wichtig zu wissen, daß die Schweiz nie eine Nation war, sondern immer ein künstlicher Staat. Er entstand in der Folge schwerer religiöser Auseinandersetzungen: In Genf hatten sich die Calvinisten durchgesetzt, die nicht nach Frankreich wollten. In Zürich waren es die ähnlich stur denkenden Zwinglianer. Dazwischen die erzkatholische Innerschweiz. Nicht von ungefähr zerfleischten sich die Schweizer immer aufs neue in grausamen Religionskriegen. Überhaupt, sie waren nie das friedliebende Volk, als das sie sich heute sehen. Als sie mit den Religionskriegen aufhörten, kämpften sie als Landsknechte auf Europas Schlachtfeldern voll Enthusiasmus weiter. Unvergessen ist die Schweizergarde Ludwig XVI., die sich für den König aufopferte, statt auf der Seite des revoltierenden Volkes für die Demokratie zu kämpfen. Unglaubhaft ist auch der Mythos, die älteste Demokratie zu sein. In Wahrheit führten viele Städte – allen voran Bern – während Jahrhunderten ein grausames Ausbeuterregime über ihre Ländereien. Bauernaufstände wurden blutig niedergeschlagen, Hungersnöte mit Zynismus quittiert. Die Schweizer Bürger sind tatsächlich stolz darauf, nie zu einer Nation verschmolzen zu sein. In der Schweiz blieben ja auch die vier Sprachregionen stets für sich. Die Einwohner geben sich nur gegenüber Ausländern als Schweizer, gegenüber andern Schweizern sind sie überzeugte Lokalpatrioten: Talschaft gegen Talschaft, Stadt gegen Stadt, Kanton gegen Kanton.

Sie stammen aus dem Dorf Konolfingen im Emmental, das zum Kanton Bern gehört. Seit vierzig Jahren leben Sie in der französischen Schweiz, in Neuchâtel. Als was fühlen Sie sich?

DÜRRENMATT: Ich spreche seit Kindesbeinen Berndeutsch, in der Mundart des Emmental. Natürlich schreibe ich in Hochdeutsch. Ich fühle mich der deutschsprachigen Kultur zugehörig, nicht irgendeiner schweizerischen.

Was verbindet Sie mit der Schweiz?

DÜRRENMATT: Ich habe keine emotionale Beziehung zur Schweiz. Ich habe aber auch nichts gegen sie. Die Schweiz ist praktisch und zweckmäßig – und ein wenig langweilig. Es gibt das treffende Bonmot: Es ist schön, als Schweizer geboren zu werden; es ist schön, als Schweizer zu sterben. Doch was macht man in der Zwischenzeit? Meine Antwort lautet gut schweizerisch: Ich vertue diese Zwischenzeit mit Arbeiten.

Viele Schweizer Schriftsteller protestierten jetzt gegen die offiziellen 700-Jahr-Feiern. Sie aber hielten und halten sich abseits. Warum?

DÜRRENMATT: Diese engagierten Schriftsteller sehen ihr Hauptproblem darin, Schweizer zu sein. Ich hatte damit nie Probleme, denn ich habe mir aus dem Gebilde „Schweiz" nie etwas gemacht.

Warum war und ist diese Krise für Sie kein literarisches Thema?

DÜRRENMATT: Mich interessierten schon immer die globalen Probleme des Menschseins. Der Mensch ist nun mal der Faktor, der nie ganz aufgeht. Mir ist gleichgültig, ob ich Deutscher oder Schweizer bin, ich folge einem philosophischen Blickwinkel. Mein Engagement gilt der Aufklärung. Ich möchte, daß die Menschen sich aus ihrer selbstverschuldeten Unmündigkeit befreien, indem sie denken.

Gesamtdeutsche Gefühle hier, altschweizerische Festivitäten dort: Im deutschen Kulturraum will man derzeit nicht aufklären, man möchte lieber verklären. Auch dies ein Zeichen der Krise?

DÜRRENMATT: Tatsächlich haben die Menschen derzeit Mühe, ihrem Denken zu vertrauen. Das Wissen über den Zustand der Welt ist ja auch schwer zu ertragen. Darum glauben sie lieber: die einen an dieses, die andern an jenes.

Glauben Sie an einen Sinn des Lebens?

DÜRRENMATT: Insoweit, als die Sinnfrage nur von Menschen für Menschen gestellt werden kann. Über die Menschen hinaus gibt es keinen Sinn. Der Kosmos ist sinnlos. Doch unter den Menschen macht es Sinn, in Frieden zusammenzuleben. Diese Einsicht nenne ich praktische Vernunft.

Ihre erdichteten Figuren handeln nach Motiven, die keinen tieferen Sinn ergeben als diesen, daß am Ende jeder Sinnversuch sinnlos sei. Es hat den Anschein, als sei der wahre Gott allein der Dichter: Sie lassen im „Durcheinandertal" den dubiosen „lieben Gott", der keinen Bart trägt, auf die Menschen los – um zu zeigen, daß er nichts anderes ist als eine Phantasmagorie. Gewinnt das Sinnlose auf diesem Wege höheren Sinn?

DÜRRENMATT: Natürlich. Meine Freiheit als Künstler besteht ja darin, daß ich mit dieser Welt spielen kann. Auch das „Durcheinandertal" mit dieser komischen Gottgestalt ist Welttheater. Ich bin ein Antimetaphysiker. Ich will zeigen, daß wir je länger, desto weniger mit dem Glauben, der sich als Wissen aufspielt, das Überleben der Menschheit meistern können.

Sie beschreiben in Ihren Werken den Weg der Menschheit in den Farben der Apokalypse: Der Tod steht uns vor Augen. Vielleicht ist es die Angst vor dem Tod, die das Leben zur Groteske macht?

DÜRRENMATT: Die Furcht vor dem Tod ist in die Menschen hineingeboren. Diese Furcht hat sie ungeheuer gelähmt. Zur Beruhigung haben sie vor ein paar Jahrtausenden dann das Jenseits erfunden und die Kultur als eine Schutzmacht gegen den Tod entfaltet.

Sie nennen sich Atheist. Ist für Sie die Frage nach dem, was nach dem Ende Ihres Lebens kommt, gelöst?

DÜRRENMATT: Für mich nicht bewältigt ist das Sterben. Aber der Tod ist für mich kein Problem mehr.

Was bedeutet er Ihnen? Ist er das Nichts?

DÜRRENMATT: Vielleicht. Aber ich kann mir ebensogut auch vorstellen, daß man immer ist. Schopenhauer umschrieb diesen Gedanken sinngemäß so, daß das Bewußtsein der Menschheit wie ein Meer sei, zu dem das individuelle Bewußtsein eine Welle darstelle. Das umfassende Bewußtsein wird bestehen, solange es die Menschheit gibt. Und ich kann mir denken, daß man nach dem Tod zu einer anderen, neuen Welle wird in diesem Bewußtseinsmeer.

Stellen Sie sich diesen Wandel, durch den Sie zu einer neuen Welle werden, als Reinkarnation vor?

DÜRRENMATT: Ich sehe ganz unmetaphysisch. Natürlich ist das Bewußtsein an den Leib gebunden, aber es entstehen ja immer neue Körper, die das Bewußtsein als Wellen weitertragen. Ich meine damit aber keinesfalls eine Seelenwanderung der Individuen.

Stellen Sie sich Ihren Tod wie ein Sich-Auflösen in diesem allgemeinen Bewußtsein vor?

DÜRRENMATT: Warum nicht? Wenn man stirbt, sieht man sich sterben. Und plötzlich blickt man vielleicht zum Mond – oder sitzt vielleicht schon dort und findet die Erde gar nicht mehr interessant. Sie kommt einem dann so blöde vor, daß man nichts mehr mit ihr zu tun haben will. Darüber habe ich schon als Bub mit meinem Vater diskutiert. Ich fragte ihn: Wieso findest du das Nichts so gräßlich? Er antwortete: Es ist das Schlimmste, was man denken kann. Ja, und wie stellst du dir den Himmel vor? fragte ich weiter. Er antwortete: ein ewiges Jubilieren! Mein Vater hatte immer Angst vor dem Tod. Und das hat mich sehr gewundert. Es ist auch literarisch notwendig, daß der Mensch stirbt. Dies ist der Dichtung bester Schluß.

Aufnahme: Philip Keel

Friedrich Dürrenmatt
5. Januar 1921 – 14. Dezember 1990

Unser Beispiel zeigt, daß gleichwohl Interviews dieses Typs gelingen, wenn der Anlaß attraktiv und die Kombination Thema/Person adäquat gewählt sind. Friedrich Dürrenmatt, der in seinen letzten Lebensjahren vor der Öffentlichkeit zurückgezogen lebte, bot zum Jahreswechsel 1990/91 einen einmaligen Anlaß zu einem Gespräch: Im Januar 1991 sollte er siebzig und sein Heimatland, die Schweiz, siebenhundert Jahre alt werden. Zu diesem spektakulären, aber vordergründigen Thema gab es auch eine hintergründigere Parallele: Wie die Schweiz gegenüber Europa, so war auch der Dramatiker Dürrenmatt gegenüber der deutschsprachigen Theaterkultur in eine Art Identitätskrise geraten. Beide Ebenen anzusprechen und mit den aktuellen Politik-Ereignissen zu verknüpfen, waren Thema und Ziel des verschränkt angelegten Interviews.

Das in Neuchâtel in Dürrenmatts Haus verabredete Gespräch zog sich über viele Stunden hin; es wurde in Schweizer Mundart geführt. Die vom Interviewer transkribierte und verdichtete Fassung folgt dem Frageablauf, doch sprachlich mußte sie in die Begriffe und Syntax der hochdeutschen Schriftsprache übertragen werden (was indessen Dürrematts typischen Duktus der Berndeutschen Mundart zerstörte).

Die Tragik jener Gesprächssituation besteht darin, daß Dürrenmatt zehn Tage später an Herzversagen starb. Der Interviewer legte den zum Druck bestimmten Text Dürrenmatts Witwe Charlotte Kerr, eine intime Kennerin der Gedankenwelt Dürrenmatts, zur Autorisierung vor. Das Faksimile entspricht dem dem in der »Zeit« am 21. Dezember 1990 publizierten Interview (der Textumbruch wurde abgeändert).

4.3 Beispiel Interview als Test

Das vom Lokalsender »Radio 24« in Zürich herausgegebene und dem Zürcher »Tages-Anzeiger« beigelegte Monatsmagazin »Bonus« (es wurde ursprünglich für die Radio-24-Fans produziert) besitzt gleich auf der ersten redaktionellen Seite eine bei den Lesern beliebte Interview-Rubrik, die von den sonst üblichen Interviewformen dadurch abweicht, daß die Fragen keinen Ablauf bieten, sondern wie bei einem Quiz von Gegenstand zu Gegenstand springen.

Die Idee: Zürcher Prominente – überwiegend der Unterhaltungs- und Medienbranche, die als Viel- und Besserwisser, auch als Moderatoren und Quizmaster im Rampenlicht der Öffentlichkeit stehen – sollen unter Beweis stellen, wie gut sie über jene Dinge Bescheid wissen, für die sich die jungen Leute (= Radio-24-Hörer) interessieren.

Die Fragen werden aus drei Bereichen zusammengestellt: zum einen über Vorgänge, Namen und Personen, die zur Zeit des Interviews bei der Jugend »in« sind, also vornehmlich Schauspieler, Film- und Hitparadentitel; im weiteren ein paar Fragen aus dem Gebiet, für das der Befragte zuständig oder mit dem er gerade beschäftigt ist; und schließlich über aktuelle Geschehnisse aus der Stadt Zürich (von der neuen Szene-Kneipe bis zum schrillen Plakat, das in einer Fußgänger-Passage hängt) – insgesamt Fragen, »deren Antworten vermutlich jeder junge Mensch weiß«, sagt Domenico Blass von der »Bonus«-Redaktion.

Die für das Testinterview auserkorene Person wird telefonisch zum Mitmachen eingeladen. Willigt sie ein, werden die Fragen für sie zusammengestellt, dann am Telefon vorgelesen; die spontan gegebenen Antworten werden ins Schriftdeutsche übertragen, nur leicht redigiert – und publiziert. Die für den Druck bestimmte Fassung wird in der Regel nicht nochmals vorgelegt. Tatsächlich kommt es der Redaktion nur darauf an, ihren jungen Lesern zu zeigen, daß die ganz Großen der Zürcher Szene auf den Gebieten wenig wissen, von denen die Jugendlichen eine große Ahnung haben, egal, ob dies nun wichtige oder belanglose Dinge sind. Und wenn eine Frage nicht beantwortet wird, so bedeutet dieses Nichtwissen eben auch eine Aussage.

»Bonus« eröffnete diese Rubrik mit der Befragung der neun Zürcher Stadträte (= Stadtregierung), von denen nur einer die Beantwortung verweigerte («Bonus« ließ unter dem Namen des betreffenden Magistraten die halbe Druckseite leer). Inzwischen hat sich auch die Regierung des Kantons Zürich mit dem »Bonus«-Interview befaßt: Nachdem ein Regierungsmitglied zum Mitmachen eingeladen worden war, faßte der Regierungsrat den verbindlichen Beschluß, daß keines seiner Mitglieder beim »Trend-Barometer« je mitmachen werde. Das hier wiedergegebene Interview (Heft 10/1990) mit dem populären Fernsehjournalisten Thurnheer macht die Funktionsweise deutlich: Die Fragen sind fast ausnahmslos banal, das Antwortwissen bedeutungslos; doch der Testcharakter des Frage-Antwortspiels demontiert den Allerweltjournalisten vor den Augen der Radio-24-Fans: Sie freuen sich nicht über sein Können, sondern über sein Nichtwissen. Der Weg zur Schadenfreude ist kurz.

IM «TELL-STAR» BEDRÄNGT BENI THURNHEER DIE KANDIDATEN MIT KNIFFLIGEN FRAGEN. JETZT WILL BONUS VOM TV-MODERATOR WISSEN, WAS ER IM FACHGEBIET TREND DRAUF HAT.

WER IST JULIA ROBERTS, BENI THURNHEER?

«BENI NATIONAL» THURNHEER, QUIZMASTER UND SPORTREPORTER

Was ist Corona?
Das ist erstens einmal eine Stumpenreklame und zweitens heisst ein altes Opel-Modell Corona.
Ich denke weder an das eine noch an das andere. Corona ist ein mexikanisches Bier. Teuer, aber fein. Wer ist Matthias Reim?
Verdammt – ich lieb' dich!
Danke. Mit diesem Lied ist der Deutsche momentan in den Charts. Wie heisst der irakische Aussenminister?
Tafir... oder so ähnlich, Tafir und dann noch etwas.
Tarik Asis. Was ist Astra?
Ein Speisefett. Oder ein Astrologenkongress in Zürich. Oder irgendwelche liebe Leute, die einem Hoffnungen machen und Krankheiten vorhersagen. Aber ich bleibe lieber beim Speisefett.
Schon – aber ich meine natürlich den Satelliten mit 16 Kanälen, von dem aus ab 1. Januar 1991 das Klassik-Vollprogramm von «Opus Radio» europaweit ausgestrahlt wird. Urs Rinderknecht?
Läck Du mir! Erste Assoziation ist ein Politiker aus dem linken Spektrum. Könnte aber auch der letzte Chef der aufgelösten POCH gewesen sein, und dann gab's mal einen, der bei der Sulzer Pläne ausspionierte.
Danke für die Auswahl. Er ist Generaldirektor der SBG und hat die letzte Hypozins-Erhöhung verkündet. «New Kids on the Block»?
Das ist eine absolute Super-Pop-Gruppe aus Amerika. Kennzeichen nett und freundlich, Typ «Bursche von nebenan».
Genau. Was ist «Zoo and Friends»?
Eine Country-Gruppe. Nein, danach fragen Sie nicht. Es tönt eher nach Sue Schell.
Beides ist falsch. Eine In-Boutique am Rüdenplatz heisst so.
Ich kenn' mich in Zürich überhaupt nicht aus. Zwei Mal pro Jahr geh' ich in die City. Ich bin halt einer vom Land.
Folglich wissen Sie auch nicht, wieviel ein Langstreckenbillett der VBZ kostet?
Doch, das kann ich ungefähr ausrechnen. Winterthur – Effretikon – Züri – retour kostet acht Franken. Dann werden es etwa drei sein.
Zwei Franken 40. Wer ist Julia Roberts?
Das ist eine Sängerin, aber eine aus dem klassischen Fach. Oder die Uni-Professorin für Umweltfragen.
Weder noch. Sie war neben Richard Gere Hauptdarstellerin in «Pretty Woman». Was ist ein Home-Boy?
Vielleicht ein herkömmlicher Servierboy, ein «Chärreli» mit vier Rädern, auf dem Getränke herumgefahren werden.
Nein. Es ist ein Ausdruck aus der Hip-Hop-Szene und bedeutet «naher Freund». Was ist Boléro?
Ein Musikstück von Ravel. Laut «Blick» lässt es sich mit dieser Hintergrundmusik besser lieben.
Boléro heisst auch eine neue Frauenzeitschrift. Wer ist Salvatore Caputo?
Viktor Giacobbo, wenn er im Tessin auf Tournee ist. Nein, das bin ich nach diesem Interview.
Oder noch richtiger: Er ist Inhaber eines Plattengeschäftes und ein stadtbekannter DJ. ■

Telefon 3 47 00 · Für Anzeigen 35 10 11 · Vertrieb 3 47 31 71

C 3390 A

Hamburger Abendblatt

Donnerstag, 1. November 1990

UNABHÄNGIG · Hamburger Fremdenblatt · ÜBERPARTEILICH

Nr. 256 / 44. W. / 43. Jg. / 0,70 DM

HEUTE

Menschlich gesehen

Ein Gemütsmensch

Im Barmbeker Krankenhaus wird er die Phalanx der tüchtigen jungen Klinik-Chefs erweitern: Prof. Dr. Lutz L a c h e n m a y e r, langjähriger Oberarzt im UKE und seit heute neuer Leitender Arzt der Neurologischen Abteilung im AK Barmbek. Er will engagiert daran mitarbeiten, das Ansehen der Klinik am Rübenkamp und ihre medizinische Kompetenz auszubauen. Dafür bringt er allerbeste Voraussetzungen mit.

Der Schwabe des Jahrgangs 1941, in Göppingen geboren, hat in der weltweit hochgeachteten und sehr traditionsreichen Neurologie des UKE eine exzellente Ausbildung genossen und dort einige Jahre auch rein wissenschaftlich auf dem Gebiet der Neurotransmitter, der Überträgersubstanzen für Nervenimpulse, gearbeitet. Klinisch will er in Barmbek zwei Schwerpunkte setzen: Erkrankungen im Bereich der unwillkürlichen Motorik, insbesondere die Parkinson-Krankheit, und die Diagnostik und Therapie des Schlaganfalls, wo es „brisante neue Entwicklungen" gibt.

Prof. Lachenmayer bringt aber auch noch ein anderes Kapital mit: Er ist ein meistens gelassener Mensch, ein Gemütsmensch, der unangebrachte Aufgeregtheiten nicht mag, obwohl er selbst, wie er es ausdrückt, auch „richtig schwäbisch aufbrausen kann", was Ehefrau und zwei Söhne bestätigen könnten. Aber sein gemütliches und genüßliches Lachen weisen ihn doch eher als einen Lebenskünstler aus, als einen, der alle schönen Dinge, sei es in der Kunst oder in der Natur, gerne in sich aufnimmt.

Nicht schwer zu erraten, daß er auch gerne etwas Gutes ißt, wozu bei ihm schon ein kräftiges Stück Brot mit Butter zu zählen ist. Aber Sport – nein, das bitte nicht: „Ich fühle mich auch so gesund und sehr wohl." co.

Das Ausländer-Urteil

Sie dürfen nicht wählen

„Ich bin enttäuscht. Wenn man 22 Jahre lang hart gearbeitet und mitgewirtschaftet hat, dann wäre so ein Mitbestimmungsrecht schon gut gewesen. Man weiß dann, was und wie man zu wählen hat."

Diamantino Lopes (46), Portugiese, Hafenarbeiter, seit 22 Jahren in Hamburg

„Unmöglich finde ich die Entscheidung. Der Ausländeranteil ist zu hoch, um das Recht auf Mitbestimmung zu verweigern. Ich lebe schon lange genug hier. Ein Wahlrecht wäre angebracht."

Zerrin Tustas (27), Türkin, Studentin der Sprachwissenschaft, seit 20 Jahren in Hamburg

„Alle sollten mitwirken und mitbestimmen können. Auch wir in Südafrika hoffen auf ein generelles Wahlrecht – unabhängig von Staatsangehörigkeit und Hautfarbe."

Mary-Ann Bradford (21), Südafrikanerin, Studentin, seit drei Jahren in Hamburg

„Ich bin Europäer und fühle mich durch die bestehenden Gesetze nicht in meinen Rechten eingeschränkt. So kann mich diese Entscheidung nicht aufregen. Ich warte auf das vereinigte Europa."

Augusto Poma (38), Italiener, Geschäftsführer, mit Unterbrechung mehr als zehn Jahre in Deutschland

Hamburg und Kiel enttäuscht

rup/dpa Hamburg – Heftiges Bedauern bei den SPD-geführten Regierungen von Hamburg und Schleswig-Holstein, freudige Genugtuung dagegen bei der Bundesregierung und den Unionsparteien hat die ablehnende Entscheidung des Bundesverfassungsgerichts zum kommunalen Wahlrecht für Ausländer ausgelöst.

Die Karlsruher Richter erklärten gestern einstimmig die erst im vorigen Jahr in den beiden nördlichen Bundesländern eingeführten Regelungen für mit dem Grundgesetz unvereinbar und damit nichtig.

Gegen die Einführung des Ausländerwahlrechts in Hamburg und Schleswig-Holstein hatten die CDU/CSU-Bundestagsfraktion und die Bayerische Staatsregierung Klage eingereicht. Die Kläger siegten auf der ganzen Linie. Der Zweite Senat des Bundesverfassungsgerichts schloß sich ihrer Argumentation an: „Wahlen, bei denen auch Ausländer wahlberechtigt sind, können demokratische Legitimation nicht vermitteln."

Nach Ansicht der Verfassungsrichter verstößt es gegen den Artikel 28 des Grundgesetzes, wenn Ausländer ihre Stimme abgeben dürfen. Nach der Vorschrift muß das Volk in den Kreisen und Gemeinden eine gewählte Vertretung haben. Unter dem Volk – das ist das entscheidende juristische Argument – sei hier nur das Staatsvolk und damit das deutsche Volk zu verstehen. „Das schließt die Gewährung eines Kommunalwahlrechts an Ausländer aus", heißt es in der Entscheidung.

Die gleiche Schlußfolgerung ergebe sich aus dem Verfassungssatz „Alle Staatsgewalt geht vom Volke aus" (Artikel 20). Mit Volk seien nicht alle der von staatlichen Entscheidungen Betroffenen gemeint, sondern ausschließlich deutsche Staatsangehörige, meinten die obersten Richter der Bundesrepublik. Für alle Gebietskörperschaften in der Bundesrepublik sei die Einheitlichkeit der Legitimationsgrundlage zu gewährleisten. Deshalb sei die Beteiligung von Ausländern auf Bundes-, Landes- wie auf kommunaler Ebene auszuschließen.

Hamburg und Schleswig-Holstein hatten das Ausländerwahlrecht im Februar 1989 in unterschiedlicher Ausgestaltung beschlossen. In Hamburg sollten vom nächsten Jahr an alle Ausländer, die mindestens acht Jahre in der Bundesrepublik leben und eine Aufenthaltsgenehmigung haben, die Zusammensetzung der sieben Bezirksversammlungen mitbestimmen, aber auch selbst als Bezirksabgeordnete gewählt werden können.

Das aktive und passive Wahlrecht hätten, wenn das Bundesverfassungsgericht jetzt anders geurteilt hätte, etwa 90 000 von 190 000 in Hamburg wohnenden Ausländern erhalten. Die SPD hatte bereits ausländische Kandidaten für die Kommunalwahl aufgestellt. „Es ist mehr als bedauerlich, daß sich das unzeitgemäße Denken der Antragsteller beim Bundesverfassungsgericht durchgesetzt hat", sagte Justizsenator Wolfgang Curilla (SPD).

Fortsetzung, Kommentar Seite 2
Weitere Berichte Seiten 2 und 4

Artikel 20

(2) Alle Staatsgewalt geht vom Volke aus. Sie wird vom Volke in Wahlen und Abstimmungen und durch besondere Organe der Gesetzgebung, der vollziehenden Gewalt und der Rechtsprechung ausgeübt.

Ausländer in der Bundesrepublik

Ausländer insgesamt 4,846 Millionen

Davon

Türken	1,613 Millionen	Polen	220 000
Jugoslawen	610 000	Österreicher	171 000
Italiener	520 000	Spanier	127 000
Griechen	294 000	Niederländer	101 000

Benzinpreise klettern überall

dpa/vwd **Hamburg** – Nach der Shell AG haben jetzt auch Esso, BP und Aral die Preise für Benzin um vier Pfennig und für Diesel um fünf Pfennig je Liter erhöht. Als Grund werden die gestiegenen Produktenpreise in Rotterdam genannt. Die Rohölpreise bröckelten leicht ab. In London wurden gestern für die Nordsee-Ölsorte Brent Notierungen von 34,15 Dollar (vorher 34,65 Dollar) je Barrel (159 Liter) genannt.

Bahnfahren wird teurer

ADN **Bonn** – Ab 1. Januar 1991 wird die Bahnfahrt um durchschnittlich 2,5 Prozent teurer. Das teilte die Zentrale der Deutschen Bundesbahn gestern mit. Von Preiserhöhungen ausgenommen seien Sparpreis, Super-Sparpreis, alle Paßangebote, die Zuschläge sowie übertragbare Monatskarten. In Kürze wird das Bundesverkehrsministerium auch über einen Antrag auf Preiserhöhungen bei der Reichsbahn entscheiden.

Nur 3:2 in Luxemburg – Der Abend der Kleinen

Auch der Kölner Thomas Häßler, der in Turin 6,5 Millionen Mark pro Jahr verdient, spielte gegen die Luxemburger Amateure schwach

jm **Luxemburg** – Die Fußball-Weltmeister sind wieder auf dem Boden der Tatsachen. Im ersten Qualifikationsspiel zur Europameisterschaft 1992 kam die deutsche Nationalmannschaft nur knapp an einer Blamage vorbei. Der 3:2-Sieg aber war peinlich genug. Ein bitterer EM-Start für Bundestrainer Vogts.

Das kleine Fußball-Land Luxemburg feierte gestern abend zwei neue Helden: Jean-Paul Girres (29) und Roby Langers (30), die nach der Pause die Tore gegen den Weltmeister erzielten.

Die deutschen Treffer erzielten Klinsmann (16. Minute), Bein (29.), Völler (49.). In der Schlußphase lag das Unentschieden der Luxemburger näher als ein höherer Sieg der Deutschen.

Berti Vogts sagte: „Ich bin sehr enttäuscht. Wir haben das Spiel aus der Hand gegeben."

350 deutsche Zuschauer, die keine Eintrittskarte mehr erhalten hatten, lieferten sich mit der Polizei eine Straßenschlacht. Das Mittel des „Hamburger Kessels" bewährte sich in Luxemburg nicht. **Seite 12**

Ein Brief aus London an die Deutschen

Von Margret Thatcher ist bekannt, daß sie der deutschen Einheit skeptisch gegenübersteht. Doch die Premierministerin repräsentiert nicht das britische Volk, wie der folgende Brief aus London dokumentiert.

Von **Peter Cowling**

Die Briten sagen, die Deutschen seien ihre besten Freunde in Europa. Aber es gibt auch Befürchtungen, daß das vereinte Deutschland eine ernste ökonomische Bedrohung für den Rest Europas werden könnte. Gallup befragte Tausende von Briten im ganzen Land, was sie über die Wiedervereinigung und das deutsche Volk denken. Drei Viertel der Befragten antworteten, daß aus der Sicht der Deutschen die Vereinigung besser sei. Und 61 Prozent glauben, daß die Einheit auch gut für Europa sei.

Es hat über 40 Jahre gedauert, bis wir alten nationalen Feinde gute Freunde geworden sind. Aber wir haben mit den Westdeutschen Freundschaft geschlossen. Wir haben niemals Ostdeutsche getroffen, sie nur im Fernsehen gesehen. Gestern noch waren die Ostdeutschen die schlechten Deutschen, heute sollen wir glauben, daß auch sie gute Deutsche sind. Solch ein Gedankenumschwung kann nicht über Nacht kommen. Wenn wir jedoch betrachten, wie schnell wir unsere Meinung gegenüber den Russen geändert haben, sollte es auch nicht zu lange dauern, bis wir alle Deutschen als okay betrachten.

Fortsetzung Seite 32

Der 100. Drogentote in Hamburg

HA **Hamburg** – Die Zahl der Drogentoten dieses Jahres hat sich in Hamburg auf 100 erhöht. Ein 31 Jahre alter Mann, der von seiner Freundin tot in einer Wohnung in Eidelstedt aufgefunden wurde, ist das bislang jüngste Opfer. Der Mann war der Polizei nicht als Konsument harter Drogen bekannt.

Experten gehen davon aus, daß in Hamburg bis zu 10 000 Menschen von harten Drog[en] abhängig sind. Darüber h[in]aus kommen Süchtige aus [an]deren Bundesländern an [die] Elbe, weil Heroin nirgend[s] billiger ist als in Hambu[rg]. Wegen des niedrigen Prei[ses] gelingt es offensichtlich [im]mer mehr Abhängigen, n[ach] außen hin ein scheinbar n[or]males Leben zu führen u[nd] ihre Sucht zu verbergen.

Berichte Seiten 3 un[d]

Bush: Meine Geduld geht zu Ende

Bagdad in höchster Alarmbereitschaft

HA Hamburg – Die Hoffnungen auf eine friedliche Lös[ung] am Golf schwinden immer mehr. Die irakische Regieru[ngs]zeitung „El Thawra" meldete gestern, Irak habe seine „Vo[rbe]reitungen abgeschlossen und befindet sich in höch[ster] Alarmbereitschaft, um den aggressiven Absichten des am[eri]kanischen Feindes entgegenzutreten".

US-Präsident George Bush hat angesichts der gespannten Lage am Golf den irakischen Diktator Saddam Hussein abermals gewarnt. Seine Geduld neige sich dem Ende, sagte Bush während einer Wahlkampfveranstaltung in Alexandria im US-Bundesstaat Virginia.

Bush äußerte sich besorgt über die Lage der amerikanischen Diplomaten in der von irakischen Soldaten abgeriegelten Botschaft und der festgehaltenen US-Bürger in Kuwait.

Bush sagte: „Was ich in dieser Sache unternehmen werde, müssen wir einfach abwarten. Ich habe diese Art der Behandlung von Amerikanern satt."

Auf die Frage von führenden Kongreßmitgliedern, ob er andeuten wolle, daß ein Krieg unausweichlich sei, hatte Bush zuvor geantwortet: „Ich könnte es. Ich will es aber nicht tun."

Der Sprecher des Weißen Hauses Marlin Fitzwater erklärte, Ziel der Regierung sei weiterhin eine friedliche Lösung. Es sei noch zu früh, gegenteilige Schlüsse zu ziehen. „Die Frage einseitiger Aktionen hängt vom Verlauf von Ereignissen wie Provokationen ab." Jedenfalls mache die große Zahl irakischer Soldaten im besetzten Kuwait eine Verstärkung der US-Truppen am Golf erforderlich.

Nach den Worten des ägyptischen Präsidenten Hosni Mubarak kann der Golf-Konflikt „jederzeit explodieren". Die Situation sei „sehr kritisch". Auch der Kommandant der britischen Streitkräfte am Golf, Luftmarschall Sir Paddy Hine, hält einen militärischen Angriff gegen die irakische Besatzungsmacht in Kuwait für „zunehmend wahrscheinlich". Der Luftwaffenchef kündigte an, daß die rund 9000 britischen Soldaten in spätestens zwei Wochen „voll einsatzfähig" seien.

Unterdessen hat der Sonderbeauftragte des Kreml für den Golf, Jewgeni Primakow, angekündigt, die UdSSR w[er]de sich einem militärisc[hen] Einsatz in der Region n[icht] widersetzen. Bedingung [sei], „daß zuvor alle Möglichke[iten] für eine friedliche Lös[ung] ausgeschöpft" seien, sch[rieb] Primakow in der ägyptisc[hen] Zeitung „El Ahali". Allerd[ings] werde sich Moskau an ei[nem] solchen Einsatz auch n[icht] beteiligen.

Die Außenminister [der] UdSSR und der USA, Ed[uard] Schewardnadse und Ja[mes] Baker, wollen nächste W[oche] in Genf die Lage am Golf e[rör]tern.

Baker wird nach Ang[aben] seines Ministeriums am S[onn]abend eine einwöchige R[eise] nach Europa und in die G[olf]region antreten. Es hieß, [er] werde mit führenden P[oliti]kern der internationalen [Alli]anz gegen Saddam Hus[sein] auch die Voraussetzu[ngen] festlegen, die für ein mil[itäri]sches Vorgehen gegen [Bag]dad gelten sollen.

Der SPD-Ehrenvorsitz[ende] Willy Brandt will komm[ende] Woche nun doch in die i[raki]sche Hauptstadt Bagda[d rei]sen. Das erklärte Brandt [laut] einer Meldung der Nach[rich]tenagentur AFP am Mittw[och] in New York nach einem [Ge]spräch mit UN-Generals[ekre]tär Javier Perez de Cuel[lar].

Was suchen Sie?

WETTER Wechselhaft, Schauer, um 10 Grad, frischer West- bis Südwestwind

BÖRSE Hamburg uneinheitlich, London fester

4.4 Beispiel Straßeninterview »Stimmungsbild«

Das »Hamburger Abendblatt« pflegt das Straßeninterview in besonderem Maße: Die Ankündigung einer Maßnahme, Ereignisberichte oder auch Rückblicke auf vergangene Beschlüsse oder Änderungen werden gelegentlich mit Straßeninterviews garniert, indem die Aussagen einiger Passanten, Betroffener, Zuschauer usw. mit Bild und Zitat als Supplement zum Bericht gestellt werden.

Die Idee: Im Bericht wird der Sachverhalt meist aus der Sicht derjenigen vermittelt, die dafür verantwortlich sind; es fehlt der Bezug zu den Betroffenen, die auch optisch ins Blickfeld der Leser zu bringen wären. So läßt man das Straßen- oder Passanteninterview als eine Art Brückenschlag funktionieren, indem den Lesern ein – wenn auch flüchtiges – Stimmungsbild »von der anderen Seite« nahegebracht werden soll.

Als zum Beispiel die Lufthansa-Direktion beschloß, auf Inlandflügen ein generelles Rauchverbot einführen, stellte das »Abendblatt« neben die Meldung kleine Porträtphotos von drei Passagieren mit je einem kurzen Begleittext und je einem Statement: eine Nichtraucherin (für Verbot), ein Pfeifenraucher (gegen Verbot), eine Zigarettenraucherin (trotzdem für Verbot). Da diese Einzelmeinungen von der Redaktion beliebig beschafft werden können und nichts über die tatsächliche Stimmungslage unter Flugpassagieren aussagen, besitzen solche Beigaben keinen Nachrichtenwert; ihr Sinn liegt in der Brückenfunktion: Lesergruppen können sich mit Betroffenen identifizieren.

Das hier faksimilierte Beispiel – vier in Hamburg lebende Ausländer äußern sich über das Urteil des Bundesverfassungsgerichts gegen das Ausländerwahlrecht – funktioniert hier nicht als Identifikationshilfe, sondern als Brückenschlag zu den Betroffenen, die sonst in der Öffentlichkeit nicht zu Wort kommen. Eine Redakteurin war zusammen mit dem Fotografen auf die Straße geschickt worden, um unter Ausländern Reaktionen auf dieses Urteil einzuholen. Das Team brachte etwa dreißig Personenporträts mit Statements zurück; »es ist und bleibt natürlich ein Zufallsergebnis«, weiß der Chef vom Dienst, Günter Meisling. Ausschlaggebend waren neben der Bildqualität das Geschlecht (Parität), die Nationalitäten (breiter Fächer) – und die Aussagen. Die überwiegende Mehrheit der Befragten sei über den Entscheid sehr betroffen gewesen, so Günter Meisling.

Gleichwohl handelt es sich bei solchen Reaktionen um beliebig herbeizuschaffende Passanten-Zitate. Ihre Hauptfunktion liegt im Augenfang; inhaltlich besitzen sie über die Brückenfunktion hinaus keinen Nachrichtenwert. Die Plazierung dieser Eigenproduktion als nachrichtlicher Aufmacher auf der Frontseite der Zeitung ist zweifellos attraktiv und lesernah, aber auch problematisch: ein Zufallsbild wird zum Ereignis und verändert die Gewichtung der Nachrichtenübersicht auf der Frontseite.

4.5 Beispiel Personenporträt

«Das Magazin«, die Wochenendbeilage der beiden Schweizer Regionalzeitungen »Tages-Anzeiger« in Zürich und »Berner Zeitung«, pflegt seit Beginn der 80er Jahre mit sehr großem Erfolg (und seither vielerorts imitiert) die Rubrik »Ein Tag im Leben von ...« – eine Sonderform des Interviews, bei der die Fragen des Journalisten vollständig eliminiert werden und der Text durchlaufend in der Ich-Form abgefaßt wird, als sei er von der interviewten Person verfaßt.

Die Idee: den Tagesablauf einer eher unbekannten Person aufzuzeigen, die für uns, die Leser interessant ist, weil sie (meist durch ihre Tätigkeit) mit unserem Lebensalltag in Verbindung steht (Beispiele: die Frau, die von 20 Uhr bis Mitternacht in der Post die Briefe aussortiert; oder Menschen in und um Zürich, die ein witziges, skurriles, trendiges oder mühseliges Leben führen). Stets geht es um den Blick hinter die Fassade des Großstadtlebens: Einblicke in den persönlichen Bereich, der das Private ins publizistische Licht öffentlicher Neugier rückt. Effekt: Hinter der Farblosigkeit der Großstadtfassade wird die bunte, anregende Vielfalt individueller Lebensgestaltungen sichtbar, eine Funktion, die diese Interviewform in die Nähe der Reportage rückt. Das Thema »Ein Tag im Leben« liefert bereits den roten Faden des Fragenkatalogs; es gestattet zudem eine sehr persönliche Frageweise, die das Spannungsfeld zwischen den alltäglichen Routinehandlungen und den diese Routinen begleitenden Gedanken und Empfindungen ausleuchten kann. Das Verfahren ist vergleichsweise wenig aufwendig: Der Journalist fragt die betreffende Person nach dem Ablauf eines für sie möglichst typischen Alltags und verknüpft die Erzählungen mit überwiegend offenen Fragen über das, was die Person dabei empfindet. Die Vorbereitungszeit ist gering (oft wählen die Interviewer Personen aus ihrem entfernteren Bekanntenkreis), die Inter-

EIN TAG IM LEBEN VON HEINZE BAUMANN

Mit dem Beleuchter Heinze Baumann sprach Rolf Günter

BILD HANS-PETER SIFFERT

Heinze Baumann, 32, beleuchtet Theateraufführungen und Konzerte. Er organisiert auch Konzerte und betreibt nebenbei in Zürich den ersten Laden in der Schweiz, in dem ausschliesslich Verhütungsmittel verkauft werden, die Condomeria.

«Ich glaube, wenn ich einen atypischen Tagesablauf hätte, dann ırde ich damit aufhören. Gern bin ich um 5 Uhr aufgeınden. Ich war nämlich bei ıem *Lover-Girl* in Stuttgart. ler sagen wir lieber, ich hätte ırt gearbeitet, denn ich arbeite wirklich sehr oft dort. Ich be einen Job in Stuttgart, beıchte Konzerte und Theaterfführungen. So hole ich mein ld rein. Wen ich beleuchte? les Davis, Dizzy Gillespie, che Leute halt.

Meine Spezialität ist das ımbinationslicht, das heisst ıerseits das Live-Licht für die schauer und anderseits das rnsehlicht. Möglichst so, dass für beide Seiten erträglich ist. e Fernsehleute wollen mehr genlicht und keinesfalls Rot. ınn ich arbeite, benötige ich ei Kopfhörer und eine echgarnitur. Auf dem einen pfhörer ist der Regie-/Kameon. Also der Regiefritze, der ı Kameraleuten sagt: Achg, ich habe die drei, mach r eine Totale. Ich weiss dann, che Kamera die drei ist, und suche schon vor dem nitt, das Licht so umzustel-, dass er etwas mehr Gegent hat, damit der Kameraın schön in die Tiefe arbeikann.

a, dann bin ich also in die weiz gefahren – Stuttgart–ich dauert 2 Stunden und 10 ıuten. Anschliessend Kafause in meinem Stamm-, in dem ich am Morgen die tung lese. Man kennt mich t und lässt mich in Ruhe.

Dann begann ich zu rotieren: ettsteuer, beim Grafiker das gs holen, in den Kopierp, Plakate, Inseratenvor-, Aufkleber, alles für die rnee der Clan Miller and Hot Kotz, die ich im Mont organisiere. Dann zwinhinein noch drei Tele-: Soll nächsten Samstag das t bei einem kleinen Dreh hen. Ich weiss nicht, was get wird. Irgend so ein Video über eine Sache, von der ich n nie gehört habe. Dann ein fon aus Basel, von Tempo Tatoos: Ein Amerikaner, der Tätowierungen verkauft, die nach einer Woche wieder verschwinden, will, dass ich seine Vertretung übernehme, weil er wieder in die Staaten zurückgeht. Über den Mittag: Birchermüesli und Zeitung.

Die Condomeria ist weder ein Sexshop noch eine Apotheke. Aber der Anspruch ist schon recht klar: Nicht mehr so defensiver, Aids-bezogener Umgang mit der Sexualität, wieder mehr Freude daran. Sex ist nicht schlecht. Ich selbst benutze heute immer Pariser. Vorher, da hatte ich acht Jahre lang eine feste Beziehung, dort natürlich nicht. Aber vor zwei Jahren haben wir uns getrennt. Seit ich hier im Laden Präservative und auch andere Verhütungsmittel verkaufe, sehe ich mehr dahinter, was so abgeht. Die Pille ist in Verruf gekommen, aber Verhütung, das ist immer noch Frauensache. «Schutz vor der Krankheit», das haben die Männer noch mitbekommen, aber bei der Verhütung, da gibt es meist nur einen Partner, der denkt.

Bei der Verwendung des Präservativs haben viele Leute Angst, dass der Partner meint, man sei selber krank oder man vermute, er oder sie sei krank. Ich weiss, dann kommt dazu noch der Montageschock. Kondome sind lustfeindlich in ihren Medizinalpäckli. Präservative und lustvoller Sex, das geht aber durchaus zusammen. In dieser Richtung zu sensibilisieren, dafür ist die Condomeria da. Man sollte mehr lachen, man sollte lockerer damit umgehen können. Eigenartigerweise habe ich mehr Frauen im Laden, die Pariser kaufen, als Männer. Die Initiative geht eben immer noch eher von der Frau aus. Wahrscheinlich werden mehr Präservative in Handtaschen als in Jackentaschen herumgetragen.

Es ist überhaupt erschreckend, wie wenig Informationen es zum Thema Verhütung gibt. Ich habe im Laden einen Verhütungsinformationskoffer, in dem alle Verhütungsmittel – vom Pressar über die Spirale, von der Pille bis zu den Vagina-Schwämmchen – drin sind. In Deutschland haben alle Schulen solche Koffer, aber hier will niemand etwas davon wissen. Selbst in bezug auf Kondome ist das Informationsbedürfnis noch sehr gross. Es gibt ja grosse Unterschiede bei den Parisern. Bei den besten zum Beispiel darf nur einer auf 100 000 Stück den Berst-Test nicht bestehen. Es ist sowieso verblüffend, wie wenig man sich mit Präservativen beschäftigt hat. So Horrorpariser, Modell Höhlenbewohner, Keule oder Stacheldraht, das hat es schon immer gegeben, aber vernünftige Varianten, das gab es nicht. Ich selbst finde im Moment die schwedischen die besten. Das ist wirklich etwas anderes, und zwar in jeder Hinsicht, auch was die Empfindung betrifft. Die sind ganz leicht genoppt. Der Penis ist schliesslich auch nicht glatt. Aber das muss jeder selber ausprobieren, denn jeder Penis ist anders, und bei den Frauen ist das auch so.»

Nächste Woche: Pascal Strebel, Oberin

viewzeit mit ein bis drei Stunden indessen umfänglich. Aus dem Material wird ein durchlaufender Text von 150 bis 200 Zeilen Umfang erstellt und der befragten Person zur Autorisierung vorgelegt. Bei der Transkription wird (im Unterschied zu den meisten deutschen Printmedien) darauf geachtet, den Duktus der Sprechsprache zu erhalten. Dies ist für deutschschweizer Medien insofern nicht ganz einfach, als ja stets in der Mundart gesprochen, das Gesagte also ins Schriftdeutsche übersetzt werden muß. Manche Interviewer versuchen, die Sprechsprache durch einzelne Dialektwörter anzudeuten, die sie im gedruckten Text mit kursiv kenntlich machen; andere bemühen sich, immer einmal wieder die Syntax der Sprechsprache zu benutzen oder einzelne Wendungen in den Text zu übernehmen. Ob so oder so: Der Text soll den Charakter der mündlich übermittelten Erzählung nachvollziehbar machen.

Im Verlauf der Jahre ist das ursprüngliche Konzept ein wenig verblaßt. Die Idee, einen Tagesablauf zu zeigen, dient oftmals nur als Anlaß, um eine beliebige, irgendwie skurrile oder witzige Person mit ihren Denk- und Verhaltensweisen vorzuführen. Diesem Typus entspricht auch das hier faksimilierte Beispiel (aus Heft Nr. 1/1990). Es macht indessen die vielfältigen Möglichkeiten des porträtierenden Interviews vor allem für die Lokal- und Regionalseiten der Tageszeitungen augenfällig.

4.6 Beispiel Hauptpersonen-Interview

Hauptpersonen eines Geschehens, die zugleich Betroffene oder gar Opfer waren, befinden sich in einer Doppelrolle: Sie können authentisch erzählen, was sich ereignet hat, und sie müssen zugleich verarbeiten, was ihnen widerfahren ist – eine heikle Interviewsituation. Wer diese Aufgabe zu lösen versteht, gewinnt ein in doppelter Hinsicht bemerkenswertes Interview, wie das hier wiedergegebene Beispiel aus der »Süddeutschen Zeitung« vom 6. Mai 1996 zeigt: das Gespräch mit dem Ehepaar Reemtsma wenige Tage nach dem Ende der Geiselnahme.

Schon im Verlauf der Entführung des Hamburger Millionärs und Wissenschaftlers Jan Philipp Reemtsma im April 1996 erfuhren die Journalisten von dem Fall, hielten sich aber an das mit der Polizei geschlossene Schweigeabkommen. Immerhin konnten die Nachrichtenmagazine »Der Spiegel« und »Focus« im Hinblick auf das Ende der Entführung ihre Titelgeschichten vorbereiten, die dann auch unmittelbar nach der Freilassung Reemtsmas am 29. April erschienen. Diese Berichte waren mit viel Spekulationen über das Verhältnis zwischen den Betroffenen, ihren Anwälten und den polizeilichen Fahndern durchsetzt. Sie weckten bei dem zur Erholung nach New York gereisten Ehepaar Reemtsma den Wunsch nach öffentlicher Klarstellung.

Am Donnerstag, am 2. Mai, erreichte ein Anruf aus New York den Chefredakteur der »Süddeutschen Zeitung«, Werner Kilz: Ob er nicht nach New York zu einem Gespräch mit Reemtsma kommen wolle? Kilz, der sich gerade auf Recherche in der Pfalz aufhielt, fuhr sofort nach München, holte seinen Kollegen, den SZ-Reporter Herbert Riehl-Heyse, aus einer Theater-Vorstellung, bestätigte den Interviewtermin und ließ sich vom Hausarchiv Material über die Entführung zusammenstellen. Am Freitagmittag flogen Kilz und Riehl-Heyse nach New York; unterwegs arbeiteten sie das Material durch, dann entwarfen sie die Fragenkomplexe und skizzierten den Gesprächsablauf: Reemtsmas sollten das, was geschehen war, so genau wie möglich "original" erzählen.

Kaum gelandet, wurden sie in ein Hotel gefahren. Dort fanden sie die Nachricht, man erwarte sie in einem nahegelegenen Restaurant. Man geleitete sie an einen separaten Tisch, wo sie von Herrn Reemtsma und seiner Frau Ann Katrin Scheerer begrüßt wurden; bei ihnen war ein amerikanischer Freund. Man sprach und erzählte viel – doch bewußt nichts über die Entführung (der Interviewer weiß, daß der Interviewpartner nicht mehr spontan-authentisch erzählt, wenn er ihm dasselbe kurz zuvor bereits erzählt hat). Inzwischen war es Samstagmorgen 4 Uhr mitteleuropäischer Zeit.

Am folgenden Morgen – in München war es Samstag Nachmittag – trafen die Journalisten ihre Interviewpartner am vereinbarten Ort in der 42. Etage des Madison-Building, ein Büro mit weitem Blick auf den Central Park. In den folgenden drei Stunden ließen sich die Interviewer von ihren beiden Gesprächspartnern den gesamten Ablauf der Geiselnahme erzählen. Mit explorierenden, auf einzelne Begebenheiten und Details bezogenen Fragen und Nachfragen führten sie die beiden Eheleute nochmals durch jenes Martyrium, das erst wenige Tage zurücklag und viele traumatisierende Erlebnisse einschloß. Das Gespräch wurde zu einem gemeinsamen Rekonstruieren von Vorgängen, die durch Angst, Sorge und Verzweiflung nur bruchstückhaft hatten wahrgenommen werden können. Nun trat im Frage-Antwort-Spiel das Geschehene und die mit dem Geschehen verbundenen Empfindungen und Reaktionen in aller Deutlichkeit hervor – ein Prozeß der Klärung, vielleicht auch der Verarbeitung des Erlittenen.

Im Anschluß an das Gespräch wurden die Tonbandaufzeichnungen fortlaufend abgetippt – insgesamt 73 Blatt – , von beiden Journalisten redigiert und nach München zur Texterfassung gefaxt (die Reporter hatten keine Online-Verbindung zur Münchner Redaktion). So wurde die ganze Nacht zum Sonntag durchgearbeitet. In Deutschland war es bereits Mittag, die Zeit drängte, denn das Interview sollte unbedingt in die Montag-Ausgabe, und der Andruck beginnt um 18 Uhr Ortszeit.
Zum Frühstück trafen sich Reemtsams und die Journalisten erneut. Jeder der beiden Eheleute zog sich mit einem Exemplar des druckfertigen Textes von 1200 Zeilen Umfang zur Lektüre in getrennte Räume zurück. "Wir hatten bis zuletzt Angst, daß Herr Reemtsma am Ende das Interview doch noch zurückziehen würde", erinnert sich Werner Kilz. Eine Stunde später kamen beide wieder und fanden das Gespräch treffend, hatten aber Änderungswünsche, die neue Diskussionen auch zwischen den beiden Eheleuten auslösten: Hatte sich dieses oder jenes wirklich so oder doch ein wenig anders zugetragen? Gegen 17 Uhr Ortszeit trafen die letzten Änderungen per Fax in München ein, um 17.30 Uhr waren die zwei fertig umbrochenen Seiten durchkorrigiert, um 18.15 Uhr lief die Rotation.

Kilz und Riehl-Heyse stiegen noch am Sonntagabend New Yorker Zeit wieder in die Lufthansa-Maschine und landeten in den Morgenstunden des Montag in Frankfurt – eine weitere Nacht ohne Schlaf.

In der Lounge wurde gerade die Montagausgabe der »Süddeutschen« verteilt, die wartenden Fluggäste stürzten sich auf das auf der Frontseite groß angekündigte Reemtsma-Gespräch: Die Wahrheit über den spektakulärsten Entführungsfall der Nachkriegsgeschichte Deutschlands. Unter den neugierigen Lesern saßen die beiden SZ-Journalisten und lasen mit.

Das SZ-Interview blieb Reemtsmas einzige öffentliche Darlegung der Geschichte seiner Geiselnahme. Es enthalte alles, er habe dem nichts weiter hinzuzufügen, ließ Reemtsma allen anderen um ein Interview nachfragenden Journalisten ausrichten.

Jan Philipp Reemtsma und Ann Kathrin Scheerer im Gespräch mit den SZ-Redakteuren Hans Werner Kilz und Herbert Riehl-Heyse

„Ein Stück Welt ist kaputtgegangen"

Wie das Ehepaar mit dem Alptraum der Entführung leben lernt, warum es die Arbeit der Polizei überaus lobt und was es für die Täter erhofft

ABSTAND GEWINNEN *von den schlimmsten Wochen ihres Lebens: Jan Philipp Reemtsma (links) und seine Frau Ann Kathrin Scheerer im SZ-Gespräch mit Hans Werner Kilz in einem New Yorker Büro.* Photo: Jon Levy

Ein freundliches Ristorante in Manhattan, viele Gäste an diesem Freitagabend, darunter einer, dessen Bild auf vielen Zeitungskiosken auch der Stadt New York zu besichtigen ist. Trotzdem dreht sich keiner nach dem Mann um, der da an einem Tisch links hinten mit seiner Frau und drei weiteren Gästen Platz nimmt. Das kann damit zusammenhängen, daß der Mann – anders als auf den Titelbildern an den Kiosken – einen Vollbart trägt, der ihm im Laufe von vier Wochen gewachsen ist, die sein Leben verändert haben. Vor allem aber ist er natürlich nicht in amerikanischen Blättern zum Titelhelden geworden, sondern in den deutschen, die es hier auch zu kaufen gibt. Daß er in Amerika kein Thema ist, das ist auch der Grund, weshalb Jan Philipp Reemtsma, seine Frau Ann Kathrin Scheerer und sein Sohn Johann es für nützlich gehalten haben, eine Woche lang im riesigen New York unterzutauchen, um ein wenig Abstand zu gewinnen von den schlimmsten Wochen ihres Lebens.

Demnächst werden sie nach Deutschland zurückkommen, zuvor aber hat sich das Ehepaar entschlossen, in einem umfangreichen Gespräch mit der *SZ* zu erzählen, wie alles wirklich gewesen ist. Zu dem Entschluß mag die Tatsache beigetragen haben, daß sie in den vergangenen Tagen eine Menge Neuigkeiten über sich in den deutschen Blättern erfahren haben, die sie selbst nicht wußten, weil sie nämlich nicht stimmen. Daß die Mutter ihren Sohn gleich nach der Entführung nach Amerika geschickt habe, daß Jan Philipp ein großer Segler sei, daß die Familie ein Haus in Zermatt besitze, das alles stand in den Zeitungen, die wohl auch deshalb manchmal mit der Stange im Nebel herumfuhrwerkten, weil die Reemtsmas all die Jahre über sehr bewußt ihr Privatleben zu schützen versuchten. Mit allzu gutem Grund, wie sich am 25. März dieses Jahres gezeigt hat.

Einen halben Tag lang sitzen wir – nach jenem Abend beim Italiener – in einem Büro hoch über den Dächern New Yorks und hören einem erstaunlichen Ehepaar dabei zu, wie es einander und zwei Journalisten über die Zeit berichtet, in der eine Bande von Verbrechern sie „aus der Welt geworfen hat", wie Reemtsma das formuliert hat. Es ist ein faszinierender Tag: Ann Kathrin Scheerer ist eine glänzende Erzählerin, Jan Philipp Reemtsma ein Intellektueller, der einen Alptraum bewältigt hat und noch immer staunend neben sich steht, wenn er darüber nachdenkt, wie ihm das gelungen ist. Auch Johann, der 13jährige Sohn, kommt gelegentlich vorbei – aber der interessiert sich schon wieder stark für den Baseball, den ihn der Vater dieser Tage gekauft hat.

HERBERT RIEHL-HEYSE

SZ: *Herr Reemtsma, Sie sehen gut aus. Haben Sie sich in dieser einen Woche einigermaßen erholt?*

Reemtsma: Erholt? Es war sicher gut, ein paar Tage woanders zu sein und Abstand zu gewinnen.

SZ: *Warum sind Sie gerade nach Amerika geflogen?*

Reemtsma: Mein Büro ist hier, und die Anonymität in New York war uns wichtig.

SZ: *Zurück zum Anfang. Am 25. März sind Sie entführt worden. Bis jetzt weiß die Öffentlichkeit nur bruchstückhaft, was Ihnen da genau zugestoßen ist.*

Reemtsma: Es war zwischen 20.15 Uhr und 20.30 Uhr, es war schon dunkel. Ich wollte aus meinen Arbeitshaus ein paar Bücher holen und dann wieder ins Wohnhaus zurück. Ich war einige Meter von meiner Tür entfernt. Rechts von dem Weg, der auf das Haus zuführt, ist eine kleine Mauer, und auf dieser Mauer sind kleine Gebüsche. Ich hörte es rascheln. Das ist nichts Unnormales, es ist ein großer Garten. Ich weiß noch, daß mir durch den Kopf ging: Das ist lauter als eine Katze. Aber bevor sich dieser Gedanke verfestigte, tauchte aus dem Gebüsch einer mit einer schwarzen Maske auf, die seine Augen frei ließ.

SZ: *Eine Maske, wie sie die Autonomen tragen?*

Reemtsma: Ja, wie die Autonomen oder die Skiläufer. Er kam schräg von oben auf mich zu, griff mich an, und ich griff ihn an.

SZ: *Hatte er einen Gegenstand in der Hand?*

Reemtsma: Das habe ich nicht gesehen.

SZ: *Versuchten Sie zu schlagen oder zu treten?*

Reemtsma: Ich habe keine Selbstverteidigungskurse oder ähnliches gemacht. Aber ich habe mir immer gesagt, wenn ich mal angegriffen werde, dann ist die einzige Möglichkeit, wenn ich nicht weglaufen kann, den Angreifer sehr schnell und sehr schmerzhaft zu verletzen. Ich habe versucht, meinen Daumen in seine Augen zu drücken. Das ist mir nicht gelungen, vielleicht weil der wirkliche Vorsatz fehlte, das zu tun. Ich glaube, der Mann schrie irgend etwas, und ich schrie auch irgend etwas, und dann kriegte ich eins auf den Kopf.

SZ: *Von einer anderen Person?*

Reemtsma: Von einer anderen Person, die ich nicht gesehen hatte. Ich fiel hin, meine Brille flog weg. Jemand nahm nur meinen Kopf und schlug ihn gegen die Mauer. Daher kam die Nasenverletzung.

> *„Ich sah einen hellen Blitz, und dann habe ich gesagt: ‚Ich gebe auf, was wollen Sie?'"*
> Jan Philipp Reemtsma

SZ: *Trug der Mann eine Stoffmaske?*

Reemtsma: Ja, und die ist wohl bei dem Handgemenge zerrissen. Ich vermute, daß ich mit dem Daumen hängengeblieben bin. Hinterher sagte mir einer der Entführer, daß dies unter Umständen ein tödlicher Fehler hätte sein können, wenn sie nämlich davon ausgegangen wären, daß ich den einen Gangster gesehen hätte, was nicht der Fall war. Sie gingen auch nicht davon aus.

SZ: *Hat bei dem Handgemenge einer geredet?*

Reemtsma: Dieser eine, der mir den Kopf an die Wand schlug, sagte: „Nicht wehren, nix passiert."

SZ: *Wie lange hat das gedauert?*

Reemtsma: Etwa anderthalb Minuten.

SZ: *Haben Sie das Bewußtsein verloren?*

Reemtsma: Nein. Beim Schlag gegen die Mauer sah ich einen hellen Blitz, und dann habe ich gesagt: „Ich gebe auf, was wollen Sie?" Bis dahin habe ich gedacht, es sind vielleicht Einbrecher, ich wollte die Tür öffnen und sagen, bedienen Sie sich, oder irgend was. Aber dann wickelte er mir Klebeband um Augen und Mund, die Hände wurden mir auf dem Rücken mit Handschellen gefesselt.

SZ: *Haben Sie um Hilfe geschrien?*

Reemtsma: Nein, das hätte auch niemand gehört.

SZ: *Stand das Auto der Entführer schon da?*

Reemtsma: Nein, die hätten da gar nicht hinfahren können, wo das passierte. Die mußten mich zum Auto erst hinbringen.

SZ: *Und niemand in der Nachbarschaft hat etwas bemerkt?*

Reemtsma: Das war ja das Merkwürdige. Es war 20.30 Uhr. Das ist eine Zeit, in der die Leute ihren Hund ausführen. Und da läuft so ein Trupp, einer vorne weg mit der Maschinenpistole, ein anderer führt einen Gefesselten, einen Geknebelten mit verbundenen Augen durch einen öffentlichen Pfad auf eine öffentliche Straße, und niemand bemerkt etwas.

SZ: *Wie lange sind Sie da gegangen?*

Reemtsma: Fünf bis acht Minuten. Es ist eine riskant lange Zeitspanne zu dieser Stunde. Die Gangster hatten Glück.

SZ: *Wo stand der Wagen?*

Reemtsma: Als wir an der Straße waren, an einem Hang, hörte ich ein Auto. Ich dachte, die halten mich jetzt hier an, um das Auto vorbeifahren zu lassen. Aber das Auto hielt. Es wurden hinten eine Gepäckklappe oder Tür geöffnet und ich wurde hineinbugsiert.

SZ: *Sie haben nichts gesehen?*

Reemtsma: Ich habe das Auto gesehen, auch einen Teil des Kennzeichens, weil meine Augen nicht zureichend verbunden waren. Es war ein gelb-schwarzes Kennzeichen, kein deutsches. Ich erkannte die Buchstaben FV oder VF.

SZ: *Ein Wagen mit Heckklappe?*

Reemtsma: Es schien mir so ein kleiner Kombi zu sein oder ein kleiner Lieferwagen.

SZ: *Kam Ihnen das Auto entgegengefahren?*

Reemtsma: Ja, ich vermute, daß das Auto unten an der Elbe gewartet hatte und daß sie dann ein Signal gegeben haben, als sie mich hatten. Sie konnten ja nicht wissen, wann ich durch den Garten komme. Ich denke, daß sie ab Einbruch der Dunkelheit dort gewartet haben und sich darauf eingestellt haben: Irgendwann kommt der zwischen jetzt und Mitternacht. Vielleicht ging das so seit Tagen.

SZ: *Frau Scheerer, wo waren Sie denn zu dieser Zeit?*

Scheerer: Ich wußte gar nicht, daß Jan Philipp aus dem Haus gegangen war. Ich war im Bad, und wir waren verabredet, früh ins Bett zu gehen, weil der nächste Tag ein kniffliger Tag für uns werden sollte, mit viel Arbeit. Als ich aus dem Bad kam, habe ich noch runtergerufen, das Bad ist frei, aber ich bekam keine Antwort. Das passiert manchmal, ich dachte, er sitzt noch vorm Fernseher, und habe mir keine Gedanken gemacht. Als es dann eine Weile dauerte, dachte ich, er ist wohl runtergegangen ins Arbeitshaus. Ungewöhnlich war nur, daß er mir das nicht gesagt hatte.

SZ: *Herr Reemtsma, welche Indizien haben Sie dafür, daß die Entführung von langer Hand geplant war?*

Reemtsma: Sie haben mir in meinem Verlies später gesagt, daß das Haus beobachtet wurde. Es waren ihnen auch Personen bekannt auf dem Grundstück. Und daß ich kurz zuvor verreist war, wußten sie auch. Ich war in den Ferien. Die Beobachtung des Grundstückes lief über einige Wochen.

SZ: *Es waren also unzweifelhaft Profis am Werk?*

Reemtsma: Den Eindruck hatte ich ganz schnell. Was mir zuerst auffiel, war – das klingt jetzt vielleicht ein bißchen seltsam –, wie unaggressiv sie mich zu dem Auto führten. Also, wenn Sie sich vorstellen, wie jemand läuft, der die Augen verbunden hat, der stolpert mal. Da wird einer, der sehr nervös ist, den dann hochreißen, oder er wird ihn vor sich herschubsen oder an den Handschellen zerren. Das war alles nicht der Fall.

SZ: *Keine rüpelhaften Kommandos?*

Reemtsma: Nein. Was diese ganze Veranstaltung auszeichnete, war ein hohes Selbstbewußtsein dieser Leute, also eben nicht das, was man erwarten kann, wenn jemand nervös ist und seine Nervosität gegenüber dem Opfer in Aggressivität transformiert. Das war nicht der Fall. Ich habe das schon gemerkt, als die mir den Kopf gegen die Wand schlugen. Was ich sofort dachte, war: Das könnte schlimmer sein. Ich hatte den Eindruck, hier schlägt jemand zu, der das zu dosieren weiß, der erst einmal nur so viel Kraft aufwendet, wie nötig ist, um dem Opfer deutlich zu machen: Es hat keinen Sinn, daß du dich wehrst.

SZ: *Haben die gesprochen im Auto?*

Reemtsma: Nein.

SZ: *Haben Sie versucht nachzuvollziehen, wo sie hinfuhren?*

Reemtsma: Ich bewundere all diejenigen, die diese Spuren hinterher rekonstruieren können. Bis ich mir diese Gedanken machte, waren wir schon zu weit. Das war einfach nicht das erste, worüber ich nachdachte. Ich weiß nur, daß die Fahrt insgesamt sehr zügig war. Es war vornehmlich Autobahn.

„Und dann war ich im Schock, mir war eiskalt, ich hatte einen trockenen Mund, es war alles wie im Film."
Ann Kathrin Scheerer

SZ: *Sie vermuten, daß Sie maximal eine Stunde gefahren sind.*

Reemtsma: Ja, dann mußte ich aussteigen, das Auto fuhr die letzten 20 bis 30 Meter ohne Licht. Dann wurde ich in ein Haus geführt, eine Treppe runter, eine etwas gewendete Holztreppe. Ich machte die Augen zu. Ich hatte Sorge, daß zu

„ICH HABE *keine besonderen Illusionen über die Güte der Menschen": Jan Philipp Reemtsma über seinen Ruf als Philanthrop.* Photos: Jon Levy

sicheres Gehen verraten würde, daß ich ein wenig sehen konnte. Da war es mir lieber, gegen etwas zu rennen, als so einen Verdacht zu erwecken. Das ist auch gut gegangen.

SZ: *Und als Sie die Augen wieder aufmachten . . .*

Reemtsma: . . .war ich in einem kahlen Raum, weiß gekalkt, die Fenster mit Platten vernagelt, Pritsche, Stuhl, kleiner Tisch. Ich mußte mich ausziehen. Ich kriegte die Handschellen abgenommen. Ich bekam einen Trainingsanzug, eine Kette wurde um meinen Fuß gewickelt und mit einem kleinen Vorhängeschloß gesichert. Die Kette war eingedübelt in der Wand. Dann wurde das Klebeband um Mund und Augen gelöst; das um den Mund hatten sie schon nach dem Überfall gelockert.

SZ: *Wieso das?*

Reemtsma: Weil die Nase zugeschwollen war von diesem Schlag gegen die Mauer. Und ich konnte gerade noch sagen, ich kriege keine Luft. Und dann kam so eine Hand an meinen Mund und machte eine Lücke unter dem Band, so daß ich atmen konnte. Das machte mir auch klar, die wollen mich lebend.

SZ: *Hat Ihnen dann in diesem Kellerloch endlich einer erklärt, daß Sie entführt sind, um Lösegeld zu erpressen?*

Reemtsma: Als ich mich umschaute, sah ich dann einen Brief auf dem Tisch liegen. Da stand drin, man verlange ein Lösegeld von 20 Millionen. Ich solle die Adressen aufschreiben, die für sie wichtig seien: Verwandte, Vermögensverwalter. Es sei besser, zu kooperieren, desto eher sei ich wieder frei. Ich solle mich nicht wehren, es sei aussichtslos. Wenn ich zu fliehen versuchte, würde das meine Haftbedingungen unerträglich machen. Außerdem stand noch in diesem Brief, ich würde zweimal am Tag zu essen bekommen, ich könnte auch schriftlich Wünsche äußern. Und man würde dreimal klopfen, und dann soll ich mich auf die Matratze legen, mit dem Kopf nach unten und nicht hochgucken. So kam das dann auch: Am nächsten Morgen klopften die, und ich bekam was zu essen. Es war Waschwasser da, schon am Abend. Ich wusch mich und merkte, das ich im Gesicht und überall blutig war.

SZ: *War der Brief mit der Schreibmaschine getippt?*

Reemtsma: Ja.

SZ: *Auf Deutsch?*

Reemtsma: Ja. Sehr gestelzt, artifiziell. Nur ein Schreibfehler, „destso" statt desto. Und keine Satzzeichen. Das war später auch bei den anderen Briefen so.

SZ: *Dann waren Sie allein?*

Reemtsma: Ja, ich habe versucht, zu schlafen.

SZ: *Und das ging auch?*

Reemtsma: Es ging, ich glaube, das war eine Art Schockschlaf. Vorher dachte ich daran, wann wird meine Frau es unnormal finden, daß ich nicht wiederkomme. Wie wird sie es merken, was wird sie vorfinden? Was wird mit meinem Sohn?

SZ: *Frau Scheerer, wie haben Sie es denn wirklich gemerkt?*

Scheerer: Also, ich bin erstmal ins Bett gegangen, ganz planmäßig, aber eigentlich sauer und nicht beunruhigt. Das ist bei uns nicht üblich, daß einer weggeht und nicht Bescheid sagt. Ich habe zwei Stunden geschlafen, bin dann so gegen 23.30 Uhr aufgewacht und war schon sehr besorgt, weil ich wußte, da stimmt irgendwas nicht.

SZ: *Ihr Sohn Johann war die ganze Zeit schon im Bett?*

Scheerer: Johann schlief, und ich habe dann nochmal drüben angerufen. War aber nichts. Kurz vor Mitternacht bin ich rübergegangen, ohne unsere Hunde, und hatte sehr viel Herzklopfen. Ich bin um das Haus gegangen, weil ich sehen wollte, ob drinnen bei Jan Philipp Licht war.

SZ: *Gab es niemanden in der Nachbarschaft, den Sie hätten anrufen können um diese Zeit, der mit Ihnen in das Haus geht?*

Scheerer: Hätte ich können, wollte ich aber nicht. Ich konnte das nicht richtig einschätzen, ob ich spinne, ob ich mir was einbilde. Ich bin dann zur Haustür, da steht so eine große Statue, die stand da nicht mehr, die lag schräg auf dem Weg, und das war für mich das Signal, da ist was passiert. Ich wollte dann über die Statue drübersteigen und ins Haus gukken . . .

SZ: *Ist die Statue im Kampfgetümmel umgefallen?*

Scheerer: Die ist, glaube ich, gelegt worden, die hatte keine Schramme. Das sollte auch ein Signal sein. Ich sah dann sofort auf dem Mauervorsprung den weißen Zettel liegen in einer Klarsichthülle, und oben drauf war eine Handgranate. Obwohl ich noch nie eine gesehen hatte, war mir klar, die sieht verdammt echt aus. Und dann war ich im Schock, mir war eiskalt, ich hatte einen trockenen Mund, es war alles wie im Film. Ich hatte gleichzeitig das Gefühl, ach so, das ist jetzt also passiert. Ich habe mich dann über den Brief gebeugt und konnte den ersten Satz lesen: „Wir haben Herrn Reemtsma entführt". Mein erstes Gefühl war, eigenartigerweise, Erleichterung, daß sie in gewisser Weise repektvoll von „Herrn Reemtsma" sprechen. Und ich las noch die Lösegeldsumme, 20 Millionen, wobei ich erst die Nullen zählen mußte.

Reemtsma: So ging's mir später mit dieser Summe auch.

Scheerer: Dann bin ich nach Hause gelaufen, habe einen Freund in Frankfurt angerufen, später meinen Anwalt Kersten, der bald mit seinem Kollegen Schwenn kam. Obwohl in dem Brief stand „Keine Polizei keine Presse sonst ist er tot", waren wir uns schnell einig: Das geht nicht ohne Polizei.

SZ: *Wann haben Sie denn Ihren Sohn eingeweiht?*

Scheerer: Ich ging hoch und weckte ihn, kurz bevor der Wecker klingelte, und ich sagte ihm, daß wir ein riesiges Abenteuer vor uns hätten und ich sei sehr gewiß, daß es gut ausgehen würde, aber bis dahin würde es schwer werden. Jan Philipp sei entführt worden. Johann weinte und sagte immer „Nein, nein, nein". Wir blieben noch eine Weile nebeneinander, und ich habe ihm alles erzählt, was ich wußte. Die Handgranate habe ich nicht erwähnt. Im übrigen habe ich ihm gesagt, 48 Stunden nach der Geldübergabe sei sein Vater wieder zu Hause. Und er fing von dem Moment an zu rechnen.

SZ: *Herr Reemtsma, Sie sind in Ihrem Verlies auch davon ausgegangen, daß die Sache ganz schnell glimpflich zu Ende gehen würde.*

Reemtsma: Nun, am nächsten Morgen sollte ich einen Brief schreiben an meine Frau und an die Vermögensverwaltung, daß sie das Geld zahlen. Das habe ich getan – nur, dieser Brief wurde von den Entführern nicht abgeholt. Ich dachte, die kommen eine Stunde später und holen den Brief ab. Als das nicht passierte, dachte ich, die Entführer hätten die Nerven verloren und mich zurückgelassen. Dann wäre ich dort verdurstet. Ich hatte keine Uhr, fast kein Licht. Es war eine Glühbirne an der Decke, die war aber nicht an. Das hatte den Sinn, mich daran zu hindern, Selbstmord zu begehen, deshalb wollten sie keinen Strom reinleiten. Später haben sie das geändert.

SZ: *Wie haben Sie denn das alles überhaupt ausgehalten: die Ungewißheit, das Alleinsein, das Warten und die Angst?*

Reemtsma: Das Wichtigste war, daß ich etwas zu lesen bekommen würde. Ich erinnerte mich daran, was mir ein ehemaliger Mitarbeiter des Hamburger Instituts für Sozialforschung, der aus der Türkei kommt und Gefängniserfahrung hat, einer, der lange Zeit ohne Lektüre eingesperrt war, über die erste Zeitung erzählt hat, die er bekam: Er las jede Zeile, jedes Wort. So habe ich es gemacht, als ich dann irgendwann den *Spiegel* erhielt. Ich las nicht die Dinge, die mich interessierten, ich begann, links oben an jeder Seite, jede einzelne Werbung, Wort für Wort durchzulesen, um die Lektüre so lang wie möglich zu strecken.

SZ: *Man kann doch nicht immer nur lesen.*

Reemtsma: Zwischendurch machte ich mir Bewegung, indem ich lief mit dieser Kette, immer drei Schritte hin und drei Schritte zurück. Und an einem der Tage habe ich es dann mal auf 18 500 Schritte gebracht. Das ist eine gute Methode, die Zeit herumzubringen. Viertausend Schritte sind immer ungefähr eine Stunde.

„Was die Betreuung meiner Frau und meines Sohnes angeht: Ich wußte nicht, daß es diese Seite der Polizeiarbeit gibt, in dieser Qualität."
Jan Philipp Reemtsma

SZ: *Das macht den Eindruck, daß Sie sehr gefaßt und ruhig waren.*

Reemtsma: Das ist ein Irrtum. Ich habe nur nicht geschrien und getobt, aber als die nicht kamen und das Licht der Camping-Lampe immer schwächer wurde, dachte ich, die lassen mich hier, ich komme hier nicht raus, ich werde die Kette nicht los, ich kann die Tür nicht öffnen; dann verrecke ich. Da habe ich einen Abschiedsbrief an meine Frau und meinen Sohn geschrieben, solange noch Licht war.

SZ: *Das war der erste Brief, den Sie erhalten haben, Frau Scheerer?*

Scheerer: Ich kriegte nur eine Kopie. Die Polizei fing die Post ab. Man sagte mir auch, da sei ein Bild dabei, auf dem man sieht, daß es meinem Mann gut gehe.

SZ: *Daß darauf eine Kalaschnikow zu sehen war, hat man Ihnen nicht gesagt?*

Scheerer: Nein, das hatte man mir zunächst verschweigen wollen. So war ich einigermaßen beruhigt.

SZ: *Obwohl der Brief ein Abschiedsbrief war.*

Scheerer: Ja. Aber es war auch ein Liebesbrief, und der war schön, und ich habe daraus geschlossen, daß es ihm wenigstens gut geht, körperlich eben, um schreiben zu können.

SZ: *Und wie haben Sie reagiert, als Ihnen die Kidnapper die Drohung übermittelten, Sie würden Ihrem Mann einen Finger abschneiden?*

Scheerer: Das war schrecklich. Die Polizeibeamten legten mir eine zweite Postvollmacht vor, diesmal für Päckchen. Das konnte nur bedeuten: Die warteten auf den Finger.

Reemtsma: Daß ich habe schreiben können, ist für mich ganz wesentlich dafür gewesen, daß mein Kopf geordnet funktionierte. Ich habe immer wieder um Papier gebeten, ich habe Tagebuch geführt, was ich leider nicht mitnehmen durfte. Schon das Niederschreiben von fünf Zeilen war – und wenn es nur eine Notiz für die Entführer war – wie einmal kurz durchatmen. Das habe ich eigentlich immer gemacht bei allen Anfällen von Panik, von Verzweiflung. Ich habe mich hingesetzt und diese Gefühle zu Papier gebracht.

SZ: *Welcher Gedanke hat Sie am stärksten in diese Anfälle von Verzweiflung getrieben?*

Reemtsma: Der Gedanke an meinen Sohn. An ihn denken zu müssen, das ist sehr schmerzlich gewesen. Ich habe mich bemüht, es zu vermeiden. Wissen Sie, bei mir selbst ist das noch mal anders: Das Risiko entführt zu werden, hat man eben, wenn man vermögend ist. Wer nicht sein ganzes Geld verschenkt und dies öffentlich verbreitet, hat sich in gewisser Weise entschieden, daß dieses Risiko zu seinem Leben gehört.

SZ: *Haben Sie denn mit Ihrem Sohn jemals über diese Gefahr gesprochen?*

Reemtsma: Johann ist in diese Situation hineingeboren. Er hat sich davon nichts ausgesucht. Mit dreizehn Jahren verfügt man über weniger Fähigkeiten, so etwas durchzustehen. Wie ich gehört habe, hat er das sehr gut gemacht.

SZ: *Haben Sie selbst sich denn je gedanklich auf eine solche Situation vorbereitet, die Sie haben erleben müssen?*

Reemtsma: Ich glaube kaum, daß man sich auf so etwas wirklich vorbereiten kann. Die Wirklichkeit unterscheidet sich immer so dramatisch von jeder Phantasie. Trotzdem hat mir die Tatsache geholfen, daß ich mich mit Fragen von Gewalt, mit Entführungen, Haft und Isolation schon lange wissenschaftlich beschäftigt habe. Es hat mir auch geholfen zu wissen, daß Menschen unter grauenhaft schlimmen Bedingungen es durchhalten können und aus solchen Situationen wieder rauskommen und nach einer Rekonvaleszenz auch ihr Leben weiterführen können. Ich habe solche Leute kennengelernt.

SZ: *Es blieb Ihnen ohnehin nur Warten und Hoffen.*

Reemtsma: Nicht zuviel Hoffen. Das ist der Satz aus dem Faust II: zwei der größten Menschenheitsfeinde, Furcht und Hoffnung. Ich habe versucht, immer diese Eskalationen zu vermeiden, in beiden Richtungen. Die zu große Hoffnung, die dann enttäuscht wird, führt zum anderen Extrem, und das wollte ich vermeiden. Ich habe immer versucht, eine gewisse depressive Mitte in meinen Gefühlen zu halten.

SZ: *Haben Sie gebetet?*

Reemtsma: Ich habe bei dieser Gelegenheit festgestellt, daß ich wirklich nicht religiös bin.

SZ: *Sie ahnten das schon vorher, aber jetzt wissen Sie es?*

Reemtsma: Da gibt es ja viele Anekdoten von Atheisten, die auf dem Totenbett die Angst bekommen und fromm werden. Ich hatte das nicht, auch wenn es Momente gab, wo ich gerne wieder ein kleines Kind gewesen wäre mit Eltern, die mich in den Arm nehmen. Da kommt dann plötzlich der Gedanke ans Nachtgebet auf, aber ich hatte nie das Gefühl, es würde mir jetzt guttun, das zu machen.

SZ: *Frau Scheerer, wie sind Sie mit Ihren Ängsten umgegangen?*

Scheerer: Unter anderem hatte ich das Bedürfnis, wirklich viele Helfer um mich und Johann zu sammeln, damit vor allem er das Gefühl hat, es ist noch ein sicheres Netz da. Das hat sich auch als sehr gut erwiesen. Das war über Wochen stabil, es gab keine größeren Spannungen. Wir haben da teilweise auf Matratzen kampiert, und einer der Polizisten auf einer Isomatte unterm Eßtisch, das wochenlang.

SZ: *Die Polizisten bei Ihnen waren nette und kompetente Leute?*

Scheerer: Die hatten schon Erfahrung mit sowas. Sie waren sehr freundlich, sehr sympathisch, sehr kompetent und haben unser Leben geteilt.

„Nicht daß mir das Geld persönlich fehlt, ist ein besonders schmerzlicher Gedanke. Aber was man damit Vernünftiges hätte machen können, anstatt daß solche Lumpe es irgendwo auf den Bahamas verjuxen."
Jan Philipp Reemtsma

SZ: *Und der Anwalt Schwenn?*

Scheerer: Er war vom ersten Moment an da, hat auch drei Wochen bei uns gewohnt. Er hat sich völlig auf uns eingestellt, er kann sehr spaßig sein und in so einer schwierigen Situation noch die Stimmung heben, und das war für uns eine riesige Hilfe. Rechtsanwalt Kersten hat drei Wochen jeden Tag für uns gekocht, die ausgefeiltesten Menüs. Die Polizisten sagten, sie hätten lange nicht mehr so gut gegessen.

SZ: *Wurde auch manchmal gelacht?*

Scheerer: Wir haben auch gelacht. Wir haben manische Abende erlebt, die letzten Blondinen-Witze erzählt.

SZ: *Es gab also keine Unstimmigkeiten zwischen Ihnen und der Polizei?*

Scheerer: Unstimmigkeiten schon gar nicht! Es hat Konflikte gegeben, über die beste Art des Vorgehens, die ich aber immer formulieren konnte, ich konnte immer sagen, da und da habe ich Probleme, lassen Sie uns das mal klären, und dann wurde das geklärt, und wenn das Stunden gedauert hat. Es war eine sehr angenehme Art und Weise, mit der Polizei zu kooperieren.

SZ: *Diese Mißstimmungen, von denen man hinterher gelesen hat, zwischen Herrn Schwenn und der Polizei, gab es die überhaupt nicht?*

Scheerer: Die gab es kurzfristig in dem Moment, als die zweite Geldübergabe in Luxemburg gescheitert war. Herr Schwenn war verständlicherweise erschöpft. Es war eine unerhörte Streßsituation, bis er den letzten Zettel mit den Anweisungen der Entführer gefunden hatte. Er sollte das Geld an diesem Rastplatz über das Gitter werfen. Und wir waren sehr erleichtert, als das gelungen war. Um so größer war dann die Enttäuschung, als das Geld nicht abgeholt wurde. Die emotionale Belastung in dieser Situation kann man gar nicht hoch genug einschätzen. Da sind Streitigkeiten kein Wunder. Ich bin Herrn Schwenn außerordentlich dankbar für alles, was er für uns getan hat.

SZ: *Diese gescheiterte Übergabe in Luxemburg hat die Nerven aller Beteiligten strapaziert, die der Opfer, der Vermittler und der Täter. Wie, Herr Reemtsma, haben Sie im Laufe der Wochen die Gangster genauer kennengelernt? Die Polizeipsychologen sagen ja, das Wichtigste für einen Entführten sei, zu den Entführern eine Beziehung aufzubauen.*

Reemtsma: Das ist zweifellos richtig, daran habe ich dauernd gedacht. Mir war klar, daß ich nur für eine einzige Situation etwas tun konnte, nämlich für den Fall, daß es einmal auf der Kippe stehen könnte, ob die mich umbringen. Für diesen Fall wußte ich, daß es gut ist, wenn ich als Person und nicht als Sache in deren Köpfen vorhanden bin. Das zweite ist, mich so zu verhalten, daß sie nicht aggressiv werden. Es gibt zwei Möglichkeiten, Menschen aggressiv zu machen. Die eine ist, wenn man sich zu sehr unterwirft, und die andere, wenn man sie beschimpft und seinerseits aggressiv ist. Ich habe versucht, diese beiden Extreme zu meiden, und ich habe mich sehr höflich benommen.

SZ: *Kam irgendwann sogar der Punkt, an dem der Geiselgangster seinen Gefangenen als Verbündeten behandeln wollte?*

Reemtsma: Doch ja. Einmal hat er ausdrücklich zu mir gesagt: „We are in the same boat." Und ich habe geantwortet: „Yes, but you have chosen it." Es ging mir schon darum, auch aus Gründen der Selbstachtung, eine gewisse Distanz zu halten. Andererseits war ich auf ihn angewiesen. So kam es einmal zu der absurden Situation, als der Mann zu einer Lösegeld-Übernahme wegfuhr, daß ich sagte: „Drive carefully", wie eine besorgte Mutter.

SZ: *Manchmal liest man, daß Gefangene für ihre Wärter ein Gefühl der Dankbarkeit entwickeln, wenn sie sie einigermaßen erträglich behandeln.*

Reemtsma: Ich war in einer Situation, in der es nur von der Willkür des anderen abhängt, ob das alles ganz und gar unerträglich wird oder nicht. Die Tatsache, daß mein Aufpasser wenigstens nicht sadistisch war, die Überlegung, was mir sonst noch alles hätte passieren können – so etwas erzeugt schon Gefühle von Dankbarkeit, aber das war natürlich gleichzeitig etwas, was mir zutiefst widerstrebte. Ich glaube, ich habe das einigermaßen im Lot halten können. Wenn ich ihm von meiner momentanen Gefühlslage hätte verzeihen können, dann galt das nur für mich. Was er meiner Familie antat, konnte ich ihm nicht verzeihen.

SZ: *Sie hatten immer nur mit dem selben Entführer zu tun?*

Reemtsma: Ich hatte nur mit einem gesprochen, die anderen brachten Essen, Wasser oder Zettel. Dem habe ich auch meine Wünsche vorgetragen. Vor allem Papier und Lektüre, Bücher und Zeitungen.

SZ: *Sind die Bücher alle auf einmal gekommen?*

Reemtsma: Nach einander, in vier Lieferungen.

SZ: *Haben Sie sich wirklich den Sloterdijk ausgesucht?*

Reemtsma: Nein. Ich habe mir kein einziges Buch wünschen können, das ist eine Legende. Ganz zu Anfang habe ich um ein Buch gebeten, etwas Dickes, wo ich lange dran zu lesen habe. Die Bibel hatte ich mir gewünscht.

SZ: *Also doch fromm?*

Reemtsma: Nein, ich hätte auch sagen können „Die Odyssee" oder die „Göttliche Komödie". Die Bibel, dachte ich halt, ist einfacher zu besorgen, die können sie zur Not aus der Kirche klauen. Meine Überlegung war, daß es für die einfach ist und ohne Aufsehen zu erregen. Wenn ich sage, besorgen Sie mir „Joseph und seine Brüder", das fällt auf, da müssen sie gucken, und das werden sie nicht tun wollen.

SZ: *Sie haben also nicht gedacht, ich wünsche mir ausgefallene Dinger, da wird die Polizei später nachfragen, wo die gekauft worden sind?*

Reemtsma: Das ist nicht so gewesen, übrigens war es nicht Sloterdijk, sondern ein Buch über ihn.

SZ: *Erstaunlich war die Auswahl schon.*

Reemtsma: Ich war schon überrascht, weil diese Liste doch eine gewisse Umsicht ausdrückt: ein Thriller, ein spannender Roman, ein bißchen Philosophie, da hat jemand nachgedacht.

SZ: *Man könnte auf die Idee kommen, das sind Intellektuelle. Haben Sie denn daraus Rückschlüsse auf die Täter gezogen?*

Reemtsma: Zu ihrer Tatvorbereitung hat offenbar gehört, daß sie einiges über mich gelesen haben.

SZ: *Haben Sie von den Entführern denn erfahren, warum Sie als Opfer ausgesucht wurden?*

Reemtsma: Sie sagten mir, sie hätten eine Liste gehabt von mehreren Personen.

SZ: *Nach welchen Kriterien?*

Reemtsma: Angeblich, weil ich mein Vermögen geerbt habe, es nicht selber aufgebaut habe. So einer trenne sich leichter von größeren Teilen seines Vermögens.

SZ: *Woher wußten die Täter so viel über Sie?*

Reemtsma: Die Kidnapper haben mir eindeutig gesagt, daß die Presseberichterstattung über mich im letzten Jahr den Anstoß gab.

SZ: *Sie haben mit einem der Täter immer Englisch gesprochen. Hatte er einen Akzent oder Dialekt?*

Reemtsma: Nein. Ich hatte das Gefühl, daß er Engländer oder Amerikaner sein könne oder, wenn nicht, dann jemand, der sehr lange dort gelebt hat. Ich hatte keinen Akzent erkannt, es war auch ein sehr idiomatisches Englisch.

SZ: *Keine primitiven Leute, keine gewöhnlichen Kriminellen?*

Reemtsma: Zumindest dieser eine nicht. Er redete viel über Polizisten, über sein Mißtrauen. Er sagte: Wissen Sie, in diesem Geschäft hat man einen sechsten Sinn dafür. The policemen, they all look the same. Und: Policemen and gangsters behave the same way. They are hunters. Er redete manchmal, daß ich dachte, Mensch, der ist vielleicht ein Ex-Polizist. Der hat die Fraktion gewechselt. Der hat sich gesagt, riskant ist beides, und bei dem einen verdiene ich deutlich mehr. Ich hatte übrigens das Gefühl, er war etwas jünger als ich, jedenfalls nicht älter.

„Ich fühle mich nicht widerlegt in irgend etwas, was ich tue oder getan habe." Jan Philipp Reemtsma

SZ: *Hatten Sie durch die Gespräche ein Verhältnis aufgebaut zu dem Mann, was ihn im Ernstfall gehindert hätte, Sie umzubringen?*

Reemtsma: Das kann ich nicht beurteilen. Ich konnte nur darauf setzen, was anderes blieb mir nicht übrig. Er selbst hatte mich nie bedroht, er hat immer nur gesagt, wir haben Ihrer Frau gesagt, wir würden Ihnen den Finger abschneiden. Er hat nicht gesagt, wir werden es tun. Er hat mir auch nie gesagt: Wir werden Sie töten. Ich habe ihn das auch nicht gefragt. Die Antwort wollte ich nicht gerne hören.

SZ: *Er wurde nie laut, war aber nervös?*

Reemtsma: Er schien richtig gekränkt zu sein, weil das mit den Geldübergaben nicht klappte. Schon nach der ersten Panne kam er rein und sagte: „Doing it this way, this can last for months!" Und dann habe ich ihn mal gefragt, warum er das macht. Was ich hier so mitbekäme, das sei doch alles eine große logistische Anstrengung. Da sagte er: Was meinen Sie, was wir schon an Kilometern gefahren sind. Für jede Übergabe müssen wir ein Auto stehlen lassen. Das ist eine Investition von 200 000 Mark. Mir wurde gesagt, daß einer der beiden, die mich überfallen haben, längst wieder im Ausland sei. Und so einer, der für einen solchen Zweck angeheuert wird, ist ja wahrscheinlich auch ziemlich teuer.

SZ: *Wieviel Täter haben Sie denn überhaupt kennengelernt?*

Reemtsma: Ich weiß, daß an der Entführung drei beteiligt gewesen sein müssen. Ich glaube aber, es waren mindestens fünf.

SZ: *Hat er denn etwas darüber erzählt, wie das Verbrechen vorbereitet wurde?*

Reemtsma: Er hat nur gesagt: Wir haben sechs Wochen gebraucht, um herauszufinden, wo Sie wohnen und wie Sie leben. Dann haben wir das Haus beobachtet und festgestellt, daß es sehr leicht werden würde. Er sagte, sie hätten das auch gemacht, wenn ich einen Bodyguard gehabt hätte. Ich sagte: Bei den Fähigkeiten, die ich Ihnen unterstellen muß, da hätten Sie doch auch einen anderen Beruf ausüben können.

„UNSER LEBEN *wird sich verändern müssen, weil wir nicht mehr so naiv tun können": Ann Kathrin Scheerer über Konsequenzen aus der Entführung.*

SZ: *Hatten Sie eine bestimmte Empfehlung für ihn?*

Reemtsma: Er sagte, er habe nicht so viel geerbt wie ich und wolle nicht für 3000 bis 5000 Mark im Monat arbeiten. Und auch in den besser bezahlten Positionen dauerte es lange, bis man das wirklich große Geld verdient; da sei man fünfzig, und das Leben sei vorbei, und ich solle nicht vergessen, er habe jetzt einige Jahre vor sich, in denen er nichts mehr tun müsse.

SZ: *Spricht für einen aufwendigen Lebensstil.*

Reemtsma: Nein, das heißt wohl eher, daß er von dem Geld eine Menge abzugeben hat. Daraus könnte man schließen, daß er Teil einer größeren Organisation ist und die Geldwäsche über Kanäle läuft, in denen vieles abgezweigt werden muß. Er sagte auch zu mir, er habe nicht soviel geerbt wie ich.

Reemtsma: *Frau Scheerer, nach der Pleite in Luxemburg haben Sie sich dann von der Polizei distanziert?*

Scheerer: Die Polizei hat mir immer gesagt, daß ich entscheiden kann, daß sie mich beraten und daß sie manchmal auch meine Entscheidungen nicht billigen, sie aber immer respektieren. So haben sie sich von Anfang an verhalten, so ist das auch bei mir angekommen. Ich habe auch Entscheidungen getroffen, die der Polizei nicht recht waren.

SZ: *Welche?*

Scheerer: Zum Beispiel keinen Personenschutzsender mitzunehmen, das Geldpaket bei der zweiten Übergabe nicht zu präparieren, keinen Peilsender in den Geldsack zu tun. Auch das erste Geld war nicht chemisch präpariert.

SZ: *Was hat die Polizei dazu gesagt, daß Sie selber als Geldbotin auftraten?*

Scheerer: Erst wollten die das nicht, ich übrigens auch nicht. Das war eine hochdramatische Situation für mich, weil Johann nicht wollte, daß ich das mache und ich ihm gesagt habe, es kann sein, daß ich muß. Ich hatte für den Fall, daß alles schiefgeht, einen Brief geschrieben an Johann und mit dem Anwalt gesprochen, was mit Johann werden sollte für den Fall, daß wir beide umkommen. Das klingt jetzt sehr pathetisch, aber es war absolut realistisch, auch daran zu denken.

SZ: *Hatten Sie irgendwann das Gefühl, daß für die Polizei die Ergreifung der Täter wichtiger sein könnte als die Rettung des Opfers?*

Scheerer: Nein, überhaupt nicht. Herr Daleki ...

SZ: *Der Einsatzleiter, der leitende Kriminaldirektor Michael Daleki, der auch den Kaufhauserpresser „Dagobert" gefangen hat ...*

Scheerer: Er hat mir immer zu verstehen gegeben, daß das Leben meines Mannes an allererster Stelle steht. Er sagte mehrfach, wenn es nach ihm ginge, könnten die Täter das Geld bei ihm zu Hause abholen oder am Polizeipräsidium vorfahren und das Geld einladen, er würde nicht hingucken.

SZ: *Und trotzdem gab es dann neue Vermittler, die Ihr Mann den Kidnappern empfohlen hatte.*

Reemtsma: Ich muß das mal korrigieren. Es hat in der Presse eine Legende die andere abgelöst. Zuerst hat es über uns geheißen, die Frau steht vor dem Nervenzusammenbruch, und der Mann ist vielleicht ganz liebenswürdig, aber ein weltfremder Spinner. Jetzt heißt es, daß wir beide plötzlich die Regie übernommen hätten. Die Frau schmeißt die Polizei raus, und die Geisel nimmt das Schicksal in die eigene Hand. Eine phantastische Schilderung: die Entführer streiten sich, Reemtsma interveniert und schlichtet den Streit der Entführer. So ist das nicht gewesen, so gerne ich von mir irgendeine heroische Geschichte erzählen würde.

SZ: *Sondern?*

Reemtsma: Mein Gesprächspartner im Verlies sagte, wir arbeiten nicht mehr mit Schwenn zusammen. Er hat uns reingelegt. Wir brauchen dritte Personen-Vermittler. Und ich sollte mir Gedanken machen, wer das sein könnte. So fielen mir dann Clausen und Arndt ein.

SZ: *Der Soziologie-Professor und der Pastor, Männer Ihres Vertrauens.*

Scheerer: Ja, das hat Bewegung ins Spiel gebracht, nur ging es dann plötzlich um 30 Millionen. Es mußte also mehr Geld her. Inzwischen hatte ich viele Reuegefühle, was die Präparierung des Geldes bei der ersten Übergabe anging. Ich hatte ursprünglich dafür votiert, weil man mir glaubhaft machte, daß das nicht riskant sei. Aber jetzt dachte ich, das kann ich jetzt nicht mehr machen, es sind ja nun zwei neutrale Vermittler im Spiel. Wenn die Täter dahinterkommen, dann rächen sie sich womöglich an dem Geldboten. Deshalb mußte nun neues Geld her, und das konnten wir so schnell in Deutschland nicht auftreiben. Wir mußten unsere amerikanischen Vermögensverwalter einschalten.

Scheerer: Die haben aus New York angefragt, ob ich einverstanden wäre, daß sie sich Expertenrat von privaten Sicherheitsberatern einholen. Und die ließen sich dann zwei Menschen aus Wiesbaden empfehlen.

SZ: *Ehemalige Mitarbeiter des Bundeskriminalamtes.*

Scheerer: Ja, mit denen haben wir sehr viele Stunden gesprochen, und sie wollten von mir die Erlaubnis, daß sie einerseits die Polizei hundertprozentig informieren und andererseits nochmal bitten, sich trotzdem hundertprozentig rauszuhalten. Das schien mir nun endlich eine korrekte, nach allen Seiten abgesicherte Möglichkeit zu sein.

„Es war eine wahnsinnig leidvolle, eine grauenhafte Zeit."
Ann Kathrin Scheerer

SZ: *Wie lange hat es dann noch gedauert?*

Scheerer: Die Entführer sagten beim nächsten Telephonkontakt, sie seien nicht so schnell und mit ihrer Planung noch nicht durch.

Reemtsma: Die sagten mir: Uns gehen die Ideen aus. Das sagt keiner gerne. Damit bekennt er eine Professionalitätslücke. Die hatten sich auf zwei oder drei Übergaben vorbereitet und mußten sich jetzt wieder etwas einfallen lassen.

SZ: *Apropos Professionalität. Herr Reemtsma, Sie haben sich bei der Polizei für die „exzellente Arbeit" bedankt. War das nur eine höfliche Floskel?*

Reemtsma: Nein. Ich kann natürlich nicht die kriminalistischen Details der Polizeiarbeit beurteilen. Aber was die Betreuung meiner Frau und meines Sohnes angeht: Ich wußte nicht, daß es diese Seite der Polizeiarbeit gibt, in dieser Qualität.

SZ: *Muß das komplizierte Zusammenspiel von Tätern, Opfern und Polizei, dieses Gegeneinander der Interessen, nicht zwangsläufig zu Konflikten führen?*

Scheerer: Ja, solange mein Mann noch gefangen war, war für mich das Fahndungsinteresse nicht so wichtig wie seine Gesundheit. Die Polizei hatte mir aber gesagt, wenn Ihr Mann freigekommen ist, dann wird das für Sie alle ganz wichtig sein, die Täter zu fassen. Damals wollte ich darüber nicht sprechen. Doch ich habe immer überlegt, was würde er machen. Würde er wollen, daß man die Leute möglichst schnell krieg ?

SZ: *Wie wichtig, Herr Reemtsma, ist es für Sie, daß die Täter gefangen werden?*

Reemtsma: Sehr wichtig. Ich denke für jeden, der so etwas hinter sich gebracht hat, ist dies wichtig. Das habe ich nun wirklich am eigenen Leibe erfahren – und das habe ich auch früher schon immer betont, daß für das Opfer eines solchen Gewaltverbrechens die Bestrafung der Täter sehr wichtig ist, um etwas an dem Stück Welt, das kaputtgegangen ist, wieder in Ordnung zu bringen.

SZ: *Ist es für Sie selber auch psychisch wichtig?*

Reemtsma: Ich will diese Leute vor Gericht sehen. Abgesehen davon, daß jede Entführung, die für die Täter schiefgeht, das Risiko für andere Personen, Opfer einer Entführung zu sein, ein wenig mindert.

SZ: *Was ist Ihnen dabei am wichtigsten: Ihre Genugtuung, die Rache oder die Staatsräson?*

Reemtsma: Ich finde, daß Verbrechen dieser Art hart bestraft gehören. Natürlich verspürt man auch Genugtuung, wenn Personen, die einem selbst und der eigenen Familie so etwas angetan haben, dafür büßen müssen. Darüberhinaus bringt eine Bestrafung wieder etwas ins Lot. Ich gebe zu: Ich würde die Täter gerne vor Gericht haben. Ich möchte denen gerne ins Auge sehen.

SZ: *Wie trifft es einen Multimillionär, wenn er 30 Millionen zahlen muß?*

Reemtsma: Das Geld kommt in diesem Vorgang in fast allen Rollen vor, in denen Geld vorkommen kann. Es ist einerseits das, was mir das Leben rettet und andererseits ein großen Haufen Papier.

SZ: *Wie müssen wir uns 30 Millionen Mark auf einem Haufen vorstellen, wieviel ist das etwa?*

Scheerer: Ungefähr 40 Kilogramm, ein Sack voll. Die wollten nur Tausender, gebraucht, Schweizer Franken und DM.

Reemtsma: Unsere Lebensführung wird dadurch nicht beeinträchtigt. Aber dennoch ist es eine Summe, bei der man nicht so tun kann, als wäre sie noch da. Nicht, daß mir das Geld persönlich fehlt, ist ein besonders schmerzlicher Gedanke. Aber was man damit Vernünftiges hätte machen können, anstatt daß solche Lumpe es irgendwo auf den Bahamas verjuxen.

SZ: *Haben Sie für sich selber schon irgendein Fazit, was sich an Ihrer Weltsicht ändern muß?*

Reemtsma: Nein, dazu ist es zu frisch. Es ist ja nicht so, daß es mich überrascht, was es an Verbrechen gibt. Aber man guckt trotzdem mit etwas anderen Augen in die Welt, aber das kann ich Ihnen vielleicht in einem Jahr genauer sagen.

„Ich gebe zu: Ich würde die Täter gerne vor Gericht haben. Ich möchte denen gerne ins Auge sehen."
Jan Philipp Reemtsma

SZ: *Es wird Menschen geben, die sagen: Da ist ein Philantrop in seiner Liebe zu den Menschen furchtbar enttäuscht und grausam bestraft worden.*

Reemtsma: Ich bin niemals ein Philanthrop gewesen. Ich habe keine besonderen Illusionen über die Güte der Menschen. Die kann man nicht haben, wenn man sich einigermaßen ernsthaft mit Geschichte beschäftigt. Ich fühle mich nicht widerlegt in irgendetwas, was ich tue oder getan habe.

Scheerer: Wir machen uns natürlich schon Gedanken, wie sich unser Leben verändern wird. Es wird sich verändern müssen, weil wir jetzt nicht mehr so naiv tun können. Wir werden weitreichende Sicherheitsmaßnahmen zulassen müssen. Ich hatte mit dieser Entführungsangst im Grunde abgeschlossen. Die spielte früher in unserem Leben eine viel größere Rolle. Deshalb hat Jan Philipp jahrelang darauf geachtet, daß er nicht photographiert wurde. Wir haben uns da mit viel Willen rausgearbeitet aus dieser Angst und waren froh, daß unser Sohn wie ein normaler Junge aufwachsen konnte. Das ist natürlich jetzt kaputt. Da müssen wir überlegen, was wir machen.

SZ: *Frau Scheerer, Sie haben vielleicht von Ihnen beiden in den vergangenen Wochen den noch schwereren Part gehabt.*

Reemtsma: Ja, ich bin dieser Meinung.

Scheerer: Wir haben uns beide bestätigt, daß die Rollenverteilung ganz in Ordnung war. Das in dem Keller hätte ich bestimmt nicht ausgehalten. Ich war froh, daß ich etwas tun und Entscheidungen treffen konnte.

SZ: *Der Einsatzleiter Daleki hat Sie eine „außergewöhnlich starke Frau" genannt.*

Reemtsma: Da hat er recht, aber die Charakterisierung überrascht mich nicht. Ich kenne sie schon länger.

SZ: *Was glauben Sie, wie schwer wird es sein, mit dem Erlebten fertig zu werden.*

Scheerer: Es ist jetzt eine Woche her, und wir lesen immer noch die Zeitungen, als würde es jemand anderen betreffen. Aber es war eine wahnsinnig leidvolle, eine grauenhafte Zeit.

Reemtsma: Das war sie bis zum letzten Moment. Noch im Wald, vor der Freilassung, als ich aus dem Kofferraum ausgeladen wurde, hatte ich Todesangst. Ich habe es immer noch für möglich gehalten, daß ich erschossen werde.

SZ: *Schwirrten Ihnen Bilder von Schleyer und Aldo Moro durch den Kopf?*

Reemtsma: Natürlich.

SZ: *Was war das letzte, was Sie mit Ihren Entführern besprochen haben?*

Reemtsma: Ziemlich zum Schluß habe ich zu ihm gesagt: Wenn ihm irgendwann das Geld ausgehe, würde ich ihn persönlich bitten, so etwas nie wieder zu tun. Er hat ein wenig gelacht und gesagt: Vergessen Sie nicht, Sie hatten die de-luxe-Version.

SZ: *Können Sie Ihrerseits darüber lachen?*

Reemtsma: Ich hatte schon die Bemerkung auf der Zunge, ich würde das gerne bei Gericht strafmildernd hervorheben. Dann habe ich aber lieber gesagt: Geben Sie mir Ihre Visitenkarte. Für den Fall, daß jemand gekidnappt werden will, werde ich Sie wärmstens empfehlen.

4.7 Beispiel Experten-Interview

Die Befragung von Fachleuten zu einem ungeklärten und/oder strittigen Geschehen gehört zu den informativsten Interviewformen. Die großen Tageszeitungen, vor allem die Fachzeitschriften und »special-interest«-Magazine machen von dieser Form regen Gebrauch.

Das hier wiedergegebene Beispiel aus dem »Spiegel« (Heft 36/1990) zeigt, wie die bei Experten-Interviews sonst häufigen Fehler und Mängel vermieden werden: Der Fragende stellt zuerst den Rechtsgelehrten Hans Meyer, dann den Anlaß vor, ehe das Problem angesprochen wird. Der Journalist fragt nicht affirmierend, sondern provozierend und einwendend, indem er mit Argumenten den Experten zur Präzisierung und Pointierung seiner (wenig später vom Bundesverfassungsgericht bestätigten) These treibt. Annähernd alle zum Kernthema naheliegenden Fragen werden in argumentationslogisch plausibler Folge gestellt und präzis beantwortet.

Dem vom »Spiegel«-Redakteur Thomas Darnstädt geführten Gespräch ging eine kurze Anfrage mit der Angabe des Themas voraus. Das Interview selbst bestand in einem knapp 30minütigen Telefongespräch, in dessen Verlauf alle wichtigen Punkte in der vorliegenden Reihenfolge abgefragt wurden, das aber keineswegs jenen strengen und knappen Ton der gedruckten Fassung besaß. Aus dem Tonband-Mitschnitt destillierte dann der Interviewer die für den Druck bestimmte, auf Lesbarkeit und Prägnanz ausgerichtete Fassung – auch darin ist dieser Text ein Beispiel für die Kunst des Verknappens und Verdichtens.

Die für den Druck bestimmte Fassung wurde dem Interviewten zur Autorisierung vorgelegt und nur geringfügig abgeändert. Eine der Änderungen betraf eine Äußerung, die Hans Meyer in seiner Erregung über den Gesetzgeber machte: Im Verlauf des Gesprächs nannte er jenes Wahlgesetz »im Grunde eine Gaunerei«, eine Formulierung, die der Interviewer dann auch zur Titelzeile machen wollte. Bei der Autorisierung ersetzte Hans Meyer diesen Ausspruch durch die Formel »eine durchsichtige Manipulation«. Beide Seiten waren sich einig, daß diese milder scheinende Formulierung die bessere ist, da das Wort »Gaunerei« eine zu aggressive Attacke bedeuten und damit Meyers Rolle des neutralen Experten eher schwächen könnte.

„Eine durchsichtige Manipulation“

SPIEGEL-Interview mit dem Frankfurter Jura-Professor Hans Meyer zum gesamtdeutschen Wahlrecht

SPIEGEL: Herr Professor Meyer, Sie haben als Staatsrechtler schon oft zu Konflikten über das Wahlrecht Gutachten abgegeben. Die Grünen wollen beim Bundesverfassungsgericht gegen das Wahlgesetz für die erste gesamtdeutsche Wahl klagen. Haben sie eine Chance?

MEYER: Wenn das Gericht sich als echtes Verfassungsgericht sieht und nicht aus vermeintlicher Staatsräson alle Augen zudrückt, werden die Grünen recht bekommen.

SPIEGEL: Was ist denn verfassungswidrig an dem Vorhaben, den kleinen Parteien zu erlauben, per Listenverbindung mit anderen die Fünf-Prozent-Klausel zu überwinden?

MEYER: Die Möglichkeit für Splittergruppen, Huckepack mit einer größeren Partei ins Parlament zu kommen, entzieht der Fünf-Prozent-Klausel die verfassungsrechtlich notwendige Legitimation: Die Klausel soll ja gerade Zersplitterung im Parlament verhindern.

SPIEGEL: Es kommen ja nicht beliebige Parteien ins Parlament, sondern nur solche, die sich mit einer anderen Partei in einer Liste vereinigen.

MEYER: Es geht gerade nicht um eine echte Listenverbindung, bei der gemeinsam geworben, gemeinsam gekämpft und im Parlament eine Fraktionsgemeinschaft eingegangen wird. Die ganze Verbindung besteht darin, daß der stärkere Partner – eine West-Partei – quasi eine Unbedenklichkeitsbescheinigung für den kleineren beim Bundeswahlleiter abgibt.

SPIEGEL: Immerhin eine Regelung, die kleineren Parteien mehr entgegenkommt als die harte Anwendung der Fünf-Prozent-Klausel.

MEYER: Ja, aber nicht allen. Das Grundgesetz verlangt nämlich strikte Wahlgleichheit.

SPIEGEL: Worin liegt der Verstoß gegen das Prinzip der Gleichheit?

Staatsrechtler Meyer
Privileg für die CSU

MEYER: Bei uns sind nur solche Parteien privilegiert, kleineren ins Parlament zu verhelfen, die in der DDR nicht kandidieren. Das ist in erster Linie die CSU, und das Wahlgesetz nötigt die Grünen, ihren Zusammenschluß mit den DDR-Grünen bis nach der Wahl auszusetzen. Drüben sind nur solche privilegiert, die von den wenigen Huckepack-Berechtigten für „würdig“ befunden werden.

SPIEGEL: Nun hat aber das Bundesverfassungsgericht – gerade in seiner Entscheidung zur Fünf-Prozent-Klausel – Ungleichbehandlungen im Interesse eines funktionsfähigen Parlaments zugelassen, wie sie zum Beispiel ja auch in der Fünf-Prozent-Regel liegen.

MEYER: Wird die Funktionsfähigkeit durch eine Vielzahl kleinerer Parteien zerstört, dann spielt es keine Rolle, ob diese mit oder ohne Huckepack ins Parlament kommen. Die negative Eigenschaft, nicht zu konkurrieren, ist keine Rechtfertigung. Hier geht es um ein maßgeschneidertes Wahlgesetz zugunsten der etablierten Parteien – und ein Privileg vor allem für die CSU.

SPIEGEL: Sehen Sie denn einen verfassungsrechtlich korrekten Weg, den Bürgerrechtsgruppen aus dem Osten ins Parlament zu helfen?

MEYER: Es ist verfassungsrechtlich immer unzulässig, zu sagen, wir wollen, daß bestimmte Gruppierungen ins Parlament kommen; das ist die Aufgabe der Wähler.

SPIEGEL: Aber das Ergebnis dieser reinen Lehre wäre, daß bestimmte DDR-Parteien praktisch chancenlos wären, die Fünf-Prozent-Hürde zu überspringen.

MEYER: Das Bundesverfassungsgericht hat schon früh gesagt, daß Umstände eintreten könnten, unter denen die Fünf-Prozent-Klausel als zu hoch erscheint. Nun liegen diese Umstände vor. Wegen der Kürze der Aufbauphase können die DDR-Parteien mit den etablierten Parteien im Westen nicht chancengleich konkurrieren.

SPIEGEL: Also ist die Fünf-Prozent-Hürde bei gesamtdeutschen Wahlen insgesamt verfassungswidrig?

MEYER: Ja. Korrekt wäre es, die Sperre nicht unerheblich zu senken; mindestens müßte man auf zwei Prozent heruntergehen.

SPIEGEL: Glauben Sie denn, daß all diese Fragen noch vor dem Wahltermin am 2. Dezember in Karlsruhe geklärt werden können?

MEYER: Da ist sogar für eine Hauptverhandlung noch genügend Zeit. Die Sache ist wirklich nicht so schwierig. Im Grunde ist das Gesetz eine durchsichtige Wahlmanipulation.

SPIEGEL: Sind die Bundestags-Grünen überhaupt berechtigt, die Sache vors Bundesverfassungsgericht zu bringen?

MEYER: Ja, sie können eine sogenannte Organklage erheben. Hinter Zulässigkeitsfragen wird das Bundesverfassungsgericht sich aus Gründen der Selbstachtung nicht verstecken.

4.8 Beispiel Menschen-wie-Du-und-ich-Interview

Die in den 50er Jahren auf der Frontseite des »Hamburger Abendblatts« installierte Rubrik »Menschlich gesehen« ähnelt der »human touch«-Spalte vieler anderer Lokal- und Regionalblätter: Personen, die bemerkenswert oder durch ein Ereignis auffällig geworden sind, werden mit einem kurzen, im Feature-Stil abgefaßten Text gewürdigt, dem meist Agenturmaterial zugrunde liegt.

Gelegentlich werden in dieser Spalte aber auch Personen in der Form des erzählten Interviews vorgestellt – wie zum Beispiel der Bettler Peter W. (in »Hamburger Abendblatt« vom 24. Oktober 1996) oder der Lokführer Gerhard Zeits aus Halle, der den ersten Intercity von Hamburg nach Berlin pilotierte (in der Ausgabe vom 28. Juli 1990).

Die Geschichte des Bettlers W. steht exemplarisch für die in jener Zeit rasch angewachsene Schar an Bettlern in Hamburgs City. Das Thema wurde brisant, weil Lokalpolitiker die Einführung einer Bettler-Steuer zur Reinigung verschmutzter Passagen gefordert und daraufhin die Hamburger Innenbehörde ein politisch bedenkliches »Bettler-Papier« vorgelegt hatten. Das Porträt erschien am Tag, an dem unter der Überschrift »Heftige Bürgerschafts-Debatte über Bettler« über die Parlamentsdebatte berichtet wurde (die Vorstöße wurden abgelehnt) – ein journalistisch gelungener Schnappschuß, der die Leser für Augenblicke teilnehmen läßt an der Lebenssituation eines der Betroffenen.

Den Anlaß für das Lokführer-Porträt lieferte die deutsche Bundesbahn mit einer Pressekonferenz am Tag, als die Ost-West-Zugverbindung eröffnet wurde. Die »HA«-Journalistin Renate Schirrmacher, die über den Anlaß berichten sollte, nutzte die Gelegenheit, um rasch noch den Lokführer zu porträtieren: Sie ließ sich von ihm seinen Zug und auch den nur fünf Quadratmeter großen Führerstand zeigen, dann setzte sie sich mit ihm für eine zehnminütige Befragung in ein Zugabteil, ohne Tonbandgerät, nur mit Notizblock. Für die kurze Interviewzeit war das Themenfeld sehr breit: DDR-Lebensgeschichte, Familie, beruflicher Werdegang, Beziehung zur Eisenbahn, der Wechsel auf den IC, die Zukunft der Deutschen und ihrer Eisenbahn. Dennoch gelingt es der Journalistin, aus dem Material eine kleine anteilnehmende Geschichte herauszudestillieren, die Gerhard Zeits' »Liebe zur Eisenbahn« zum roten Faden nimmt.

Menschlich gesehen

Erhabenes Gefühl

Daß er Lokführer werden wollte, wußte Gerhard Zeits schon mit vier Jahren. Heute ist er 55. Am Freitag machte er für die Deutsche Reichsbahn (DR) die erste Fahrt von Berlin nach Hamburg mit dem neuen IC „Max Liebermann", dem „Fliegenden Hamburger 1990". „Es war schon ein erhabenes Gefühl", sagte er, „daß ausgerechnet mir diese Ehre zuteil wurde, auf der traditionsreichen Strecke zu fahren."

Auf einem Bahnsteig in Halle hatte er von der Öffnung der Grenze erfahren. „Das war am 9. November. Ich habe es erst nicht glauben können, am Bahnhof Zoo wurde es mir dann bestätigt", erinnerte sich Gerhard Zeits. „Da sind mir die Tränen gekommen, und ich mußte mich erstmal in eine Ecke setzen." Die heutige Situation bezeichnet er als „noch ein bißchen verworren, nach den Wahlen im Dezember haben wir mehr Klarheit".

Nach Hamburg kam der Berliner zum erstenmal. „Sonst bin ich beruflich viel herumgefahren und möchte es auch bis zu meiner Pensionierung im Jahre 1999. Als die Kinder noch klein waren, hat dies der Familie nicht immer gefallen." Heute ist Sohn Bernd erwachsen und Triebfahrzeugführer bei der S-Bahn. Tochter Bärbel arbeitet als Veterinärmedizinerin und Frau Inge als Fachverkäuferin in einem Textilkaufhaus.

Die Freizeit verbringt das Ehepaar Zeits im Garten in Mahlsdorf, am Stadtrand von Ost-Berlin. Im Urlaub wurde bisher im Riesengebirge gewandert. Jetzt planen beide eine Reise nach Schweden. „Das ist mein größter Wunsch", sagte Gerhard Zeits, der Malmö 1970 auf einer Dienstreise kennenlernte. Wie kommt er in das Land der Mitternachtssonne? „Natürlich mit der Bahn." cleo

Menschlich gesehen

Was will man mehr?

Die meisten Leute gehen mit gesenktem Blick an Peter W. vorbei. Der 52jährige ist Bettler. Seinen vollen Nachnamen will er nicht verraten – aus Angst, sein in Berlin lebender Sohn könne erfahren, daß sein Vater bettelt.

W. hält seine Schiffermütze hin, fragt mit rauher Stimme freundlich: „Haste mal ein, zwei Groschen über?" 20 bis 30 Mark nehme er am Tag ein, schätzt W., „wenn's 40 Mark sind, ist das sehr viel". Wer etwas anderes behaupte, rede Quatsch. Manche Menschen bringen ihm etwas zu essen. „Wenn ich Platte mache, steht morgens manchmal eine Thermoskanne mit Kaffee da – und ein Teller mit Brötchen. Was will man mehr?"

Früher sei er Klempnermeister gewesen. „Ich bin durch die Scheidung abgesackt", erzählt er. Das war vor fünf Jahren. Er sei alkoholabhängig geworden. „Ich bin malochen gegangen, doch der Alkohol hat mich immer wieder den Job gekostet." Dann begann er zu betteln. Vom hochprozentigen Alkohol sei er jetzt weg, trinke nur noch Bier.

Die Passanten am Jungfernstieg in Hamburg reagieren unterschiedlich auf den bärtigen Mann. „Natürlich bekomme ich auch doofe Antworten. Manche sagen: Geh doch arbeiten. Dann sag ich: Was glaubst du, was ich hier mache?" Sozialhilfe will er nicht. „Einmal war ich auf dem Sozialamt. Ich sollte tausend Behördengänge machen – nee." W. lebt nicht nur vom Betteln. Oft fährt er mit einem Zirkus durchs Land. „Ich brauch meine Tiere", sagt er. Warum er nicht immer beim Zirkus bleibt? „Da hat man nie Feierabend." gae

4.9 Beispiel Interview-Supplement

Verschiedene Tageszeitungen nutzen die mit dem Interview-Supplement verbundene Möglichkeit, ihren aktuellen Ereignisbericht um einen personengebundenen Aspekt zu erweitern: Während der Bericht den Sachverhalt nüchtern wiedergibt, kann das flankierende Interview eine Expertenmeinung, die Sicht des Hauptbeteiligten, das Erlebnis eines Augenzeugen oder eines Betroffenen zum Ausdruck bringen. Bericht und Interview stützen sich wechselseitig.

Die in Kassel erscheinende Regionalzeitung »Hessisch-Niedersächsische Allgemeine« führte in ihrem Lokalteil Ende der 80er Jahre für den genannten Zweck die Gelegenheitsrubrik »Kurz gefragt« ein. Das hier gezeigte Beispiel veranschaulicht die mit diesem Instrument gegebene Möglichkeit der Themenvertiefung: Das Redaktionsmitglied Ulrich Exner besuchte die vom »Bund der Steuerzahler« veranstaltete Pressekonferenz. Thema: Ergebnisse eines Gutachtens über den Haushalt der Stadt Kassel. Anwesend war auch der Verfasser des Gutachtens, Finanzwissenschaftler Kurt Reding. Im Fortgang der Pressekonferenz stellten sich dem Berichterstatter einige naheliegende Fragen – Grund genug, den Gutachter um ein Kurzinterview zu bitten. Ulrich Exner blieben 15 Minuten zur Vorbereitung, dann legte er dem Experten seine vier Fragen vor. Er notierte sich die Antworten in Stichworten. Nach gut zehn Minuten war das Interview beendet. In der Redaktion formulierte er die Aussagen von Kurt Reding aus und faxte den druckfertigen Text zur Autorisierung an den Interviewpartner; der akzeptierte ohne Wortänderung. (Erst am nächsten Tag bemerkte der Journalist, daß er im Eifer des Interviewens übersehen hatte, daß die erste Antwort Redings eine nachfassende Frage verlangt hätte; so blieb es beim Abfrage-Interview.)

Inzwischen nutzen viele Tageszeitungen die Möglichkeiten des Interview-Supplements vor allem im Lokalteil. Bei Durchsicht der im Jahr 1996 gesammelten Beispiele fällt indessen auf, daß eher ausnahmsweise die supplementäre Funktion des Interviews getroffen wird. Neben der mangelnden Präzision fällt es den Interviewern oftmals schwer, die Perspektive der Leserschaft zu übernehmen und durch genaues Nachfragen für Klärung (etwa einer Position), für nutzwertige Informationen oder konkrete Anschaulichkeit zu sorgen. (Hier als Beispiel: Lokalteil der »Süddeutschen Zeitung« vom 8. August 1996. Im Vergleich hierzu ist unser »HNA«-Faksimile von 1990 mustergültig.)

Stadt Kassel

Dienstag, 20. November 1990

Bund der Steuerzahler ließ Kasseler Haushalt prüfen

Trotz guten Willens in Finanznot

Kassel (uex). Dem Patienten, der Stadt Kassel, geht es den Umständen entsprechend schlecht. Er hängt zu sehr am Tropf des Landes und lebt über seine Verhältnisse. Das behandelnde Ärzteteam, der Magistrat, aber leistet saubere Arbeit, tut, was in seinen Kräften steht. So können die Ergebnisse eines Gutachtens über die finanzielle Lage der Stadt Kassel zusammengefaßt werden, die der Bund der Steuerzahler Hessen gestern vorstellte.

Kassel steuert trotz guten Willens auf eine finanzielle Notlage zu. Die Stadt muß unbedingt sparen und zu diesem Zwecke auch auf geplante Investitionen verzichten, sie zumindest verschieben. Diese Schlüsse zieht der Bund der Steuerzahler Hessen aus der „Haushaltsanalyse Kassel", die GhK-Professor Dr. Kurt Reding im Auftrag des Steuerzahlerbundes erstellt hat.

Angesichts der schwierigen finanziellen Lage, so der Vorsitzende des Bundes, Paul Morell, empfehle seine Organisation der Stadt, weniger Kredite als vorgesehen aufzunehmen. Schon jetzt belaufe sich die Pro-Kopf-Verschuldung in Kassel auf 4100 Mark. Insgesamt stehe die Stadt mit rund 800 Millionen Mark in der Kreide.

Geringe Personalkosten

Positiv bewertete der Steuerzahlerbund die relativ geringen Personalkosten der Stadt, die in den vergangenen Jahren weniger stark gestiegen seien als in den vergleichbaren Städten Darmstadt und Wiesbaden. Schlecht schneide Kassel dagegen beim Vergleich der Investitionen ab. Gerade das finanzschwache Kassel, so Morell, sei in diesem Bereich mit 144 Millionen Mark der Ausgabenkrösus.

Kritik an der Investitionstätigkeit der Stadt gab es auch von Professor Dr. Kurt Reding. Der an der Kasseler Uni lehrende Haushaltsexperte bemängelte, daß Investitionen zum Großteil nicht aus der eigenen Tasche bezahlt werden, sondern auf Zuschüssen des Landes Hessen beruhen. Es sei schließlich nicht gesichert, daß die Gelder aus Wiesbaden auch in Zukunft in dieser Form fließen. Folgekosten und Risiko verschiedener Investitionen könnten das Konto der Stadt dann arg belasten.

Reding hielt aber auch Streicheleinheiten für den Kasseler Magistrat bereit. Kassel habe in den vergangenen zehn Jahren versucht, sich an den eigenen Haaren aus dem Sumpf zu ziehen, lobte er die Haushaltspolitik des Magistrats.

Stadtkämmerer Wolfram Bremeier reagierte mit Genugtuung auf das Gutachten. Es weise nach, daß die Stadt alle Möglichkeiten der Haushaltskonsolidierung genutzt habe. Bremeier verteidigte die Investitionstätigkeit der Stadt. „Investitionen fördern die Wirtschaftskraft," sagte der Kämmerer, „und führen langfristig zur Stärkung der Stadt." Weniger zu investieren hieße, den Rückwärtsgang einlegen.

Kurz gefragt

Prof. Dr. Kurt Reding

Verbesserungen wären denkbar

Gut ein Jahr haben GhK-Professor Kurt Reding und seine Mitarbeiter Eberhard Göbel und Matthias Joseph die Haushaltsführung der Stadt Kassel begutachtet und analysiert. Das für viele überraschende Ergebnis: Der Magistrat hat verglichen mit anderen hessischen Großstädten recht gut gewirtschaftet. Dennoch gibt es Verbesserungsvorschläge. Mit Professor Reding sprach unser Redaktionsmitglied Ulrich Exner.

Sie stellen der Kasseler Haushaltsführung ein gutes Zeugnis aus. Gibt es dennoch etwas zu verbessern?

Reding: Wir hatten nicht erwartet, daß Kassel bei der Haushaltsanalyse so gut abschneidet. Aber es gibt natürlich immer etwas zu verbessern. Die hohen Gewerbesteuerhebesätze, die hohen Abgaben für die Bürger und die starke Abhängigkeit des Haushalts von den Landesmitteln zum Beispiel, da wären Änderungen denkbar.

Sie kritisieren auch, daß Kassel ein wenig über die Verhältnisse lebt. Wo könnte gespart werden?

Reding: Sparen ist kein Wert an sich. Aber wenn Schulden gemacht werden, dann sollte man sehr darauf achten, wofür, und welche Folgekosten damit verbunden sind. Bestimmte Investitionen könnten zum Beispiel durch Privatisierungen vermieden werden. Ich denke da beispielsweise an die Müllverbrennung.

Gibt es Bereiche, in die noch mehr Geld investiert werden sollte?

Reding: Die Stadt sollte sich darüber Gedanken machen, mehr Geld in die Infrastruktur zu stecken. Zum einen in Verkehrsanbindungen, die besonders den Unternehmen zugute kommen. Zum anderen kann ich mir auch vorstellen, daß sich Investitionen in den öffentlichen Personennahverkehr lohnen könnten.

Stichwort Unternehmen. Wie könnte Kassel für Industriebetriebe interessanter werden?

Reding: Kassel braucht ein gezieltes Standort-Marketing, muß sich nach außen hin besser verkaufen. Außerdem sollte einmal daran gedacht werden, die Genehmigungsverfahren bei der Ansiedlung von Unternehmen zu straffen. Weniger Bürokratie wäre da sicher sinnvoll.

Süddeutsche Zeitung Donnerstag, 8. August 1996

Nachgefragt

Wann wird Alkohol gefährlich?

Felix Tretter, Suchtspezialist am Bezirkskrankenhaus Haar

Rund zwei Millionen Menschen greifen in Deutschland regelmäßig zur Flasche. Es sind vor allem Männer, die vom Alkohol nicht lassen können. Ihre Frauen leiden oft stumm mit – aus falschem Schuldbewußtsein, aus Scham. Was kann der Partner tun? Wieviel Biere sind eins zuviel? Und welche Hilfen gibt es nach einem Entzug? Wir sprachen mit Felix Tretter, dem Suchtspezialisten am Bezirkskrankenhaus Haar.

SZ: *Wann ist man Alkoholiker?*

Tretter: Ob jemand Alkoholiker, also köperlich abhängig ist, erkennt man, wenn ihm ohne Alkohol unwohl wird. Im schlimmsten Fall schwitzt und zittert man in der Früh beim Aufstehen, weil der Alkoholpegel gesunken ist, und kann sich erst nach einer Halben Bier die Zähne putzen. So jemand muß sofort und unbedingt klinisch auf Entzug gehen. Körperlich schädlich kann aber auch das gewohnheitsmäßige Trinken sein. Bei Männern ist der jahrelange Konsum von etwa drei Halben Bier pro Tag aus medizinischer Sicht wegen dem erhöhten Risiko einer Leberzirrhose bedenklich. Bei Frauen veranschlagt man die Hälfte.

SZ: *Vor der körperlichen gibt es die psychische Abhängigkeit.*

Tretter: Und auch diese Grauzone zwischen Gewohnheit und Abhängigkeit ist gefährlich. Psychisch abhängig in milder Form ist beispielsweise schon jemand, der immer, wenn er einen Schweinsbraten ißt, nur Bier dazu trinkt. Denn er ist konditioniert darauf. Hier kann man sich selbst überprüfen, indem man versucht, vier oder sechs Wochen ohne Alkohol auszukommen.

SZ: *Was kann ich tun, wenn ich vermute, daß mein Partner psychisch abhängig ist?*

Tretter: Wenn jemand feststellt, daß er sich mit seinem alkoholisierten Partner unwohl fühlt, sollte er offen mit ihm reden. Wenn der Betreffende dann zu verstehen gibt, daß er lieber auf den Partner als auf den Alkohol verzichten will, ist die Abhängigkeit ohnehin schon sehr deutlich. Dann helfen nur Beratungsstellen oder Selbsthilfegruppen weiter.

SZ: *Was sollen Angehörige auf keinen Fall tun?*

Tretter: Schlecht ist, dem Partner nachzustöbern, ihm Schmerzmittel zu besorgen oder ihn von der Arbeit abzumelden. Das verlängert nur sein Suchtproblem.

SZ: *Wer muß zur Entgiftung?*

Tretter: Wer über Monate, Jahre viel getrunken hat, sollte den Alkohol unter ärztlicher Betreuung in einer Klinik absetzen, weil komplizierte Entzugssymptome auftreten können. Meist sind bereits Herz-Kreislauf-Störungen vorhanden, oder die Leberfunktion ist eingeschränkt. Auftreten können auch Krampfanfälle oder sogar ein Delirium.

SZ: *Tut eine Entgiftung weh?*

Tretter: Eine Entgiftung ist nicht schmerzhaft. Sie wird medikamentös gestützt und dauert etwa eine Woche.

SZ: *Was kommt nach der Entgiftung?*

Tretter: Dann beginnt der Hauptteil der Therapie. Um sein Verhalten umzustellen, braucht man bei fortgeschrittener Abhängigkeit in der Regel eine mehrere Monate währende vollstationäre Entwöhnungstherapie.

SZ: *Selbsthilfegruppen unterstützen diesen Prozeß?*

Tretter: Ich empfehle eine Therapie und anschließend eine Beteiligung an einer Selbsthilfegruppe, möglichst lebenslang. Denn diese Solidargemeinschaft bietet die Möglichkeit, auch Alltagsprobleme, die zu Rückfällen führen können, zu besprechen.

SZ: *Ohne Selbsthilfegruppe wird man eher rückfällig?*

Tretter: Studien zeigen, daß das Risiko um bis zu 20 Prozent höher ist.

Interview: Monika Maier-Albang
Photo: Andreas Heddergott

4.10 Beispiel Prominenten- und Helden-Interview

Yves Saint-Laurent, Joop oder Lagerfeld: Mit einem dieser bunt schillernden Modekünstlern ein interessantes Gespräch zu führen, erscheint einfach – und ist doch besonders schwer. Der Grund ist naheliegend: Prominente (zumal aus der Modebranche) sind meist egozentrisch und darauf aus, ein bestimmtes Bild von sich öffentlich zur Schau zu stellen. Folglich spielen sie bei ihren Medien-Auftritten mit den immer gleichen Phrasen und Attitüden eine festgelegte Rolle, die längst zum Klichee erstarrt ist. Interviews mit solchen Heldengestalten wirken meist langweilig, weil deren Sprüche und Posen hinreichend bekannt sind. Mit medienerfahrenen Promis originelle und zugleich informative Gespräche zu führen, ist also besonders schwer – und selten.

Zu diesen raren Ausnahmen gehört das Interview mit dem in Paris lebenden Modeschöpfer Karl Lagerfeld, das der »Stern«-Redakteur Sven Michaelsen gemeinsam mit der Frankreich-Korrespondentin Stefanie Rosenkranz geführt und in Heft 44/1996 veröffentlicht hat.

Michaelsen hat Glück. Denn die Antwort auf die entscheidende Frage – Wer oder was verschafft mir den Zutritt zu dem launischen Workoholic Lagerfeld? – wurde ihm abgenommen: Die Frau seines Ressortleiters ist Modechefin bei »Marie Claire« und verfügt über exzellente Beziehungen zu Lagerfeld. Diese private Verbindung funktioniert auch als Vertrauensbonus: Großzügig räumt Lagerfeld, der sonst für Journalisten höchstens neunzig Minuten Zeit hat, drei volle Stunden ein.

Nachdem der Termin vereinbart ist, läßt sich Michaelsen aus der G+J-Datenbank alles geben, was unter dem Stichwort »Lagerfeld« zu finden war. Die Suche ergibt rund 900 Texte aus den verschiedensten Medien, die erzählen, wie es in der Modebranche zugeht, welche Denk- und Wertemuster dort gelten. Die Auswertung zeigt zudem, was Lagerfeld schon alles öffentlich gesagt hat und darum nicht erneut gefragt werden sollte. An die Auswertung schließen sich Gespräche mit Modejournalisten, dann die telefonische Befragung von Freunden und Gegnern, Geschäftspartnern und Konkurrenten Lagerfelds an. Hier geht es darum, Lagerfelds Eigenheiten kennen- und einschätzen zu lernen. Zudem liefern die Freunde und Partner der Hauptperson oftmals gute Statements, die der Interviewer während des Gesprächs als stimulierende, konfrontierende oder schmeichelnde Zitate benutzen kann. (Forts. Seite 209)

»Wer heute als schön gilt, wird morgen kaum noch zum Putzen bestellt

Ist Karl Lagerfeld der amüsanteste Deutsche? Im STERN spricht der Mode-Zar über Musen und mönchische Entsagung, Hellseherei und Bodybuilding, den Katastrophengeschmack unserer Politiker und Models, die als Scheuerfrau enden

Selbstporträt von Karl Lagerfeld mit dem deutschen Model Christina Kruse

FOTO: KARL LAGERFELD

STERN: Herr Lagerfeld, haben Sie schon an »All about Ev gerochen?

LAGERFELD: Was soll das denn sein?

STERN: Die jüngste Parfüm-Kreation Ihres Hamburger Kol gen Wolfgang Joop.

LAGERFELD: Ich kenne niemanden, der das hat. Wie ist es den

STERN: Es riecht ein wenig nach Kindershampoo.

LAGERFELD: In Zeiten von Pädophilie ist das vielleicht ga clever.

STERN: Bei Interviews versäumt es Herr Joop kaum einm Sie ekstatisch zu rühmen.

LAGERFELD: Der spricht zuviel von mir. Der sollte mal me von sich selber reden. Ich scheine ja eine Obsession für den sein. Dabei habe ich gar nic gegen den Jungen.

STERN: Immerhin haben Sie Her Joop mal als »Flohzirkus-Dire tor« verhöhnt.

LAGERFELD: Das hatte auch sein Grund. Den habe ich aber leid nicht mehr parat. Ich vergesse schnell, daß ich nachher gar nic mehr weiß, warum ich mit den Le ten verkracht bin.

STERN: Sind Sie rachsüchtig?

LAGERFELD: Vergebung zählt nicht meinem Wortschatz. Kriemhil verkörpert das Ideal meiner L bensauffassung. Als in Frankrei ein Buch mit niederträchtigen B hauptungen über mich erschie habe ich mich von meinem Cha feur zu Pariser Buchhandlung fahren lassen. Da habe ich da alle Exemplare aufgekauft und v dem Laden in die Mülltonne g worfen. Beim Rausgehen sagte i »Wenn Sie diesen Schmutz na bestellen, kaufe ich bei Ihnen r wieder!«

Wolfgang Joop

»Joop spricht zuviel von mir. Der sollte mal mehr von sich selber reden. Ich scheine ja eine Obsession für den zu sein«

STERN: Herr Joop hat kürzlich in einem Aufsatz zu erklären versucht, weshalb so viele Modemacher…

LAGERFELD: …das mit der Bisexualität? Der sollte erst einmal Schreiben lernen, einen Stil finden. Herr Joop ist kein Tucholsky.

STERN: Sie erzählen gern, daß Sie nach »Aventüren mit Männern und Frauen« Ihren Geschlechtstrieb in den Vorruhestand geschickt haben. Zwingt Sie die Bürde, rund 2500 Kleidungsstücke im Jahr entwerfen zu müssen, zu mönchischer Entsagung?

LAGERFELD: Ich habe ja jung mit Sex angefangen und allerlei erlebt. Da ist man distanzierter als einer, der da lange drauf gewartet hat. Wenn mir Leute meines Alters heute erzählen, wie toll das noch für sie ist, kann ich das nicht ertragen. Die können machen, was sie wollen – ich möchte es nur nicht wissen. Sex ist ein schönes Spielzeug für junge Leute, später bloß noch ein banaler Gebrauchsartikel.

STERN: »Wenn Männer über 40 noch über Sex reden, ist das indezent«, haben Sie mal dekretiert.

LAGERFELD: Da ich über 50 bin, bitte ich um ein anderes Sujet.

STERN: Jil Sander…

LAGERFELD: …die kenne ich gar nicht.

STERN: Die beiden berühmtesten deutschen Modemacher sind sich noch nie begegnet?

LAGERFELD: Nein.

STERN: Karriere-Dominas lieben Jil Sander. Wie finden Sie ihre Mode?

LAGERFELD: Herbe. Aber Qualität. Das Leben soll ja auch kein dauernder Schleiertanz sein. Da ist wenigstens Disziplin im Image, und sie hat ganz hübsche Werbung. Aus Deutschland kommt ja sonst nichts.

STERN: Eine Haarspange von Chanel kostet 240 Mark. Beim Versandhaus Quelle, für das Sie neuerdings arbeiten, kostet ein Lagerfeld-Abendkleid schlappe 245 Mark. Ruinieren Sie die Haute Couture?

LAGERFELD: Das mit Quelle finde ich amüsant und modern. Mailorder ist die Zukunft.

STERN: Mode basiert auf Distinktions-Gewinn. Wenn jeder Lagerfeld trägt, wird bald niemand mehr Lagerfeld tragen wollen.

LAGERFELD: Ich glaube an zwei Arten von Snobismus: ganz teuer und ganz preiswert. Nur das trostlose Mittel deprimiert mich.

STERN: Zürnen Ihnen die Chanel-Eigentümer wegen Ihres Quelle-Jobs?

LAGERFELD: Nein. Nur gewöhnliche Leute ärgern sich.

STERN: Sie arbeiten für ein halbes Dutzend Firmen auf Provisionsbasis. Sind Sie zu feige, Ihr eigenes Modehaus zu gründen?

LAGERFELD: Ich bin gern Söldner und lege meine Eier in verschiedene Körbchen. So kann ich jeden gegen jeden ausspielen.

STERN: Ein VW Golf wird in 20 Stunden gefertigt. Sie haben unlängst ein Kleid präsentiert, bei dem allein die Stickereien 1280 Arbeitsstunden verschlungen haben.

LAGERFELD: Die Frau meines Bankiers hatte mir zu Weihnachten einen bestickten Parade-Stab aus Indien geschenkt. Der hat mich dann für dieses teuerste Abendkleid der Welt inspiriert.

STERN: Der Preis?

LAGERFELD: Gut eine Million Franc. Es ist viel gekauft worden.

STERN: Weltweit gibt es weniger als 300 Couture-Kundinnen. Wie viele von denen kennen Sie persönlich?

LAGERFELD: Die Frauen, die am meisten kaufen, sieht man am wenigsten. Die bestellen per Telefon, wie bei Quelle.

»Da ist Disziplin im Image, und sie hat hübsche Werbung. Aus Deutschland kommt sonst nichts«

Jil Sander

Anschließend lassen sie sich die Kleider mit ihren Privatflugzeugen zur Anprobe einfliegen.

STERN: Sind da auch die Mätressen der Russen-Mafia dabei?

LAGERFELD: Die nimmt Chanel nicht, da wird schon aufgepaßt. Außerdem verlangt es die Russinnen eher nach Fendi-Pelzen. Bei denen ist es ja kalt. Die kommen dann in die Boutiquen mit Koffern voller Banknoten.

STERN: Ist die Lästerzunge Lagerfeld eigentlich beliebt in Frankreich?

LAGERFELD: Manche Journalisten scheinen wütend zu sein, daß Chanel Juden gehört und von einem Deutschen geführt wird. Die schreiben immer was von »Kaiser Karl« und »Blitzkrieg«, und wie aggressiv ich wäre. Ich habe allerdings auch gar nicht den Ehrgeiz, nett zu erscheinen. Dazu bin ich zu snobistisch.

STERN: Warum wirken Sie beim Schlußdefilee Ihrer Schauen stets ein wenig mißvergnügt?

LAGERFELD: Ich hasse Front-Promotion. Das ist nicht mein Stil. Mein Traum wäre, daß man mich nie sehen könnte. Eigentlich möchte ich nur als aggressiver Schatten existieren.

STERN: Daß Claudia Schiffer vergangenes Jahr 8,3 Millionen Mark verdient hat, verdankt sie zu einem guten Teil Ihnen. Jetzt arbeitet sie für Ihren Erzfeind Yves Saint Laurent. Welche Gefühle hegen Sie derzeit für Frau Schiffer? →

Yves Saint Laurent und Claudia Schiffer

»Bei Yves weiß Claudia endlich, wie sie aussehen wird, wenn sie so alt ist wie ihre Mutter Gudrun«

LAGERFELD: Kann man da von Gefühlen sprechen? Claudia sagt, sie hätte bei Yves Saint Laurent endlich die Eleganz entdeckt. Ich kann verstehen, daß dieser Modeschöpfer für sie interessant ist: Da weiß sie endlich, wie sie aussehen wird, wenn sie so alt ist wie ihre Mutter Gudrun.
STERN: Noch kürzlich priesen Sie Frau Schiffer als »die schönste Blondine der letzten 20 Jahre«. Jetzt verkünden Sie auf einmal, Sie hätten »dunkelhaarige Frauen schon immer faszinierender gefunden«. Warum sind Sie derart treulos zu Ihrer »Kloodia«?
LAGERFELD: Der Model-Beruf basiert auf gewissen Ungerechtigkeiten. Wer heute als schön gilt, wird morgen kaum noch zum Putzen bestellt. Die Mädchen müssen wissen, daß Mode wie Krieg ist, mit Schlachtfeldern und Massengräbern. Nur Linda Evangelista wird bei jedem Foto-Shooting neu geboren.
STERN: Die Agentur-Gründerin Eileen Ford sagt: »Wenn Karl ein Mädchen auswählt und erklärt: ›Die ist die Schönste‹, dann ist sie es, weil Karl es sagt.« Ist die Lagerfeld-Weihe tatsächlich eine Garantie für die Weltkarriere eines Models?
LAGERFELD: Das ist eine liebe Frau, aber da hat sie unrecht. Ich kann ein Mädchen nur fünf Minuten vor den anderen entdecken. Als ich Nadja Auermann kennenlernte, sah die gar nicht so gut aus. Die war zu dick mit zu dünnen Beinen. Aber ich wußte: Das wird klappen!
STERN: Beraten Sie sich, bevor Sie ein neues Chanel-Gesicht präsentieren?

Nadja Auermann

»Die sah gar nicht so gut aus, zu dick mit zu dünnen Beinen. Aber ich wußte: Das wird klappen!«

LAGERFELD: Ich bin Gott sei Dank nicht beeinflußbar. Außerdem habe ich immer nur eine Vision. Den Chanel-Leuten sage ich dann nur noch, was sie für das Mädchen zahlen sollen.
STERN: Für drei Millionen Mark haben Sie Stella Tennant als neues Chanel-Gesicht verpflichtet. Kritiker attestieren der 25jährigen den »Teint einer Untoten«. Ist Stella Tennant das Gesicht zur Rezession oder, wie Sie kühn behaupten, »der Traum der modernen Frau im späten 20. Jahrhundert«?
LAGERFELD: Für die junge Generation ist Stella der moderne Prototyp. Claudia ist dagegen eine Barbie-Puppe. Neulich hat hier Stephane Marais geschminkt, der berühmteste Make-up-Artist. Als er das Bild von Claudia an der Wand sah, sagte er: »Würde jemand bitte dieses Foto abhängen. Ich kann das Mädchen nicht mehr sehen.«
STERN: Sie nennen Stella Tennant Ihre Muse. Ist das nicht bloß so ein doofes Reklame-Wort?
LAGERFELD: Überhaupt nicht. Da ich kein Chanel trage, muß ich meine Mode auf eine bestimmte Frau projizieren. Das muß sein Typ sein, der für mich das Lebensgefühl des Augenblicks verkörpert. Man muß seine Idole verbrennen, um neue schaffen zu können.
STERN: Muß eine Muse Sie auch zerebral stimulieren?

Amber Valletta

»Dann machen wir da eben etwas auf ihre Nippel drauf«

LAGERFELD: Doof sollte sie nicht sein. Sie sollte auch ne sein. Man muß ja mit der auskommen. Nötig ist da aber nicht.
STERN: Der Philosoph Adorno bemerkte einmal, »da unsere Phantasie gerade von jenen Frauen entflammt wird denen Phantasie abgeht«.
LAGERFELD: Das scheint mir doch eher das persönliche Problen dieses Herrn zu sein.
STERN: Sie haben kürzlich mit einem fünfmarkstückgroße Chanel-Top Furore gemacht. Wie sind Sie auf diesen soge nannten Nipple-protector gekommen?
LAGERFELD: Amber Valletta erzählte mir bei Tisch, ihr Dokto hätte gesagt, sie würde Brustkrebs bekommen, wenn sie ihr Nippel in der Sonne zeigt. Da habe ich gesagt: »Dann mache wir da eben etwas drauf wie die Augenklappe bei einer Piraten.«
STERN: Verkauft sich der Nipple-protector?
LAGERFELD: Durchaus. Auf einem Mordsbusen würde der vie leicht ein bißchen obszön wirken. Für Veronica Ferres ist e aber auch nicht gedacht.
STERN: Soziologen behaupten gern, Modetrends entstünden i den Subkulturen. Eine bemooste Sicht?
LAGERFELD: Früher war das mal so. Doch die Subku turen sind derart vampirisiert worden, daß sie sic nicht mehr erneuern können. Mode ist ein Beru für Vampire.
STERN: Sie verlassen Ihre Schlösser und Palais nu höchst ungern. Woher nimmt einer, der Mensche flieht, die Witterung für knospende Lebensge fühle?
LAGERFELD: Ich vermeide die Realität, wann imme ich kann, trotzdem weiß ich alles über sie. Die Welt kommt z mir und erzählt, was vorgeht. Das sind meine unbezahlte Spione. Ich bin so neugierig, ich hätte Concierge werden solle
STERN: Kennen Sie einen Supermarkt von innen?
LAGERFELD: Ich liebe Supermärkte, aber ich kann da schlecht hi gehen. Die Leute zeigen doch gleich mit dem Finger auf mic Das ist unangenehm und lächerlich.
STERN: Dann gehen Sie doch mal in einen Techno-Keller. Da i es dunkel.
LAGERFELD: Ich mag es nicht, deplaziert zu sein. Ich kann mich fi Leute interessieren ohne den geringsten Wunsch dazuz gehören. Ich bin eigentlich wie so ein Wissenschaftler, d Maikäfer beobachtet.

»Für die Jungen ist Stella der moderne Prototyp. Claudia ist dagegen eine Barbie-Puppe«

Stella Tennan

TERN: Haben Sie Bodyguards, wenn Sie doch einmal vor die Tür müssen?

AGERFELD: Ja, wegen der Versicherung. Am besten, man bleibt u Hause.

TERN: Spiegelgeile Eitelkeit ist zum beherrschenden Kultur-hänomen geworden. Sind Leute wie Sie daran schuld?

AGERFELD: Der Narzißmus ist durch Aids explodiert. Die Leute ind isolierter, und jeder ist sein eigenes Idol. Durch die Wer-ung werden die Leute auf Erotik gedrillt, die dann gar nicht usgelebt wird. Da ist viel Fassade und Prätention dabei. Ich ehe doch, wie die Models in Wahrheit nur sich und ihren Kör-er-Narzißmus im Kopf haben. Das ist ein Zeitphänomen – on dem wir Couturiers allerdings sehr komfortabel leben.

TERN: Wann wird Sie Mode endlich langweilen?

AGERFELD: Ich bin da so ein bißchen doof und bilde mir ein, eine wichtigste Kollektion kommt erst noch.

TERN: Sie sind doch längst überfällig fürs Burn-out-Syndrom.

AGERFELD: Je mehr ich arbeite, desto besser sind meine Ideen. Das putscht sich hoch wie bei einer Nymphomanin, die unfä-ig ist, einen Orgasmus zu kriegen.

»Er war der letzte gutangezogene Politiker. Heute trägt man doch die ganze Woche über Weekend-Kleidung«

ERN: Wollen Sie Schule machen?

GERFELD: Ich war mal Lehrer in Wien. Da habe ich gemerkt, aß mich Schüler nicht interessieren. Die fühlten sich alle vom apitalismus unterdrückt. Da habe ich gedacht: »Ihr armen inder! Ihr haltet euch schon für Opfer, dabei seid ihr nicht al brauchbar.«

ERN: Deutsche Politiker gefallen sich in Batik-Bindern, müll-mergrauen Hosen und Waschseidenblousons à la Klaus Kin-el. Können Sie diesen Katastrophen-Geschmack erklären?

GERFELD: Sie vergessen das eigentliche Mode-Drama: schrum-elige Socken und der Blick auf behaarte Männerschenkel. rauenhaft! Der letzte gutangezogene Politiker in Deutsch-nd war Walther Rathenau. Vielleicht sind Minister aber ich nur deshalb so horribel gekleidet, weil die Wahlbürger lber ein Schreck sind. In Deutschland trägt man doch die nze Woche über Weekend-Kleidung.

ERN: Würden Sie denn einem Ihre Stimme geben, der zum ahlkampf im Gehrock von Gaultier erscheint?

GERFELD: Das käme auf die Beine an.

ERN: Bei wem kaufen Sie Ihre Kleidung?

GERFELD: Ich gehe zweimal im Jahr nach Ladenschluß Yamamoto und Comme des Garçons. Ich trage nur ch Schwarz und Weiß.

ERN: Ist der Diamant an Ihrer Krawatte echt?

GERFELD: Ja, das war aber ein Präsent. Ich kaufe mir ber keine Diamanten. Ich bekomme oft so Sachen schenkt: eine Wohnung mit Personal auf Lebenszeit oder einen Bentley. Das ist mir manchmal schon peinlich.

STERN: Aus welchem Grund schenken Ihnen Leute mal eben einen Bentley?

LAGERFELD: Da habe ich jemandem einen Tip gegeben, und der hat damit 29 Millionen Franc verdient. Dafür kann man ja mal einen Bentley schenken, oder?

STERN: Sie erwägen den Abschied von Ihrem Mozartzopf. Werden Sie uns demnächst mit einem Schweineborsten-Haarschnitt schockieren?

LAGERFELD: Mein Traum ist eine Glatze, aber die bedarf aufwendiger Pflege.

STERN: Derzeit tragen Sie morgens Trockenshampoo von Klorane auf, um Ihre Haare weiß zu färben. Das kostet auch Zeit.

LAGERFELD: Das geht bei mir in drei Sekunden.

STERN: Aber Trockenshampoo rieselt einem doch immer so aus den Haaren.

LAGERFELD: Ein wenig. Das sehen Sie ja wohl an meinem Jackett.

STERN: Welchen Körperteil finden Sie bei einer Frau am erotischsten?

LAGERFELD: Die Stelle, wo der Rücken endet und der Po beginnt.

STERN: Und bei Männern?

LAGERFELD: Für ein Parfüm haben wir mal eine Studie in Auftrag gegeben. Da kam heraus, daß Frauen bei Männern die zwei Grübchen am Po am erotischsten finden.

STERN: Sie hatten gerade 58. Geburtstag. Was hat Ihnen Ihr Butler zum Fest-Frühstück gereicht?

LAGERFELD: Getrocknete Pflaumen und einen Pokal mit Pepsi-Light.

STERN: Pepsi? Neben Ex-Kanzler Helmut Schmidt gelten Sie doch als der bekannteste Cola-trinkende Deutsche.

LAGERFELD: In die Cola-Light in Frankreich haben die neuerdings einen Zusatz reingetan. Die schmeckt jetzt wie Mundwasser.

STERN: Getrocknete Pflaumen – machen Sie in Makrobiotik?

LAGERFELD: Da wird man grau und häßlich von. Es gab mal ein bildschönes Model aus Finnland. Als sie mit Makrobiotik anfing, bekam sie Pickel, eine Kraterlandschaft, furchtbar. Wissen Sie, was sie dann machte? Putzfrau!

STERN: In Ihrem Badezimmer steht ein Stepmaster. Betreibt denn ein Dandy Bodybuilding?

LAGERFELD: Früher habe ich das viel gemacht. Man wird dabei angenehm dumm. Heute ist mir das zu unkreativ. Das Leben ist kein Schönheitswettbewerb, und in meinem Alter brauche ich meinen Popo ja nicht mehr zu zeigen.

STERN: Denken Sie über ein Face-Lifting nach?

LAGERFELD: Um mich dann drei Wochen nicht rasieren zu können? Da habe ich andere Probleme. Ich finde zum Bei- →

»Vielleicht sind Minister so horribel gekleidet, weil die Wahlbürger selber ein Schreck sind«

spiel 80jährige viel amüsanter als junge Leute. Denen ist alles langweilig. Richtige Konversation können in Frankreich nur Leute zwischen 70 und 90.

STERN: Sie haben in Berlin das Schloßhotel Vier Jahreszeiten eingerichtet. Welchen Eindruck haben Sie von unserer Hauptstadt?

LAGERFELD: Gar keinen. In Deutschland gehe ich nicht auf die Straße. Da werde ich angefaßt. Außerdem bin ich nicht gern auf Baustellen, und Berlin ist eine.

STERN: Als Gage bekamen Sie lebenslanges Wohnrecht in der Lagerfeld-Suite des Hotels. Die wird dann wohl bald ein wenig muffig riechen.

LAGERFELD: Die können Sie für 3500 Mark am Tag mieten, Frühstück inklusive. Meine persönlichen Sachen werden dann aber rausgenommen.

STERN: Sie lassen fremde Leute in Ihrem Bett schlafen?

Lagerfelds Lust

»Die Cola-Light in Frankreich schmeckt jetzt wie Mundwasser«

LAGERFELD: Die Matratze wird vorher entfernt. Eine stinkende Klappe, das fehlte noch!

STERN: Was tragen Sie im Bett?

LAGERFELD: Lange, weiße Nachthemden. Mit meinem offenen weißen Haar sehe ich dann aus wie ein Gespenst. Im Sommer schlafe ich unter einer weißen Hermelin-Decke, im Winter unter Zobel.

STERN: Sie arbeiten für das Pelzhaus Fendi. Schämen Sie sich denn gar nicht?

LAGERFELD: Entschuldigt sich ein Schlachter für sein Tun? Panther nehmen wir ja schon lange nicht mehr, und Nerze sind doch wie bösartige Ratten. Wenn ich in Amerika bin, schreien die Leute »Karl ist ein Mörder!« und wollen mir Senf ins Gesicht schmieren. Als wären Gucci-Taschen aus Kunststoff…

STERN: Was fürchten Sie?

LAGERFELD: Krankheit. Ich mag nichts, was ich nicht dominieren kann.

STERN: Fürchten Sie sich vor den Armen?

LAGERFELD: Man muß sich mehr vor den Reichen fürchten.

STERN: Sie sollen 20 Millionen Mark im Jahr verdienen. Wer managt Ihr Vermögen?

LAGERFELD: Herr Friedländer, ein reizender kleiner Jude. Ich vertraue nur Juden meine Geschäfte an. Bei anderen hätte ich Zweifel.

STERN: Wer erbt Ihr Vermögen?

LAGERFELD: Da gibt es zwei Probleme: Viele Erben habe ich bereits überlebt, außerdem hasse ich die Erben meiner Erben.

STERN: Wer Sie enerviert, fliegt aus dem Testament?

LAGERFELD: Stellen Sie Herrn Joop auch solche Fragen, oder sprechen Sie mit dem nur über Schönheitsoperationen?

STERN: Finden Sie die Deutschen neidisch?

LAGERFELD: Das beste ist, man kennt nur Leute, die mehr Gel haben als man selber. Da hat man keine Probleme.

STERN: Haben Sie Freunde?

LAGERFELD: Man soll von Leuten nicht zuviel erwarten. Ich leb sehr gut alleine. Mein Lieblingswochenende ist: Freitagaben nach Hause kommen und bis Montagmorgen kein Wo sprechen. Nur Lesen und Daydreaming. Vielleicht bin ic gewissenlos und oberflächlich, aber das macht das Lebe angenehm.

STERN: Lieben Sie jemanden?

LAGERFELD: Das hätten Sie mich vor Jahren fragen sollen.

STERN: Kennt ein Snob wie Sie Tollwut und Blutrausch?

LAGERFELD: Weniger und weniger. Die Gleichgültigkeit ist wi Efeu an mir hochgewachsen.

STERN: Werden Sie Memoiren schreiben?

LAGERFELD: Eine Bekannte von mir, eine sehr mo däne Lesbierin, hatte sich kurz nach dem Krieg i die Garbo verliebt. Als sie die Garbo nach ein Begebenheit aus den 30er Jahren fragte, erhielt s zur Antwort: »I don't remember, because I was n happy.« Ich mache es genauso. Was mir nicht hu dertprozentig gefällt, kommt in den Mülleim der unnötigen Erinnerungen und wird vergesse Daher kann ich gar keine Memoiren schreibe Zudem will ich den Leuten nicht die Freud machen, daß sie in meinem Leben eine Rolle gespielt haben

STERN: Wie dürfen wir uns Karl Otto Lagerfeld als Kind vo stellen?

LAGERFELD: Ich wurde von meiner Mutter ermutigt, frech z Leuten zu sein. Sie war sehr cool und hatte immer das letz Wort. Sie machte sich auch über meinen Vater lustig, und ic lachte mit. Der arme Mann. Er war so lieb.

STERN: Konnten Sie sich mit Ihrer Mutter aussprechen?

LAGERFELD: Wir hatten keine Geheimnisse. Auch wenn ich v Lust-Greisen aggressiert wurde, erzählte ich ihr das sofort.

STERN: Ihr Vater hat mit Glücksklee-Dosenmilch Millione gemacht. Wurden Sie nach Art der Pfeffersäcke trotzde kurzgehalten?

LAGERFELD: Überfluß war der Normalzustand zu Hause. Me Vater meinte immer: »Kleidung ist das allerwichtigste So konnte ich schon als Kind so viele Maßhemden u Maßschuhe haben, wie ich wollte.

STERN: Hatten Sie wenigstens als Kind mal so etwas w Hemmungen oder Komplexe?

LAGERFELD: Als Kind, als sehr junger Mensch hatte ich das G fühl: Egal, was du machst, dir kann keiner widerstehen! I kam mir wie ein Heiligtum vor, viel zu schade für dieses tris Nachkriegsdeutschland. Das war schon beängstigend.

»Linda wird bei jedem Foto-Shooting neu geboren«

Linda Evangelista

Wenn ich mich mit damals vergleiche, bin ich heute schüchtern und bescheiden.
STERN: Bei Ihrer Erziehung muß wohl was falsch gelaufen sein.
LAGERFELD: Mit Erziehung wurde ich nie belästigt. Meine Mutter sagte nur: »Wenn du mir auf die Nerven fällst, kommst du ins Internat.« Mehr an guten Ratschlägen war nicht.
STERN: Ihre Mutter war bereits 42, als Sie zur Welt kamen.
LAGERFELD: Sie hatte schon eine Tochter, aber da sie Frauen haßte, wollte sie unbedingt noch einen Jungen haben.
STERN: Warum wollte Ihre Mutter Sie nicht stillen?
LAGERFELD: Sie sagte: »Ich habe doch keinen Dosenmilch-Fabrikanten geheiratet, um mir das Dekolleté mit Muttermilch zu verspritzen.« Statt dessen bekam ich eben Glücksklee.
STERN: Waren Sie gut in der Schule?
LAGERFELD: Ich habe mich dauernd selbst krankgeschrieben, und sonst bin ich immer mit Schwadronieren durchgekommen. Dafür wurde ich dann von meinen Mitschülern gebührend gehaßt. Meine Mutter sagte immer: »Karl, du mußt die Zusammenhänge kennen. Der Rest steht im Lexikon.«
STERN: War Ihre Mutter sehr froh, als Sie mit 14 nach Paris gingen?
LAGERFELD: Sie sagte selbst: »Du mußt hier raus. Hamburg ist das Tor zur Welt, aber nur das Tor.« Was hätte ich dort auch tun sollen?
STERN: Ein Hotel führen vielleicht.
LAGERFELD: Entsetzlich. Das wäre ein Puff geworden.
STERN: Was ist aus Ihrer Schwester geworden?
LAGERFELD: Die lebt in Amerika und ist ein betont lieber Mensch, nicht so wie ich. Die kümmert sich nur um arme Leute und so etwas. Die hat auch nie darunter gelitten, daß meine Eltern mich so vorzogen.
STERN: Erstickt sie heute wenigstens in Chanel?
LAGERFELD: Wenn ich ihr was schicke, gibt sie das gleich armen Leuten.
STERN: Ende der 50er Jahre prophezeite Ihnen eine Hellseherin: »Sie müssen wählen: entweder Familien- und Sexleben oder Karriere. Beides geht nicht.« Einem Ondit nach sollen Sie dieser Dame jahrelang hörig gewesen sein.
LAGERFELD: Das war eine dicke Türkin mit den schönsten türkisfarbenen Augen. Was sie mir voraussagte, ist alles passiert. Das Todesdatum meines Vaters, alles stimmte. Ich bin dann alle zwei Jahre hingegangen und habe keine wichtige Entscheidung ohne sie getroffen. 1987 klingelte in meinem Wagen das Telefon. Madame sagte: »Ich sehe, Sie fahren gerade zu einer Vertragsunterzeichnung. Auf Seite sieben des Dokuments hat sich ein Fehler eingeschlichen, der gegen Sie spielen wird.« Sie hatte recht. Eine Sekretärin hatte sich vertippt.
STERN: Kurz bevor die Dame mit über 90 starb, schrieb sie Ihnen, daß sie ein Licht um Sie sehe.
LAGERFELD: Ich bin inzwischen mein eigenes Medium.
STERN: Sie hören Stimmen?
LAGERFELD: Nur solche, die mich selber betreffen.
STERN: Wem wären Sie lieber nie begegnet?
LAGERFELD: Mir selber.

Mit Lagerfeld sprachen die STERN-Redakteure Sven Michaelsen und Stefanie Rosenkranz.

Aus diesem Recherchematerial formuliert der »Stern«- Reporter rund hundert Fragen, die er in eine Abfolge bringt: Der rote Faden des Interviews wird festgelegt. In Paris eingetroffen, setzt sich Michaelsen mit der »Stern«-Korrespondentin Stefanie Rosenkranz zusammen, die sich ihrerseits Fragen überlegt hat. Nach einer Stunde haben beide ihren definitiven Fragenkatalog mit Themen für mehr als drei Stunden beisammen.

Die zwei Journalisten waren auf 13 Uhr in Lagerfelds Stadtpalais bestellt. Doch dort hat man zunächst keine Zeit. Mannequins und Designer, Fotografen und Requisiteure flitzen geschäftig durch die Räume. Nach drei Stunden Wartezeit – Lagerfelds übliche Masche, Journalisten zu beeindrucken – kommt endlich der Meister persönlich und bemerkt nicht ohne Arroganz: »Sie sehen ja selbst, was hier jeden Tag alles los ist«. Man beginnt zu plaudern. Gegen 17 Uhr machen die Mitarbeiter Feierabend, die 16-Zimmer-Villa versinkt in Stille. Nun erst beginnt das eigentliche Gespräch. Es endet lange nach Mitternacht.

Eines dürfe ihnen nicht passieren, wußten die beiden Interviewer: daß sich Lagerfeld langweilen würde. Sie folgen der im Umgang mit narzißtischen Persönlichkeiten bewährten Interviewer-Regel: »Du mußt dem Affen Zucker geben«. Soll heißen: Man bedient die Eitelkeit mit Zitaten aus dem Fundus der Vorrecherche. Plumpes Anbiedern freilich wäre kontraproduktiv. Die Strategie funktioniert, Lagerfeld empfindet die Fragen als originell, die Fragenden als gut informiert – und das Gespräch als »amüsant«, wie er zum Abschied sagt: In seiner Sprache das größtmögliche Kompliment.

Das Gespräch dauerte acht Stunden, die Tonbandabschrift ergab 250 Seiten. Wenn man das gedruckte Interview zügig liest, benötigt man acht Minuten. Alles ist weggelassen, was man schon andernorts über den Modemacher erfahren hat: Ansichten über aktuelle Trends in der Mode, über die Arbeit des Modedesigners, die Bedeutung des Modischen und so weiter. Michaelsen wollte beim Kürzen und Verdichten des Skripts natürlich Lagerfelds boshafte Scharfzüngigkeit, darüber hinaus aber auch seine intellektuelle Eleganz im Wechsel von Frage und Antwort herausstellen. Die durch die Komprimierung entstandene Verfälschung liegt in der Prägnanz: Während Lagerfeld im gedruckten Interview präzis antwortet, gab er sich im Gespräch zuweilen als weitschweifiger Plauderer.

Ob er die zum Druck bestimmte Fassung gegenlesen und autorisieren wolle, fragten die beiden Interviewer beim Abschied. »Ich vertraue Ihnen, weil ich Ihren Chef kenne«, meinte Lagerfeld, und fügte an: »Wenn Sie mir eine Äußerung in den Mund legen, die sich nicht auf dem Tonband findet, hetze ich Ihnen aber meinen Anwalt auf den Hals – und das kommt Sie teuer zu stehen«. Man weiß von früheren Interviews, daß dies keine leere Drohung ist. Als dann das Interview veröffentlicht war, schrieb Lagerfeld aus Paris an die Reporter, die Lektüre des gedruckten Interviews sei »amüsant« gewesen. Wie gesagt: Lagerfelds Superlativ.

Zweites Kapitel:

WIE MACHT MAN EIN INTERVIEW?

Vorbereitung und Durchführung von Befragungen, Interviews, Gesprächen

Übersicht

Wie bereitet man sich auf ein Interview vor? Soll man dem Interviewpartner ankündigen, was man ihn fragen will? Geht man besser zu ihm – oder soll er in die Redaktion kommen? Gibt es erlaubte und unerlaubte Frageformen? Wie soll man eine Befragung, wie ein Gespräch steuern? Darf der Interviewer auch mal argumentieren und debattieren? Was eigentlich bedeutet es, wenn der Interviewpartner die Beine übereinanderschlägt, sich zurücklehnt und uns die Schulter zeigt?

Dieses Kapitel gibt Hinweise und Anleitungen für die Interview-Praxis in der Presse und im Rundfunk. Die Reihenfolge der Abschnitte entspricht dem Arbeitsablauf: Von der Wahl des Interviewpartners über die inhaltliche Vorbereitung und die Organisation des Interviews zur Durchführung des Dialogs.

Der erste Abschnitt

Der zweite Abschnitt

Der dritte Abschnitt

1. Die Interview-Vorbereitung

Man trifft immer wieder Journalistinnen und Journalisten, vor allem vom lokalen Hörfunk, die stolz darauf sind, daß sie ganz unvorbereitet zum Interviewtermin erscheinen und locker vom Hocker ihren Interviewpartner mit Fragen bedrängen. Nur so entstünde das hautnahe, spontane Gespräch, heißt es, nur so könne man die naheliegenden und unverbildeten Fragen formulieren, wie sie auch die Radiohörer stellen würden.

Unterstellt, diese Kolleginnen und Kollegen hätten Recht und würden unterhaltsame Interviews besonders gut 'rüberbringen', wenn sie ganz unbefangen und auch unwissend auf ihren Partner zugingen: Es würde ihnen gleichwohl nur ein bestimmter Interviewtyp gelingen. Man könnte ihn das *Plauderinterview* nennen. Denn der Interviewer reagiert nicht auf schwerfällige Antworten, er faßt nicht nach, er lotet das Problem nicht aus, er erkennt die ausweichende Antwort nicht – und so weiter.

Plauderinterviews sind – Formulierstärke und Reaktionsschnelle vorausgesetzt – gute radiophone Unterhaltung, sofern der Interviewpartner das Thema gut darstellen kann und/oder über sich gerne redet. Mit anderen Worten: Plauderinterviews verfolgen meist den sehr eingeschränkten Zweck der Personenselbstdarstellung etwa im Rahmen einer Prominenten- oder Heldenbefragung. Sobald es aber um die nähere Darlegung eines Sachverhalts oder die genauere Begründung einer Meinung, einer Beurteilung geht, die beleuchtet und gedeutet werden soll, kommt eine Plauerei kaum je zum Ziel.

1.1 Den Interviewpartner gewinnen

Es liegt auf der Hand: Der erste Schritt der Vorbereitung gilt der Wahl des Interviewpartners: Wer ist für mein Thema die richtige Person?

Natürlich steht bei den personenzentrierten Interviews – etwa dem Stardirigent, der zum Festspiel in unsere Stadt kommt – die Person fest: Sie selbst ist das Thema. In diesen Fällen sind die Bemühungen zunächst darauf gerichtet, einen Interviewtermin zu erhalten.

Bei Personen des Showbusiness ist dies meist kein Problem. Schwieriger ist es bei bedeutenden Personen, die eher scheu sind, und bei den viel gefragten Stars, die einen überbuchten Terminkalender haben und zuerst die Massenmedien mit hohem Renommee bzw. großer Reichweite berücksichtigen – und dann erst das Regional- und Lokalmedium. Oft muß da der Lokaljournalist die Trommel rühren und der prominenten Person (bzw. deren Agenten oder Pressereferenten) die Bedeutung dieser Zeitung oder dieses Radios und den Informationsbedarf des Publikums klarmachen.

Wenn nun aber zum Thema die Person noch gefunden werden muß, dann fällt die Wahl auf jene, die kompetent ist im Sinne der *interessanten Rolle* (siehe 1. Kapitel), die zudem *redegewandt* ist und *eigenständig* zu formulieren vermag.

Der zögerliche, sich fortgesetzt absichernde, die Aussagen relativierende Sachbearbeiter oder Experte ist für ein Interview uninteressant. Darum beginnt die Vorbereitung mit der Abklärung der Eigenschaften und Eigenheiten der fraglichen Person (etwa durch die Befragung Dritter).

Handelt es sich um eine *Hauptperson* oder um einen *Interessenvertreter,* dann muß mitunter auch mal Druck gemacht werden, damit die befragte Person nicht ausweicht. Manchmal hilft ein Hinweis, daß es der Sache diene, wenn die Person ihren Standpunkt darlege. Gelegentlich kann man auch erwähnen, daß der Vertreter der Gegenseite (wie: der Mieterverband gegen den Hausbesitzerverein oder umgekehrt, der Konkurrent der Gegenpartei, bzw. der Geschäftsführer des Konkurrenzunternehmens) für ein Interview bereits vorgemerkt sei.

Bei den viel beanspruchten *Personen der Zeitgeschichte* muß um den Interviewtermin oft regelrecht gekämpft, um die Interviewzeit gefeilscht werden. Man sollte nichts unversucht lassen und alle Register ziehen: Den Presseleiter einspannen, eine einflußreiche Person um Vermittlung bitten oder einen gemeinsamen Bekannten aufbieten.

Der angefragten Person muß deutlich gemacht werden, daß der Verzicht auf ein Interview *ihr zum Nachteil* gereichen könnte.

1.2 Die Planung des Interviews

Der äußere Rahmen prägt das Interview oft in weit einschneidenderem Maße, als das Interviewthema. Darum sollten diese Rahmenbedingungen sehr genau bedacht, wenn möglich geplant werden (siehe Abschnitt 1.5).

1.2.1 Die Interviewzeit aushandeln

Für Printmedien gilt: Während zehn Minuten kann der Interviewer in der Regel höchstens vier Fragen stellen. Gerät er an einen Vielredner, bringt er unter Umständen in derselben Zeit nur zwei oder drei Fragen unter. Während der Vorbereitung hat er – sagen wir – acht wichtige Fragen notiert, drei oder vier weitere Anschlußfragen werden sich aus den Antworten zusätzlich ergeben.Um nun dieses Fragen-Programm unterzubringen, wird der Interviewer fast eine halbe Stunde Zeit benötigen.

Dieses Zeit-Budget gilt unabhängig davon, wieviel Platz nachher für die Publikation zur Verfügung steht. Ein Interview sollte um so stärker bearbeitet und verdichtet werden, je knapper der Platz ist. Auch hier gilt als Regel, daß höchstens die Hälfte dessen, was der Partner sagt, auch gedruckt werden kann. Es sollten stets mehr Fragen gestellt werden, als anschließend zu veröffentlichen sind.

Eine zu knapp veranschlagte Interviewzeit führt meist zu einem flüchtigen Abfragen verschiedener Aspekte. Aus Angst, die wichtigen Punkte nicht ansprechen zu können, hetzt der Interviewer den Partner von Frage zu Frage. Beide stehen unter Streß – entsprechend verkrampft und sprunghaft entwickelt sich der Dialog. Der einzig mögliche Weg, wenn nur sehr wenig Zeit zur Verfügung steht (unterste Grenze: 10 Minuten), lautet: drei oder vier Fragen nur zu *einem* Aspekt stellen, nach dem Motto: Lieber in die Tiefe als in die Breite.

Für den Hörfunk gilt: Um ein möglichst kompaktes und themenzentriertes Interview zustande zu bringen, muß zusätzlich zur eigentlichen Interviewzeit ein sogenanntes *warming-up* eingeplant werden, eine Vorweg-Plauerei, während der die fragliche Person sich entkrampfen soll und der Interviewer das Sprechverhalten kennenlernen muß: Ist der Interviewpartner eher verschlossen und wortkarg, unklar im Ausdruck oder ein Vielschwätzer, der sich selbst gerne reden hört? Je nachdem wird der

Interviewer eine spezifische Interviewführung wählen – vorausgesetzt, er hat sich insgesamt genug Interviewzeit reserviert.

Vermutlich wird das eigentliche Interview in der ganzen Länge nicht zu gebrauchen sein. Trotz Vorgespräch wird sich der Interviewpartner wiederholen, also zu zwei verschiedenen Fragen dieselbe Antwort geben, außerdem wird er auf eine andere Frage ein kurzes Referat über sein Lieblingsthema halten. Man wird also nur einen Ausschnitt veröffentlichen oder das Interview solange wiederholen, bis es sitzt – was wiederum Zeit kostet.

Handelt es sich um ein Live-Interview, dann muß der Interviewer sicher sein, daß er während der – sagen wir – 180 Sekunden Sendezeit vier Fragen und vier Antworten unterbringt. Dies gelingt meist nur, wenn er die fragliche Person in einem Vorgespräch eingewiesen hat, für das genug Zeit zur Verfügung stehen muß (siehe 5. Kapitel: Das Interview im Hörfunk).

Generell gilt also, daß unter Zeitdruck keine guten Interviews zustande kommen.

1.2.2 Die Interviewart wählen

Zu unterscheiden sind zwei Arten, die eine je eigene Vorbereitung verlangen: das *telefonisch* und das persönlich im *direkten Dialog* geführte Interview.

Telefonische Interviews sind vor allem für kürzere Beiträge die Regel: Das Kurzinterview für die Lokalseite (Beispiel: »Badische Zeitung«) oder im Rahmen der vielen Magazinstunden der Lokalradios ist wegen des geringen Aufwands meist leichter zu erhalten. Es bezieht sich oft auf ein tagesaktuelles Ereignis, das erläutert oder gedeutet werden soll. Über telefonische Vorgespräche sollte die verbale Eignung des Gesprächspartners (kann er sich kurz und prägnant ausdrücken?) geprüft, aber auch eine erste Bekanntschaft geschlossen werden.

Das Telefon ist ja eine unpersönlich wirkende, weil indirekte Kommunikationsform, die (zumindest anfangs) deutlich formeller abläuft, als der direkte Dialog. Der Angerufene kann das Interviewbegehren als Überfall empfinden. Die Anfrage und das Vorgespräch sind deshalb wichtige Vorbedingungen für eine gute Gesprächsatmosphäre.

Bei der Vorbereitung ist auch zu berücksichtigen, daß in der quasi-anonymen Situation des Telefongesprächs nicht gut aufdringlich oder sehr persönlich gefragt werden kann. Zudem sollten die Fragen kurz sein, längere Ausführungen verwirren den Interviewpartner eher, da ja einzig die akustische Kommunikation funktioniert. Entsprechend kürzer werden auch die Antworten ausfallen. Darum gliedert der Interviewer das Thema in viele *kurze Frageschritte* und vermeidet in aller Regel Überfallfragen.

Der direkte (unvermittelte) Dialog, bei dem sich die beiden Interviewpartner gegenübersitzen, ist bei verschränkten oder personenzentrierten Interviews der telefonischen Befragung stets vorzuziehen. Vor allem, wenn der Interviewer nicht nur einwendende, sondern auch kontroverse Argumente einbringen, gar Widersprüche aufzeigen möchte, soll das Gespräch *von Angesicht zu Angesicht* geführt werden.

Gegenüber der telefonischen Befragung, die durch die Abfolge der Fragen vom Interviewer gesteuert werden muß, bietet der direkte Dialog eine breite Palette an Instrumenten der Interviewführung und Dialogsteuerung.

Der Interviewer kann am Ort der Begegnung ein kleines *Aufwärm-Gespräch* über Belangloses (das Bild an der Wand, der letzte Urlaub, die nette Sekretärin im Vorzimmer) führen, um die Atmosphäre zu entspannen. Er kann sein Gegenüber beobachten, wie er sich etwa zu seinen Mitarbeitern, der Sekretärin verhält; wie er eingerichtet und gekleidet ist: wichtige Hinweise, die helfen, den Gesprächspartner besser einzuschätzen, gegebenenfalls auch persönliche Dinge anzusprechen.

Vor allem kann der Interviewer auf der nonverbalen Kommunikationsebene Signale geben und empfangen, so zum Beispiel Aussagen unterstreichen, aber auch die Körpersprache seines Gegenüber wahrnehmen und interpretieren (siehe Abschnitt 3).

Da der Interviewer im direkten Dialog die Ausführungen seines Gesprächspartners stets im kommunikativen Zusammenhang erfährt, kann er meist spontaner, auch intuitiver agieren und reagieren als bei der telefonischen Befragung. Darum gilt: Wenn schon mal unvorbereitet interviewt werden muß, dann eher im Rahmen eines *direkt* geführten als in einem telefonischen Gespräch.

So kommt es, daß aus direkten Gesprächssituationen – während der Einweihungsfeier, im Verlauf des Empfangs, während der Premierenpause oder auf der Tribüne des Fußballstadions – gelegentlich ein Interview hervorgehen kann, immer vorausgesetzt natürlich, daß der Gesprächspartner über die spontan geborene Interview-Idee sogleich ins Bild gesetzt wird. Anderenfalls darf der Dialog nicht als geformtes Interview aufbereitet werden (siehe 3. Kapitel: Medienrecht).

Spontan-Interviews: Oft wird die Interviewidee nicht in einem Gespräch, sondern im Verlauf einer Veranstaltung geboren, die einem anderen Zweck dient: Da organisiert die Ärztekammer eine Fachtagung, veranstaltet der Turnverein sein Jahresfest, gibt der Mieterverband eine Pressekonferenz – und während der Veranstaltung entdeckt der geladene Journalist, daß der Gastreferent, der neu gewählte Vorsitzende oder der beigezogene Fachmann interessante Informationen auf unterhaltsame Art darzustellen weiß: Diese Frau oder dieser Mann könnte sich für ein Interview (meist als Supplement zum Veranstaltungsbericht) eignen.

Der Journalist sollte die Idee nicht sogleich in die Tat umsetzen, sondern um einen Interviewtermin – wenn möglich gegen Ende oder nach der Veranstaltung – bitten, damit ihm eine minimale Vorbereitungszeit zur Verfügung steht, um sein Thema einzugrenzen und einen Fragenablauf zu entwickeln. Er benötigt die Zeit aber auch, um die Lokalitäten auszukundschaften. Denn der Ort prägt das Interviewgeschehen wesentlich mit.

1.2.3 Den Interviewort bestimmen

Für die Durchführung des *direkten Dialogs* bieten sich drei verschiedene Orte an (auch wenn der Journalist natürlich nicht immer die Wahl hat): in der Redaktion, beim Interviewpartner (zuhause oder im Büro), an einem für beide Seiten fremden dritten Ort.

Auf neutralem Boden: Findet das Interview an einem *dritten Ort* statt, dann sollte der Journalist dafür zu sorgen, daß sein Partner nicht abgelenkt werden kann und die Gesprächssituation ungestört bleibt.

Wir denken an den gehetzten Politiker wie auch den international gefragten Wissenschaftler, der während der Tagung nur rasch drei Stuhlreihen weiter hinten in lautem Flüsterton sein Interview gibt – und dabei mit den Augen das Geschehen im Saal verfolgt, einem vorbeigehenden Kollegen zulächelt und mit einem Ohr dem Referat des Redners vorne am

Pult folgt: Solche Interviews liefern bestenfalls ein paar Zitate, als Ganzes bleiben sie meist flüchtig, weil die Antworten viel zu oberflächlich sind.

Es lohnt sich, nach einem kleinen Nebenraum, einem Konferenz- oder Hinterzimmer Ausschau zu halten. Vor der Wahl, entweder ohne weiteren Zeitverlust in einer Ecke des Plenarsaals spontan das Interview zu führen, oder aber zunächst fünf Minuten in die Suche nach einem abgeschirmten Raum zu investieren, würde ich mich stets für letzteres entscheiden: Das Gespräch wird trotz des Zeitverlusts dichter, die Aussagen werden prägnanter, das Interview insgesamt viel interessanter. Diese Regel gilt natürlich in besonderem Maße für *Hörfunkjournalisten,* die das akustische Umfeld einbeziehen müssen.

Die für Kombattanten und Verhandlungspartner richtige Erkenntnis, daß der Ort der Verhandlung wenn möglich neutral sein, also keinem der beiden Kontrahenten zum Vorteil gereichen solle, gilt für das journalistische Interview nicht.

Die asynchrone Interviewsituation, vor allem die Doppelrolle des Journalisten als Gesprächspartner und zugleich als Repräsentant der (Medien-)Öffentlichkeit hat zur Folge, daß die befragte Person gefühlsmäßig eher aus der Defensive heraus reagiert: Sie sieht sich bedrängt, geht auf Abwehr, tritt die Flucht nach vorn an und/oder versucht gar die Angriffsverteidigung. Dies zeigt sich mitunter daran, daß der Interviewpartner auf unangenehme Fragen überraschend aggressiv oder häufiger wortkarg reagiert. Von diesem Verhaltensmuster ausgenommen sind natürlich die Prominenten, die sich mit Hilfe dieser schrecklichen Gefälligkeitsinterviews ins Rampenlicht stellen wollen und den Interviewer nur als Stichwortgeber behandeln.

Der vertraute Ort: Weil der Interviewer darauf angewiesen ist, daß sein Gesprächspartner möglichst offen und entkrampft spricht, wird er alle Anstrengungen unternehmen, den Interviewort in das vertraute Umfeld seines Interviewpartners zu legen. Wo genau, das soll dann die zu befragenden Person bestimmen, denn sie soll den Heimvorteil genießen können: in einem ruhigen Raum in der Firma, der Verwaltung oder dem Institut, vielleicht auch im Gästehaus der Stiftung oder – ganz zurückgezogen – im privaten Arbeitszimmer. Sehr viele Interviewpartner werden gesprächiger und offener, wenn sie sich in ihrer *vertrauten Umgebung* aufhalten: sie fühlen sich gleichsam gewappnet, um den Attacken des nachfragenden Journalisten standhalten zu können. Nicht von ungefähr finden konfrontativ geführte Spiegel-Gespräche wenn möglich an einem vom Interviewpartner gewählten Ort statt.

Hörfunkjournalisten, die ihr Interview bei ihrem Interviewpartner führen und aufzeichnen, sollten dafür sorgen, daß kein Telefon, kein Taschenpipser und auch kein Armband-Chronometer sich störend bemerkbar machen kann. Auch sollte der Interviewpartner seine Sekretärin, so er über eine verfügt, veranlassen, daß sie während der Interviewaufnahme jede Art der Störung unterläßt (so zum Beispiel auch das Hereintragen von Kaffee oder Erfrischungsgetränken): Sie sollten vor oder nach der Aufnahme serviert werden.

Wenn auch nicht mit derselben Strenge, so gilt dies sinngleich auch für *Printmedien-Interviews,* denn jede Störung bedeutet Konzentrationsverlust. Hat man ein sehr langatmiges Interview vereinbart (mehr als 40 Minuten Dauer), dann empfielt es sich, nach vielleicht 30 Minuten eine kurze Pause anzubieten, etwa, damit der Interviewpartner ein wichtiges Telefonat erledigen oder Kaffee servieren lassen kann.

Im Feindesland: Aus organisatorischen Gründen muß das Interview manchmal in der Zeitungsredaktion geführt werden. Dies kann problematisch werden, wenn eine insistierende Befragung mit vielen kritischen Einwendungen beabsichtigt ist: Der Interviewpartner fühlt sich in Feindesland und reagiert schroff.

Der Journalist ist darum gut beraten, wenn er bei der Interviewvorbereitung relativ viel Zeit für das »Auftauen« reserviert und sich eine Reihe vertrauensbildender Maßnahmen überlegt: Eine kleine Führung durch die Redaktion und/oder die Druckerei; ein kleines Gespräch über den Wandel in der Zeitungtechnik und die Folgen der Computerisierung für die Redaktionsarbeit – und so weiter; vor Interviewbeginn eine Erfrischung servieren lassen oder, noch besser, selbst besorgen und auftischen (= Gestus des Bedienens).

Schon bei der Vorbereitung sollte man an die Intervieweröffnung denken: Sie darf nicht allzu schroff sein. Und was viele Interviewer plötzlich vergessen, wenn sie sich in ihren vier (Büro-)Wänden aufhalten: Auch sie sollten sich von nichts und niemandem stören lassen. Jede Redaktion sollte über einen Raum mit angenehmer Atmosphäre verfügen, mit einer Telefonsteckdose (Kabel herausziehen!) und einem Haken an der Türe, an den man das Schild »Nicht stören!« hängen kann.

Vertrauensbildenden Maßnahmen: Hörfunk- und Fernseh-Interviews finden wegen des apparativen Aufwands meistens im *Studio* statt. Zur Fremdheit des Ortes kommt noch die hochtechnische Umgebung mit Mikrofonen, Regiepult hinzu, beim Fernsehen außerdem Kamera und Beleuchter. Auch wenn der Interviewpartner gelassen wirkt: Tief innen spürt er Aufregung, oft auch Angst oder Panik, die das Maß des (bei den meisten Menschen ganz normalen) Lampenfiebers drastisch übersteigt. Angst führt zu Verkrampfung, verkrampfte Menschen können nicht offen und frei sprechen. Also sollte der Interviewer schon bei der Vorbereitung genügend Zeit für die erwähnten vertrauensbildenden und angstlösenden Maßnahmen reservieren.

Wir kennen den Typ des stets hektischen, mit bedeutungsvollem Gesicht durch die Gänge eilenden Fernseh-Journalisten, der so viele, vermeintlich wichtige Dinge zu klären hat (tatsächlich aber unorganisiert ist), daß er seinen Interviewpartner nicht persönlich begrüßen kann, ihn vielmehr von einer Volontärin am Empfang abholen und gleich in den Schminkraum bugsieren läßt, wo ihm ohne viel Federlesens das Gesicht bepudert und die Haare pomadisiert werden, ehe er dann, womöglich allein gelassen, in die Cafeteria gesetzt wird, wo er dreißig Minuten Zeit hat, inmitten dieser ihm fremden Vorgänge seine Nervosität zur Panik zu steigern. Endlich, fünf Minuten vor Sendebeginn, wird er abgeholt und ins Studio geleitet. Drei Minuten vor Beginn kommt der Interviewer auf ihn zugeflattert, tätschelt dessen Schulter (»nur ruhig, das kriegen wir schon hin«), faselt was von der ersten Frage, die er zu stellen beabsichtigt (»ich denke, Sie antworten auf meine erste Frage etwa so...«) – und wundert sich dann, wenn sein Interviewgast verkrampft, in sich zusammengezogen dasitzt und sich schon bei der ersten Antwort verhaspelt. »Den kann man nicht gebrauchen«, heißt es hinterher in der Redaktion, der Mann sei rhetorisch zu schwach. Doch die Verantwortung für das Desaster trägt nicht der Gast, sondern der Journalist, der bereits bei der planenden Vorbereitung des Interviews grundlegende Fehler gemacht hat.

1.2.4 Publikationsform und -ort erwägen

Es gilt als Regel, daß die Befragung von Personen, die zum Thema nicht authentisch sprechen können (Beispiel: Pressereferent, der im Namen seines Amtsleiters spricht; der Rechtsanwalt, der die Interessen seines

Mandanten vertritt), für ein geformtes Interview nicht in Frage kommen. Ihre Aussagen sind als Zitate in einem differenzierenden Bericht weit besser aufgehoben.

Aber auch Personen, die zwar Originäres zu sagen haben, aber zu vage, zu abstrakt oder nur verklausuliert sprechen (Beispiel: ein Politiker vor einer heiklen Entscheidung; ein Wissenschaftler über die Folgen einer Entdeckung), erzeugen kein interessant zu lesendes oder zu hörendes Interview, wenn es im Frage-Antwort-Muster gestaltetet ist. Ihre Denkweisen kommen vielleicht besser zum Vorschein, wenn der Journalist das Gesprochene mit Beobachtungen durchsetzt und einen Text schreibt, der Reportageelemente enthält.

Natürlich sollen solche Entscheidungen nicht schon während der Vorbereitung getroffen werden – aber auch nicht erst am Schreibtisch, wenn das viel zu magere Gesprächsprotokoll vorliegt. Wichtig ist vielmehr, daß sich der Journalist während der Vorbereitung die verschiedenen Umsetzungs- und Publikationsformen vor Augen hält – und sich auch adäquat entscheidet, wenn im Fortgang des Interviews deutlich wird, daß die reine Interviewform nicht geeignet sein wird.

Interview-Rubriken: Viele Ressorts und Zeitschriftenredaktionen haben das Interview fest rubriziert und ihm eine bestimmte Funktion zugewiesen (wie zum Beispiel: »Zu Gast in unserer Stadt«, oder: »Nachgefragt«, oder: »Menschlich gesehen«). Man kennt die Schwäche der Rubriken: Aus einer anfangs guten, originellen Idee wird ein formaler Zwang. Man führt Interviews nicht etwa, weil man eine interessante Persönlichkeit vorstellen möchte, sondern weil für die nächste Ausagbe die Rubrik bedient werden muß: Wen um Himmels Willen sollen wir denn heute interviewen?

Wenn eine Rubrik zur Last und die Form zum Zwang wird, der den Inhalt knebelt, spätestens dann muß man sie wieder abschaffen – oder die Redaktionsmitglieder aufwecken und mit ihnen das inhaltliche Denken einüben: Was wollen wir mit dieser Rubrik (was wollen wir nicht?), welcher Personenkreis kommt in Frage (und welcher nicht), unter welchem Aspekt soll hier thematisiert werden (und welche Blickwinkel sind ungeeignet)?

Man muß sich täglich neu anstrengen, um die mit der Rubrik formalisierte Publikationsform interessant gestalten zu können. Interviewvorbereitung bedeutet in diesem Zusammenhang: Was wollen wir mit dieser

Rubrik, wer also ist in welcher Funktion oder Rolle geeignet, auf welchen Themenschwerpunkt kommt es uns hier an? Solche Überlegungen mindern den Verschleiß der Rubrik.

Vor allem die rubrizierten Interviews leiden unter der Gedankenlosigkeit ihrer Interviewer, die ihre Gespräche so abrollen lassen, als hätten sie mindestens sechzig Minuten Zeit für drei große Themen; in Wahrheit aber können sie nur gerade vier oder fünf Fragen mit Antworten auf maximal 50 Zeilen unterbringen. Um dann aus der weitschweifig geführten Befragung einen prägnanten, eng geführten Ablauf zu machen, sind sehr viel Können und Arbeitszeit erforderlich; beides fehlt mitunter, mit dem Effekt, daß nichts wirklich genau besprochen, sondern nur verschiedene Punkte angesprochen werden – das Interview liest sich langweilig. Die Regel gilt: Je knapper der Publikationsraum, umso enger muß der Aspekt und umso präziser müssen die Fragen vorbedacht sein.

Wieviel Platz einplanen? Um das Verhältnis zwischen Interviewdauer (Befragungszeit) und Publikationsumfang für die Printmedien zu bestimmen, wird seit Jahrzehnten die Regel genannt: Eine Minute Interview (= Reden) ergibt 10 bis 15 Zeilen Text. Nach dieser Rechnung hat sich bereits nach vier Minuten Redezeit das Material für 60 Druckzeilen angehäuft, nach zehn Minuten wird die bei Tageszeitungen übliche Grenze von rund 150 Zeilen überschritten.

Doch dieser Rechnung liegen zwei Irrtümer zugrunde: Erstens kann das Wortprotokoll niemals im Verhältnis 1 : 1 übernommen werden; und zweitens verschiebt sich dieses Verhältnis je nach dem, ob ein kurzes oder sehr langes Interview geplant ist. So ist es ein weitverbreiteter Irrtum zu meinen, geringe Publikationsumfänge setzten kurze Befragungszeiten, große Umfänge indessen lange Interviewzeiten voraus. Zwar stimmt es, daß voluminöse Interviews sehr viel Gesprächszeit bedingen; gleichwohl setzen auch ganz kurze Interviews, wenn sie interessant sein sollen, eine relativ lange Befragungszeit (= viel Material) und viel redaktionelle Arbeit voraus – wobei wir unter »kurzem Interview« eine 90-Sekundensendung bzw. einen Text von maximal 50 Zeilen verstehen. Einzig die Interviews mittlerer Länge – zwei bis fünf Minuten bzw. 70 bis 150 Zeilen – zeigen ein ausgewogenes Verhältnis zwischen Befragungszeit und Publikationsumfang. Diese Relationen sind bei der Vorbereitung zu bedenken.

1.3 Interviewgegenstand und -ziel

Die Klärung und Eingrenzung des Interviewgegenstands, etwa ob sach- oder eher personenzentriert gefragt werden soll (Interviewtypen: siehe Einführung) dient vor allem drei Zwecken:

→ Klärung des Interviewauftrags (zur Vermeidung von Mißverständnissen zwischen Interviewer und auftraggebender Redaktion oder Ressortleiter);
→ Klärung des Interviewthemas gegenüber der zu befragenden Person (sie muß wissen, welcher Gegenstand behandelt werden soll);
→ Eingrezung des Themas, um eine hinreichend profunde inhaltliche Vorbereitung innerhalb einer vernünfigen Frist zuwege zu bringen.

Kollegen-Gespräch: Wischiwaschi-Aufträge (»Geh' mal zu ihm und mach' ein 80zeiliges Interview«) sind nicht Ausdruck des Vertrauens zwischen Ressortchef und Mitarbeiter, auch nicht großer Professionalität, sondern Kennzeichen einer denk- und kommunikationsfaulen Redaktion.

Erfahrene Interviewer bestätigen immer wieder, daß am Anfang der inhaltlichen Vorbreitung das Gespräch mit Kolleginnen und Kollegen über den Interviewinhalt steht, weil man gemeinsam viel schneller den Focus, den Angelpunkt findet: Interessiert uns – das heißt auch: interessiert die Leser bzw. Hörer – mehr, wie es sich ereignet hat, oder wollen wir wissen, welche Rolle die Person dabei gespielt hat? Oder ist es interessanter herauszufinden, wie sich die Person zum Geschehenen verhält und was sie über die Zusammenhänge und Ursachen denkt? Im Kollegengespräch nehmen auch meist die Gedächtnisleistungen zu; Beobachtungen und Einschätzungen werden laut, die kein Archiv beibringen kann (Muster: »Ich erinnere mich an seinen öffentlichen Auftritt im vergangenen November, da hatte ich bereits den Eindruck, er wolle ...« usw.). Es empfiehlt sich, mit Kolleginnen und Kollegen auch anderer Redaktionen zu sprechen, die mit der zu befragenden Person bereits in Kontakt gekommen sind.

1.3.1 Interviewthema eingrenzen

Ganz entscheidend ist die Eingrenzung des Gegenstands, damit der Interviewer sein Interviewziel bestimmen und sich präzis vorbereiten kann.

Das Interviewziel fällt zusammen mit der Antwort auf die Frage:
Was sollen die Leser/Hörer/Seher durch dieses Interview gewinnen?

Soll zum Beispiel ein Geschehnis geklärt, sollen die (möglichen) Ursachen eines Ereignisses erörtert, die Motive einer Tat, einer Handlung beleuchtet – oder die Lebenseinstellung einer Person vorgeführt werden?

Vom Informationsziel hängt auch wesentlich ab, wie aufwendig die Befragung vorbereitet werden muß. Sollen lediglich einige naheliegende Fragen an den *Betroffenen* oder *Augenzeugen* gerichtet werden, damit die Person ins Erzählen kommt, so genügt es meist, sich die (aus der Sicht der Hörer/Seher/Leser) interessante oder originelle Einstiegsfrage zu überlegen – und einige weitere Fragelinien für den Fall des Stockens in Reserve zu halten.

Doch schon das Ziel, eine Persönlichkeit durch ihre Äußerungen zur porträtierenden Selbstdarstellung zu bringen, verlangt die Kenntnis der markanten oder auch heiklen Vorgänge in deren Lebensgeschichte.

Liegt das Informationsziel in der Klärung eines Sachverhalts (etwa: *Expertenbefragung),* so müssen die ungeklärten oder strittigen Aspekte im voraus ermittelt werden.

Diese Vorarbeit ist noch entscheidender für die *Befragung von Hauptpersonen,* weil sie ihr eigenes Verhalten vielleicht beschönigen und Pannen vertuschen möchten. Da muß dann der Interviewer genügend Detail- und Zusammenhangswissen zur Hand haben, wenn er die Strategie des Befragten durchkreuzen und die Vertuschungen aufdecken möchte.

1.3.2 Hilfsmittel der inhaltlichen Vorbereitung

Die Hilfsmittel zur Vorbereitung entsprechen denen jeder Vorrecherche (siehe Haller [3]1989; 153-168). Hier eine knappe Zusammenfassung:

1.) Die sogenannten *Bordmittel,* über die jeder Journalist verfügen sollte (Bücherbord), umfassen neben den Adress- und Quellenzugangsbüchern (das bekannteste in Deutschland ist das von Oeckl herausgegebene »Taschenbuch des öffentlichen Lebens«) vor allem Behördenverzeichnisse und Jahresberichte der wichtigsten Institutionen seines Themenfeldes. Außerdem sollte der Interviewer über ein persönliches Handarchiv verfügen, das Artikel und Materialien zu den von ihm regelmäßig bearbeiteten Themen und Personen bereithält.

2.) Das sogenannte *Zugangswissen:* Wo beschaffe ich mir in möglichst kurzer Zeit das präziseste Material über den Sachverhalt, das Problemthema und/oder die Person? Wichtigste Anlaufstelle (sofern vorhanden) ist das redaktionseigene Archiv, das sämtliche Artikel der eigenen Zeitung sowohl nach Themengebieten wie nach Schlüsselwörtern (Register) chronologisch aufbewahrt.

Von gesteigerter Wichtigkeit ist das Personenarchiv, das meist im Abonnement von einem der Archivdienste bezogen wird. Handelt es sich beim Interviewpartner um eine Person der Zeitgeschichte, so bietet etwa das Munzinger-Archiv einige wichtige Daten zur Lebensgeschichte, die sich der Interviewer bei der Vorbereitung aneignen muß.

Zum Zugangswissen gehört als Drittes das Dokumentations-, Archiv- und Bibliothekswesen der Stadt, in der der Journalist arbeitet: Über was verfügt welche Bibliothek, wie sind die Öffnungszeiten, wie die Zugänge? Da kommt ein weniger bekannter, aber in die Schlagzeilen geratener Schriftsteller zu einer Lesung in die Stadt: Wie beschaffe ich mir innerhalb sechzig Minuten alle von ihm verfaßten Bücher? Die Antwort auf solch eine Fragen kann man nicht erst dann suchen, wenn es so weit ist: Sie muß stets gewußt werden (das heißt: regelmäßig die Bibliotheken und Dokumentationsdienste testen).

3.) Die Informationsquellen: Zu ihnen gehören zum einen die Datenbanken und externen Archive, zum andern die Experten und Funktionsträger mit hohem Fachwissen (Experte im journalistischen Sinne ist jeder, der über ein Sachgebiet ein hohes Wissen besitzt und mit dem Interviewthema keine unmittelbaren Geschäftsinteressen verbindet).

Manche Redaktion archiviert die überregional verbreiteten Tageszeitungen; andere sind an die Datenbank von »dpa« angeschlossen, einige große Verlage besitzen ein Abonnement mit großen Datenbank-Verbundsystemen wie etwa »Data-Star«.

Für die Interview-Vorbereitung besonders nützlich sind Sondiergespräche mit Experten; mit ihnen sollte der Journalist so oder so regelmäßig Kontakt pflegen. Da gibt es zum Beispiel den auf Verwaltungsrecht spezialisierten Anwalt, der über den Rechtsstandpunkt des zu interviewenden Staatssekretärs einiges zu sagen weiß (»Hintergrundwissen«). Oder den Professor an unserer Universität, ein Fachkollege des Professors aus den USA, der morgen einen Vortrag halten und interviewt werden soll: Er wird die Arbeit des Kollegen kurz würdigen und dessen Wissenschaftsposition skizzieren können. Oder die in Sachen Frauenpolitik engagierte Stadträtin, die uns erläutert, was von dem Gutachten zur Gleichstellung zu halten ist, das die Regierungsrätin bei einer Pressekonferenz präsentieren wird, und zu dem wir sie befragen wollen.

Experten, vor allem aber Kollegen, Konkurrenten und Gegner des Interviewpartners sind für die Interview-Vorbereitung auch deshalb oft so ergiebig, weil sie mitunter mit dem Interviewpartner unterschwellig oder auch mal ganz offen *rivalisieren.* Zwar reden sie freundlich und respektvoll über die Person, doch gleichzeitig deuten Nebensätze und spitze Bemerkungen, manchmal auch Mimik und Gestus an, daß man die Person nicht für überragend hält und/oder ihr die Anerkennung mißgönnt. Die unterschwellig gegebene Botschaft lautet etwa so: »Warum ist der/die Person so wichtig, daß Ihr sie interviewt – und mich nicht?« Mißgunst, latente Neidgefühle und das Bedürfnis, dem andern (Gegner) eins auswischen zu wollen, kann der Journalist für sich fruchtbar machen, indem er mit viel Fingerspitzengefühl nach Hintergrundinformationen fragt, die ein eher düsteres Licht auf den Interviewpartner werfen. Später, in der Interviewsituation, stehen ihm diese Informationen als Einwände zur Verfügung (auch wenn er seine Quelle nicht nennt), falls sich sein Gegenüber allzu selbstgefällig aufplustert.

1.3.3 Ziele der inhaltlichen Vorbereitung

Mit der Materialbeschaffung und -auswertung verfolgt der Interviewer im Fortgang seiner Vorbereitung im wesentlichen folgende drei Zwecke:

1.) *Aufarbeitung des allgemeinen Wissenstandes* (Frage: An was knüpfe ich an?) und Rekonstruktion des Geschehenen, um den Focus des Themas mit Fakten untermauern, ihn unter Umständen auch noch verschieben zu können (Frage: Was genau ist an der Sache oder der Person aus der Sicht der Leser/Hörer/Seher ungeklärt/problematisch/bemerkenswert?).

2.) *Art der Interviewführung:* Wird es im Interview primär um das Offenlegen von Wissen, also um Informationen gehen? Soll die Denkweise aufgezeigt, also argumentiert werden? Muß die vertiefende Klärung einer problematischen Handlung/Entscheidung versucht werden? Soll, mit anderen Worten, nur abgefragt werden oder muß auch einwendend oder gar konfrontierend nachgefaßt werden? Die alte Regel bestätigt sich immer aufs Neue: Je konfrontativer die Befragung, desto detailgenauer und weitsichtiger (in bezug auf die Antwortmöglichkeiten) muß die inhaltliche Vorbereitung ausfallen (mehr hierzu im nächsten Abschnitt).

3.) *Annäherung an den Interviewpartner:* Das wohl wichtigste Ziel der Vorbereitung auf größere, vor allem auf personenzentrierte Interviews besteht darin, die zu befragende Person näher kennenzulernen. Wenn der Interviewer die markanten Stationen in deren Lebensgeschichte weiß und darüber hinaus einige Ansichten und Denkweisen kennt, vielleicht auch Merkwürdigkeiten in deren Charakter erahnt, dann wird er sich auf seinen Interviewpartner erheblich besser einstellen können.

Dies ist vor allem für Printmedien-Journalisten wichtig, die das Gesprochene ja noch in Geschriebenes übertragen müssen: Die Authentizität des gedruckten Interviews wird wesentlich davon abhängen, ob sich der Journalist in die Denk- und Redeweise seines Partners hat einfühlen können.

Es gibt bedeutende Interviewer, die von sich sagen, sie würden sich so genau vorbereiten und auf ihren Partner einstellen, daß sie am Ende mehr als die Hälfte aller Antworten hätten voraussagen können. Es muß ja nicht die Hälfte sein, doch in der Tendenz ist dieser Anspruch vor allem für das verschränkte Interview durchaus richtig.

1.3.4 Bekanntgabe des Themas

Ist das Thema auf den interessanten Focus hinreichend eingegrenzt, dann läßt sich der Interviewgegenstand mit ein paar Sätzen umschreiben. Diese kurze Umschreibung sollte *dem Interviewpartner in jedem Falle zur Kenntnis gebracht* werden, damit er sich seinerseits vorbereiten kann, wenn er will (aber keine Frageliste abgeben).

Es gibt Interviewer, die halten ihre Arbeit für besonders professionell, wenn sie das eigentliche Thema verheimlichen und ihre Gesprächspartner überrumpeln.

Diese Methode kann im Durchgang einer Recherchenbefragung zweckmäßig sein, weil sie der Aufdeckung eines Sachverhalts, mithin der Beschaffung der Information dient (siehe Haller [3]1989; 203-208).

Für das Interview als Darstellungsform sind solche Taktiken indessen wenig geeignet, weil es um die vertiefende Darlegung und Durchleuchtung des Themas geht. Und die kann nur gelingen, wenn der Interviewte den fragenden Journalisten ernst nimmt (und ihn nicht für einen Ignoranten oder Taschenspieler hält) und wenn er sich auf das Thema hat einstellen können (was aber den Interviewer nicht daran hindern soll, seinen Partner mit einzelnen Fragen zu überrumpeln, sofern ihm logisch plausible oder sachbezogene Einwände in den Sinn kommen).

Printmedien-Journalisten müssen berücksichtigen, daß schlecht vorbereitete Interviewpartner das Produkt zum Gegenlesen einsehen möchten. Nachträglich präzisieren, differenzieren oder schwächen sie ihre Aussagen ab, was nicht nur sehr viel nachbereitende Arbeit bedeutet, sondern oft das Interview insgesamt verschlechtert.

1.3.5 Fragenkatalog oder Themenliste?

Unter erfahrenen Interviewern sind die Ansichten geteilt, ob die inhaltliche Vorbereitung zu einem ausformulierten Fragenkatalog führen müsse oder ob es genügt, wenn sich der Interviewer Notizen zum geplanten Interviewablauf mache. Dies ist in der Tat kein akademisches, sondern ein praktisch nicht zu unterschätzendes Problem, zu dessen Lösung es zunächst zwei erfahrungsgeleitete Grundsätze gibt:

1.) *Je präziser* und umfassender die inhaltliche Vorbereitung, um so mehr Flexibilität darf sich der Interviewer beim Aufstellen des Fragenkatalogs erlauben (keine ausformulierte Fragenliste, sondern Themenliste mit Stichworten zu einzelnen Punkten).

2.) *Je kürzer* die Interviewzeit, umso starrer muß das Interview geführt, um so genauer müssen darum auch die Fragen vorformuliert werden (ausformulierte Einzelfragen in einem festgelegten Fragenablauf).

Fragen-Korsett: Eine am Ende der Vorbereitung fix und fertig ausformulierte Frageliste könnte sich während des Interviews als Korsett auswirken und den Gesprächsverlauf einschnüren: Der Interviewer ist so sehr damit beschäftigt, alle seine klug ausgedachten Fragen in der zur Verfügung stehenden Zeit einzubringen, daß er gar nicht mehr genau zuhören und auf Antworten direkt reagieren kann. Er ist zufrieden, daß er seine Liste abgehakt hat – und hat gar nicht bemerkt, daß mehrere Antworten im Grunde nichtssagend geblieben sind.

Und doch ist das Vorformulieren von Fragen vor allem dann zweckmäßig, wenn es sich um einen heiklen oder komplizierten Sachverhalt handelt, den man in mehrere Detailfragen zerlegen möchte: Auch wenn der Journalist dann während des Interviews die Fragenliste nicht abliest, sie vielleicht gar nicht mehr anschaut, so kennt er die einzelnen Fragen nun doch auswendig, gerade weil er sie sich aufgeschrieben hatte.

Auswendiglernen: Viele Rundfunkjournalisten lernen vor dem Interview zumindest die heiklen Frageformulierungen wie fremdsprachige Vokabeln einfach auswenig – eine Methode, die auch erfahrene Printmedien-Journalisten benutzen, wenn sie unter Zeitdruck ihr Gegenüber zu einem kniffligen Gebiet befragen sollen.

Je mehr Interviewzeit zur Verfügung steht, umso freier kann der Interviewer agieren. Und wenn er sich durch gute Vorbereitung mit der Materie vertraut gemacht hat, besitzt er soviel Sicherheit, daß er dem Interviewpartner genau zuhören und mit nachsetzenden Fragen reagieren kann. Doch hier lauert eine andere Gefahr: die der *Verführung.* Das nachsetzende Fragen bedeutet ja im Grunde ein Reagieren des Journalisten auf die Antworten seines Partners; folgt er ganz spontan den Antworten und reagiert er nur, dann verliert er früher oder später den Gesprächsfaden: Das Interview nimmt einen ganz anderen Verlauf, als es sich der Journalist zuvor noch vorgestellt hatte. Am Ende des Gesprächs sind vielleicht sehr viele Details und Nebensachen erörtert worden, die Hauptsache indessen ist gar nie richtig besprochen worden.

Keine Sponti-Debatten: Interviews, die nur der Spontanität der Partner folgen, verlieren bald auch den argumentationslogischen Faden und münden meist in ein Palaver, das vielleicht im Augenblick ganz unterhaltsam ist, in gedruckter Form jedoch chaotisch wirkt – einer Fernseh-Talkshow vergleichbar, deren Gerede protokolliert und dann publiziert würde.

Um solchen Gefahren zu begegnen, sollte der Journalist ein zweistufiges Verfahren wählen:

■ Zum einen legt er den Interviewverlauf in der Art einer genauen Themengliederung fest (Frageplan): Welche Aspekte müssen unbedingt behandelt werden – und welche grenzen wir aus?

Womit beginne ich? Wie läßt sich aus dem Einstieg der Gesprächsfaden entwickeln? Wie kann ich die Themen in eine argumentationslogische Reihenfolge bringen? Wo werde ich den Interviewpartner ganz eng führen müssen – und wo kann ich die Zügel schließen lassen? Vor allem: Zum geplanten Ablauf des Interviews sollten noch zwei, drei Ablaufvarianten mitbedacht werden (mehr zur Interviewführung im nächsten Abschnitt).

■ Zum andern formuliert er einzelne Fragen im voraus und notiert sich zu heiklen Punkten nicht nur Fragen, sondern auch Hinweise, Belege, Argumente. Vor allem sollte er sich die Einstigsfrage vorher genau überlegen – und auch, wieviel Hintergrundwissen er preisgeben darf, wenn heikle Punkte angesprochen und er mit Einwänden nachfassen will. Insbesondere, um gegebenenfalls seine Quellen der Hintergrundinformationen zu schützen, ist es oft wichtig, sich einzelne Frageformulierungen genau auszudenken (mehr zur Fragetechnik im nächsten Abschnitt).

1.4 Die Rollen der Interviewpartner

Jedes Interview, so hieß es in der Einführung, ist immer auch das Spiel zweier Akteure, von denen jeder eine Rolle spielt und auch zu spielen hat. Die Frage ist nicht, ob man eine Rolle übernehmen will oder nicht, vielmehr, ob man sie unbewußt ausübt oder ob man sie bewußt gestalten und spielen will.

Um Mißverständnissen zuvorzukommen: Mit Rolle und Rollenspiel ist nicht Schauspielerei und nicht Theaterkunst gemeint (obwohl auch diese oft genug bei Fernseh-Interviews zum Einsatz kommen), sondern die sozialpsychologische Dimension des Agierens: Jeder Mensch, der sich vor anderen darstellt, bringt ein bestimmtes Verhalten zum Ausdruck und wünscht, daß er auf die anderen in besonderer Weise wirke; er weiß indessen nicht, ob seine Rolle auch wirklich so aufgenommen wird: Der von ihm erweckte Eindruck ist stark mitgeprägt von den Bedürfnissen und Vorstellungen der anderen. Vielleicht erscheint er, ein im Kern argloser Mensch, den anderen als gefährlich, schlau oder mutig, vielleicht als naiv, bewunderns- oder verachtenswert. Die tatsächliche Wirkweise führt zu entsprechenden Reaktionen bei den andern, die wiederum auf den Akteur zurückwirken, was ihn nun wieder zu einer erneuten Reaktion veranlaßt – und so weiter.

Rollenspiele: Dieses Interaktionsmodell, demzufolge sich die Partner nach Maßgabe ihrer Rollen wechselseitig beeinflussen, gilt in hervorragendem Maß für die direkte Interviewsituation, weil es ja hier auch noch um ein öffentlich zu beobachtendes Verhalten geht, also zwei Kommunikationsebenen wirksam sind (siehe Schaubild 1 in der Einführung).

Je ungeklärter und zugleich vielschichtiger das Rollenspiel abläuft, um so *unberechenbarer* wird der Interviewverlauf: Da wechselt der Interviewpartner plötzlich seine Rolle (etwa: von der Hauptperson zum bemitleidenswerten Opfer) und verunsichert den Frager, was diesen wiederum zu einem Wechsel in die Rolle des Verärgerten veranlaßt, der zusätzlich verunsichernd wirkt und dem Gespräch vielleicht eine unvermutete Wende gibt.

Aus der empirischen Sozialforschung ist hinlänglich bekannt, daß die Antworten der befragten Personen auf gleichlautende Fragen ganz unterschiedlich ausfallen können, je nach dem, wie sich der Interviewer verhält: Der Einfluß des verbal wie auch nonverbal agierenden Fragers ist erheblich größer, als es dem fragenden Journalisten meist bewußt ist.

Es ist darum wichtig, daß der Journalist am Ende seiner Vorbereitung auch das erwünschte Rollenspiel klärt, und zwar in doppelter Hinsicht:

- Welche (themenbezogene) Rolle soll mein *Interviewpartner* spielen? Das zur Verfügung stehende Rollen-Repertoire wurde im ersten Kapitel anhand der verschiedenen Interviewarten ausgefächert. Entscheidend ist, daß der Journalist seinem Partner wenn möglich nur eine Rolle – und diese ausdrücklich – zuweist (nur umfangreiche Interviews, die eine Stunde und länger dauern, gestatten den fliegenden Rollenwechsel, etwa vom Experten zum Augenzeugen und Betroffenen). Diese Rolle – wie: Augenzeuge, Meinungsführer, Experte – soll einfach und prägnant und natürlich dem Interviewpartner vor Interviewbeginn genannt werden. (Peinlich sind Interviews, die etwa einen Prominenten in der Rolle des Experten befragen – oder einen unbeteiligten Fachmann mit hypothetischen Fragen in die Rolle des Betroffenen zu drängen suchen).

- Welche Rolle übernehme *ich,* der *Interviewer*? Diese Rolle leitet sich ab aus den im ersten Kapitel beschriebenen Funktionen: Was soll das Interview transportieren, wie sollen das Interviewgeschehen und auch die befragte Person bei den Sehern/Hörern/Lesern »ankommen«? Von der Rolle des Interviewers hängt nämlich auch ab, wie der Interviewpartner wirkt, etwa, ob ihm mit Mißtrauen oder Sympathie zu begegnen, ob ihm zu glauben oder er zu bedauern ist – und so weiter.

Man kann sich *für den Interviewer* eine breite Palette interessanter Rollen vorstellen. In der Praxis schrumpfen sie indessen auf *drei Grundmuster,* die der Interviewer beherrschen sollte:

1.) *Die Schulter tätscheln (Affirmation):* Der Interviewer unterwirft sich der (fachlichen) Autorität seines Gesprächspartners und möchte dessen Wissen dem Publikum zur Verfügung stellen. Er spielt die Rolle des Animateurs, gelegentlich des Provokateurs, um den Interviewpartner zu Äußerungen oder auch zur Selbstdarstellung zu veranlassen. Er bleibt zwar deutlich distanziert, doch zeigt er Einfühlungsvermögen, unter Umständen auch Anteilnahme. Hier funktioniert das Interview vor allem wie ein Forum, auf dem sich die befragte Person zeigen und darstellen kann. Die Fragen des Interviewers sind kaum je kritisch, dafür aber explorierend und vertiefend.

2.) *Den Rücken klopfen (Explikation):* Der Interviewer tritt als Vertreter seines Publikums auf. Er spielt seine Rolle so, daß sich das Publikum von ihm repräsentiert fühlt; die Antworten des Interviewpartners sind im Grunde an das Publikum adressiert.

Bei der Vorbereitung übernimmt der Journalist die Sicht des Publikums (Wissensbedarf, Problemverständnis, Neugier, Vorurteile) und formuliert die Fragen so, wie sie dem (vermuteten) Publikumsinteresse entsprechen: ohne Vorwissen, naheliegend und aufs Praktische gerichtet.

Dieses im Hörfunk und Fernsehen verbreitete Interview dient meist der Wissensmehrung, dem besseren Verstehen, auch der Vorurteilsbestätigung.

3.) *Mit dem Finger bohren (Konfrontation):* Der Interviewer tritt als Diskutant, gelegentlich auch als Kombattant auf, der nicht naiv fragt, sondern seinerseits kenntnisreich argumentiert und wenn möglich auch aus einem Fundus von *Gegeninformationen* schöpft. Aus der Sicht des Publikums ähnelt dieses Interview einer Bühne, auf der sich beide Partner auseinandersetzen und das Publikum der Zuschauer ist.

Bei der Vorbereitung sammelt der Interviewer abweichende, gegebenenfalls widersprechende Informationen, um sie seinem Gesprächspartner entgegenzuhalten. Der Journalist muß aber darauf achten, daß aus dem

Abbildung 5: Rollen der Interviewpartner

Präsentieren	Explorieren	Diskutieren
Der Interviewer nutzt das Interview als Bühne, auf der sich der Befragte zeigen und darstellen soll. Die Fragen sind meist personenzentriert.	Der Interviewer fragt als Vertreter des Publikums; er ist dessen neugieriger Repräsentant und stellt die naheliegenden Fragen, die meist Person und Sache verschränken.	Der Interviewer tritt als kompetenter Vertreter einer Position (Auffassung) auf, die von derjenigen des des Interviewpartners deutlich abweicht.
Typisches Rollenmuster für Prominenten- und Helden-Interview.	Typisches Rollenmuster für Dichter/Denker/Künstler- sowie für Experten- und Augenzeugen-Interview.	Typisches Rollenmuster für Gespräche mit Meinungsführern und Entscheidungsträgern.

Interview keine Rechthaberei, auch *kein Schlagabtausch* wird (beides wirkt am Ende lächerlich), vielmehr, daß sich ein Argumentationsfaden entwickeln läßt, der dem Grundsatz folgt: *Das bessere Argument gewinnt.*

1.5 Zur Organisation der Interviewdurchführung

Aus der gewählten Rolle ergibt sich bereits ein bestimmter Stil für die Interviewführung: Wer zum Beispiel einen Experten abfragen möchte, führt das Interview nicht richtig, wenn er der Person fortgesetzt ins Wort fällt, die Glaubwürdigkeit ihrer Argumente anzweifelt und ihr immer wieder kontra gibt. Umgekehrt läßt sich mit einem Politiker kein kontradiktorisches Gespräch führen, wenn sich der Interviewer der Autorität der befragten Person von Anfang an unterwirft und brav wartet, bis sie mit ihrem Referat zu Ende und für die nächste Frage gnädig bereit ist.

1.5.1 Die Dramaturgie klären

Die Vorbereitung muß klären, in welchem Stil, mit welcher Diktion das Interview zu führen ist: als Befragung, als nachfassendes und hinterfragendes Interview – oder doch als ein konfrontativ angelegtes Gespräch?

Große Interviews mit einer verschränkten Thematik gestatten im Verlauf des Gesprächs auch einen Wechsel: Vom explorierenden Fragen über das insistierende Nachfassen zum kontradiktorischen Argumentieren (siehe Übersicht Seite 237). Folgende Überlegungen empfehlen sich:

■ Geht es vor allem um Sachfragen, dann muß der Interviewzweck (Um was geht es? Wie lautet das Problem?) bereits mit den ersten Fragen klar umrissen und die Rolle des Interviewpartners (wie: Augenzeuge, Hauptverantwortlicher, Betroffener) oder dessen Kompetenz (Experte) kenntlich gemacht werden. *Abfrageinterviews* rollen in aller Regel schematisch ab, der Dialog läuft Gefahr, langweilig zu werden. Darum muß schon jetzt überlegt werden: Über welchen Aspekt oder Vorgang kann mir der Interviewpartner eine interessante Episode erzählen? Über welche bemerkenswerte Personen könnte er sich in markanter Weise äußern? (Provozieren!)

■ Sollen das Thema und/oder die Person mit Nachfragen und Einwänden genauer ausgeleuchtet und unter Umständen Unklarheiten und Fragwürdigkeiten aufgezeigt werden, dann muß sich der Journalist zu den fraglichen Sachverhalten genügend stichfeste Argumente beschafft bzw. überlegt haben. Auch wenn es reaktionsschnelle Interviewkünstler gibt, die stets aus der Hüfte schießen können: Man darf und kann sich nicht nur auf seine situative Geistesgegenwart während des Interviews verlassen.

Wer einen Prominenten, einen Politiker oder Vorstandsvorsitzenden bloßstellen möchte, muß seine Einwände auf zuverlässige Quellen oder unstrittige Sachverhalte stützen können. Es kann peinlich sein, wenn eine einwendende Behauptung vom Befragten mit der Gegenfrage nach der Urheberschaft des Einwands vom Tisch gewischt wird.

■ Geht es darum, vielleicht sogar die Glaubwürdigkeit einer Person aufzuzeigen, dann müssen während der Vorbereitung zusätzlich auch noch *Gegeninformationen* beschafft werden (Was sagte sie früher? Hat sie ihre Position geändert – und warum? Gibt es zur Auffassung der Person abweichende Urteile, Gutachten? Wie lauten die Einschätzungen der Konkurrenz? Was sagt hierzu der Parteigegner, der Rivale, der einstige Mitarbeiter usw.?). Der Gang zur Gegenseite ist ebenso unerläßlich wie das Stöbern (mitunter auch Schnüffeln) in der Vergangenheit: Daran ist nichts Unlauteres, denn das Material soll ja im Interview auf den Tisch gebracht und zur Diskussion gestellt werden; also hat der Interviewpartner die und zur Diskussion gestellt werden; also hat der Interviewpartner die Möglichkeit, dazu Stellung zu nehmen.

1.5.2 Probleme mit dem Diskutieren

Drei Gefahren müssen schon jetzt bedacht werden:

Erstens: Je mehr argumentiert werden soll, desto mehr Zeit verschlingt die Veranstaltung. Darum lohnt sich der Versuch eines kontradiktorischen Gesprächs nur, wenn *mindestens fünfzig Minuten* Interviewzeit vereinbart sind.

Zweitens: Je mehr diskutiert werden wird, desto größer wird die Gefahr, daß der rote Faden verloren geht. *Nichts ist schwieriger zu reparieren als ein zerstörter Interview-Ablauf,* wenn zum Thema X nach zehn Minuten, dann wieder nach 33 Minuten und nochmals nach 58 Minuten gesprochen wird – womöglich im fast (aber nicht ganz) demselben Zusammenhang. Problematisch wird es auch, wenn mehrmals ins Historische abgeschweift und wenn Detailfragen zu großen Raum gewinnen, weil man sich hier verbissen hat. Darum muß am Ende der Vorbereitung der Interviewer eine klare Dramaturgie des Streitgesprächs im Kopf haben: Wie halte ich den Ablauf durch – und wo kann ich Detaildebatten anzetteln, ohne den Ablauf zu stören?

Die dritte Gefahr liegt in der Psychodynamik des Argumentierens. Der Journalist wechselt, wie angedeutet, seine Rolle: Aus dem Frager, der in neutraler Distanz zum Subjekt des Interviews steht, wird plötzlich ein Kombattant, also ein zweites Subjekt, das sich ebenso wichtig nehmen muß wie den Gesprächspartner.

Diesen im amerikanischen Journalismus übrigens verpönten Rollenwechsel darf man nur vornehmen, wenn man diese Rolle auch durchhalten kann, also über hinreichend gute *Gegeninformationen,* naheliegende und/oder kluge *Gegenargumente* verfügt.

Die Erfahrung lehrt: Die Schlagfertigkeit im Gespräch wächst, wenn der Interviewer den Sachverhalt und die Gegeninformationen kennt (aber keine Fachsimpelei beginnen!).

Wieviel riskieren? Hier nun sind die Printmedien-Journalisten gegenüber ihren Kolleginnen und Kollegen vom Rundfdunk ungeheuer im Vorteil: Wenn sie während des Interviews die kritische Position nicht durchhalten

Abbildung 6: Übersicht Interaktionsformen (Interview-Durchführung)

	INTERVIEW →	*fließende Übergänge*	→ GESPRÄCH
	Befragen	Dialog	Kontroverse
Zweck des Interviews	Sachverhalts-/ Personendarstellung	zuzügl. Beurteilungen und Differenzierungen	zuzüglich Einschätzungen, Urteile und Deutungen
Anwendung vor allem bei	Fachleuten, Augenzeugen (Stichwort: Kompetenz), Entscheidern, Betroffenen	Prominenten, Politikern und Meinungsvertretern (z.B. Reg.-Rat, Buchautor)	Meinungsführern, Entscheidungsträgern (z.B. Parteichef, Komiteegründer)
Funktion für Leser	Informationsabgabe oder Selbstdarstellung	zuzügl. Verschränkung Person und Sache	zuzügl. Vertiefung (»Prüfstand der Meinungen«)
Rolle des Interviewten	Wissensträger oder Akteur	zuzügl. Kommentator und/ oder Selbstdarsteller	zuzügl. Meinungs- und/oder Interessenvertreter
Rolle des Interviewers	Abfrager und Nachfrager	zuzügl. Differenzierer und Argumentierer	zuzügl. Meinungskontrahent *und* Gesprächsleiter
Vorbereitung des Interviews	Präzises Sachverhaltswissen; Fragenkatalog mit festem Ablauf	zusätzl. einwendende Argumente	zusätzl. Gegeninformationen
Interviewverlauf	starr	flexibel	dramaturgisch gestaltet
Strategie des Interviewers	(Auf-)Klärungsziele	vornehmlich Differenzierungsstrategie	Wechsel zw. Differenzierungs- und Konfrontationsstrategie
Spiel-Ritual	von neutraler Distanz...	über Gesprächspartnerschaft...	bis zu Gegnerschaft und Kampf

und vielleicht schon beim zweiten Einwand auf die Nase fallen, dann werden sie diesen Abschnitt bei der redaktionellen Bearbeitung ersatzlos streichen. Darum kann der Printmedien-Interviewer auch mehr riskieren und experimentieren, während die Kollegen beim Rundfunk schon froh sind, wenn sie ohne größere Blessur den Schlagabtausch überstehen.

1.5.3 Die doppelte Interview-Aufgabe

Im journalistischen Interview (im Unterschied etwa zur Fragebogenerhebung) ist die Interviewführung deshalb ebenso wichtig wie anstrengend, weil der Interviewer zwei Aufgaben zugleich erfüllen muß:

■ Zum einen ist der Journalist als Interviewführer und -veranstalter dafür zuständig und verantwortlich, daß im Verlauf der vereinbarten Zeit die vorgesehenen Fragen in der logisch richtigen Reihenfolge haben gestellt und beantwortet werden können. Er führt Regie wie der Spielmacher in einer Fußballmannschaft; er beschleunigt oder bremst, spielt gleichsam zur Entlastung mal ganz nach hinten und verstärkt die Deckung, dann läßt er wieder alles über die Flanken nach vorne laufen, um den Druck zu erhöhen, stets mit dem Ziel, das Spiel erfolgreich abzuschließen.

■ Zum andern ist der Interviewer daran interessiert, daß wichtige Fragen hinreichend beantwortet werden, daß Ungenauigkeiten oder Ausflüchte sogleich erkannt und die naheliegenden Einwände flugs nachgeschoben werden. Vor allem in kontradiktorischen Interviews klebt er sozusagen am Detail jeder Äußerung seines Gegenübers und klopft dessen Aussage sogleich ab. Er arbeitet ähnlich wie der Ausputzer (Libero) im Fußballspiel, der dem stürmenden Gegner den Ball abjagt und ihn sogleich nach vorn in die Beine der eigenen Mannschaft weiterspielt.

Im Verlauf von konfrontativ zu führenden, thematisch anspruchsvollen Interviews kommt der Interviewer wegen dieser doppelten Aufgabe schon mal ins Schwitzen: Er will auf jede einzelne Antwort naheliegende Nachfragen stellen – und soll doch zugleich die Uhr im Auge und alle noch offenen Fragen im Kopf haben. Hat er zudem noch einen sehr heiklen Gesprächspartner vor sich, dann ist er oftmals überfordert. Solche Situationen, die zu einer deutlichen Minderung des Interview-Ertrags führen, sind nicht leicht zu vermeiden.

Eine Möglichkeit, dieser Gefahr zu begegnen: Das Thema *ganz eng auf den Kern* konzentriert halten und jede Abschweifung vermeiden.

Die zweite, für komplizierte Themen sicherlich bessere Möglichkeit: nicht allein, sondern *zu zweit* interviewen.

1.5.4 Ein oder zwei Interviewer?

Wenn es sich um ein Problemthema handelt und das Interview kontrovers angelegt wird, empfiehlt es sich immer, das Gespräch zu zweit zu führen und die oben genannten Aufgaben (eigentlich handelt es sich auch hier um Rollen) aufzuteilen:

■ Der eine Interviewer übernimmt die Aufgabe des Spielmachers/Regisseurs und ist für den Ablauf der Veranstaltung, vor allem für das Zeitbudget verantwortlich. Zu dieser Aufgabe gehört eine klare Übersicht: Was sind die unverzichtbaren Aspekte, welche Punkte müssen geklärt werden - und welche kann man bei Zeitnot abgekürzt behandeln, welche ganz fallenlassen?

■ Der zweite Interviewer übernimmt die Aufgabe des pingeligen Detaillisten, der stets eng am Ball bleibt und dafür verantwortlich ist, daß der Ball nicht aufs eigene, sondern das gegnerische Tor zurollt. Zu dieser Aufgabe gehört auch eine sehr detailgenaue Vorbereitung; nur, wer selbst viel weiß, kann Informationen kritisch prüfen.

Viele »Spiegel«-Gespräche sind deshalb gelungen, weil zwei (manchmal auch drei) Interviewer das Gespräch nach Art dieser Aufgabenteilung geführt und ihren Gesprächspartner in die Zange genommen haben. Darum sollte am Ende der Vorbereitung nicht nur die Zahl der Interviewer entschieden, sondern auch die Aufgaben- und Rollenverteilung zwischen ihnen abgesprochen werden.

Allerdings: Zwei langweilige Interviewer sind nicht erfolgreicher als einer, der pfiffig und sachgenau fragt. Zudem gibt es eine sehr wichtige (für den deutschen Sprachraum leider nicht selbstverständliche) Bedingung: Beide Interviewer müssen *kooperativ* arbeiten können.

Rivalitäten vermeiden: Kaum ein Schauspiel ist peinlicher als der Auftritt zweier Interviewer, die angesichts ihres Gesprächspartners miteinander zu rivalisieren beginnen (»Nun, ich würde diese Frage etwas anders stellen..«, oder: »Mein Kollege will mit seiner Frage sagen, daß...« usw.). Auch, um solche Szenen zu vermeiden, empfiehlt sich die genaue Besprechung des Frageplans und des Ablaufs vor Interviewbeginn.

Und schließlich muß berücksichtigt werden, daß die Verdoppelung der Interviewer nicht nur Personal und Spesen, sondern auch Interviewzeit in Anspruch nehmen wird.

1.6 Das Vorgespräch

Das Vorgespräch dient, allgemein gesagt, dem Zweck, die bestmöglichen Rahmenbedingungen herzustellen. Bei *kurzen Interviews,* die sich auf ein Kernthema beschränken, fallen Interview-Anfrage und Vorgespräch zusammen: Der Journalist ruft an, nennt seinen Namen, den seiner Redaktion, den Zweck der Kontaktnahme, das Thema (Interviewgegenstand), unter Umständen auch den beabsichtigten Zweck (welche Art Informationen er erwartet) und die Publikationsform. Dies ist auch für den Fall späterer Rechtsstreitigkeiten wichtig: Die angefragte Person muß wissen, daß die geplante Befragung zum Zweck eines Medien-Interviews stattfinden soll. Sie muß damit rechnen, daß jedes von ihr während der Befragung geäußerte Wort vom Journalisten veröffentlicht werden könnte, sofern nicht ausdrücklich etwas anderes vereinbart wurde.

1.6.1 Das Problem »Frageliste«

Im Abschnitt 1.3.4 wurde bereits erläutert, daß der angefragten Person auch das Thema möglichst genau genannt werden sollte: Je genauer die angefragte Person das Thema kennt, umso besser kann sie sich ihrerseits vorbereiten. Deren gute Vorbereitung führt zu kompetenten und interessanten Antworten. *Nie* aber sollte der Interviewer der angefragten Person seine *ausformulierten Fragen* zur Vorbereitung überlassen. Tut er dies, dann wird er kein spontanes Gespräch in Gang setzen können, sondern wird vorgekochte Antworten erhalten. Und wenn er dann während des Interviews eine unbequeme Zusatzfrage stellen möchte, muß er damit rechnen, daß ihm sein Gegenüber die Antwort mit der Bemerkung verweigert, diese Zusatzfrage sei nicht eingereicht worden.

Schriftliches Interview vermeiden: Amts- und Würdenträger, vor allem Staatspersonen und Potentaten verlangen mitunter, daß ihnen die ausformulierten Fragen im voraus schriftlich zugestellt werden. Da befindet sich der Interviewer in einer heiklen Situation: Verweigert er dieses Begehren, muß er mit einer Rückweisung seiner Interviewbitte rechnen; geht er darauf ein, kommt kein Gespräch, sondern nur eine schriftlich geführte Fragebeantwortung zustande.

Richtet sich das Interviewbegehren an Magistraten und hohe Amtsträger, dann wendet sich der Journalist ja zunächst an deren Pressesprecher, Bürochef oder Sekretär. Nun sollte der Journalist versuchen, diese Zwischenstelle zufrieden zu stellen – zum Beispiel, indem er ihr keine ausformulierte Frageliste, sondern »wunschgemäß« eine detaillierte Themenliste zustellt (die kein einziges Fragezeichen enthält). Gelegentlich hilft es auch, mit dem Pressesprecher des angefragten Magistraten über das Problem »Frageliste« zu sprechen. Man stellt dann mitunter fest, daß die Frageliste aus unbegründetem Mißtrauen, aus Unsicherheit oder Ängstlichkeit verlangt worden war.

Printmedien-Journalisten können nun die Gegenseite mit dem Hinweis beruhigen, daß die zum Druck bestimmte Fassung, falls erwünscht, vorgelegt werde, es also noch die Möglichkeit der Nachbesserung gebe, falls der Gesprächspartner mit seiner Antwort auf die eine oder andere Frage nicht ganz zufrieden sein sollte. In aller Regel ist damit das Problem aus der Welt geschafft.

Rundfunkjournalisten haben es da schwerer. Sie sollten um ein Vorgespräch bitten, in dessen Verlauf dann die einzelnen Aspekte und der Interviewablauf detailliert besprochen werden.

Beharrt trotz dieser Angebote die Magistratsperson auf das schriftliche Einreichen der ausformulierten Fragen, dann sollte der Interviewer – wenn auch mit Murren – darauf eingehen (schriftliche Antworten sind schließlich besser als gar keine), zusätzlich aber ein nachbereitendes Interview zur Präzisierung und Abrundung verlangen. Dies wird dann meist auch – auf dem sicheren Boden der schriftlich gegebenen Antworten – dem Interviewer gewährt.

Der Printmedien-Journalist kann aus den schriftlich und mündlich gegebenen Antworten ein durchlaufendes Interview redigieren. Der Rundfunk-Journalist indessen wird nur dieses Nach-Interview als solches gelten lassen; die schriftlich gegebenen Antworten wird er in den Vorspann packen oder im »off«-Ton referieren.

1.6.2 Die Sprechbereitschaft wecken

Für größere Interviews zu einem breit gefächerten Thema empfiehlt es sich, den Gegenstand in mehrere Punkte (in der Reihenfolge des Frageplans!) zu gliedern und diese Gliederung der angefragten Person mitzuteilen. Wenn immer möglich, sollte dies im Rahmen eines Vorgesprächs stattfinden: Der Journalist bittet um ein paar Minunten Zeit für eine kurze Unterredung. Sie dient vordergründig dem Zweck, das Thema und die Gliederung (= Interviewablauf) zu besprechen. Hintergründig ist das Vorgespräch dazu da, Mißtrauen und Abwehr abzubauen und eine entspannte Atmosphäre vorzubereiten: Die Person soll zum Interviewer (wenn möglich) in eine *kommunikative Beziehung* treten und Gesprächsbereitschaft entwickeln.
Das Vorgespräch ist dann gelungen, wenn die angefragte Person neugierig geworden ist, wenn sie nicht Angst, sondern Lust auf das Interview verspürt. Umgekehrt wird sich der Journalist dank des Vorgesprächs auf den Interviewpartner besser einstimmen und dessen Eigenheiten berücksichtigen können: Ist die Person besonders wortkarg und verschlossen – oder sehr redefreudig? Spricht sie prägnant – oder ist sie eher geschwätzig? Gibt es Tabu-Themen? Welche Interessen verfolgt sie, will sie über das Interview bestimmte Interessen verfechten oder eine Kampagne inszenieren?

1.6.3 Technische Fragen klären

Im weiteren eignet sich das Vorgespräch, um die technisch-organisatorischen Fragen zu klären:

→ Interviewzeit klären (unter Umständen am Ende des Vorgesprächs eine Verlängerung der vielleicht bei der ersten Kontaktnahme vereinbarten Zeit aushandeln);

→ Frage der Dialogaufzeichnung klären (der Dialog eines geformtes Interviews sollte mit einem Tonbandgerät aufgezeichnet werden; hat der Interviewer Angst vor Mißbrauch, kann man ihm die Übergabe der Bänder nach deren Auswertung anbieten);

→ Falls vertrauensbildende Maßnahmen erforderlich sind, um Angst und Mißtrauen abzubauen, kann der Journalist die redaktionelle Betreuung des Interviews erklären, die technische Abwicklung erläutern und das Angebot der Autorisierung der zur Publikation bestimmten Fassung unterbreiten.

→ Vor allem Rundfunk-Journalisten sollten den Interviewpartner mit technisch bedingten Erfordernissen vertraut machen (Lautstärke, Blickrichtung, Auftreten) und das Sprechverhalten des Partners studieren.

→ Die für das Interviewgeschehen wichtigen Bezeichnungen abklären: Der Name, gegebenenfalls die akademischen Titel, die Funktionen und die für das Interview maßgebliche Rolle müssen besprochen werden. Wenn dann das Interview live über den Äther geht, muß der Interviewer bei der Anrede Namen und Funktionsbezeichnung korrekt nennen (Der Intervieweinstieg ist geplatzt, wenn bereits die erste Antwort des Interviewten die Form einer Richtigstellung hat, in der Art: »Bevor ich auf Ihre Frage eingehe: Nein, Direktor unseres Instituts bin ich leider nicht, diesen Posten bekleidet ein qualifizierterer Kollege, ich habe nur dieses Forschungsprojekt geleitet. Und dazu kann ich nur sagen ...«).

→ Wenn das Rundfunk-Interview nicht im Studio, sondern beim Interviewpartner stattfinden soll, dient das Vorgespräch zugleich auch als Augenschein, um die technischen Bedingungen abzuklären: Welcher Raum eignet sich (Akustik, Lichtverhältnisse), wie ist die Stromversorgung, welche Störquellen müssen ausgeschaltet werden? Außerdem muß der Interviewpartner auf den apparativen Aufwand vorbereitet werden: Wieviele Leute kommen zusätzlich? Was bringen sie an Gerätschaften mit? Wie lange werden sie sich in den Räumen aufhalten?

→ Wenn ein Interviewphoto gemacht werden soll, ist dies jetzt mitzuteilen (der Interviewpartner soll nicht überrumpelt werden, vielmehr die Chance haben, sich von seiner gepflegten Seite zu zeigen); gegebenenfalls die Präsenzzeit des Photographen besprechen (meist will er zu Beginn dabei sein; wenn er ein paar gelungene Situationsbilder im Kasten hat, verläßt er die Szene).

CHECKLISTE INTERVIEW-VORBEREITUNG

- Das Thema auf wenige Aspekte eingrenzen (Kriterien: Aktualität, Problemgehalt, Folgenhaftigkeit, Wissensbedarf).
- Den für dieses Thema und unser Publikum interessanten Interviewpartner ermitteln (Kriterien: fachliche Kompetenz, Funktionsträger und/oder Person der Zeitgeschichte; themengerechte Rolle; Artikulationsfähigkeit).
- Entscheidung treffen, ob ein direktes persönliches Gespräch anstelle des Telefoninterviews geführt werden kann.
- Die ausgewählte Person anfragen. Den eigenen Namen, die Redaktion, den Zweck des Kontaktes und das Thema (u.U. Themenliste – nie aber Frageliste!) nennen. Möglichst viel Interviewzeit aushandeln, den Interviewort festlegen.
- Informationen über Gegenstand und Person beschaffen und u.U. Dritte befragen (Recherche). Ziel: Genaues Sachwissen und Verstehenlernen des Interviewpartners, evt. Gegeninformationen.
- Interesse, Wissensstand und Problemverständnis des Publikums ermitteln (die naheliegenden Fragen).
- Interviewziel und Rollenspiel festlegen (Als was und in welchem Licht soll der Interviewpartner vor dem Publikum auftreten? In welcher Rolle tritt der Interviewer auf?).
- Zahl der Interviewer (sofern entscheidbar) festlegen, genaue Absprachen treffen.
- Ablauf des Interviews skizzieren (Dramaturgie); Ablaufvarianten überlegen. Zu speziellen Fragepunkten Detailinformationen, Belege oder Frageformulierungen notieren.
- Bei größeren Interviews ein Vorgespräch führen. Möglichst klare Angaben über Interviewablauf und technische Abwicklung (vor allem beim Rundfunk) machen, wie: Zeitrahmen, Tonaufzeichnung, Gesprächsphoto, genauer Name und korrekte Anrede.

2. Die Durchführung des Interviews

Die Interviewdurchführung ist in erster Linie davon geprägt, ob es sich um ein Presse-Interview, um ein Radio- oder ein Fernseh-Interview handelt. Da dieses Kapitel für alle drei Medientypen (auch wenn mit dem Schwerpunkt auf Presse und Hörfunk) konzipiert ist, werden in diesem Abschnitt nur die Aspekte behandelt, die für das journalistische Interview und die Interviewsituation allgemein gelten:
1.) Über die Frageformen
2.) Über die Dialogsteuerung
3.) Über die Psychologie der Interviewführung.

Die Besonderheiten der Durchführung eines Presse-Interviews behandelt das vierte Kapitel; das Handwerk und die Eigenheiten der Interview-Durchführung bei den elektronischen Medien werden im fünften Kapitel von zwei Rundfunkjournalisten erläutert.

2.1 Über das Fragen

Neben der Interview-Vorbereitung ist die Fragetechnik das zweite wichtige Hilfsmittel des Interviewers: Nicht nur *was* er fragt, sondern auch *wie* er fragt, entscheidet darüber, ob und was für Antworten er erhält.

Grundsätzlich gilt: Im Printmedien-Interview gibt es – entgegen so mancher Ansicht – keine unerlaubten und erlaubten, keine falschen oder richtigen Fragen, weil sich der Befragte der Interviewsituation freiwillig aussetzt und er sich gegen jede Frage, die ihm nicht paßt, zur Wehr setzen kann.

Im live gesendeten Rundfunk-Interview gelten indessen Fairneß-Regeln, die auch die Frageform betreffen. Es gibt – je nach Interviewsituation, Dialogverlauf und Frageziel – mehr oder weniger geeignete, mehr oder weniger erfolgreiche Frageweisen.

Die folgenden Abschnitte geben eine Übersicht über die verschiedenen Fragearten (ihre Anwendungsmöglichkeiten sollen die drei Interviews im dritten Buchteil »Interview-Werkstatt« vorführen). Die Fachliteratur bietet hierzu zwar unterschiedliche, doch nur bedingt zweckmäßige Klassifikationen an. Unseres Erachtens sollte eine für das journalistische Interview nützliche Gliederung nach folgenden Dimensionen unterscheiden:

a) Fragearten, die in erster Linie auf ein bestimmtes Antwortverhalten zielen,
b.) Fragearten, die auf den Fragegegenstand gerichtet sind,
c.) Fragearten, die vor allem der Dialogsteuerung dienen.

2.2 Frageformen, die vor allem das Antwortverhalten des Partners beeinflussen

Über die Frageformulierung kann der Interviewer die Antwortbereitschaft, die Breite (Ausführlichkeit) der Antwort und den Redefluß des Antwortenden beeinflussen.

2.2.1 Aufforderungs- und Motivationsfragen

1.) Aufforderung: Um sehr ausführliche, zugleich persönlich gefärbte Antworten zu erhalten, sind Frageformen zweckmäßig, die eine *sachneutrale Antwort-Aufforderung* darstellen. Solche Fragen bestehen meist aus zwei Teilen, der Gegenstandsbezeichnung und der Rede-Aufforderung, die auch durch einen *Aufforderungssatz* erfolgen kann.

Beispiele:
(1) »Wir möchten über die Gründe Ihrer Reise sprechen. Was können Sie uns dazu sagen?«
(2) »Sie sind heute morgen hier eingetroffen. Erzählen Sie uns von Ihrer Reise.«
(3) »Es gibt viele Gründe, nach Basel zu reisen. Was hat Sie veranlaßt?«

Effekt: Diese Frageart wirkt stark auffordernd, bleibt aber in der Gegenstandsbeziehung unbestimmt; sie öffnet dem Befragten das größtmögliche Antwortfeld (Beispiel 1) oder grenzt es nur zeitlich (Beispiel 2: Rückblick) oder räumlich (Beispiel 3: Ort) ein. Sie dient vor allem der Exploration.

Schwierigkeiten: Das Antwortverhalten des Befragten läßt sich nicht steuern. Die Unbestimmtheit der Frage kann den Befragten aber auch verunsichern; er möchte den Fragegegenstand genauer kennen und fragt darum zurück. Unbestimmte Aufforderungsfragen erreichen darum ihren Effekt meist nur im weiteren Fortgang des Interviews, wenn Vertrautheit und Themenkontexte hergestellt sind.

2.) Motivation: Motivierende Fragen verfolgen den Zweck, den Interviewpartner zu ermuntern, ihn zu bestätigen, ihn aufzubauen. Die Frageformulierung ist zuwendend und auffordernd.

Beispiele:

(1) »Vor acht Stunden in tausend Kilometern Entfernung losgefahren und jetzt schon hier: Wie haben Sie das gemacht?«

(2) »Jetzt, nachdem Sie Ihre Entscheidung getroffen haben: Wie geht es weiter?«

(3) »Wie würden Sie denn dieses Projekt in die Realität umsetzen?«

Effekt: Der Befragte fühlt sich begrüßt und ist bereit, von und über sich zu sprechen: die kommunikative Beziehung wird besser, der Ton offener und zugleich vertraulicher.

Schwierigkeiten: Der Befragte antwortet u.U. breit und ausholend. Es besteht die Gefahr der Anbiederung, wodurch die kritische Distanz zum Interviewpartner verloren gehen kann.

2.2.2 Die offenen und geschlossenen Formen

Die offene Frageform ist so angelegt, daß der Befragte nicht mit Ja oder Nein antworten kann, sondern seine Antwort ausführen muß. Diese Fragen, werden meist mit den Fragepronomen »wie«, »warum«, »weshalb«, »wodurch«, »wozu«, »woher/wohin« eingeleitet.

Beispiele:

(1) »Wie sind Sie hierher gekommen?«

(2) »Warum haben Sie diesen Umweg gemacht?«

Effekt: Der Befragte soll erklärend, erzählend oder begründend antworten. Offene Fragen können den Redefluß in Gang setzen. Dadurch gibt sich der Antwortende zu erkennen; der Fragende gewinnt neue Anknüpfungspunkte für Folgefragen.

Schwierigkeit: Die Antwort des Befragten ist nicht kalkulierbar, sie kann knapp oder ausufernd sein. Der Frager öffnet oder verstärkt den Redefluß und mindert seine Steuermöglichkeiten.

Die halbgeschlossene Frageform soll das Antwortfeld eingrenzen. Sie erreicht dies durch die Vorgabe von Antworten oder Antwortmöglichkeiten. Solche Fragen werden meist mit der Konjunktion »oder« konstruiert (Oder-Fragen, Alternativ-Fragen).

Beispiele:

(1) »Kamen Sie mit dem Motorrad, dem Auto, der Eisenbahn oder dem Flugzeug?«

(2) »Welche Reiseroute haben Sie gewählt: von Basel über Stuttgart, über Nürnberg oder Hannover?«

(3)»Dient diese Reise geschäftlichen oder privaten Zwecken?«

Effekt: Der Befragte soll zwar selbst die inhaltliche Aussage machen, zugleich aber am ausbreitenden Erzählen gehindert werden. Darum werden ihm zwei oder mehrere Alternativen angeboten bzw. suggeriert.

Schwierigkeiten: Wenn nach Alternativen gefragt und diese mit der Frage schon geliefert werden, besteht die Gefahr, daß beliebige (Beispiel 2) oder unvollständige Varianten aufgestellt werden. Beispiel 1 zeigt eine praktisch komplette, theoretisch aber unvollständige Auflistung (Fahrrad, Schiff fehlen), Beispiel 3 zeigt eine unter Umständen falsch gestellte Alternative (die Reise kann beiden Zwecken dienen). Gibt der Frager zu viele Antwortvorgaben vor, klingt die Frage kompliziert, bevormundend.

Die geschlossene Frageform engt den Befragten auf nur eine Antwortmöglichkeit ein. Sie erreicht dies entweder durch die Vorgabe der Antwort oder durch die Begrenzung auf eine singuläre Aussage.

1.) Ja-Nein-Fragen: Durch die implizite Antwortvorgabe wird der Befragte auf die Ja/Nein/Weiß-nicht-Antwortmöglichkeiten beschränkt.

Beispiele:

(1) »Sind Sie mit dem Auto gekommen?«

(2) »Glauben Sie, daß Sie einen Umweg gefahren sind?«

(3) »Wäre die Reise mit der Eisenbahn bequemer gewesen?«

Effekt: Diese Frageart zwingt dem Befragten eine Entscheidung auf; sie gestattet kurze, klare Feststellungen und Sachverhaltsüberprüfungen. Sie bremst den Redefluß.

Schwierigkeiten: Die Antwortvorgabe muß dem Fragegegenstand angemessen sein; der Befragte kann solche Fragen als Unterordnung seiner Person unter den Sachverhalt empfinden; er neigt dazu, die Einengung zu sprengen oder ihr auszuweichen, weil er sich (auch) erklären möchte. Die Häufung solcher Entscheidungsfragen verändert die Interviewdiktion (vermehrt Verhör-Stil) und kann den Dialogfluß zum Stocken bringen.

2.) Wissensfrage: Durch die Eingrenzung der Frage auf einen isolierten Sachverhalt soll der Befragte Wissen in Form eines Fakts mitteilen.

Beispiele:

(1) »Wieviele Stunden waren Sie unterwegs?«

(2) »Welches Verkehrsmittel hätten Sie unter ökologischem Aspekt gewählt?«

(3) »Welchem Zweck genau dient Ihre Reise?«

Effekt: Diese Frageart verlangt nach der knappen Beantwortung eines offenen Sachverhalts und/oder Präzisierung zuvor gegebener vager oder allgemeiner Angaben. Sie dient auch der Überprüfung des Wissensstandes.

Schwierigkeiten: Antworten auf solche Wissensfragen sind meist abstrakt oder faktizierend; sie gehören eher zur Recherche (siehe Recherchenbericht). Ihre Häufung könnte das Interview leblos und trocken machen.

2.2.3 Direkte und indirekte Frageformen

Direkte Fragen stellen eine direkte Beziehung zwischen befragter Person und Fragegegenstand her (alle bisherigen Beispiele waren direkte Fragen). Die Klärung der Beziehung zum explizit genannten Sachverhalt (unsere Beispiele: Verkehrsmittel, Reiseroute, Reisegrund) ist erklärte Absicht des Interviewers.

Effekt: Klares, unmißverständliches Frageziel; die Kommunikation ist offen und direkt.

Schwierigkeiten: Die Offenlegung des Frageziels gestattet Abwehrstrategien des Befragten. Zudem kommen die dem Befragten nicht bewußten Aspekte seiner Gegenstandsbeziehung nicht zur Sprache.

Indirekte Fragen verdecken das Frageziel. Es gibt zwei Formen: Entweder enthält die Frage eine indirekte Bewertung (indirekte Provokation) – oder sie verschleiert das Frageziel durch Austauschen des Fragegegenstands (= Indizienfrage).

1.) Indirekte Provokationsfragen: Die Frage zitiert ein Urteil oder eine Bewertung (= Aussagen Dritter) und konfrontiert den Befragten mit dieser Wertung.

Beispiele:

(1) »Man sagt, daß Reisen bilde. Finden Sie das auch?«
(2) »Man sagt, daß Reisen bilde. Ist dies im Zeitalter des Massentourismus noch gültig?«
(3) »Umweltbewußte Menschen halten die Eisenbahn für das ökologisch einzig verantwortbare Verkehrsmittel. Teilen Sie diese Ansicht?«
(4) «..... Was sagen Sie als passionierter Autofahrer dazu?«

Effekt: Der Befragte wird zu einem Werturteil über den angesprochenen Sachverhalt provoziert. Die Provokation kann schwach (Beispiel 1) sein, aber durch das Aufzeigen von Veränderungen (Beispiel 2), von moralischen Wertungen (Beispiel 3) oder Widersprüchen (Beispiel 4) gesteigert werden. Mit indirekten Provokationsfragen verdeckt (objektiviert) der Interviewer seine Wertung und gibt sich distanziert.

Schwierigkeiten: Indirekte Provokationsfragen erzeugen Erklärungs- oder Rechtfertigungsdruck; sie setzen den Befragten einer Spannung aus und verschlechtern die kommunikative Beziehung umso mehr, je deutlicher sich die verdeckte Provokation auf die Einstellung der befragten Person bezieht (Beispiel 4). Schwache Provokationsfragen (Beispiel 1) können Eröffnungsfragen sein; stark provozierende Fragen sind im weiteren Verlauf des Interviews eher klimaverträglich.

2.) Indizienfragen täuschen dem Befragten ein anderes Frageziel vor als das vom Interviewer verfolgte. Dies geschieht nicht durch eine bestimmte Frageformulierung, sondern durch die Verdoppelung der Bedeutungsebene (Semantik): Die Antwort gilt als ein Indiz für einen Sachverhalt, der direkt nicht gefragt wurde. Es entsteht ein Dissens: Der Befragte versteht die Frage faktisch, der Fragende indessen gibt ihr eine symptomatisierende Funktion. Meist wird die verdoppelte Bedeutungsebene (= Indiziencharakter) erst im Verlauf mehrerer Fragen offensichtlich.

Beispiel:

»Mit welchem Verkehrsmittel sind Sie gereist?« (Antwort: Mit dem Auto).

Anschlußfrage: »Sind Sie das letzte Mal auch mit dem Auto gekommen?« (Antwort: Ja).

Anschlußfrage: »Sie sind sehr viel mit dem Fahrzeug unterwegs?« (Antwort: Begründende Bestätigung).

Folgernde Frage: »Bereitet Ihnen Ihr umweltschädigendes Verhalten kein schlechtes Gewissen?«

Dasselbe in der Umkehrung:

»Haben Sie schon mal was vom Treibhauseffekt und der drohenden Klimakatastrophe gehört?« (Antwort: Ja, natürlich – warum?)

Anschlußfrage: »Kennen Sie die Hauptursache?« (Antwort: Ja, der CO_2-Ausstoß durch die Industrieländer).

Unterstellende Folgerungsfrage: »Ganz schlimm sind die Kraftfahrzeuge. Wie können Sie es mit ihrem Umwelt-Gewissen vereinbaren, so viel Auto zu fahren?«

Effekt: Der Befragte gibt Erklärungen und Auskünfte, die er so nicht geben würde, wenn das Frageziel schon zu Beginn offensichtlich wäre, sei es, weil er sie bewußt verschweigen wollte, sei es, weil sie ihm gar nicht bewußt sind (tiefenpsychologische Ebene). Die indizierende Fragekette mündet in die aufklärende Geständnis- oder Bekenntnisfrage, deren Beantwortung meist eine Vertiefung des Themas bedeutet.

Schwierigkeiten: Indirekte Fragen, vor allem Indizienfrageketten, lassen den Interviewer wegen der von ihm verdoppelten Bedeutungsebene als überheblich erscheinen; mancher Befragte fühlt sich nicht nur provoziert, sondern irregführt und reagiert vielleicht aggressiv oder mit Antwortverweigerung. Zudem kann die vom Befragten vielleicht als Überrumpelung empfundene Bekenntnisfrage Mißtrauen erzeugen; sie verschlechtert die Beziehung zum Interviewer ganz massiv.

2.2.4 Provozierende und dirigierende Formen

Unterstellende Frageformen: Die Formulierung stellt eine mutmaßliche Tat, eine Meinung oder ein Verhalten als Tatsache dar – und verknüpft die Behauptung mit einer Frage nach Handlungsmotiven oder -gründen.

Beispiele:

(1) »Sie kamen mit dem Auto. Was eigentlich haben Sie gegen das Eisenbahnfahren?«

(2) »Haben Sie soviel Zeit, daß Sie es sich leisten können, Umwege zu fahren?«

(3) »Sie sagten, Sie seien auf Dienstreise, aber auch aus privaten Gründen hier. Lassen Sie sich Ihre privaten Vergnügungen eigentlich immer vom Steuerzahler finanzieren?«

Effekt: Die Unterstellung provoziert eine Antwort, sie drängt aber den Befragten in die Defensive; er steht unter einem Rechtfertigungsdruck wie ein Beschuldigter (Beispiel 1). Seine Antwort muß sich zuerst mit der Tatsachenbehauptung auseinandersetzen (Beispiel 2: Umwege fahren), um die daraus abgeleitete Motivfrage zu überprüfen; der Frager gewinnt Zeit, um eine nachfassende Anschlußfrage zu formulieren.

Schwierigkeiten: Unterstellende Behauptungen sind oft nicht belegt; der Frager behauptet eine (meist nicht beweisbare) Verhaltensweise (Beispiel 2), oder er verallgemeinert ein singuläres Geschehen durch Übertreibung (Beispiel 3). Der Befragte empfindet solche Unterstellungen als Angriff, die er mit einer Richtigstellung abwehrt. Der Dialog kann aggressiv oder polemisch werden – und verliert an Glaubwürdigkeit.

Die Suggestivfrage ist so formuliert, daß eine bestimmte Antwort oder Antwortrichtung höher bewertet (präferiert) wird als die übrigen Antwortalternativen.

Beispiele:

(1) »Immer mehr Leute lassen das Auto in der Garage stehen und nehmen die Eisenbahn. Was machen Sie?«

(2) »Finden Sie nicht auch, daß Eisenbahnfahren die umweltverträglichste Reiseart ist?«

(3) »Überlegen Sie sich genau, welche Route von Basel nach Berlin die beste ist, oder fahren Sie einfach drauflos?«

Effekt: Die vom Interviewer erwartete (erwünschte) Antwortrichtung ist in der Frage angelegt und dirigiert das Antwortverhalten. Meist wird die Suggestion durch Trendangaben (Beispiel 1), gesunden Menschenverstand und Werteordnung (Beispiel 2) oder die Höherbewertung einer einzelnen Antwort (Beispiel 3: Genaues Nachdenken ist wertvoller als Drauflosfahren) erzeugt.

Suggestive Fragen, die im journalistischen Interview sehr viel verbreiteter sind als in der Theorie angenommen, erzeugen Spannung und beschleunigen den Frageablauf in Richtung Interviewziel. Suggestivfragen sind im übrigen um so wirksamer, je konformistischer der Befragte denkt.

Schwierigkeiten: Sobald der suggestive Effekt durch pauschalisierende Übertreibung oder Unterstellung erzeugt wird (Beispiel 2), wirkt die Frage eher aggressiv; der Befragte fühlt sich manipuliert und stellt vielleicht eine Gegenfrage, das Publikum empfindet die Frage als unfair und solidarisiert sich eher mit dem Befragten.

2.3 Frageformen, die in erster Linie auf den Gegenstand gerichtet sind

Durch die Art, wie der Interviewer fragt, kann er mitbestimmen, wie der Befragte den Fragegegenstand, wie er das Interviewthema insgesamt zur Darstellung bringt.

2.3.1 Faktizierendes Fragen

Sachverhaltsfragen verlangen nach faktizierbaren Informationen über den Fragegegenstand – also nach solchen Informationen (Sachangaben, Daten), die unabhängig der befragten Person gültig sind oder sein sollen. Diese Fragen zielen auf »wer«, »was«, »wann«, »wo«, »wieviel«, »wie groß«, »woher/wohin« u.ä..

Beispiele:

(1) »Wie groß war das Verkehrsaufkommen auf der Autobahn nach Berlin, als Sie heute morgen hierher fuhren?«

(2) »Seit wann eigentlich tragen Sie die Last des Amtsleiters der Berliner Dienststelle?«

(3) »Wieviele Mitarbeiter haben in Ihrem Amt bereits den Dienst quittiert, seitdem Sie hier das Sagen haben?«

Effekt: Die Fragen verlangen zutreffende, mithin auch überprüfbare Antworten und geben dem Interviewthema den faktischen Unterbau.

Schwierigkeiten: Sachverhaltsfragen sind Recherchefragen, die das Denken, Meinen und Handeln der befragten Person ausklammern (und auch ausklammern sollen). Sie wirken im Interview langweilig (Beispiel 1) und benötigen einen persönlichen »touch« (Beispiel 2) oder eine Unterstellung (Beispiel 3), damit die Antwort nicht trocken und abstrakt ausfällt.

2.3.2 Erzählfragen

Erzählfragen dienen der Reproduktion und Rekonstruktion von Beobachtungen und Erlebnissen der befragten Person. Sie haben Aufforderungscharakter, sind offen und explorierend formuliert (Aufforderungsfragen, offene Fragen).

Beispiele:

(1) »Mit 16 wollten Sie also Lokomotivführer werden. Was hat Sie von diesem Berufstraum abgebracht?«

(2) »Erzählen Sie uns mal, was Sie hier in Berlin genau gemacht haben.«

(3) »Worin unterscheidet sich diese Dienstreise von früheren?«

Effekt: Erzählfragen funktionieren entweder als Schleusenöffner und sollen den Erzählfluß des Befragten in Gang setzen (Beispiel 1); oder sie dienen der Detailbeschreibung, um Einblick zu nehmen (Beispiel 2), oder um frühere Vorgänge und Veränderungen zu rekonstruieren (Beispiel 3). Sie bezwecken konkrete Anschaulichkeit.

Schwierigkeiten: Die Antwort wird monologisch, der Interviewer kann das Antwortverhalten nicht beeinflussen und den in Gang gesetzten Redefluß u.U. nur intervenierend bremsen oder stoppen.

2.3.3 Einschätzungsfragen

Meinungsfragen gelten der Einstellung des Befragten zu einem (zum Zeitpunkt der Frage) den Interviewpartnern bekannten Sachverhalt. Die reine Meinungsfrage enthält keine unterstellende, indirekte oder suggestive Formulierung. Sie ist meist halboffen oder offen formuliert.

Beispiele:

(1) »Was halten Sie vom deutschen Autofahrer?«

(2) »Finden Sie das Eisenbahnangebot der Bundesbahn auf den Strecken nach Berlin eher ausreichend oder eher ungenügend?«

(3) »Wie haben sich die Ostberliner seit dem Wegfall der Mauer Ihrer Meinung nach verändert?«

Effekt: Zwischen einem Thema, Themenaspekt oder Sachverhalt und dem Interviewpartner wird ein personenzentrierter Zusammenhang hergestellt; die Frage leitet den Fokuswechsel von der Sache zur Person ein.

Schwierigkeiten: Antworten auf Meinungsfragen sind mitunter zu vage und diffus oder für das Publikum nicht nachvollziehbar. Vielen Interviewpartnern fällt es schwer, eine Einschätzung auf eine offene Allgemeinfrage zu geben (Beispiel 1) und ziehen Antwortvorgaben (Beispiel 2) vor. Problembezogene Strukturfragen bedeuten mitunter auch eine Überforderung des Befragten (Beispiel 3: Gefahr der Gemeinplatz-Antwort).

Introspektionsfragen nehmen das Denken, Fühlen und Handeln der befragten Person zum Gegenstand und verlangen erklärende oder beschreibende Ausführungen.

Beispiele:

(1)»Versetzen Sie sich nochmals in die Situation von heute früh: Was haben Sie empfunden, als Sie auf der Autobahn bereits 40 Minuten im Stau standen?«

(2) »Wie geht es Ihnen, wenn Sie an die gestrige Personalratssitzung und die dort vorgebrachten Klagen zurückdenken?«

(3) »Bereitet es Ihnen keine Schwierigkeiten, eine Geschäftsreise zum Anlaß für ein Privatvergügen zu unternehmen?«

Effekt: Die Frage beleuchtet die Person ganzheitlich; sie muß Empfindungen rekonstruieren und aktualisieren (Beispiel 1); oder in einem Sachzusammenhang über sich selbst authentisch sprechen (Beispiel 2); oder ihre Glaubwürdigkeit aufzeigen (Beispiel 3: Eine Nein-Antwort macht den Befragten unglaubwürdig).

Hypothetische oder Szenario-Fragen beziehen sich auf einen angenommenen, nicht aber real existierenden Sachverhalt und verlangen eine Einschätzung oder Prognose.

Sie werden meist mit temporalen oder modalen Konjunktionen eingekleidet (wie: »sobald«, »wenn«, »sofern«).

Beispiele:

(1) »Sobald die Schienenstrecke und das Zugmaterial saniert sind, werden die Intercity-Züge im Stundentakt nach Berlin rollen. Würden Sie dann auf die Eisenbahn umsteigen?«

(2) »Was glauben Sie: Wie lange eigentlich müssen Sie täglich im Stau stehen, ehe Sie das Auto in der Garage lassen?«

(3) »Angenommen, Sie hätten hier in Berlin keine Freundin: Hätten Sie sich für diese Stelle des Amtsleiters trotzdem beworben?«
(4) »Stellen Sie sich vor, zwischen Bonn und Berlin verkehrte mit 400 km/h eine Magnetschwebebahn. Könnten dann nicht beide Städte zur Hauptstadt werden?«

Effekt: Hypothetische Frageformen können Entscheidungen mit ihren Rahmenbedingungen und Alternativen anschaulich machen (Beispiel 1) oder die Glaubwürdigkeit über Selbsteinschätzungen (Beispiel 2) oder Provokation (Beispiel 3) hinterfragen.

Schwierigkeiten: Hypothetische Fragen verleiten zur abgehobenen Spekulation über phantasierte Sachverhalte; sind diese utopisch, fällt auch die Antwort phantastisch aus (Beispiel 4). Für das Publikum sind dann Fragen und Antworten ohne Informationswert.

2.3.4 Rhetorische Frageformen

Rhetorische Fragen sind Wiederholungs- oder Nachfragen und dienen zur Klärung einer verschwommenen oder mehrdeutigen Antwort (= Verständnisfrage), unklarer Begriffe (Definitionsfrage) – oder zur Verstärkung der Antwortaussage (= Interpretierende Frage), indem der Frager die vermutete Aussage, vielleicht auch die Antwortintention aufgreift und prägnant formuliert.

1.) Verständnisfragen sind meist geschlossene Ja-Nein-Fragen und sollen unklare oder mehrdeutige Aussagen klären; sie signalisieren ihre Bezugnahme auf die vorausgegangene Antwort durch modale und kausale Konjunktionen (wie: insofern, insoweit als, offenbar, weil, da ja) oder durch ein Adverb (wie: also).

Beispiele:
(1) »Offenbar liegt Ihnen das Eisenbahnfahren nicht?«
(2) »Sie sind also die ganze Strecke selbst gefahren?«
(3) »Sind Sie nur deshalb hier, weil Sie auf einer Dienstreise sind?«

Effekt: Verständnisfragen wirken raffend (Beispiel 1), präzisierend (Beispiel 2) oder abklärend (Beispiel 3); sie verhindern das Verschleiern oder auch Schönfärben in den Antworten des Befragten. Das Publikum hat den Eindruck, der Interviewer nehme es genau.

Schwierigkeiten: Verständnisfragen führen das Interview nicht weiter, sondern retardieren. Ihr zu häufiger Einsatz wirkt blockierend und läßt den Interviewer als pingelig oder begriffsstutzig erscheinen; der Befragte kann solche Fragen als bevormundend oder als Ausdruck von Mißtrauen empfinden. Sie beeinträchtigen die kommunikative Beziehung.

2.) Definitionsfragen greifen eine unklare oder mehrdeutige Formulierung des Befragten auf und verlangen eine Präzisierung, Umschreibung oder Definition des Gesagten.

Beispiele:

(1)»An wen denken Sie, wenn Sie von Mißmanagement bei der Bundesbahn sprechen?«

(2) »Meinen Sie mit 'vollklimatisierte Viehtransporter' die Intercity-Großraumwagen der Bundesbahn?«

(3) »Was verstehen Sie unter 'bedürfnisorientierter Nachfragesteuerung'? Erläutern Sie uns den Begriff am besten an einem Beispiel.«

Effekt: Definitionsfragen sollen den Befragten zur Präzisierung (Beispiel 1), zur klärenden Erläuterung (Beispiel 2) oder zur Anschaulichkeit (Beispiel 3) veranlassen. Sie dienen der Verständlichkeit des Interviews.

Schwierigkeiten: Unvorsichtig formulierte Fragen können als Einladung zu einem Exkurs oder als Aufforderung, ein Referat zu halten, mißverstanden werden. Stellt sie der Interviewer zu oft, wird der Interviewablauf zerrissen.

3.) Die interpretierende Frage soll die Antwort verdeutlichen (verstärken), die Konsequenzen aufzeigen oder sie in einen deutenden Zusammenhang stellen. Sie greift das Gesagte – meist mit dem Adverb »also« – auf und formuliert eine Quintessenz oder Schlußfolgerung in Frageform.

Beispiele:

(1) »Sie werden also Ihre nächsten Reisen von Basel bis Berlin nur noch mit der Eisenbahn unternehmen?«

(2) »Als neuer Amtsleiter möchten Sie die vakanten Stellen also noch in diesem Jahr besetzen?«

(3) »Heißt das, in Zukunft wird noch weniger für die Sanierung des Schienensystems ausgegeben?«

Effekt: Umständliche, zu zaghafte oder unklare Angaben werden präzisiert (Beispiel 1) und meist unter dem Aspekt der Folgen auf den Punkt gebracht (Beispiel 3). Das Thema wird weitergezogen (Beispiel 2). Für das Publikum werden die Aussagen konkreter und anschaulicher, das Interview gewinnt an Kontur und Spannung.

Schwierigkeiten: Da der Interviewer einen Sachverhalt interpretiert, muß er in der Deutung zurückhaltend bleiben (Beispiel 2). Andernfalls muß er damit rechnen, daß der Befragte seiner Interpretation nicht folgen und darum auch die Frage zurückweisen will (Beispiele 1 und 3).

2.3.5 Informierendes Fragen

Sogenannte Plattform-Fragen, bestehen aus (mindestens) zwei Sätzen: Zuerst macht der Interviewer eine Feststellung (Aussagesatz), um eine Information oder den Bezugspunkt klarzustellen. Auf diese Feststellung bezieht sich die im folgenden Satz formulierte Frage. Im dialogischen Zusammenhang kann eine Plattformfrage auch ohne Fragesatz nur als Einwand formuliert werden, die Sachaussage funktioniert wie eine Frage (folgende Beispiele 3 und 4).

Beispiele:

(1) »Als Verkehrsmittel standen Ihnen für Ihre Reise Auto, Eisenbahn und Flugzeug zur Wahl. Für welches haben Sie sich entschieden?« oder auch: ».... Warum haben Sie sich für das Auto entschieden?«

(2) »Der Regierende Bürgermeister Berlins hat gesagt, daß in spätestens fünf Jahren Berlin für die Olympischen Spiele bereit sein werde. Sehen Sie das auch so?«

(3) »Die Bundesregierung will aber dafür keine Geldmittel bereitstellen.«

(4) »Selbst schwierige Abteilungen muß man nach ein paar Monaten im Griff haben. Und Sie haben bereits vor zwölf Monaten die Leitung dieser Amtsstelle übernommen.«

Effekt: Es wird eine Eindeutigkeit des Fragegegenstands erreicht. Der Befragte und das Publikum fühlen sich ins Bild gesetzt. Die Frage muß nicht mit erklärenden Informationen befrachtet werden. Einwendendes oder nachfassendes Fragen kann knapp und dialogisch formuliert werden.

Schwierigkeiten: Die auf der Plattform präsentierten Sachverhalte müssen zutreffend (siehe Recherche) und wenn möglich unstrittig sein (Beispiele 1 und 2); andernfalls könnte der Interviewpartner die Feststellung korrigieren (Beispiel 3: Feststellung zu pauschal) oder widerlegen (Beispiel 4: Behauptung ist nicht haltbar).

2.4 Frageformen zum Zweck der Dialogsteuerung

Wie das Thema ausgebreitet wird und die befragte Person zur Darstellung kommt, aber auch, wie sich der Gesprächsfaden im Dialog der Interviewpartner entwickelt, kann der Interviewer mit verschiedenen Fragearten steuern.

2.4.1 Formale Steuerung

1.) Eröffnungsfragen nennen das Thema bzw. den Themenaspekt, begrüßen den Interviewpartner und stellen eine Beziehung zwischen dem Themenaspekt und der befragten Person her.

Die erste Frage ist in aller Regel eine Plattformfrage; ungeeignet sind geschlossene oder halbgeschlossene, aber auch reine Aufforderungs- oder Erzählfragen (Gefahr des »Referats«); geeignet sind einladende und zugleich provozierende Frageweisen wie zum Beispiel eine indirekte oder eine schwach unterstellende Frage (sie kann schmunzelig oder als Surprise funktionieren).

Beispiele:

(1) »Herr Minister, Sie kommen gerade aus der Kabinettssitzung, die über Ihren Steuerreformvorschlag beraten hat. Sie sehen abgespannt aus. Sind Sie mit Ihrem Reformprojekt auf großen Widerstand gestoßen?«

(2) »Sie sind soeben hier in Berlin eingetroffen. Sie wirken ausgeruht. Erzählen Sie uns, wie Sie dem Autobahn-Stau-Streß ausgewichen sind?«

(Weitere Beispiele siehe Plattformfragen).

Effekt: Eröffnungsfragen funktionieren gleichsam als doppeltes Lasso: Sie sollen den Interviewpartner zu einer markanten Aussage veranlassen und zugleich das Publikum neugierig machen.

Schwierigkeiten: Zu langfädelige Erläuterungen vor Beginn der ersten Frage strapazieren die Geduld des Publikums.

Grobe Unterstellungen in der Eröffnung wirken zwar spannend, können aber beim Befragten zu Irritation und Abwehr führen.

2.) Überleitungsfragen verbinden die Antwort mit einem neuen Themenaspekt; der Fragesatz greift eine Teilaussage des Antwortenden auf und stellt entweder einen neuen Zusammenhang (meistens: Verallgemeinerungen) her oder bezieht sie auf einen neuen Sachverhalt.

Beispiele:
(1) »Offenbar haben Sie viel Erfahrung mit Autobahn-Staus. Was eigentlich treibt die Menschen, sich wider besseres Wissen immer aufs Neue ans Steuer zu setzen?«
(2) »Sie sind gerade dienstlich unterwegs: Was halten Sie von der neuen Spesen-Verordnung?«
(3) »Da Sie nun schon zum fünften Mal seit der Vereinigung der beiden Deutschländer in Berlin sind: Glauben Sie, daß diese Stadt in fünf Jahren die Rolle der Metropole übernehmen kann?«

Effekt: Überleitungsfragen sollen den Eindruck des Bruchs verhindern, wenn der Interviewer das Thema weiterziehen will; der Befragte (und das Publikum) muß sich nicht auf ein neues Thema einstellen, sondern hat den Eindruck des kontinuierlichen Gesprächsverlaufs (Beispiel 2).

Schwierigkeiten: Bei Verallgemeinerungen muß die Aussage, an die angeknüpft wird, sich auch tatsächlich als Exempel eignen, die Verallgemeinerung darf nicht zu weitgeifend (Beispiel 1) oder zu suggestiv sein (Beispiel 3).

2.4.2 Inhaltliche Steuerung

1.) Filterfragen dienen dem Zweck der Themeneingrenzung (Problemermittlung), der Ermittlung des Wissenstands oder der Zuständigkeit (Kompetenz) der befragten Person; sie werden meist als Plattform oder halbgeschlossene Frage formuliert und als Nachfrage eingesetzt, wenn die vorausgegangene Antwort ungenügend war.

Beispiele:
(1) »Einer Meinungsbefragung unter Managern zufolge glauben Autofahrer, sie seien effizienter, dafür aber auch mehr unter Streß als die Eisenbahnfahrer, die sich für ausgeglichener halten. Wie würden Sie sich da einschätzen?«
(2) »Soll Ihre Amtsstelle alle früheren Rechtsträgerschaften untersuchen, kümmert sie sich auch noch um die Einsetzung des neuen Eigentumsrechts, oder bearbeitet sie nur die Übereignungsanträge früherer Eigentümer?«

Effekt: Filterfragen haben Pfadfinderfunktion; sie führen den Gesprächsfaden weiter, wenn sich der Befragte nebelig oder zu kompliziert ausdrückt.

Schwierigkeiten: Die Frageform ist meist kompliziert, für den Befragten (und das Publikum) wegen der Detailinformationen anspruchsvoll (Beispiel 1); es besteht die Gefahr, daß falsche Alternativen oder inkompatible Varianten zur Auswahl angeboten werden (u.U. in Beispiel 2).

2.) Verstärkerfragen dienen dem Zweck der Konkretisierung, Betonung und Akzentuierung einer Aussage des Befragten: Der Interviewer wiederholt das Gesagte knapper, mit mehr Prägnanz, und läßt sich seine Wiederholung wie zur Kontrolle bestätigen (siehe rhetorische Frageformen).

3.) Affirmationsfragen dienen der Verstärkung des Rede- und Erzählflusses des Befragten.

Sie müssen nicht immer verbalisiert werden (»Ist ja interessant«; »Erzählen Sie weiter!«; »Und was ist dann passiert?«), sondern können auch aus nonverbalen Signalen bestehen, wie Kopfnicken, Anlachen, Augen weiten u.ä. (siehe auch Aufforderungsfragen).

2.4.3 Interaktionssteuerung

Interaktionsfragen beziehen sich auf die aktuelle Interviewsituation und thematisieren (oder problematisieren) das augenblickliche Sprechverhalten. Sie nehmen damit einen Wechsel der Kommunikationsebene vor (Umstieg auf eine Metaebene), entweder, indem der Befragte zum lauten Denken veranlaßt werden soll (Kognitionsfrage), oder indem sein aktuelles Kommunikationsverhalten aufgegriffen wird (Verhaltensfrage).

1.) Kognitionsfragen sind Anschlußfragen; sie bewerten einen Teil der Antwort und fordern den Partner auf, sich über das soeben Gesagte reflektierend zu äußern.

Beispiele:

(1) »Finden Sie Ihre Äußerung nicht etwas überspitzt?«

(2) »Warum verschweigen Sie die Möglichkeit, daß Sie auch mit der Eisenbahn hierher fahren können?«

(3) »Gesetzt den Fall, hier säße der Vorstand Ihres Parteiausschusses: Müßten Sie da Ihre Entscheidung nicht besser begründen?«

Effekt: Der Wechsel der Kommunikationsebene erzeugt dialogische

Spannung (Beispiel 1). Der Befragte wird konfrontiert (Beispiel 2) und/-oder zur Gedankenarbeit – etwa mit Hilfe eines Szenarios – aufgefordert (Beispiel 3), die meist zu einer Themenvertiefung führt; beim Publikum entsteht der Eindruck von Unmittelbarkeit (»Live-Effekt«).

Schwierigkeiten: Der Ebenenwechsel kann zu einer Irritation (Beispiel 2) oder gar zu einer Antwortverweigerung führen, wenn er provozierend angelegt ist (Beispiel 3).

2.) Verhaltensfragen sind situativ gestellt; sie psychologisieren das aktuelle Interviewverhalten des Befragten.

Beispiele:

(1) »Finden Sie Ihre Äußerung nicht auch polemisch?«

(2) »Sie werden aggressiv. Was hat Sie denn so in Rage versetzt?«

(3) »Sie weichen meinen Fragen aus. Sind Ihnen die Umstände Ihrer Amtsübernahme etwa peinlich?«

(4) »Sie beantworten unsere Fragen nicht, wir kommen so nicht weiter. Warum wollen Sie auf unser Thema nicht eingehen?«

Effekt: Der mit den Verhaltensfragen unternommene Wechsel der Kommunikationsebene dient der Behebung von Dialogstörungen (Beispiel 4) oder der Erörterung des emotionalen Verhaltens (Beispiel 1 und 2), das ein wichtiger Teil der Antwort (gelegentlich auch die ganze Antwort) sein kann (Beispiel 3).

Gelegentlich sind solche Verhaltensfragen ein letzter Rettungsversuch, um den drohenden Interviewabbruch zu vermeiden.

Schwierigkeiten: Viele Befragte können über ihre aktuellen Empfindungen nicht sprechen; sie empfinden Verhaltensfragen als Unterstellungen (Beispiel 3) und wehren ab oder kontern aggressiv. Darum müssen solche Fragen, wenn sie nicht als Notbremse eingesetzt werden (Beispiel 4), behutsam (Beispiel 1) oder doch der befragten Person angemessen (evtl. Beispiel 2) formuliert werden.

2.5 Fragearten und Fairneß

In Interviews sind die Frageweisen an die jeweilige Interviewsituation und die gerade ablaufende Interaktion gebunden. Unter diesen Vorzeichen ist jede Frageart gestattet, sofern das Interview unter korrekten Bedingungen stattfindet. Dies ist im einzelnen zu begründen.

1.) Spielregeln: Voraussetzung eines journalistischen Interviews muß sein, daß die zu befragende Person den Sinn und Zweck der Veranstaltung kennt. Nur dann stellt sie sich freiwillig auf die Bühne des öffentlichen Gesprächs, wissend, daß jede ihrer Äußerungen öffentlich gemacht werden kann.

Als Hauptrollen-Spieler ist es ihr auch möglich, die Bedingungen ihres Auftritts auszuhandeln (von der Frage des Honorars über das Urheberrecht bis zu den Möglichkeiten einer Überprüfung des Produkts vor der Veröffentlichung – siehe Vorgespräch).

Die journalistische Fairneß gebietet also, daß die zu befragende Person rechtzeitig und hinreichend über die Tatsache des Interviews ins Bild gesetzt wird. Ein Verstoß gegen journalistische Fairneß-Regeln wäre es demnach, wenn der Journalist mit einer Person spricht und aus diesem Gespräch nachträglich ohne deren Wissen und Zustimmung ein Interview schneidert und veröffentlicht (siehe 3. Kapitel: Medienrecht).

2.) Handlungsfreiheit: Sind der Rahmen des Interviews und die Bedingungen der Veranstaltung geklärt, dann kann die befragte Person auf jede gestellte Frage in der ihr passenden Weise reagieren; niemand kann sie zu einer Antwort zwingen. Sie kann Fragen zurückweisen, sie kritisieren oder übergehen. Vor allem: Sie kann, wenn sie sich unfair behandelt fühlt, diesen Eindruck sogleich thematisieren und im äußersten Fall das Interview auch abbrechen.

3.) Das Publikum als Schiedsrichter: Aus der Sicht des Publikums liegt der Wert des Interviews unter anderem auch darin, daß es die Entstehung des publizistischen Produkts miterlebt: Das Interview entsteht ja erst im Fortgang des Interviewens. In diesem Prozeß sind beide Parteien – der Journalist und sein Interviewpartner – gleichermaßen dem Urteil ihrer Leser/Zuhörer/Zuschauer ausgesetzt.

Auch in unserem Kulturraum herrscht weithin Einigkeit über Umgangs- und Gesprächsformen. Wer diese Regeln mißachtet und seinen Regelverstoß nicht plausibel machen kann, wird als unfair, als unsympathisch, hinterlistig usw. empfunden. Der Interviewer, der ohne triftigen Grund einen vielleicht rhetorisch schwachen Gesprächspartner mit heimtückischen Fragen attackiert, wird in den Augen seines Publikums zusehens unglaubwürdig, unredlich und am Ende eher als Verlierer dastehen.

4.) Sondersituation Live-Interview: Jede Live-Situation stellt an die Teilnehmer der Sendung besondere Anforderungen, vergleichbar dem Auftritt der Schauspieler während der Premiere – mit dem Unterschied, daß der Interviewer ein professioneller Spieler ist, der sehr viel Schulung und viele Proben hinter sich hat, während sein Interviewpartner zumeist als Laienspieler auftreten muß: Er ist unsicher, wird von Nervosität geplagt und von der Technik abgelenkt. In dieser Streß-Situation können unerfahrene Interviewpartner ohne große Schwierigkeiten verunsichert und zu einer Äußerung verleitet werden, die sie eigentlich nicht machen wollen und zu der sie auch nicht stehen, sie aber nicht mehr zurücknehmen können. Dieser Effekt mag im Zusammenhang einer Recherchenbefragung durchaus zweckmäßig sein; im Rahmen eines geformten Interviews bedeutet er indessen eine psychologische Manipulation.

Anerkennt man die Idee der *gleichen Artikulationschancen* als ein Grundprinzip des Interviews, dann darf der routinierte Journalist seine weit besseren Artikulationschancen nicht zum Nachteil des ungeübten Interviewpartners ins Feld führen; er sollte ihm vielmehr helfen, die Situation souverän zu bestehen.

Der Einsatz von unterstellenden, von suggestiven, indirekten und interpretierenden Fragen muß darum wegen ihres verunsichernden Effekts sehr genau überlegt werden.

Dazu ist sogleich einschränkend anzumerken, daß vor allem die führenden Politiker und Spitzenvertreter der Wirtschaft in Rethorik und Interaktion inzwischen deutlich besser trainiert sind als viele ihrer Interviewer: Mitunter tricksen sie ihre Interviewer mit argumentationslogischen Finten und rhetorischen Tricks so raffiniert aus, daß beim Publikum fast schon Mitleidsgefühle wach werden.

2.6 Die Steuerung des Gesprächs

Ob ein Interview gelingt, also erhellend und spannend zugleich wird, hängt nicht nur von der Qualität der Vorbereitung und der Fragetechnik, sondern auch vom Zusammenspiel der beiden Menschen ab, die da aufeinandertreffen – und damit vor allem von den kommunikativen Fertigkeiten des Journalisten, der für das Gelingen des Interviews ja allein die Verantwortung zu tragen hat. Um gleich falschen Vorstellungen entgegenzutreten, die sich an diese Feststellung knüpfen könnten: Wie immer, wenn zwei Menschen miteinander kommunizieren, so wird auch der Gesprächsverlauf eines Interviews von vielen Unwägbarkeiten entscheidend geprägt, die weder vorhersehbar noch steuerbar sind. Auch Verzerrungen in der Kommunikation sind unvermeidlich; es kann bestenfalls darum gehen, sie möglichst klein zu halten. Und auch die Barrieren, die zwischen einander fremden Menschen – wenn auch in je unterschiedlicher Höhe – unverrückbar bestehen, lassen sich nicht einfach sprengen. Kurz: Nicht jeder muß mit jedem ein gutes Interview führen können. Die gelegentlich geäußerte Meinung, Journalisten könnten sich so viel Technik und Tricks aneignen, daß schließlich jede Befragung gelinge, ist ein Märchen.

Vor diesem Hintergrund sind die folgenden Darlegungen nicht als Regeln, sondern als erfahrungsgeleitete Hinweise zu verstehen, die vielleicht helfen können, besonders schwierige Gesprächssituationen besser zu meistern (zur Illustration der folgenden Darlegungen dienen die drei Interviews im dritten Buchteil »Werkstatt«, die verschiedene Fragearten mit unterschiedlichen Strategien verknüpfen).

2.6.1 Bedeutung der Sitzordnung

Für jede Form des journalistischen Interviews gilt die Regel: Nur der Interviewer und niemand sonst leitet die Befragung, das Gespräch, den Disput. Dies muß insbesondere dann klar sein, wenn das Interview in den Räumlichkeiten des Befragten stattfindet. Dort treten ja der Journalist und sein Team (Rundfunk) zunächst als Gäste, der Interviewpartner als Gastgeber auf. Der Interviewer gibt sich demzufolge eher defensiv, freundlich und zurückhaltend, im Stimmungsbild neutral. Der Gastgeber ist in der Offensive und führt die Konversation. Der Journalist sollte sich auf dieses entkrampfende *»warming up«* unbedingt einlassen.

Unmittelbar vor Beginn des Interviews findet nun der Rollenwechsel statt, der Journalist hat in die Offensive zu gehen. Es empfiehlt sich, diesen Rollenwechsel eindeutig, am besten durch ein Ritual zu markieren. Am plausibelsten geschieht dies über die Sitzordnung: Nachdem vielleicht der Gastgeber den Ort (den Tisch) bezeichnet hat, an dem das Interview stattfinden soll, übernimmt der Interviewer unter Angabe technischer Gründe (Mikrofon, Lichteinfall, Sprechrichtung, Steckdosen usw.) demonstrativ die Sitzplatz-Zuweisung.

Auch für Presse-Interviews gilt: Bei der Anordnung der Sitzplätze achtet der Interviewer darauf, daß der Abstand nicht zu eng, aber auch nicht zu groß ausfällt. »Distanzierte Nähe« könnte man den (individuell unterschiedlich empfundenen) richtigen Abstand nennen: nahe genug, um den anderen so ins Auge fassen zu können, daß er dem Blick nicht ausweichen kann – und distanziert genug, um dem anderen nicht das Gefühl von Enge und Bedrängnis zu geben: Man muß auch mal aufbrausen können, ohne seinem Gegenüber physisch zu nahe zu kommen.

Die räumliche Distanz spielt für die Empfindungen des Interviewpartners eine große Rolle. Man kann vor allem für Fernseh-Situationen als Regel gelten lassen: Je geringer die Distanz, desto kleiner erscheint auch die soziale – wobei zu berücksichtigen ist, daß Vertreter der Unterschicht eher näher, Vertreter vor allem der intellektuellen Mittelschicht eher weiter auseinandersitzen.

Bei der Anordnung sollte auch die Möglichkeit der Distanzveränderung im Verlauf des Interviews bedacht werden: Eine Verringerung der Distanz (etwa: Vorbeugen des Oberkörpers) zeigt Anspannung, Neugier oder auch Zuneigung. Eine Vergrößerung der Distanz (etwa: deutliches Zurücklehnen) bedeutet oftmals Skepsis, es kann aber auch Ausdruck der Entspannung sein.

Bei Hörfunk-Interviews sollte – von den genannten Regeln abweichend – bei der Sitzordnung auch die Möglichkeit des Körperkontakts einbezogen werden. Unter Umständen sieht sich nämlich der Interviewer genötigt, einen Vielredner zu stoppen, indem er ihm seine Hand auf den Unterarm legt (das nützt!), weil er ihm ja nicht ins Wort fallen sollte.

2.6.2 Die Gesprächsleitung

Daß nun der Journalist vom Interviewbeginn an die Gesprächsleitung in der Hand hat und auch halten will, demonstriert er mit folgenden Verhaltensweisen:

→ Nur der Interviewer stellt die Fragen (Ausnahmen bestätigen diese Regel).

→ Der Interviewer lehnt Fragevorschläge des Interviewpartners oder Dritter (beisitzender Sekretär, Pressereferent usw.) während des Dialogs ab – dies im Unterschied zum Vorgespräch, während dem ja Themenvorschläge besprochen worden sind.

→ Der Interviewer ist verantwortlich für den Ablauf. Nur er entscheidet über die Themenabfolge, etwa, indem er eine Ausführung des Befragten mit dem Hinweis unterbricht, dieser Aspekt käme später noch ausführlich zur Sprache.

→ Der Interviewer ist verantwortlich für das Zeitbudget; er darf, sofern erforderlich, bremsen oder beschleunigen. Wenn zum Beispiel der Befragte zu weit ausholt oder ins Detail geht (was im übrigen auch eine Art Ermüdungstaktik des Befragten sein kann), muß der Interviewer intervenieren und darauf hinweisen, daß in der zur Verfügung stehenden Zeit noch soundso viele Punkte erörtert werden müßten; er bitte den Befragten, sich knapp zu halten.

→ Der Interviewer (bzw. sein technischer Mitarbeiter) ist zuständig und verantwortlich für die technische Abwicklung des Interviews, insbesondere für die Gesprächsaufzeichnung.

→ Der Interviewer ist verantwortlich für die redaktionelle Herstellung der für die Veröffentlichung bestimmten Fassung, die auf der Gesprächsaufzeichnung basiert. Wann und wie er das macht, ist seine Sache (bzw. die der Redaktion); der Interviewpartner hat ihm da nicht hineinzureden (zur Frage der Autorisierung siehe 3. Kapitel: Medienrecht)

2.6.3 Fragenablauf und Gesprächsfaden

Eröffnung: Gelegentlich steht die Eröffnungsfrage durch das Ereignis, an das angeknüpft werden soll, bereits fest, etwa: »Sie haben gestern im Riesenslalom die Goldmedaille gewonnen. Wie war die erste Nacht danach?« Oder: »Herr Professor Meier-Müller, nach dem überraschenden Einmarsch der Iraker in Kuwait vergangene Woche: Kommt es zu einem neuen Nahost-Krieg?«.

Meist aber muß die Interview-Eröffnung überlegt, der (für das Publikum) naheliegende Anknüpfungspunkt erst gefunden werden. Es empfiehlt sich, den aktuellen Wissensstand in der Öffentlichkeit (= des Publikums) mit einer eher allgemein gehaltenen, offenen Frage zu verbinden (= offene Plattform-Frage), um dann das Thema mit zusehends geschlossenen Folgefragen einzugrenzen und eng zu fahren, d.h. Ab- und Ausschweifungen des Befragten zu unterbinden.

DURCHFÜHRUNG EINES INTERVIEWS: ALLGEMEINE VERHALTENSREGELN

- Vor Interviewbeginn »warming up« zur Entkrampfung; im Auftreten wie in der Sitzordnung »distanzierte Nähe« zeigen.

- Mit Beginn des Interviews die Übernahme der Gesprächsleiterrolle deutlich machen.

- Den Interviewpartner mit seinem Namen direkt ansprechen und den Blickkontakt suchen.

- Eine positive Gesprächsatmosphäre aufbauen; Imponiergehabe, Wichtigtuerei oder Anbiedern vermeiden. Während des Interviews freundliche Zurückhaltung üben.

- Eher kurze Fragen stellen und die eigenen Ausführungen mit knappen, anschaulichen Beispielen ergänzen (konkrete Fragen führen eher zu konkreten Antworten).

- Je nach Antwortverhalten die breite Palette unterschiedlicher Fragearten ausnutzen, unter Umständen auch die Kommunikationsebenen wechseln.

- Doppelfragen und unklare Formulierungen (wie: »ziemlich gut«) vermeiden.

- Den Ertrag der Vorbereitung zur Geltung bringen: Ort, Zeit und Umstände eines Ereignisses oder einer Handlung genau bezeichnen (aber keine Fachsimpelei beginnen).

- In der Argumentation dem geplanten Fragenablauf folgen; Ausschweifungen, Exkurse und Seitenthemen nur zulassen, wenn sie den Ablauf (Dramaturgie) nicht zerstören und wenn es die Interviewzeit gestattet.

- Erzählwünsche des Interviewpartners ans Ende des Interviews verschieben (wenn die wichtigen Fragen abgehandelt sind).

- Bei kontroversen Interviews auf eine redliche und plausible Argumentationsweise achten bzw. diese einfordern (»das bessere Argument gewinnt«).

- Urteile (Wertungen) und Einschätzungen an Dritte delegieren, die zitiert werden (»In den Parteien wächst die Zahl derer, die sagen, daß eine Steuererhöhung unausweichlich ist«; »Zahlreiche Bundesbahn-Benutzer beklagen sich über die großen Verspätungen der Intercity-Züge« usw..). Die Aussagen müssen belegbar sein.

- Bei größeren Interviews neben der verbalen auch die nonverbale Kommunikation nutzen: Verstehen, was der andere empfindet und was er meint.

- Im Fortgang des Interviews kontrollieren, ob die naheliegenden Fragen hinreichend beantwortet sind und ob die Ausführungen das Interviewziel einlösen.

- Nach dem Interview die Möglichkeit eines »feed-back« einräumen (wie: Kurzes Plaudern über das Geschehene) und – wenn kein Live-Interview – die technischen Modalitäten der Veröffentlichung ansprechen.

Das Frageabfolge-Muster heißt hier: in den Trichter hineinfragen (von der Breite in die enge Tiefe) – im Unterschied zur Reportage-Befragung, die eher die umgekehrte Richtung nimmt (siehe Haller [2]1990; 127-130).

Insbesondere bei kürzeren Rundfunk-Interviews sind vermutlich die beiden ersten Aussagen des Interviewpartners entscheidend, ob die Zuhörer/Zuschauer neugierig werden oder ob sie das Programm wechseln – also im Verlauf der ersten sechzig Sekunden. Dies bedeutet: Der Dialog muß mit einem eindeutigen Thema oder Themenaspekt, mit klar und einfach formulierten Sätzen eröffnet werden.

Durchlauf: Ist das Gespräch in Gang gekommen, stehen dem Interviewer grundsätzlich vier verschiedene Steuermanöver zur Verfügung, mit denen er im Anschluß auf jede Antwort das Gespräch weiterführt:
→ Er kann gleichsam rückwärts fahren und eine Klärung, Präzisierung oder Begründung des soeben Gesagten verlangen (z.B. mit rhetorischen oder Definitionsfragen).
→ Er kann abbiegen auf eine Nebenstraße seiner Interview-Hauptstrecke, indem er eine Sachinformation, ein Argument oder einen Themenaspekt aus der Antwort aufgreift und vorübergehend zum Thema erhebt – sei es zur Klärung, sei es als Exkurs, sei es als Exempel für eine im Hauptthema besprochene Sachlage.
→ Er kann geradeaus weiterfahren, entweder langsam, indem er anknüpft und exploriert (etwa mit auffordernden Erzählfragen), oder schnell, indem er – zum Beispiel mit einer Überleitungsfrage – zum nächsten Punkt steuert. Oder mit Vollgas, indem er den Themengegenstand wechselt (etwa: »Kommen wir jetzt auf ... zu sprechen.«).
→ Als vierte Möglichkeit kann er eine Vollbremsung einleiten, indem er die Aussage des Befragten in Zweifel zieht, diese also kritisch hinterfragt und vielleicht hierüber eine kleine Kontroverse entfacht, ehe er den Gang wieder einlegt, die Handbremse löst und mit dem Gespräch weiterfährt.

Aktives Zuhören: Wie der Interviewer jeweils steuert, hängt natürlich in erster Linie davon ab, was für Antworten der Befragte gibt. Darum lautet der vielleicht wichtigste Grundsatz der Gesprächslenkung: *Der Interviewer muß zuhören können.*

Das ist angesichts der zuvor beschriebenen doppelten Aufgabe der Interviewführung (siehe Abschnitt 1.5 über die Interviewdurchführung) gar nicht selbstverständlich: Die Inszenierung und Gesprächsregie nehmen insbesondere Fernseh-Journalisten oftmals so in Anspruch, daß ihnen die Inhalte mitunter entgehen: Sie fahren das Interview ab, als handle es sich um die Checkliste einer Autoinspektion (mehr hierzu siehe Interview mit Rudolph Rohlinger im dritten Buchteil: Werkstatt).

Während des Rundfunk-Interviews ist das Zuhören mit der Anstrengung verbunden, die vereinnahmende Gegenwart des Öffentlichen in Gestalt der Kameras aus seinem Bewußtsein auszublenden und ein persönliches Kennenlern-Interesse am Gesprächspartner zu entwickeln; diese Interessiertheit überträgt sich auf die Zuhörer/Zuschauer und führt meist zu einer entkrampften Gesprächssituation. Im übrigen sollte der Interviewer diesen Dialog als ein direktes und offenes Interaktionsspiel gestalten, das *bestimmten Spielregeln* folgt.

Die wichtigste dieser Regeln heißt: Nicht nur hören, sondern aktiv zuhören können.

Aktives Zuhören umfaßt zweierlei:

a) Das genaue Hinhören, um zu prüfen, ob die Aussage des Befragten auch tatsächlich die Frage (hinreichend) beantwortet, ob sie weniger, ob sie etwas anderes oder ob sie mehr, vielleicht auch zu viel bietet.

b) Das Hineinhören in die Rede, um den Sinnzusammenhang der Antwort zu verstehen – und auch das, was der Befragte damit sagen möchte.

→ Sind Teile der Frage (oder ist diese insgesamt) nicht beantwortet, muß sich der Interviewer sogleich entscheiden, ob er weiterfährt oder insistiert, zum Beispiel, indem er den Frageinhalt wiederholt (übrigens: Frage-Wiederholungen zermürben auch abgebrühte Partner).

Nicht jede Frage ist so wichtig, daß sie vollständig beantwortet werden muß; aber es kann aus psychologischen Gründen wichtig sein, daß sie beantwortet wird (etwa, um dem Befragten deutlich zu machen, daß der Interviewer als Gesprächsleiter eine Antwort einfordert – also eine Art Unterwerfungsritual).

→ Ist der Sinn der Antwort im Argumentationszusammenhang nicht klar, versteht also der Interviewer nicht, was der Befragte mit seiner Antwort meint, so kann er diese Unklarheit zwar fortbestehen lassen (mit dem Risiko des fortgesetzten Mißverstehens), doch empfiehlt es sich sehr, mit einer interpretierenden Nachfrage diese Unklarheit aufzugreifen und wenn möglich auszuräumen. Dadurch werden Irritationen ausgeräumt und wird vages Gerede präzisiert.

2.7 Argumentieren

Nur reine Abfrage- und Test-/Quiz-Interviews kommen ohne Argumentieren aus: Solche Interviews ähneln im Ablauf einer Fragebogenerhebung, in deren Verlauf über Fragestellung und Antwortneigung kein Gespräch geführt werden soll; jede Art von Antwort (auch die Antwortverweigerung) wird als eine für das Interviewziel hinreichende Information registriert.

Bei jedem anderen journalistischen Interview bezieht sich meist schon die zweite Frage des Interviewers auf den Aussageinhalt der ersten Antwort: Frage, Antwort und Weiterfrage stehen in einem Argumentationszusammenhang. Was und wie der Interviewer fragt, hängt wesentlich von diesem Argumentationszusammenhang ab. Argumentationen laufen nach Regeln ab, die beide Gesprächspartner berücksichtigen müssen, wenn der Dialog – im doppelten Sinne – einen Sinn machen soll.
Im folgenden werden einige für Interviewsituationen wichtige Muster skizziert. Wir orientieren uns an Paul-Ludwig Völzings Untersuchung von 1979, die der Struktur journalistischer Dialoge am ehesten gerecht wird (Näheres siehe Literaturverzeichnis).

2.7.1 Begründungen

Die vom Befragten genannte Begründung muß mit der zu begründenden Handlung, über die gerade gesprochen wird, erkennbar etwas zu tun haben. Das Wort »erkennbar« bedeutet, daß alle drei Kommunikationspartner – der Interviewer, die befragte Person und das imagiär oder indirekt-real anwesende Publikum – den Zusammenhang zwischen Begründung und Handlung plausibel finden. Hält der Interviewer (als Mandatsträger seines Publikums) den behaupteten Zusammenhang nicht für plausibel, so muß er die gelieferte Begründung bestreiten.

Beispiele:
(1) »Ich bin mit dem Auto gekommen, weil ich gerne Auto fahre« (= plausible Begründung, weil Konsens darüber herrscht, daß persönliche Vorlieben zu akzeptieren sind).
(2) »Ich bin mit dem Auto gekommen, weil ich die überfüllten Intercity-Züge unerträglich finde« (= nur unter dem mit dem Merkmal »überfüllt« bezeichneten Sachverhalt plausible Bergründung: Fand die zu begründen-

de Autofahrt tatsächlich zu einer Zeit statt, zu der Intercity-Züge erfahrungsgemäß überfüllt sind?).
(3) »Ich bin mit dem Auto gekommen, weil es für mich das sicherste Verkehrsmittel ist« (= unplausible Begründung, weil sie empirisch gesichertem Wissen widerspricht und Konsens darüber besteht, daß gesichertes Wissen die bessere Begründung bedeutet).
(4) »Ich bin mit dem Auto gekommen, weil ich noch nicht weiß, wann ich zurückfahren werde« (= unplausible Begründung, weil das Argument des Noch-nicht-wissens die Handlung Autofahren etwa gegenüber Zugfahren oder Fliegen nicht erkennbar legitimiert).

Der Interviewer, der eine plausible Begründung einfordert, folgt dem Grundsatz: Auch wenn der Befragte einen Grund für seine Handlung nennt, so stellt dieser Grund nicht unbedingt eine hinreichende Begründung für die Durchführung seiner Handlung dar; er muß sie uns erst noch plausibel machen (Näheres siehe Völzing 1979; 34-44).

2.7.2 Zwecke und Absichten

Auf die Frage, weswegen etwas getan werde, erhält der Interviewer oftmals keine ursächliche Begründung zur Antwort, sondern einen Zweck oder eine Absicht (Interesse), die der Befragte mit der zur Diskussion stehenden Handlung verfolgt. Tatsächlich kann manche Handlung (wie: Erlaß eines Gesetzes) mit der Angabe des Zwecks besser gerechtfertigt werden als mit einer ursächlichen Begründung.

Der zu nennende Zweck steht, wie schon der Volksmund weiß, in direktem Zusammenhang zu den für die Erreichung dieses Zwecks eingesetzten oder einzusetzenden Mittel. Die in Frage gestellte Handlung ist demnach das Mittel; mit der Angabe des Zwecks wird die Handlung zwar begründet, nicht aber unbedingt legitimiert (= nicht alle Zwecke heiligen die Mittel).

Beispiele:
(1) »Ich bin mit dem Auto gekommen, weil ich es hier in einer Berliner Werkstatt preisgünstiger überholen lassen kann.« (Plausible Begründung, weil in unserer Gesellschaft Konsens darüber besteht, daß der persönliche Vorteil ein die Mittel rechtfertigender Zweck ist, sofern er nicht zum Schaden Dritter verfolgt wird).

(2) »Auch wenn ich dienstlich hier bin, so möchte ich in den nächsten Tagen eine kleine Reise durch die Mark Brandenburg machen; darum bin ich mit dem Auto gekommen.« (Soweit sich die Begründung nur auf die Handlung bezieht, ist sie plausibel; da aber die Handlung ihrerseits umstritten ist – obwohl Dienstreise, werden private Zwecke verfolgt – ist auch ihr Zweck problematisch).
(3) »Ich bin mit der Absicht gekommen, das Auto hier verschrotten zu lassen und es später bei mir zuhause als gestohlen zu melden, um von der Versicherung Schadensersatz zu erhalten.« (unplausible Begründung, weil weithin Konsens darüber besteht, daß Versicherungsbetrug keine legitimierbare Handlung, sondern ein zu bestrafendes Delikt ist).

Bei der Angabe von Zielen und Zwecken kann der Interviewer auch einwenden, daß die Zwecke die Mittel grundsätzlich nicht rechtfertigen, weil das Zweck-Mittel-Denken ja unterstellt, daß immerhin legitime Zwecke die Mittel heiligen. Das erste Beispiel macht nun deutlich, daß es trotz des vermeintlich legitimen Zwecks erneut Einwände gegen die Handlung »Autofahrt nach Berlin« gibt, etwa, indem die ökologische Dimension dieser Handlung ganz anders bewertet wird als die Dimension des persönlichen Vorteils (= billigere Reparatur): Es prallen zwei verschiedene Bezugssysteme aufeinander (Näheres dazu unter »Richtigkeit«).

Hinzu kommt, daß viele Handlungen zunächst gar keinen äußeren Zweck verfolgen: Sie sind sozusagen Selbstzwecke und werden vom Befragten erst rückblickend durch Nennung von Zwecken und Absichten gerechtfertigt. Nicht zuletzt im Journalismus werden gelegentlich Handlungen mit »Aufklärungsinteresse« oder »Wächteramt der Presse« legitimiert; tatsächlich aber liegt ihnen journalistische Eitelkeit als Motiv zugrunde.

Daß oftmals Taten und Handlungen keinen über sie hinausgreifenden Zweck verfolgen, sogar jeden Zweck tapfer ignorieren, läßt sich am Beispiel »Rauchen« zeigen: Der befragte Raucher sieht im Rauchen selbst den Zweck, den er vermutlich mit »entspannendes Genießen« umschreiben würde; der Interviewer könnte ihm anhand gesicherter Untersuchungen entgegenhalten, der wahre Zweck seines Rauchens sei die Schädigung, am Ende vielleicht die Zerstörung seines Körpers. Der Raucher würde natürlich in Abrede stellen, daß dies seine Absicht sei – und doch könnte er nicht bestreiten, daß dies ein durchaus wahrscheinlicher Effekt seines Rauches ist. Die Mittel-Zweck-Frage gehört denn auch in die

Trickkiste des Interviewers, der, wenn er ein Streitgespräch anzetteln möchte, nach den Zielen und Zwecken der Handlung oder der Äußerung fragt, um dann das Bezugssystem zu wechseln und den genannten Zweck in Zweifel zu ziehen.

2.7.3 Wahrhaftigkeit (Redlichkeit)

Im Verlauf eines kontrovers geführten Interviews sollten die Gesprächspartner mit ihren Fragen und Antworten wahrhaftig (redlich) argumentieren. Denn an der Wahrhaftigkeit des Sprechers läßt sich oftmals das Gewicht seines Arguments bemessen.

In einem journalistischen Interview ist mit Wahrhaftigkeit (Redlichkeit) kein Bekenntnis und keine moralische Überzeugung gemeint, vielmehr eine stillschweigende Übereinkunft der Gesprächspartner, daß im Fortgang des Argumentierens dem jeweils besseren Argument zugestimmt werden soll.

Ganz allgemein gesagt lassen sich vernünftige Dialoge nur führen, wenn die Gesprächspartner davon ausgehen, daß am Ende die besseren Argumente obsiegen (man nennt dann das Gespräch einen Diskurs). Dieser Anspruch bedingt freilich aus vielerlei Gründen eine ideale Gesprächssituation, in der nicht Macht und Ruhm ausschlaggebend sind, sondern der Sieg der Vernunft. In der Realität geht es den Menschen aber um Macht, um Vorteile und um Renommee.

Insbesondere in einem öffentlichen Streitgespräch möchte der Befragte die Kontroverse am liebsten als Punktesieger beenden. So kommt es, daß in einem kontrovers geführten Interview (wie zum Beispiel im »SPIEGEL«-Gespräch) nicht immer das bessere Argument siegt, sondern oftmals das wirksamere – jenes also, das den Kontrahenten (und das Publikum) im Augenblick sprachlos macht.

Um dies zu erreichen, werden mitunter argumentationslogische Tricks benutzt (etwa, indem begleitende Umstände einer Handlung als deren Ursache behauptet werden), wird Unwissenheit vorgeschützt (indem der Befragte eine direkte Frage als nicht beantwortbar hinstellt), wird Entrüstung, Erregung, Ängstlichkeit vorgetäuscht, um den Gesprächsgegner auf emotionaler Ebene einzuschüchtern.

Vor allem in großen Fernseh-Interviews mit Politikern kann man immer wieder verfolgen, wie der Interviewpartner auf kritische Nachfragen nicht eingeht, sondern die Zulässigkeit der Frage anzweifelt oder die gestellte Frage in eine andere, ihm bequeme, umformuliert. Oftmals wird auch im Brustton der Redlichkeit die Vertrauenswürdigkeit des Gesprächspartners in Zweifel gezogen, statt auf dessen Argument einzutreten – und somit unredlich argumentiert.

Wahrhaftigkeit (Redlichkeit) kann man nicht überprüfen wie einen Sachverhalt, sondern nur im Fortgang der Argumentation erschließen. Mangelnde Wahrhaftigkeit des Befragten durchschaut der sehr gut vorbereitete Interviewer natürlich erheblich rascher als der ahnungslose: Der gut Vorbereitete entdeckt vielleicht Ausflüchte und Widersprüche in den begründenden Argumenten des Befragten; vielleicht sticht ihm die merkwürdige Ahnungslosigkeit des Befragten ins Auge; vielleicht hört er den deutlich drohenden Begleitton in den Antworten, wenn er auf einen bestimmten Aspekt oder eine bestimmte Person zu sprechen kommt – und ähnliches mehr.

Erscheint nun dem Interviewer die Argumentationsweise seines Gesprächspartners als unwahrhaftig, so kann er diesen Eindruck zum Beispiel mit einer Kognitions- oder Verhaltensfrage ansprechen – vorausgesetzt, er kann seinen Eindruck der Unredlichkeit belegen, zum Beispiel anhand eines Zitats oder durch Konfrontation mit Tatsachenmaterial. Wenn der Eindruck nicht hieb- und stichfest belegt werden kann, wird die Unwahrhaftigkeit des Gesprächspartners gerade darin zum Ausdruck kommen, daß er im Ton der Entrüstung diesen Verdacht von sich weisen und dem Journalisten Unredlichkeit unterstellen wird.

Natürlich gilt das Wahrhaftigkeitsgebot auch für den Interviewer – mit einer allerdings entscheidenden Ausnahme: Der Journalist darf sich unwissend stellen, er soll es sogar, um naheliegende Fragen zu stellen und Fachsimpelei zu vermeiden.

Gelegentlich ist diese Art Tiefstapelei sogar das einzige Instrument, um die Unwahrhaftigkeit eines Interviewpartners zu entlarven: Während der ersten zehn, zwanzig Minuten der Kontroverse vermittelt der Journalist seinem Gesprächspartner den Eindruck, einen naiven und ahnungslosen Befrager vor sich zu haben, den man gefahrlos mit Plattitüden oder verbogenen Aussagen abfüttern könne – um dann ganz unvermittelt eine dieser Wischi-Waschi-Antworten mit präzisen Detailfragen zu zerpflükken, die erkennen lassen, daß der Interviewer über den strittigen Aspekt sehr genau Bescheid weiß. Der Interviewer kann dann beobachten, wie sein Gegenüber leer schluckt, wie sich seine Wangen röten, ehe er mit leicht stotterndem Reden seine nächste, nun sehr höflich und zurückhaltend formulierte Antwort gibt. Bis zum Ende dieses Interviews wird der Gesprächspartner vermutlich sehr darum bemüht sein, vor dem Publikum seine Glaubwürdigkeit wieder herzustellen.

2.7.4 Richtigkeit

Die Aussage des Befragten kann zwar sehr plausibel und auch redlich gemeint sein; ob sie indessen zutrifft, ist damit noch lange nicht gesagt. Doch was heißt »zutreffend«?

Zunächst ist an den prinzipiellen Unterschied zu erinnern, den wir zwischen der Recherchenbefragung und dem Interview als Darstellungsform gemacht haben (Näheres siehe Einführung). Die Recherchenbefragung ist ein Instrument, um Informationen zu beschaffen und zu überprüfen, d.h. deren Gültigkeit zu ermitteln. Informationen sind dann richtig (»wahr«), wenn deren Aussage mit beobachteten und/oder allgemein geltenden Sachverhalten übereinstimmen (siehe Haller [3]1989; 20-34). Das Interview als Darstellungsform dient demgegenüber nicht dem Zweck, Sachverhalte gültig abzuklären, sondern erhellende und/oder aufregende Äußerungen eines interessanten Menschen authentisch vorzuführen. Es kann tatsächlich besonders erhellend sein, wenn der Interviewpartner auch Unrichtiges sagt, wenn er Fünfe gerade sein läßt und uns ein X für ein U vormachen will.

Exkurs: In den philosophischen Diskurstheorien wird zwischen Wahrheit und Richtigkeit unterschieden. Erstens: Sachverhaltsaussagen, die mit den empirischen Tatsachen übereinstimmen, werden »wahr« genannt, solche, die nicht übereinstimmen, »unwahr (falsch)«. Fragen nach der Wahrheit würden darum im Grundtypus heißen: »Verhält es sich tatsächlich so, wie Sie gerade sagten?« Zweitens: Aussagen, die sich demgegenüber auf Gebote und Normen beziehen, können entweder »richtig« oder falsch« sein. Fragen nach der Richtigkeit folgen dem Grundtyp: »Warum haben Sie das getan?« und: »Ist es richtig, so etwas zu tun?« (Näheres bei J.Habermas 1973; 221 f.). Im Lebensalltag ist diese Differenzierung nicht durchzuhalten, zumal im Journalismus das Wort »Wahrheit« nicht so sehr den Fakt, als den Sachzusammenhang meint, den die Recherche auszuleuchten habe. Es ist darum zweckmäßiger, beim Gebrauch von Argumenten im Interview nur nach deren Richtigkeit zu fragen.

Wie zeigt nun der Interviewer auf, daß die Aussagen der befragten Person unzutreffend sind?

1.) Empirische Tatsachen: Am einfachsten ist es, wenn die Aussage des Befragten einer empirischen Tatsache widerspricht, die vom Interviewer (und vielleicht einem Teil des Publikums) gewußt wird oder von ihm in Erfahrung gebracht werden kann. Wenn zum Beispiel der Interviewpartner auf die entsprechende Frage antwortet, er sei mit dem Auto gekommen, weil an diesem Morgen sämtliche Intercity-Verbindungen mehr als eine Stunde Verspätung gehabt hätten, so ist dies entweder zutreffend oder eine dreiste Lüge, die (unter Umständen noch während des Interviews) aufgedeckt werden kann. Doch solche Unwahrheiten werden selten geäußert.

Häufiger geht es um empirische Tatsachen, die nicht überprüft werden können, weil sie hinter verschlossenen Türen und/oder in einem kleinen Personenkreis geschaffen worden sind, der alles geheimhalten will. Man erinnert sich: Über die Vermögen der ehemaligen Blockparteien der früheren DDR haben Vertreter der fraglichen Parteien im Sommer und Herbst 1990 in zahlreichen Interviews immer wieder unzutreffende Behauptungen wider besseren Wissens aufgestellt; doch zum Zeitpunkt des Interviews wußten es die Interviewer auch nicht besser, die Aussagen stellten sich erst später im Rückblick als Lügen heraus. Fazit: Interviews können und sollen nicht die Aufgabe von Recherchebefragungen leisten.

Es ist naheliegend, daß unwahre Tatsachenbehauptungen umso eher in Zweifel gezogen werden können, je genauer sich der Interviewer auf den Interviewgegenstand hat vorbereiten können.

2.) Verallgemeinerungen: Besondere Aufmerksamkeit sollte der Interviewer den Verallgemeinerungen schenken; oftmals sind sie unzulässig.

Beispiel: Die Antwort »Ich bin mit dem Auto gekommen, weil es auf dieser Strecke praktisch nie Staus gibt«, kann nur entkräftet werden, wenn es auf der fraglichen Strecke nachweislich schon häufiger zu Staus gekommen ist. Dasselbe gilt für die Antwort: »Die Intercity-Züge sind praktisch immer überfüllt«. Will nun der Interviewer diese Antwort kritisch hinterfragen, so wird er erst einmal die mit dem Wörtchen »praktisch« eingebaute Unschärfe, im weiteren die Bedeutung von »überfüllt« klären wollen. Er wird vielleicht feststellen, daß der Befragte mit dem Prädikat ganz andere Vorstellungen verbindet als er selbst. Er wird also nicht einfach mit dem Satz: »Aber das stimmt doch gar nicht« kontern, sondern erst einmal zurückfragen: »Was verstehen Sie unter 'überfüllt'?«, um über dieses Kriterium einen Konsens zu erzielen. Nur, wenn die Aussage so überzogen wäre, daß sie ganz offensichtlich allgemeinen Erfahrungen widerspricht (etwa: »Sämtliche Intercitys haben immer viel Verspätung«), könnte der Interviewer mit der Feststellung der Unrichtigkeit kontern. Umgekehrt kann der Interviewer die Geltung einer begrenzten Aussage prüfen, indem er sie in der Rückfrage verallgemeinert. Die Rückfrage »Ist Eisenbahnfahren also zur Qual geworden?« öffnet dem Befragten die Möglichkeit, mehr über seine Erfahrungen und diejenigen anderer zu sprechen. Im Fortgang des Gesprächs kann dann vielleicht eine Verständigung über den Grad der Qual infolge Überfüllung erzielt werden, die einiges über die Befindlichkeit beim Eisenbahnfahren aussagt.

3.) Handlungsnormen: Die Gültigkeit einer zur Diskussion gestellten Handlung kann der Interviewer prüfen, wenn er seinen Interviewpartner nach dessen Motiven befragt – und diese Motive anhand von Folgefragen mit allgemein geltenden Auffassungen und Werteordnungen vergleicht. Oft gelingt es, gegen die vom Befragten genannte Norm eine andere, höherrangige anzuführen, die mit der vom Befragten genannten kollidiert. Dieser Einwand zwingt dann den Befragten zur klärenden Erläuterung der eigenen Motive.

Beispiel: Das zuvor genannte Begründungsbeispiel »Die Autofahrt nach Berlin war richtig, weil ich das Fahrzeug preisgünstig überholen lassen will« ist dann unzutreffend, wenn ökologische Handlungsnormen eine höhere Geltung als diejene des persönlichen Vorteils besitzen.

2.7.5 Normenkontrolle

Mitunter tauchen in Erzählungen oder Meinungsäußerungen des Befragten unklare oder problematische Werturteile auf, nach dem Motto: »Ich habe etwas gegen Eisenbahnfahrer, weil...« Meist kollidieren hier Vorurteile mit dem normativen Gerüst unserer Gesellschaftsordnung, das auf dem Grundsatz der Menschenrechte und der Menschenwürde aufbaut. Unter normativem Blickwinkel bedeutet ja die Ausgrenzung und Minderbewertung der Eisenbahnfahrer dasselbe wie jene etwa der Asylanten, der Türken oder der Juden: gegen einen Teil der Mitmenschen wird ein pauschales Ressentiment artikuliert, über das sich nicht argumentieren läßt, weil dieses Ressentiment mit persönlichen Erfahrungen begründet wird. In solchen Situationen sollte der Interviewer die geäußerte Ansicht nicht einfach durchgehen lassen, sondern einer Normenkontrolle unterziehen: Wie verträgt sich die geäußerte Ansicht mit den allgemein anerkannten Menschenrechten? Zu den normativen Prinzipien unserer Kultur gehört zum Beispiel auch der Grundsatz, nichts gegen die legitimen Interessen der Mitmenschen zu unternehmen, wenn es nicht gute (= sozial gerechtfer- tigte) Gründe dafür gibt. Es ist keineswegs altmodisch oder verstiegen, wenn in diesem Zusammenhang an Kants kategorischen Imperativ erinnert wird: »Handle nur nach derjenigen Maxime, durch die du zugleich wollen kannst, daß sie ein allgemeines Gesetz werde.«

2.8 Die emotive Kommunikationsebene

Das, *was* der Befragte sagt, steht mitunter in einem irritierenden Kontrast zu dem, *wie* er es sagt: Da wird zum Beispiel die Antwort auf eine sehr schwierige Frage mit so viel Entschiedenheit formuliert, daß dem Fragenden unwillkürlich Zweifel an der Glaubwürdigkeit des Befragten kommen. Oder der Befragte antwortet auf eine einfache, an ihn persönlich gerichtete Frage mit derart vielen Konjunktiven, daß der Interviewer sich fragt, ob der Partner wirklich so unsicher ist, oder ob er seine Selbstüberheblichkeit nur tarnen will – und so weiter.

Offenkundig gibt es zur erklärten Ebene des Argumentierens eine zweite, die deutlich macht, *wie* der Sprechende die *Situation* und wie er *sich selbst* erlebt. Diese zweite, eher verborgene Kommunikationsebene – wir nennen sie hier die emotive Ebene – kann sich der Interviewer durch genaues Hinsehen und Hinhören zunutze machen: Die in die Sätze eingebundenen Füll- und Bindewörter zum Beispiel sind manchmal aufschlußreicher als die explizite Satzaussage (siehe Übersichten).

Diese emotive Kommunikationsebene (zu der auch die im folgenden Abschnitt dargelegte nonverbale Kommmunikation gehört) dient aber nicht nur dem Zweck, die Verfassung des Gesprächspartners zu erkennen. Sie ist überhaupt entscheidend für den Bestand einer guten Gesprächsatmosphäre. Denn auf dieser Ebene kann der Interviewer den Kontakt zum Gesprächspartner auch dann halten, wenn er mit Gegenargumenten das Gesagte anfechten will. Insbesondere bei Interviews, in deren Verlauf auch unangenehme Fragen und Einwände zur Sprache kommen sollen, liegt dem Interviewer an einer offenen und unverkrampften Gesprächsatmosphäre. Diese kann er meist nur erzielen, wenn er auf der emotiven

ANZEICHEN DER UNSICHERHEIT	
Redensart	**Deutung**
»Eigentlich..., so ähnlich..., in etwa..., irgendwie..., gewissermaßen..., oder so« (»Irgendwie hat sich das technisch dann regeln lassen.«)	Der Befragte redet über Dinge, von denen er wenig Ahnung hat und/oder für die er nicht zuständig/kompetent ist.
»Jaja..., richtig..., sicher..., sicherlich« (»Jaja, es war sicherlich ein gutes Projekt zur Verkehrsentlastung.«)	Der Befragte ist verunsichert; er will seine Bedenken beschwichtigen oder verbergen.
»Praktisch« (»Wir müssen praktisch nur noch diese Verordnung in Kraft setzen.«)	Diese Floskel verweist auf kurzsichtiges Handeln und zeigt eher geringes Problemverständnis.
»Ehrlich..., echt..., im Ernst« (»das Neue ist echt gut, das wird im Ernst das Problem lösen.«)	Der Befragte traut seiner eigenen Glaubwürdigkeit nicht. Er will dieser nicht vorhandenen Glaubwürdigkeit vorbeugen.
»Unbedingt..., niemals..., auf keinen Fall..., überhaupt..., absolut..., unter allen Umständen« (»Wir werden unter allen Umständen mit dem Projekt beginnen; der Termin ist absolut indiskutabel.«)	Verabsolutierende Floskeln sollen die eigene Unsicherheit verbergen; sie sollen für den Befragten einnehmen.

ANZEICHEN DES WIDERSTANDES	
Redensart	**Deutung**
»Natürlich..., klar..., selbstverständlich« (»...natürlich habe ich dann eine Sitzung einberufen.«)	Sobald er Kritik erwartet, verwahrt sich der Befragte gegen diese Kritik im Voraus.
»Grundsätzlich« (»Ich möchte hierzu grundsätzlich bemerken...«)	Der Befragte will wichtig erscheinen, er betrachtet sich als Maß aller Dinge. Oft ist Überheblichkeit der Grund.
»Immerhin..., nun doch..., trotz..., trotzdem« (»trotz ihrer berechtigten Einwände möchte ich vielleicht anmerken...«)	Der Befragte spricht zurückhaltend, doch er ist gar nicht einverstanden mit dem, was der Interviewer fragte.

ANZEICHEN DES VERSCHLEIERNS	
Redensart	**Deutung**
»Ich dachte..., ich würde meinen...« (»Ich würde meinen, daß die Verkehrsentlastung nur durch die Erhöhung der Kapazitäten möglich ist.«)	Die eigene Meinung wird verdeckt; der Befragte will sich den Rücken für eine eventuelle Meinungsänderung freihalten.
»Ich als...« (»Ich als Amtsleiter sage ihnen, wir werden in Kürze...«)	Wichtigtuerische Floskel, die zu verstehen geben soll, wie bescheiden der Befragte sei.
»Ausgezeichnet..., treffend..., hervorragend...« (»Das haben sie treffend gesagt.«)	Je häufiger der Befragte solche Floskeln benutzt, um so deutlicher sind es Zeichen heimlicher Selbstbewunderung: Wer sich als Könner empfindet, möchte andere wie Schüler loben.

Kommunikationsebene dem Interviewpartner signalisiert, daß seine harten Fragen nicht als persönlicher Angriff, nicht als Mißtrauen oder Geringschätzung zu verstehen seien. Dies kann nur gelingen, wenn der Interviewer sein Verhalten auf der emotiven Ebene von seinen Äußerungen auf der Argumentationsebene abkoppelt: Während er inhaltlich vielleicht unangenehme Dinge sagt, beläßt er sein emotives Verhalten konstant in einer Haltung, die man »interessiert und freundlich, aber mit distanzierter Zurückhaltung« umschreiben könnte: Stets zuwendend und liebenswürdig, wenn nötig auch mal aufmunternd, aber nie anbiedernd.

Erfahrungsgemäß gelingen kontroverse Interviews eher, wenn der oder die Interviewer auf der emotiven Ebene ihrem Gesprächspartner fortgesetzt die Botschaft signalisieren: »Auch wenn wir jetzt hart und kritisch fragen, so gelten diese Fragen Deiner Sache und nicht Deiner Persönlichkeit; tatsächlich halten wir Dich für einen interessanten, vielleicht sogar bemerkenswerten Zeitgenossen – wir haben nichts gegen Dich.«

Es ist schwer zu begründen, warum es insbesondere Journalisten des deutschen Sprachraums besonders schwer fällt, die emotive von der argumentativen Ebene getrennt zu halten: Als ginge es um einen Kreuzzug der Wahrheit, so brausen Journalisten mitunter auf und gefallen sich in der Pose des moralisch Überlegenen – »journalistisches Fehlverhalten«, kommentierte eine amerikanische TV-Journalistin, als sie im Ersten Programm ein Fernseh-Interview mit einem damaligen DDR-Politiker betrachtete, »viele deutsche Interviewer kommen mir vor wie Gesinnungsvertreter.« Es wäre tatsächlich für viele deutschsprachige Journalisten lehrreich zu sehen, wie insbesondere britische und amerikanische Journalisten das doppelte Kommunikationsspiel beherrschen: Wie sie hart und unbestechlich nachfragen – und zugleich ihrem Interviewpartner signalisieren, daß er im übrigen ein durchaus passabler Kerl sei.

3. Psychologie der Interview-Führung

Von Ulrich Zeutschel und Reimer Hintzpeter

3.1 Die Interview-Situation: Oberfläche und Untergrund

Das Leitinterview mit dem Schriftsteller K. für ein Rundfunk-Feature über »Die Rezeption des deutsch-deutschen Vereinigungsprozesses in der bundesdeutschen Gegenwartsliteratur« wurde für den Journalisten, Herrn J., zunächst zum »Leidens«-Interview: Der Schriftsteller K. war vor kurzem im Zusammenhang mit einigen früher veröffentlichten Werken des Plagiats bezichtigt worden, was ein sehr negatives Presse-Echo hervorgerufen hatte. In dem mitgeschnittenen Interview nahm er gleich zu Beginn mehrere themenbezogene Einleitungsfragen von Herrn J. zum Anlaß, auf die gegen ihn gerichteten Vorwürfe einzugehen und sich bitter über »diese angezettelte Hetzkampagne« zu beklagen. Als Herr J. ihn zunächst durch Überleitungsfragen auf das Interview-Thema zurückführen wollte, ließ Herr K. ihn kaum zu Wort kommen, sondern schimpfte sehr laut und mit erregten Gesten weiter über die »Journaille«.

Herr J. sammelt hier eine leidvolle Erfahrung mit dem »Kommunikationseisberg«, an dem sein gut vorbereitetes und präzise gesteuertes Interviewkonzept gleich zu Beginn des Gespräches zu havarieren droht.

Was ist der Kommunikations-Eisberg?

Wie bei einem schwimmenden Eisberg die über Wasser sichtbare Spitze, so stellt bei einem Interview das »offizielle« Thema nur die hörbare Oberfläche des Gesagten dar. Darunter – für die Beteiligten meist verborgen – liegt der Beziehungsanteil des Gespräches, der oftmals gefährliche Zacken und Untiefen aufweist. Zur Analyse von Kommunikationsproblemen muß daher ganz wesentlich zwischen der *Sachebene* und der *Beziehungsebene* der Interaktion unterschieden werden. Wie in den meisten thematischen Gesprächen, so ist auch im Interview die Sachebene in der Regel gleichzusetzen mit dem »Was«, dem Inhalt der sprachlichen Äußerungen, während die Beziehungsebene eher das »Wie«, die nonverbale Form der Interaktion umfaßt. Im obigen Beispiel wird die Sachebene des offiziellen Interviewthemas »Rezeption des deutsch-deutschen Vereinigungsprozesses in der bundesdeutschen Gegenwartsliteratur« sehr bald durch Herrn K.s »Ausflüge« in die Beziehungsebene gestört. Herr K. macht seinem Ärger über die Journalistenzunft Luft, weil er hier einen ihrer Vertreter vor sich hat und sich vor der zu erwartenden Hörerschaft gegen den erhobenen Plagiatsvorwurf rechtfertigen will. Auch wenn dieser Vorwurf von Herrn J. mit keiner Silbe angesprochen wurde, steht er für Herrn K. bereits durch den Gesprächsrahmen (»Journalistisches Interview«) mit im Raum. Die Störung der Sachebene durch Beziehungsaspekte ist hier sehr deutlich, weil sie sich auch inhaltlich durch Herrn K.s Abweichen von der eigentlichen Themenstellung äußert. Weitaus schwieriger sind für den Interviewer, der sich als »Anwalt des Themas« versteht, Situationen zu bewältigen, in denen auf der Oberfläche weiterhin über das Thema gesprochen wird und die Beziehungskonflikte sich nur unterschwellig durch die Art und Weise des Gesagten bemerkbar machen. Zurück zum Interview mit dem Schriftsteller, Herrn K.:

Herr J. witterte nun seine Chance, ein paar »fetzige« Reaktionen zum Plagiats-Vorwurf aus erster Hand zu bekommen – er schob seinen Sessel näher an den Tisch heran, richtete das Standmikrophon neu aus, blickte Herrn K. fest an und begann, einige direkte Nachfragen zu stellen, wobei er sich mit erhobener Stimme Gehör verschaffte. Herr K. wischte die ersten Fragen mit routinierten Statements, begleitet von abfälligen Handbewegungen und gelangweilt-nachsichtiger Miene vom Tisch. Als Herr J. jedoch hartnäckig nachsetzte, wobei er seinen Fragen mit ausgestrecktem Zeigefinger und nach oben weisendem Daumen Nachdruck verlieh, bekamen die Antworten des Interviewpartners einen beleidigt-trotzigen Unterton und fielen sehr kurz aus, wobei Herr K. in seinem Sessel zurückwich, seine Arme kreuzte, die Schultern vorschob, sich seitlich abwandte und sein Herrn J. zugewandtes Bein überschlug.

Durch ein kurzfristiges Eingehen auf das im Raum stehende Plagiat-Thema wird dieses vom Journalist offiziell auf die Sachebene gehoben. Dennoch läuft das Interview nicht flüssig auf dieser neuen Bahn, sondern Herr J. hat mit den zunächst ausweichenden und dann abweisenden Reaktionen seines Interviewpartners zu kämpfen – was angesichts der persönlichen Brisanz des neuen Themas durchaus verständlich ist.

Um die hier geschilderte *»Wortgefecht«-Sequenz* von Durchsetzen, Parieren, Nachsetzen und Zurückziehen näher zu beleuchten, möchten wir kurz auf die wechselnden Rollenverteilungen der Interviewpartner eingehen und dabei den kommunikations-psychologischen Ansatz der *Trans-*

aktionsanalyse zu Hilfe nehmen, die zwischen der »Erwachsenen«-, der »Eltern«- und der »Kind«-Rolle unterscheidet. Auf der Gesprächsoberfläche bleibt die offizielle Rollenverteilung zwischen »Interviewer« und »Interviewtem« nach wie vor bestehen, während sich auf der Beziehungsebene die Rollen jeweils verändern: Mit seinem interessierten Nachfragen zu Beginn des thematischen Exkurses nimmt der Journalist zunächst eine sachbezogene, inhaltlich strukturierende Erwachsenenrolle ein, auf die Herr K. in eher berablassender Weise mit der Elternrolle reagiert. Dadurch herausgefordert, wechselt auch Herr J., in die Elternrolle über, indem er fragend nachbohrt und mit dem ausgestreckten Finger »Druck macht«. Herr K. zieht sich mit dem Gefühl der Bedrängnis in die trotzig-abweisende Kindrolle zurück, was sich vor allem in seiner defensiven Körperhaltung zeigt. Verhaltensweisen im Sinne der Eltern- und der Kind-Rolle treten vor allem in Konflikt- und Konfrontationssituationen auf, wobei die Wahl des jeweiligen Rollenmusters sehr stark von dem persönlichen »Stil« der Konfliktbewältigung, von Vorerfahrungen mit ähnlichen Situationen sowie von der Dynamik der aktuellen Situation abhängig ist. In begrenztem Maße können die Eltern- und Kind-Verhaltensmuster dazu beitragen, ein Interview spannend zu gestalten.

Zur Informationsvermittlung und zum offenen Dialog zwischen einander wertschätzenden Gesprächspartnern eignet sich jedoch in erster Linie die Erwachsenenrolle mit ihrer themenorientierten, interessiert und flexibel auf das Gegenüber eingehenden Gesprächshaltung. Allgemein bieten die drei Rollenkonzepte bei vorhandener Sensibilität für die nonverbale Kommunikation ein griffiges Instrumentarium, um problematische Gesprächskonstellationen auf der Beziehungsebene zu erkennen und konstruktiv zu lösen.

3.2 Der nonverbale Ausdruck

3.2.1 Die Sprache des Körpers

Räumliche Distanz: Es besteht die Möglichkeit, durch betontes Hinüberlehnen dem Gesprächspartner »auf den Pelz zu rücken«, was dieser dann nicht mehr als interessant und zugewandt, sondern als zudringlich oder gar bedrohlich empfindet. Er wird seinerseits durch Zurückweichen mit dem Oberkörper oder durch Zurückschieben der Sitzgelegenheit auf Distanz gehen – was besonders bei Fernsehinterviews fatale kameratechnische Folgen haben kann.

Gestik und Körperhaltung: Die Gestik umfaßt alle Audrucksbewegungen der Hände, der Arme und der Schulterpartie. Zu ihrem Verständnis ist die Unterscheidung in »Illustratoren« und »Adaptoren« wesentlich:

Illustratoren unterstreichen und verdeutlichen das Gesagte. Gerade bei ungewohnten Gesprächsthemen und bei komplexen Sachverhalten werden illustrative Gesten als wichtige Strukturierungs- und Visualisierungshilfsmittel eingesetzt, z. B. um zeitliche oder logische Abfolgen darzustellen oder um das räumliche Zueinander von Gegenständen zu beschreiben. Die Einschränkung dieser Ausdrucksmöglichkeit, etwa bei Interviews am Telefon oder mit handgehaltenen Mikrophonen, kann sehr verunsichernd wirken. Illustratoren helfen dem Sprechenden, den eigenen Gedankenfluß zu beschleunigen und über sprachliche Klippen hinwegzusteuern – das »Reden mit Händen und Füßen« zur Unterstützung gebrochener Fremdsprachenkenntnisse ist ein häufig zu beobachtendes Beispiel dafür.

Die *Adaptoren* sind im Gegensatz zu den Illustratoren weitgehend unbewußte, eher zum Körper hin gerichtete Arm- und Handbewegungen, die Rückschlüsse auf die emotionale Gestimmtheit und den Erregungszustand des Betreffenden zulassen. Sie erscheinen als Verlegenheits- und Bewältigungsgesten, die durch Reiben, Tätscheln, Kratzen und Handauflegen schutzbietenden Körperkontakt simulieren. Treten sie gehäuft auf, so ist dies ein deutliches Zeichen für Unsicherheit und innere Belastung.

Die Stellung von Händen und Armen gibt wichtige Aufschlüsse über Offenheit oder Abwehr des jeweiligen Gesprächspartners: Dem Interviewer zugewandte Handrücken oder angespannte, wegschiebende Handteller, gekreuzte Arme oder »kalte Schultern« bauen Kontaktbarrieren auf. Gesten mit ausgestreckten, einladenden Armen sowie geöffneten und dem Gegenüber zugekehrten Händflächen hingegen signalisieren Kontaktbereitschaft und Offenheit – besonders augenscheinlich in Verbindung mit Blickkontakt, zugewandter Körperhaltung sowie Bein-und Fußstellung.

Die Stellung der Beine und Füße ist besonders bei prominenten Interviewpartnern vielsagend, da diese zwar gewohnt sind, ihre Mimik, Gestik und Oberkörperhaltung zu kontrollieren, die Beine und Füße aber häufig nicht in diese Körperbeherrschung einbezogen sind: Quergestellte Füße und übergeschlagene Beine (mit dem obenliegenden Oberschenkel als

»Breitseite« gegen den Gesprächspartner) z.B. sind deutliche Hinweise auf Kontaktbarrieren.

Das Gesicht ist das vielseitigste aller Ausdrucksmedien, denn die Kommunikation erfolgt nicht nur über die Sprache, sondern auch durch Mimik, Blickkontakt und Blickrichtung, ja sogar durch die Haltung des Kopfes. Interessant sind daher auch die Bemühungen von Gesprächspartnern, ihren Gesichtsausdruck zu steuern, sei es durch Vermeidung von Blickkontakt, durch Abwenden des Kopfes oder durch angedeutetes Verdecken des Mundes mit der Hand. Die letztgenannte Geste kann auch adaptiv sein – ein Überbleibsel des kindlichen »sich-den-Mund-zuhalten«, nachdem eine Unwahrheit daraus entwichen ist. Fährt sich der Gesprächspartner also wiederholt mit der Hand über den Mund oder (scheinbar) an die Nase, so bedeutet dieses zumindestens eine Unsicherheit gegenüber seinen eigenen Ausführungen.

Mimik und Blickrichtung: Das Zusammenwirken von Mimik und Blickrichtung bietet interessante Hinweise auf die Befindlichkeit des Interviewpartners, weil die Mimik vorwiegend den Gefühlsausdruck reflektiert, während die Blickrichtung Rückschlüsse auf die kognitiv-gedankliche Arbeit zuläßt: Neuere, wenn auch nicht ganz unumstrittene Theorien gehen davon aus, daß sich an der Blickrichtung sowohl die Zeitrichtung (Erinnern an Vergangenes bzw. Konstruktion von Zukünftigem) als auch die jeweils aktivierte Sinnesmodalität (Sehen, Hören, Fühlen) der Informationsverarbeitung ablesen läßt. (Wenn Rechtshänder beim Vor-sich-Hinschauen nach links blicken, zeigt dies eine erinnernde Denktätigkeit an, während zukunftsgerichtete, konstruierende Gedankenarbeit mit einer Augenstellung nach rechts verbunden ist). Nach oben gerichtete Augen weisen dabei jeweils auf bildhafte Informationsverarbeitung hin, in der Waagrechten schweifende Augen auf akustische Inhalte, und eine seitlich nach unten gerichtete Augenstellung auf Körper- und Bewegungswahrnehrnungen.

Blickkontakt: Allgemein bestehen große individuelle Unterschiede in der subjektiven Empfindung von Blickkontakten: Eine Kontaktdauer und -intensität, die von einem Menschen als Mindestsignal für Interesse und Zuwendung betrachtet wird, mag einem anderen bereits als »bohrender Blick« oder als »Niederstarren« erscheinen. Langes und häufiges Wegblicken kann bedeuten, daß der Betreffende sich seiner Sache nicht sicher ist bzw. sich eine offene Auseinandersetzung darüber nicht zutraut. Von anderer Art ist das fixierende Vorbeiblicken am Gesprächspartner, das als

Zeichen von konzentriertem Nachdenken oder Erinnern zu werten ist.

Kopfbewegungen: Schon sehr geringe Kopfbewegungen im Zusammenhang mit bestimmten Blickrichtungen senden unterschwellige, aber sehr wirkungsvolle Signale aus: Bei leicht abgewandtem Kopf drückt ein Blick aus den Augenwinkeln Mißtrauen und Skepsis aus; ein erhobener Kopf mit nach unten gerichteten Augen wirkt dominant; ein gesenkter Kopf mit nach oben gerichtetem Blick zeigt Unterwerfung, bei gleichzeitig zusammengezogenen Augenbrauen allerdings eher sture Abwehr – eine typische Haltung bei »mauernden« Äußerungen des Interviewten. Bei Brillenträgern sind überdauernde Kopfhaltungen allerdings nur mit Vorsicht zu interpretieren, denn viele von ihnen halten den Kopf leicht gehoben oder gesenkt, um besser durch die Brille sehen zu können. Ähnliches gilt für Schwerhörige, die durch das Abwenden des Kopfes nicht etwa Mißtrauen und Skepsis ausdrücken, sondern nur ihr besseres Ohr dem Sprecher zuwenden wollen. Fortgesetztes seitliches Nicken wird nicht unbedingt als Zeichen inhaltlicher Zustimmung gewertet, sondern – vor allem bei etwas schräg gehaltenem Kopf – als Ausdruck von aufmerksamem Interesse und Aufforderung zum Weiterreden. Der Interviewer kann es ganz bewußt einzusetzen, um einen zögernden oder unsicheren Interviewpartner zu ermuntern!

3.2.2 Sprachbegleitende Signale

Dieser Bereich umfaßt sämtliche nicht-inhaltlichen Aspekte der Sprache, wie Lautstärke, Sprechtempo, Artikulation, Sprachflüssigkeit und Tonfall. Da diese Merkmale sich rein auf das »Wie« des Gesagten beziehen, sind sie ebenfalls Bestandteil der nonverbalen Kommunikation.

Lautstärke, Sprechtempo und Artikulation geben Hinweise auf den Energiezustand des Interviewpartners. Lautes und hastiges Sprechen kann aber auch ein Zeichen dafür sein, daß der Interviewte sich seiner Sache nicht sicher ist oder eine sich bei dem Journalisten anbahnende Skepsis abbauen will.

Die Intonation ist ein sehr wirksames Ausdrucksmittel, weil ihre Veränderung gleichlautenden Äußerungen eine völlig andere Bedeutung geben kann. Der Satz »Haben Sie meine Frage verstanden?« beispielsweise kann durch unterschiedlichen Tonfall so variieren werden, daß er beim Gesprächspartner als interessante Nachfrage, aggressive Zurechtweisung, flehende Bitte, augenzwinkernde Kommentierung, herablassende Bewertung, oder gar als parodierende Selbstkritik ankommt.

3.2.3 Interpretation der Körpersprache

Auch wenn wir hier einzelne nonverbale Ausdrucksbereiche und mögliche Bedeutungen isolierter Signale angesprochen haben, so lassen sich nonverbale Mitteilungen nur aus der Komplexität der ausgesandten Signale zuverlässig interpretieren. Dies hat vor allem zwei Gründe:

1.) Bei einem Interviewpartner wird in aller Regel nicht nur eine offene, zugewandte oder entgegengesetzt eine ausschließlich abweisende Haltung durch seinen nonverbalen Ausdruck ableitbar sein: Ein sorgfältiger Beobachter kann auch bei rhetorisch trainierten oder routinierten Gesprächspartnern Unstimmigkeiten feststellen, die auf verborgene Absichten (Abwehr, Mauern) oder Befindlichkeiten (Angst, Erregung) hinweisen.

Beim Recherche-Interview mit dem Star-Anwalt D. kam bei Herrn J. ein nonverbales »Verwirr-Paket« an: Einerseits hielt Herr D. ruhigen Augenkontakt mit ihm und begleitete seine Ausführungen mit freundlichem Lächeln und offenen Gesten; gleichzeitig jedoch hatte er das Herrn J. zugewandte linke Bein abweisend übergeschlagen und kehrte ihm die linke Schulter zu.

Wie also soll Herr J. den nonverbalen Ausdruck von Herrn D. in seiner Gegensätzlichkeit interpretieren?

Bei solchen widersprüchlichen Signalen hilft die *»Glaubwürdigkeitshierarchie«* der verschiedenen nonverbalen Ausdrucksbereiche weiter: Sprachbegleitende Signale sowie Mimik und illustrative Gestik sind relativ gut kontrollierbar und stehen daher weit unten in der Hierarchie. Auf die Stellung ihrer Beine und Füße als kopfferne Körperteile hingegen achten auch geschulte Rhetoriker weniger (zumal wenn sie gewohnt sind, nur oberhalb der Gürtellinie ins Bild gesetzt zu werden). Adaptive Gesten, die auf Unruhe und Streß hindeuten, sind noch schwerer in den Griff zu bekommen und stehen daher recht hoch in der Glaubwürdigkeits-Hierarchie. Zuoberst rangieren jedoch körperliche Reaktionen, die überhaupt nicht willentlich beeinflußbar sind, weil sie direkt oder indirekt vom vegetativen Nervensystem gesteuert werden: Erröten oder Erbleichen, Schweißausbruch, Zittern der Hände oder der Unterlippe, Trockenwerden des Mundes (das sich durch undeutlich-schwerfällige Artikulation sowie heftige Schluckbewegungen äußert).

Entsprechend dieser Hierarchie sollte Herr J. im obigen Beispiel daher eher dem abweisenden Oberschenkel und der kalten Schulter trauen und sich bei Herrn D. auf Abwehr gefaßt machen.

2.) Der zweite Grund, weshalb der Interviewer die nonverbalen Mitteilungen seines Gegenübers stets umfassend beobachten und nur aus dem Zusammenhang interpretieren sollten, liegt in der individuell sehr unterschiedlichen Ausgestaltung der nonverbalen Ausdrucksformen: Jeder Mensch hat seinen eigenen, ganz persönlichen Stil der Körpersprache, der noch dazu von der jeweiligen Befindlichkeit (Stimmung, Aktivierungsniveau, etc.) und den sozialen Rahmenbedingungen (vermeintliche Erwartungen der Gesprächspartner, gesellschaftliches Ranggefälle, usw.) überformt wird.

Versuche haben gezeigt, daß die Entschlüsselung nonverbaler Signale am sichersten und zuverlässigsten bei vertrauten Kommunikationspartnern erfolgt.

Aus diesem Grund sollte der Interviewer die nonverbalen Mitteilungen seines Interviewpartners zunächst nur registrieren, bevor er sie durch weitere Beobachtungen – vor allem in den zuverlässigen, d.h. wenig kontrollierbaren Ausdrucksbereichen – schrittweise interpretiert.

3.2.4 Selbstbeobachtung

Die nonverbale Kommunikation ist natürlich interaktiv: Die vom Interviewer ausgesendeten sprachbegleitenden Signale und der körperliche Ausdruck beeinflussen nicht nur das eigene Denken und Fühlen im Wechselspiel, sie erzielen auch bei dem Gesprächspartner bewußte oder unbewußte Wirkungen und damit einen Einfluß auf den Gesprächsverlauf. Es erscheint also sehr sinnvoll, eine *Selbstbeobachtung* vorzunehmen, nicht zuletzt, um einen gezielten Einsatz der Körpersignale zu trainieren und damit die Interviewführung auch auf der Ebene der nonverbalen Kommunikation zu steuern.

Nur ungern erinnert sich Herr J. an das Fernsehinterview mit dem selbstbewußten Opernsänger H., das dieser weitgehend an sich riß und zu einer reinen Selbstdarstellungs-Show umfunktionierte. Herr J. bekam das Interview nicht in den Griff und konnte mit seinen Fragen nur noch reagieren, wobei er sich zunächst unsicher, dann hilflos und schließlich ziemlich überflüssig vorkam. Als er sich anschließend die Aufzeichnung des Interviews anschaute, bemerkte er, wie zurückgenommen und wenig »raumgreifend« seine Körperhaltung und Gestik gleich als erster Eindruck gewirkt hatten. Er hatte damit nicht nur seinen darstellungsgewohnten Interviewpartner geradezu aufgefordert, sich »breitzumachen«, sondern auch seine eigene Durchsetzungskraft blockiert.

Durch Beachtung und gezielte Veränderung des eigenen Körperausdrukkes in Form von Haltung, Aktivierungsniveau und Gestik kann die Befindlichkeit kontrolliert werden.

Besondere Aufmerksamkeit erfordern dabei alle Körperbereiche, die von »Kopfmenschen« häufig vernachlässigt werden, wie etwa Verspannungen im Schulter- und Nackenbereich, Verkrampfungen in der Körperhaltung und die Position der Beine und Füße. Deshalb sollte es zur Gewohnheit werden, in Gesprächspausen regelmäßig und systematisch in den Körper »hineinzuhorchen« und seine Mitteilungen ernst zu nehmen.

Auch die innere Einstellung zum Interviewpartner läßt sich auf diese Weise sehr weitgehend beeinflussen. Zahlreiche Redewendungen wie z. B. »sich aufraffen«, »sich einen Ruck geben«, »über den Dingen stehen« weisen auf solche Rückwirkungen der eigenen Körpersprache hin. Man braucht dazu ja nicht gleich »in die Schuhe« eines konträr denkenden Gegenübers zu steigen – vielleicht reicht es schon, sich so hinzusetzen, daß die Dinge ein wenig »aus dem Blickwinkel des Gegenübers« gesehen werden können?

Herr J. hat aus seinen Erfahrungen mit dem Opernsänger jedenfalls nicht etwa die Konsequenz gezogen, bei ähnlichen Anlässen zukünftig »mit der Faust auf den Tisch zu schlagen«, sondern dem Betreffenden »die Stirn zu bieten« und bewußt »raumgreifendere« Gesten einzusetzen.

Als Fazit dieser Betrachtungen zur nonverbalen Kommunikation erscheint uns folgende Erkenntnis wesentlich: Im Alltagsverständnis wird unter »Kommunikationsfähigkeit« häufig nur ein geschickter Einsatz der Sprache verstanden.

Allein die Vielfalt der hier dargestellten nonverbalen Ausdrucksdimensionen läßt jedoch erkennen, wie wesentlich die Sensibilität für und der Umgang mit sprachbegleitenden und körpersprachlichen Ausdrucksmitteln tatsächlich ist und daher bei der Interviewführung unbedingt ausgeprägt sein sollte. Im folgenden möchten wir daher auf den bewußten Einsatz nonverbaler Kommunikation im Interview eingehen.

3.3 Konstruktive Gesprächs-Strategien

Die Aufgabe, ein Interview durchzuführen, umfaßt eine Reihe von Lenkungsfunktionen, angefangen von der Einführung des Themas über die Strukturierung des Gesprächsverlaufs bis hin zur Überwindung von Widerständen und Blockierungen des Interviewpartners.

Um diesen Funktionen so wenig direktiv wie möglich gerecht zu werden, kommt es für den Interviewer darauf an, in sehr kurzer Zeit eine vertrauensvolle Beziehung zu dem Interviewpartner aufzubauen.

Vom Einstimmen über das Angleichen zum Führen: Nach einer »Anwärmphase« stellte sich in dem Interview von Herrn J. mit Frau P., der Sprecherin der Umweltbehörde, eine positive Vertrautheit ein, die ihnen erst allmählich und als ein eher unbestimmtes Gefühl gegenseitigen Verstehens bewußt wurde.

Ein außenstehender Beobachter dagegen hätte sehr deutlich registriert, daß die beiden sich in Körperhaltung, Energieniveau und Mimik »spiegelten« und sich auch im Tonfall, im Sprechtempo und in der Lautstärke einander anglichen.

Was den Interviewinhalt anging, schien Herr J. mit seinen Fragen genau die richtigen Stichworte zur rechten Zeit zu geben, und Frau P. gab nicht nur bereitwillig Auskunft, sondern ertappte sich sogar dabei, mehr Informationen zu geben, deutlicher Stellung zu nehmen und eigenständigere Gedanken zu äußem als sie ursprünglich vorgehabt hatte.

Einen solchen nonverbalen Einklang, den Herr J. hier eher indirekt und durch den produktiven inhaltlichen Verlauf des Interviews bemerkte, kann der Interviewer auch gezielt herbeiführen, indem er sich auf sein Gegenüber bewußt einstimmt und sich an seine sprachbegleitende und körpersprachliche Ausdrucksweise angleicht.

Dabei handelt es sich nicht etwa um ein exaktes Nachahmen – was den Interviewpartner eher verunsichern würde –, sondern um ein Senden auf der gleichen Wellenlänge, ein Angleichen in der Geschwindigkeit, Ausrichtung und Intensität von Ausdrucksbewegungen und sprachbegleitenden Merkmalen. Der so entstehende Einklang schafft Vertrauen und bietet dem Journalist die Möglichkeit, die Gesprächsführung zu behalten, ohne auf Konfrontationskurs zu gehen und sich beständig gegen Widerstände durchsetzen zu müssen. Darüber hinaus kann er sich durch die Einstimmung auf sein Gegenüber viel eher in dessen subjektive Wahrnehmungs- und Erlebniswelt hineinversetzen und seine Äußerungen aus diesem Bezugsrahmen heraus nachvollziehen.

Hinweise für die Schritte:
→ Registrieren des dem Interviewpartner eigenen nonverbalen Stils.
Dabei sollte ein möglichst breites Spektrum an körpersprachlichen und sprachbegleitenden Ausdrucksbereichen beachtet werden, wie
→ Räumlicher Abstand (Distanz, Variation)
→ Körperhaltung (Sitzposition, Ausrichtung, Offenheit, Symmetrie)
→ Gestik (Ausprägung, Geschwindigkeit, Dynamik)
→ Mimik (Blickkontakt, Ausdrucksstärke, Stimmungslage)
→ Stimme (Lautstärke, Tonfall, Sprechtempo, Artikulation, Sprachflüssigkeit)
→ Angleichen an den nonverbalen Stil des Interviewpartners in mehreren dieser Dimensionen:
→ Überprüfung, inwieweit die eigenen nonverbalen Signale mit denen des Gegenübers verträglich sind.
→ Angleichen des eigenen Ausdrucksverhaltens in den Bereichen, in denen Abweichungen zum Interviewpartner festzustellen sind, soweit es dem persönlichen Stil und der aktuellen Befindlichkeit nicht widerspricht. Dabei geht es, wie bereits erwähnt, nicht um Nachahmung, sondern um Einstimmung auf das Tempo, die Ausrichtung und die Ausprägung des Verhaltens.
→ Dem Interviewpartner die gewünschte Ausdrucksbereitschaft vermitteln.
Nach einer ersten Vertrautheit mit dem Umgang von abgestimmten Ausdrucksverhalten – eine ständige Selbstkontrolle ist nicht mehr erforderlich – können diese weiterhin behutsam in die für den Fortgang des Interviews förderliche Richtung verändert werden: durch einen lebhafteren Tonfall und eine aufrechtere Sitzposition (um den Interviewpartner aus seiner lethargischen Gesprächshaltung herauszuführen). Ist dieser dazu noch nicht bereit, so gleicht der Interviewer sich wieder an und gibt seinem Partner mehr Zeit, durch fortgesetzten Einklang Vertrauen in seine nonverbale Führung aufzubauen.

3.4 Kommunikations-Probleme

3.4.1 Finale statt kausale Betrachtungsweise

Im Verlaufe des eingangs geschilderten Interviews mit dem Schriftsteller, der sich mehr und mehr in eine mißtrauisch-defensive Haltung hineinsteigerte, fragte sich der Interviewer, Herr J., zunächst, was er in seiner Gesprächsführung eigentlich falsch gemacht und Herrn K. damit vom Thema abgebracht bzw. seine Ausfälle gegen die ihm feindlich gesonnene Presse ausgelöst hat. Ohne eine klare Antwort auf diese Frage gefunden zu haben, setzte er nun alles daran, beim vorbereiteten Interviewthema zu bleiben.

Offenbar bemühte sich Herr J. hier, eine *kausale* Erklärung für die Kommunikationsstörung zu finden, d. h. einen Ursache-Wirkungs-Zusammenhang zwischen seinem eigenen Verhalten und den themenfremden »Exkursen« seines Interviewpartners herzustellen. Er kam damit nicht weiter, weil die Ausfälle des Herrn K. gar nicht durch seine Fragen bedingt waren, sondern dem übergeordneten Zweck dienten, sich vor der Öffentlichkeit zu rechtfertigen.

Eine *finale,* d.h. auf die Folgen und den Zweck des Verhaltens gerichtete Problemdiagnose hätte dies sofort erkannt und auch die nachfolgende Gesprächsdynamik vorausgesehen: Je mehr Herr J. auf der literarischen Themenstellung beharrte, desto deutlicher und lautstärker mußte Herr K. für »sein« Thema, die Abrechnung mit der Presse, sorgen. Erst als Herr J. dann selbst auf das von Herrn K. verfolgte Thema einschwenkte, konnte dieser auf eine neue Rolle als souveräner (wenn auch überheblicher) Partner übergehen.

Die finale Betrachtungsweise bei der Analyse von Kommunikationsproblemen fällt den meisten Menschen schwer, da unsere technologisch orientierte Kultur ein Denken in (kausalen) Ursache-Wirkungs-Mustern nahelegt. Deshalb hier einige praktische Hinweise zur Erleichterung der finalen Sichtweise von Verständigungsproblemen im Interview:

- Der Blick wird nicht in die Vergangenheit gerichtet, sondern auf das zu- künftige Verhalten, ausgehend von den Folgen des gegenwärtigen Verhaltens: Was geschieht, wenn das gegenwärtige Verhalten beibehalten wird? Was würde anders laufen, wenn das gegenwärtige Verhalten unterbleibt oder sich verändert?

- Nicht nach dem Schuldigen sollte gesucht werden, sondern nach dem in der Situation gemeinsam verfolgten Skript: Das Motto »Es gibt keinen Schuldigen, sondern nur Mitspieler« ist eine sehr konstruktive Grundhaltung zur Analyse und Bewältigung von Kommunikationsschwierigkeiten. Diese Haltung lenkt den Blick von einem einzigen »Verursacher« auf das gesamte Interaktionssystem, deckt Wechselwirkungen zwischen den Beteiligten auf, und erleichtert, die jeweiligen (auch die eigenen!) Beiträge zur Problemverursachung und -stabilisierung anzuerkennen.
- Nicht die möglichen Fehler sind hier ausschlaggebend, sondern die möglichen Motive: Eine selbstkritische Haltung des Interviewers in Ehren, aber sie kann dazu führen, in einer selbstquälerischen Nabelschau zu verharren und nicht zu erkennen, welches »Spielchen« der u.U. sehr viel routiniertere Interviewpartner mit ihm treibt. Deshalb hat die Frage Priorität, was der Partner mit seinem Verhalten erreichen möchte, welchen Zweck er verfolgt, und welchen Nutzen er aus dem bestehenden Kommunikationsproblemen zieht.

3.4.2 Metakommunikation: Gespräche über Gespräche

Im weiteren Verlauf seines Interviews mit dem Schriftsteller K. unterbrach Herr J. nach einiger Zeit das immer verbissener geführte Wortgefecht mit der Rückmeldung: »Herr K., ich möchte unser Thema eine Weile zurückstellen, weil ich mit dem Verlauf unseres Gespräches nicht zufrieden bin und einen ziemlich gereizten Unterton darin spüre. Ich habe den Eindruck, daß Sie hinter meinen Fragen böswillige Absichten und Fallstricke vermuten und darauf gereizt reagieren. Dadurch formuliere ich meine Fragen konfrontativer, als ich es vor hatte, und wir gehen immer stärker in den Clinch. Wie sehen Sie das?« Nach einer überraschten und dann nachdenklichen Pause erwiderte Herr K.: »Ich habe auch bemerkt, daß sich die Atmosphäre hier negativ aufgeladen hat, und das finde ich schade, denn ich hatte in letzter Zeit wirklich genug Ärger mit feindlich gesonnenen Journalisten. Vielleicht habe ich Sie ungewollt mit denen in die gleiche Schublade gepackt... Lassen Sie mich mal überlegen, bei welcher Ihrer Fragen bei mir im Hinterkopf die Klappe gefallen ist 'Aha, der will dich wohl auch wieder nur in die Pfanne hauen'...«. Nach der nun anschließenden »Beziehungsklärung« verlief das weitere Interview in sehr gelöster und offener Atmosphäre und förderte auf beiden Seiten eine Reihe überraschender Erkenntnisse zutage.

Die eher ungewöhnliche Gesprächswendung, die Herr J. einleitete, ist ein Beispiel für *Metakommunikation.* Abgeleitet vom griechischen Vorwort meta (= »über« oder »darüber«), geht es dabei um die Verständigung über den Kommunikationsprozeß selbst. Nach dem Motto »Störungen haben Vorrang!« wird das eigentliche Thema eine Zeitlang zurückgestellt und das Gespräch auf die Beziehungsebene verlagert. Dies empfiehlt sich immer dann, wenn

→ das Interview in eine Sackgasse gerät oder sich im Kreis dreht, wie z.B. bei gegenseitigen Beschuldigungen,

→ negative Emotionen aufkommen, die den konstruktiven Fortgang des Interviews gefährden, wie in dem obigen Beispiel,

→ der Interviewer widersprüchliche Eindrücke und Mitteilungen von seinem Interviewpartner empfängt, wie z.B. die freundlich-abweisenden »Verwirr-Pakete«, die Herr J. im Gespräch mit dem Star-Anwalt D. bekam.

Um metakommunikative Klärungen so konstruktiv wie möglich zu gestalten, sollte der Interviewer folgende Schritte beachten:

→ Den Wechsel der Gesprächsebene signalisieren: Auf gar keinen Fall ist die Metakommunikation als eine »Fortsetzung der Konfrontation mit anderen Mitteln« einzusetzen. Daher verdeutlicht der Interviewer seinem Partner, daß er vorübergehend aus dem offiziellen Gesprächsthema aussteigen möchte (»Herr K., ich möchte unser Thema für eine Weile zurückstellen«), um die Situation zu klären, und unterstreicht dieses nonverbal durch einen Wechsel im Tonfall (ruhig und freundlich) und in der Körperhaltung (zugeneigt und entspannt).

→ Sprechen für sich selbst: Beobachtungen und Rückmeldungen werden in der Ich-Form formuliert, um sie als persönliche, subjektive Sichtweise des Interviewers zu kennzeichnen und den Gesprächspartner damit nicht zu vereinnahmen.

→ Wiedergabe der eigenen konkreten Eindrücke: Die problematische Situation sollte möglichst anschaulich aus eigener Sicht beschrieben werden (»Ich spüre einen ziemlich gereizten Unterton in unserem Gespräch«).

→ Kommentierung des eigenes Verhaltes: Dem Interviewpartner sollte signalisiert werden, daß der Interviewer auch seinen persönlichen Beitrag zur Verursachung des Problems erkennt (»Ich formulierte meine Fragen konfrontativer, als ich es vorhatte.«)

→ Wunschäußerung an den Gesprächspartner: Die gemeinsame Situationsklärung kann mit einer Ermunterung des Gegenübers eingeleitet

werden, seine Sicht der Dinge mitzuteilen (»Wie sehen sie das?«).
→ Der Problemsicht des Gesprächspartners Verständnis entgegenbringen: Der Interviewer fragt nach, wenn er etwas nicht verstanden hat und bittet gegebenenfalls zur Verdeutlichung (nicht zur Rechtfertigung!), konkrete Beispiele für problemverursachende Gesprächspunkte zu nennen. Abschließend faßt er das Gehörte mit seinen eigenen Worten zusammen, um dadurch zurückzumelden, was bei ihm »angekommen« ist.
→ Gemeinsam gezielte Schritte zur Problemlösung entwickeln: In vielen Fällen reicht es bereits aus, sich über die Situation und die damit einhergehenden Gefühle auszutauschen, um die Gesprächsatmosphäre zu klären. Sofern das Beziehungsproblem durch bestimmte Verhaltensweisen verursacht oder aufrechterhalten wurde, sollten gemeinsam mit dem Interviewpartner entsprechende Gegenmaßnahmen festgelegt werden. Der Interviewer kann diese Lösungssuche initiieren, indem er zunächst seine beabsichtigten Verhaltensänderungen anspricht.

Diese einzelnen Stationen auf dem Weg zur metakommunikativen Klärung mögen in der Aufzählung zunächst recht umständlich erscheinen; sie bilden jedoch eine organische Abfolge von Problemsensibilisierung, -analyse und -lösung. Außerdem stellt eine sorgfältige Beziehungsklärung eine wertvolle Investition für den produktiveren Verlauf des anschließend fortgeführten Interviews dar.

Metakommunikation bietet die Chance, potentielle oder tatsächliche Interaktionsstörungen konstruktiv in eine Bereicherung der Beziehung umzuwandeln: Dem Interviewpartner werden damit eine Wertschätzung seiner Person sowie das Interesse des Interviewers an einer tiefergehenden menschlichen Auseinandersetzung mit ihm signalisiert. Das Interview gewinnt eine Tiefendimension, die in der herkömmlichen Rollenverteilung von »Interviewer« und »Befragten« kaum zu verwirklichen ist.

Drittes Kapitel:

MEDIENRECHT UND INTERVIEW

Rechtsrelevante Merkmale – Persönlichkeitsrecht – Mitwirkungsrechte – Urheberrecht – Haftung

Übersicht

Wie ist ein Interview rechtlich zu behandeln? Wann darf es veröffentlicht werden? Welche Freiheit wird dem Presse-Journalisten bei der redaktionellen Bearbeitung zugestanden? Warum Autorisierung? Hat auch der Interviewer ein Urheberrecht? Kann der Interviewte die Ausstrahlung eines Radio-Interviews unterbinden? Wer eigentlich haftet für beleidigende Sprüche des Interviewten?
Dieses Kapitel versteht sich als Orientierungshilfe zur Vermeidung derart komplizierter Rechtsstreitigkeiten. Es behandelt nach Maßgabe des deutschen Medienrechts Grundsätze, die bei der Durchführung und Veröffentlichung von Interviews zu wahren sind.

1. Rechtsrelevante Merkmale von Befragungen und Interviews

Am 27. Juli 1996 erschien in der Illustrierten »Bunte« ein teilweise gefälschtes Interview mit dem Hollywood-Schauspieler Tom Cruise, der daraufhin die Rekordsumme von sechzig Millionen Dollar Schadensersatz verlangte. Zwar gab sich Cruise dann mit einer öffentlichen Entschuldigung zufrieden; gleichwohl sind Interview-Fakes unter Umständen teuer: Ebenfalls im Juli 1996 mußte dasselbe Blatt für ein gefälschtes Interview mit Prinzessin Caroline von Moanco rund 200.000 Mark bezahlen.

Fälschungen sind natürlich unzulässig. Trotzdem kommt es auch bei vermeintlich korrekt durchgeführten Befragungen immer wieder zu Streitigkeiten. Mal wird der Redaktion vorgeworfen, die Äußerungen der befragten Person verändert zu haben; mal klagt der Interviewpartner, seine Ausführungen seien durch Kürzung unzulässig vereinfacht oder in einen veränderten Zusammenhang gestellt worden: *so* habe er dies nicht gemeint. Und manchmal heißt es sogar, das in der Presse publizierte Interview habe überhaupt nie stattgefunden. Muß die Zeitung dann berichtigen, gar widerrufen? Die Frage klingt einfach, doch die Antwort ist oftmals höchst vertrackt. Für den Journalisten ist die Lage besonders schwierig, weil zur kniffligen Frage, wie er rechtlich mit Interviews umzugehen sei, praktisch kaum Fachliteratur existiert.

Die folgende Übersicht wurde aus dem Medienrecht und dem Erfahrungswissen der Publizistik entwickelt; die rechtliche Deutung der Befunde stützt sich auf Auskünfte und Hinweise mehrerer Medienrechtler und Rechtsanwälte. Es versteht sich, daß diese Orientierungshilfe im Streitfall die Beratung durch einen Medienjuristen nicht ersetzen kann.

1.1 Der Fall Bangemann oder: Was ist ein Interview?

Die erste, für die rechtliche Beurteilung entscheidende Frage lautet: Welche Bedingungen müssen erfüllt sein, damit überhaupt von einem Interview gesprochen werden darf? Die folgende Begebenheit zeigt beispielhaft das rechtliche Problemfeld auf.
Am Montag, den 23. März 1987 brachte die Tageszeitung »Die Welt« in ihrer Rubrik »3 Fragen an« ein Interview mit dem damaligen Bundeswirtschaftsminister Martin Bangemann, der mit knalligen Sprüchen die Subventionierung für Kohle und Stahl als »volkswirtschaftlich völlig absurd« abtat. Es waren Wahlkampfzeiten, und im Ruhrpott kochte die Stahlkrise hoch. Das Interview warf hohe Wellen. Nicht nur Gewerkschafter, auch die für die FDP wichtigen Industriellen reagierten empört; Bangemanns Sprüche seien geradezu »gefährlich«, kommentierte Thyssen-Chef Spathmann. Die SPD setzte eins drauf und verlangte den Rücktritt des FDP-Minsters.

Genau eine Woche später traf beim »Deutschen Presserat« in Bonn ein Beschwerdebrief des Wirtschaftsministers ein. »Gemäß den Bestimmungen Ihrer Beschwerdeordnung« trug der Minister folgende Version vor: Das in der »Welt« veröffentlichte Interview »(habe) ich Ihrem Korrespondenten Diethart Goos nicht gegeben«, weder schriftlich noch mündlich. Vielmehr habe, so Bangemann, der Korrespondent aus einer Wahlkampfrede, die er in Darmstadt gehalten habe, ohne Rückfrage ein Interview fingiert und »bei der Übertragung in Frage und Antwort entscheidende Passagen verfälscht.« Zwar habe ihn der Journalist Goos noch am Fenster des mit laufendem Motor abfahrbereiten Ministerwagens angesprochen, doch sei dies eine belanglose 60-Sekunden-Unterhaltung gewesen; von Interview keine Spur.

Einen Tag zuvor druckte »Die Welt« in ihren Spalten die »Eidesstattliche Erklärung« ihres Mitarbeiters Diethart Goos. Der zufolge will Goos am 20. März die Wahlkampfrede Bangemanns tatsächlich auf Tonband aufgenommen haben. Doch nach dem Vortrag, so der Journalist, sei er zu Bangemanns Wagen geeilt, »um ihm zu den in seiner Rede angesprochenen Themen Kohlepfennig, Kohle und Stahl und Wirtschaftsministerkonferenz noch zusätzliche Fragen zu stellen.« Er habe eine fünfminütige Befragung durchs Fenster geführt, doch leider sei »nur ein Teil auf Tonband festgehalten, weil ich in der Hektik und bei der Dunkelheit das

Gerät zunächst nicht richtig einschaltete.« Unmittelbar nach Abfahrt des Ministers habe er sich jene Fragen und Antworten notiert, die nicht aufgezeichnet worden waren.

Unstrittig ist, daß sich der Journalist unschlüssig war, was er mit dem Bangemann-Material anfangen solle. Am folgenden Tag, ein Samstag, traf er den Minister nochmals in Bonn, der ihm nun ein Interview anbot. Doch der Journalist lehnte mit dem Hinweis ab, daß durch das Gespräch am Vorabend »alle Fragen geklärt seien«. Am Nachmittag kehrte Goos zurück nach Hamburg. Erst am folgenden Sonntagmorgen »rief ich vormittags den Ressortleiter, Herrn Lorenz, an und verabredete mit ihm einen Bericht über meine Begegnung mit Bangemann in Darmstadt.« Und weiter: »Herr Lorenz rief mich nach der Konferenz zurück und fragte, ob »Die Welt« aus dem Thema 'Drei Fragen an' machen könnte. Ich bejahte dies eingedenk meiner Fragen an Bangemann.«

In seiner Beschwerde kritisierte nun der Minister, daß ihm der Journalist, wenn schon, dann immerhin den elaborierten Interviewtext vor dem Druck zur Autorisierung hätte vorlegen müssen. Sein Sprecher Hans Rolf Goedel sei von Goos erst informiert worden, als »den Nachrichten-Agenturen der Wortlaut des angeblichen Interviews ... bereits zur Verfügung gestellt worden war.« Den Inhalt des Interviewtextes habe Herr Goedel nicht übermittelt erhalten.

Dieser Darstellung hielt nun der Journalist entgegen, er habe Goedel kurz vor Redaktionsschluß telefonisch über die Veröffentlichung in der Interview-Rubrik orientiert. »Er fragte nicht nach dem Wortlaut der Fragen und der Antworten ... Ich sah daher keine Veranlassung, ihm den Text vorzulesen.« Das Unheil nahm seinen Lauf.

1.2 Die rechtlichen Probleme des Falls

Folgende Aspekte jener Geschichte sind hier bedeutsam:

a.) Der Journalist hat, als er den Minister am Wagenfenster ansprach, die Idee eines Interviews nicht geäußert; er konnte auch nicht, weil er sie gar nicht hatte. Aus beiden Versionen ergibt sich, daß es dem Journalisten zunächst vermutlich nur auf einige exklusive *quotes* ankam, um einen griffigeren Bangemann-Bericht schreiben zu können. Die Interview-Idee entstand erst zwei Tage nach dem Ereignis in der Redaktion, nicht vom Interviewer.

b.) Das Wortprotokoll jenes Gesprächsteils, das auf Band aufgezeichnet wurde, enthält neben den Äußerungen Bangemanns zwölf Parts von Goos. Eine einzige, die zweite, ist als Aufforderungsfrage formuliert (»Und wie geht das nun weiter?«). Alle übrigen Äußerungen Goos' lauten »ja,ja«, »hm«, »hmja« und ähnlich. Kurz: Bangemann referiert, und Goos hört zu. Die für ein Interview notwendige (wenn auch nicht hinreichende) Bedingung, mit dem Interviewpartner einen inhaltlich geprägten Dialog zu führen, ist nicht nur in formeller, sondern auch in materieller Hinsicht nicht erfüllt.

Nur die dritte Antwort Bangemanns im »Welt«-Interview war durch die Tonbandaufzeichnung abgedeckt; die beiden anderen Antworten, die mit Bangemanns Rede sinngleich sind, will Goos den Notizen entnommen haben, die er sich über den Teil des Gesprächs gemacht habe, der nicht aufgezeichnet wurde. Es bleibt ungeklärt, ob und in welchem Umfang er die Rede Bangemanns ausgewertet, also Redezitate zu Frageantworten gemacht hat.

c.) Meist wird die Autorisierung eines Minister-Interviews mit dem Referenten oder Pressesprecher geklärt. Der Journalist Goos durfte davon ausgehen, daß Pressesprecher Goedel hierzu Entscheidungsbefugnis hatte. Auch wenn, wie Bangemann behauptet, das Telefongespräch erst am späten Sonntagnachmittag stattfand, so wäre noch Zeit gewesen, es gegebenenfalls zurückzuziehen: Der Druckvorgang war noch nicht eingeleitet. Die Nichtfreigabe hätte Goedel beispielsweise per Telefax mitteilen können. Weder Bangemann noch Goedel behaupteten denn auch, die Publikation untersagt zu haben. Das Argument, die Sperrung wäre sinnlos gewesen, weil der Wortlaut bereits an die Agenturen gegangen sei, kann nicht überzeugen: Wenn das Interview am Spätnachmittag gesperrt worden wäre, hätte die »Welt« dies den Agenturen mitteilen und für allfällige Vorveröffentlichungen die Konsequenzen tragen müssen. Da dies alles unterblieb, konnte die »Welt« nach herrschender Praxis davon ausgehen, daß ihr Interview, obwohl möglicherweise eine Montage, zum Druck freigegegen wurde.

d.) Bangemann hat nach der Veröffentlichung keine rechtswirksamen Schritte, etwa eine Gegendarstellung oder eine Einstweilige Verfügung, unternommen. Es ist darum anzunehmen, daß sich der Minister darüber im klaren war, daß seine drei Antworten dem entsprachen, was er an jenem Freitagabend in Darmstadt öffentlich gesagt hatte – zu wem auch immer. Er habe nur publiziert, »was gefragt und geantwortet« worden sei, hob der Journalist in seiner Erklärung hervor. Ein Dementi hätte sich also bestenfalls auf die Rubrizierung als Interview, nicht aber auf die Aussageinhalte beziehen können, ein Unterfangen, das in der Öffentlichkeit Kopfschütteln ausgelöst hätte, in der Art: »Was regt der sich denn auf, wenn er die Skandalsätze so oder ähnlich tatsächlich gesagt hat?«

Der Bangemann-Fall zeigt, daß sich hier ein Gesprächspartner aus nachvollziehbaren Gründen mißbraucht fühlt, aber die Manipulation nicht nachweisen kann; nach objektiven Kriterien ist ihm kein Unrecht widerfahren. Die Hauptursache dieses Dissens liegt vielmehr in den unterschiedlichen Vorstellungen, was ein Interview darstelle und wie bei dessen Produktion zu verfahren sei.

Zur Klärung dieser kniffligen Frage hilft die höchstrichterliche Rechtsprechung nicht weiter, weil sie sich in erster Linie mit offenkundigen Fälschungen befaßt und den Schutz der Privatsphäre reklamiert hat. Man denke an den »Soraya-Beschluß« des Bundesverfassungsgerichts vom 14. Februar 1973 (BVerfGE 34, 269) sowie die erwähnte »Caroline-von-Monaco-Entscheidung«, Urteil des Bundesgerichtshofes vom 14. November 1994 (NJW '95, 861 ff.).

Aber auch der *Deutsche Presserat* bietet hier kaum Hilfe, dessen Richtlinie 2.4 nur zweifelsfreie Situationen definiert. Sie lautet: »Ein Interview ist auf jeden Fall journalistisch korrekt, wenn es vom Interviewten oder dessen Beauftragten autorisiert wurde. Unter besonderem Zeitdruck ist es auch korrekt, Äußerungen in unautorisierter Interviewform zu veröffentlichen, wenn den Gesprächspartnern klar ist, daß die Aussagen zur wörtlichen oder sinngemäßen Publikation gedacht sind. Journalisten sollten sich stets als solche zu erkennen geben.«

Sicher ist: Im Falle eines Streits in der Folge der Publikation eines Interviews trägt grundsätzlich das publizierende Medium die Beweislast für die *Einwilligung* des Gesprächspartners in die Veröffentlichung seiner Aussagen. Also sollte der Interviewer stets darum besorgt sein, daß klare Verhältnisse herrschen. Doch wie realistisch sind solche Ratschläge im journalistischen Alltagsgeschäft?

Um Journalisten zu mehr Handlungssicherheit zu verhelfen, nennen wir im folgenden Abschnitt die wichtigsten Rechtsgrundsätze, um daraus einige Verhaltensregeln abzuleiten.

Das Schaubild zeigt, daß sowohl beim verabredeten, als auch beim spontan im Verlauf eines Gesprächs vereinbarten Interview die Zustimmungs-, Mitwirkungs- und Urheberrechte des Partners zu berücksichtigen sind.

Abbildung 7: Medienrechtliche Kontrollen

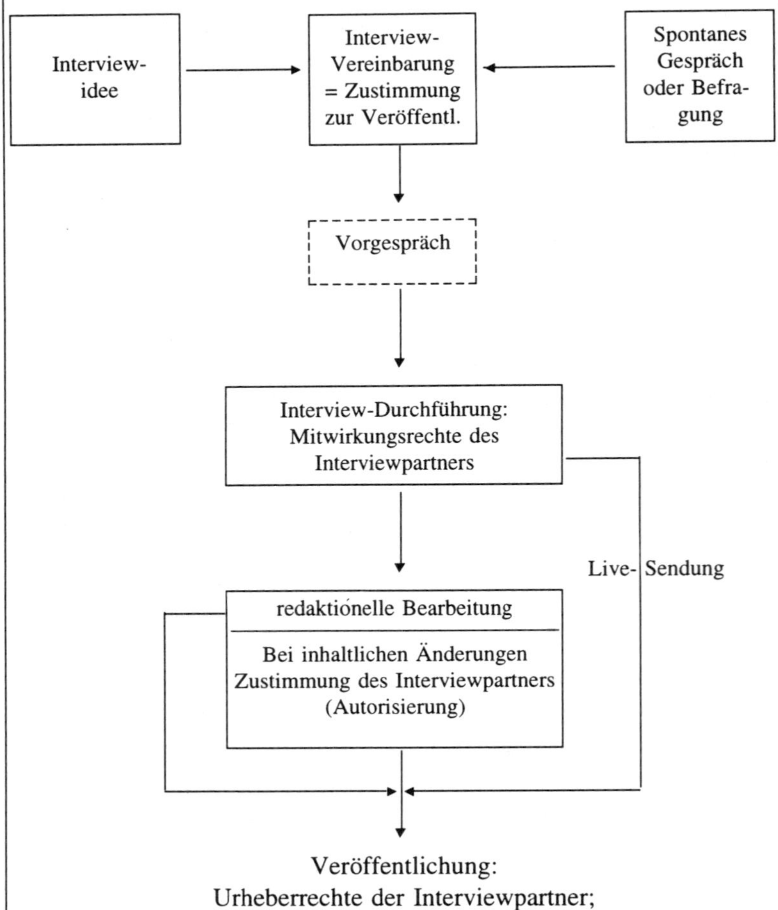

2. Das allgemeine Persönlichkeitsrecht

2.1 Grundsätze

Die weitestmögliche Definition charakterisiert das journalistische Interview als eine gerichtete Befragung
a.) zum Zweck der Ermittlung gegenstands- und/oder personenbezogener Informationen und
b.) zum Zweck der dialogischen Darstellung eben dieses Ermittlungsvorganges (→ Einführung, Abschnitt »Das Interview als Darstellungsform«).

Wenn ein journalistisches Produkt, das ein Interview darstellt, veröffentlicht werden soll, sind folgende rechtliche Grundsätze zu beachten:

1. Grundsatz: Die Veröffentlichung eines Interviews bedarf der Zustimmung aller Dialogpartner, soweit sie in der zur Publikation bestimmten Fassung zu Wort kommen.

2. Grundsatz: Die Einwilligung kann mündlich oder schriftlich gegeben werden. Sie kann aber auch durch »konkludentes Handeln« erfolgen, etwa wenn das Interview vor laufender Kamera oder vor dem Mikrofon im Tonstudio gegeben wird.

3. Grundsatz: Die mit der Veröffentlichung verbundenen Rechte und Pflichten können vertraglich geregelt werden. Auch mündliche Absprachen haben Vertragscharakter und sind für die Beteiligten bindend.

4. Grundsatz: Sofern keine vertraglichen Vereinbarungen getroffen wurden, sind Inhalt und Umfang der Einwilligung nach Maßgabe der Verkehrssitte zu ermitteln. Diese richtet sich in erster Linie nach den im praktischen Journalismus branchenüblichen Regeln. So hat die befragte Person eines Presse-Interviews davon auszugehen, daß zwar der Wortlaut ihrer Aussagen, aber eine sprachlich geglättete Fassung publiziert wird.

5. Grundsatz: Die interviewte Person kann ihre einmal erteilte Einwilligung in die Veröffentlichung nicht nach Belieben widerrufen. Die

Umstände und Ereignisse müßten sich so verändert haben, daß die Veröffentlichung des Interviews nunmehr eine Verletzung des Persönlichkeitsrechts zur Folge haben könnte.

6. Grundsatz: Die Veröffentlichung von Antworten und von Dialogen, die nicht stattgefunden haben, verletzt das allemeine Persönlichkeitsrecht, sofern die Beteiligten in die Veröffentlichung des fingierten Interviews oder Interviewabschnitts nicht ausdrücklich eingewilligt haben.

Aus diesen Grundsätzen lassen sich eine Reihe praktischer Verhaltensregeln ableiten:

2.2 Das Gebot der Zustimmung

Die wichtigste Regel, die sich aus den Grundsätzen ergibt, lautet: Der Interviewpartner soll die Absicht des Journalisten, die Befragung als Interview zu veröffentlichen, *vor Beginn* der Befragung kennen. In besonderen Situationen (etwa wenn eine Recherchenbefragung nachträglich zu einem geformten Interview aufbereitet wird) kann dies auch nach der Befragung geschehen, jedoch so rechtzeitig, daß die befragte Person noch vor der Veröffentlichung Änderungen an ihren Aussagen vornehmen könnte. In einem Urteil des Oberlandesgerichtes Köln heißt es unmißverständlich: »Bei reinen Privatgesprächen mit Journalisten, wenn eine Veröffentlichung weder initiiert noch lanciert wird, muß nicht mit einer Veröffentlichung gerechnet werden.« (6 U 182/85 vom 27.3.1986)

2.2.1 Die Interview-Übereinkunft

Im Unterschied zu einem Zitatenbericht soll das geformte Interview nicht nur einzelne Aussagen der befragten Person wiedergeben, sondern auch den dialogischen Zusammenhang und die Argumentationsweise authentisch aufzeigen: Nicht nur *was,* sondern auch *wie* etwas gesagt wird, ist Bestandteil der Informationsleistung des Interviews, zumal im Rundfunk.

Damit diese Informationsleistung auch tatsächlich erbracht werden kann, ist die Zusammenarbeit beider Seiten, des Interviewers und des Interviewpartners, erforderlich: Die rechtsrelevante Einwilligung in die Veröffentlichung des Interviews (auch stillschweigend im Sinne des konkludenten Handelns etwa angesichts des installierten Mikrofons) schließt die Übereinkunft zwischen den Partnern, gemeinsam ein Interview produzieren zu wollen, ein.

2.2.2 Explizite Übereinkunft

Geplante Interviews: Wenn im voraus, etwa während des Vorgesprächs, die Modalitäten der technisch-organisatorischen Abwicklung (etwa: Zahl der Teilnehmer, unter Umständen der Bildschnitt oder das Schalten von Pausen) eventuell die Spesen oder gar die Ausrichtung eines Honorars verabredet werden, hat diese Übereinkunft den Zuschnitt eines für beide Seiten bindenden Vertrags.

Ad-hoc-Interviews: Mitunter wird in einer beliebigen Gesprächssituation ad hoc die Interview-Idee geboren. Doch erst durch Übereinkunft beider Seiten (= Zustimmung des Gesprächspartners, den Dialog als Interview fortzuführen) kann die Unterhaltung in ein Interview überführt werden. Das bedeutet: Wer ein Gespräch mit einem Presse-Journalisten führt, muß nicht damit rechnen, daß die Äußerungen als Interview veröffentlicht werden.

Post-fest-Interviews: Gelegentlich kommt der Presse-Journalist im Zuge der Materialauswertung auf die Idee, die Äußerungen der befragten Person im nachhinein zu einem Interview aufzubereiten.

Er transformiert damit einzelne, in aller Regel bezugslose Aussagen in einen Frage-, vielleicht auch in einen Argumentationszusammenhang. Es besteht kein Zweifel, daß dieser Kontext die Bedeutung und das Gewicht der einzelnen Aussagen verändert. Zudem spiegelt der Journalist dem Publikum eine Informationsleistung vor, die gar nicht erbracht worden war.

Hier besteht das *einzig* korrekte Verfahren in der Autorisierung des konstruierten Interviewablaufs: Der Journalist muß seinem Interviewpartner die zur Publikation bestimmte Fassung vorlegen, zumindest das Vorlegen des Textes rechtzeitig anbieten. Nur, wenn der Interviewpartner in Kenntnis der Publikationsform ausdrücklich auf die Autorisierung verzichtet, darf der Journalist das elaborierte Interview als solches publizieren, vorausgesetzt, er hält sich präzise an die tatsächlich gemachten Äußerungen.

2.2.3 Stillschweigende Übereinkunft

Im Rundfunk ist der mit der Bild- und/oder Tonaufzeichnung verbundene apparative Aufwand so groß, daß die Ziele und Zwecke einer journalistischen Befragung augenfällig sind.

Hier genügen als Bedingungen, daß der Journalist seinen Namen und seine Funktion nennt, den Grund (Gesprächsthema) seiner Kontaktnahme anführt und um die Zustimmung für die Aufzeichnung des nun folgenden Dialogs bittet.

Nennt nun die angefragte Person keine Bedingungen, so kann und darf er davon ausgehen, daß sie der Produktion und Veröffentlichung der Bild-/Tonaufzeichnung oder Auszügen aus der Aufzeichnung zustimmt. Tatsächlich dürfte allgemein bekannt sein, daß ein Rundfunkjournalist Tonaufzeichnungen nicht (nur) aus Spaß, sondern zum Zweck der Produktion einer Sendung herstellt.

Zu fragen ist in diesem Zusammenhang, ob die befragte Person auch annehmen darf, daß ihre Aussagen im dialogischen Zusammenhang (= Interview) erhalten bleiben. Wir meinen, daß sie dies aus gutem Grund darf, weil bei der Wiedergabe von Befragungen in der Regel die Frage (und damit die Dialogsituation) erhalten bleibt, also ein Interview oder Interview-Ausschnitt gesendet wird. Wenn aber der Rundfunkjournalist umgekehrt eine Verwertung der Aufzeichnung (Statement) für eine andere Sendeform plant (wie: Feature, szenischer Bericht), so hat er dies der befragten Person unaufgefordert mitzuteilen.

Presse-Journalisten benutzen ebenfalls Aufzeichnungsgeräte. Sie können indessen nicht davon ausgehen, daß ihr Gesprächspartner, wenn er der Aufzeichnung zugestimmt hat, eine Umsetzung des Gesprochenen als geformtes Interview erwartet. Im Unterschied zum Rundfunk ist hier die schriftliche Auswertung (Umsetzung) von Befragungen die Regel und die Transkription der Tonaufzeichnung in einen Frage-Antwort-Text deutlich seltener.

Darum gilt: Wenn der Presse-Journalist von sich aus nichts anderes sagt, dann rechnet die befragte Person *nicht* mit einem geformten Interview, sondern mit einer Auswertung der Aufzeichnung für einen Zitate- oder Recherchenbericht. Dasselbe gilt, wenn der Journalist mit Block und Schreibstift die Ausführungen der befragten Person mitschreibt.

2.3 Die Möglichkeit zur Bandaufzeichnung

Die Erörterung der stillschweigenden Übereinkunft ging davon aus, daß die angefragte Person ihre Zustimmung zur Bandaufzeichnung gibt – und mit dieser Einwilligung auch die journalistische Verwertung der Aufzeichnung akzeptiert.

Im Fall Bangemann blieb ungeklärt, ob der Minister im Dunkeln erkannte, daß der Wortwechsel am Autofenster aufgezeichnet wird und ob er damit einverstanden war. In diesem Zusammenhang ist auch zu fragen, ob der »Welt«-Journalist die Wahlkampfrede als Interview-Rohstoff hat aufzeichnen dürfen.

Grundsätzlich verbietet das deutsche Strafgesetzbuch (§ 201) das Mitschneiden des gesprochenen Wortes. Wörtlich heißt es:
»Mit Freiheitsstrafe bis zu drei Jahren oder mit Geldstrafe wird bestraft, wer unbefugt
1) das nichtöffentlich gesprochene Wort eines anderen auf einen Tonträger aufnimmt oder
2) eine so hergestellte Aufnahme gebraucht oder einem Dritten zugänglich macht.
Ebenso wird bestraft, wer das nicht zu seiner Kenntnis bestimmte nichtöffentlich gesprochene Wort eines anderen mit einem Abhörgerät abhört.«

In der Schweiz und in Österreich lauten die Strafrechtsbestimmungen sinngleich (in der Schweiz: Art. 179 ff. StGB).

Wahlkampfreden zum Beispiel sind in aller Regel öffentlich; es ist darum anzunehmen, daß die Aufzeichnung der Bangemann-Rede (etwa für einen Wahlkampfbericht) nicht verboten war.

Wenn indessen ein nichtöffentliches Gespräch (= Gespräch, dessen Teilnehmer individuell bestimmt sind) aufgezeichnet werden soll, müssen die Gesprächspartner das laufende Tonbandgerät zumindest bemerken (sehen können). Erhebt sich kein Einspruch, dann darf von einer Einwilligung in die Aufzeichnung ausgegangen werden. Besser aber ist es, die Zustimmung durch Frage und Antwort zu erhalten; und aus Beweisgründen am besten, wenn das Tonbandgerät die Mitteilung der Einwilligung bereits aufzeichnet.

Strittig ist die Frage, ob Personen der Zeitgeschichte, allemal führende Politiker, nicht aufgrund ihrer Erfahrungen im Umgang mit den Medien davon auszugehen haben, daß Journalisten per se mit Tonbandgerät arbeiten. Ein Wirtschaftsminister beispielsweise muß immer damit rechnen, daß seine an einen Rundfunk-Journalisten gerichteten Äußerungen aufgezeichnet werden. Ob nun aber der Pressejournalist Goos während seines Autofenster-Gesprächs auf das laufende Tonbandgerät hätte hinweisen müssen, auch wenn seine Funktion und Aufgabe (= Journalist) dem Minister bekannt waren, ist unter Medienrechtlern strittig.

Kommt es aber zu einer Übereinkunft zwischen dem Journalisten und der angefragten Person, daß die Befragung ein Interview werden solle, dann wird der Interviewpartner mit einer Protokollierung des Dialogs rechnen müssen. Inzwischen ist der Einsatz von Tonbandgeräten so weit verbreitet, daß der Interviewpartner umgekehrt eher mißtrauisch würde, wenn der Dialog nicht aufgezeichnet wird. Der Journalist darf also davon ausgehen, daß die Zustimmung zum Interview praktisch die Einwilligung in eine Tonaufzeichnung mit einschließt.

3. Die Mitwirkungsrechte des Interviewpartners

Im Unterschied zu Befragungen, die allein dem Zweck der Informationsbeschaffung für einen Bericht dienen, ist beim Interview die befragte Person am Produktionsprozeß des journalistischen Werkes direkt beteiligt. In größeren Interviews stellen die Äußerungen des Interviewpartners eine eigene schöpferische Leistung dar (siehe Urheberrecht).

3.1 Die Mitwirkung im Rundfunk-Interview

Bei der Beschreibung der Mitwirkung des Partners muß unterschieden werden zwischen
a) Mitwirkungsrechte bei der Produktion des Interviews (vor allem, wenn das Interview im Zeitpunkt seiner Entstehung veröffentlicht, also live gesendet wird) und
b) Mitwirkungsrechte im Hinblick auf die zeitverzögerte Veröffentlichung in der Presse wie im Rundfunk.

3.1.1 Live-Sendungen

Wie weit die Mitwirkung des Interviewpartners bei der Durchführung des Live-Interviews gehen soll, ob er zum Beispiel die Frageformulierung und Frageabfolge mitentscheidet oder über Kameraführung und die Sitzordnung mitbestimmt, hängt von der jeweiligen Übereinkunft zwischen ihm und dem Journalisten ab. Bei Fernseh-Interviews kann die Mitgestaltung gelegentlich über das sonst übliche Rollenverständnis hinaus bis an die Grenze dessen gehen, was man ein journalistisches Produkt nennen kann.

In der Regel jedoch soll der Interviewpartner seine Mitwirkung auf die Gestaltung seiner verbalen Beiträge beschränken. Der Journalist darf davon ausgehen, daß in die Zustimmung zur Interview-Teilnahme auch die Einwilligung in die Interview-Veröffentlichung eingeschlossen ist, zumal zwischen Durchführung und Veröffentlichung keine Zeitverschiebung besteht und beide Situationen inhaltlich identisch sind.

Allerdings kann für einen Interviewpartner gerade diese vollständige Synchronizität ein Grund sein, die Live-Übertragung abzulehnen: Er möchte wissen, wie er auf dem Bildschirm (= in seinen Bildnissen) wirkt, ehe sein Auftritt öffentlich gemacht wird.

3.1.2 Zeitverschobene Ausstrahlung

Im Hörfunk werden im Falle der zeitverschobenen Ausstrahlung dem Interviewpartner in der Regel keine Mitgestaltungsrechte eingeräumt: Das Radio vermittelt im Vergleich zu Presse und Fernsehen das verbale Interviewgeschehen mit nur geringer Verzerrung; selbst Kürzungen, wenn sie Themenblöcke betreffen und den Argumentationszusammenhang nicht stören, bedeuten keine Entstellung der originären Interview-Situation. Es ist darum naheliegend, daß dem Interviewpartner im Anschluß an die Aufzeichnung keine weitere Mitwirkung eingeräumt wird.

Anders *beim Fernsehen.* Dort ist die Frage nicht ganz klar, ob dem Interviewpartner im Anschluß an die Aufzeichnung der Sendung weitere Mitwirkungsrechte eingeräumt werden müssen, wenn er diese verlangt - oder ob er mit der Einwilligung in das Interview der Ausstrahlung pauschal zugestimmt hat.

Nach Maßgabe des Persönlichkeitsrechts besitzt auch der Interviewpartner einen Bildnisschutz, den der Fernsehjournalist zu berücksichtigen hat. So ist laut § 22 des Kunsturhebergesetzes das Bildnis einer Person Ausfluß seiner Persönlichkeit, die in gleicher Weise als schutzwürdig gilt, wie dies etwa bei der Wortberichterstattung über eine Person der Fall ist (die gilt für die Schweiz sinngleich - vgl. Art. 29 und 35 Urheberrechtsgesetz). Der Interviewpartner könnte nun im Anschluß an die Aufzeichnung des Interviews erklären, daß die elektronische Aufzeichnung des Interviews infolge der Kameraführung und Schnitt-Technik eine Folge von Bildnissen seiner Person darstelle; deshalb müsse er das Sendeprodukt prüfen, ehe er der Ausstrahlung der Sendung zustimmen könne. Mit den

Medien vertraute und fernseherfahrene Politiker erreichen mit dieser Argumentation immer mal wieder, daß sie die Fernsehsendung vorab visionieren und unter Umständen auch abändern lassen können.

Demgegenüber vertreten Medienrechtler die gerichtlich gestützte Auffassung, daß der Interviewpartner nachträglich nicht die Prüfung der Produktion zur Bedingung seiner Einwilligung in die Ausstrahlung machen könne, da er mit seiner Zustimmung zum Interview auch in die Veröffentlichung eingewilligt habe (LG Köln AfP 89; 766). Und wie die Produktion hergestellt werde, sei nach allgemeiner Verkehrssitte allein Sache der Fernsehleute.

Um diesem Streit aus dem Weg zu gehen, sollte der Journalist schon während des Vorgesprächs den Umfang der Mitwirkung abklären. Er kann zum Beispiel vereinbaren, daß die Aufzeichnung der Sendung nicht visioniert wird oder daß zwar visioniert, aber nicht verändert werden darf. Nur ausnahmsweise sollte er einräumen, daß eine nachträgliche Bearbeitung (Bildschnitte oder ähnliches) möglich sei.

Allerdings werden von Fernseh-Redaktionen nachträgliche Mitgestaltungswünsche des Interviewpartners mit dem Hinweis abgelehnt, daß die Gestaltung der Sendeproduktion in aller Regel allein nach handwerklich-professionellen Kriterien entschieden werde.

Die einfachste Lösung bedeutet im übrigen die Ausrichtung eines Honorars: Wenn der Interviewpartner für seine Beteiligung an einem Fernseh-Interview eine Entlohnung erhält, wird davon ausgegangen, daß er auch mit der audiovisuellen Gestaltung seines Auftritts einverstanden ist. Als Honorarempfänger müßte nun er beweisen, daß er mit der bildnerischen Gestaltung des Interviews nicht einverstanden (gewesen) sei (vgl. Mathy 1988; 157).

3.2 Die Mitgestaltung im Presse-Interview

Im Unterschied zu Radio und Fernsehen handelt es sich ja bei Presse-Interviews stets um eine zeitverschobene Veröffentlichung. Darum stellt sich zumindest theoretisch bei jedem Interview die Frage, ob und in welchem Ausmaß die befragte Person über ihre verbalen Beiträge hinaus in die Herstellung der Druck-Fassung einbezogen werden soll.

3.2.1 Das Problem der Interview-Transkription

Mit der Transkription eines mündlich geführten Interviews in Textform findet zwangsläufig eine Verkürzung der Kommunikation auf die Schriftsprache – und damit eine Veränderung des Aussagegehalts statt (mehr hierzu: siehe folgendes Kapitel »Der geschriebene Dialog«).

Manche Interviewpartner verlangen deshalb grundsätzlich, daß ihnen bei der Erstellung der Druckfassung ihres Interviews eine Mitsprachemöglichkeit – meist in Form eines Änderungsrechts am Manuskript – eingeräumt wird. Es ist zwar fraglich, ob der Interviewpartner, nachdem er der Tonaufzeichnung zugestimmt und auf die Fragen bereitwillig Auskunft gegeben hat, seine Äußerungen verbindlich zurückziehen kann (siehe Abschnitt 3.3). Da aber zwischen der gesprochenen und der vertexteten Version zwangsläufig Unterschiede bestehen, könnte er einen komplizierten Streit mit der Behauptung entfachen, das Interview entstelle seine mündlichen Äußerungen (siehe Fall Bangemann). Zudem liegt der Zeitung an einem unstrittigen, in diesem Sinne authentischen Text: Ein Interview, das anschließend dementiert wird, verliert seinen dokumentarischen Wert. Aus diesen Gründen akzeptieren die Zeitungsredaktionen in aller Regel das Begehren, die zum Druck bestimmte Fassung verändern oder sogar das Gesagte zurücknehmen zu wollen.

3.2.2 Es gilt das gesprochene Wort

Trotz der genannten Probleme gilt bei einem mündlich geführten Interview grundsätzlich das gesprochene Wort. Doch schon aus Gründen der Beweisführung sollte der Journalist jedes Interview unbesehen seiner Länge mit einem Tonbandgerät aufzeichnen (nachdem er hierfür die Einwilligung eingeholt hat).

Wenn nun die mündlich gemachten Aussagen nur sprachlich geglättet, also der Satzbau den Schriftregeln angepaßt, von Füllwörtern und Wiederholungen (= Redundanzen) bereinigt, wenn offensichtliche Irrtümer und Versprecher ausgeräumt werden, ist die Zeitung keineswegs verpflichtet, die zum Druck bestimmte Fassung dem Interviewpartner vorzulegen. Sofern der Interviewer das Gespräch nicht unter dem Vorbehalt der Autorisierung geführt hat, kann sich der Interviewte nicht gegen die

Veröffentlichung zur Wehr setzen. Erhebt der Interviewte *nach* Veröffentlichung des Textes Einspruch, etwa indem er eine Gegendarstellung oder die Richtigstellung seiner angeblich falsch wiedergegebenen Aussage verlangt, so zählt das, was er während der mündlichen Befragung tatsächlich gesagt hat.

Zu den bekannten Fällen eines widerlegten Dementis gehört das Interview, das Bundeskanzler Helmut Kohl im Oktober 1986 dem US-Nachrichtenmagazin »Newsweek« gab. In seiner Ausgabe vom 20. Oktober 1986 gab das Magazin eine Aussage des Kanzlers folgendermaßen wieder: »Er (Gorbatschow) ist ein moderner kommunistischer Führer, der sich auf Public Relations versteht. Goebbels, einer von jenen, die für die Verbrechen der Hitler-Ära verantwortlich waren, war auch ein Experte in Public-Relations.«

Die Äußerung hatte verschiedene diplomatische Turbulenzen zur Folge; unter anderem lud der Kreml den deutschen Wissenschaftsminister wieder aus und zeigte sich sehr verstimmt. Unter dem wachsenden diplomatischen Druck ließ das Kanzleramt zehn Tage später jene Äußerung dementieren: »Das Interview ist eine nicht korrekte Wiedergabe eines Gesprächs, das ich mit »Newsweek« geführt habe. Dabei ist der falsche Eindruck entstanden, ich hätte die Person von Generalsekretär Gorbatschow mit der Goebbels' verglichen. Ich bedaure das sehr und distanziere mich davon.« Im weiteren führte ein Kanzleramtssprecher aus, das US-Magazin habe »den erläuternden Halbsatz nach dem Namen Goebbels eigenmächtig eingefügt, obwohl, wie es hieß, Regierungssprecher Friedhelm Ost den »Newsweek«-Korrespondenten bei der Abstimmung der Interviewformulierungen gebeten habe, Kohls Hinweis auf Goebbels ganz zu tilgen, weil das in Amerika ohnehin niemand verstehe.« (Zit. nach: Süddeutsche Zeitung 3.11.1986).

Im Bundestag behauptete der Kanzler, das Interview gebe »Sinn und Inhalt des eineinhalbstündigen Gesprächs nicht korrekt wieder«.

Unter dem Druck der Anschuldigung, das Gesprochene bei der Niederschrift verfälscht zu haben, organisierte das »Newsweek«-Korrespondentenbüro seinerseits eine Pressekonferenz und spielte den anwesenden Journalisten die Bandaufzeichnung jenes Kohl-Interviews ab. Tatsächlich hatte Kohl gesagt: »...Das ist ein moderner kommmunistischer Führer. Der war nie in Kalifornien, nie in Hollywood. Aber versteht was von PR. Der Goebbels verstand auch was von PR (Gelächter, Pause). Man muß doch die Dinge auf den Punkt bringen.« (Zit. nach: Der Spiegel Nr. 46/1986). Zwar stimmte es, daß »Newsweek« den erläuternden Halbsatz (zur Orientierung der amerikanischen Leser) eingefügt hatte, doch hat der Bundeskanzler während des Gesprächs die Parallele zwischen Gorbatschow und Goebbels tatsächlich gezogen. Seinen Wunsch, diese Passage noch vor Drucklegung zu tilgen, hat »Newsweek« offenbar nicht berücksichtigt, gemäß der Devise: Es gilt das gesprochene (und beweisfähig aufgezeichnete) Wort.

3.2.3 Die Redaktion des Interviewtextes

Den branchenüblichen Regeln zufolge muß der Interviewte neben der sprachlichen *Glättung* auch die allfällige *Kürzung* des druckfertigen Textes ungefragt hinnehmen, sofern die Kürzung ganze Themenblöcke betrifft und den Sinnzusammenhang nicht beeinträchtigt.

Ob aber einzelne, weitschweifig oder verwaschen formulierte Ausführungen redaktionell präzisiert werden dürfen (wie dies auch »Newsweek« tat), ist strittig: Solche Veränderungen können als inhaltliche Bearbeitung des Wortprotokolls – und damit auch als Eingriff in das allgemeine Persönlichkeitsrecht empfunden werden.

Die gleiche Frage stellt sich, wenn der Interviewer in die Aussagen seines Interviewpartners nachträglich Fragen einfügt oder seine tatsächlich gestellte Frage nachträglich verändert oder zuspitzt.

Es ist eine branchenübliche Verkehrssitte, sehr lang geratene Ausführungen nachträglich mit rhetorischen Fragen zu gliedern; allerdings müssen diese Einschübe redundant sein (= sie dürfen keine neuen Aspekte nennen, sondern sollen inhaltlich wiederholen, was der zu gliedernde Part des Interviewpartners aussagt).

Auch die Verknappung der Fragen und Einwürfe des Interviewers ist branchenüblich; die damit verbundene *Zuspitzung der Formulierung* muß der Interviewte hinnehmen.

Eine mit dem Persönlichkeitsrecht unter Umständen unvereinbare Verfälschung des Interviews liegt indessen vor, wenn der Interviewer den Gegenstand oder das Ziel seiner Frage(n) nachträglich ändert, etwa in der Weise, daß nun der Eindruck entsteht, der Interviewte habe die gestellte Frage nicht zu beantworten vermocht. Um der Gefahr einer Verletzung des Persönlichkeitsrechts zu begegnen, sollte die Redaktion, wenn

Aussagen oder Frageinhalte neu formuliert werden, den druckfertigen Text dem Interviewpartner zwecks Zustimmung vorlegen.

3.2.4 Textfreigabe (Autorisierung)

Wenn der Interviewpartner innerhalb einer *gesetzten Frist* keine Änderungsvorschläge begehrt oder selbst formuliert, so gilt der Text als autorisiert und zum Druck freigegeben – vorausgesetzt, die Redaktion hat sich überzeugt, daß der Interviewte Gelegenheit zur Entgegennahme des Textes und hinreichend Zeit zu dessen Lektüre hatte.

Es kommt immer wieder vor, daß der druckfertige Text dem Interviewpartner zugestellt, von diesem aber nicht explizit freigegegeben wird. Da wartet dann die Redaktion mitunter viele Tage auf die Freigabe. Es ist darum das umgekehrte Procedere zu empfehlen: Wenn der Interviewte keine Änderungswünsche anmeldet, soll nach Ablauf einer vereinbarten Frist die Drucklegung mitgeteilt werden.

3.2.5 Änderungen am Text durch den Interviewpartner

Meistens nutzt der Interviewpartner die Gelegenheit der Einsichtnahme in den druckfertigen Text, um verschiedene Änderungen anzubringen. Der zeitliche Abstand zum Interview, aber auch die Übersetzung des Gesprochenen ins Schriftliche verstärken solche Neigungen.

Inhaltliche Änderungen, auch wenn sie von dem abweichen, was während des Interviews tatsächlich gesagt wurde, muß der Journalist übernehmen. Er kann nur nach Rücksprache (wenn keine andere Absprache getroffen worden war) auf das gesprochene Wort zurückgreifen. Aber er kann auch auf die Veröffentlichung verzichten (siehe Spiegel-Gespräch im Kapitel »Werkstatt«).

Da derart schwerwiegende Veränderungen in aller Regel auf einen Bruch der getroffenen Übereinkunft hinauslaufen (indem zum Beispiel die befragte Person die publizistisch relevanten Aussagen zurücknimmt oder so abschwächt, daß sie nichtssagend sind), kann der Journalist auch auf die Auszahlung eines Honorars, sofern vereinbart, verzichten. Er kann Veränderungen aber auch als eine Verbesserung des Textes (mehr Prägnanz, begriffliche Klarheit, plausiblere Beispiele usw.) gelten lassen. Schließlich kann er sie auch als Vorschläge deuten, über deren Übernahme im einzelnen noch zu verhandeln ist – je nach Bedeutung des Gesagten und dem Stellenwert des Interviews. Im Streitfalle zählt, was in der Übereinkunft vereinbart worden war. Und im Zweifelsfalle zählt das Recht des Interviewpartners, sich auf *seine* Art äußern zu wollen.

3.3 Rückzug des gewährten Interviews

Wie ausgeführt, hat der Interviewpartner mit der Zustimmung zum Interview auch die Einwilligung in dessen Veröffentlichung gegeben; deshalb kann er *nach* der Gesprächsaufzeichnung das Einverständnis in die Veröffentlichung nicht beliebig widerrufen: Im Rundfunk und für die Presse gilt, daß der Wortlaut des Dialogs quasi automatisch zur Veröffentlichung frei ist, sofern nicht ausdrücklich eine andere Vereinbarung (wie die der Autorisierung) getroffen worden war.

Allerdings kann die befragte Person ihre Einwilligung wirksam anfechten, wenn sie ihre Aussagen nur aufgrund einer arglistigen Täuschung oder infolge einer Drohung (Nötigung) gemacht hat. Von einer arglistigen Täuschung kann gesprochen werden, wenn der Journalist vorgibt, das Gespräch sei informell und diene ausschließlich seiner persönlichen Orientierung (Hintergrundgespräch). Oder wenn die befragte Person die Veröffentlichung von Teilen ihrer Aussagen ausdrücklich untersagt hat (»Das, was ich Ihnen jetzt sage, darf nicht veröffentlicht werden:...«).

Im übrigen kann ein Widerruf des gegebenen Interviews rechtswirksam sein, wenn seit der Befragung

a) die thematisierten Sachverhalte nicht mehr gelten (etwa: Aussagen zur Deutschlandpolitik vor der Öffnung, Publikation des Interviews nach Öffnung der Mauer) oder

b) sich für den Befragten wichtige Umstände markant verändert haben (etwa: ein Politiker gab das Interview während des Wahlkampfs als Kandidat, doch die Zeitung will das Interview erst nach den Wahlen veröffentlichen, die der Interviewte verloren hat).

Im einen wie im andern Fall könnte der Interviewte in der Publikation des Interviews eine Verletzung seiner Persönlichkeitsrechte sehen und die Einwilligung widerrufen.

4. Das Urheberrecht

Juristisch betrachtet genießen die Werke der Literatur, Wissenschaft und Kunst den Schutz des Urheberrechtsgesetzes (Näheres siehe § 2 im deutschen URG; in der Schweiz gelten sinngleiche Bestimmungen gemäß Art. 1 des Urhebergesetzes). »Auch ein Interview ist in der Regel ein individuell gestaltetes Sprachwerk«, urteilen die Medienrechtler Reinhard Ricker und Martin Löffler, »Urheber ist der die Formulierung des Interviews Gestaltende. Bei einem echten Zwiegespräch spricht die Vermutung für Miturheberschaft zwischen Interviewer und Interviewtem« (Löffler/Ricker 1978; 316 f.) Sinngleich äußert sich Udo Branahl, der von einer »gewissen ‚Gestaltungshöhe'« spricht, damit der Werkcharakter erfüllt ist (1992; 175, 177). Der Deutsche Presserat spricht in seiner Richtlinie 2.4 vom Erfordernis einer »individuellen Formgebung«.

Die Frage ist nun, wieweit jedes Interview urheberrechtlich geschützt ist und ob immer auch der Interviewpartner am journalistischen Produkt ein Miturheberrecht besitzt.

4.1 Interviewer und Interviewter

Aus dem vorigen Abschnitt ergibt sich, daß nur solche Werke geschützt sind, die einen eigenständigen Schöpfungsakt erkennen lassen.

Dies gilt zweifellos für den Interviewer, der die Befragung vorbereitet und geführt, also das gesamte Interview nach seinen persönlichen Vorstellungen gestaltet hat. Er ist damit Urheber.

Sollte indessen die Arbeit des Journalisten nur darin bestanden haben, daß er einen langen Monolog durch nachträglich eingefügte Fragen als Interview gegliedert hat, wird er für diese Arbeit kein Urheberrecht beanspruchen können.

Will der Interviewpartner seinerseits ein Miturheberrecht reklamieren, so muß in der Art und Weise, in der er sich äußert, eine erkennbar individuelle Prägung des Textes zum Ausdruck kommen. Ist dem so, dann wird das »Werk« als gemeinsame Schöpfung aller Beteiligten erscheinen.

4.2 Die Wiedergabe von Tatsachenbehauptungen

Wenn nun im Verlauf einer Befragung die befragte Person lediglich Sachaussagen trifft oder den äußeren Ablauf eines Ereignisses darstellt, deren Formulierung keine individuelle Prägung aufweist, wird sie keine urheberrechtlichen Ansprüche geltend machen können.

Urheberrechtsfreie Aussagen liegen auch dann vor, wenn der Journalist aus dem Dialog einen Zitatenbericht oder ein erzähltes Interview anfertigt und die Tatsachenbehauptungen (nicht aber Meinungsäußerungen oder Reflexionen) der befragten Person referierend zitiert.

4.3 Die Wiedergabe individuell geprägter Äußerungen

Sinn und Zweck der Darstellungsform »Interview« liegen indessen in der Verschränkung von Form und Inhalt (siehe Einführung): *Wie* etwas gesagt wird, ist ebenso wichtig wie der Inhalt. Deshalb bestehen die gelungenen Interviews nicht nur aus Tatsachenbehauptungen (Sachaussagen), sondern sind ein unter tätiger Mitarbeit des Interviewpartners geformter Dialog. Insbesondere die mit dem Interview bezweckte Authentizität soll durch die individuelle Prägung der Äußerungen heraugestellt werden. Gelingt dies, dann sind die Wortbeiträge des Interviewpartners dessen eigene geistige Schöpfung, die schutzwürdig ist.

Bei großen und geformten Interviews ist die Miturheberschaft des Interviewpartners – diejenige des Journalisten ist ohnehin unstrittig – zweifelsfrei gegeben. Daraus folgt, daß der Interviewpartner weitreichende Mitgestaltungsrechte genießt. § 12 URG stellt fest: »Der Urheber hat das Recht zu bestimmen, ob und wie sein Werk zu veröffentlichen ist.« Löffler und Ricker kommentieren: »Der Urheber kann schließlich, solange sein Urheberrechtsschutz währt, jede Entstellung oder sonstige Beeinträchtigung seines Werks untersagen, sofern dadurch seine persönlichen und geistigen Belange gefährdet werden.« (1978; 318).

Für das Interview indessen sind daraus keine neuen Schlüsse zu ziehen: »Das Einverständis des Gesprächspartners mit dem Interview deckt dessen Veröffentlichung auch unter urheberrechtlichen Gesichtspunkten«, bemerkt Udo Branahl (Skript 1990).

4.4 Aussage-Änderungen durch die Redaktion

Die Miturheberschaft des Interviewpartners gilt auch für den (nicht allzu seltenen) Fall, daß der Presse-Journalist bei der Transkription und redaktionellen Bearbeitung des Dialogs die Äußerungen seines Interviewpartners durch eigene Neuformulierungen ersetzt. Solche Neuformulierungen bedeuten meist auch eine inhaltliche Veränderung und müssen darum dem Interviewpartner zur Autorisierung vorgelegt werden.

Die Autorisierung darf man sich als einen Akt der Internalisierung vorstellen: Indem der Interviewpartner im Zuge der Autorisierung in die Neuformulierung seiner Aussage einwilligt, teilt er sinngemäß mit: »So möchte ich es gesagt haben.« Der neuformulierende Journalist hatte demnach die Rolle eines Ghostwriters übernommen und den Text im Sinne seines Interviewpartners gefaßt, der nun hierfür das Urheberrecht besitzt.

4.5 Ort der Veröffentlichung

Soweit das Interview unter urheberrechtlichem Schutz steht, kann der Interviewpartner als Miturheber zumindest theoretisch den Ort der Publikation mitentscheiden.

In der Realität jedoch gab der Interviewpartner seine Antworten einem (oder mehreren) Journalisten einer Redaktion im Wissen und im Hinblick auf die Veröffentlichung in diesem bestimmten Medium: Der Ort der Publikation lag mit der Zusage zum Interview bereits fest.

Ausnahme: Die Interview-Übereinkunft wurde mit einem Pressebüro, einer Nachrichtenagentur oder mit einem freien Journalisten getroffen. In diesem Fall verzichtet der Interviewpartner konkludent darauf, den Ort der Veröffentlichung mitzubestimmen.

4.6 Der Nachdruck von Interview-Texten

Soweit ein Interview unter dem urheberrechtlichen Schutz steht, ist die Weitergabe oder der Nachdruck des Textes (oder Teile davon) in anderen Medien nicht ohne weiteres erlaubt. Beim Nachdruck des Interviews, aber auch von Textpassagen, die den für ein Zitat üblichen Umfang überschreiten, ist die Einwilligung sämtlicher Interviewbeteiligten erforderlich, die einen individuell geprägten Wortbeitrag geliefert hatten. Wer also das Interview nachdrucken will, muß von den Beteiligten ein entsprechendes Verwertungsrecht erwerben.

Ohne die Zustimmung der Beteiligten darf nach *deutschem* Urheberrecht ein Interview dann nachgedruckt werden, wenn es politische, wirtschaftliche oder religiöse Themen in tagesaktuellem Zusammenhang behandelt. Auch für diesen Nachdruck ist eine angemessene Vergütung zu entrichten. Ausnahme von der Ausnahme: Die ausdrückliche Nennung eines Vorbehalts (Copyright) im Medium der Erstveröffentlichung.

Nach deutschem Urheberrecht dürfen im übrigen Kernaussagen eines Interviews auch ohne Einwilligung seiner Urheber und ohne Vergütungspflicht nachgedruckt werden, sofern diese eine Tagesneuigkeit bedeuten. Darum müssen Interviewpartner es hinnehmen, daß ihre Aussagen zusammengefaßt oder markante Aussagen isoliert zitiert und als Nachricht über Presseagenturen verbreitet werden.

Der Deutsche Pressereat weist im Zusammenhang mit Interview-Ankündigungen oder Kurzfassungen in seiner Richtlinie 2.4 daraufhin, »daß der Interviewte als Miturheber gegen Entstellungen oder Beeinträchtigungen, die seine berechtigten geistigen oder persönlichen Interesssen gefährden, geschützt ist.«

5. Die Haftung für den Inhalt von Interviews

5.1 Die strafrechtliche Haftung

Für die strafrechtliche Beurteilung einer Rechtsverletzung ist unerheblich, ob der Interviewer und das Massenmedium an der Rechtsverletzung aktiv beteiligt sind: Allein schon die Weitergabe unrichtiger ehrenrühriger Tatsachenbehauptungen kann genügen, um den Straftatbestand der üblen Nachrede nach Art. 186 StGB zu erfüllen. »Dementsprechend machen sich grundsätzlich alle strafbar, die sich – unter Verletzung ihrer Sorgfaltspflicht – an der Weitergabe einer solchen Behauptung persönlich beteiligen.« (Udo Branahl). Die Sorgfaltspflicht verlangt also, daß die Zeitung und das Rundfunk-Programm von strafbaren Handlungen freigehalten werden.

5.1.1 Live-Interviews

Äußert sich ein Interviewpartner im Verlauf eines Live-Interviews in rechtsverletzender Weise (wie: Ehrverletzung), dann kann in aller Regel doch nur der Verursacher, nicht auch der Interviewer oder die Redaktion zur Rechenschaft gezogen werden – unter der Voraussetzung, daß der Interviewer seinen Interviewpartner sorgfältig ausgewählt und die rechtsverletzende Äußerung nicht direkt provoziert, sondern sich von ihr distanziert hat.

Doch in der Praxis wird man den Interviewer für die ad hoc getroffene Äußerung seines Interviewpartners im straf- und zivilrechtlichen Sinne nicht mitverantwortlich machen können.

5.1.2 Zeitverschoben veröffentlichte Interviews

Ganz anders verhält es sich, wenn die Veröffentlichung des Interviews zeitverzögert erfolgt: Durch die Verschiebung ist die Redaktion in die Lage versetzt, den journalistischen Sorgfaltspflichten umfänglich nachzukommen.

Zu diesen Sorgfaltspflichten gehört vor allem die Tilgung rechtsverletzender Äußerungen der Interview-Beteiligten. Unterläßt die Redaktion fahrlässig die Entfernung der inkriminierten Behauptungen, so ist der Interviewer neben dem Urheber der Äußerung als Mittäter der Rechtsverletzung verantwortlich.

5.2 Die zivilrechtliche Haftung

Grundsätzlich gilt im Zivilrecht, daß alle an der unerlaubten Handlung Beteiligten als Gesamtschuldner für die Folgen einer Rechtsverletzung haften - mit der bereits genannten Ausnahme der Live-Sendung.

5.2.1 Unerlaubte Handlungen und Schuldnerschaft

Einen Eingriff in fremde Rechte stellen vor allem solche Interviewaussagen dar, die
a) die Privatsphäre verletzen,
b) eine üble Nachrede oder Beleidigung enthalten und/oder
c) den Tatbestand der Kreditgefährdung erfüllen.

Der Geschädigte kann zur Schadensbehebung
a) Unterlassung,
b) Berichtigung,
c) Schadensersatz und
d) Schmerzensgeld verlangen.

Es kommt zum Beispiel vor, daß das fragliche Massenmedium durch die Verbreitung einer schädigenden Behauptung der interviewten Person in schuldhafter Weise in die *geschützten Rechte Dritter* eingreift. In diesem Falle wird der Geschädigte seine Ansprüche gegen alle Personen geltend machen können, die an der Verbreitung des schädigenden Wortbeitrags beteiligt waren. Hierzu ist auch der verantwortliche Redakteur zu zählen. Denn dessen Hauptaufgabe besteht darin, dafür zu sorgen, daß der Inhalt des redaktionellen Teils der Zeitung, für den er verantwortlich ist, strafrechtlich nicht zu beanstanden ist. Und er hat dies durch die persönliche Kontrolle zu gewährleisten. Unter Umständen hätte er vor Drucklegung das bereits autorisierte Interview abändern (kürzen) oder zurückstellen müssen.

In erster Linie wird sich der Geschädigte an den Verleger oder die Rundfunkanstalt halten (der Verleger haftet für alle Schäden, die das von ihm herausgegebene Massenmedium verursacht), in zweiter Linie an den per Impressum verantwortlichen Redakteur, dann an den Interviewer/-Redakteur als leicht zu fassenden Mittäter – und vermutlich erst in vierter Linie an den Urheber der Äußerung.

5.2.2 Wegfall der Haftung

Nach deutschem Recht entfällt die Haftung des Journalisten und seines Verlegers bzw. seines Rundfunksenders, wenn sie in »Wahrung ihrer öffentlichen Aufgabe« die schädigende Äußerung veröffentlicht haben.

Diese Situation tritt ein, wenn ein überwiegendes öffentliches Informationsinteresse an der Weitergabe der rechtsverletzenden Aussage der befragten Person besteht.

Stellt zum Beispiel der Kandidat während des Wahlkampfs im Interview eine ehrenrührige Tatsachenbehauptung über seinen Gegner, den amtierenden Regierungschef auf, so darf diese im Zusammenhang des Interviews auch dann verbreitet werden, wenn sie nicht wahr ist. Zur Sorgfaltspflicht (und zur guten Gesprächsvorbereitung) gehört allerdings, daß der Journalist die fragliche Äußerung kritisch hinterfragt.

5.3 Presseinhaltsdelikte in der Schweiz

Ein übergreifendes »öffentliches Interesse« kennt das Schweizer Medienrecht nicht: Hier haften die Journalisten ohne Einschränkung. Als Presseinhaltsdelikte gelten im übrigen ähnliche Bestimmungen wie in Deutschland.

In der Regelung der Haftung gibt es allerdings einen gravierenden Unterschied: Für die strafrechtliche Beurteilung einer Rechtsverletzung ist unerheblich, ob der Interviewer und das Massenmedium an der Rechtsverletzung aktiv beteiligt sind: *Nur schon die Weitergabe* unrichtiger ehrenrühriger Tatsachenbehauptungen kann genügen, um den Straftatbestand der üblen Nachrede nach Art. 173 StGB zu erfüllen. Die grundsätzliche Bindung an das persönliche Verschulden wie im deutschen Strafrecht gibt es in dieser strikten Form der Schweiz nicht.

Strafrechtlich verantwortlich ist zwar in erster Linie der Urheber der rechtsverletzenden Behauptung, in unserem Fall also der Interviewpartner. Im Sinne der Kaskadenhaftung werden aber ersatzweise der Interviewer als Miturheber, dann »der gemäß Impressum als verantwortlich zeichnende Redaktor als Täter« (Art. 27, Ziff. 3 StGB) herangezogen, im weiteren können nacheinander der Herausgeber, der Verleger und am Ende auch noch der Drucker belangt werden.

Viertes Kapitel:

DER GESCHRIEBENE DIALOG

Besonderheiten des Interviews in den Printmedien

Übersicht

Presse-Journalisten können das Interview deutlich freier führen als ihre Kolleginnen und Kollegen beim Rundfunk. Noch bedeutsamer sind die Unterschiede bei der nachträglichen Bearbeitung: Der Presse-Journalist kann unter Umständen ein vollständig neues Interview schreibend komponieren. Aber darf er das auch? Dieses vierte Kapitel befaßt sich mit Besonderheiten des Printmedien-Interviews.

1. Der erweiterte Kandidatenkreis

Im Unterschied zu ihren Kollegen von Radio und Fernsehen brauchen Presse-Journalisten nicht auf die Sprechfähigkeiten ihres Interviewpartners zu achten; sie könnten, wenn sie dessen Zeichensprache beherrschten, auch mit einem Taubstummen ein Interview führen: Wie er seine Umwelt erlebt, können wir auf schriftlichem Weg erfahren. Überhaupt können Presse-Journalisten ihre Interviews auch ohne Tonaufzeichnung führen und verwerten. Diese Unabhängigkeit von technischen Hilfsmitteln gestattet es ihnen, die Palette möglicher Interviewpartner zu erweitern.

1.1 Randgruppen-Vertreter

Vor allem solche Mitmenschen, die besonders mißtrauisch, ängstlich oder gehemmt sind, lassen sich für ein Interview gewinnen, wenn die Situation ohne Aufzeichnungsgerät hinreichend vertraulich wirkt und eine persönliche Atmosphäre aufgebaut werden kann. Dies gilt in besonderem Maß für Mitglieder oder Vertreter von Randgruppen, die in den Massenmedien meist nur das verhaßte »System« sehen; da kann der Zeitungsreporter mit Fingerspitzengefühl (und genügend Zeit) eine entkrampfte Situation herstellen und die Bereitschaft zu einem Interview wecken.

Beispiel: In den vergangenen zwei Tagen lieferten sich mehrere hundert Hausbesetzer eine Straßenschlacht mit der Polizei, die angerückt war, um die besetzten Häuser zu räumen. Es gab zahlreiche Verletzte und hohen Sachschaden. Am Tag nach dem dazu erschienenen Zeitungsbericht sind die schlimmen Krawalle das Hauptthema der Ressort-Konferenz. »Wir sollten unseren Lesern zeigen, wie die Hausbesetzer denken: Sind das Krawallbrüder oder gehts denen noch um was anderes?« findet der Lokalchef – und schickt seinen Lokalreporter los.

Am Spätnachmittag deselben Tages sehen wir den Zeitungsreporter, wie er sich in der Kneipe zu einer Gruppe Hausbesetzer setzt und mit ihnen während einer Stunde über die Prügelei mit der Polizei vom Vortag redet. Er fragt zurückhaltend, gibt kaum über die Prügelei mit der Polizei vom Vortag redet. Er fragt zurückhaltend, gibt kaum Kommentare und hört im übrigen zu. Dann läßt er sachte die Idee antönen, daß »es doch irgendwie wichtig« sei, wenn deren Sicht »den Leuten mal original zur Kenntnis gebracht« werde. Ob er sich nicht ein paar Notizen machen, vielleicht so 'ne Aussage mal wörtlich aufschreiben sollte, damit es auch unverfälscht 'rüberkomme – usw. Die Hausbesetzerrunde ist skeptisch, dennoch verweigert sie sich nicht. Mit dem Satz »Aber verarsch uns bloß nicht, sonst bist Du dran« geben Sie ihre Einwilligung. Sie verlangen fingierte Namen, um ihre wahre Identität zu verbergen, aus Angst, in der Folge des Interviews von der Polizei aufgegriffen und wegen der Krawalle festgenommen zu werden. Der Reporter stimmt zu und gibt den beruhigenden Hinweis, daß er, der Journalist, ein Zeugnisverweigerungsrecht habe und darum die wahren Namen nicht weitergeben werde. Die Gruppe verlangt keine Textvorlage oder Autorisierung. »Du schreibst nur das, was wir Dir sagen«, heißt es; und damit ist für sie der Punkt abgehakt. Nach einer weiteren halben Stunde hat sich der Reporter zu seinen Fragen ein dialogisch abrollendes Nacheinander der Antworten stichwortartig notiert, genug, um daraus ein Hundertzeilen-Interview zu machen. »Wir sind keine Schläger« lautet dann die Zitatüberschrift der Ausgabe des nächsten Tages, in der Unterzeile steht: »Reporter Fritz Meyer sprach mit den Hausbesetzern über die Ursachen der schweren Krawalle«.

Wäre der Kollege vom Lokalradio mit Tonbandgerät und offizieller Interview-Anfrage aufgekreuzt, hätten ihn die Leute von der Besetzerszene angemacht und mit ablehnenden Sprüchen – etwa: »Na, Du Futzi, leckst Du immer noch den Hausbesitzern die Schuhe?« – das Interview verweigert.

Wenn der Presse-Journalist auf ein Aufzeichnungsgerät verzichtet, sollte er sich möglichst fortlaufend Notizen machen (das eigene Gedächtnis ist meist das schlechteste Hilfsmittel):

→ Nicht nur die Antworten, sondern auch die eigenen Fragen notieren (wenn dies vergessen wird, können sich Zuordnungsfehler einstellen).

→ Zu jedem Antwortsatz wenigstens zwei Sichworte notieren (das benutzte Adverb oder Adjektiv ist mitunter wichtiger als der Fakt, weil es die Aussage wertet und ihr eine persönliche Färbung gibt).

→ Wenn keine Möglichkeit zum Mitschreiben besteht (etwa während eines Spaziergangs), sollte man zuvor die Gliederung des Gesprächs auswendig lernen und sich auf die wichtigsten Aussagen des Befragten konzentieren. Erfahrene Befrager wiederholen wichtige Sätze Ihres Gesprächspartners laut, um sich das Gesagte besser einprägen zu können.

→ Unmittelbar nach dem Gespräch die Aussagen des Interviewten anhand der Stichwort-Notizen und des Kurzzeitgedächtnisses ausformulieren.

Falls die interviewte Person auf eine Vorlage des druckfertigen Textes zwecks Autorisierung verzichtet, sind die Notizen besonders wichtig, weil sie den einzigen (wenn auch schwachen) Beleg darstellen. Grundsätzlich gilt, daß ein geformtes Interview, wenn der Dialog ganz *aus dem Gedächtnis* geschrieben werden mußte, vor Drucklegung dem (den) Interviewpartner(n) zur Kenntnis zu bringen ist, auch wenn dies nicht ausdrücklich verlangt worden ist.

1.2 Mehrere Interview-Teilnehmer

In unserem Beispiel traf der Reporter mit mehreren Personen zusammen. Auch hier hat es der Zeitungsmann leichter als sein Kollege vom Radio: Während Hörfunk-Interviews mit mehreren Personen für die Hörer oft anstrengend sind, weil sie die Sprecher nur aufgrund ihrer Stimmen unterscheiden und identifizieren können, wird im Presse-Interview jeder Interviewteilnehmer mit Namen angeführt, eine Verwechslung ist ausgeschlossen.
Wird das Interview mit mehreren Teilnehmern geführt, so sollte der Journalist schon bei der Vorbereitung die Rollen der Interviewpartner bestimmen. Es haben sich hierzu drei Modelle bewährt:

Die Konsensgruppe: Alle Interviewpartner vertreten dieselbe Linie; sie handeln als Kollektiv und möchten nicht vereinzelt, sondern als Gruppe sprechen. Jeder einzelne variiert das Thema nach individuellen Gesichtspunkten und Erlebnissen; Widersprüche treten nicht auf (so auch bei unserem Hausbesetzer-Beispiel). Es besteht allerdings die Gefahr der Redundanz, indem mehrere Sprecher mit je eigenen Worten dasselbe sagen. Dieser Gefahr begegnet der Interviewer, indem er zu jedem Aspekt zunächst eine Person eine allgemeine Aussage oder Beurteilung machen läßt, um dann hierzu nur mehr ein, zwei betont subjektive Eindrücke der anderen Gruppenmitglieder gleichsam zur Colorierung abzufragen.

Erfahrungsaustausch: Meistens zwei Personen sprechen zwar über dasselbe Thema oder Ereignis, doch reden und erzählen sie über ihre je eigenen Sichtweisen und Erfahrungen. Der Leser identifiziert sich nicht mit einer Person (wie dies sonst meist beim Interview geschieht), sondern pendelt und gewinnt eine zusätzliche Perspektive. Der Interviewer muß allerdings darauf achten, daß seine Gesprächspartner nicht in ein von ihm abgelöstes (und nicht mehr gut steuerbares) Gespräch abgleiten. Dieses

Muster eignet sich vor allem im Sport (etwa: die Kapitäne der beiden Mannschaften) und zur Nachbereitung komplexer Ereignisse. (In unserem Beispiel der Hausbesetzer-Krawalle könnte man sich ein solches Interview mit zwei Anwohnern vorstellen, die als Augenzeugen das gesamte Krawallgeschehen von zwei unterschiedlichen Positionen aus verfolgt haben).

Das Streitgespräch: Mindestens zwei Personen treten zu einem vereinbarten Thema als Repräsentanten zweier oder mehrerer Standpunkte (Meinungen, Auffassungen, Interessen) auf, die möglichst gleichermaßen berechtigt sind, aber zueinander im Widerspruch stehen. Mehrere Personen mit unterschiedlichen Positionen liefern freilich vor den Lesern ein meist unübersichtliches Bild. Es empfiehlt sich darum, das Streitgespräch auf zwei prägnante, möglichst gegensätzliche Positionen begrenzt zu halten.

Der Interviewer eröffnet das Gespräch mit Fragen, die es den beiden Teilnehmern erlauben, ihre jeweilige Position darzulegen; im Fortgang des Gesprächs legt der Interviewer die je eine Position dem anderen Teilnehmer zur Kommentierung vor und spitzt die Unterschiede in den Antworten durch Nachfragen weiter zu, bis gleichsam der Funke überspringt und ein Streitgespräch zwischen beiden Partnern in Gang kommt. Nun wechselt der Interviewer in die Rolle des Moderators: Er hat dafür zu sorgen, daß gewisse Fairneß-Regeln eingehalten und das vereinbarte Thema diskutiert und vertieft wird. (In unserem Beispiel könnte man sich ein Streitgespräch vorstellen zwischen einem Sprecher der Hausbesetzer und dem Magistraten, der den Polizeieinsatz zu verantworten hat).

Wegen der ganz anderen Funktion solcher Veranstaltungen und der ungewöhnlichen Rolle des Journalisten als Moderator sollte diese Form nicht als Interview, sondern als Streitgespräch bezeichnet werden.

Wie auch immer das Mehrpersonen-Interview angelegt wird: Der Journalist muß berücksichtigen, daß a) die Durchführung und Transkription sehr zeitaufwendig ist, b) die zum Druck bestimmte Fassung sehr raumgreifend ausfällt, c) der Autorisierungsprozeß recht kompliziert ausfallen kann (wenn zum Beispiel jeder der Partner nur die vom je andern bereits autorisierte Fassung lesen möchte, beide aber nicht nochmals zusammengeführt werden können). Insbesondere Streitgespräche setzen darum klare Übereinkünfte zwischen den drei Partnern voraus (siehe 3. Kapitel: Medienrecht, Abschnitt 3.2).

2. Vielfalt an Gesprächssituationen

2.1 Freie Ortswahl

Im Unterschied zum Rundfunk-Journalisten, der auf einen akustisch geeigneten Aufnahmeort angewiesen ist, kann der Presse-Journalist bei der Wahl des Interviewort ganz auf die Bedürfnisse seines Interviewpartners eingehen. Er kann sogar, wenn es sein muß, mit ihm spazierengehen (wie es der Hamburger Journalist Ben Witter tut).

Es gilt der Grundsatz: Je wohler (sicherer, geborgener, vertrauter) sich die Person fühlt, die befragt werden soll, umso eher ist sie bereit, sich den Fragen zu öffnen und interessante Einblicke zu geben.

In unserem Beispiel hätte der Zeitungsreporter keinen Erfolg gehabt, wenn er die Hausbesetzergruppe in die Redaktion eingeladen hätte; vermutlich wäre jeder vom Journalisten vorgeschlagene Ort abgelehnt worden, weil die Jugendlichen während der Krawalle strafbare Handlungen begingen und nun mißtrauisch sind. Sie sind nur bereit, an dem vergleichsweise anonymen Ort der Kneipe mit dem Reporter zu sprechen. Jede Art von Dokumentation, die sie identifizierbar machen könnte (Photo, Tonaufzeichnung) wird von ihnen abgelehnt.

Ortswechsel: Auch wenn nicht empfehlenswert, so kann durch äußere Umstände gelegentlich ein Wechsel des Interviewort nötig werden. Technisch bringt zwar ein solcher Wechsel keine Probleme (im Unterschied zum Rundfunk), doch für das Interviewgeschehen bedeutet jede Ortsveränderung eine Zäsur: der Faden ist gerissen, das Gespräch muß neu eingefädelt werden. Es empfiehlt sich darum, im Falle eines unvermeidlichen Ortswechsels das Interviewthema neu zu gliedern: Am neuen Ort kann man nicht einfach das Gespräch fortsetzen, man muß neu beginnen. Darum sollte für diesen Neubeginn ein neuer Themenaspekt gewählt und mit Eröffnungsfragen eingeleitet werden. Später, bei der Erstellung der Druckfassung, kann dieser Bruch ausgebügelt werden.

2.2 Fließende Gesprächsthemen

So manches interessante Presse-Interview ist nicht der Erfolg einer fahrplanmäßig abgespulten Befragung, sondern, ganz im Gegenteil, das Elaborat eines sehr langen, vielleicht auch verschlungen geführten Gesprächs (siehe Becker-Gespräch in der Beispielsammlung des 1. Kapitels).

In unserem Beispiel der Hausbesetzerszene könnte dem Lokalreporter in der Gruppe junger Leute, die da am Kneipentisch sitzt und mit ihm über den Polizeieinsatz redet, ein junger Mann aufgefallen sein, der überraschend differenziert argumentiert, der zudem mit südländischem Akzent spricht, anders gekleidet ist und auch im Verhalten eine gewisse Distanz zu seinen Gefährten zeigt: Das Interesse des Journalisten ist erwacht. Er verabredet sich mit dem jungen Mann für den nächsten Tag.

Er trifft ihn vor dem besetzten Haus; beide spazieren eine Stunde durch die Straßen und plaudern, dann setzen sie sich in die stille Ecke eines kleinen Cafés; der junge Mann hat jetzt keine Einwände gegen den kleinen Kasettenrecorder, den der Reporter auf den Tisch stellt; fünf Minuten später hat er dessen Gegenwart auch schon vergessen. Von den Fragen sachte geführt, erzählt nun der junge Mann nach und nach seine Lebensgeschichte: die Mutter Deutsche, der Vater Chilene, ein Gewerkschaftsführer. Geburtsort Santiago. Flucht der Familie vor den Schergen des Pinochet-Regimes. Dann die Erlebnisse und Eindrücke in Europa, in Deutschland.

Nach fast einer Stunde hat der Reporter das Gespräch auf das Thema »deutsche Jugend« gelenkt. Der Junge berichtet von interessanten Beobachtungen. Das Hausbesetzermilieu dient als Erfahrungsbeispiel. Der Reporter beschließt, dieses Gespräch auszuwerten. Aber er ist sich nicht sicher, ob es ein geformtes oder ein erzähltes Interview werden wird.

Gesprächsvertiefung: Vor allem bei groß angelegten Interview-Projekten zur Porträtierung einer Persönlichkeit kommt es immer wieder vor, daß sich der Interviewer gleichsam an die Person herantasten, ihre Denkweisen und Einstellungen explorieren muß. Da kann das Vorgespräch nahtlos übergehen in ein abtastendes Erkunden und dieses Abtasten führt weiter in einen zusehens persönlich und vertrauensvoll intonierten Dialog.

Bei dieser Art der Gesprächsführung geht es vor allem um die augenblicklich zu erzielende Themenvertiefung; Flexibilität und Dialogik sind weit wichtiger als ein Fragenkatalog; statt eines Fragenplans empfiehlt sich eine Stichwortliste zu den vorgesehenen Themenaspekten; außerdem sollte der Interviewer seine Belege, Zitate und Argumente auf Merkzetteln griffbereit haben (wenn er sie nicht auswendig weiß).

Später dann, bei der Durchsicht des so gewonnenen Gesprächsmaterials (= Abhören der meist mehrstündigen Tonbandaufzeichnungen) wird dem Interviewer meist klar, daß nicht einfach ein Auszug abgedruckt werden kann (im Unterschied zum Radioreporter, der aus seinem Material ein paar Minuten Dialog herausschneidet und mit eigenen Off-Texten einrahmt), weil jeder Ausschnitt im Vergleich zu dem insgesamt Gesprochenen langweilig und oberflächlich wäre.

Eindampfen: In dieser Situation hat nun der Presse-Journalist die (allerdings sehr zeitraubende) Möglichkeit, aus dem riesigen Gesprächsmaterial einen neu zu formulierenden Interviewtext herauszufiltern, oder genauer: das Dialogmaterial einzukochen, bis ein Konzentrat übrig bleibt. Das Wortprotokoll ab Tonband kann ohne weiteres 4.000 Zeilen umfassen; der eingedickte, zum Druck bestimmte Text ist meist weniger als ein Zehntel so lang.

Hineinhören: Viele Interviewer ersparen sich das Abschreiben (lassen) der Tonaufzeichnung; sie hören die Bänder zwei- oder dreimal ab und schreiben eine Gliederung für ihre schriftliche Fassung (Bandzählwerk zum Auffinden der Stellen nutzen!). Die Textfassung folgt dann zwar in der Chronologie der Tonaufzeichnung; doch in der Formulierung löst sie sich vom Gesprochenen ab. Folglich unterscheidet sich am Ende die getextete Version über weite Strecken von dem, was *wörtlich* gesagt wurde. Gleichwohl schreibt der gute Interviewer, wenn er die Aufzeichnung mehrmals abgehört und sich ins Gespräch hineingedacht hat, keine Phantasiegebilde, sondern das, was der Interviewpartner gemeint hat, aber nicht so genau (knapp) hat sagen können.

Es versteht sich, daß dieser Interviewtext dem Gesprächspartner zur Autorisierung vorgelegt werden muß. Und oftmals verbindet der Interviewte die Autorisierung mit einer Reihe von Änderungswünschen.

Ohne Zweifel ermöglicht diese Vorgehensweise sehr dichte, die Persönlichkeit des Interviewten offenlegende Aussagen; es ist aber auch klar, daß diese Arbeit sehr zeit- und materialaufwendig ist. Nicht von ungefähr können sich fast nur die großen Wochenzeitungen und Magazine diesen Aufwand leisten.

3. Besonderheiten der Gesprächsführung

Die Tatsache, daß die Tonaufzeichnung nicht veröffentlicht wird, sondern als Rohmaterial für die zum Druck bestimmte Fassung dient, öffnet zu den im 2. Kapitel beschriebenen Techniken weitere Gestaltungsmöglichkeiten der Gesprächsführung.

3.1 Experimentieren und Testen

Um ein Thema zu vertiefen und den Interviewpartner anzuregen, ihn auch mal zu provozieren, können ungesicherte Fragen formuliert werden – einem Versuchsballon vergleichbar, der allerdings platzt, wenn er zu stark aufgeblasen wird.

Zweierlei ist dabei zu beachten:

→ Ungesicherte Fragen müssen als solche kenntlich gemacht werden: Der Interviewte soll den hypothetischen Status der Frage erkennen und damit umgehen können (Beispiel: »Angenommen, Sie hätten damals an der Sitzung...«).

→ Ungesicherte (wie: spekulative, unterstellende) Fragen sollten besser nicht als Bluff eingesetzt werden (Beispiel: »Und Sie haben eben doch an jener Sitzung den Beschluß mitgetragen ...«). Das Scheitern eines Frageversuchs könnte zu kleinlichen Streitereien und zu einem Kompetenzverlust des Interviewers führen.

Tiefstapeln: Generell gilt für journalistische Befragungen, daß jede Form von Hochstapelei zu vermeiden ist. Denn früher oder später werden ungesicherte Fragen von der befragten Person durchschaut – mit dem Effekt, daß der Interviewer seine Glaubwürdigkeit verliert. Die bessere Technik heißt: tiefstapeln, also das eigene (durch gute Vorbereitung erworbene) Sachwissen hinter *einfachen* Fragen verbergen. Erst, wenn die befragte

Person ins Schwadronieren gerät, fordert der gut informierte Interviewer mit einer präzisen Sachbemerkung oder Detailfrage mehr Genauigkeit – und erzielt beim Interviewpartner einen heilsamen Überraschungseffekt.

3.2 Kommentieren

Der Printmedien-Interviewer kann im Fortgang der Befragung oder des Gesprächs jederzeit die *Kommunikationsebenen wechseln* und auf der Metaebene das aktuelle Interviewgeschehen kommentieren (siehe 2. Kapitel, Abschnitt Gesprächssteuerung).

Diese Möglichkeit der Meta-Kommentierung dient der Gesprächsführung, zum Beispiel, indem der Interviewer bei besonders geschwätzigen Partnern über die zur Verfügung stehende Interviewzeit zu sprechen beginnt: »Sie sind sehr ausführlich, ich muß Sie um eine Verlängerung der Gesprächszeit bitten«. Und wenn diese abgelehnt wird: »Da muß ich Sie aber bitten, sich knapper zu fassen.«

Der Ebenenwechsel erleichert auch die Einhaltung der Themenabfolge, indem zum Beispiel eine Antwort mit dem Hinweis unterbrochen werden darf, daß dieser Aspekt später behandelt werde, etwa: »Auf diesen Punkt werden wir später noch ausführlich eingehen, ich möchte ihn jetzt zurückstellen.«

Es empfiehlt sich, zur Kommentierung des Dialogverlaufs vor allem technische und organisatorische Argumente zu verwenden – und keine inhaltlichen. Inhaltliche Einwände (wie: »Das gehört nicht zum Thema«) werden von hartnäckigen Interviewpartnern bestritten oder unterlaufen (etwa mit der Einleitung: »Zu diesem Themenaspekt wollte ich noch anmerken...«).

Allerdings: Zu häufiges Kommentieren wirkt wichigtuerisch. Auch verunsichert den Partner und kann zu einer Störung des Dialogs führen.

4. Textredaktion geformter Interviews

Die Tatsache, daß ein Printmedien-Interview nicht gehört, sondern gelesen wird, macht bekanntlich dessen Hauptunterschied zu den übrigen Interviewformen aus. Es gelten die (leider oft mißachteten) Grundsätze:
→ In einem Printmedium kann die Sprechsituation weder rekonstruiert noch simuliert werden. Manche Texte versuchen dies – und täuschen die Simulation doch nur vor. Daraus folgt als zweiter Grundsatz:
→ Jedes zu druckende Interview hat den Anforderungen zu genügen, die an jeden journalistischen *Lese*text zu stellen sind: Klarheit, Übersichtlichkeit, Eindeutigkeit und (hinreichende) Genauigkeit. Und keine unnötigen Längen.

Für die Tagespresse bedeutet dies unter anderem: Auch im Interviewtext sollten die Absätze nicht länger als 15 bis 20 Zeilen (je nach Spaltenbreite) sein. Jeder Part (= Rede eines der Gesprächspartner) sollte nur ausnahmsweise mehr als zwei Absätze umfassen.

4.1 Die Sprechsituation transformieren

Selbst wenn ein (nur) am Telefon geführtes, per Tonbandgerät aufgezeichnetes Interview wortwörtlich als Text wiedergegeben würde (was praktisch nie vorkommt), bestünde ein klarer Bedeutungsunterschied zwischen der originären Interviewsituation und der Textfassung: Die auditive Kommunikation bietet gegenüber dem Text viele Möglichkeiten der Betonung und Lautmalerei; sie ist erheblich *umfassender* als deren vertextete Version, was den besonderen Reiz des Hörfunk-Interviews ausmacht.

So gesehen bedeutet die wortwörtliche Übertragung des gesprochenen Dialogs in die Textfassung stets eine Verkürzung der Kommunikation, die von manchen Interviewpartnern mitunter als Verflachung oder gar als

Entstellung empfunden wird, nach dem Motto: »So habe ich es aber nicht gemeint, wie es sich jetzt liest.«

Die Sprechsprache folgt bekanntlich anderen Regeln als die Schriftsprache: Der frei Sprechende verwendet meist einen anderen Satzbau; er benutzt viele Lautungen und Füllwörter und er wiederholt oftmals das, was er gesagt hat, mit anderen Worten (= Redundanz).

Für das zu lesende Interview sollten nun nicht die Regeln der Rhetorik, sondern die der Grammatik maßgeblich sein: Mit der Transkription des Gespochenen findet eine Übersetzung der Sprechsprache in die Schriftsprache statt. Daraus folgt:
→ Bei der Formulierung des Interviewtextes sollte die Sprechsituation *nicht* konserviert werden (Muster: »Nun, ich meine, äh, unsinnig ist es doch eigentlich, so denke ich, wenn wir hier versuchen, also wenn wir jetzt so, wie wir reden, wenn wir das direkt, also wörtlich, im Verhältnis eins zu eins äh abschreiben und dann das Abgeschriebene, hmm, die nur halb ausgesprochenen Wörter denken wir uns jetzt mal weg, wenn wir das dann als Zeitungstext drucken, ich meine äh veröffentlichen«).
→ Bei der Formulierung sollte die Sprechsituation *nicht* simuliert werden (Muster: »Also ich denke es ist unsinnig, wenn wir so, wie wir reden, daß wir so auch schreiben würden, also das Interview veröffentlichten mit dem Satzbau, wie wir gewöhnt sind, daß wir sprechen«).
→ Der Interviewer sollte aber eine *dem Gestus* des Sprechers *angemessene* Formulierung finden und wie ein Übersetzer die Diktion des Gesagten *übertragen* (Muster: »Es ist doch eher unsinnig, in einem gedruckten Interview die Synthax der wörtlichen Rede wiedergeben zu wollen.«).

Falls einer Redaktion daran liegt, den *Duktus* der Sprechsituation zu erhalten, dann sollte sie dies nicht durch die Übernahme des falsch wirkenden Satzbaus oder durch die Beibehaltung von Lautungen (»äh«, »hm« usw.) oder Wort- oder Satzwiederholungen tun: Das eine wie das andere würden die Leser als pseudo-authentisch und als mühsam bis langweilig empfinden.

Die Atmosphäre der Sprechsituation läßt sich im geschriebenen Text vielmehr durch dramaturgische und lexikalische Kniffe erzeugen

■ durch die Dramatisierung des Dialogs:
a) rascherer Argumentwechsel zwischen den Partnern (»ins Wort fallen«),
b) Wechsel zwischen langen und verkürzten Parts (bis zu Halbsätzen),

Auszug aus Tonbandabschrift Interview mit Bundestagspräsidentin Rita Süssmuth im August 1990

HALLER: Ich möchte nun auf die aktuelle Debatte über die rechtliche Regelung des Schwangerschaftsabbruchs zu sprechen kommen. Zwei Fronten mit zwei unvereinbaren Werteordnungen stehen sich heute gegenüber. Auf der einen Seite wird die Pflicht absolut gesetzt, das menschliche Leben zu schützen. Und auf der anderen Seite, genauso fundamentalistisch, wird das Recht auf Selbstbestimmung, das Recht »auf den eigenen Bauch« für absolut erklärt. Wo stehen Sie, Frau Süssmuth, wie möchten Sie diesen Konflikt aufgelöst sehen?

SÜSSMUTH: Der Konflikt ist da. Und ich gehöre nicht zu denen, die sagen, daß dieser Konflikt ganz und gar gelöst werden kann. Aber wir sprechen von den Frauen. Und vielleicht sehen die das anders; sehr viele gehen ganz anders mit diesem Konflikt um, weil sie praktisch drinstehen in der Situation und nach einer Lösung ihres Konflikts suchen müssen. Diese Frauen können praktisch gar nicht immer an diese prinzipielle Seite denken, an die ethische. Sie brauchen doch eine Lösung, Ansätze zumindest für eine praktische Lösung des Konflikts. Und die müßte dem Prinzip »helfen statt strafen« folgen.

HALLER: Praktisch dreht sich der Konflikt auch um die Frage, wann genau das »menschlich« zu nennende Leben beginnt. Sie lehnen diese Grundsatzfrage ab?

SÜSSMUTH: Wir streiten doch heute längst nicht mehr über solche Fragen. Wir streiten in der Frauenpolitik um den besseren Weg zur Verhinderung eines Abbruchs der Schwangerschaft. Daß es also erst gar nicht dazu kommen muß. Wer ständig gegen die Frauen über deren Leichtfertigkeit und über die angeblichen Kindesmörderinnen spricht, der versteht überhaupt nicht, um was es hier geht. Der hat kein Verständnis, der hat keinen Zugang zu den existenziellen Konflikten der Frauen, die sie quälen. Der versteht nicht ihre tiefe Trauer, die schweren Schuldgefühle auch, mit denen sie allein sind, überhaupt deren Alleingelassensein. Meistens bleiben dann auch die Freunde oder der Partner oder Ehemann stumm, wenn sie gefragt werden und sie die in Entscheidungsnot geratene Ehefrau unterstützen sollen, was ja die Basis wäre für ein gemeinsames »ja« für die Zukunft. Schwangere Frauen erfahren immer neu, daß eigentlich die Verantwortung nicht abgegeben und auch nicht aufgeteilt werden kann zulasten der Frau.

HALLER: Die Unteilbarkeit der Verantwortung ...

SÜSSMUTH: ...ja, die ist mir wichtig zu betonen. Die Schwangere hat sie allein zu tragen - als Entscheidung. Gemeinschaftlich müssen dann aber die mit der Mutterschaft verbundenen Lasten getragen werden. Da hat die Erziehung viel nachzuholen. Wir brauchen nicht nur eine tabufreie Sexualerziehung, sondern auch eine Erziehung, die aufklärt über die Verantwortung, die die Frauen allein tragen müssen - und die sie nur über eine gesicherte soziale Hilfe tragen können, die ihnen die Mutterschaft erleichtert. Auch darüber müßte mehr aufgeklärt werden.

HALLER: Zu Ende gedacht bedeutet dies, daß Ihrer Meinung nach also die schwangere Frau ohne das Machtwort des Arztes entscheiden soll, ob sie das Kind austrägt, ob sie es autragen will oder nicht.

SÜSSMUTH: Müssen und wollen sind nicht dasselbe. Ich denke, es darf nicht um Wollen und Nichtwollen gehen, denn das würde doch nur Beliebigkeit bedeuten. Mit

Redigierte, von Frau Süssmuth geänderte (autorisierte) Fassung (publ. in Die Zeit Nr.43/1990)

HALLER: Frau Süssmuth, in der neu entfachten Auseinandersetzung über die rechtliche Regelung des Schwangerschaftsabbruchs kollidieren zwei fundamentale Werteordnungen: hier die absolut gesetzte Pflicht zum Schutz des Lebens, dort das absolut gesetzte Recht auf Selbstbestimmung. Wie möchten Sie diesen Werte-Konflikt gelöst sehen?

SÜSSMUTH: Ich gehöre nicht zu denen, die diesen Konflikt für gänzlich lösbar halten. Aber vielleicht gehen Frauen in anderer Weise mit dem Konflikt um. Das bezieht sich nicht auf die prinzipielle, die ethische Seite ~~dieses Konflikts~~ wohl aber auf die Ansätze zu einer Lösung im Sinne des Prinzips »helfen statt strafen«.

Wir streiten heute nicht mehr über die Frage nach dem Beginn menschlichen Lebens, sondern um den besseren Weg zur Vermeidung von Schwangerschaftsabbrüchen. Wer ständig von den »Leichtfertig~~keiten~~«, den »Kindesmörderinnen« spricht, der hat keinen Zugang zu den existenziellen quälenden Konflikten von Frauen, ihrer Trauer und ihren belastenden Schuldgefühlen, ihrem allzu häufigen Alleingelassensein. Die Freunde, die Partner, die Ehemänner werden ~~meist~~ stumm, wenn sie die betroffenen Frauen unterstützen und das gemeinsame »Ja« ermöglichen könnten. Schwangere erfahren es immer ~~aufs neue~~, daß in diesen Situationen Verantwortung für das Leben ~~nicht teilbar ist~~. Gemeinschaftlich ~~zu tragen sind indessen die mit der Mutterschaft verbundenen Lasten~~. Wir brauchen also nicht nur eine bessere und tabufrei Sexualerziehung, sondern ~~auch Aufklärung über~~ gesicherte soziale Hilfen zur Stützung der Mutterschaft.

Verantwortung in dem Sinne, daß die schwangere Frau am Ende selbst entscheidet, ob sie das Kind austragen will oder nicht?

SÜSSMUTH: Es geht nicht um Wollen oder Nichtwollen im Sinne von Beliebigkeit. Es handelt sich um einen existentiellen Konflikt, um den Gewissensentscheid ~~der allein von der Schwangeren getragen wird~~. Diese Verantwortung kann der Frau niemand abnehmen, auch der Arzt nicht; er kann als Berater an einer verantwortungsvollen Entscheidung mitwirken, aber er kann ihr ~~in Wahrheit~~ die Entscheidung nicht abnehmen. Deshalb muß ~~die entscheidende Willensbildung von~~ der Schwangeren ~~ausgehen und nicht von einer Drittperson, die dann über den Kopf der Schwangeren hinweg urteilt~~.

c) mit Formulierungen, die jedes neue Votum auf die Aussage des Interviewpartners direkt beziehen (Dialogisierung);

■ durch die Verwendung der Lexik der Alltagssprache
a) in Form umgangssprachlicher Ausdrücke,
b) durch Redeweisen (Stil), die gelegentlich (je nach Partner und Thema) auch mal derb, flockig oder salopp sein dürfen.

4.2 Sprachmilieu, Sprachmoden und Jargon

Die Frage der Übertragung stellt sich anders, wenn der Interviewpartner Repräsentant eines Milieus oder einer Bevölkerungsgruppe ist, deren Identität auch im Sprachgebrauch zum Ausdruck kommen soll.

Die Hausbesetzerszene zum Beispiel gebraucht einen bestimmten Jargon; Juppie-Zugehörige bedienen sich einer ganz anderen Sprache als etwa die Leute, die in der New-Age-Bewegung mitmachen – und so weiter.

Zum Authentizitätsanspruch gehört hier auch die Identizifierbarkeit des Sprachmilieus, sofern es von der Norm markant abweicht. Dies heißt: Der Interviewer soll nicht die Sprache des fraglichen Milieus übernehmen (als Lektüre teilt sie sich ohnehin meist nicht mit), sondern *Redewendungen* und *Signalwörter* in die Aussagen (Sätze) seines Interviewpartners einfügen – wie einen Schlüssel zur anderen Sprachwelt.

Der gezielte Einsatz solcher Signalwörter ist viel effektiver als der Versuch der Sprachanpassung, weil sie wie Stolpersteine wirken und Aufmerksamkeit wecken; zudem funktionieren sie wie eine kennzeichnende Etikette, die das Milieu weit deutlicher hervortreten läßt als das diffuse, insiderisch wirkende Jargon-Gerede.

4.3 Mundart-Interviews

In Regionen, in denen vorwiegend Mundart gesprochen wird – so in der gesamten Deutschschweiz, in weiten Teilen Österreichs und in Bayern – ist der Graben zwischen Sprech- und Schriftsprache noch erheblich breiter, zumal der Dialog mangels verbindlicher Grammatik und Schreibregeln gar nicht in einen allgemein verständlichen Text transkribiert werden kann.

Bei der Übertragung ins Schriftdeutsche sollte der Interviewer beachten, daß zwar der Wortschatz der mundartlichen Alltagssprache kleiner ist als derjenige des sogenannten Hochdeutschen, daß aber viele Mundartwörter mehrere, auch ganz unterschiedliche Wortbedeutungen besitzen (Beispiel: »schmecken« bedeutet in der alemannischen Mundart bekanntlich dreierlei: riechen, schmecken und, als Metapher, jemanden mögen).

In der gesprochenen Mundart wird die jeweilige Wortbedeutung durch den Sinnzusammenhang, durch Betonung und durch Lautungen kenntlich. Mit anderen Worten: Der kleinere Wortschatz wird durch ein größeres Arsenal an Bedeutungssignalen ausgeglichen. Das Problem besteht nun darin, daß dieses Arsenal meist nur akustisch, nicht aber schriftlich zum Ausdruck kommt.

Aus den genannten Gründen sollte der Interviewer keinesfalls eine wörtliche Übertragung versuchen, sondern eine sinngemäße: Es kommt nicht auf den Wortlaut, sondern auf die Wortbedeutung an.

Es gibt lokale Redaktionen, die ihren Lesern zeigen möchten, daß ihr Interview in Mundart geführt worden war. Sie streuen dann einzelne Dialektwörter in den Text ein, als handele es sich um ein Gewürz, mit dem man die Speise nachwürzen müsse. Hier öffnet sich das weite Feld des Geschmacks – und wie immer, wenn es um guten Geschmack geht, gelten auch hier solche Speisen als gelungen, die zurückhaltend gewürzt worden sind.

4.4 Nachbesserungen

Die redaktionelle Bearbeitung des Wortprotokolls dient nicht nur der Übertragung der Sprechsprache in die Textform. Sie soll zudem das Interview in der Gedankenführung verbessern.

Beispiele: Langatmige Ausführungen, denen zuzuhören vielleicht vergnüglich war, sind als Lektüre langweilig; sie müssen nun knapp gefaßt werden. Eine viel zu weit ausholende Bemerkung des Interviewers liest sich im Text wie ein Referat; sie muß auf einen Satz verkürzt werden. Oder: Die lange Antwort des Befragten bezog sich in Wahrheit auf eine Bemerkung des Interviewers, die er schon vier Parts zuvor gemacht hatte; also muß umgestellt oder gestrichen werden – und so weiter.

Es gibt schamlose Interviewer, die während des Gesprächs nur banale Fragen zu stellen vermochten, sich aber hinterher unerhört belesene und intelligente Voten in den Text hineinschreiben. Da sie den Sinn und das Ziel der Frage nicht ändern, werden die Antworten des Befragten von solchen Nachbesserungen nicht berührt. Also sind sie auch ohne Autorisierung rechtlich zulässig. Es wäre aber unzulässig, nachträglich aus der Frage einen kritischen Einwand zu machen: Nachbesserungen finden dort ihre Grenze, wo sie Aussagen und/oder Aussagekontexte *inhaltlich* verändern (siehe 3. Kapitel: Medienrecht).

Eine inhaltliche Veränderung liegt zum Beispiel auch vor, wenn ein relativierender Nebensatz oder ein einschränkender Nachsatz weggestrichen wird. Es bedeutet aber keine inhaltliche Veränderung, wenn Beispiele, Analogien oder auch Herleitungen gestrichen werden: Die aufgestellte Behauptung muß auch ohne Begründung zutreffend sein (die Streichung mindert deren Plausibilität, nicht aber deren Richtigkeit).

Wie nachzubessern ist, hängt im übrigen davon ab, was herausgearbeitet werden soll:

■ Bei *gegenstandszentrierten Interviews* kommt es vor allem auf die Genauigkeit und Allgemeinverständlichkeit der Darlegungen an. Unter Umständen müssen Vorab-, Umfeld- und Hintergrundinformationen in den Fragepart des Interviewers hineingeschrieben werden.

Zur Dramatisierung empfiehlt sich der Wechsel zwischen detailreichen Darlegungen, episodalen Erzählungen und knappen Einwürfen oder Entgegnungen.

■ *Verschränkte Interviews* gewinnen ihren Reiz durch die prägnanten, mitunter pointierenden Aussagen des Interviewpartners. Die Nachbesserung dient der Zuspitzung (ohne inhaltlich zu verändern). Zur Dramatisierung empfiehlt sich die Verstärkung des argumentativen Charakters, etwa, indem die Parts des Interviewers deutlich einwendend und nachfragend, die des Interviewten reagierend formuliert werden.

■ *Personenzentrierte Interviews* sollen auch den Gestus, die Ausdrucksweise der Person deutlich machen. Vorlieben in der Wortwahl sollten erhalten bleiben, faktizierende Aussagen aber geschwächt oder weggenommen werden. Zur Dramatisierung empfiehlt es sich, die Voten und Fragen möglichst verknüpft, persönlich und direkt (»offen«) zu formulieren.

4.5 Beiwerk

Die durch Nachbesserungen – etwa durch Wegstreichen spröder Daten und Details – erreichte Verknappung des Dialogtextes darf nicht auf Kosten der Verständlichkeit des Themas gehen: Insiderisch abgefaßte Interviews bedeuten eine Mißachtung der Leser.

Die Printmedien besitzen nun die Möglichkeit, wichtige Zusatzinformationen über *Interview-Beigaben* zu liefern: Vor allem die Vita des Interviewpartners (immer mit Photo), auch Hintergrundinformationen (wie: Vorgeschichte des Ereignisses) und das Themenumfeld (wie: die Meinungen Dritter) lassen sich zu eigenständigen Texten formen und – etwa als Kasten – zum Interview dazu stellen.

Diese Orientierungshilfen sollten bei großen Interviews (oberhalb 120 Textzeilen) so weit wie möglich eingesetzt werden, um Interesse zu wekken und den Zugang der Leser zu dem doch eher hermetisch wirkenden Interviewtext zu erleichtern.

Gestaltung: Als besonderer Leseanreiz wirkt bei größeren Interviews mitunter die Herauslösung einzelner Sätze, die als *Zitatblöcke* in einer größeren Fettschrift in den Text gestellt werden.

Zur *Illustration* bietet sich zusätzlich zum Gesprächs- oder Porträtfoto die Themenbebilderung an: Mit Archivbildern werden markante Ereignisse und Gegenstände, die im Verlauf des Interviews zur Sprache kommen, dokumentierend illustriert. Die jeweilige Bildzeile schlägt die Brücke zwischen Bild- und Interviewaussage, bezieht sich also auf die fragliche Äusserung des Interviewpartners.

Die ansprechende optische Aufbereitung des Interviews ist eine der großen Stärken des Printmediums gegenüber dem Rundfunk; sie sollte extensiv genutzt werden.

5. Wann und wie autorisieren?

Die rechtlichen Aspekte der Autorisierung wurden im vorigen Kapitel erläutert. Es gilt darum der Grundsatz: Sobald die Aussagen des Interviewpartners in einer den Inhalt verändernden Weise umformuliert werden (etwa durch den Austausch qualifizierender Adjektive oder durch eine inhaltlich bedeutsame, zum Beispiel kausale Satzkonstruktion), muß dem Interviewpartner die Möglichkeit *angeboten* werden, den Text gegenlesen und abändern zu können. Für Interviews, die in einer Fremdsprache oder in Mundart geführt und darum übersetzt werden mußten, gilt die Autorisierungsregel generell.

5.1 Autorisierungsregeln

Aus der Sicht des Jouralisten birgt die Autorisierung die Gefahr, daß der Interviewtext an Spontanität, an Prägnanz und Aussagekraft verliert. Tatsächlich neigen viele Interviewpartner zumal aus dem Feld der Politik dazu, am Schreibtisch mit dem Stift in der Hand erheblich ausgewogener, auch nichtssagender zu formulieren als zuvor spontan im Dialog.

■ Gehen dem Journalisten die Eingriffe des Interviewten zu weit, kann er sie ablehnen und auf das gesprochene Wort verweisen – es sei denn, der Interviewpartner hat vor oder unmittelbar nach dem Interview ausdrücklich seine Einwilligung an die *Bedingung* geknüpft, daß nur die von ihm nachträglich zu autorisierende Fassung gültig sei.

■ Bei Interviews mit Wort- und Meinungsführern in Wirtschaft und Politik wird das Geschäft der Autorisierung oftmals an *Pressesprecher und Büroleiter* delegiert. Manche von ihnen sind nach dem Prinzip des vorauseilenden Gehorsams noch ängstlicher als ihre Chefs. Gehen dem Journalisten die Eingriffe zu weit, kann er ankündigen, daß er auf den originalen Wortlaut zurückgreifen werde, wenn die autorisierende Person keine Formulierung anerkenne, die auch der Interviewer akzeptieren kann. Im Zweifelsfalle kann wegen der fraglichen Formulierung eine Rücksprache mit dem Interviewpartner verlangt werden (der reagiert meist souveräner als sein Bürochef).

■ *Aushandeln:* Der Interviewer muß sich nicht jede Abänderung gefallen lassen. Im Zweifelsfalle sollte er verhandeln; meistens läßt sich gemeinsam eine Kompromiß-Formulierung finden. Im übrigen sollte man lieber auf die Publikation des Interviews verzichten, als einen vom Interviewpartner für dessen PR-Zwecke umgeschriebenen Text zu veröffentlichen.

5.2 Herrschende Praxis in den Redaktionen

Verschiedene Zeitungs- und Zeitschriftenredaktionen haben den Grundsatz der Autorisierung generalisiert und publizieren prinzipiell nur mehr autorisierte Interviews.

Diese Regel hatte als erste Redaktion »Der Spiegel« mit seinem »Spiegel-Gespräch« 1958 zum Prinzip erhoben: Es wird nur gedruckt, was autorisiert worden ist. Auch der »Stern« legt seit vielen Jahren die zum Druck bestimmte Fassung dem Interviewpartner vor. Denselben Grundsätzen folgt - allerdings weniger strikt - auch »Die Zeit«; deren Feuilleton-Redaktion nahm 1988 den bekannten Interviewer André Müller unter Vertrag, der die Autorisierung nur als ein Vetorecht versteht (siehe dritter Buchteil »Interview-Werkstatt«).

Anfang 1988 führte das Branchenmagazin »Medien-Kritik« eine kleine Umfrage zur Autorisierungspraxis unter Zeitungsredaktionen durch (in: »Medien-Kritik« vom 25.1.1988). Hier einzelne Stimmen:

Werner Holzer, Chefredakteur der »Frankfurter Rundschau«, erklärte: »Die journalistische Stilform des Interviews wird grundsätzlich dem Interviewpartner schriftlich vorgelegt oder telefonisch vorgelesen.« Es könnte allerdings auch mal Probleme mit der »Aktualität und dem Zeitdruck« geben.

Bei der Zeitung »Die Welt« werde »die Mehrzahl der Interviews vorgelegt und autorisiert«, erläuterte Chefredakteur Manfred Schell, im einzelnen würden aber die »Modalitäten im Vorgespräch geklärt«: Manche Interviewpartner würden von vornherein auf ihr Autorisierungsrecht verzichten (wie zum Beispiel Gabriel Garcia Márquez); andere, wie der französische Staatspräsident François Mitterand, habe den Text am Ende persönlich redigiert.

Für die »Süddeutsche Zeitung« bemerkte der damalige stellvertretende Chefredakteur Herbert Riehl-Heyse, daß es keine festen Regeln gebe. Umfangreichere Interviews würden »in der Tendenz zunehmend« autorisiert. Er wies aber darauf hin, daß oftmals die im Gespräch spontan gefallenen präganten Äußerungen vom Interviewpartner später wieder herausredigiert würden. »Die Spontanität geht dann verloren.«

Die Redaktion des »Frankfurter Allgemeine Magazins« erhob 1988 die Autorisierung zum Prinzip und verlangte gar »zur rechtlichen Sicherung«, daß die genehmigte Fassung »abgezeichnet« werde (inzwischen gilt diese Regel nicht mehr generell). Das Prinzip wurde eingeführt, nachdem ein mit dem damaligen Ersten Bürgermeister der Hansestadt Hamburg, Klaus von Dohnanyi geführtes »Warum«-Interview nicht erscheinen konnte: Die vom Bürgermeister überarbeitete Fassung war bei der Interviewerin in Hamburg liegengeblieben. Die Frankfurter Redaktion indessen handelte nach dem Grundsatz: Wenn keine Änderungswünsche kommen, wird schon alles in Ordnung sein – und druckte die vorläufige Fassung des Interviews. Nur wenige Stunden, bevor das Magazin der »FAZ« beigesteckt werden sollte, traf der autorisierte, von der vorläufigen Fassung deutlich abweichende Text ein. Man entschloß sich auf Empfehlung der Hausjuristen, das seither berühmte Heft Nr. 411 einzustampfen: Für dieses Mal erschien die »FAZ«-Freitagausgabe ohne Magazin.

Verschiedene Rechtstreitigkeiten zwischen Medien und betroffenen Interviewpartnern Mitte der 90er Jahre haben bewirkt, daß in den meisten Presse-Redaktionen die Autorisierung der zum Druck bestimmten Fassung inzwischen zur journalistischen Regel erhoben wurde (nicht zuletzt der Abgang des stellvertretenden, dann des amtierenden Chefredakteurs der »Bunten« im Nachgang zum Tom-Cruise-Interview-Debakel blieb nicht ohne Wirkung → drittes Kapitel: Medienrecht).

Viele Interviewpartner erachten die Autorisierungsregel inzwischen als so selbstverständlich (konkludent), daß sie gar nicht mehr ausdrücklich verlangt wird – im (falschen) Glauben, der Interviewer sei hierzu verpflichtet.

6. Berichtende Interviewformen

Dieses Kapitel befaßt sich vor allem mit dem geformten Interview, das den Dialog zur Darstellung bringt. Im Sinne der Ausnahme gibt es nun aber zwei Gründe, eine berichtende bzw. erzählende Form zu wählen: Entweder war das Interview zwar informativ, als Interaktion aber so unergiebig, daß die dialogische Wiedergabe zu langweilig und aufgeblasen wirken würde. Oder aber die Person, die durch das Interview zum Vorschein kommen soll, bietet viele weitere Facetten (wie sie aussieht, wie sie sich benimmt, wie und wo sie lebt usw.), die auch dargestellt werden sollen.

6.1 Zitatenbericht

Wenn im Verlauf des Interviews neue Sachverhalte (= Nachrichten) ans Licht kommen, aber auch, wenn das dialogische Material für ein geformtes Interview zu faktizierend oder zu unpersönlich ist, empfiehlt sich die Wiedergabe der Befragung als *Zitatenbericht:* Der Interviewer kann sich auf die seiner Meinung nach bemerkenswerten Aussagen seines Partners beschränken.

Im Unterschied zum geformten folgt das berichtete Interview den Regeln des Zeitungsberichts: Das Interview muß auf seinen *nachrichtlichen Kern* untersucht und dieser als Neuigkeit ins Zentrum gestellt werden.

Das Neue, die Nachricht, gehört an den Anfang des Textes, entweder als markantes Zitat oder als Zusammenfassung dessen, was der Befragte gesagt hat.

Erst, wenn der Kern der Nachricht mitgeteilt ist, folgt die Nennung der Umstände. Daran schließt eine gegliederte Wiedergabe der wichtigsten Aussagen der befragten Person an. Anstelle der Fragen des Interviewers werden jetzt die mit den Fragen angeschnittenen Aspekte möglichst prägnant referiert; sie sind der rote Faden des Berichts.

Der Hauptteil gibt die Aussagen des Interviewpartners – eventuell in Paranthese zu weiteren Informationen über die Vorgeschichte oder das Umfeld – im Wechsel zwischen direkten und indirekten Zitaten wieder:

→ Die direkte Rede wird dann verwendet, wenn es sich um Schlüsselaussagen handelt, die den direkten Zusammenhang zwischen Person und Sachverhalt ins Blickfeld rücken sollen.

→ Die indirekte Rede wirkt meist knapper und weniger authentisch; sie fügt sich aber leichter in den Ablauf des Berichts ein. Indirekte Zitate wirken weniger wichtig als direkte.

→ Der Wechsel zwischen direkter und indirekter Rede gestattet es, die Äußerungen der befragten Person lebendiger wiederzugeben und den Bericht flüssig und abwechslungsreich zu schreiben.

Beim Einsatz beider Zitierweisen ist aber zu beachten, daß lange wörtliche Zitate schwerfällig wirken. Es gilt als Regel, daß ein wörtliches Zitat nicht mehr als zwei Sätze von insgesamt höchstens 40 Wörtern umfassen sollte. Die indirekte Rede erfordert den Konjunktiv, mithin den sicheren Umgang mit den Konjunktivregeln. Dabei muß der Berichtende unterscheiden zwischen Tatsachendarstellung und persönlicher Äußerung der befragten Person (Beispiel: Bei der Räumung der Häuser, *die gestern stattfand,* seien 20 Hausbesetzer von Polizisten geprügelt worden, meinte...).

Der Zitatenbericht bietet sich auch an, wenn markante Ergebnisse der Recherchenbefragung als Nachricht dargestellt werden sollen (zum Nachrichtenschreiben siehe Näheres bei S. Weischenberg 1988; 42 ff.)

6.2 Das Personenporträt

Wenn der Gesprächspartner durch sein Auftreten, seine Lebensumstände oder Lebensweise so interessant ist, daß der Interviewer dessen Beschreibung für unverzichtbar hält, empfiehlt sich das Personenporträt. Er wählt eine schildernde, erzählerische Form, die derjenigen der Reportage nahe kommt (Näheres siehe Haller [2]1990; 116 ff.).

Um das Porträt schreiben zu können, benötigt der Interviewer

→ die Aussagen der befragten Person. Sie sind nicht nur Zitate, sondern zugleich Handlungen (d.h. die Rede steht in einem Handlungszusammen-

hang: Die Person steht auf, deutet mit der Hand, verzieht das Gesicht usw. während sie spricht);
→ Hinweise auf Persönlichkeitsmerkmale. So ist zum Beispiel die Art, *wie* etwas gesagt wird, oftmals erhellender als das, *was* gesagt wird (Wortbetonung, Stimmlage und -höhe, nonverbale Zeichen).
→ Beobachtung des Aussehens und der Umgebung der Person (Wie ist sie gekleidet, wie eingerichtet? Wie geht sie mit anderen Menschen, etwa Untergebenen, um?).
→ Informationen zur Lebensgeschichte der Person und zum Interviewthema (wie: Archiv- oder Pressematerial, Antworten zu diesbezüglichen Fragen).

Dieses Material gliedert der Interviewer zu einem Erlebnisbericht: Am Anfang steht entweder ein Zitat, das die Eigenheit der Person erkennen läßt, eine Beobachtung oder eine nacherzählte Episode.

Der Text folgt im weiteren nicht den Kriterien des nachrichtlichen Berichts, sondern denen der Reportage: Er entwickelt einen Handlungsfaden (zum Beispiel ein Tag im Leben der Person, ein Rundgang durch die Firma, ein Spaziergang zum Tennisclub – oder auch nur der Gesprächsverlauf). An diesem roten Faden reiht der Interviewer nicht nur die Aussagen der Person, sondern auch seine Beobachtungen und die zu erzählenden Szenen auf.

Die wörtliche Rede soll keine Fakten, sondern persönliche Ansichten und Empfindungen aufzeigen; die indirekte Rede paraphrasiert den Handlungsablauf, *ohne ihn zu unterbrechen.*

Die Beobachtungen des Journalisten sollen betont sinnlich sein (alle Sinnesorgane einsetzen: Augen, Ohren, Nase – und auch den Kopf als Denkwerkzeug). Die miterlebten oder indirekt erschlossenen Persönlichkeiktsmerkmale dürfen im Text so formuliert werden, daß sie wertend wirken: Die Leser sollen im Verlauf der Lektüre erfahren, wie der Interviewer die Person erlebt hat.

7. Sind Presse-Interviews authentisch?

In diesem Buch ist viel über Authentizität als besonderes Qualitätsmerkmal des Interviews die Rede. Bei Hörfunk und Fernsehen, zumal bei Live-Sendungen ist diese Eigenschaft selbstverständlich: Indem ausgestrahlt wird, was zur selben Zeit in der Interviewrunde geschieht, werden die Personen und die aktuelle Interviewsituation gleichermaßen authentisch vermittelt.

Dasselbe kann man über das Presse-Interview nicht sagen. Die Übertragung des Gesprochenen in einen Text, die redaktionelle Bearbeitung und die zeitverschobene Veröffentlichung engen die Authentizität auch des geformten Interviews auf den dokumentarischen Aspekt ein: Der gedruckte Text ist

a) entweder die (nur) inhaltlich korrekte Wiedergabe eines gesprochenen Dialogs und/oder er ist

b) die durch Autorisierung unwiderruflich bezeugte Äußerung einer oder mehrerer Personen – mehr nicht.

Oft genug ist ein Interview im Grunde nicht einmal dies. Denn es kommt immer wieder vor, daß Journalisten nicht hinhören und nicht verstehen, daß sie vielmehr ihre Vorurteile oder ihre eigenen Überzeugungen in die Interviewtexte hineinfummeln. Machen wir uns nichts vor: Man kann in Interviews nachträglich eine Tendenz hineinschreiben, man kann den Interviewpartner in ein Licht rücken, in dem er während der originalen Interviewsituation gar nicht saß, man kann seine eigene Gesprächsführung aufpolieren – und gleichwohl wird der Text vom wohlwollenden Interviewpartner autorisiert.

Daraus folgt: Das Gebot der Wahrhaftigkeit gilt nicht nur für die Gesprächsführung während des Interviews, es gilt ganz besonders für die redaktionelle Bearbeitung: Der redigierende Journalist sollte dem Grundsatz folgen, daß nicht er oder seine Zeitung, sondern die interviewte Person in ihrer Eigentümlichkeit zur Darstellung kommen soll. Gelingt dies, dann allerdings gewinnt das Presse-Interview eine neue, gegenüber den flüchtigen Medien tiefere Authentizität.

Aber vielleicht sind derart gelungene Interviews eher seltene Sternstunden des Journalismus. Fragt man nämlich die Sensibleren unter den prominenten Zeitgenossen nach ihren Erfahrungen mit Presse-Interviews, dann bekommt man viele Geschichten erzählt, die sich wie Variationen über das stets selbe Thema anhören: Geschichten über das Mißverstanden werden. Die meisten Journalisten, so äußern sich Literaten, Theaterkünstler und Wissenschaftler übereinstimmend, seien mit der Aufgabe, jemanden zu verstehen und authentisch zum Ausdruck zu bringen, offenbar heillos überfordert.

Stellvertretend für diese Enttäuschten zitieren wir den Schriftsteller Milan Kundera, der Interview-Anfragen immer aufs neue ablehnt. Seine Kritik sollten wir als Aufforderung lesen, unserem nächsten Interview zu tieferer Authentizität zu verhelfen:

»Interview: Der Dialog ist eine bedeutende literarische Form, und ich stelle nicht in Abrede, daß ich glücklich war über einige durchdachte, gut aufgebaute und in Zusammenarbeit mit mir redigierte Interviews. So wie das Interview aber gewöhnlich realisiert wird, ist es etwas ganz anderes. Erstens: Der Interviewer stellt uns Fragen, die für ihn und nicht für uns interessant sind; zweitens: Von unseren Antworten verwendet er nur solche, die ihm passen; drittens: Er überträgt sie in seine eigene Wortwahl, seine eigene Denkart. Dem Vorbild des amerikanischen Journalismus folgend, wird er nicht einmal die Güte haben, uns autorisieren zu lassen, was er uns zu sagen gezwungen hat. Das Interview wird veröffentlicht. Wir trösten uns: Man wird es rasch vergessen! Ganz im Gegenteil: Man wird es zitieren! (...) Im Juni 1985 habe ich endgültig beschlossen: nie mehr ein Interview. (...) alle Aussagen, die nach diesem Datum als die meinen überliefert sind, müssen als falsch angesehen werden.« (Zit. nach: Die Zeit Nr. 45/1990).

Fünftes Kapitel:

DAS FLÜCHTIGE INTERVIEW

Besonderheiten des Interviews in den elektronischen Medien

Übersicht

Rundfunk-Journalisten sind gegenüber ihren Kolleginnen und Kollegen von der Presse im Vorteil: Sie können mit dem Interview die Sprechsituation authentisch wiedergeben und ihren Gesprächspartner in der ihm eigenen Ausdrucksweise zeigen. So ist das Interview stets auch ein Porträt. Aber auch der Interviewer porträtiert sich – manchmal unfreiwillig, weil er mit den Eigenheiten der Interviewsituation nicht umgehen kann. Der Vorteil hat also seinen Preis: die mit der Aufnahmetechnik verbundenen Zwänge.

Zwei Rundfunk-Interviewspezialisten beschreiben in diesem Kapitel die Besonderheiten der Interviewtechnik in den elektronischen Medien: Wie die Sprechsprache als Instrument einzusetzen, wie die Interviewsituation zu gestalten und wie mit der Aufnahmetechnik umzugehen ist.

Im ersten Abschnitt

gibt Heiner Käppeli eine Übersicht über die Funktion der Sprechsprache in den elekronischen Medien: Wie der Interviewer fragen und sprechen, wie er auftreten und vor den Kameras agieren und reagieren soll

Seiten 361 bis 380

Der zweite Abschnitt

von Amelie Gräf bietet eine Einführung in die Interviewformen und in die Interviewtechnik im Hörfunk. Es erläutert an praktischen Beispielen, wie der Radio-Journalist das Interview vorbereitet, durchführt und bearbeitet, ehe es über den Sender geht

Seiten 381 bis 400

1. Fragen, Sprechen, Reagieren

Über das Interviewen in den elektronischen Medien

Von Heiner Käppeli

Wer im Radio oder Fernsehen spricht, gibt mehr von sich preis, als wenn er sich in den Printmedien äußert. Über die sprachliche Ebene hinaus teilt er sich auch in der Sprechweise, in der Körpersprache und im Erscheinungsbild mit. Für die Wirksamkeit und Glaubwürdigkeit eines Sprechers ist nicht nur der professionelle Umgang mit den einzelnen Ausdrucksebenen, sondern auch deren Zusammenspiel wichtig.

Je kongruenter die Sprechweise und das Körperverhalten mit dem Inhalt einer Aussage einhergehen, desto überzeugender ist die Wirkung. In den elektronischen Medien zählt daher nicht nur was, sondern wie etwas gesagt wird.

1.1 Stimme und Sprechweise

Durch die Art, wie ein Sprecher seine Stimme bildet und die sprecherischen Gestaltungsmittel einsetzt, liefert er dem Hörer Botschaften über seinen inneren Zustand und über seine Einstellung zum Inhalt der Äußerung. Empörung, Heiterkeit, Depression usw. finden ihren Niederschlag im vokalen Ausdruck. So verweist beispielsweise eine höher werdende Stimme auf die wachsende Erregung des Sprechers.

Stimmen können zudem unterschiedliche Reaktionen bei den Hörern auslösen. Die einen werden sympathisch erlebt. Andere werden eher mit Abneigung wahrgenommen. Die positive Wirkung hängt damit zusammen, ob ein Sprecher auf seinem richtigen Grundton spricht und seine Resonanzräume gut ausnützt. Wer seine Stimme drückt oder über seiner normalen Stimmlage redet, ist verspannt. Diese Verspannung nimmt auch der Hörer unbewußt wahr, was sich auf die Akzeptanz des Sprechers nachteilig auswirkt.

Um die stimmlichen Register ausschöpfen zu können, muß ein Sprecher zunächst einmal richtig atmen. Gerade auf Streßsituationen vor einem Mikrophon reagieren wir unwillkürlich meist mit einer kurzen, oberflächlichen Atmung (Schlüsselbeinatmung). Dabei sind Schultern, Hals und Unterkiefer verspannt. Eine solche Verfassung beeinträchtigt die Kehlkopftätigkeit und damit die Stimmbildung. Wie jeder Sportler vor seinem Einsatz darauf achtet, daß seine Muskeln angewärmt sind, so sollte jeder Radio- oder Fernsehsprecher vor der Aufnahme dafür sorgen, daß seine Organe, die er fürs Sprechen braucht, gelockert sind, daß die Atembewegung vom Zwerchfell ausgeht und sich nach unten in die Breite ausdehnt.

Die Atem- und Sprechmuskulatur läßt sich vor einem Mikrophoneinsatz entspannen. Die folgenden Übungen haben sich in der Sprechausbildung und Sprechpraxis bewährt (vgl. Jesch 1973):

→ Den Bauch (das heißt: das Zwerchfell) ohne Anstrengung atmen lassen.
→ Sich auf das Ausatmen (d.h. Zusammenziehen des Bauches) konzentrieren.
→ Das Ausatmen mit einem Reibelaut verbinden (sch-; s-; f-).
→ Den Luftstrom durch kurze Stöße des Zwerchfells unterbrechen (sch'sch'sch';s's's';f'f'f').
→ Ausgiebig gähnen und Ton dazugeben (aaaahh).
→ Strecken und Dehnen des Oberkörpers.
→ Mit dem Mund Kaubewegungen machen und mit Summton verbinden.
→ Die Zunge mit Artikulationsübungen lockern (lalala; lelele, lilili usw.).

Die Dauer dieser Übungen richtet sich nach der persönlichen Erfahrung und der jeweiligen Disposition (8 bis 15 Minuten).

Ob ein Sprecher angespannt oder entspannt ist, drückt sich auch in der Variation der Tonhöhe, also der Sprechmelodie, aus. Wer am Schluß eines Gedankens seine Stimme senkt und eine kurze Atempause einlegt, löst für einen Moment die Sprechspannung. Beim nächsten Gedankenschritt kann der Sprecher wieder neu einsetzen und seine Stimme heben. Aussagen, die auf den »Punkt gesprochen« werden, gewinnen an Verbindlichkeit. Dieses Auf und Ab des Melodiebogens macht aber die Äußerung nicht nur gewichtiger und attraktiver, sondern sie gewährt auch dem Hörer immer wieder ganz kurze Entspannungspausen.

Eher anstrengend wirken dagegen Sprecher, die mit ihrer Stimme fortwährend in der Schwebe bleiben und Aussage an Aussage bandwurmartig aneinanderreihen. Eine solche Stimmführung ohne gliedernde Zäsuren ist oft beim spontanen Formulieren in Interviewsituationen zu beobachten:

Es hat sich' jetzt herausgestellt, daß der beantragte Umtauschsatz im Durchschnitt bei etwa 400 Mark liegt und' es hat viele gegeben, die gesagt haben, die DDR-Bürger würden in einen Kaufrausch verfallen, würden von der Höchstmöglichkeit den 2 000 Mark' Gebrauch machen, genau dies ist nicht eingetreten' sie zeigen Vernunft und Augenmaß' und wer in der Vergangenheit sparsam war, wird es auch wahrscheinlich in Zukunft sein können (Lothar de Maiziere in einem Interview der ARD am 1. Juli 1990).

Während der ganzen Antwort wird die Stimme nie gesenkt. Der Apostroph signalisiert kurze Denkpausen, die teilweise auch zum Atemholen benutzt werden. Wie das Beispiel typisch zeigt, werden diese Pausen beim freien Sprechen nicht zwischen den einzelnen Äußerungseinheiten, sondern oft vor dem Prädikat gemacht.

Der Redefluß wird also nicht an den syntaktischen Nahtstellen unterbrochen, sondern dort, wo der Sprecher überlegen muß. Gerade wenn ein Sprecher zögert, abwägt oder nachdenkt, haben Pausen auch ihre Bedeutung. Sie sollten daher bei aufgezeichneten Interviews nicht herausgeschnitten werden, auch wenn Zeit gespart werden muß.

Bei Interviewpartnern, die über längere Zeit mit angehobener Stimme sprechen, haben Journalisten ihre liebe Mühe, wieder ans Wort zu kommen. Erst recht schwierig wird das Schneiden solcher Aufnahmen (mehr hierzu im folgenden Abschnitt).

1.2 Körpersprache

In Fernsehdiskussionen und -interviews achten aufmerksame Regisseure und Kameraleute auf körpersprachliche Reaktionen der Gesprächspartner. Sie nutzen die spezifischen Möglichkeiten des Bildmediums und halten daher gerne mit einem Gegenschnitt ein mißbilligendes Kopfschütteln oder ein herzhaftes Lachen auch derjenigen fest, die nicht am Reden sind. Solche nonverbalen Botschaften haben einen eigenen Aussagewert.
Oft übt ein Sprecher mit seiner Körpersprache auch direkten Einfluß auf den Verlauf des Interviews aus. So kann ein Journalist den Interview-

partner mit ermunterndem Kopfnicken zum Weitersprechen animieren. Allerdings bedeutet Kopfnicken nicht immer dasselbe. Kurzes, ruckartiges Nicken möchte dem Partner gerade das Gegenteil signalisieren, nämlich daß er zum Ende kommen soll. Die fast identische, unwillkürliche Kopfbewegung, die sich nur in der Schnelligkeit und im Rhythmus unterscheidet, führt nicht selten dazu, daß sie vom Partner falsch interpretiert wird. Ein Sprecherwechsel kann durch ein ganzes Bündel von Körpersignalen in die Wege geleitet werden. So hebt ein Sprecher, der zu Wort kommen möchte, den Kopf, zieht die Augenbrauen leicht hoch, holt Atem und hebt eventuell die Hand.

In einer entspannten Dialogsituation nimmt der Sprechpartner diese Zeichen vorbewußt wahr und versucht, seine Ausführungen abzuschließen oder begründet andernfalls das Weitersprechen.

Vor allem bei *Fernsehaufnahmen* kommt es vor, daß Interviewer und Interviewter wegen der Kamera-Einstellung nahe zusammenrücken müssen. Hätten sie stets die normale Kommunikationsdistanz, die in Westeuropa zwischen 60 und 120 Zentimeter liegt, würde der Zwischenraum zwischen den Interviewpartnern auf dem Fernsehbild unverhältnismäßig groß wirken, sobald der Bildrand unmittelbar neben den Sprechenden verläuft und damit jede Relation zur Umgebung fehlt. Um die Sprechdistanz auf dem Bild zu verringern, kommt der Journalist sehr nahe an die persönliche Reviergrenze des Interviewpartners oder überschreitet sie sogar. In solchen Situationen reagieren Partner manchmal mit Verschlußsignalen (wie: Verschränken der Arme und Beine) oder mit Rückzugssignalen. Untersuchungen haben zudem gezeigt, daß der Blickkontakt bei schrumpfender Sprechdistanz abnimmt. Der Grund für den mangelnden Blickkontakt ist dann nicht Verlegenheit oder Unsicherheit, sondern liegt an der aufnahmetechnisch gegebenen Situation. Journalisten, die in der Lage sind, Abwehrreaktionen ihres Partners wahrzunehmen, sollten darauf Rücksicht nehmen und kurz erklären, warum sie ihm so nahe kommen.

1.3 Aussehen und Kleidung

Gewollt und ungewollt können Äußerlichkeiten wie eine schiefhängende Krawatte, eine extravagante Frisur oder auffallend sichtbare Ringelsocken eine starke Attraktion ausüben. Insbesondere bei Nahaufnahmen erhalten Details eine unverhältnismäßige Bedeutung und lenken von der eigentlichen verbalen Botschaft ab. TV-Profis vermeiden allzu harte Hell-dunkel-Kontraste, weil die Farbränder bei der heutigen Videotechnik sonst sehr kantig wirken. Farbkombinationen Ton in Ton werden vom Zuschauer als angenehmer empfunden. Glänzende Stoffe reflektieren zuviel Licht, und fein gestreifte oder gemusterte Dessins verursachen den flimmernden Moiree-Effekt, der bei längeren Fernsehauftritten irritierend wirken kann.

1.4 Spontan gesprochene Sprache

Das gesprochene Wort ist flüchtig. Es gibt kein Nachschlagen und Zurückblättern. Gesprochenes muß also auf Anhieb verständlich sein. In Radio- oder Fernsehinterviews wird normalerweise spontan formuliert. Spontan gesprochene Sprache unterscheidet sich deutlich von der geschriebenen, wie der folgende Ausschnitt aus einem 45-minütigen Interview mit der Psychoanalytikerin Margarete Mitscherlich zeigt. Auf die Frage, ob ein Leben ohne Partner der Preis der Emanzipation sei, antwortet sie:

Aeh, ich weiß nicht, wissen Sie, ob Zweisamkeit immer Glück bedeutet. Also Menschen, die nicht auf der gleichen Ebene einander begegnen und einander aus Engen herausholen können und miteinander äh Gefühle und Trauer ertragen und durchmachen und die wirklich einander etwas geben können. Ich glaube, eine Zweisamkeit, sei es Ehe, Partnerschaft oder was auch immer, die nicht auf einem Gleichgewicht des Gebens und Nehmens, des Befreiens – Emanzipation ist ja wirklich befreien – beruht, daß eine solche Beziehung, dann hat man zwar einen Partner, mit dem man sich in irgend einer Gesellschaft sehen lassen kann, aber man hat keinen wirklichen Partner, man hat keinen wirklichen Menschen, der einen aus der Einsamkeit – man ist vielleicht nicht allein, aber man ist doch sehr sehr einsam – holt, aus der Einsamkeit holt einen niemand heraus, mit dem man nicht offen und gegenseitig befreiend sprechen kann (TV-Interview in Südwest-3, gesendet am 22. Juni 1990).

Spontan Gesprochenes, das in schriftlicher Form festgehalten wird, mag einen Leser, der an wohlgeformte, dudenkorrekte Sätze gewöhnt ist, überraschen. Beim Hören fallen uns die Unterschiede zur geschriebenen Sprache und die grammatikalischen Unregelmäßigkeiten weniger auf. Erst wenn das Verbale vom sprecherischen, körpersprachlichen und situativen Umfeld herausgelöst wird, erkennen wir die besondere Sprachverwendung im Mündlichen deutlicher.

Aufgrund der kurzen Planungszeit beim Sprechen sind die Äußerungen weniger komponiert als im Schriftlichen. Die Aussagen werden mehr nebengeordnet und beginnen oft ähnlich oder gar gleichlautend: man hat ... man hat ... man ist ... man ist. Einzelne Äußerungen werden grammatikalisch nicht zu Ende gebracht (Ellipsen): *Also Menschen, die ... einander etwas geben können, ();* andere kurz nach dem Beginn abgebrochen, weil die Sprecherin die Satzplanung plötzlich ändert (Satzbrüche): *daß eine solche Beziehung // dann hat man zwar einen Partner.* Solche Verstöße gegen grammatikalische Normen werden beim spontanen Formulieren in einem begrenzten Rahmen toleriert und nicht wie im Schriftlichen als Fehler eingestuft.

Auf der inhaltlich lexikalischen Ebene zeigt der Interview-Ausschnitt, wie die Sprecherin einzelne Gedanken mit verschiedenen Formulierungen umschreibt und präzisiert, wie sie Worte und Wendungen wiederholt, zum Beispiel: *... aus Engen herausholen ... und ... des Befreiens ... oder ... die wirklich einander etwas geben können ... und ... die nicht auf einem Gleichgewicht des Gebens und Nehmens ...* usw.

In der gesprochenen Sprache kommen meistens die Verben stärker zum Zug. Im zitierten Beispiel halten sich die Verbalkerne und die Substantive etwa die Waage, während im Schriftlichen allgemein eher die Substantive überwiegen. Auch der Anteil an Adjektiven sowie an Passivkonstruktionen ist im Geschriebenen größer.

Umschreibungen, Wiederholungen und der häufige Gebrauch von Verben sind Merkmale eines redundanten Sprachstils. Der Inhalt wird weniger komprimiert. Die Informationsdichte ist geringer. Redundanz erhöht die Gewähr, daß mündliche Äußerungen vom Hörer verstanden werden.

Die gesprochene Sprache ist sowohl auf der Wort- wie auf der Satzebene nicht so variantenreich wie die geschriebene. Diese kleinere Formenvielfalt wird aber im Mündlichen durch die sprecherischen Gestaltungsmittel (Betonungen, Dehnung von Silben oder Wörtern, Sprechtempowechsel, Pausen, Variation der Tonhöhe) wettgemacht.

Zur Attraktivität trägt auch bei, daß wir beim spontanen Formulieren die Entstehung eines Gedankenganges mitverfolgen können und nicht nur mit einem Endprodukt der Denkarbeit konfrontiert werden. Spontane

Äußerungen sind daher meist direkter, konkreter und persönlicher. Ein besonderes Kennzeichen des mündlichen Sprachgebrauchs in den elektronischen Medien, etwa der Deutschschweiz, ist die häufige Verwendung des Dialekts. Die Wahl zwischen den Sprachformen Dialekt und Hochdeutsch hängt vom Sendekonzept, dem Zielpublikum und der Sprachkompetenz des Interviewpartners ab. Weniger ausgeprägt, aber mit wachsender Häufigkeit wird im süddeutschen Raum, in Österreich und auch in Norddeutschland die Umgangssprache in Interviews benutzt, um mehr Nähe zur Alltagswelt zum Ausdruck zu bringen.

1.5 Die Interview-Vorbereitung

Das Gelingen eines Radio- oder Fernsehinterviews hängt oft entscheidend von der Vorbereitung und den Kontaktgesprächen vor der Aufnahme ab. Nachträgliche Korrekturen und Eingriffe, wie bei der Bearbeitung eines Interviews für die Printmedien, sind kaum möglich. Was zählt, ist der authentische Dialog, sind jene paar Minuten, während denen die Aufnahmegeräte laufen.

Je nach Interviewtyp, Thema und redaktioneller Organisation führt der Journalist *vor der Interviewaufnahme* ein oder mehrere *Kontaktgespräche* mit dem Befragten. Er orientiert den Interviewpartner über das Ziel, das Thema und die Länge des Interviews. Er spricht mit ihm den Aufnahmezeitpunkt und den Aufnahmeort ab. Unter Umständen ist es für den Interviewten auch aufschlußreich, etwas über den Sendekontext zu erfahren, beispielsweise, ob noch andere zum gleichen Thema Stellung beziehen. Wer viel Transparenz schafft, kann in der Regel mit einer größeren Kooperation des Interviewten rechnen.

Transparenz schaffen heißt aber nicht, die Interviewfragen schon zuvor auf den Tisch zu legen. Nicht die einzelnen Fragen, sondern die wichtigsten Fragepunkte oder Themenbereiche sind mit dem Interviewpartner abzusprechen. Andernfalls verkommt das Interview zum sterilen Abfragen vorfabrizierter Statements.

Experten, Beamte und Verbandsvertreter, die über komplexe Sachverhalte zu sprechen haben, neigen gerne zu allgemeinen, abstrakten Formulierungen. Da kann es sich lohnen, den Befragten schon vor dem Interview darauf aufmerksam zu machen, daß er seine Ausführungen mit Beispielen und Vergleichen veranschaulichen soll. Denn im Streß der Interviewsituation passiert es oft, daß dem Interviewten die passende Illustration gerade nicht einfällt.

Statt mit dem Vertreter der Europäischen Bauernkoordination beispielsweise das Postulat der ökologischen Selbstversorgung mit vielen Worten grundsätzlich zu erörtern, veranlaßt der Interviewer den Landwirtschafts-Experten, seine Forderung mit einem einleuchtenden Beispiel kurz und bündig darzustellen: *»Es ist also unsinnig, wenn wir Orangen zur Verarbeitung vom Süden nach Norwegen transportieren und dann den Orangensaft in Italien trinken«.*

Hinweise im voraus sind auch angebracht, wenn vom Interviewten Daten verlangt werden, die er nicht unbedingt abrufbereit hat.

Sind alle Modalitäten geklärt und ist der Aufnahmetermin nahe, folgt das letzte Kontaktgespräch unmittelbar vor dem Interview: das Vorgespräch. Stil und Umfang des Vorgesprächs hängen stark von der Medienerfahrung des Interviewpartners ab.

Erfahrene Politiker und Showstars beherrschen die Inszenierungsregeln vor dem Mikrophon und vor der Kamera. Medienauftritte sind für sie Routinesache. Da ist es eine besondere Herausforderung für den Journalisten, durch einen originellen Einstieg oder durch genaues Zuhören den Fluß der eingeübten Formeln und Wendungen zu unterbrechen.

Anders ist es bei Personen, die nicht von der Sicherheit großer Medienerfahrung und des sozialen Status zehren können. Meist sind es Augenzeugen, Betroffene und Sachverständige, die durch ein Ereignis für die Medien plötzlich interessant und wichtig werden. Vor dem TV-Auftritt haben sie oft Lampenfieber oder leiden gar unter schlaflosen Nächten. Manch ein Radio- oder Fernsehjournalist kann es mitempfinden, denn viele spüren noch nach Jahren ein Kribbeln im Bauch, wenn der Tontechniker das Handzeichen für den Einsatz gibt oder das Startsignal aus dem Lautsprecher des Fernsehstudios ertönt. Erfahrene Radio- und Fernsehjournalisten können auf ihre ungeübten, nervösen Interviewpartner beruhigend einwirken.

1.6 Angst vor dem Mikrophon

Für die Verfassung des Interviewpartners spielt zunächst die Wahl des Aufnahme-Ortes eine nicht zu unterschätzende Rolle. Ein Stadtarchitekt beispielsweise kann in der vertrauten Umgebung seines Planungsbüros

Rede und Antwort stehen: Er fühlt sich wohl und sicher. Im gleißenden Scheinwerferlicht eines TV-Studios oder in einem Radiostudio, das mit schallschluckenden Wänden und dicken Glasscheiben nach außen hermetisch verschlossen ist, fühlt er sich indessen unwohl. Ganz anders wird der gleiche Architekt das Fernseh-Interview vor einer umstrittenen Überbauung im Freien erleben: Je nach Standort ist der Grad der Verunsicherung für ihn unterschiedlich groß.

Bei unerfahrenen Interviewpartnern ist es gerade in der letzten Phase vor der Aufnahme wichtig, daß ihnen der Journalist Zuwendung und Aufmerksamkeit schenkt. Hektische Aktivitäten oder pausenloses Reden, um die eigene Anspannung zu überdecken, sind ungeeignet, den Partner auf das bevorstehende Interview einzustimmen. Der Interviewer sollte vielmehr darauf achten, daß er seinen Gesprächspartner in einem *warming-up* zum Reden bringt, damit sich auch dessen Zunge löst. Das heiBt jedoch nicht, daß jetzt das bevorstehende Frage- und Antwortspiel durchgeprobt wird, sonst erzählt der Befragte seine guten Geschichten im Vorgespräch statt im Interview.

Aktuelle Begebenheiten, auch die letzte Ferienreise oder ähnliches können Gesprächsstoff genug liefern, um vom Mikrophon oder der Kamera abzulenken und eine gewisse Vertrautheit entstehen zu lassen.

Bei unerfahrenen, nervösen Interviewpartnern kann der Journalist auch schildern, wie er sich selbst beruhigt und sich auf die paar entscheidenden Minuten einstellt: beispielsweise durch Bauchatmung, Autosuggestion, gute »Verankerung« auf dem Boden oder auf der Sitzfläche, durch Lokkern der Schulterpartie und ähnliches.

1.7 Den Einstieg erleichtern

In der Regel erleben Interviewpartner zu Beginn die höchste Anspannung. Aufgeregten Interviewpartnern kann der Journalist entgegenkommen, indem er die Einstiegsfrage im Vorgespräch mitteilt, damit sich der Befragte die erste Antwort zurechtlegen kann. Vor allem bei Live-Aufnahmen kann so verhindert werden, daß sich der Interviewte gleich zu Beginn verheddert und nachher während des Interviews verunsichert bleibt. Der Journalist hat auch abzuschätzen, ob Ratschläge für mediengerechtes Verhalten angebracht sind. Medienerfahrene Interviewpartner, die nicht gerade durch wortkarges Benehmen auffallen, sind zur Kürze anzuhalten.

Die Antworten sollen sich auf eine Hauptaussage konzentrieren. Ein Interview gewinnt meist an Dramatik, je häufiger der »Ball« hin und her geht.

Beim Fernsehen ist im übrigen vom Blick in die Kamera abzuraten. Der Interviewpartner steht im Dialog mit dem Journalisten und hat keine Rede an die Nation zu richten. Das ständige Wegschauen ist irritierend und der Gesprächsdynamik abträglich.

Bei Live-Interviews werden Interviewpartner häufig über Kopfhörer oder Monitor von einem anderen Studio ins Sendestudio zugeschaltet. Es kann auch sein, daß der Interviewer gleichzeitig die Rolle des Moderators wahrzunehmen hat und daher unmittelbar vor dem Beginn des Interviews mit andern Aufgaben beschäftigt ist. Da muß genügend Sicherheit und Klarheit über das Ziel und den Ablauf des Interviews im vorangehenden Kontaktgespräch geschaffen werden.

1.8 Fragenkatalog oder Stichwortzettel?

Der Journalist lenkt und strukturiert das Interview. Zu diesem Zweck notiert er sich Fragen und überlegt sich mögliche Abläufe.

Manche formulieren die Fragen zunächst schriftlich oder einfach im Kopf aus und halten sie dann stichwortartig *auf Kärtchen* fest. Andere ziehen es vor, die Fragen wortwörtlich aufzuschreiben, was sich in der Interviewsituation nachteilig auswirken kann, weil die sprechsprachlichen Elemente verlorengehen, das Ablesen der Frage zuviel Aufmerksamkeit beansprucht und der Blickkontakt mit dem Partner zu lange unterbrochen bleibt. Ein leserlicher und grafisch gut gestalteter *Stichwortzettel* hilft, diese Nachteile zu umgehen.

Eine präzisere sprachliche Vorbereitung beansprucht allerdings der Einstieg ins Interview. Oft muß da der Interviewer auch Moderationsaufgaben wahrnehmen, indem er den Interviewpartner nicht nur zu begrüßen, sondern auch kurz vorzustellen hat. Für solche Fälle ist es wichtig, daß der Name, die Funktionsbezeichnungen und weitere Angaben vor der Aufnahme sorgfältig recherchiert und vorher abgesprochen werden. Korrigierende Interventionen des Interviewpartners gleich zu Beginn eines Interviews können die Glaubwürdigkeit des Journalisten beeinträchtigen und kosten wertvolle Zeit.

1.9 Intervieweinstieg

Interviews, die dann als Teil eines gestalteten Radiobeitrags verwendet werden, beginnen oft gleich mit der ersten Antwort des Interviewpartners. Die Frage wird weggeschnitten und in die Moderation verpackt. Dieses Verfahren kann folgende Vorteile haben:

- Im Falle einer sehr kurzen Frage läßt sich ein rasch aufeinanderfolgender Stimmenwechel (Moderator-lnterviewer-lnterviewter) umgehen.
- Wenn die Anmoderation vom Interviewer selbst gesprochen wird, kann ein verwirrender Klangwechsel der gleichen Stimme aufgrund der unterschiedlichen Raumakustik von Sendestudio und Interview-Aufnahmen vermieden werden.
- Der Beitrag gewinnt an Tempo.

Um einen fließenden Übergang von der Moderation zum Interview zu gewährleisten, ist darauf zu achten, daß die Frage erst gegen Ende der Anmoderation geäußert wird.

Auch beim Fernsehen kann eine Interviewsequenz auf diese Weise beginnen. In der Regel beläßt man allerdings die Einstiegsfrage. Damit wird der authentischen Aufnahmesituation besser Rechnung getragen.

Interviews, die in einer speziellen Senderubrik oder live übertragen werden, muß der Interviewer selbst einführen und eröffnen. Je nach Umstand nennt er kurz den Anlaß oder die Informationsabsicht, begrüßt und stellt den Interviewpartner vor. Die Ausführlichkeit der Vorstellung hängt von der Länge und vom Inhalt des Interviews ab.

Auf die knappe Erwähnung von Titel und Funktionsbezeichnung beschränkt sich die Vorstellung in einem aktuellen Informationsmagazin:

In Hamburg begrüße ich jetzt Professor Dr. Wolfgang Seiffert, ehemaliger Berater des SED-Zentralkomitees, heute Staatsrechtler an der Universität Kiel. Guten Abend (ZDF, gesendet am 2. Oktober 1989).

Der Interviewpartner ist auf dem Monitor im Mainzer TV-Studio sichtbar. Das Interview steht im Zusammenhang mit der Ausreisewelle von DDR-Bürgern. Der Interviewer erwähnt die frühere Beratertätigkeit und stellt damit den Befragten als DDR-Experten vor. Mit der kurzen Begrüßung unterstreicht der Journalist den Live-Charakter des Interviews und signalisiert gleichzeitig den Beginn des Dialogs.

Ausführlicher ist die Einführung des Interviewpartners in einer längeren Interviewsendung, insbesondere, wenn sie von der Person des Befragten handelt:

Gast im »Sonntagsgespräch« ist der Elsässer Tomi Ungerer. Zeichner, Schriftsteller, Werbegrafiker, Karikaturist – ein Künstler mit einem ganz eigenen, unverwechselbaren Stil. Sein Strich, seine Art, im wahrsten Sinn des Wortes unverschämt genau hinzugucken, sind in der ganzen Welt berühmt, streckenweise berüchtigt, weil sich sein Bilderbogen von poetischer Idylle bis auch zur bitterbösen Pornografie spannen kann (ZDF, gesendet am 1. Oktober 1989).

Die Wortwahl und Komposition dieser Einführung lassen vermuten, daß der Interviewer ein ausformuliertes Manuskript hat. Da die Vorstellung des Interviewpartners sich primär ans Publikum richtet und formal noch nicht zum eigentlichen Dialog gehört, ist ein solches Manuskript für den Einstieg durchaus zweckmäßig.

1.10 Dialogsteuerung

Interviews, die für die Printmedien bestimmt sind, können in einem lockeren Gesprächsstil geführt werden. Die Beteiligten müssen nicht jedes Wort abwägen. Die Aussagen lassen sich ja nachträglich noch korrigieren, glätten und feilen. Die Länge der Aufnahmezeit kann zudem flexibel gehandhabt werden.

Zwar gibt es auch in den elektronischen Medien Interviewsituationen etwa in längeren Interviews zur Person –, in denen ein offener Gesprächsstil zeitweise dominiert. In der aktuellen Radio- und Fernsehberichterstattung sind aber weit häufiger kurze Interviews von wenigen Minuten Dauer auf der Tagesordnung. Sie sind geprägt von einem direktiven Dialogstil, das heißt: Das Interview wird straff und zielgerichtet gelenkt. Die Aussagen müssen auf das Wesentliche reduziert werden. Diese Reduktion wirkt sich auch auf die Fragestellung aus. Allzu vage Formulierungen und mehrdeutige Begriffe sollten vermieden werden. Lange Fragen können den Interviewpartner und die Zuhörer überfordern. Oft steckt hinter langen Fragen auch ein unklares Frageziel. Ungereimtheiten, Fehler und ungeschickte Formulierungen steigen mit zunehmender Fragelänge.

Das folgende Beispiel stammt aus einem Interview mit dem Generalsekretär der Österreichischen Volkspartei, H. Kukacka. Thema ist der »Waldheim-Bericht« der internationalen Historikerkommission Anfang 1988:

Interviewer: Zum Abschluß noch eine Frage nach der Rolle des Auslandes, das ja in dieser Diskussion ja immer eine sehr große Rolle gespielt hat. – Wir werden dann gleich in dieser Sendung einen ausführlichen Querschnitt über die Reaktionen des Auslandes bringen –. Äh, ist Österreich nicht isoliert durch die Person unseres Bundespräsidenten, international isoliert, dadurch, daß dieser Bericht als Munition gegen den Bundespräsidenten aber auch gegen Österreich verwendet werden kann? Und jetzt auch durch die beginnende österreichische Diskussion, ob er im Amt bleiben soll? Ist das nicht eine Situation von einer solchen Ausweglosigkeit, die auch die Koalitionsregierung belastet? Man hört es ja aus allen Ecken und Enden, zwischen jeder Tür, wo drinnen ein Mitglied der Koalition sitzt. Ist das nicht eine Situation, wo man mit neuen Argumenten sich das überlegen sollte und nicht die Argumente, die in der Diskussion bisher eine Rolle gespielt haben – eben Dolchstoß, eben 38 gedenken – mit neuen Argumenten an die Sache herangehen sollte?

Ein sprachlicher Bandwurm, der in einer unglücklich formulierten Suggestivfrage endet. Verschiedene Themen werden angesprochen. Der Satzbau ist verschachtelt. Der Hörer verliert die Orientierung. Die Antwort:

H. Kukacka: Es geht nicht um alte oder neue Argumente, sondern es geht um gute und richtige Argumente. Das muß im Vordergrund stehen. Sicherlich ist die Situation für Österreich eine Belastung. Keine Frage. Aber ich glaube, diese Belastung müssen wir gemeinsam – die Bundesregierung mit dem Bundespräsidenten – müssen wir tragen und gemeinsam überlegen, wie wir aus dieser Situation herauskommen. Das ist unsere Aufgabe für die Zukunft, und hier geht es darum, daß hier Bundesregierung und Bundespräsident gemeinsam an einem Strang ziehen, um dieses Problem zu lösen (ORF, gesendet am 9. Februar 1988).

Der Interviewpartner hört bis zum Schluß der Frage zu und findet da einen Anknüpfungspunkt. Mit einer kurzen plausiblen Feststellung wischt er all die Überlegungen des Interviewers vom Tisch und ergeht sich in allgemeinen Leerformeln und Appellen zur Einigkeit.

Direktiv formuliert hätte die Frage des Interviewers in diesem Fall beispielsweise lauten können:

Was werden Sie dem wachsenden außen- und innenpolitischen Druck entgegenhalten?

Langdauerndes Sprechen des Interviewers beeinflußt oft die Rededauer des Befragten. Es stellt sich dann ein langatmiger Rhythmus von Rede und Gegenrede ein, was zähflüssig oder monoton auf die Zuhörer wirkt.

1.11 Der Interviewer als Vermittler

Der direktive Interviewstil hat zum Zweck, in kurzer Zeit zu den relevanten Informationen zu kommen. Der Interviewer im Radio und Fernsehen hat aber nicht nur die Aufgabe, Informationen in Kürze zu ermitteln, er hat auch gleichzeitig darauf zu achten, daß sie verständlich vermittelt werden. Diese Vermittlungsaufgabe kann der Interviewer wahrnehmen, indem er

• vage Äußerungen vom Interviewten sogleich präzisieren läßt (wie: *»Konkret heißt das ...* », oder *»Könnten Sie dazu ein Beispiel geben ...* »);
• Verständnisfragen stellt (wie: *»Was verstehen Sie unter ...«,* oder: *»Könnten Sie das erklären ... «);*
• Antworten zusammenfaßt und wichtige Aussagen wiederholt (wie: *»Aus Ihrer Antwort entnehme ich ... «,* oder: *»Mit anderen Worten ...«).*

Gerade bei längeren Antworten kann eine Zusammenfassung oder die Gewichtung einzelner Aussagen dem Publikum eine willkommene Orientierungshilfe sein.

Beispiel:

15 Jahre Moskauer Vertrag. Der ehemalige bundesdeutsche Unterhändler wird gefragt, welche seiner damaligen Hoffnungen sich realisiert haben.

Bahr: *Also es hat sich realisiert, daß das Verhältnis zwischen der Bundesrepublik und der Sowjetunion von den Bösartigkeiten und Spannungen frei wurde, die es bis dahin bestimmt hat, daß Vertrauen sich entwickelt hat und daß man anfing, das auch zu übertragen auf die wirtschaftliche Zusammenarbeit.*

Es hat sich nicht realisiert, daß man das zielstrebiger fortgesetzt hätte. Ich hab' mir später, nicht an diesem Tage, aber später doch vorgestellt, daß man die wirtschaftliche Zusammenarbeit hin entwickelt bis zu einem Punkt, an dem man sie verzahnt bis zu gegenseitigen Abhängigkeiten: das heißt zu einer/in eine Situation hineinbringt, die friedensstabilisierend wirkt. Das ist nicht mehr geschehen.

Das Zweite, was ich bedauert habe und auch heute noch bedaure, ist: Der Moskauer Vertrag war gewissermaßen eine Grundlage, die dazu diente, daß die unlösbaren Fragen aus der Vergangenheit uns nicht mehr daran hindern sollten, Zusammenarbeit für die Zukunft zu entwickeln. Und das nächste Thema war, das hatten wir in Moskau schon im Auge, natürlich die Frage der realen Sicherheit. Und äh wir haben 1971, also ein Jahr später bei dem Besuch des damaligen Bundeskanzlers Brandt in Oreanda bei Breschnew, natürlich uns auch exakt konzentriert auf dieses Thema; das heißt, was kann man tun, um durch Truppenreduktion – so daß es auf keiner Seite schadet/ wir kannten den Ausdruck MBFR – ausgewogene Truppenreduktion – noch nicht, aber wir kannten die Sache. Das ist nicht mehr weiterverfolgt worden. Dann wurde Breschnew äh ein bißchen krank, dann hatten wir den Regierungswechsel in Bonn 1974, und das ist nicht mehr weiterverfolgt worden. Das ist rückblickend die größte Enttäuschung.

Interviewer: *Man hat zwei Hoffnungen gehabt, entnehme ich Ihrer Antwort jetzt: nämlich eine wirtschaftliche Verzahnung, die für Sicherheit sorgt, weil man voneinander abhängig wird; und der gegenseitige ausgewogene Truppenabbau. Sie sagen, das sei nicht weiterverfolgt worden. Nun* (...) (Hörfunk DRS-I der SRG, gesendet am 12. August 1985).

Der Interviewer stellt mit dem Begriff *Hoffnungen* eine Verbindung zu seiner vorangehenden Frage her und greift zwei wichtige Gedankengänge der Antwort kurz auf. Mit solchen Verknüpfungen und Teilzusammenfassungen erleichtert der Interviewer nicht nur dem Publikum das Verstehen, er signalisiert auch dem Interviewpartner, daß er seinen Äußerungen folgt.

1.12 Thema und Themenwechsel

In längeren Radio- und Fernsehinterviews ist es für die Beteiligten wie für die Zuhörer oft hilfreich, wenn die Gesprächsgliederung deutlich gemacht wird. Was in den Printmedien durch Zwischentitel, Balken usw. grafisch sichtbar wird, muß im Mündlichen mit Worten und mit sprecherischen Mitteln ausgedrückt werden.

Beispiele:
»Nun zu einem ganz anderen Aspekt: ... », »Ein Themenwechsel: ... ».

Wer einen neuen Dialogabschnitt ankündigt, muß sich allerdings nicht nur auf das formale Markieren inhaltlicher Grenzen beschränken. Er kann den Interviewpartner und die Hörer auch gleich über das folgende Thema orientieren, etwa so:

»Nun zur aktuellen Situation in .. . », oder *»Einige Fragen zu Ihrer Rolle als Verwaltungsratspräsidentin: ... ».*

Wenn der Interviewer den Roten Faden im Dialog explizit macht, erleichtert er nicht nur die Einordnung der Informationen, er gibt auch zu erkennen, daß er die Übersicht über den Dialogverlauf behält, was seine lenkende Funktion im Interview stärkt.

1.13 Metakommunikation: Mitdenken und Reagieren

Neben der ordnenden und gliedernden Funktion hat der Interviewer während eines Radio- oder Fernsehinterviews auch kontrollierende Aufgaben wahrzunehmen. Oft werden Fragen mit oder ohne Absicht unvollständig oder gar nicht beantwortet. In solchen Fällen sollte der Interviewer rasch die Argumentationsmuster und Ausweichstrategien des Interviewpartners durchschauen, auf fehlende Begründungen hinweisen und Widersprüche benennen.

Im folgenden Beispiel äußert sich der SPD-Vorsitzende Hans-Jochen Vogel darüber, wie seine Partei Reformbestrebungen in der DDR unterstützen könnte:

Interviewerin: *Wie weit kann eigentlich eine Partei hier andern Parteien in der DDR helfen, ohne daß Ihnen der Vorwurf gemacht wird, sie würde sich einmischen?*
Vogel: *Aeh – das ist eine Grenze, die nicht immer leicht zu ziehen ist. Aber wie ich eben schon sagte – Ermutigung, Zuhören, Raten: Das ist*

keine Einmischung. Aber so tun, als ob man von hier aus die Entwicklung steuern wollte, das ist Einmischung.

Und ein ganz kritischer Punkt in diesem Zusammenhang ist das Wiedervereinigungs-Gerede, das sich da und dort breit macht und auch bei den reformerischen Kräften inzwischen auf Widerspruch gestoßen ist.
Interviewerin: *Wiedervereinigungsgerede – was heißt das jetzt?*
(ARD, gesendet am 1. Oktober 1989).

In der Antwort Vogels fällt ein Reizwort: *Wiedervereinigungsgerede*. Der Interviewte hebt es selbst mit der Bemerkung: *ein ganz kritischer Punkt* hervor. Die Interviewerin greift das Wort in der Form einer Definitionsfrage auf. Argumentativ betrachtet, stellt Vogel in seiner Antwort die Behauptung auf, das Wiedervereinigungs-Gerede sei in diesem Zusammenhang ein ganz kritischer Punkt. Weshalb? Die Begründung steht also noch aus. Zutreffender wäre darum etwa folgende Anschlußfrage:

Weshalb finden Sie es jetzt besonders kritisch?

Die Fähigkeit, metakommunikativ reagieren zu können, ist entscheidend, wenn der Interviewpartner wichtige Aussagen verweigert, die Wahrheit verschleiert oder das Interview für demagogische Zwecke mißbraucht. In solchen Fällen gehört es zur journalistischen Aufgabe, die rhetorische Taktik des Befragten transparent zu machen.

Dazu ein Ausschnitt aus einem Interview, das Günter Gaus 1985 mit dem damaligen CDU-Generalsekretär Heiner Geißler führte:

Interviewer: *In der Bundestagsdebatte vom 1. Oktober 1982, als es um die Ablösung Helmut Schmidts durch Helmut Kohl ging, haben Sie Helmut Schmidt, der SPD und Teilen der FDP, die eine sofortige Neuwahl verlangten, vorgeworfen, sie betrieben eine emotionale Politik, ihre Politik sei eine reine Stimmungsmache. Sie forderten statt dessen, Politik müsse sich an zwei Postulaten Kants und Jaspers' ausrichten. An Schmidt gewandt, zitierten Sie zuerst Immanuel Kant: »Der Appell an die Affekte ist eine Trugkunst.« Und dann Karl Jaspers: »Der Politiker wird zum Staatsmann dadurch, an welche Antriebe er im Volke sich wendet. Er ruft aus der Tiefe nicht den Wahn und die Wildheit, nicht die Dummheit und Verführbarkeit, sondern die Vernunft der Bürger.«*
Geißler: *So ist es.*

Interviewer: *Eine schöne Lesefrucht.*
Geißler: *Ja.*
Interviewer: *Werden Sie den Postulaten immer gerecht?*
Geißler: *Ich glaube schon.*
Interviewer: *Gut.*
Geißler: *l,7 Millionen »Gesinnungsgefangene«, sagt Sacharow, leben in der Sowjetunion. Darauf hinzuweisen, daß äh laut »Amnesty International« zwei Millionen Leute in sowjetischen Konzentrationslagern leben, äh ist nicht ein Appell an Wahnvorstellungen, / sondern ein Hinweis / auf Realitäten.*
Interviewer: */ Können Sie verstehen / – Können Sie verstehen, das was Sie jetzt gesagt haben, stand in gar keinem Zusammenhang mit Ihren Zitaten aus dieser Bundestagsdebatte.*
Geißler: *Doch.*
Interviewer: *Können Sie verstehen, daß es auch erschreckend wirken kann, wenn jemand seiner Funktion so dient wie Sie, das heißt, wenn er an jede an sich ausreichende Antwort auf die gestellte Frage einen Zusatz dran hängt, um die Gelegenheit zu nutzen? Können Sie verstehen, daß dieses eine Pflichterfüllung ist, die auch erschrecken kann?* (ARD, gesendet am 26. Mai 1985).

Die umstrittene Reaktion des Interviewpartners läßt zwei Deutungen zu: Der Interviewte versucht entweder mit einer Art Vorwärtsstrategie dem möglichen Vorwurf zuvorzukommen, er gehöre zu jenen Politikern, die Stimmungsmache betreiben, oder er mißbraucht das Interview für eine Hetzkampagne. Der Interviewer schließt auf ein Propagandamanöver und macht es zum Thema: Er spricht über das, was gerade gesprochen wurde.

Metakommunikation hilft, schwierige Situationen zu klären, indem Mißverständnisse ausgeräumt oder Unredlichkeiten entlarvt werden.

1.14 Unterbrechen

Jemandem ins Wort fallen, gilt zwar als unhöflich. Dennoch kommt ein Interviewer im Radio oder Fernsehen immer wieder in die Lage, das Wort ergreifen zu müssen, wenn der Befragte noch spricht. Sei es, daß der Interviewpartner gerade Gelegenheit zum Nachhaken bietet; sei es, daß der Interviewte so in Fahrt kommt, daß er sich sonst nicht bremsen läßt.

Wer eine gewisse Antwortlänge überschreitet, abschweift oder sich im unverbindlichen Schwadronieren verliert, muß damit rechnen, daß der Interviewer ihn unterbricht. In solchen Fällen kann der Interviewer auch mit dem Einverständnis der Zuhörenden rechnen. Wird der Interviewpartner jedoch zu früh oder in einem ungünstigen Augenblick unterbrochen, fällt der Interviewer beim Publikum in Mißkredit. Es kommt allerdings nicht nur auf den geeigneten Zeitpunkt, sondern auch auf die Technik des Wortergreifens an.

Im folgenden Interviewausschnitt spricht Kurt Biedenkopf über seine Lehrtätigkeit an der Universität Leipzig:

Interviewer: *Welche Ideen wollen Sie dort einbringen?*
Biedenkopf: *Es ist eine vom didaktischen her außerordentliche reizvolle, aber auch schwierige Herausforderung, jungen Menschen die Grundregeln marktwirtschaftlicher Ordnung – Wirtschaftsrecht also ist mein Gebiet, Wirtschaftsrecht und Wirtschaftsordnung – äh näherzubringen, denen jede aus ihrem bisherigen Leben, aus ihrem Erwachsenwerden jede Erfahrung mit offenen Systemen fehlt und...*
Interviewer: *Mit offenen Systemen meinen Sie das marktwirtschaftliche System?* (TV DRS der SRG, gesendet am 1. Juli 1990).

Der Interviewer nimmt einen Begriff aus dem letzten Teil der Aussage des Interviewpartners auf und knüpft seine Frage daran. Bei dieser Reißverschlußtechnik wiederholt der Interviewer Kernbegriffe, Reizwörter oder Schlagwörter aus der vorangehenden Äußerung des Interviewpartners. Dieses Vorgehen wirkt auf den Zuhörer weniger abrupt, als wenn der Interviewer direkt mit einer neuen Frage interveniert. Es eignet sich vor allem auch für Interviewpartner, die am Ende einer Äußerung keine Pause machen und die Stimme in der Schwebe halten.

In diesem Zusammenhang haben Untersuchungen über das Simultansprechen ergeben, daß ein Sprecher eher ans Wort kommt, wenn er den Gesprächspartner erst nach dem Satzprädikat unterbricht.

Bei hartnäckigen Dauerrednern muß manchmal stärkeres Geschütz aufgefahren werden, indem zum Beispiel der Journalist den Interviewpartner mit Namensruf stoppt: »Herr Kraus!«. Andererseits können auch nonverbale Signale (wie: Atem holen, Gesten mit der Hand, Änderung der Körperhaltung) genügen, um den Befragten zum Ende kommen zu lassen.

1.15 Die schlechten Interview-Moden

Der redaktionelle Aufwand für ein Radio- oder Fernseh-Interview ist trotz intensiver Vorbereitung gewöhnlich geringer als für Interviews in den Printmedien. Die Verlockung, lieber ein Interview zu machen als zum Beispiel einen recherchierten Bericht zu gestalten, ist daher für Radio- und Fernsehjournalisten groß.

Vor allem im schnellebigen Medium Radio dient das Interview oft als Notlösung, wenn das Thema zu komplex oder die Zeit knapp ist. In solchen Fällen schwingen sich Journalisten zu Fragen auf, wie: *»Was steht im Initiativtext? »*, oder: *» Wie lange benötigen Sie für die Sammlung der Unterschriften? »*, oder: *» Wer gehört dem Initiativkomitee an?«*

Auch für die elektronischen Medien gehören solche Faktenfragen zur Recherche und nicht in ein Interview. Für die Vermittlung elementarer Fakten gibt es geeignetere Formen, etwa die Nachricht oder den Bericht. Es ist Sache der Journalisten, Fakten mediengerecht aufzubereiten. Diese Aufgabe sollte nicht an den Interviewpartner abgegeben werden.

Recherche-Befragungen, die vor dem Publikum als Interview ausgegeben werden, verdanken ihre zunehmende Beliebtheit nicht zuletzt dem Telefon. Es ist zwar verständlich, wenn ein Radio- oder Fernseh-Journalist unter Zeitdruck die Möglichkeiten dieses einfachen, raschen Kommunikationsweges nutzt. Gerade diese Leichtigkeit der Kontaktaufnahme verleitet jedoch zu Gesprächen, die kaum vorbereitet und oft unstrukturiert sind. Leichtfertig ist es auch, ein Interview nur als Mittel zur Bereicherung der Präsentationsformen einer Sendung zu verwenden. Auch dadurch wird die Bedeutung dieser Form herabgesetzt.

Radio- und Fernseh-Interviews mit Showstars sind meist Teil einer umfangreichen PR-Strategie. Da sollte sich der Journalist überlegen, wie weit er sich als Promoter einspannen lassen will. Vor allem im Sport wird ein fragwürdiger Personenkult getrieben: Muß wirklich bei Großanlässen jeder Sieger vors Mikrophon geschleppt werden, wo er doch meist nur Nichtssagendes von sich gibt?

Der Versuch, komplexe Themenbereiche dialogisch abzuhandeln, kann unter Umständen die Form des Interviews überfordern. In solchen Fällen sollte man sich nicht scheuen, die Möglichkeiten des TV-Mediums voll auszuschöpfen. So können beispielsweise Filmeinspielungen, Grafiken oder Material vom Aufnahmeort wichtige Erklärungshilfen sein, um ein Interview zu ergänzen und das Thema verständlicher zu machen.

2. Das Interview im Hörfunk

Eine Einführung in die Techniken des Radio-Interviews

Von Amelie Gräf

Frankfurter Buchmesse. Gedränge auf den Gängen, lautes, hallendes Stimmengewirr. Ich bin mit meinem Aufnahmegerät unterwegs, um mit dem Heidelberger Familientherapeuten Helm Stierlin ein Interview über sein neuestes Buch zu machen. Doch um mich herum ist es so laut, daß ich schon daran zweifle, ob ich unter diesen Bedingungen ein sendefähiges Interview zustande bringe.

Eine alltägliche Situation für eine Hörfunkjournalistin. Ich kann mir die Umgebung nicht immer aussuchen; gleichwohl muß sie ruhig und störungsfrei genug sein, damit die O-Töne – die Aufnahme meiner Fragen und der Aussagen meines Interviewpartners – verständlich über den Sender gehen können. Dies sind Bedingungen, die sich von denen eines Zeitungsjournalisten, in mancher Hinsicht auch von denen des Fernseh-Journalisten unterscheiden.

2.1 Hauptmerkmale des Hörfunk-Interviews

Als Hörfunk-Interviewerin muß ich mich auf die Geräusche einstellen; ich bin also eine *hörende* Journalistin. Ich kann die Interviewsituation nicht anschaulich machen wie im Fernsehen. Während etwa eine lärmige Straße im Hintergrund den TV-Zuschauer auf die Situation einstimmt – die Konzentration auf das gesprochene Wort geschieht automatisch –, wirkt sich dasselbe Straßengeräusch im Hörfunk sehr störend aus. Für einen Zeitungsjournalisten wiederum spielt die akustische Umgebung keine Rolle.

Nachdem ich meinen Interviewpartner Helm Stierlin gefunden und begrüßt habe, suche ich nach einer ruhigen Umgebung für das Interview.

Glücklicherweise gibt es Kabinen, die das laute Stimmengewirr auf den Gängen dämpfen. In der Kabine ist es eng. Das hat immerhin den Vorteil, daß ich Helm Stierlin mit meinem Mikrophon gut erreichen kann. Tatsächlich sollte das Mikrophon stets etwa 20 cm vom Mund entfernt sein. Aufnahmegerät und Mikrophon habe ich tags zuvor gründlich überprüft – rechtzeitig genug, um bei eventuellen Störungen nicht plötzlich ohne Aufnahmegerät dazustehen. Denn auch das gehört zu den besonderen Bedingungen einer Hörfunk-Interviewerin.

Für die Aufnahmetechnik ist der Hörfunk-Journalist allein verantwortlich. Auf diese technischen Hilfsmittel kann der Zeitungsjournalist verzichten, wenn er möchte. Und der Fernseh-Journalist delegiert sie an seine Techniker, die ihn stets begleiten.

Jetzt sitze ich also Helm Stierlin gegenüber, habe eine Sprechprobe gemacht, um die Aufnahme richtig auszusteuern, und Helm Stierlin schaut mich freundlich und erwartungsvoll an. In der Kabine ist die Luft stickig. Mein Mund ist trocken, es gibt hier aber nichts zu trinken. Ich brauche jetzt eine klare, deutliche und nicht belegte Stimme.

Die Stimme ist im Hörfunk neben Geräusch und Musik der entscheidende Übermittlungsträger. Der Fernseh-Journalist hat die Bilder als wohl wichtigsten Übermittlungsträger, der Zeitungsjournalist kann sich auf sein Interviewprotokoll stützen.

Wenn jetzt das Band läuft, kommt es auf meine volle Konzentration an. In der Hörfunk-Situation gibt es keine fließenden Übergänge zwischen Vorgespräch und Interview, wie sie der Zeitungsjournalist nutzen kann. Das Anschalten des Gerätes bedeutet auch immer einen Bruch in der Kommunikation.

Die Hörfunk-Interviewsituation ist apparativ definiert und läßt sich nur mit einer sowohl auf die Technik wie auf den Inhalt bezogenen Konzentration bewältigen.

Die vier Hauptmerkmale ziehen eine Reihe handwerklicher Konsequenzen nach sich, die wir im folgenden kurz skizzieren, ehe die Durchführung eines Hörfunkinterviews besprochen wird.

1. *Aktives Hören:* Während der Aufnahme sollten Hintergrundgeräusche so weit wie möglich ausgeschaltet werden. Konkret: Ich wähle lieber kleine als große Räume, um den Hall zu verringern. Ich achte darauf, daß der Raum wenn möglich keine Neonröhren und keine Klimaanlage hat, denn die erzeugen meist störende Nebengeräusche. Ich schließe die Fenster im Raum, auch wenn es heiß ist, denn der Straßenlärm, den unser Gehör im Alltag automatisch auszublenden versucht, ist in der Aufzeichnung deutlich wahrnehmbar. Wenn ich draußen ein Interview mache, stülpe ich eine Schaumstoffkugel über mein Mikrophon; dieser Schutz bewirkt, daß der Wind keine pfeifenden Nebengeräusche verursacht.

2. *Die Hörfunk-Technik:* Für ein Hörfunk-Interview entscheidend ist die Qualität seiner Aufnahme. Redakteure und Cutterinnen sind immer wieder fassungslos über das oftmals schlechte Material, das hörfunkunerfahrene Interviewer ins Funkhaus bringen. Eine gute Aufnahme hängt ab von der Qualität
a) des Aufnahmegerätes,
b) des Mikrophons,
c) des Bandmaterials.

Das Aufnahmegerät sollte leicht, einfach und sicher sein. Es sollte kein Eigenrauschen oder -brummen und nur ein sehr geringes Bandrauschen haben, über ein Zählwerk, eine Aussteuerungskontrolle, einen Bandsortenwähler und ein Dolby-System verfügen, auch mit Batterien zu betreiben sein, genügend Höhen und Tiefen einfangen (Frequenzgang) und im Gleichlauf nur sehr gering schwanken.

Alle diese Kriterien erfüllt – auf dem Stand von 1990 – zum Beispiel der SONY-Walkman D6-C, ein Kassettengerät, mit dem inzwischen viele Rundfunk-Journalisten arbeiten. Er kostet etwa Fr. 800.--. Die beste Aufnahmequalität garantiert zwar nach wie vor das NAGRA-Tonbandgerät, mit dem auch das Fernsehen arbeitet. Es ist allerdings so teuer, daß ein freier Journalist sich das in der Regel nicht leisten kann.

Unter den Mikrophonen empfiehlt sich ein sogenanntes Richtmikrophon, und zwar für Straßenbefragungen genauso wie für Aufnahmen in Räumen. Ein Richtmikrophon hat den Vorteil, daß es die Hintergrundgeräusche zurückdrängt. Es sollte außerdem griffunempfindlich sein, damit es keine Geräusche entwickelt, wenn es in der Hand des Interviewers liegt. Ein empfehlenswertes Richtmikrophon – ein Monomikrophon, das für das gesprochene Wort ausreicht – ist das Sennheiser MD 421, die sogenannte »Keule«. Aber auch das Stereomikrophon SONY ECM 929 LT ist brauchbar, wenn auch griffempfindlicher als das Sennheiser-Mikrophon (Stand 1990).

Um störende Knackgeräusche während der Aufnahme zu vermeiden, sollte man die Mikrophonschnur um die Hand wickeln, die das Mikrophon hält.

Das Bandmaterial schließlich sollte nicht aus Billigkassetten bestehen, CRO2-Kassetten sind besser als Normalkassetten, 2x30-Minuten-Kassetten besser als 2x45-Minuten-Kassetten (die Bänder sind etwas weniger dünn) – und der erwähnte SONY-Walkman verträgt sich am besten mit einer guten SONY-CRO2-Kassette. Für die Aufnahme sollte man das DOLBY-Rauschunterdrückungssystem benutzen (beim SONY-Walkman am besten den B-Type, der C-Type macht die Aufnahme zu dumpf).

3. *Die Stimme als Übermittlungsträger:* Die Stimme im Hörfunk ist der Übermittlungsträger. Doch seltsamerweise bieten nur wenige Rundfunkanstalten eine hauseigene Schulung der Stimme und des Sprechens (Sprecherziehung) an, und nur wenige gönnen sie ihren Mitarbeitern kostenlos.

Die meisten Journalisten benötigten indessen eine Stimmschulung, denn oft ist ihre Stimme zu leise, zu piepsig, zu kurzatmig, zu verschliffen oder zu nuschelig. Ich beobachte immer wieder in der Interviewausbildung, daß der Stimmkraft zu wenig Aufmerksamkeit geschenkt wird. Dabei kann eine kräftige und klare Stimme viel dazu beitragen, daß der Interviewer die Führung des Interviews behält und daß man ihm in der Sendung gerne zuhört.

Vor allem Frauen haben mit ihrer Stimme häufig Schwierigkeiten, weil sie sich nicht trauen, ihre Stimmkraft einzusetzen. Wer seine stimmliche Ausdrucksfähigkeit schulen möchte, und dazu gehört ganz besonders die Schulung des Atems, der oder die sollte sich von einer Logopädin oder Sprecherzieherin unterstützen lassen. Dabei sind Logopädinnen in der Regel eher spezialisiert auf Sprechfehler wie zum Beispiel das Lispeln, während Sprecherzieherinnen eher die Ausdrucksfähigkeit und Modulation der Stimme schulen. Häufig bezahlt sogar die Krankenkasse die Schulung im Sinne einer Behandlung, weil das Sprechen im Hörfunk-Journalismus ja eine wichtige Tätigkeit ist. Zu empfehlen ist die Stimmschule *Schlaffhorst-Andersen;* in allen größeren Städten der Bundesrepublik arbeiten Logopädinnen und Sprecherzieherinnen nach dieser Methode der Atem- und Stimmschulung. Man kann sich auch ein wenig selbst helfen, indem man darauf achtet, eine möglichst unangestrengte und nicht eingequetschte Sitzhaltung einzunehmen und mit den Füßen guten Kontakt zum Boden zu halten. Der Atem ist besonders wichtig; je tiefer ich atmen kann, desto mehr Kraft und Wohlklang hat meine Stimme. Wer durch Streß oder Aufregung eine belegte Stimme hat, der sollte sich vor oder während des Interviews möglichst nicht räuspern, weil es die Stimmbänder anstrengt und das Kratzen im Hals eher verstärkt – besser ist es, vorsichtig zu hüsteln und sich auf einen tiefen Atem zu konzentrieren.

4. *Konzentriertes Verhalten:* Daß ausgerechnet das Hörfunk-Interview eine besondere Sprech-Disziplin erfordert, ist technisch bedingt: die schlecht formulierte, ausschweifende, mit »äh's« und »mh's« durchsetzte Frage kann nicht geglättet werden wie im geschriebenen Interview. Bleibt nur das Schneiden: Man nimmt die eigenen Fragen heraus und ersetzt sie durch einen nachträglich formulierten Vorspann oder Zwischentext.

Die Einleitung meiner ersten Frage im Interview mit Helm Stierlin auf der Frankfurter Buchmesse lautet: »Herr Stierlin, Sie haben gerade jetzt gemeinsam mit zwei Kollegen ein Buch herausgegeben, das einen Kongreß von Familientherapeuten protokolliert. Sie haben das Buch ‚Familiäre Wirklichkeiten' genannt. Wie stellen sich denn für einen Familientherapeuten familiäre Wirklichkeiten dar?«

Wenn diese Einleitung unvollständig oder unklar formuliert wurde, dann sollte ich sie aus dem Interview herausnehmen und Helm Stierlins Antwort folgendermaßen antexten: »Der Familientherapeut Helm Stierlin hat gemeinsam mit zwei Kollegen soeben ein Buch herausgegeben... Wie stellen sich für den Familientherapeuten Helm Stierlin ‚Familiäre Wirklichkeiten' dar?« Wenn man sich aber für ein eigentliches Interview als Sendeform entscheidet, müssen die Fragen gut formuliert, also klar, einfach und präzise gefaßt sein.

Auf Disziplinlosigkeit zurückzuführen ist das kommentierende Begleiten der Äußerungen des Interviewpartners, etwa durch »mh«, »ja« usw. Das wirkt sich negativ auf die Konzentration des Hörers aus; hier sollten Hörfunk-Journalisten das stumme Zuhören lernen.

In Interviews, die nicht live über den Sender gehen, sollte man vermeiden, dem Interviewpartner ins Wort zu fallen, weil sich dann das Material nicht mehr schneiden läßt.

Bei Live-Interviews, die ungeschnitten gesendet werden, ist das nicht so problematisch. Allerdings sind zwei sich überlagernde Stimmen schwer verständlich; wenn möglich, sollte der Interviewer darauf verzichten.

Auch beim Fernsehinterview sollte das Bandmaterial schneidbar sein; der entscheidende Unterschied: der Interviewer und sein Gegenüber sind im Hörfunk unsichtbar. Darum kann sich der Hörer nur schlecht orientieren. Was zum Beispiel ist im Hintergrund wahrnehmbar: Ein Wasserfall oder ein aufgedrehter Wasserhahn, knisterndes Papier oder knisterndes Feuer? Weil Geräusche oft so unspezifisch sind, arbeiten die Geräuschemacher für das Hörspiel meist mit Ersatzstoffen.

2.2 Die wichtigsten Formen des Interviews im Hörfunk

2.2.1 Das Interview als Teil einer Produktion

Da das reine Interview im Hörfunk mittlerweile eher zu den Ausnahmen als zu den Regeln gehört, verwenden die meisten Hörfunk-Journalisten die Äußerungen ihrer Interviewpartner für Einblendungen in Berichte oder in Dokumentationen: Die Statements der Interviewpartner werden aus dem Interview herausgeschnitten und dann mit Zwischentexten versehen, die im Studio aufgenommen werden.

Wenn man das Interview auf diese Weise verarbeiten will, sollte man auf folgende drei Gegebenheiten achten:

a) Wenn Aussagen *mehrerer Interviewpartner* in den Bericht oder die Dokumentation aufgenommen werden, ist auf die etwa gleiche Tonqualität der Aufnahmen zu achten. Qualitätssprünge wirken sich vor allem bei collageartigem Zusammenschneiden negativ auf das Hörerlebnis aus.

Auch der jeweilige akustische Hintergrund sollte nicht zu stark abweichen. Ausnahme: Die Hintergrundgeräusche werden gezielt als dramaturgisches Mittel eingesetzt, um in der jeweiligen Situation Atmosphäre zu erzeugen. Wenn ich zum Beispiel das Interview mit Helm Stierlin auf der Buchmesse als Live-Interview senden will, kann es reizvoll sein, das Stimmengewirr im Hintergund leise wahrzunehmen. Ein weiteres dramaturgisches Stilmittel bietet auch der dezente Einsatz von Musik als Statement-Trenner.

b) Will man *nur die Statements* der Interviewpartner benutzen,ist es wichtig, sie in vollständigen Sätzen aufgenommen zu haben. Hilfreich ist dafür das *offene Fragen,* hinderlich sind geschlossene und suggestive Fragen. Das gilt übrigens vor allem bei Interviews mit Kindern, die sehr genau auf eine Frage reagieren: Bei geschlossenen oder bei suggestiven Fragen antworten sie in der Regel kurz und bündig mit »Ja« oder »Nein«.

Eine offene Fragehaltung im Interview mit Helm Stierlin: »Welche speziellen Paarschwierigkeiten haben Anton und Antonine?« Antwort: »Es geht bei ihnen vor allem um Fragen der Gerechtigkeit.«

Suggestives Fragen: »Anton und Antonine, die haben doch diese speziellen Paarschwierigkeiten, wo es um Fragen der Gerechtigkeit geht.« Antwort: »Ja, genau, wie Sie sagen.«

c) Für Berichte mit *Einblendungen* oder bei *Dokumentationen* ist besonders wichtig, auf ausreichende Pausen zu Beginn und am Ende jedes Statements zu achten, damit später ohne Schwierigkeiten geschnitten werden kann. Auch sollten die Statements erst dann enden, wenn der Interviewte die Stimme nach unten gezogen hat. Man sollte sich vor dem Interview entscheiden, welche Fragen in der Sendung vorkommen.

2.2.2 Das Interview am Ort des Geschehens

Da gibt es zwei Möglichkeiten: das Live-Interview oder das Interview, das hinterher bearbeitet werden kann.

Beim Live-Interview am Ort des Geschehens können Hintergrundgeräusche bewußt mit aufgenommen werden. Bei einem Interview mit einem Bauern auf seinem Hof zum Beispiel schaffen erst das Muhen der Kühe oder das Schnattern der Gänse im Hintergrund die Atmosphäre.

Bei einem Interview, das hinterher bearbeitet werden soll, also nicht live gesendet wird, ist darauf zu achten, daß der akustische Hintergrund der gleiche bleibt; es ist verwirrend für den Hörer, den interviewten Bauern erst im Stall und dann auf der Wiese zu vermuten – wenn es ihm vom Interviewer nicht erklärt wird.

Für den Bericht mit Einblendungen oder in Dokumentationen ist es am günstigsten, das Interview an einem ruhigen, ungestörten Ort aufzunehmen und den akustischen Hintergrund extra auf Band zu nehmen; im Studio läßt sich dann beides mischen. Auf diese Weise bleibt die Stimme immer im Vordergrund, der Hintergrund wird auf den Vordergrund abgestimmt und vermanscht sich nicht mit ihr.

Bei Interviews mit Kindern sollte der Interviewer damit rechnen, daß sie in der Regel nur dann gerne über ihr Pony reden, wenn sie auch bei ihm auf der Wiese sind – sie brauchen den konkreten Ort, um ins Erzählen zu kommen. Das heißt aber auch, daß der Interviewer die Hörer über den Ort des Geschehens und die Geräusche informieren sollte.

2.2.3 Das Interview im Studio

Technisch gesehen gibt es zwei Möglichkeiten: Das Interview findet im Studio statt, oder es wird über Telefon oder Standleitung geführt.

Das *persönliche Interview* im Studio bedeutet insofern erst einmal eine Entlastung, da ich nicht selbst für die Technik verantwortlich bin. Dafür aber ist die Zusammenarbeit mit der Regie besonders wichtig. In der Live-Situation stellt der Kopfhörer die Verbindung zwischen Interviewer und Regie her. In der Regel sind die eingeladenen Interviewgäste – sofern sie keine Profis sind – im Studio noch aufgeregter als in ihrer gewohnten Umgebung. Deshalb braucht der Interviewgast Zeit, sich an die Situation zu gewöhnen. Der Interviewer sollte sich um die Entspannung seines Gastes sorgen, indem er sich die Zeit nimmt, vor der Sendung mit ihm zu plaudern. In der geschützten Raumsituation des Studios (»Wir sind hier die einzigen Menschen auf der Welt«) kann es dazu kommen, daß das Interview eher in ein Gespräch oder eine unverbindliche Plauderei übergeht. Da sollte der Hörfunkjournalist darauf achten, daß er die Gesprächsführung beibehält, indem er mit seinen Fragen den Interviewten führt.

Das *Interview per Telefon oder Standleitung* ist insofern schwierig, da man sich von der Situation des Interviewpartners keine Vorstellung machen kann. Hier ist das Vorgespräch wichtig, sofern die Möglichkeit dazu besteht. Wenn das nicht geschehen kann, sollte der Hörfunkjournalist in der Interviewsituation wenn möglich Fingerspitzengefühl walten lassen, damit er seinem unsichtbaren Interviewpartner gerecht werden kann. Eine Sendung zum Beispiel, in der Hörer anrufen können, befaßt sich mit dem Thema: Sollen Eltern ihre Kinder strafen, und wenn ja, wie?

Zwei Minuten vor Ende der Sendung wird ein Mädchen telefonisch mit der Moderatorin verbunden; es erzählt, daß es sich einsam und verzweifelt fühlt, weil seine Eltern ihm einfach nicht zuhören; es denke öfter daran, sich umzubringen. Die Moderatorin am Telefon antwortet, sie könne darauf gar nichts sagen und bittet die im Studio anwesende Psychologin um eine Antwort. Diese fordert das Kind auf, die Eltern doch mal zu bitten, sie sollten ihm zuhören, dann würde sicher alles gut werden. Daraufhin wird das Interview abgebrochen, weil die Sendung zu Ende geht. In einer solchen Situation wäre es wichtig, das Kind in der Leitung zu behalten und nach Ende der Sendung mit ihm weiterzureden. Dies freilich erfordert viel Professionalität und Geistesgegenwart vom Hörfunkjournalisten. Wer sich also auf Telefoninterviews einläßt, der sollte möglichst auch solche Situationen professionell bewältigen.

Das Interview *per Standleitung* ist teurer als per Telefon. Das liegt daran, daß die Post eine Leitung von Sender zu Sender schaltet, die eine so gute Übertragungsqualität besitzt, daß der Eindruck entsteht, der Interviewpartner sitze mit am Studiotisch. Für den Interviewer im Studio ist das übrigens ein seltsames Gefühl, denn die akustische Distanz ist aufgehoben, der Interviewpartner stimmlich sehr präsent, aber genauso unsichtbar wie ein Telefonpartner. Die Standleitung muß vorher über die Redaktion beantragt werden. Ein Hörfunkjournalist, der ein Interview per Standleitung führt, sollte wegen der hohen Kosten besonders gut vorbereitet sein und im Vorgespräch so viele Absprachen getroffen haben, daß er sofort zur Sache kommen kann.

2.3 Wie ein Hörfunk-Interview durchgeführt wird

2.3.1 Die Interview-Vorbereitung

Die technische Vorbereitung beginnt mit der Prüfung der Geräte auf ihre Funktionstüchtigkeit. Dazu ist eine Sprechprobe notwendig: Gibt es Bandrauschen? Störende Geräusche oder Knacker? Gibt es einen Wakkelkontakt? Ist der Tonkopf sauber? Sind Kassette oder Band einwandfrei? Funktioniert das Mikrophon? Findet das Interview draußen oder in einem Raum statt? Zur Sicherheit immer Windschutz und genügend Ersatz-Kassetten oder -Bänder einstecken. Kassetten oder Band vorher beschriften (Thema und Interviewpartner) und das Gerät so präparieren, daß sofort mit der Aufzeichnung begonnen werden kann.

Die *inhaltliche Vorbereitung* beginnt mit der Abklärung des Verwendungszwecks: Soll das Interview als reines Interview oder als Bericht mit Einblendungen gesendet werden? Bericht mit Einblendungen heißt: Die Statements des Interviewpartners sind eingebettet in die eigenen Zwischentexte. Wenn ein reines Interview gesendet werden soll, sind die Fragen genau zu überlegen:

a) Welche Formulierungen fassen die Fragen in die kürzeste Form?
b) Welche Informationen muß die Frage mitliefern (wie: Vorstellung des Interviewpartners, Erklärung von Fachausdrücken und Fremdwörtern)?
c) Sind die Fragen sprechbar formuliert – oder spreche ich mich in Teufels Küche?

Im Interview mit Helm Stierlin könnte ich fragen:
»Also, Sie haben ja gerade erzählt, daß Sie als Familientherapeut arbeiten. Angenommen, jetzt kommt so eine Familie zu Ihnen. Die kommt nicht mehr mit sich zurecht, die Familienmitglieder streiten sich dauernd oder einer von ihnen wird immer wieder krank – und die will sich jetzt von Ihnen helfen lassen. Wie können sie denn einer solchen Familie helfen, die da zu Ihnen gekommen ist?«

Diese Frage ist schlecht und unpräzise formuliert, die Erläuterung umständlich und überflüssig. Besser würde ich so fragen:
»Wie können Sie als Familientherapeut einer solchen Familie helfen?«
(Einer Familie, deren besondere Problematik Helm Stierlin gerade vorher beschrieben hat).

Die beste Möglichkeit, sprechbare Fragen zu formulieren: Die Fragen vorher aufschreiben und laut lesen; prüfen, wo ich stolpere, wo ich meinen Sprachfluß durch ineinandergeschachtelte Sätze oder durch viele aufeinanderfolgende Substantive hindere. Dieser Satz selbst ist ein gutes Beispiel für einen schlecht zu sprechenden Satz. Wenn ich jetzt meinen Interviewpartner aufgesucht habe, folgt das Vorgespräch, um meinen Interviewpartner darüber zu informieren, was ich von ihm wissen will und wozu das Interview dienen soll.

Hier muß ich vor allem auf zwei Dinge achten:

a) Der Interviewpartner sollte nicht schon im Vorgespräch erzählen, was ich erst im Interview von ihm erfahren will. Es könnte sonst zu einer Situation wie in jenem Loriot-Sketch kommen, als der Lottogewinner Erwin Lindemann sein Statement probeweise fehlerfrei über die Bühne brachte und in der Aufnahmesituation völlig durcheinander geriet. Und das führt zum zweiten Problem:

b) Der Hörfunk-Interviewer muß damit rechnen, daß sein Interviewpartner mikrophonscheu ist. Das kann bedeuten, daß er oder sie im Vorgespräch munter erzählt und in der Aufnahmesituation verwirrt ist oder gar verstummt. Hier sollte man sich schon im Vorgespräch ein Bild der Persönlichkeit des Interviewpartners machen und so viel Vertrauen und Lockerheit wie möglich herstellen. Dazu gehört das Schwatzen über belanglose Dinge, wenn die Situation sich zu verkrampfen droht, über das Haustier, die Bilder an der Wand, den Garten vor der Tür, usw. Es kann auch erlösend sein, die Mikrophonscheu anzusprechen, Beispiele aus anderen, ähnlichen Interviewsituationen zu erzählen oder sich zur eigenen Angst vor dem Mikrophon zu bekennen. Das entlastet in der Regel.

Bevor das Interview beginnt, ist noch eine Sprechprobe angezeigt. Der Interviewpartner soll ein paar Sätze ins Mikrophon sprechen; dabei beachten, daß das Gerät ziemlich hoch ausgesteuert ist, um die Hintergrundgeräusche möglichst gering zu halten. Das Mikrophon sollte so nah wie möglich dem Interviewpartner entgegengehalten werden. Dabei darf es keine Scheu geben. Steht das Mikrophon nämlich auf dem Tisch, wäre es zwar nicht so auffällig, aber für Interviewer und Interviewpartner zu weit entfernt. Deshalb gilt generell: auch bei langen Interviews das Mikrophon in der Hand halten. Darauf achten, daß es beim Sprechen nicht weiter vom Interviewpartner entfernt ist als von einem selbst. (Das gibt dann ärgerliche Lautstärkeunterschiede, die später die Cutterin während der Schneidearbeiten ausgleichen muß; das kostet Zeit, und die ist im Schneideraum immer knapp).

Es empfiehlt sich, die Sitzordnung so zu wählen, daß man über Eck sitzt. Die Sprechprobe sollte vor dem Interview abgehört werden, um festzustellen, ob der Interviewpartner zu leise, zu nuschelig, kurz: unverständlich spricht. Wenn dieser beim Sprechen stark zwischen laut und leise wechselt dann sollte man den Mikrophonabstand variieren. Wenn dieser Ausgleich nicht geschieht, muß die Cutterin später die lauten

Stellen erneut kopieren und dabei den Lautstärkepegel verringern. Auch dies ist eine unangenehme Arbeit, die Zeit kostet. Wenn der Interviewte in dieser Hinsicht schwierig ist, darf es keine Scheu geben, ihn zu bitten, lauter, deutlicher oder ausgewogener zu sprechen.

2.3.2 Der Ablauf des Interviews

Endlich kann ich meine erste Frage stellen: »Herr Stierlin, Sie haben gerade gemeinsam mit zwei Kollegen ein Buch herausgegeben, das einen Kongreß von Familientherapeuten protokolliert. Sie haben das Buch 'Familiäre Wirklichkeiten' genannt. Wie zeigen sich denn für einen Familientherapeuten diese familiären Wirklichkeiten?«

Ich halte das Mikrophon jetzt meinem Interviewpartner nah vor den Mund und schaue ihn erwartungsvoll und aufmunternd an.

Wenn er oder sie scheu ist, achte ich besonders auf den Augenkontakt und unterstütze ihn oder sie beim Reden mit Nicken und freundlichem Lächeln. Ich sollte jetzt nicht mehr mit Fummelarbeiten am Aufnahmegerät beschäftigt sein und keine Scheu haben, ihm oder ihr in die Augen zu schauen. Mimik und Gestik (die im Hörfunk geräuschlos sein sollten) unterstützen mich darin, das zu erreichen, was ich will.

Es kann natürlich Interviewte geben, die durch Nicken oder Augenkontakt irritiert werden, also sollte ich darauf achten, wem das gut tut und wem nicht. Bei Wasserfall-Interviewpartnern, die die Gelegenheit wahrnehmen wollen, endlich das zu sagen, was sie schon immer loswerden wollten, oder bei gewieften Public-Relation-Leuten, die den Interviewer durch Schnell- und Vielreden zu verwirren oder zu lähmen suchen, sollte ich natürlich mit meiner Mimik und Gestik zeigen, daß ich noch vieles zu fragen habe. Zum Beispiel so: Erst sich distanzierend etwas zurücklehnen (Achtung Mikrophonabstand), dann verstärkt nach vorne gehen und ein stoppendes Handzeichen machen. Wenn das nichts nützt, zum äußersten Mittel greifen: dem Interviewten die Hand auf den Unterarm legen. In der Regel hält er inne, weil die übliche Körperdistanz plötzlich aufgehoben ist. Auf keinen Fall dem Interviewpartner ins Wort fallen. Wenn er seine Antwort gegeben hat, eine kurze Pause bis zur nächsten Frage lassen, damit später Schneiden möglich ist. Gleichzeitig sollte man darauf achten, daß der Interviewte am Ende seines Statements seine Stimme nach unten führt. Bleibt die Stimme oben, wirkt das Statement abgerissen, es entsteht der Eindruck der Manipulation; das Interview verliert damit an Glaubwürdigkeit. In solchen Situationen bitte ich den Interviewpartner, sein Statement noch einmal zu wiederholen.

Während ich mich also die ganze Zeit voll auf meinen Interviewpartner konzentriere, muß ich gleichzeitig an die Hörer denken: Äußert sich der Interviewte verständlich? Benutzt er Fachbegriffe, ohne sie zu erklären? Wird er zu abstrakt (konkrete Beispiele verlangen), fängt er an zu nuscheln? Gibt es störende Außengeräusche (ein Flugzeug, Lastwagen auf der Straße, schleudernde Waschmaschinen, einen ständig knarrenden Korbstuhl)? Schließlich sollte man das Mikrophon – auch bei langen Interviews – in der Hand behalten.

Ich hatte mal einen extrem ängstlichen Interviewpartner, er war Leiter eines geschlossenen Mädchenheims, der nahm mir nach meiner ersten Frage einfach das Mikrophon aus der Hand, offenkundig, um so auch die Situation in die Hand zu bekommen. Das Mikrophon gehört immer in meine Hand, denn ich bestimme, was im Interview wie geschieht.

Nach dem Interview wollen manche Interviewten (vor allem Kinder und Jugendliche) ihre eigene Stimme nochmal hören. Das ist heikel, weil manche Interviewpartner nach dem Hören ihrer Stimme regelrecht verstört sind: Sie finden, daß sie unvollkommen geredet haben oder auch, daß sie einzelne Aussagen zurückzunehmen wünschen. Auf den zuvor geäußerten Wunsch, das ganze Interview hinterher zu hören, lasse ich mich in der Regel nicht ein, sondern spreche gezielt das damit geäußerte Mißtrauen an. In der Regel lösen sich dann Angst und Unsicherheit.

2.4 Die Bearbeitung von Hörfunk-Interviews

Wenn das Interview »im Kasten« ist, beginnt der zweite Teil, der oft noch aufwendiger ist als die Vorbereitung und Durchführung des Interviews: die Bearbeitung.

2.4.1 Vorbereitung der Studioarbeit

Zuerst höre ich die Kassette oder das Band ab. Jeweils Anfang und Ende von Fragen und Antworten schreibe ich mit und versehe beide mit der

Laufzahl der Kassette. Das hat den Vorteil, daß ich auf diese Weise einen Überblick über den Verlauf des Interviews gewinne und sofort zu dem Teil des Interviews hinspulen kann, das ich entweder nochmals hören oder später im Studio kopieren lassen möchte.

Dieses Protokoll beginnt im Fall des Interviews mit Helm Stierlin so:
A 010 Fr.: »Herr Stierlin, Sie haben gerade gemeinsam ... Familiäre Wirklichkeiten«
A 016 St.: »Ja, das ist ein weites Feld ... einig über Kriterien sind.«

In einem zweiten Schritt entscheide ich mich, welche Ausschnitte ich aus meinem Interview senden will, denn in der Regel mache ich aus einem reinen Interview ein Kondensat. Bei einem Bericht mit Einblendungen konzentriere ich mich auf die Statements meines Interviewpartners. Es gibt inhaltliche wie auch formale Kriterien.

In inhaltlicher Hinsicht frage ich mich: Was kann geschnitten werden? Bleiben bei Kürzungen Logik und Verständlichkeit für den Hörer erhalten?

Ein Beispiel: Ich interviewe einen Politiker zu einem Sachthema. Wenn im Anschluß an dieses Sachgebiet die Frage auftaucht: »Warum hat sich Ihre Frau von Ihnen getrennt?«, so wirkt das sehr unvermittelt und ist für den Hörer nicht nachvollziehbar. Darum ist es wichtig, daß ich meine Frage schon im Interview verständlich umschreibe, etwa so: »Ein Politiker lebt ja nicht nur von der Politik, er hat auch ein Privatleben. Ihre Frau hat sich 1985 von Ihnen getrennt. Warum?«

Beim reinen Interview und beim Bericht mit Einblendungen sollte ich mich fragen: Mit welchen Äußerungen erreicht mein Interviewpartner mein Informationsziel? Wo sind die Statements des Interviewpartners besonders konkret, farbig, plastisch, gut verständlich? Wo faßt er etwas bündig zusammen? Kürzungen sind angebracht bei ausweichenden oder zu abstrakten Äußerungen, bei langatmigen Hinführungen zur eigentlichen Antwort auf meine Frage oder bei ausufernden Beispielen.

In formaler Hinsicht frage ich mich: Wo kann ich schneiden? Gibt es an den Schnittstellen eine Pause, fließen die Worte nicht ineinander? Verändert sich der akustische Hintergrund? Hat mein Interviewpartner am Ende seines Statements seine Stimme nach unten geführt? Wo nehmen sich Versprecher, »ähs« und »mhs« störend aus?

Nachdem das Bandmaterial nach diesen inhaltlichen und formalen Kriterien durchforstet ist, mache ich als dritten Schritt einen Schnittplan. Mit ihm steht und fällt die Schneidearbeit im Studio. Ich erleichtere damit mir und der Cutterin die Arbeit, denn ohne Schnittplan gibt es eine elend lange Spulerei während der Schneidezeit, und die ist, wie schon gesagt, in allen Funkhäusern knapp.

Auf dem Schnittplan vermerke ich zunächst die Laufzahl der Kassette. Ich gehe dabei chronologisch vor und setze ans Ende von Frage und Antwort die gestoppte Zeit. Im Interview mit Helm Stierlin:

A 010 Fr.: »Herr Stierlin, Sie haben gerade ... Familiäre Wirklichkeiten?« (16")

A 060 St.: »Ja, man kann z.B. Familien finden...für einen Familientherapeuten eigentlich keine anregende Familie« (1'25")

A 092 Fr.: »Und wie verhält es sich bei dem anderen Familientypus, den Sie gerade angesprochen haben?« (5")

A 094 St.: »Man geht davon aus, daß hier das Grundprinzip ist... aber sie können sich nicht lösen voneinander« (...) (55") (Das Auslassungszeichen (...) bedeutet eine Kürzung innerhalb dieses Statements.) »Also gewinnen ist alles, kann man sagen in diesen Situationen. (...) Und das führt dann dazu, ... streiten sie sich sofort darüber. » (43")

Wenn ich aus diesem Frage-Antwort-Interview einen Bericht mit Einblendungen machen möchte und die Chronologie des Interviews nicht mehr wahren kann, sondern von Statement zu Statement springe, vermerke ich am Ende eines Statements die jeweilige Einblendungszahl, also die Stelle, an der die Einblendung in meinem Bericht stehen soll.

Bei Dokumentationen mit mehreren Interviewpartnern verfahre ich genauso. Der einzige Unterschied zum Bericht mit Einblendungen besteht darin, daß ich auch bei längeren Dokumentationen (eine halbe Stunde Sendezeit oder mehr) meine Originaltöne ausschreibe, weil es im Anschluß an die Sendungen häufig Manuskriptanforderungen gibt.

Schließlich vermerke ich im Schnittplan mit einem Querbalken (/) die Stellen, wo der Schnitt erwartungsgemäß schwierig werden wird, um die Cutterin im Studio rechtzeitig darauf aufmerksam zu machen.

2.4.2 Die Bearbeitung des Interviews im Studio

Wenn ich jetzt mit dem Kassettenrecorder unter dem Arm in den Schneideraum komme, ist es zunächst wichtig, die Cutterin über Inhalt und Sendeplatz des Interviews zu informieren. Ich sage ihr auch, welche Qualität die Aufnahme und die Stimmen meiner Interviewpartner haben: leise, stark in der Modulation, viele »ähs« usw. Die Cutterin möchte in der Regel auch gerne wissen, wie ich heiße und wie lang das Interview werden soll. Ich sage ihr schließlich, ob ich ein reines Interview schneiden will oder ob ich ein Band mit Statements benötige, auf dem dann die einzelnen Einblendungen mit Gelbband getrennt werden. Dieses Gelbband ermöglicht eine Pause ohne akustischen Bruch, wenn ich später im Studio die Zwischentexte sprechen werde.

Die Cutterin arbeitet jetzt nach meiner Anweisung, und zwar in drei Schritten: Umschnitt, Grobschnitt, Feinschnitt.

Zunächst müssen die Originaltöne, die ich ausgewählt habe, auf Band kopiert, also umgeschnitten werden. Dabei verbindet die Cutterin meinen Kassettenrecorder mit ihrem Schneidetisch, hört erst einmal ein wenig in mein Material hinein, um die Lautstärke richtig zu regulieren und nimmt es dann auf.

Beim reinen Interview, zum Beispiel dem Interview mit Helm Stierlin, hat sie, wenn das Interview chronologisch kopiert wird, auf diese Weise alle Interviewteile im Grobschnitt hintereinander auf Band. Wenn das reine Interview oder der Bericht mit Einblendungen nicht chronologisch ablaufen soll, schneidet die Cutterin jetzt im zweiten Schritt das Band in einzelne Sequenzen, indem sie auf verschiedene Tonbandspulen, »Bobbies« genannt, aufspult. Diese Bobbies numeriert sie dann entsprechend der vorgesehenen Interviewfolge oder Einblendungen. Danach fügt die Cutterin alle Einblendungen in der neuen Reihenfolge wieder zusammen.

Im dritten Arbeitsgang, dem sogenannten Feinschnitt, säubert die Cutterin die Originaltöne: sie kürzt nach meiner Anweisung, schneidet Versprecher, längere Pausen, »ähs« und »mhs« heraus. Für den Bericht mit Einblendungen oder für Dokumentationen verbindet sie die einzelnen Einblendungen mit Gelbband. Im Anschluß an den Feinschnitt kann ich meine Zwischentexte im Studio sprechen. Während dieser Zusammenarbeit ist es wünschenswert, in Zweifelsfällen – zum Beispiel bei der Frage, eine Pause zu kürzen oder stehen zu lassen – die Sachkompetenz der Cutterin in Anspruch zu nehmen, anstatt großspurig Bescheid wissen zu wollen; das wiederum heißt nicht, daß ich nicht genau wissen sollte, was ich will. Da es keine perfekten Interviewer und schon gar keine perfekten Interviews gibt, tauchen im Schneideraum in der Regel Probleme auf, die bewältigt werden müssen. Mit Hilfe der Technik kann man einiges trickreich ausbügeln, aber nicht alles.

2.4.3 Manipulationen mit Stimmen und Geräuschen

Es treten im Wesentlichen sechs Aufnahmeprobleme auf, die mit technischen Mitteln nachträglich gemildert oder ausgeräumt werden können.

1.) *Die Stimmen sind vom Mikrophon zu weit entfernt:* Das ist das häufigste Problem, und leider läßt sich ausgerechnet da relativ wenig machen, denn wenn die Stimmen im Kopiervorgang lauter gemacht werden, verstärken sich auch der akustische Hintergrund und das Bandrauschen. Wenn die Stimmen zu dumpf klingen, kann man versuchen, sie mit Hilfe von Filtern heller und klarer zu machen, aber der Grundsatz gilt: Was das Band aufgenommen hat, läßt sich nicht wegmanipulieren. Das trifft auch für den umgekehrten Fall zu; wenn der hohe, sirrende Ton von Neonröhren oder Klimaanlagen im Hintergrund zu hören ist, kann man zwar die ganz hohen Frequenzen ausblenden und/oder durch Filter den Ton verdunkeln, aber damit werden auch die Stimmen dumpfer und so auch weniger verständlich. Erst wenn die digitale Aufnahmetechnik sich durchgesetzt hat, werden sich diese Probleme vermutlich lösen lassen.

2.) *Der Interviewer ist näher am Mikrophon als der Interviewpartner:* Schon beim Kopiervorgang kann die Cutterin den Unterschied ausgleichen. Man sollte ihr dabei helfen, indem man ihr sagt, wann sich der Lautpegel verändert. Auch Unterschiede im Sprechvorgang selbst (mal laut, mal leise) können ausgeglichen werden; aber die Cutterin sollte vorher darüber informiert werden. Es empfiehlt sich, auf dem Schnittplan diese Unterschiede zu vermerken; geschieht das nicht, muß die Cutterin u.U. einen Teil des Materials zweimal kopieren, und das ist aufwendig.

3.) *Die Stimme des Interviewpartners bleibt am Ende seines Statements oben:* Im Schneideraum nochmal ins Material hineinhören und prüfen, ob eine Aussage inhaltlich zum vorigen Satz paßt, bei der die Stimme nach unten geht. Sollte das nicht möglich sein, ist es allemal besser, die Sequenz früher durch Schnitt zu beenden und zur Not den Rest selber nachzutexten, auch wenn nun kein reines Interview mehr gegeben ist. Handelt es sich um Berichte mit Einblendungen, kann die Cutterin am Ende des Statements, bei dem der Interviewpartner seine Stimme oben hielt, den Ton blenden, d.h. die Lautstärke vermindern – eine Notlösung.

4. *Brüche im akustischen Hintergrund:* Wenn die verschiedenen Geräusche vorne und hinten überstehen, kann man versuchen, sie miteinander zu verblenden – eine zeitaufwendige Arbeit. Als Notlösung kann man bei längeren Dokumentationen den Bruch mit Zwischenmusik aufheben; bei kürzeren Berichten mit Einblendungen ist dies allerdings nicht möglich.

5. *Interviewer und Interviewpartner schmücken das Interview mit einer Vielzahl von Versprechern, mit »ähs« und »mhs«.* Hier kann die Hörerfahrung der Cutterin helfen: Welche Versprecher drücken vielleicht Zweifel, Unsicherheit aus oder sind »Freudsche« Versprecher, die viel über das Verhältnis des Interviewpartners zur Sache sagen? Welche »ähs« und »mhs« gehören zur Atmosphäre, zu den Menschen, die sie äußern? Es empfiehlt sich, die Entscheidung mit der Cutterin zu treffen.

Ein vermeintlicher Trick, von dem unerfahrene Hörfunk-Journalisten gerne sprechen, besteht darin, innerhalb eines Satzes Worte umstellen zu wollen, um die Satzaussage zu verändern. Dies aber wäre ein manipulativer Eingriff – und er funktioniert fast nie. Die Schneidearbeit ist extrem aufwendig und das Ergebnis in den meisten Fällen unbrauchbar, weil der Stimmklang der Worte nicht zusammenpaßt.

Das Schneiden von O-Ton-Material ist im übrigen zeitaufwendig. Für eine Halbstundendokumentation über Heimmädchen (Zeitanteil der Mädchen-Statements: 20 Minuten) habe ich sechs Stunden benötigt. Ein Zehn-Minuten-Interview kann bis zu zwei Stunden Schneidezeit beanspruchen.

6. *Überbordende Emotionalität in den Statements:* Wieviel an Gefühlsausdruck ist den Hörern zuzumuten? Vor einigen Jahren haben wir einen Film über eine Frau gedreht, die sich nach schweren inneren Konflikten entschieden hatte, ihre kranke Mutter in einem Heim pflegen zu lassen. Während der Filmaufnahmen war sie häufig aufgewühlt und weinte viel. Als ich aus diesem Material eine Hörfunk-Sendung produzierte, wurde deutlich, daß das Weinen im Hörfunk noch stärker wirkt als im Fernse-

hen, einfach dadurch, daß nur die Stimme wahrnehmbar ist. Eine schwierige Entscheidung: Erzeugt das Weinen Anteilnahme oder Abwehr bei den Hörern? Es empfiehlt sich, Kolleginnen und Kollegen als Mithörer zu Rate zu ziehen; auch kann die Einschätzung der Cutterin hilfreich sein.

Ein effektvolles Mittel zur Gestaltung von Dokumentationen kann darin bestehen, aussagekräftige Interviewstatements zweimal zu kopieren. Eines dieser zwei Statements kann nun an den Anfang der Sendung als sogenannter Trailer gestellt oder innerhalb der Dokumentation eingesetzt werden, um diese Aussage herauszuheben. Ich erinnere mich, die Aussage eines Leiters eines geschlossenen Mädchenheimes zweimal verwendet zu haben, um deutlich zu machen, daß er nach dem Wörterbuch des Unmenschen redet. Solche Verdoppelungen machen unter Umständen einen Kommentar überflüssig, weil die Sprache sich selbst kommentiert.

2.5 Trends im Umgang mit dem Hörfunk-Interview

Wenn heute Interviews im Radio zu hören sind, dann meist kurz und live im Rahmen aktueller Berichterstattung oder als improvisierte Telefontalks während Höreraktionen. Solche Produktionen sind natürlich billiger als ein kunstvoll zusammengeschnittenes Interview, das viel Studiozeit kostet. Deshalb sind sie insbesondere bei den Lokalradios auch so beliebt.

Das ist eine bedauerliche Entwicklung, weil sich nun auch die Akteure nur mehr akustisch wahrnehmen können. Die Lebendigkeit der Kommunikation zwischen den Menschen schwindet und muß durch eine gekünstelte Lockerheit ausgeglichen werden. Vor allem private Lokalsender begnügen sich mit diesen verkrampft-lockeren Telefoninterviews.

Aber auch die Interviews mit Studiogästen folgen immer seltener der Form des klassischen Interviews; oft werden sie im Ton netter Plaudereien geführt. Der Informationsgehalt solcher Gespräche ist in der Regel dünn, weil die Gesprächspartner nicht wirklich befragt werden; der den Fernsehzuschauern bereits vertraute Small-talk der vielen Talk-Shows erreicht nun auch die Radiohörer.

Auch viele Journalisten in öffentlich-rechtlichen Rundfunkanstalten bevorzugen Berichte mit Statement-Einblendungen, weil sie besser bezahlt werden als das reine Interview – oder manchmal auch, weil sie das klassische nicht beherrschen, das ja, wie wir gesehen haben, eine anspruchsvolle Form ist. Inzwischen beobachtet man Journalisten, die ihre

Interviewpartner – zum Beispiel Politiker nach deren Wahl – gar nicht mehr fragen, sondern ihnen lediglich das Mikrophon hinhalten, damit sie ihr Statement ungebremst öffentlich machen können.

In privaten Rundfunkanstalten werden Interviews oftmals arbeitsteilig verwertet: freie Mitarbeiter holen Statements ein und schneiden sie selbst auf eine Kürze von 60 bis 90 Sekunden zurecht; später werden sie in der laufenden Magazinsendung vom Moderator präsentiert. Dadurch verliert der Interviewer jeden Einfluß auf den Kontext, in dem die Äußerung stand. Ich habe schon erlebt, daß ein Moderator Statements meiner Interviewpartner ohne Rücksprache in seine Moderation einbaute. Er gab den aus dem Zusammenhang gerissenen Äußerungen meiner Interviewpartner eine zur ursprünglichen Meinung entgegengesetzte Färbung.

Dies sind Trends, die erkennen lassen, daß die »Interviewkultur«, sollte es sie je gegeben haben, im Schwinden begriffen ist. Dem muß gegengesteuert werden, denn ein Interview kann, wenn es gelungen ist, eine spannungsreiche Begegnung zwischen Menschen sein. Und der Hörfunk bietet hierzu ideale Bedingungen: Die Stimmfärbungen der Interviewpartner, ihr Zögern, Nachdenken, ihre Traurigkeit oder Begeisterung vermitteln einen lebendigeren Eindruck als das geglättete Zeitungsinterview.

Eine spannungsreiche Begegnung zwischen Menschen versucht die WDR-Journalistin Carmen Thomas seit vielen Jahren in ihrer Live-Sendung »Hallo-Ü-Wagen« zu ermöglichen – und hat damit einen Gegentrend in Gang gesetzt, der die Form des Interviews zur Abbildung städtischer Alltagskultur nutzt. Diese Form, so macht Carmen Thomas deutlich, öffnet dem Interview drei wichtige Dimensionen:

- In der Ü-Wagen-Live-Sendung soll der Alltag der Menschen stärker zur Sprache kommen und für die Hörer zum Miterlebnis werden.
- Die Menschen sollen sich mit ihren Empfindungen und Reaktionen ganz natürlich vor dem Mikrophon entfalten.
- Die Journalisten sind nicht nur Vermittler sachbezogener Inhalte, sondern auch Vermittler zwischen den Menschen: sie möchten die Menschen miteinander ins Gespräch bringen.

Solche Sendungen setzen handwerkliches Können und kommunikative Kompetenz voraus. Die Arbeit, beides zu erwerben, »ist lohnend für Journalisten und Journalistinnen, die auf ein informiertes und nachdenkliches Publikum hinarbeiten möchten«, sagt Carmen Thomas zu Recht.

DRITTER TEIL

INTERVIEW-WERKSTATT

Hinter die Maske blicken: Interviews mit Interviewern über deren Interviews

Übersicht

Für ein gutes Interview ist mehr erforderlich als Wissen und Technik, nämlich auch Neugier und Skepsis. Und das hervorragende Interview verlangt zudem, daß der Interviewer hinter die Maske blikke, die ihm der andere als sein öffentliches Gesicht entgegenhält: Die Qualität eines Interviews ist nicht zuletzt an die Persönlichkeit des Interviewers gebunden.

Dieses letzte Kapitel gibt Einblicke in die Werkstatt dreier hervorragender Interviewer. Form und Inhalt gehören zusammen – es ist darum klar, daß dieser Einblick in Form von Interviews erfolgt, die das Interviewen zum Thema haben. Zudem sollen diese Interviews die im zweiten Buchteil dargestellten Frageformen und Gesprächsführungen beispielhaft vorführen.

Das erste Interview

wurde mit »Spiegel«-Redakteur Dieter Wild nach Art eines »Spiegel-Gesprächs« geführt: Wie er seine Gespräche geführt und redigiert hat; daß es Sternstunden, aber auch Enttäuschungen und Pannen geben kann.

Das zweite Interview

wurde mit dem Fernseh-Journalisten Rudolph Rohlinger in der Form eines Abfrageinterviews geführt: Welche Probleme und Ängste den Fernseh-Journalisten bei einem Live-Interview plagen – und was er tun kann, um sein Interview gut über die Bühne zu bringen.

Das dritte Interview

wurde mit dem freien Journalisten und Interview-Spezialisten André Müller als ein verschränktes Gespräch geführt: Wie er auf seine Interviewpartner eingeht, was ihn an den Gesprächen überhaupt interessiert und mit welchen Mitteln er seine Interviewziele erreicht.

Das hier publizierte Interview mit D. Wild fand im Sommer 1989 statt. Es wurde nach dem Muster eines explorierenden SPIEGEL-Gesprächs geführt. Die Interviewzeit betrug 125 Minuten. Das Tonbandprotokoll hat mit 1300 Zeilen mehr als den doppelten Umfang der redigierten Fassung. Bei der Autorisierung wurden 95 Wortänderungen durch den Interviewten und in der Folge 14 Wortanpassungen durch den Interviewer vorgenommen. Die Druckfassung entspricht im Umfang einem SPIEGEL-Gespräch.

SPIEGEL-GESPRÄCH

»Wir müssen nicht als Sieger auf der Matte stehen«

SPIEGEL-Redakteur Dieter Wild über Besonderheiten seiner SPIEGEL-Gespräche

INTERVIEW: Herr Wild, Sie haben als Chef des Ressorts Ausland in den vergangenen 25 Jahren an die zweihundert Spiegel-Gespräche und -Interviews geführt, mehr als jeder andere Spiegel-Redakteur. Wer fehlt denn noch auf Ihrer langen Liste weltberühmter Prominenter?

WILD: Oh, es fehlen verschiedene bedeutende Persönlichkeiten der Zeitgeschichte. Leider gibt es Politiker, die sich nicht herablassen mögen, mit Journalisten zu sprechen...

INTERVIEW: Sie haben es bis heute nicht geschafft, einen Papst zu einem Spiegel-Gespräch zu bitten. Woran ist es gescheitert?

WILD: Dem Spiegel haftet, von altersher, das Image das Antiklerikalismus an. Viele Katholiken halten uns für unrettbar kirchenfeindlich, und mit so einem Medium möchte keiner der Päpste sprechen. Wir haben uns deshalb gewundert, daß wir immerhin Kardinal Ratzinger für ein Gespräch gewinnen konnten (in Heft 19/1983). Er war damals wohl noch liberaler als heute, aber schon Chef der Glaubenskongregation im Vatikan. Als wir mehrere Jahre später erneut um ein Gespräch nachsuchten, erhielt ich auch einen Termin und flog nach Rom. Doch im letzten Augenblick wurde das Rendezvous abgesagt, vermutlich, weil der oberste Befehlshaber seinem Kardinal die Sprecherlaubnis verweigerte. Mit so etwas muß man immer mal wieder rechnen.

INTERVIEW: Anders erging es Ihnen mit Margaret Thatcher: Die »Eiserne Lady« stand Ihnen bereits Rede und Antwort, als sie noch nicht die Eiserne, sondern Mitte der siebziger Jahre Oppositionsführerin war. Ist sie wegen ihrer Streitfreudigkeit nicht die ideale Partnerin für ein Spiegel-Gespräch?

WILD: Ideal vielleicht, schwierig aber auch.

INTERVIEW: Jenes erste Gepräch las sich wie eine Sportveranstaltung, es erinnerte eher an den Schlagabtausch zwischen Corpsstudenten als an eine Disputation.

WILD: Sie ist so kämpferisch, daß einem schon das bloße Zweifeln einer ihrer Aussagen als ein beinahe gefährliches Unternehmen erscheint. An ein Interview mit klarer Gesprächsführung und sachlicher Argumentation war da kaum zu denken.

INTERVIEW: Mrs. Thatcher hat sich so verhalten, wie es sonst nur Spiegel-Redakteure tun: Sie war aggressiv, konterte mit Gegenangriffen, mit Unterstellungen und mit Häme. Es ist, als habe *sie* mit den Spiegel-Redakteuren ein Spiegel-Gespräch geführt. Das ging Ihnen wohl zu weit?

WILD: Natürlich möchten wir als Interviewer das Gespräch führen, wir möchten Fragen stellen und möglichst klare Antworten einfordern. Wenn man uns diese Rolle streitig macht, wird es in der Tat schwierig.

INTERVIEW: Nun gibt es in Ihrem Auslandsteil auch mühsam zu lesende Spiegel-Gespräche, zum Beispiel, wenn der Befragte – anders als Frau Thatcher – nichts Neues oder nichts Packendes zu sagen weiß. Haben Sie Hemmungen, auf die Veröffentlichung eines bereits geführten, aber unbefriedigenden Gesprächs zu verzichten?

WILD: Daß wir auf eine Publikation verzichten, kommt vor, ist aber selten; daß wir am liebsten verzichten würden, es aber schließ-

***Dieter Wild** ist seit über 35 Jahren leitendes Mitglied der »Spiegel«-Redaktion. Nach dem Studium der Geschichte (Promotion) und des Öffentlichen Rechts wurde er 1960 als 29-jähriger Redaktionsmitglied des »Spiegel«. Fünf Jahre später, im Anschluß an seine Tätigkeit als Pariser »Spiegel«-Korrespondent, übernahm er die Leitung des »Ausland«-Ressorts. In den folgenden Jahrzehnten führte er mehr »Spiegel-Gespräche« als jedes andere Redaktionsmitglied. Seit 1994 ist Dieter Wild Mitglied der »Spiegel«-Chefredaktion.*

Wild (r.) beim Gespräch*: »Ich warne vor weitgehenden Eingriffen«

lich nicht tun, das gibt es öfter. Der Grund ist folgender: Wenn man nach vielen Anläufen mit einem Staatschef oder Außenminister während einer mit viel Geduld erstrittenen Stunde zusammensitzt – und hinterher sagt, man finde das Interview für eine Publikation leider nicht interessant genug, wird das leicht als Provokation oder Beleidigung empfunden, und ein zweites Interview würde sicherlich kaum je zustandekommen. Also veröffentlichen wir es in einem solchen Fall schon mal, trotz gewisser Bedenken, zumal wenn es sich um einen Politiker aus einem Drittwelt-Staat handelt, der auf die Kränkung durch Journalisten aus einem reichen Industrieland besonders sensibel reagiert.

INTERVIEW: Nun kann es ja auch vorkommen, daß Sie ein interessantes Interview geführt haben, Ihr Gesprächspartner aber bei der Autorisierung seine kernigen Aussagen wieder eliminiert und eher nichtssagende Phrasen stehen läßt. In den Spiegel-Hausmitteilungen wurde gelegentlich auf das Scheitern des einen oder anderen Spiegel-Gesprächs hingewiesen. Ist Ihnen so etwas auch schon widerfahren?

WILD: Oh ja. Ich erinnere mich

*mit M. Haller in dessen Büro in Hamburg

an ein Gespräch mit dem französischen KP-Chef Georges Marchais, das wir fast nicht gedruckt hätten, weil Marchais mit einer verblüffenden Präzision jeden auch nur halbwegs interessanten Satz wieder weggestrichen und durch nichtssagende Floskeln ersetzt hatte.

Es war erschütternd zu sehen, wie der Generalsekretär jeden Anflug einer freien Rede, eines freien Gedankengangs eliminierte. Auf dem Band hatte sich das Gespräch interessant angehört; nach der Autorisierung war es langweilig.

INTERVIEW: Und warum haben Sie es publiziert?

WILD: Marchais war damals immerhin Generalsekretär der zweitstärksten kommunistischen Partei des Westens. Es war zu erwarten, daß sich seine Partei bald an einer Volksfront-Regierung beteiligen würde. Da wollten wir ihn nicht vor den Kopf stoßen und das Interview wegwerfen, obwohl seine Veränderungen so weit gingen, daß wir auch moralisch die Berechtigung dazu gehabt hätten.

INTERVIEW: Man fragt sich, wie es Ihnen immer wieder gelingt, die wichtigsten Politiker rund um den Globus interviewen zu können, angefangen beim damaligen Premier Kanadas, Pierre E. Trudeau, über Moshe Dajan, Gerald Ford, Bruno Kreisky natürlich, dann Károly Grósz oder Abu Ijad, bis hin zu Hitoshi Motoshima und Gorbatschow. Funktioniert das Renommee des Spiegel als eine Art »Sesam öffne Dich"?

WILD: Ich habe manchmal den Verdacht, es liege nicht so sehr an unserem Renommee und auch nicht an unserer Hartnäckigkeit – obwohl beides für den Erfolg wichtig ist –, sondern eher daran, daß die anderen großen Blätter kein Interesse haben. Es war mir immer schleierhaft, weshalb US-Zeitungen wie die »New York Times« oder die »Washington Post« nicht häufiger größere Interviews drucken. Mich erstaunt das auch deshalb, weil das personenbezogene Frage-Antwort-Spiel dem amerikanischen Politik-Verständnis sehr entspricht.

INTERVIEW: ...und das Spiegel-Gespräch ursprünglich dem amerikanischen Wochenmagazin »U.S. News & World Report« entlehnt wurde, es also in den USA eine tiefer verwurzelte Interview-Tradition gibt.

WILD: Trotzdem ist das große Gespräch, das über acht oder sogar zehn Spiegel-Seiten läuft und das fragliche Thema au fond und genauestens ausleuchtet, in der Publizistik weltweit eher die Ausnahme geblieben. Wenn wir unserem Lesepublikum ein bestimmtes politisches Problem aus der Sicht eines Verantwortlichen mit den wichtigsten Einwände durchsichtig machen wollen, dann erfordert dies einen gewissen Aufwand an Zeit, an Personal, an Platz vor allem. Viele der Interviewten sahen einen besonderen Reiz gerade darin, mit uns ausführlich diskutieren zu können, statt rasch ein paar Statements im Stehen abzugeben, wie es sonst üblich ist.

INTERVIEW: Herr Wild, wie lauten für Sie die unbedingt notwendigen Voraussetzungen, damit ein Spiegel-Gespräch gelingt?

WILD: Bedingung ist, daß der Interviewte einigermaßen klar spricht; daß er zu den von uns erfragten Sachverhalten konzis redet oder daß er zumindest erzählerisch einiges zu bieten hat – und nicht fortlaufend ausweicht mit Floskeln wie: »Dazu möchte ich mich nicht weiter erklären« oder: »Ich möchte mich nur allgemein äußern.«

INTERVIEW: Ist nicht eine notwendige Voraussetzung, daß sich die Interviewer auf den zu Interviewenden gründlich vorbereiten?

WILD: Ja, natürlich. Meine Vorbereitungen beginnen mit der Frage: »Wem wirst du gegenübertreten?« Und im weiteren: »Für welches Thema, welches Problem ist er besonders kompetent?« Es macht ja keinen Sinn, einen Außenpolitiker zu innenpolitischen Vorgängen zu befragen. Im weiteren frage ich mich: »Wie kannst du die persönliche Wirkung des Interviewten am besten 'rüberbringen?« Mich interessiert das Besondere, das Spezifische an der befragten Person.

INTERVIEW: Heißt das praktisch, daß Sie sich von der Spiegel-Dokumentation alles geben lassen, was über die fragliche Person je geschrieben und publiziert wurde?

WILD: Ja, alle bisherigen Interviews, dann die über die Person geschriebenen Porträts, deren Reden und die Beschreibungen ihrer öffentlichen Auftritte.

INTERVIEW: Erkundigen Sie sich auch bei Freunden und Bekannten des fraglichen Gesprächspartners nach dessen persönlichen Merkmalen?

WILD: Soweit möglich, ja. Ich will ja nicht nur wissen, was mein künftiger Gesprächspartner bisher schon alles gesagt hat, sondern auch, was für ein Mensch er ist. Solche Informationen sind im übrigen sehr nützlich für das »warming up« zu Beginn des Gesprächs. Viele, selbst prominente Politiker, sind introvertierte Leute, viele auch gegenüber dem Spiegel zunächst ängstlich und zugeknöpft. Da hilft oft eine Aufwärmphase.

INTERVIEW: Die meisten der von Ihnen geführten Spiegel-Gespräche haben einen deutlich konfrontativen, nie aber einen aggressiven Charakter. Benutzen Sie eine bestimmte Technik, mit der Sie das während der Vorbereitung erworbene Wissen einsetzen?

WILD: Unsere Gespräche sind manchmal konfrontativ, manchmal explorativ. Heute sind die meisten des Auslandteils eine Mischform aus beiden Elementen. Der Interview-Stil hängt weitgehend von der zu befragenden Person ab. Es ist sehr zu überlegen, ob man gleich mit einer Konfrontations-These auf den Interviewten losgehen – oder ob man den Mann sachte ans Kernthema heranführen soll.

INTERVIEW: Das klassische Spiegel-Gespräch sucht die Auseinandersetzung. Der Interviewer sei »sorgfältig vorbereiteter Gegenspieler, der eine geistige Auseinandersetzung provoziert, in der Argument und Gegenargument sich gleichwertig gegenüberstehen«, definierte Dieter Just 1967 in seiner Spiegel-Analyse. Manchmal sagen Spiegel-Redakteure, mit dieser oder jener Person könne man kein Gespräch führen, weil keine sinnmachende Gegenposition bezogen werden könne. Also solle man mit ihr nur ein Interview nach dem Frage-Antwort-Schema machen.

WILD: Der Unterschied zwischen Spiegel-Interview und Spiegel-Gespräch ist unscharf. Es gab und gibt viele »Interviews«, die man ebensogut als »Gespräch« hätte drucken können. Der Hauptunterschied bestand eigentlich immer nur in der Textlänge. Ich meine, daß mitunter die Erzählungen der Befragten interessanter sein können als die mit inquisitorischen Fragen herausgepreßten Einlassungen.

INTERVIEW: Das ist neu. Während Jahrzehnten war die vom Spiegel in seiner Hausmitteilung in Heft 10/1964 fixierte Maxime gültig: Im Spiegel-Interview übernimmt der Journalist »den Part des Vermittlers oder leistet, wenn er es gut macht, so etwas wie Geburtshilfe«. Demgegenüber präsentiere das Spiegel-Gespräch »seine Ergebnisse als Resultat einer Diskussion, oft genug ist es zum Streitgespräch geraten«. Und genau dies hat ja zum herausragenden Image des Spiegel-Gesprächs geführt.

WILD: Das gilt nicht mehr so strikt. Es macht ja einfach keinen Sinn, eine Gegenposition künstlich aufzubauen und durchfechten zu wollen. Nehmen Sie zum Beispiel Afghanistan. Jetzt, im Sommer 1989, sechs Monate nach dem Abzug der Sowjets, erweist sich Regierungschef Nadschibullah als erheblich standfester, als noch vor Monaten angenommen. Die Mudschaheddin konnten ihn nicht wegfegen, sie konnten nicht einmal die Garnisonsstadt Dschalalabad einnehmen. Nadschibullah ist also plötzlich wieder ein interessanter Mann. In einem Spiegel-Gespräch wäre er bestimmt nicht davon abzubringen, seine Erfolge ins Gigantische zu übertreiben. In dieser Situation würde ich es interessanter finden, mit einem der Mudschaheddin-Führer darüber zu diskutieren, weshalb sie so viel schwächer sind, als ihre Reden glauben machten.

INTERVIEW: Wäre dies nicht ein klassisches Spiegel-Gespräch, in dessen Verlauf der Interviewte mit Widersprüchen konfrontiert würde und er unter einen Rechtfertigungszwang geriete, weil seine Glaubwürdigkeit in Frage steht?

WILD: In diesem Fall vielleicht. Und zweifelsfrei braucht man ein Minimum an Diskussion, sonst wird das Gespräch langweilig.

INTERVIEW: Wie oft haben Sie Gespräche, die sich im Tonbandprotokoll langweilig lasen, durch die Bearbeitung interessant machen können?

WILD: Relativ oft. Denn in sehr langen Gesprächen gibt es, auch wenn sie insgesamt interessant sind, meist auch langatmige Phasen. Oft kommt man auch erst nach vierzig oder fünfzig Minuten zum entscheidenden Punkt. Der Interviewer hat ja den Gesprächsablauf nicht hundertprozentig in der Hand. Und wenn der Befragte ein Staatsoberhaupt ist, kann man seine Monologe nicht immerzu unterbrechen, dann gibt er schließlich nur noch Statements von sich. Also muß das Bandprotokoll später deutlich gerafft werden. Im redigierten Text erreicht das Gespräch vielleicht schon am Ende der ersten Spalte den Punkt, der im Interview erst nach einer Stunde angesprochen worden war.

INTERVIEW: Also vertrauen Sie darauf, daß Sie später in der Redaktion die Erzählungen des Gesprächspartners sowieso eindampfen werden?

WILD: Ich halte es für das bessere Verfahren, den Befragten reden zu lassen und den Text später zu raffen, als ihn fortwährend zu unterbrechen, auch wenn natürlich das Monologisieren unter Politikern ungeheuer verbreitet und sehr lästig ist.

INTERVIEW: Es gehört bekanntlich zu den ehernen Grundsätzen Ihres Hauses, jedes Spiegel-Gespräch vor der Drucklegung vom Interviewten autorisieren zu lassen und nur die von ihm genehmigte Fassung zu drucken. Gerade dadurch gewinnt ja das Gespräch eine dokumentarische Authentizität.

WILD: So kann man das sagen.

INTERVIEW: Das Ritual der Autorisierung könnte Sie nun dazu verleiten, bei der Niederschrift der für den Druck bestimmten Fassung das Gespräch weitgehend abzuändern: Hier eine Dramatisierung, dort eine knackige Wendung, da eine Pointe oder ein Bonmot, das

Elaborat wird am Ende ja vorgelegt. Immer mal wieder hört man, dieses oder jenes Spiegel-Gespräch sei im Grunde ein Kunstprodukt und nicht die Wiedergabe des tatsächlichen Gesprächsverlaufs.

WILD: Ich warne stets vor zu weitgehenden Eingriffen. Es besteht dann nämlich die Gefahr, daß der Interviewte den vorgelegten Text nicht mehr als ein Gespräch wieder- und anerkennt. Es kann sein, daß er dann sagt: So ist es ja gar nicht gewesen. Oder auch, daß er sich seinerseits nicht mehr an sein gesprochenes Wort gebunden fühlt und den Text umschreibt, also selbst ein verändertes, neues Gespräch daraus macht, das dann in der Tat ein Kunstprodukt ist.

INTERVIEW: Welche Erfahrung haben Sie mit Politikern gemacht: Verändern sie ihre Aussagen bei der Genehmigung des druckfertigen Textes stark?

WILD: Das ist unterschiedlich. Selbstsichere Partner akzeptieren den Text oft ohne Änderung, unsichere oder sprachlich unbeholfene suchen nach neuen Formulierungen. Es kommt immer wieder vor, daß Politiker mit kleinlicher Akribie während der Genehmigungsprozedur ihre Aussagen abzuschwächen suchen. Manchmal kann man wegen der einen oder anderen Formulierung dann am Ende noch verhandeln, vielleicht einen Kompromiß erzielen. Aber die Spielregel gilt: Der Gesprächspartner hat das letzte Wort, er entscheidet, welche Formulierung gedruckt wird. Und das hat ja auch seinen Sinn. Denn die Gewißheit, vor Drucklegung den Text autorisieren zu können, entkrampft den Interviewten: Er hat die Garantie, daß nicht jedes spontan und unbedacht hingesagte Wort nachher im Spiegel zu lesen ist.

INTERVIEW: Wird das als ehern genannte Gesetz der Autorisierung denn auch mit eiserner Strenge eingehalten?

WILD: Ja.

INTERVIEW: Unter Ihrer Verantwortung als Ressortchef erschien in Heft 31/1983 ein Spiegel-Gespräch mit dem damaligen schwedischen Regierungschef Olof Palme über angebliche Auswüchse im schwedischen Sozialstaat-Modell. Am 6. November 1983 hielt Palme eine Pressekonferenz ab und sagte, er fühle sich »vom Spiegel betrogen«, denn der Interview-Text sei nach der Autorisierung verändert worden, indem 1. »wichtige Aussagen« gestrichen worden seien, 2. »nachträglich Fragen eingeschoben« wurden und 3. »zumindest in einem Fall« eine seiner Aussagen »in ihr Gegenteil verkehrt« worden sei. Diese Manipulation hätte den Zweck verfolgt, »Schweden in den Dreck zu ziehen«,lautete der Kommentar von Palmes Staatssekretär, der zuvor zwecks Erlangung des Gesprächs bemüht worden war. Soweit bekannt, entschuldigte sich dann der Spiegel bei Olof Palme in aller Form. Was war da geschehen: eine Manipulation im Interesse des Tendenz-Journalismus?

WILD: Palmes Anwürfe waren exzessiv, zu erklären nur durch seine Verletztheit, weil der Spiegel einen großen Bericht über die Zwangsadoptierung von Kindern in Schweden veröffentlicht hatte, den Palme im Gespräch in keinem Punkt widerlegen konnte. Zum einzelnen: 1. Palme hatte im Laufe der Genehmigungsprozedur einige Passagen in einer Weise verlängert, die jedes zumutbare Maß überschritt. Wir haben nur unerhebliche Kürzungen vorgenommen. 2. Nachträgliche Fragen wurden nicht eingeschoben, sondern lediglich sprachliche Interjektionen, um den Redefluß zu unterbrechen. 3. In eine Passage über die Verdatung war durch eine späte technische Korrektur, die die Redaktion nicht ausgeführt, wohl aber zu vertreten hatte, ein »nicht« eingefügt worden. (»Ich glaube, die Gefahren bestehen in einer kommerziellen Ausnutzung solcher Daten.«) Dafür haben wir uns entschuldigt – übrigens bei einem gemeinsamen Essen, zu dem Palme eingeladen hatte.

INTERVIEW: Die Erfahrung lehrt, daß es vor allem dann zu Pannen kommt, wenn der Gesprächsverlauf keinen argumentationslogischen Faden hatte oder denselben Sachverhalt in immer wieder anderen Zusammenhängen behandelte. Dann sieht man sich genötigt, hinterher das Gespräch neu zu strukturieren. Verfolgen Sie eine Art Dramaturgie bereits während der Interviewführung, damit Ihnen dies nicht passiert?

WILD: Im allgemeinen ja. Das wichtigste für den guten Aufbau eines Gesprächs sehe ich darin, daß man die Probleme, die zusammengehören, auch zusammen abhandelt; daß man etwa in einem Gespräch mit Margaret Thatcher, das zur Zeit des Falklandkriegs geführt wird, nicht zu Beginn über den militärischen Stand des Krieges spricht und am Ende nochmals; daß man besser vorne alle militärischen Aspekte gebündelt abhandelt, weiter hinten vielleicht die politischen und am Ende die wirtschaftlichen Fragen. Allgemeiner gesagt: daß man einem inneren Gedankengang folgend fragt und so zu einem logischen Ablauf findet. Eine Dramaturgie im Sinne eines bestimmten Strickmusters kenne ich nicht. Es gibt natürlich kein festgelegtes Schema, nach dem Spiegel-Gespräche oder Spiegel-Interviews zu führen wären. Dafür sind die Themen zu verschieden, auch die Personen und die Situationen.

INTERVIEW: Meiner Auszählung zufolge waren Sie bei rund zwei Dritteln sämtlicher von Ihnen geführter Spiegel-Gespräche zu zweit; jedes vierte Mal kamen Sie sogar zu dritt, in ganz seltenen Fällen auch mal zu viert. Nur ausnahmsweise interviewten Sie allein. Das heißt: In der Regel amten mindestens zwei Interviewer. Welche Vorkehrungen treffen Sie, damit die genannte Dramaturgie von beiden Befragern eingehalten wird und Sie sich nicht ins Gehege kommen?

WILD: Meistens sprechen wir vorher ab, wie vorgegangen wird. Und in der Regel halten sich die Beteiligten auch daran – schon aus zeitökonomischen Gründen. Denn meistens haben Politiker ja wenig Zeit. Wir müssen stets gewärtig sein, daß der interviewte Regierungschef oder Außenminister mitten im Gespräch aufsteht und sagt: »Es tut mir leid, meine Herren, aber der Botschafter der Vereinigten Staaten wartet auf mich.« Also tun wir unsererseits alles, damit es zum konzisen Gespräch kommt.

INTERVIEW: Herr Wild, wenn man Ihre rund achtzig Spiegel-Gespräche durchsieht, die Sie in den letzten zehn Jahren geführt haben, dann finden sich darunter einige bedeutsame Dokumente der politischen Zeitgeschichte. Ich denke da zum Beispiel an jenes Gespräch mit dem damaligen ägyptischen Staatschef Sadat, das Sie im Winter 1980, kurz nach Ausbruch des Golfkrieges, geführt haben, abgedruckt in Heft 48/1980. Warum eigentlich dieses Gespräch, und wie kam es zustande?

WILD: Ägypten, der größte arabische Staat, war damals (und ist heute) die stärkste Militärmacht im Nahen Osten. Im Winter 1980 sah es so aus, als könne der Irak den anstürmenden Iranern nicht lange widerstehen. Schon waren ägyptische Berater und Freiwillige auf irakischer Seite im Einsatz. Es schien, als werde nicht Saudi-Arabien, sondern Ägypten eine Schlüsselstellung im Golfkrieg einnehmen. Hinzu kam die ungewöhnliche Persönlichkeit Sadats, der sich ja als Führer der arabischen Welt verstand und zugleich als einziger der arabischen Staatschefs auch westlichen Interessen Rechnung tragen wollte. Er war also besonders gut geeignet, die mit dem Golfkrieg verbundenen Gefahren zu beleuchten.

INTERVIEW: An dem Gespräch nahmen außer Ihnen und Johannes K. Engel von der Chefredaktion auch Ihr Kairoer Korrespondent Volkhard Windfuhr teil. Die Fragen des Spiegel brillieren durch Informiertheit. So zitieren Sie aus einer fundamentalistischen Zeitung in Kairo, die nicht einmal Sadat kannte. Wollten Sie imponieren?

WILD: Nein, das ging zur Hauptsache auf die dokumentarischen Vorarbeiten von Windfuhr zurück, der fließend Arabisch spricht.

INTERVIEW: In welcher Sprache wurde denn das Interview geführt?

WILD: Wir waren darauf gefaßt, es auf Arabisch zu führen, Herr Windfuhr wäre Dolmetscher gewesen. Aber Sadat war ein zuvorkommender Mann, er redete von sich aus mit uns Englisch. Natürlich sprach er Englisch fließend.

INTERVIEW: So aufschlußreich jenes Gespräch ist, als Leser fühlt man sich von der Textmenge geradezu erdrückt: rund 1300 Druckzeilen über elf Spiegel-Seiten! Es ist deutlich länger als eine Titelgeschichte. Nicht weniger als acht Hauptthemen wurden nacheinander abgehandelt, wobei jedes dieser Hauptthemen schon ein Gespräch gefüllt hätte: ein gigantischer Rundumschlag, der am Ende auch den Leser niederstreckt.

WILD: Aus der Distanz von neun Jahren mag dieser Eindruck zutreffen, das Gespräch war wirklich lang. Aber wir wollten damals alle wichtigen Punkte ansprechen. Der Golfkrieg war ja nicht monokausal, sondern hatte sehr versehiedene Ursachen mit weitreichenden Wirkungen. Es ging nicht nur um Sieg oder Niederlage, nicht nur um die Ölexporte in die Industrieländer, nicht nur um die Rolle der Großmächte, sondern auch noch um Israel und das Palästina-Problem. Man konnte guten Gewissens keines dieser Themen auslassen.

INTERVIEW: So bemerkenswert trotz aller Langatmigkeit das Sadat-Gespräch ausfiel, so unattraktiv geriet ein anderes Gespräch mit einem anderen bedeutenden Politiker: mit Italiens Staatspräsident Pertini, publiziert in Heft 21/1981.

WILD: Was gefiel Ihnen nicht?

INTERVIEW: Alessandro Pertini galt als eines der originellsten Staatsoberhäupter in Westeuropa. Zudem war er eine Symbolfigur des Widerstands gegen den Faschismus, mithin eine bedeutende Persönlichkeit der italienischen Geschichte. Doch Sie fordern ihm eine Erklärung ab, warum es bei der italienischen Terroristenfahndung zu Pannen kommt. Mit überzogenen und suggestiven Fragen haben Sie ihn ausgequetscht, so als hätten Sie einen windigen Carabinieri-Chef vor sich.

WILD: Welche Formulierungen meinen Sie bitte?

INTERVIEW: Bereits im ersten Absatz nennen Sie Italien das Land in der EG mit den schlimmsten Skandalen, dem schlimmsten Terror, der schlimmsten Inflation. Der Absatz endet mit der Frage: »Wie lange kann das Italien durchhalten?«, wie wenn Italien irgendwo zwischen Panama und Nicaragua läge und unmittelbar vor dem Bürgerkrieg stünde.

WILD: Pertini war schon zum Zeitpunkt unseres Gesprächs nicht mehr der Mann, den wir zu treffen hofften, eben jene hervorragende Persönlichkeit des europäischen Sozialismus. Der Staatspräsident, den wir sprachen, war ein sehr alter Mann, dem das näherrückende Ende seiner Amtszeit schon anzumerken war. Wir bemerkten erst im Verlauf des Gesprächs, daß Pertini überfordert war. Dies zur Person. Nun aber zum Thema: Damals war der Terrorismus das wichtigste Problem Italien; schwere Terroranschläge lagen erst kurz zurück. Und niemand konnte ahnen, daß Italien am Ende mit dem Terrorismus auf eine relativ intelligente Art fertig werden würde. Es ist richtig, zu diesem ganz akuten Thema konnte er nicht viel sagen. Aber er wurde sogleich interessanter, als wir auf die Beziehungen zwischen Italien und Westdeutschland zu sprechen kamen.

INTERVIEW: Warum haben Sie nicht aus dem Stand heraus dem Gespräch eine Wende gegeben, ganz im Sinne Ihrer Erläuterung, daß oft die Exploration interessanter sei? Wäre nicht der erzählende Pertini reizvoller gewesen?

WILD: Leider nicht. Auch im narrativen Teil des Gesprächs, als er Anekdotisches erzählte, kam sehr viel Belangloses zum Vorschein. Wir mußten seine Erzählungen – etwa die Geschichte seiner Reise in die Bundesrepublik – stark redigieren. Übrig blieben Splitter aus einem Wust an Darlegungen. Kein Zweifel, wir hatten gehofft, daß Pertini ein paar geistreiche, vielleicht philosophische Gedanken zum Terrorismus und zur Lage Italiens würde äußern wollen. Aber es kamen leider keine.

INTERVIEW: Immerhin, nach der quälend langweiligen Lektüre von mehr als 150 Zeilen wird es für Augenblicke spannend: Da erwähnen Sie, daß Pertini im Falle seiner eigenen Entführung es verboten habe, mit seinen Entführern zu verhandeln, etwa über die Zahlung von Lösegeld.

WILD: Bereits nach einer Spalte fragt der Spiegel nach Pertinis Äußerungen über die Urheber des Terrorismus: »Sie meinen die Botschaft Libyens in Washington?« Und Pertini dementiert nicht, sondern antwortet: »Ich darf hier kein bestimmtes Land nennen. Aber es ist meine Überzeugung, daß die Zentrale des Terrorismus nicht in Italien liegt.« Für einen Staatspräsidenten eine erstaunlich deutliche Sprache – und für einen Sozialisten eine beklemmende Ansicht...

INTERVIEW: ...die aber doch nur bestätigt, wie uninformiert Pertini im einzelnen war. Diese Terroristen-Zentrale hat es nie gegeben, das war ein von Washington geschürter Hexenglauben, der sich gegen Ghaddafi richtete.

WILD: Richtig, um so bemerkenswerter die Äußerung des Sozialisten Pertini. Ich hatte erwartet, daß er die Existenz eines Terror-Zentrums zurückweisen werde. Daß dann aber Italiens Staatspräsident in Ghaddafis Libyen das Universal-Nest des Terrorismus sah, war fast schon sensationell. Tatsächlich mag ja Ghaddafi für das eine oder andere Attentat verantwortlich sein, die Idee, er sei eine Art Schaltzentrale, ist aber irreal, zumindest unbewiesen.

INTERVIEW: Diese Äußerung Pertinis, die nur ein Vorurteil decouvriert, rechtfertigt kein Spiegel-Gespräch.

WILD: Ich bezweifle Ihre Einschätzung, die Leser seien mit Langeweile gequält worden. Ich glaube vielmehr: Das Gesamtbild, das dieses Gespräch von Pertini vermittelt, war durchaus informativ. Nehmen Sie zum Beispiel seine Äußerung zu den Terroristenmorden: wie er den Deutschen vorhielt, daß sie nach der Ermordung von Schleyer keine Protestkundgebung zustande gebracht hätten, während in Italien 400 000 Menschen auf der Piazza standen, als Aldo Moro beerdigt wurde. Natürlich kann man einwenden, daß der Politiker Moro in Italien beliebter war als der Arbeitgeberpräsident Schleyer in Westdeutschland..

INTERVIEW: ...aber dieser naheliegende Einwand fällt nicht, der Leser muß ihn dazudenken. Es entwickelt sich kein Dialog, kein Wechselspiel der Argumente. Der Spiegel kommt immer wieder mit pauschalisierenden, in der Aussage übertreibenden Fragen, etwa der: »In Europa wächst der Eindruck, Italien sei kaum regierbar.«
Ein Gesprächspartner von dem Zuschnitt der Frau Thatcher hätte die Frage zurückgegeben: Wer in Europa, wessen Eindruck bitte, und was soll das heißen: kaum regierbar?

WILD: War es denn nötig aufzuzählen, wer alles in Europa diesen Eindruck schon artikuliert hatte? Daß Italien mit seinen rasch wechselnden, herumlavierenden Regierungen und seinen damals so ungeheuren Problemen am Rande der Unregierbarkeit stand, war der absolut vorherrschende Eindruck. Deshalb hat ihn Pertini auch nicht zurückgewiesen, sondern ist darauf eingegangen. In diesen Zusammenhang gehören auch seine imponierenden Darlegungen über sein eigenes Verhalten im Falle einer Entführung: »Auch bei uns haben die Terroristen, besonders im Fall Moro, die Freilassung von Häftlingen gefordert. Doch wir sind hart geblieben.« Und auf unsere nachfassenden Fragen zu seiner persönlichen Haltung unterstreicht er, daß er »die handschriftliche Erklärung niedergelegt« habe, »daß nach einer Entführung über meine Freilassung nicht verhandelt werden dürfe«. Seine Frau habe fest versprochen, im Falle seiner Entführung diese Erklärung sogleich der Presse zu übergeben. Doch Pertini glaubte offenbar, daß seine Frau aus Angst um sein Leben den Brief nicht publizieren könnte; deshalb hatte er noch eine Kopie beim Generalsekretär seines Amtes deponiert, mit der Weisung, sie im gegebenen Fall zu veröffentlichen. »Man soll mich mit den Terroristen alleine lassen«,sagte er. Ich meine, dies sind sehr eindrucksvolle, mutige Äußerungen, die viel aussagen über Unterschiede zwischen Deutschland und Italien.

INTERVIEW: Die Leser müssen mehr als 150 Zeilen absolvieren, ehe sie an diese zweifellos interessante Passage gelangen. Warum haben Sie bei der Redaktion des Gesprächs diesen Passus nicht an den Anfang gestellt und mit der Spiegel-Frage eingeleitet: »Herr Staatspräsident, Italien hat Angst um Sie. Auch Sie könnten trotz aller Vorkehrungen von Terroristen entführt werden. Was würden Sie tun... usw.«?

WILD: Wir waren davon ausgegangen, daß Pertini nur ungern, nur zögernd über diese schwierige persönliche Situation sprechen würde. Wir waren dann um so erleichterter, als er nach einer längeren Gesprächszeit doch ins Detail ging und über den Brief an seine Frau und an seinen Generalsekretär so genau Auskunft gab. Ich meine, wir durften diese Aussagen einfach nicht an den Anfang stellen. Dies wäre in meinen Augen ein Beispiel für einen unzulässigen Eingriff gewesen, weil er mit dem Gesprächsverlauf auch Persönlichkeitsmerkmale geändert hätte. Pertinis Ausführungen über seinen Letzten Willen sind nicht am Anfang des Gesprächs gefallen, konnten auch gar nicht, weil Pertini ein zurückhaltender Mann war, der nicht in schrillen, sondern in leisen Tönen sprach. Hätten wir es nach vorn gestellt, hätte er mit ziemlicher Sicherheit den Eindruck einer Manipulation gewonnen. Vielleicht hätte er dann die Autorisierung verweigert.

INTERVIEW: Nur wenig später, Ende 1982, haben Sie mit der vor allem aus Illustriertenstories bekannten Schah-Witwe Farah Pahlewi gesprochen. Zunächst mochte man denken: Was hat denn diese Farah schon Wichtiges zu Persien und über die Probleme des Nahen Ostens dem Spiegel zu sagen?
Doch es gelingt Ihnen, die Fassade dieser Frau zu durchbrechen und

ihre Rolle, ihre Ängste und Vorurteile – auch ihre Ahnungslosigkeit – während der letzten Lebenszeit des Schah zur Sprache zu bringen. Wie kamen Sie auf die Idee zu diesem Gespräch?

WILD: Meine Überlegung war: Vielleicht kann diese Frau zwei Jahre nach dem Tod ihres Mannes über die ja noch keineswegs geklärten Umstände des Schah-Sturzes und des Exils nun offener sprechen. Man wußte ja, daß sie ihrem Mann in der letzten Lebensphase sehr nahestand. Ich hoffte darum, daß sie in der Lage sei, über den erstaunlich raschen Machtverlust des Kaisers zu sprechen. Außer ihr gab es keinen anderen Menschen, der den Schah und dessen Niedergang aus so unmittelbarer Nähe miterlebt hat.

INTERVIEW: Haben die Antworten der Farah Ihren Erwartungen entsprochen?

WILD: Teils, teils. Man muß bedenken, daß Farah von diesem autokratischen Mann entsprechend autokratisch behandelt und bevormundet wurde. Sie war weniger eingeweiht, als ich gehofft hatte. Aber dann machte sie doch bemerkenswerte Aussagen. Zum Beispiel, daß sie und ihr Mann noch auf der Gangway des Flugzeugs, das sie ins Exil brachte, ja sogar noch in Marokko daran dachten, wieder zurückzukehren. Beide begriffen nicht, daß der Schlußstrich unter die Herrschaft des Schah längst gezogen war.

INTERVIEW: Sie hatten auf die sicherlich sehr verletzlichen Gefühle der Witwe Rücksicht zu nehmen; zugleich sollten Sie die mystifizierenden Verehrungsreden der Farah über die Regentschaft ihres Mannes konterkarieren und deren Vorurteile gegenüber den Westmächten kritisch hinterfragen. Früher oder später mußte also das Interview konfrontativ werden. Sie haben das Gespräch allein geführt: War es eine Gefühlsfrage, wann Sie mit der Frau eher affirmierend, wann eher konfrontierend reden konnten?

WILD: Das ist weitgehend eine Frage der aktuellen Einschätzung der Gesprächssituation. Natürlich denkt man bei der Vorbereitung an beide Strategien: Was kann ich aus dieser Frau explorativ herausfragen? Und auch: Was alles werde ich ihr vorhalten können, sofern sie einigermaßen zugänglich ist? Werden einwendende oder konfrontierende Argumente zu etwas führen? Das Gespräch selbst lief unter günstigen Bedingungen ab. Ich war mit ihr allein, wir wurden nicht gestört, auch war kein Dolmetscher nötig, weil das Gespräch auf Französisch geführt werden konnte. Aber ich kam dann doch bald immer wieder an Grenzen, weil sie auf viele Fragen antworten mußte: »Davon weiß ich nichts.«

INTERVIEW: Als Leser merkt man es nicht so genau: Konnte sie nicht mehr sagen oder wollte sie nicht? Der Interviewer weiß es natürlich besser, weil er die Gesprächssituation und so auch die nonverbale Kommunikation erlebt. Konnten Sie erfassen, ob die Frau aufrichtig spricht oder nicht?

WILD: Ich glaube schon. Aufrichtig erschien mir eine Antwort, die ins Grundsätzliche der Schah-Persönlichkeit und zu den Gründen seines Sturzes führt. Ich hatte die Frage aufgeworfen: »Vielleicht war der Schah gar nicht der entschlossene und starke Autokrat, als der er der Welt erschien; vielleicht war er in Wahrheit eher zögerlich und weich, vielleicht haben Bewunderer wie Gegner das Persönlichkeitsbild der Majestät grotesk überzeichnet?« Sie antwortete: »Mag sein. Sicherlich entsprach das Image des Schah überhaupt nicht der Wirklichkeit.« Das fand ich erstaunlich, sie hätte ja alles auf die Amerikaner, auf falsche Berater, auf die schwachen Armeeführer schieben können. Sie aber gibt zu, daß dieser angeblich starke Mann ein Schwächling war.

INTERVIEW: Entsprach der Gesprächsverlauf Ihrer Vorbereitung, folgt das gedruckte Gespräch im Ablauf dem tatsächlich geführten?

WILD: Durchaus. Das Entscheidende war aber der gedankliche Aufbau der Befragung: Was muß ich fragen? Was ist noch nicht enthüllt? Welche Vorgänge, welche Fehler sind bisher nicht hinreichend erklärt worden, als das Herrscherpaar damals geradezu widerstandslos das Land und die Macht verlor?

INTERVIEW: Es war demnach Strategie, daß Sie Farah zuerst in der Rolle der Witwe begrüßten und den zeitlichen Abstand zu jenen schmerzhaften Geschehnissen in einem einfühlenden Ton aussprachen, ehe Sie dann auf frühere Äußerungen der Farah – nun in zunehmend insistierendem Ton – eingingen?

WILD: Ja. Die Äußerungen, die ich ihr entgegenhielt, stammten aus früheren Interviews mit anderen Medien.

INTERVIEW: Hat sie bei der Autorisierung der Druckfassung viel geändert?

WILD: Praktisch nichts.

INTERVIEW: Geradezu wie ein Gegenstück zum Pertini-Text wirkt das Spiegel-Gespräch, das Sie – gemeinsam mit Erich Böhme von der Chefredaktion – über Israel und den Libanonkrieg mit Nahum Goldmann geführt haben, dem einstigen Präsidenten des Jüdischen Weltkongresses, abgedruckt in Heft 34/1982. Eine geistreiche, in ihrer Israel-Kritik glaubwürdige Persönlichkeit wird sichtbar. Und ein Stück Zeitgeschichte wird auf unterhaltsame Art nahegebracht. Daß dieses Gespräch so anders wirkt, kann doch nicht nur an der Person des Befragten liegen.

WILD: Bedenken Sie, Nahum Goldmann war ein sehr geistreicher und selbst in den letzten Lebenstagen noch sehr wacher Mann. Das Gespräch wurde, wenn ich mich recht erinnere, fünf Tage vor seinem Tod geführt. Wir spürten dies förmlich, man konnte ihm auf dem Spiegel-Foto ansehen, daß er nicht mehr lange leben würde. Und trotzdem besaß er eine ungeheure Energie und Klarheit der Gedanken. Ich kannte ihn aus früheren Begegnungen und hatte ihn eigentlich immer bewundert für seinen Mut, gewisse Übersteigerungen des Zionismus zu geißeln.

INTERVIEW: Sie verstanden hier Ihre Rolle eher im Sinne des Stichwortgebers als des Kontrahenten?

WILD: Kein Zweifel. Wenn ein bedeutender jüdischer Kopf von sich aus sagt: »De facto ist Israel heute ein Satellit Amerikas«, dann ist das eine Ungeheuerlichkeit. Er sprach ferner von einer »Travestie der jüdischen Geschichte«. Mit solchen Äußerungen läuft das Gespräch wie von alleine, da brauche ich als Fragender nurmehr die allgemeine Richtung anzugeben. Dieses Gespräch war leicht zu führen und zugleich in jeder Phase spannend. Es gehört zu jenen Interviews, aus denen man euphorisch herauskommt mit dem Glücksgefühl: »Eine einmalige Begegnung"!

INTERVIEW: Einen ganz anderen Interview-Stil pflegten Sie, als Sie – gemeinsam mit Erich Böhme – Bruno Kreisky zum letztenmal als österreichischen Regierungschef befragten. Auch ein ganz großes Rund-um-Gespräch wie damals mit Sadat, abgedruckt in Heft 14/1983. Doch Ihre Fragen waren nicht konfrontativ, auch nicht explorativ, sondern doppelbödig und süffisant, auch mit hämischem Unterton – ein Stil, wie ihn der Spiegel in den 60er Jahren pflegte.

WILD: Würden Sie verdeutlichen, was Sie meinen?

INTERVIEW: Durch entsprechendes Fragen schieben Sie Kreisky nach und nach in die Rolle desjenigen, der über alle anderen Sozialisten in Westeuropa von oben herab, also besserwisserisch, urteilt – um ihm dann genau diese arrogante Rolle unter die Nase zu reiben. Ein bißchen perfid, nicht wahr? Oder wollten Sie ihn der Spiegel-Leserschaft als politisches Großmaul vorführen?

WILD: Dies war eigentlich nicht unsere Absicht. Nun war es aber so, daß Kreisky tatsächlich fortgesetzt mit der Attitüde des ganz großen Mannes sprach, dessen Formel vom Sozialismus die beste sei. Er redete so, als seien etwa die deutschen Sozialdemokraten Brandt und Schmidt gescheitert im Vergleich zu den unerhörten Leistungen, die er in Österreich zustande gebracht habe. Und dies schien uns in der Tat doch ein wenig zu hochtrabend zu sein, da haben wir ihn provoziert. Daraus sollte eine kontroverse Auseinandersetzung werden. Und ich meine, daß uns dies über weite Teile auch gelungen ist, obschon Kreisky immer wieder Formulierungen findet, mit denen Sie ihn dann nicht packen können.

INTERVIEW: Um so mehr enttäuscht es, daß der Spiegel ihn auch dort nicht packt, wo er mit falschen Behauptungen herumlaviert. Zum Beispiel über die österreichischen Darlehen an Ungarn, die angeblich stets pünktlich zurückbezahlt wurden. Er benutzt das Argument als Beleg für seine kluge Investitionspolitik. Tatsächlich konnte Ungarn nach 1982 nicht mehr zurückzahlen. Oder die staatliche Schwerindustrie Österreichs: Sie war lange vor diesem Gespräch in eine unrettbare Krise geraten.

WILD: Ich kenne Kreisky aus mehreren Begegnungen recht gut. Dies war das vierte Spiegel-Gespräch mit ihm. Es gibt Politiker – und Kreisky ist einer von ihnen –, mit denen können Sie sich nicht über Fakten und Daten streiten. Kreisky war imstande und rief irgendeinen Experten herbei, sagen wir zum Thema Arbeitslosigkeit. Das Gespräch hätte dann etwa so ausgesehen: Spiegel: »...und inzwischen haben Sie in Österreich mehr als vier Prozent Arbeitslosigkeit, weil...« Kreisky: »Was? Das kann doch nicht sein!«, greift zum Telefon und ruft jemanden in irgendeiner Behörde an, dann: »Sehen Sie, ich habe es gewußt, wir haben in Österreich lediglich 1,8 Prozent Arbeitslosigkeit, viel weniger als in Deutschland.« Solche Tatsachenbehauptungen läßt man dann am besten mit zusammengebissenen Zähnen durchgehen. Denn es bringt nichts zu sagen: »...aber im Wirtschaftsteil der Frankfurter Allgemeinen steht es anders.«

INTERVIEW: Und wenn Sie Primärquellen, also nicht die FAZ, sondern offizielle österreichische Daten zitiert hätten?

WILD: Das würde in eine kleinliche Fachsimpelei münden, etwa wenn wir sagen: »Herr Kreisky, im Bericht vom Soundsovielten der Österreichischen Landesbank steht aber eine andere Zahl«,und er dann sagt, daß diese andere Zahl von einer anderen Berechnungsgrundlage ausgehe. Das ist für keinen Leser mehr interessant.

INTERVIEW: Warum? Es wäre doch interessant zu lesen, wie er sich windet und wendet.

WILD: Ich fürchte, Ihre Erwartungen gingen bei Kreisky nicht in

Erfüllung. Er würde eine neue, nicht überprüfbare Behauptung aufstellen, über die man nicht weiter streiten kann. Kreisky ist ein merkwürdiger Typ von Politiker. Er konnte in Teilen zwar sehr rational argumentieren, urteilte aber oft auch aus dem Bauch heraus mit entsprechend vagen Argumenten. Für den Interviewer war er ein angenehmer Gesprächspartner, weil er gerne und viel erzählte, aber er war auch ein schlechter Debattierer, weil er ungenau blieb. Dieses Doppelgesicht kommt während vieler Passagen des Gesprächs deutlich zum Ausdruck.

INTERVIEW: Viele Regierungschefs sehen sich in einer bestimmten, zeitgeschichtlich bedeutsamen Rolle und wünschen, daß diese Rolle durch das Interview auch vermittelt wird: Sadat als Wortführer der arabischen Welt, Brandt als Erneuerer der Ostpolitik, Schmidt als Weltökonom, und so weiter. Was für eine Rolle reklamierte nun Kreisky für sich?

WILD: Er sah sich als einen sozialistischen Überflieger, einen genialen Politiker. Wenn Sie miterlebt hätten, wie er seine gesamte Umgebung auf sich eingestimmt hatte! Seine Sekretäre und Assistentinnen zeigten eine erstaunliche Unterwürfigkeit, darin bestand vielleicht eine gewisse Ähnlichkeit zur Atmosphäre, die Helmut Schmidt um sich herum erzeugte. Ich glaube, daß manch erfolgreicher Politiker der Gefahr ausgesetzt ist, das Infragestellen seiner Argumente nicht ertragen zu können. Wenn wir also abweichende Zahlen zitieren und sagen »Ihre Angaben scheinen nicht zu stimmen«, dann kontert ein Politiker vom Zuschnitt Kreiskys mit der Entgegnung: »Das wollen wir doch mal sehen: Hier, ich habe den Herrn Finanzminister in der Leitung, der hat die Zahlen, und der sagt sie Ihnen jetzt.« Und damit ist die Diskussion zu Ende.

INTERVIEW: Und wie wäre es, wenn Sie diese Prozedur zwei-, dreimal wiederholten: Würde da der interviewte Politiker nicht aus seiner Rolle fallen und sich als eitel und selbstgerecht entlarven?

WILD: Ich glaube nicht, daß dieser Eindruck in einem gedruckten Interview bis zum Leser durchkäme. Ich fürchte, das Publikum würde eher den Eindruck gewinnen, daß da zwei Kampfhähne sich ineinander verbeißen und man nicht weiß, wer eigentlich recht hat.

Im übrigen sind wir heute der Meinung, daß der Spiegel nicht in jedem Fall in der Rolle des Entlarvers auftreten muß. Spiegel-Gespräche sind nicht mehr so angelegt, daß wir als Sieger auf der Matte stehen müssen. Wir sollten es hinnehmen können, daß der Gesprächspartner auch mal sagt: »Also hören Sie, da sind Sie aber völlig falsch informiert.« Uns bricht dann kein Zacken aus der Krone. Es ist uns wichtig geworden, die Persönlichkeit des Interviewten zum Vorschein zu bringen.

INTERVIEW: Die Persönlichkeit hervortreten lassen: Wenn Sie dies als Motiv nennen, dann fällt einem natürlich Ihr großes Gespräch mit dem französischen Chansonnier und Schauspieler Yves Montand ein, der sich vom engagierten Sozialisten zum überzeugten Antikommunisten gewandelt hatte und damals gegen die Linken wetterte (in Heft 26/1984). Ist es nicht ein Kunststück, den deutschen Lesern die Bedeutung just eines Künstlers für das politische Klima in Frankreich klarzumachen?

WILD: Ja, das war und ist nicht einfach. In solchen Fällen muß man ein Supplement darzustellen, das dies erklärt. Wir taten dies mit dem Vita-Kasten, der den Mythos Montand beschrieb: Der populäre linke Idealist, der früher für die Sache der Kommunisten warb und sich nun total gewandelt hat. Zudem muß den Lesern in den ersten Fragen und Antworten die besondere Rolle des Befragten klar werden...

INTERVIEW: ...was mitunter wegen der erklärenden Zusätze zu einem problematisch langen Einstiegs-Absatz führen kann. Sie haben sich auf zehn Zeilen beschränkt und tragen das Risiko, daß viele Leser nicht folgen können.

WILD: Vielleicht. Ich meine aber, daß der Vita-Kasten genügend neugierig macht auf diesen Künstler, der sich stets für die Schwachen engagierte und nun plötzlich weit nach rechts abgedriftet ist.

INTERVIEW: War der einstige Montand-Fan Wild nach dem Gespräch desillusioniert?

WILD: Ein wenig schon. Und doch zugleich auch fasziniert von der ganz anderen politischen Kultur Frankreichs. In Deutschland wäre es undenkbar, daß ein Chansonnier und Schauspieler auch nur in die Nähe der Erwägung einer Kanzlerkandidatur geriete. Für unsere biederen deutschen Verhältnisse ist das Engagement eines Montand schon aufregend.

INTERVIEW: ...und vielleicht auch deshalb dem deutschen Publikum kaum nahezubringen. Bewegten Sie sich mit dem im übrigen glänzend geführten Montand-Gespräch nicht jenseits dessen, was selbst ein Spiegel-Gespräch zu leisten vermag?

WILD: Mag sein. Solche Gespräche haben natürlich ein begrenztes Publikum. Aber sie dürfen nicht vergessen, Yves Montand hat auch in der Bundesrepublik seine Gemeinde, seine Tourneen waren auch bei uns stets ein Riesenerfolg, er galt auch bei uns als ein überragender Filmheld, ich erinnere nur an einen Film wie »Das Geständnis«. Ich glaube schon, daß es für viele in Deutschland interessant zu lesen ist, wie dieser Mann denkt, wie er seinen geradezu fanatischen Antikommunismus begründet – nämlich herzlich schlecht.

INTERVIEW: Es sind spezifische Frankreich-Kenntnisse vonnöten, um zum Beispiel folgenden Satz Montands zu verstehen: Daß er, gäbe es nur diese Wahlmöglichkeit, seine Stimme lieber dem Rechtsgaullisten Chirac geben würde als dem KP-Chef Marchais. Die Pointe liegt ja darin, daß zum Zeitpunkt des Gesprächs der Stalinist Marchais längst als chancenloser Sektierer galt, während Chirac gewisse Chancen hatte, die vereinigte Rechte zu repräsentieren.

WILD: In der Einschätzung der Rolle von Marchais stimme ich Ihnen zu. Um so deutlicher kam die Obsession des früher kommunistisch engagierten Yves Montand zum Vorschein, der ja auch stellvertretend spricht für eine große Zahl linker französischer Intellektueller, die nun so weit nach rechts abgewandert sind, daß sie eine Gestalt wie Chirac wählen würden.

INTERVIEW: Es zeichnet Ihren journalistischen Ehrgeiz aus, mit dem Spiegel-Gespräch nicht nur ein komplexes Thema abhandeln, nicht nur eine Persönlichkeit vorstellen, sondern darüber hinaus ein Stück fremder politischer Kultur sichtbar machen zu wollen. Sie haben es, vier Jahre später, abermals mit einer französischen Intellektuellen versucht, diesmal mit der Literatin Françoise Sagan, abgedruckt in Heft 37/1988. Was hat Sie veranlaßt, dieses oberflächliche Interview mit der Sagan als Spiegel-Gespräch aufzumachen?

WILD: Wieso oberflächlich? Die Sagan, die ja nach dem Krieg mit Sartre eng befreundet war, ist in Frankreich noch immer eine Kultfigur und gehört zum engeren Bekanntenkreis der Mitterrands. Sie ist oft mit dem Staatspräsidenten zusammen. Sie würde über seine Gedankenwelt einiges erzählen, dachten wir. Frankreichs Politiker bewegen sich nun mal viel lieber im Dunstkreis von Intellektuellen als ihre deutschen Kollegen. Rückblickend muß ich Ihnen zustimmen, das Gespräch ist eine Sammlung überwiegend belangloser Episoden – mit einigen Ausnahmen allerdings. Zum Beispiel die Geschichte über Sartres Trinkgewohnheiten.

INTERVIEW: Eine winzige Episode...

WILD: ...aber von Bedeutung für das Leben Sartres! Was sie aber dann über die Politik im Zusammenhang mit Mitterrand sagt, ist erstaunlich schwach. Dennoch finde ich es interessant, daß eine auch politisch aktive Kultfigur wie die Sagan sich politisch nicht klarer zu artikulieren vermag.

INTERVIEW: Gemessen am Platz und der publizistischen Bedeutung, die das Spiegel-Gespräch besitzt, ist es ein schwacher Trost, wenn ich als Leser höre, ich solle die Anstrengung der Lektüre auf mich nehmen, weil da eine interessante Persönlichkeit langweilig sei.

WILD: So meine ich es natürlich nicht. Nehmen wir einmal an, Helmut Kohl ließe sich vom Spiegel interviewen und angenommen, es würde – wie zu erwarten war – ein langweiliges, sagen wir: ein rundum entbehrliches Gespräch dabei herausgekommen. Trotzdem würden wir es ja drucken, weil es schließlich ein wichtiges Dokument der Artikulationsweise eines Bundeskanzlers wäre.

INTERVIEW: Bei einem gewählten Regierungschef kann dessen Sprachkompetenz für die Wähler zu kennen wichtig sein. An der Redeweise Kohls besteht also ein gesteigertes öffentliches Interesse. Nicht aber an der verbalen Artikulationsschwäche einer gewissen Françoise Sagan auf ihrem Landsitz in der Normandie.

WILD: Die Sagan ist eine wichtige Person der Zeitgeschichte, ist eine populäre Schriftstellerin und hat als solche einige Bedeutung. Kürzlich hat die ZEIT Günter Grass interviewt. War es packend, was er da gesagt hat? Unterstellt, es war uninteressant: Als Leser würde mich dies gleichwohl beschäftigen. Ich fühle mich durch die Lektüre dann vielleicht nicht inspiriert, aber es eröffnet mir einige Erkenntnisse über den Mann.

INTERVIEW: Der politisch eindeutig engagierte Grass hat doch wohl in Deutschland eine viel größere Bedeutung. Welchen Eindruck hatten Sie eigentlich von Françoise Sagan während des Treffens: Wirkte die Person ähnlich oberflächlich und verklemmt auf Sie wie das, was sie sagte?

WILD: Überhaupt nicht. Im Gegenteil, sie wirkte sehr angenehm, eine lebhafte, sympathische, keineswegs hochnäsige Person. Schon am Morgen wollte sie mit uns ein Bier trinken, aus Ungezwungenheit, wie mir schien. Dieses persönliche Erlebnis steht allerdings in einem gewissen Kontrast zu ihrer Wirkung in dem Interview.

INTERVIEW: Wie erklären Sie es sich, daß ein schriftlich abgefaßtes Gespräch die Persönlichkeit so stark entstellt?

WILD: Nicht jeder Mensch, nicht mal jeder Schriftsteller ist artikulationsstark. Ich bin von diesem Gespräch zurückgekommen mit dem sicheren Gefühl: Du hast mit einer vielleicht nicht so interessanten, aber menschlich ungeheuer anrührenden Person gesprochen. Schließlich sind Erfolgsschriftsteller oft arrogante Zeitgenossen, zumal in Frankreich.

INTERVIEW: Offenbar wurden auch hier die mit dem Genre definierten Grenzen des Spiegel-Gesprächs überschritten. Wenn nichts von der gewinnenden Person hatte vermittelt werden können – wäre es da nicht besser gewesen, das Interview-Material für ein Personen-Porträt zu verwenden: Dieter Wild über die politisierende Literatin Françoise Sagan?

WILD: Vielleicht, aber um den Preis von Authentizität. Das Interview ist ja die originärste Form des Journalismus überhaupt. Hier muß der Journalist – auch wenn er auf dem Gesprächsfoto zu sehen ist – zurücktreten hinter das, was beredet wird. Der Interviewte ist die Hauptperson, die Inszenierung gilt seinem Auftritt. Dies trifft für ein Spiegel-Gespräch erst recht zu. Darum sind wir in gesteigertem Maße auf die verbale Artikulationsfähigkeit des Gesprächspartners angewiesen. Vielleicht haben Sie recht, und die Leser würden durch die Lektüre einer Reportage eher mitbekommen, wie sympathisch diese Frau ist. Aber diese Reportage wäre nicht so originär, sie hätte nicht die Authentizität des autorisierten Gesprächs. Beide Formen sind sinnvoll, die richtige Entscheidung ist mitunter schwer.

INTERVIEW: Gab es andere Spiegel-Gespräche, in deren Verlauf Sie von der persönlichen Ausstrahlung ähnlich überrascht wurden wie im Falle der Sagan?

WILD: Ja, das kommt sogar recht häufig vor. Ich hatte zum Beispiel nicht erwartet, daß ein Mensch im Gespräch einen Eindruck so absoluter Aufrichtigkeit vermitteln könnte, wie Jean-Paul Sartre (in Heft 29/1968) das tat; oder von so einer absoluten Bildung wie André Malraux (in Heft 42/1968) als de Gaulles Kulturminister – beides unvergeßliche, aufregende Begegnungen. In einem eher negativen Sinne ging es mir mit dem südafrikanischen Oppositionellen und Schriftsteller Breyten Breytenbach. Er erschien mir im Vis-a-vis in gewisser Weise opportunistisch, während ich aus der Lektüre seiner Bücher einen ganz anderen, einen viel entschiedeneren Eindruck hatte.

INTERVIEW: Dabei wirkt Ihre Gesprächsführung gerade bei diesem Gespräch sehr zurückhaltend, sehr explorativ. Auch verzichten Sie fast ganz auf Unterstellungen und Suggestivfragen.

WILD: Ich hatte von seiner Seite mehr erwartet. Ich hoffte, er würde tiefgründiger, philosophischer über seine Rolle als Weißer und über die Apartheit sprechen. Statt dessen

hatte ich das dunkle Gefühl, er wolle mit diesem Gespräch eine bestimmte politische Message loswerden.
Wiederum positiv überrascht war ich von Karoly Grósz. Damals, im Frühjahr 1988, war er Ungarns Ministerpräsident, wenig später auch Parteichef (in Heft 17/1988). Ich hatte einen floskelhaften Apparatschik erwartet. Doch uns gegenüber saß ein Mann, der souverän umgehen konnte mit kritischen Einwänden; der sich unterbrechen ließ, ohne beleidigt zu reagieren; der auf Problemfragen ernsthaft antwortete; der auch im Umgang mit uns westlichen Journalisten Stil zeigte: eine Art ungarischer Gorbatschow, dachten wir damals. Doch nur ein gutes Jahr spater gehörte dieser Mann zum retardierenden Flügel seiner Partei, abgedrängt von den Partei-Reformisten Pozsgay und Nyers. Daran zeigt sich der atemberaubend rasche Wandel nicht nur institutionell, sondern auch im Führungsstil. Grósz erschien uns – im Vergleich zu seinem Vorgänger Kádár – als eine im Kern liberale Persönlichkeit mit einer fast schon ironischen Distanz zum Apparat.
INTERVIEW: Kam dieser Eindruck auch im Gespräch zum Vorschein oder hat Grósz dann bei der Autorisierung solche Äußerungen wieder weggestrichen?
WILD: Als wir über die beschlossene Amtszeitbeschränkung für ZK-Funktionäre sprachen und Grósz bestätigte, daß die Amtszeit in Zukunft höchstens zehn Jahre betrage, fragten wir: Und was macht ein armer ZK-Sekretär, wenn er seinen »Job verliert?« Da antwortete Grósz: »Es gibt genug Arbeitsplätze, wo man ehrlich sein Geld verdienen kann.« Ich war überzeugt, daß er bei der Autorisierung zumindest das Wort »ehrlich« streichen werde, denn es klang ja so, als wolle er sagen, das Einkommen eines ZK-Sekretärs sei nicht ehrlich verdient. Aber er hat das Wort stehenlassen.
INTERVIEW: Haben Sie den Text auf deutsch vorgelegt? Vielleicht hat er die Nuance nicht bemerkt.
WILD: Er hatte einen Dolmetscher zur Seite, der ihm sicherlich den Text Wort für Wort übersetzt hat. Es gibt noch eine andere bemerkenswert ironische Äußerung. Wir sprachen über die Löhne und die unterbezahlten Intellektuellen. Grósz erwähnte, daß er für sein Parteiamt – zusätzlich zum sicherlich nicht fürstlichen Gehalt eines Ministerpräsidenten – keinen Lohn erhalte. Er fuhr fort: »Was ich jetzt bekomme, ist genug für mich. Was sollte ich denn mit mehr Geld anfangen? Öfter als einmal täglich mag ich nicht essen, mehr Kleidung brauche ich nicht. Ich habe

keine Zeit, mich zu erholen. Eine Freundin darf ich mir nicht leisten. Kurz, was könnte ich mit dem Geld tun?« Da war ich mir eigentlich sicher, daß er die Bemerkung mit der Freundin rausstreichen würde. Aber er hatte den Mut, dies stehenzulassen – sehr souverän.

INTERVIEW: Um so störender wirkt der überhebliche Von-oben-herab-Ton so mancher Spiegel-Frage. Da wird nicht die schlechte Wirtschaftslage angesprochen, sondern umstandlos »die aussichtslose ungarische Mißwirtschaft« festgestellt. Toll scheint einzig unsere Wirtschaft zu sein.

WILD: Das eine wie das andere kann man ja auch kaum bestreiten.

INTERVIEW: Die freie Marktwirtschaft ist stärker, das hat sich 'rumgesprochen. Müssen die Ungarn zum Schaden auch noch den Spott einstecken? Man könnte diese Arroganz lustig finden, wenn Sie eine Gestalt vom Zuschnitt Kádárs vor sich gehabt hätten. Aber bei einem Reformer, der Aufbruchstimmung verbreitet?

WILD: Spott und Arroganz können Sie aus unserer Argumentation im Ernst nicht herauslesen. Grósz jedenfalls hat uns diese kleinen Spitzen in keinem Augenblick übel genommen.

INTERVIEW: Wurden die auch getreulich übersetzt während des Gesprächs?

WILD: Selbstverständlich. Und weil nicht simultan übersetzt wurde, hatte Grósz genügend Zeit, sich Frage und Antwort zu überlegen – er wurde nicht überrumpelt, wie das vielleicht bei einem schnellen Wortwechsel passieren kann. Er hätte also auch unsere Fragen zurückweisen oder korrigieren können. Aber er blieb gelassen und zuvorkommend.

INTERVIEW: Ein wirklich zuvorkommender Mann, der Ihnen Ihre Überheblichkeit nicht zum Vorwurf macht. Am Ende der 80er Jahre traf man die interessantesten Gesprächspartner offenkundig nicht im Westen, sondern im Osten: Die Kommunisten entdeckten das wilde Denken?

WILD: Ja, auch das Gespräch mit dem sowjetischen Reform-Vordenker Alexander N. Jakowlew (in Heft 3/1989) nahm einen ungewöhnlich offenen Verlauf, die Antworten waren knapp, manchmal überraschend witzig. Da hatte ich auch das Gefühl, daß die Person in dem, was sie sagt, erlebbar ist. Das Gespräch hatte einen ganz anderen Duktus als jenes mit dem Ägypter Sadat, über das wir anfangs gesprochen haben: Jenes war ausufernd, dieses ist prägnant.

INTERVIEW: Sie fahren auch keine tour-d'horizon mehr ab, sondern bringen die Person zur Geltung und zentrieren das Gespräch auf ein, zwei Problemthemen. Ihre Fragen sind nicht mehr so überheblich und weniger konfrontativ, dafür munterer im Ton, explorativer in der Sache: Ein neuer Stil auch auf seiten der Spiegel-Interviewer?

WILD: Das kann man so sagen. Dahinter steht eine Entwicklung, die wir gut finden. Früher waren die Gespräche tatsächlich zu lang. Natürlich kann ein dickes Spiegel-Heft von rund 300 Seiten leicht ein Gespräch im Deutschlandteil, im Auslandsteil und im Kulturteil verkraften. Aber jedes dieser Gespräche sollte nicht mehr als drei, vier Druckseiten umfassen. Das ist ein gewisser Konzeptionswandel.

INTERVIEW: Knapp zu führende Gespräche verlangen mehr Offenheit bei den Gesprächspartnern. Hat Jakowlew alles mitgemacht, oder ist er Ihnen ein paar wichtige Antworten schuldig geblieben?

WILD: Es gab eine Passage, da wich Jakowlew aus. Wir wollten wissen, ob die Leute im Politbüro, die Gorbatschow 1985 zum Generalsekretär wählten, damals wußten, was sie sich mit Gorbatschow auf den Hals zogen. Uns interessierte also, wann das Reformkonzept bekannt wurde. Doch er gab darauf keine Antwort. Das heißt, es gibt auch bei einem so souveränen Mann wie Jakowlew noch immer eine Hemmschwelle: Er tat sich schwer, über die Leute zu reden, die Gorbatschow gewählt haben.

INTERVIEW: Gorbatschow, der große Superstar der westlichen Medien, auch des Spiegel. Fünf Redakteure saßen im Oktober 1988 im Moskauer ZK-Gebäude Gorbatschow und seinem Anhang gegenüber (in Heft 43/1988). Das war kaum mehr als ein Medienereignis.

WILD: Es ist sicherlich ein wichtiges Dokument der Zeitgeschichte. Natürlich offenbarte es keine vordergründigen Sensationen. Gorbatschow hatte ja bereits in vielen Reden und Aufsätzen sein Konzept klargelegt, das Kleingedruckte ist in seinem Perestrojka-Buch nachzulesen. Und inzwischen gibt es auch im Westen zahlreiche originelle Gorbatschow-Äußerungen, die sich von denen in jenem Spiegel-Gespräch kaum unterscheiden. Damals, Ende Oktober 1988, war so manche Äußerung dennoch bemerkenswert.

INTERVIEW: Für den Spiegel, der das Gespräch zur Titelgeschichte machte, brachte es sicherlich Publicity und hohe Verkaufszahlen. Wenn man sich dieses großformatige Foto anschaut, auf dem der große Gorbatschow von der einen Seite des Konferenztisches hinüber zu Rudolf Augstein blickt, die Hände andachtsvoll auf ein Blatt Papier gelegt, dann hat man das Gefühl, diese Begegnung sei für die Journalisten weit eindrucksvoller gewesen als für deren Leser.

WILD: Es war unbestreitbar ein wichtiges Gespräch, denn es führte Gorbatschows Reformdenken auf seinem neuesten Stand vor. Manche seiner Äußerungen waren durchaus auch enthüllend. Und selbstverständlich war diese Begegnung für die Interviewer ein eindrucksvolles Erlebnis. Siebzig Minuten einem solchen Mann gegenüberzusitzen, auch wenn er kein Deutsch spricht und auf unserer Seite die meisten kein russisch können: Der Eindruck war so überwältigend, daß wir noch lange davon zehren konnten, auch in der aktuellen Rußland-Berichterstattung: Vieles konnte man genauer einschätzen, etwa daß die Macht Gorbatschows zu jenem Zeitpunkt gefestigter war, als es den Anschein erweckte.

INTERVIEW: Eine Faszination, die in einem gedruckten Gespräch nicht vermittelt wird.

WILD: Bei einem durch die Etikette festgelegten Gespräch mit dem Kreml-Chef ist dies in der Tat schwierig...

INTERVIEW: ...zumal der größere Teil des Gesprächs gar nicht mündlich geführt wurde, wie es sonst Bedingung ist für Spiegel-Gespräche, sondern eine schriftliche Beantwortung schriftlich eingereichter Fragen darstellt.

WILD: Es ist ein zweiteiliges Dokument: Der erste Teil, immerhin fast fünf Seiten lang, ist das Protokoll des mündlichen Gesprächs. Der zweite Teil heißt nicht Spiegel-Gespräch, sondern »Antworten des Generalsekretärs auf Fragen des Spiegel« und gibt in der Tat die Antworten auf die von uns eingereichten Fragen wieder.

INTERVIEW: Sie waren fünf Redakteure. Da waren wohl die meisten nur Zuhörer und Rudolf Augstein der Gesprächsführer.

WILD: Das Gespräch hat tatsächlich Rudolf Augstein geführt, was auch nach dem sowjetischen Hierarchie-Verständnis notwendig war: Wenn auf der einen Seite die Nummer eins redet, muß auf der anderen Seite gleichfalls die Nummer eins reden.

INTERVIEW: In der Wiedergabe des Gesprächs fällt auf, daß bei den Interviewern unterschieden wird zwischen Spiegel und Augstein. Doch in der Bildlegende erscheint Rudolf Augstein als Redaktionsmitglied. Warum diese Dissonanz?

WILD: Rudolf Augsteins Fragen hatten einen bestimmten Duktus und waren meist in der Ich-Form gestellt. Wir wollten in der Wiedergabe möglichst protokollarisch genau sein. Die in der Ich-Form gestellten Fragen paßten darum nicht unter das Emblem Spiegel.

INTERVIEW: Man hätte bei der Textredaktion aus dem »ich« ein

»wir« machen können, wie das auch bei anderen Gesprächen geschieht.

WILD: Mag sein, doch als wir in Moskau das Gespräch redigierten, haben wir uns gedacht, daß diese Unterscheidung zwischen Spiegel und Augstein dem Gespräch ein besonderes Gepräge gibt, es vielleicht interessanter macht, wenn es nicht mit dem üblichen Spiegel, sondern mit Augstein beginnt.

INTERVIEW: Bei den Lesern sind immerhin auch folgende zwei Reaktionen denkbar:

Die eine unterstellt, die Spiegel-Redaktion wolle sich von den Äußerungen Augsteins distanzieren. Die zweite findet es eitel, wenn sich ein Journalist auf dieselbe weltpolitische Ebene stellt wie der Prominente, den er gerade interviewt: auf dem Olymp Augstein und Gorbatschow, unten im Tal das Fußvolk, die Funktionäre und die Redakteure.

WILD: Ich kann Ihnen da nicht folgen. Es gibt, wie Sie sich denken können, erhebliche Zweifel, ob wir das Gespräch bekommen hätten, wenn Rudolf Augstein nicht an der Spitze unserer Delegation gestanden hätte. Wir fanden es deshalb adäquat, dieser Sachlage auch in der Druckfassung Rechnung zu tragen. Im übrigen zweifle ich, ob die Leser sich mit solchen Erwägungen aufhalten. Die meisten werden sich für das Gespräch interessieren und nicht erstaunt sein, daß da Augstein und hier Spiegel steht.

INTERVIEW: Herr Wild, wenn die berühmte Zauberfee Ihren Weg kreu-zen würde und Ihnen einen Spiegel-Gesprächswunsch erfüllen würde: Mit wem wollten Sie dann – sozusagen zum krönenden Abschluß Ihrer Spiegel-Karriere – am liebsten Ihr letztes Spiegel-Gespräch führen?

WILD: Am liebsten nochmal mit Gorbatschow, wenn er dann noch lebte. Diesmal aber in einer entspannteren Atmosphäre als damals an dem mit grünem Filz bezogenen, unendlich langen Konferenztisch, mit den zwei großen Delegationen, den vielen Dolmetschern, Steno- und Fotografen.

INTERVIEW: Wie würde die Ihnen wichtigste Frage lauten?

WILD: Herr Gorbatschow, war Ihnen eigentlich schon 1985 bei Ihrer Wahl zum Generalsekretär klar, daß die Systemmängel so fundamental sind, daß Systemumbau in Wahrheit heißt: eine Revolution von oben durchzukämpfen – mit gänzlich ungewissem Ausgang?

INTERVIEW: Herr Wild, wir danken Ihnen für dieses Gespräch.

Das hier wiedergegebene Interview basiert auf einem Gespräch des Verfassers mit R. Rohlinger im Herbst 1989. Es folgt dem Muster des auf einen Aspekt (hier: die Situation des TV-Journalisten im Live-Interview) zentrierten Abfrageinterviews. Die zum Druck bestimmte Fassung seiner Ausführungen hat der Interviewte ausformuliert.

»Die Fragen stellt der Zuschauer«

Ein Interview mit dem Fernseh-Journalisten und Interviewer-Trainer Rudolph Rohlinger über die Rolle des Fernseh-Interviewers

HALLER: Herr Rohlinger, Sie waren einer der Väter des »Kreuzfeuers«, jenes berühmt-berüchtigten »Monitor«-Fernsehinterviews der Jahre 1964 bis 1977. Mit Ihrem Kollegen Claus-Hinrich Casdorf haben Sie spektakuläre Interviews inszeniert und zum Beispiel 1972 Franz Josef Strauß in die Zange genommen, der unter dem Druck Ihrer Fragen ausfällig wurde – und damit sein äußerst dünnes Nervenkostüm offenbarte. Haben Sie als Interviewer nie Lampenfieber?

ROHLINGER: Doch, doch; aber wenn der Interviewer sich darauf einläßt, wenn er nur eine gewisse Feuchtigkeit der eigenen Handflächen notiert, nur eine plötzliche Trockenheit der eigenen Lippen registriert, hat hat er dem Fragespiel schon entschieden geschadet, bevor es überhaupt beginnt. Dann hat er aus dem oder der Befragten ein Opfer ohne Anführungsstriche gemacht, ein Objekt. Das sollte, das darf nicht sein. Aber es geschieht eben doch. Man nehme irgendeinen Kanal und warte ab. Das schlechte Beispiel stellt sich mit Sicherheit ein.

HALLER: Kennen Sie gute Fernseh-Interviewer, die ihre Live-Sendung ganz ohne Aufregung kühl und gelassen durchziehen?

ROHLINGER: Nein. Und wenn mal einer (oder eine) sagt, nein, die Zunge werde nicht dick, der Gaumen nicht rissig, die Hand nicht zittrig oder steif oder riesengroß und hinderlich, man habe ja doch inzwischen genügend Routine, dann wird mir eher bang. Ich befürchte zweierlei: Entweder ein Routine-Produkt, denn ohne Adrenalin kann man nur Serienfabrikate herstellen. Oder eine Fortsetzung der Unwahrhaftigkeit.

HALLER: Wie äußert sich die Angst des Interviewers etwa während der Live-Sendung?

ROHLINGER: Lampenfieber hat verflixt viele Ausdrucksformen. Und mindestens ebensoviele Möglichkeiten der Tarnung wurden schon erfunden, brauchbare, aber auch alberne, statthafte, aber auch ungezogene und illegitime.

Nur eine sei angesprochen, ohne den genaueren Versuch von Diagnose und Therapie: Da spricht jemand geschrieben, der Mund formt Druckbuchstaben. Unser Mann drechselt Sätze voller Interpunktion, sagt auf. Der Zuschauer, sofern er noch bei der Fahne bleibt, fragt sich mehr oder weniger bekümmert, ob das überhaupt Fragen ergibt, ob, wenn ja, diese Fragen von jemandem anderen stammen als vom Vortragenden, oder ob der Interviewer nur Zungenakrobatik betreibt, weil er vergessen hat, was er fragen wollte oder sollte.

HALLER: Solches konnte man von Ihrem »Kreuzfeuer« nicht sagen; da wurde aus dem Stand heraus direkt und offen gefragt. Sie beide hatten keine Angst, sich im Eifer des Gefechts auch mal zu verhaspeln. Die Fernsehkritiker nannten damals Ihre Sendung einen »Härte-Test« – nicht für Sie, sondern für Ihren Interviewgast.

ROHLINGER: Gegen manches hilft kein Kraut. Schon gar nicht gegen den weit, zu weit verbreiteten Glauben, ein Fernseh-Interview sei ein Duell, ein mehr oder weniger sportlicher Wettkampf, aufjeden Fall eine Auseinandersetzung, in der es um Sieg und Niederlage gehe. Die Kritik fördert nur gar zu gerne solchen Aberglauben, indem sie die Sprache der Box-Kommentatoren bemüht. Dann heißt es, dieser sei jenem nicht gewachsen gewesen, einer habe sich als Leicht-

> ***Rudolf C. Rohlinger**, Jahrgang 1929, begann 1951 als Journalist bei der »Neuen Ruhrzeitung«, ging 1954 zum »Stadtanzeiger« und wurde dort Redaktionsleiter. 1962 wechselte er zum WDR. Von 1964 an führte er als Chefreporter gemeinsam mit Claus-Hinrich Casdorf die »Kreuzfeuer«-Interviews der Magazinsendung »Report« (von 1965 an in der Sendung »Monitor«). 1973 wurde Rohlinger stellvertretender Chefredakteur des WDR, wechselte aber 1977 als ARD-Korrespondent nach New York. Wieder in Köln, leitete er von 1981 bis Ende 1988 das Unterhaltungsressort des WDR. Seither ist R. Rohlinger als TV-Interviewtrainer und als Medienberater tätig.*

gewicht erwiesen, der andere habe wacker zurückgegeben, seinen Kontrahenten gestellt oder von ihm einstecken müssen und Wirkung gezeigt. Bis dann der Rezensent – eines Interviews! – frohgemut einen Punktsieg verkündet oder, eher enttäuscht, ein Unentschieden verhängt.

HALLER: Sprechen Sie da nicht wie ein Scheinheiliger, der sich mißverstanden fühlt? Aus der Sicht der Zuschauer sind solch konfrontative Interviews immer auch ein Schaukampf; die Zuschauer sind neugierig, welche der beiden Seiten das Wortgefecht als Punktsieger beenden wird.

ROHLINGER: Ein Gefecht ist es eben nicht, das Fernseh-Interview. Schon gar nicht ein Zweikampf, der auf die Vernichtung des anderen zielt. Gewiß, es kostet gelegentlich große Anstrengung, eine Antwort zu erlangen, mit der Frage auch nur durchzudringen und sie notfalls auch ein zweites oder drittes Mal zu wiederholen oder zu variieren.

HALLER: Viele der heutigen Fernseh-Interviewer spielen aber eine andere Rolle: Sie inszenieren ihr Interview als Darstellung und nehmen Ihren Auftritt genauso wichtig wie den ihres Interviewpartners – oder noch wichtiger. Vertreten Sie als Interviewer-Trainer da nicht ein antiquiertes Rollenverständnis?

ROHLINGER: Ob gestern, heute oder morgen: Nur auf die Antworten kommt es an. Das klingt so selbstverständlich. Das ist ja auch selbstverständlich. Aber wieviele Interviewer auf dem Schirm haben es genau in dem Augenblick vergessen, in dem das Studio-Rotlicht aufleuchtet oder in dem ihnen am Drehort draußen zugerufen wird: Kamera läuft! Genau dann beginnen allzu häufig die Sünden. Dann wird die berüchtigte Härte an den Tag gelegt, die später den Kritiker zur falschen Diktion verführt, Härte des Tonfalls wie der Wortwahl, Einschüchterung und Drohgebärde. Dann wird der Fragesteller wichtiger als die Frage – und der Befragte wird zum Opfer. Und das Fernseh-Interview verunstaltet sich selbst zum Fernseh-Verhör.

HALLER: Wenn Sie zurückblikken auf drei Jahrzehnte TV-Interviewer-Erfahrung: Vor welchen Fehlhaltungen würden Sie junge Kollegen als erstes warnen wollen?

ROHLINGER: Die beiden ärgsten Sünden heißen tatsächlich Eitelkeit und Taubheit. Da immer der Interviewer die Führung zu übernehmen hat, kann seine Eigenliebe, seine Eitelkeit beide Partner in eine falsche Richtung lenken. Und wenn er das oberste Gebot vernachlässigt, in dem er den Antworten nicht zuhört, stellt ja auch der Print-Reporter später beim Abhören seines

Tonbandes oder beim Studium seines Stenogramms fest, daß er nicht gemerkt hat, welcher Teil dieser oder jener Antwort ihn zu neuen Fragen hätte zwingen sollen, zur Abkehr vom vorausgedachten Ablauf der Befragung. Sich selbst zu wichtig zu nehmen und nicht genau hinzuhören bei den Antworten, das sind die Todsünden bei jeder Art von Interview. Also natürlich auch im Fernseh-Interview, aber da eben noch weit stärker und krasser in der Wirkung.

HALLER: Der Presse-Journalist steht als Interviewer nicht so unter Streß, weil er weiß, daß ihm im Falle eines Patzers noch die Möglichkeit der redaktionellen Bereinigung bleibt. Die Qualität seines Interviews hängt vor allem von seiner Vorbereitung ab. Gilt das auch für den Rundfunk-Journalisten, sofern und solange er nicht live auf Sendung geht?

ROHLINGER: Unbestreitbar kann an allem, was nicht im Augenblick seiner Entstehung veröffentlicht wird, an allem, was nicht »live« ausgestrahlt wird, noch gearbeitet, noch redigiert werden. In jeder Aufzeichnung läßt sich schneiden. Und nicht nur die Beseitigung ungeliebter oder überflüssig erscheinender oder schlicht falscher Teile einer Aufzeichnung, also nicht nur Kürzung ist möglich. Man kann auch nachträglich hinzufügen, hineinschneiden. Auch in das Fernseh-Interview, das aufgezeichnet wurde.

Manchmal geschieht das gleich an Ort und Stelle. Der Interviewte ist dann auch noch Zeuge. Da stand beispielsweise auf engem Raum nur eine Kamera zur Verfügung, und die wurde sachgerecht auf den weitaus wichtigeren der Interviewpartner gerichtet, auf den, der antwortete, der Auskunft gab. Was er sagte, wie er es sagte, wie er zuhörte, wenn neue Fragen kamen, und wie er auf den Interviewer mimisch, akustisch und mit Gesten reagierte, das hat man im Kasten. Wenn er aber in eine Richtung nickte, staunte oder auch zürnte, die nicht mit der Seelenachse zur Kamera und damit zum Zuschauer identisch war, dann fehlt in den meisten Fällen ein nicht ganz unerheblicher Teil des Interviews. Dann kann man die (eine) Kamera herumdrehen, den Interviewer die Fragen neu, d. h. eigentlich natürlich nur nachstellen lassen und das Interview später so zusammenfügen, daß der Interviewte nicht mehr nur auf eine Geisterstimme von irgendwo antwortet. Machbar ist das – bei Aufzeichnungen.

HALLER: Also Veränderungen, die in gewisser Weise denen ähneln, die der Presse-Journalist bei der Aufbereitung durchführt: nämlich das real abgelaufene Interview durch nachträgliche Eingriffe zu einem gelungenen Ereignis machen?

ROHLINGER: Alles, was machbar ist, werde auch gemacht, sagt eine Volksweisheit. Das mag nun jeder, wie er will, als Versprechen oder als Drohung interpretieren. Sicher ist, daß nicht nur tierische und pflanzliche Gene, Zellkerne und Gehirne manipuliert werden können, sondern auch etwas meistens so Belangloses wie ein aufgezeichnetes Fernseh-Interview. Ohne die Fragen der Ethik wenigstens einmal und bewußt anzusprechen, wird man auch dem Thema Fernseh-Interview nicht gerecht. Man kann auch damit Übles anrichten. Wer täuschen will, sich selbst und andere, findet auch die Mittel.

HALLER: Kennen Sie Fälle der TV-Interview-Fälschung, wie sie bei der Presse ja gelegentlich vorkommen?

ROHLINGER: Kaltblütige Fälschungen, sofern es sie überhaupt schon gibt, sind zumindest noch so selten, daß wir sie beiseite lassen dürfen, meine ich. Es ist aber Mode, in Bezug auf Zeitungen und Zeitschriften, auf Film und Funk und Fernsehen den Vorwurf der Manipulation im Sinne arglistiger Täuschung vorzubringen. Medien haben leider keinen einwandfreien Ruf. Oft vertraut man ihnen zu sehr, viel öfter noch mißtraut man ihnen laut, ohne lange drüber nachzudenken. Das muß uns schon beschäftigen. Ohne den Glauben an die prinzipielle Redlichkeit der Kollegen läßt sich der Beruf des Journalisten nicht ertragen. Und ohne die ständige Bemühung um ein wachsames Vertrauen der Medienkunden ist unsere Arbeit nicht mehr als ein Zeitvertreib. Das wissen wir doch, oder? Wissen auch die Zuschauer, daß wir es wissen?

HALLER: Das sind vollmundige Sätze über die journalistische Moral. Konkret zum Fernseh-Interview, egal, ob es live oder als Aufzeichnung gesendet wird: Was unterscheidet den guten Interviewer vom schlechten?

ROHLINGER: Sehen Sie, unter allen Sendeformen des Fernsehens ist das Interview am ehesten geeignet, Vertrauen zu gewinnen oder zu verspielen. Jedes FS-Interview, auch das kleine auf dem Bauernhof oder im Vorzimmer einer lokalen Behörde, beteiligt den Zuschauer. Er ist dabei mit Augen und Ohren, und in seinem Namen werden Fragen gestellt. Der Interviewer ist Stellvertreter oder Dolmetscher oder Makler, mehr nicht, wenn er seine Sache gut macht.

HALLER: Mehr nicht?

ROHLINGER: Als ob das nicht eine große und schwierige Aufgabe wäre! Sie kann guten Lohn einbringen, nämlich Einverständnis. Sie kann aber auch das Konto der angeblich so »Mächtigen« da »im Fernsehen« erneut und weiter belasten. Gefahr und Chance liegen dicht beieinander.

HALLER: Der Rohlinger der 70er Jahre stritt noch in seinen Interviews für Rechtsstaatlichkeit, Transparenz und mehr Demokratie. Heute halten Sie sich für einen Makler.

ROHLINGER: Sollte mich jemand so mißverstehen können, daß ich hier einen Einheitsbrei für Zahnlose empfehlen wollte? Natürlich liegt es mir fern, für devote Anpassungskunststücke zu plädieren. Da bis auf einige Unterhaltungssendungen alle anderen ihr potentiell interessiertes, aber deswegen auch begrenztes Publikum haben, bedeutet die Bemühung des Fernseh-Interviewers um ein Mandat für seine Fragen nicht den Verzicht auf Präzision. Niemand erwartet von uns oder empfände es auch nur als angemessen, den Athleten an der Wettkampfstätte mit den Worten und im Ton einer sportinteressierten Schönheitskönigin zu befragen. Obgleich gerade das nicht gar so selten passiert, leider.

HALLER: Womit wir abermals bei der Eitelkeit angelangt wären.

ROHLINGER: Das ist nur das eine Übel, Plattitüde das andere. Ich denke: Zwischen dem Larifari für jedermann und deswegen für niemand, und der verstiegenen Selbstdarstellung einer Fragestellerpersönlichkeit, die sich durch störende Antworten nicht aus dem stolzen Tritt bringen läßt, liegt die erstrebenswerte Mitte. Und wenn Ihnen das Wort Mitte hier nicht behagt, weil Sie noch immer Durchschnittlichkeit, Farblosigkeit und Verzicht auf Profil dahinter vermuten, dann haben sie mich nur halbwegs mißverstanden. Jede Interviewfrage, die sich wichtiger nimmt als die erwartete Antwort, halte ich in der Tat für verfehlt, sei sie auch so kunstvoll gedrechselt, daß sie den Philologen entzücken könnte. Auf die Antwort kommt es an, wenn gut gefragt wird. Und gut und richtig gefragt wird nur, wenn der Zuschauer sich die Fragen zu eigen machen kann.

HALLER: Dies würde auch mancher Zeitungsjournalist, zumal von der Boulevardpresse, über seine Interviews sagen. Er würde aber auch noch über den Inhalt und über sein Interviewziel sprechen wollen. Sie ordnen das »was« dem »wie« unter?

ROHLINGER: Das »wie« hat nun mal im Fernsehen weit größeres Gewicht als in jedem anderen Medium. Der Zuschauer ist doch dabei. Das meint er, das wollen wir ihn doch auch meinen lassen. Also fühlt er sich weit ärger im Stich gelassen, genarrt oder verraten, wenn sein Vertreter Fehler macht. Wahr ist, daß alle Interviews in allen Medien bestimmte Voraussetzungen erfüllen müssen, um zu gelingen. Ob man aber das Produkt liest, zur selbstgewählten Zeit und im selbstbestimmten Tempo, oder es hört und sich die Umstände des Entstehens allenfalls selbst ausmalen kann, das sind zwei ganz andere Arten von Aufnahme als die totale Anteilnahme am Fernseh-Interview. Und mögen sich die Kommunikationswissenschaftler auch noch uneinig sein, ob und unter welchen Umständen das Fernsehbild stärkere Eindringlichkeit habe als das Fernsehwort oder auch umgekehrt, für mich steht fest, daß beide zueinander passen, daß beide stimmen müssen, um auszukommen, um angenommen zu werden.

HALLER: Stimmigkeit von Ton und Bild: Das Fernseh-Interview als Gesamtkunstwerk?

ROHLINGER: Phantasieren wir doch einen Augenblick, nehmen wir an, es gebe bereits das Fernriechen. Diesen Namen wird es gewiß nie tragen, zugegeben, da man schon jetzt hier und in aller mir bekannten Welt auf die ausdrückliche Anerkennung des Hörens im Titel verzichtet und nur das Sehen, die »Visio«, herausstellt. Also: Gäbe es schon heute das »Fernsehen« für Auge, Ohr und Nase, wie gewaltig könnte dann eine falsche Duftausstrahlung die Gesamtwirkung entstellen. Eine unpassende Komponente zerstört auch alle anderen witzigen Fragen und charmant offenherzige Antworten im eleganten Wohnzimmer eines Stars: Nichts wird mehr angehört und betrachtet, wenn es dabei nach Benzin stinkt und wenn es dafür keine Erklärung gibt und wenn es der Interviewer und der Star offensichtlich gar nicht bemerken. Man traut seinen Augen und Ohren nicht mehr. Wenn nicht alles stimmt, stimmt nichts. An das noch immer geruchlose Fernsehen und seine Interviews werden dieselben Anforderungen gestellt. Kann ich dem Bild nicht glauben, höre ich auch nicht mehr hin. Was meinen Sinnen geboten wird, muß übereinstimmen. Und was diese Übereinstimmung stört oder auch nur beeinträchtigt, ist falsch.

HALLER: Wäre demnach Fernseh-Interviewer-Ausbildung die hohe Schule der Ästhetik – oder gibt es da auch noch ein paar praktische Hinweise auf das Handwerk?

ROHLINGER: Mein Rezept für gute Fernseh-Interviews, wenn es denn eines gäbe: Man nehme alles, was zur gründlichen und uneitlen Befragung auch in anderen Medien benötigt wird! Vorn steht natürlich die so gründliche Vorbereitung, daß man Fehler in den Antworten, gerade auch die unfreiwilligen

Fehler, gleich erkennen kann. Solche Fehler dürfen, ja sie müssen sogar zu einer Nachfrage führen. Zu mehr allerdings nicht. Eine Befragung ist keine Debatte. Der Fragesteller führt, er hat Verantwortung und auch Macht. Sein Machtmittel sind Fragen. Räsonieren darf er nicht, allenfalls seine Fragen begründen.

Gefragt werden darf nach allem, was der Interviewpartner unter den Umständen, die man im Fernsehen ja sieht, auch beantworten kann, ohne in unverdientes Unglück gestürzt zu werden. Fairneß ist unbedingte Voraussetzung gerade auch gegenüber einem ungeliebten Gast. Sonst steigt der Zuschauer, auf den es allein ankommt, um oder aus. Er will nicht zum Machtmißbrauch verleitet werden. Und: Er stellt schließlich die Fragen!

HALLER: Um nun noch die verlangte Stimmigkeit zwischen Ton und Bild herzustellen: Auf was sollte da der Journalist achten?

ROHLINGER: Bild und Ton müssen sich selbst erklären. Oft wird dem Zuschauer mühevoll beschrieben, was er selbst sieht. Das ist nicht nur überflüssig, das stört. Fährt das Bild aber in die Irre – auch Bilder können das –, dann muß fairerweise aufgeklärt werden, um falschen Schlüssen vorzubeugen. Jeder hält ohne solche ergänzende Information den schweißüberströmten Befragten, der sich hastig den Hemdkragen aufreißt und mit hastigen Augen auf den Zuschauer starrt, statt den Interviewer anzusehen, für eine bedauernswerte Figur und meint, er werde mit den Fragen nicht fertig. Dabei war es doch ein kompetenter Gewerkschaftsvorsitzender. Nur saß er in einem winzigen engen und deshalb durch Licht völlig überheizten Studio. Das mußte gesagt werden. Es wurde.

HALLER: Was tun Sie, wenn Ihnen das Interview zu entgleiten droht?

ROHLINGER: Auch für mich gilt das vielleicht wichtigste Gebot, das lautet: Sieh Deinen Partner an, beachte auch die optischen Signale! Das ist letztlich das eigentlich Spezifische am Fernseh-Interview. Es wird für Augen und Ohren geführt. Es muß mit Worten, mit Fragen allein, vorangetrieben, aber mit den Augen gesteuert werden.

Womit wir wieder beim Lampenfieber wären. Aber ich zähle seine verschiedenen Formen nun doch nicht mehr auf. Man kann sie sehen und hören, meistens, und sie fast alle durch Blickkontakt bekämpfen. Also muß der Fernseh-Interviewer nicht mehr und nicht weniger tun als das, was er vom Zuschauer erhofft: Wirklich und sichtlich wissen wollen, hinhören und hinsehen.

Das wär's.

Das hier wiedergegebene Interview hat der Verfasser im Februar 1990 in München in der Art eines verschränkten Interviews geführt. Die Gesprächszeit betrug 90 Minuten. Die Druckfassung entspricht dem (leicht gestrafften und redigierten) Tonbandprotokoll.

»Nein, ich habe kein Schamgefühl«

Ein Gespräch mit dem hauptberuflichen Interviewer André Müller über seine besondere Art, Gespräche zu führen

Herr Müller, Sie sind vermutlich der einzige Journalist Deutschlands, der ausschließlich Interviews macht und es mit dieser Spezialität zu einiger Berühmtheit gebracht hat. Warum machen Sie Interviews?

MÜLLER: Um Geld zu verdienen. Ich würde es sonst nicht tun.

Könnten Sie nicht auch auf andere Weise Ihr Auskommen finden?

MÜLLER: Meine Mutter – ich bin in Wien vaterlos aufgewachsen – konnte mir nach dem Abitur das Studium nicht finanzieren. Ich mußte also irgendwie Geld verdienen. Und weil ich gerne schrieb, ging ich zur »Neuen Kronenzeitung« und fragte nach, ob ich mitarbeiten könne. Der Lokalchef war aufgeschlossen, er nahm mich in die Redaktion auf. Während des ersten Jahres hatte ich Meldungen umzuschreiben. Als dann eines Tages der Gerichtsberichterstatter ausfiel, durfte ich aus dem Bezirks- und Strafgericht berichten. Später ließ man mich auch mal was für die Kulturseite schreiben – und so kam das dann alles.

Man hat Ihnen dann bei der »Kronenzeitung« gekündigt.

MÜLLER: Ich weiß bis heute noch nicht warum. Ich glaube, es ging um einen Artikel, den ich unter der Überschrift »Angeklagter Franz Stoss« über den Direktor des Theaters in der Josefsstadt schrieb. Daraufhin legte man mir nahe zu gehen.

Sie gingen zur »Abendzeitung« nach München. Warum?

MÜLLER: Ich kannte den damaligen Feuilletonchef Jürgs. Der sagte: Kommen Sie doch zu uns. Und so nahm alles seinen Gang.

Aber auch dort blieben Sie nicht lange.

MÜLLER: Daß man bei solch einem Blatt immer alles auf die

Schnelle schreiben muß, diesen Streß mochte ich nicht. Ich hab 1975 gekündigt.

Nach alldem hätten Sie genug Berufserfahrung gehabt, um als Redakteur oder Reporter einer Zeitung genug Geld zu verdienen.

MÜLLER: Sie haben Recht, ich könnte auch Features, Kritiken oder Essays schreiben. Aber ich will nicht.

Nochmals: Warum ausgerechnet Interviews?

MÜLLER: Ich habe mit den anderen journalistischen Formen überwiegend schlechte Erfahrungen gemacht. Wenn ich ein Feature schrieb, für den »stern« zum Beispiel, dann wurde mir der Text in der Redaktion umgeschrieben. Mich ärgerte das. Zu jener Zeit machte ich meine ersten Interviews, und an denen durfte die Redaktion nichts mehr ändern. Außerdem kamen meine Interviews gut an. In der »Zeit« hatte ich damals, 1979, mein erstes Interview mit Thomas Bernhard, das war für mich sehr wichtig. Und es erregte Aufsehen. Ich begriff, daß dies eine Form ist, mit der ich auch rasch auf einen großen Umfang komme. Das wirkt sich im Honorar aus. Einen ähnlich langen Text selbst zu erarbeiten, kostet viel mehr Anstrengung.

In der ersten Ihrer Interview-Sammlungen, die als Buch erschienen ist, schreiben Sie im Vorwort, Sie sähen sich »in der perversen Situation eines Reporters, der auf der Suche nach sich selbst andauernd andere aufsucht.« War dies das tiefere, das eigentliche Motiv, Interviewer zu werden?

MÜLLER: Da ist schon was dran. Nur, wenn ich darüber schreibe, was ich tue, bin ich mir nie ganz sicher, ob das auch stimmt. Ich habe in anderen Interviews auch schon das Gegenteil behauptet ...

***André Müller,** 1946 als Sohn einer Österreicherin in Michendorf nahe Berlin geboren, wuchs in Wien auf. Nach einigen Semestern Germanistik begann er 1966 bei der »Kronenzeitung« als Lokalredakteur, arbeitete dann als Gerichtsreporter, später als Theaterkritiker. 1970 wechselte er in die Feuilletonredaktion der »Abendzeitung« nach München. Seit 1975 arbeitet er als freier Journalist und Interviewspezialist, seit 1988 ist er fester Mitarbeiter der »Zeit«. Viele seiner Interviews, die A. Müller seit 1977 für den »stern«, den »Playboy«, den »SPIEGEL« und vor allem für die »Zeit« führte, sind (ungekürzt) in Buchveröffentlichungen wiedergegeben (siehe Literaturanhang).*

... und damit die Gültigkeit dieses Satzes bestätigt: Wer auf der Suche nach sich selbst ist, besitzt keine Identität und kann über sich mal so, mal ganz anders sprechen.

MÜLLER: Nun, jener Satz, den Sie zitieren, der klingt ja auch ganz gut. Er ist mir damals eingefallen.

Aus der Lektüre Ihrer Interviews gewinnt man den Eindruck, daß jener Satz mehr war als nur ein Einfall: Als Interviewer erscheinen Sie oftmals wie ein Suchender, der seine Fragen auch an sich selbst richten könnte.

MÜLLER: Wenn man die Interviewsituation psychologisch betrachtet, dann sitze ich tatsächlich als ein meinungsloser, Ich-schwacher Mensch einem anderen Menschen gegenüber, der mir zumeist in dieser Hinsicht weit überlegen ist. Ich bin von der Selbstgewißheit meines Gegenüber abhängig. Doch auch mein Gegenüber wird im Fortgang des Interviews abhängig von mir. Denn aus dem Nichts, diesem schwarzen Loch, das ich darstelle, entsteht eine starke Sogwirkung. Die Leute gehen mehr und mehr aus sich heraus, um dieses bedrohliche Loch, das aber unendlich ist, zu füllen. Wenn ich dann mal mit Fragen bohrend nachfasse, wenn ich also auf mein Gegenüber eingehe, dann mache ich dies eigentlich nur, um mich von mir abzulenken.

Die meisten Ihrer Fragen kreisen um die selben Themen, um Ihre persönlichen Themen ...

MÜLLER: ... um Menschheitsthemen: Tod und Geburt, Liebe, Glaube, Angst und Verzweiflung. Sie ahnen es, mein Lieblingsphilosoph ist Kierkegaard. Festgefügte Systeme und Standpunkte – denken Sie an Kant und Hegel – haben mich nie interessiert. Ich finde sie eigentlich lächerlich. Meine Themen liegen jenseits der Systeme und Standpunkte, obwohl die Leute in ihren Antworten diese Themen wieder zu Standpunkten verkürzen. Jedenfalls frage ich deren Standpunkte nicht ab. Ich will sozusagen hinter den Vorhang – und auf dem Weg dorthin liefern mir die Interviewpartner auch noch das Vordergründige, kostenlos sozusagen.

Die Skandalsätze, die so mancher Befragte im Verlauf eines Ihrer Interviews gesagt hat, Klaus Peymann zum Beispiel im »Zeit«-Interview im Mai 1988: Wurden diese Äußerungen von Ihnen nicht herausgefragt?

MÜLLER: Nein. Peymanns Sätze waren wie ein Verzweiflungsakt dieses Mannes, der das schwarze Loch irgendwie füllen, mich also irgendwie zufrieden stellen wollte.

Sie sprechen an anderer Stelle von Ihrer tiefen Angst vor dem Scheitern, die Sie durch jedes Interview begleite. Die Angst des Tormanns –

oder die des Peter Schlemihl, der seinen Schatten nie findet?

MÜLLER: Ich bin von einer Philosophie des Scheiterns geprägt. Ich denke, man muß das Scheitern geradezu wollen, darf es aber nicht zulassen. Die Angst, daß es doch soweit kommt, ist immer da. Darin fühle ich mich Thomas Bernhard ganz nahe, den ich ja mehrmals interviewt habe. Gerade dieser Tage lese ich Kierkegaards Satz: »Unendlich zu resignieren ist die Voraussetzung für die Erfüllung einer Hoffnung.« Ich möchte mich dazu bringen, in meinen Interviews noch gelassener zu werden.

Interviewtechnik als ein Stück Lebensphilosophie ?

MÜLLER: Natürlich, da kommt alles zusammen, auch mein Privatleben. Das Ende meiner Ehe zum Beispiel war ein Scheitern gegenüber der Idee, daß die Ehe gelingen müsse.

Wenn Ihre Interviews scheitern würden wie Ihre Ehe, könnten Sie kein Geld mehr verdienen.

MÜLLER: Ja, darum bereite ich mich auf meinen Interviewpartner auch sehr genau vor. Ich lasse das Scheitern einfach nicht zu. Es bleibt aber gegenwärtig als konkrete Möglichkeit.

Wie bereiten Sie sich im einzelnen vor ?

MÜLLER: Zunächst lese ich möglichst alles, was die Person geschrieben hat. Dann auch viel von dem, was über sie geschrieben wurde. Das alles sauge ich in mich auf.

Enwickeln Sie einen Frageplan?

MÜLLER: Nein. Ich denke mir nur die erste Frage aus. Im übrigen mache ich mir einen Stoß Notizen. Daten, Zitate, Kommentare und so weiter, die ich wenn möglich auswendig lerne. Das ist mein Fundus, aus dem ich während des Interviews schöpfe. Dieses Wissen brauche ich, um genügend Anknüpfungspunkte zu haben, wenn das Gespräch zu stocken droht. Ich brauche es auch, um zu verhindern, daß sich die Leute wiederholen. Gerade bei Politikern kommt es ja immer wieder vor, daß sie nur sagen, was sie woanders schon gesagt haben. Und das will ich nicht.

In der Druckfassung Ihrer Interviews treten Sie gelegentlich mit einer Frageweise hervor, die provozierend wirkt; einmal unterstellen Sie Angst vor dem Tod, ein andermal »seelische Abgründe«. Sind das Trickfragen, um den anderen zu verunsichern?

MÜLLER: Ich plane solche Fragen nicht.

Es sind Fragen, die man jeder Person stellen kann: Praktisch jeder Mensch hat Angst vor dem Tod, jeder fürchtet seine seelischen Abgründe. Solche Fragen funktionieren vermutlich immer.

MÜLLER: Ich besitze keine bestimmte Technik. Wichtig ist mir, daß ich die andere Person als ein Vehikel benutzen kann, um meine Themen zur Sprache zu bringen. Ich halte es für einen Selbstbetrug zu meinen, man könnte Fragen aus einem wirklichen Interesse heraus stellen; ich bezweifle, daß es solche Fragen überhaupt gibt. Ich frage im Grunde nur, was ich sowieso schreiben will – und für das mir noch der Text der anderen Person fehlt.

Sie wollen Ihre Gesprächspartner nicht kennenlernen?

MÜLLER: Nein. Ich habe an der Person meines Interviewpartners kein Interesse. Ich vergleiche das mit einer psychoanalytischen Sitzung, während der sich der Therapeut ja auch nicht für seinen Patienten persönlich interessieren darf. Er verfolgt lediglich eine Technik.

Ich fürchte, Sie haben eine falsche Vorstellung von der Psychoanalyse. Dort geht es nach allem, was man weiß, anders zu.

MÜLLER: Jedenfalls habe ich immer wieder den Eindruck, als sei es für meinen Gesprächspartner ungeheuer verwirrend, daß ich mich für ihn nicht interessiere. Ich sehe mich als einen Berufsfrager, der für den, der antwortet, kein Interesse hat. Das Erstaunliche daran ist, daß meine Gesprächspartner im Verlauf des Interviews dann doch an den Punkt kommen, an dem sie sich offenbaren.

Geschieht dies selbsttätig durch diese Sogwirkung, die Sie auf Ihren Partner ausüben?

MÜLLER: Ich habe da schon ein Ziel, auf das ich das Gespräch hinsteuere; ich spüre – nicht bewußt, sondern eher intuitiv – die Fragerichtung, die ich einschlagen muß, um den anderen zur Offenbarung zu führen.

Was offenbart sich da?

MÜLLER: Das Unsägliche. Dies geschieht, indem ich die Leute über den Punkt hinausführe, bis zu dem sie gedacht haben. Sie sollen Dinge freiwillig sagen, die sie bis dahin nicht gesagt, vielleicht noch nicht einmal gedacht haben. Ein paar Schritte weitergehen: das ist mein Interviewziel.

Sie nennen eine Ihrer Interview-Sammlungen »Entblößungen«. Könnte man sie auch »Verführungen« nennen ?

MÜLLER: Durchaus: Verführungen zum Denken. Zu einem Denken, das mich interessiert.

Verführungen auch für Sie ?

MÜLLER: Und auch Ablenkungen. Klaus Peymann fragte mich plötzlich während unseres Gesprächs, warum ich denn Interviews mache. Ich sagte: »Während ich hier mit Ihnen zusammen bin, ist es angenehmer als danach, wenn mich meine Gedanken wieder einholen. Jetzt bin ich abgelenkt«. Er fand meine Antwort plausibel.

Sich gegenseitig verführen, um über den Punkt hinauszudenken: In welchem Interview ist Ihnen dies gelungen?

MÜLLER: Mit Ernst Jünger zum Beispiel, zu dem ich eine große Zuneigung verspüre. Mit ihm hatte ich gleich zu Beginn unseres Gesprächs ein Erlebnis, das mir die Zielrichtung anzeigte. Sie wissen ja, wenn man jemanden interviewt und der macht zu Beginn des Gesprächs ein paar Witze, dann lacht man als Interviewer einfach mit, ob man diese nun lustig findet oder nicht. Ernst Jünger lachte auf eine merkwürdige Weise viel. Ganz zu Beginn habe ich ein, zwei Mal mitgelacht. Doch er hat sein Lachen, als meines einsetzte, abrupt beendet. Ich verstand: Er verbittet sich jede Solidarisierung, jede Annäherung. Das war ein sehr schönes Erlebnis für mich.

Schön?

MÜLLER: Nun gut, es war ein Gefühl wirklicher Zuneigung. Ich liebe ihn. Wir stehen seither im Briefwechsel miteinander.

Offenbar ist Ihnen doch nicht jeder Interviewpartner gleichgültig. Erzählen Sie mehr über jenes Interview, das Sie so berührt hat (»Zeit« Nr. 50/1989).

MÜLLER: Ich hatte nur 90 Minuten Zeit, Jünger war ja bereits 95 Jahre alt und ermüdete rasch. Ich dachte bei mir: Was kann ich in dieser kurzen Zeit überhaupt erreichen! Doch wir gelangten sehr rasch zu diesen letzten Themen des Lebens und er sagte mir, was hierzu zu sagen ist. Ich war sehr beeindruckt.

Hat dieses tiefe Gefühl der Zuneigung Sie daran gehindert, Jüngers Darlegungen mit unangenehmen Nachfragen auszuleuchten?

MÜLLER: Ich finde es sehr angenehm, daß ich für meine Interviews in der »Zeit« nicht alles abfragen muß. Ich brauche nur zu fragen, was mich zu den wichtigen Themen führt.

In Ihrem Interview äußert sich Jünger über den Krieg, über Heroismus und Freiheit derart teilnahmslos, daß man sich als Leser fragt, warum Sie da nicht weitergefragt haben.

MÜLLER: Das hatte vor allem technische Gründe. Wir hatten, wie gesagt, nur 90 Minuten Zeit und ich wollte so rasch wie möglich zu den Dingen vorstoßen, die mich wirklich interessierten. Diese Einstellungsfragen zu Krieg und Freiheit sind ja nicht verloren, die kann ich dann mal jemand anderem stellen, Herrn Genscher oder Herrn Augstein zum Beispiel. Mich interessieren nun mal die Themen, nicht die Menschen.

Sie haben in Ihren Büchern zu jedem Interview einen Vorspann über die Entstehungsgeschichte verfaßt. Dort schlagen Sie, wenn Sie über ein nicht geglücktes Interview berichten, einen überraschend beleidigten Ton an – wenn man bedenkt, daß Sie sich für diese Leute doch gar nicht interessieren.

MÜLLER: An welches Interview denken Sie da?

Zum Beispiel an Ihre Begegnung mit der französischen Theater-Regisseurin Ariane Mnouchkine, über die Sie in Ihrem Buch »Interviews« 1981 schreiben.

MÜLLER: Ja, das war wirklich ein Scheitern – es war grauenvoll. Ich war nach Avignon gefahren, wo Ariane Mnouchkine mit dem Stück »Mephisto« gastierte. In dem Stück läßt sie eine Hitlergestalt auftreten, die beim Fliegenfangen den Nazigruß entdeckt. Ich wollte mit ihr über ihr verniedlichendes Bild vom Nationalsozialismus sprechen. Doch sie hat alle meine Versuche, mich ihr zu nähern, abgewehrt und mich am Ende einfach sitzen lassen.

Den einfachen Sachverhalt, daß Ihnen diese Frau kein Interview gab, breiten Sie auf acht eng beschriebenen Buchseiten aus, die mit dem Satz beginnen: »Mein Interview mit Ariane Mnouchkine dauerte nicht länger als ein paar Sätze.«

MÜLLER: Nach meiner Rückkehr aus Avignon wollte ich das Scheitern nicht zulassen, etwa, indem ich gar nichts geschrieben hätte.

Warum nicht?

MÜLLER: Ich konnte das einfach nicht zulassen; es war das erste und einzige Mal, daß mir so etwas passierte. Indem ich darüber schrieb, verschaffte ich mir das Gefühl, doch noch einen Gewinn daraus gezogen zu haben.

Gab es noch andere Begegnungen, die Sie rückblickend als gescheitert empfinden?

MÜLLER: Meine dritte Begegnung mit Peter Handke 1978 in Paris. Auch diese Zusammenkunft war für mich grauenvoll. Handke steckte in einer Krise und wollte eigentlich mit niemandem mehr sprechen. Dann aber war er doch bereit, sich mit mir zu treffen. Wir saßen in seinem Haus zusammen. Zunächst wünschte er, daß wir uns nur privat unterhalten. Irgendwie kam ich dabei ins Monologisieren, was er mir sehr übel nahm. Offenbar wollte er doch abgefragt werden.

Das dritte Interview, das Sie mit Franz Xaver Kroetz 1986 geführt haben, leiten Sie mit der großkotzigen Vorspann-Bemerkung ein, es sei »sicherlich« Ihr letztes Gespräch mit dem Dichter. Soll heißen: eine nochmalige Behandlung verdient der Mann nicht.

MÜLLER: Mir fiel kein anderer

Satz ein.

Oder reagieren Sie mit der Arroganz des Beleidigten, wenn ein Partner nicht so spurt, wie Sie es gerne hätten ?

MÜLLER: Sie nehmen solche Sätze viel zu ernst. Kroetz zum Beispiel habe ich vor zwei Wochen wieder getroffen, wir sind echt befreundet. Er versteht solche Äußerungen durchaus spielerisch – wie auch viele seiner eigenen.

Wie ernst soll man Ihre Interviews nehmen?

MÜLLER: Das hängt vom Gesprächspartner ab. Ich erinnere mich zum Beispiel an das Gespräch mit Hans Jürgen Syberberg, das Ende September 1988 in der »Zeit« erschien. Syberberg ist völlig humorlos. Und so ein Mensch ist für mich ungeheuer anstrengend. Demgegenüber kann ich mich mit Menschen wie Kroetz – inzwischen übrigens auch mit Handke – auf einer spielerischen Ebene treffen. Wir sprechen wie zwei Verbündete, die wissen: Das Lesevolk muß bedient werden, darum spielen wir jetzt einen Dialog. Thomas Bernhard sagte mal zu mir: »Es ist wurscht, was Sie schreiben; schreiben Sie, wie Sie es haben wollen.« Bernhard hat mit diesem Satz diese spielerische Seite des Interviews auf die Spitze getrieben. Übrigens: Diesen generösen Menschen widerfährt auch praktisch nie, daß sie in einem Interview falsch dargestellt werden.

Erfinden Sie im Spiel auch Dialoge – oder müssen die sich real ereignet haben?

MÜLLER: Ich habe mich mal als Theaterstückeschreiber versucht, es aber dann bleiben lassen: ich kann keine Dialoge erfinden. Ich benötige das tatsächlich stattgefundene Gespräch. Es fasziniert mich, wenn Rede und Gegenrede sich entwikkeln. Ich denke, die größte Sehnsucht des Mannes ist der Widerstand – nicht nur in der Liebe. Vielleicht liegt das Geheimnis Hitlers darin, daß er im eigenen Untergang den Widerstand gefunden hat, den er zeitlebens gesucht hat. Im Dialog ist es für mich das schönste, wenn ich zum Schweigen gebracht werde. Wie Sie wissen, sind meine Parts in den gedruckten Texten möglichst knapp. Wenn Sie die Tonaufzeichnungen meiner Gespräche hören würden, könnten Sie feststellen, daß ich mitunter mehr rede als mein Interviewpartner. Ich spreche, bis er mich endlich durch Antworten, die nicht mehr zu hinterfragen sind, zum Verstummen bringt. Das ist ein Augenblick des Glücks.

Manche Ihrer Interviewpartner allerdings verweigern Ihnen diesen Glückszustand: Sie halten ihre Fassade aufrecht und geben Ihnen nur geschliffene Allerweltsantworten.

Ich denke da zum Beispiel an Ihr Gespräch mit Stuttgarts Oberbürgermeister Rommel.

MÜLLER: Na ja, so ein Interview beurteilt jeder wieder anders.

Oder jenes mit Konsalik: Sie haben ihm seine tümelnden Phrasen nicht nehmen können.

MÜLLER: Das war ja auch eine Auftragsarbeit für »Playboy«. Heute würde ich so einen Menschen nicht mehr interviewen.

Oder Nina Hagen, die Ihnen dieses pseudogroßartige Geschwätz vorführt, das wir alle schon aus verschiedenen Talk-Shows kennen. Bei solchen Menschen stoßen Sie offenbar an die Grenzen Ihrer Gesprächsführung.

MÜLLER: Selbstverständlich stoße ich immer wieder an meine Grenzen. Wie aber die einzelnen Interviews zu beurteilen sind, weiß ich nicht. Der »Zeit«-Redaktion zum Beispiel hatte jenes Hagen-Interview gut gefallen. Hellmuth Karasek vom Spiegel rief mich nachher noch an und sagte mir, er habe einen großen Fehler gemacht, daß er das Hagen-Interview nicht gedruckt habe.

Was sind das für Grenzen: Versteht die andere Person Ihr Anliegen nicht – oder verweigert sie sich Ihnen ?

MÜLLER: Es sind Grenzen des Verstehens. Sie kennen das sicherlich auch, daß Ihr Gesprächspartner plötzlich nicht mehr mitkommt.

Es könnte aber auch sein, daß Ihr Gesprächspartner nicht mitgehen will und abblockt.

MÜLLER: Ein Nicht-wollen gibt es in meinen Interviews nicht; es war immer ein Nicht-können. Es hat sich mir noch nie jemand taktisch verweigert. Versuchen Sie mal, aus dem Konsalik mehr herauszuholen!

Haben Sie schon je einen Politiker über seine Grenzen hinausführen können?

MÜLLER: Politiker muß man tatsächlich ausklammern. Die haben eine geradezu unbewußt funktionierende Bremse eingebaut, weil sie ständig an ihre Popularität und allfällige Gefährdungen ihres Amtes denken. Darum interessieren mich Politiker ganz besonders. Sie sollten meine Politiker-Interviews mit denen anderer vergleichen. Und Sie werden sehen, daß ich die Grenzen der anderen überschreite. Ich erinnere mich zum Beispiel an ein Gespräch mit Egon Bahr. Ich konnte mit ihm über die Ohnmacht des Politikers sprechen, während sonst Politiker stets den Eindruck ihrer Omnipotenz erwecken.

Es gibt auch noch die Grenze zwischen dem Privaten und dem Öffentlichen: Die Öffentlichkeit blickt neugierig auf das Individuum, das sich da in Ihrem Interview entblößt und seine Intimität zur Schau stellt.

Wo ziehen Sie da Ihre Grenzen?

MÜLLER: Diese sogenannten Indiskretionen interessieren mich gar nicht.

Viele Ihrer Interviews sind gespickt mit Indiskretionen.

MÜLLER: Da gibt es zwei Kategorien: Zur ersten gehören die »Playboy«-Interviews; da mußten nun mal gewisse Fragen gestellt werden. Die zweite Kategorie sind Interviews, in deren Verlauf die Person mir ihre Geschichten freiwillig erzählt. Selbstmordversuche sind mir nie verschwiegen worden, doch ich habe solche Geständnisse nie gezielt erfragt. Geschichten etwa aus dem erotisch/sexuellen Bereich interessieren mich nicht. Es gab Interviewpartner, die wollten nicht aufhören mit Erzählen. Zum Beispiel der Fuchsberger, der dann hinterher mit allerlei Drohungen die Veröffentlichung verhindern wollte. »Playboy« hat trotzdem alles gedruckt. Oder Wim Wenders: Ich hatte ihn nur gefragt, ob er Kinder habe. Daraufhin erzählt er mir, er sei infertil. Das war dann furchtbar, nach der Veröffentlichung hat mich noch seine Geliebte angerufen ...

Erzählen lassen ist das eine, es publizieren ist die andere Sache: Nicht alles, was ich höre, muß ich veröffentlichen.

MÜLLER: Ich schon.

Sind Sie Voyeur – oder macht es Ihnen Spaß, voyeuristische Bedürfnisse des Lesepublikums zu befriedigen?

MÜLLER: Weder noch. Wäre ich Voyeurist, würde ich mich für diese Thematik interessieren. Wie gesagt, es interessiert mich überhaupt nicht. Aber wenn es der andere erzählt, dann gehört es zu ihm.

Wenn Sie zum Beispiel Fassbinder sich detailliert ausbreiten lassen, wann er mit welcher seiner Frauen was getrieben hat ...

MÜLLER: Na ja, das war ein Interview in den 70er Jahren. Ich habe mich seither ja auch entwikkelt. Als Maßstab möchte ich, daß Sie Interviews der letzten Jahre nehmen.

Zum Beispiel Ihr am 30. September 1988 publiziertes Syberberg-Interview: Im Vorspann zur Buchfassung machen Sie publik, Syberberg habe Sie nach dem Interview wiederholt kontaktiert und unter anderem über seine Geliebten gesprochen, von der seine Frau nichts wissen dürfe. Warum müssen Sie das schreiben ?

MÜLLER: Man muß nun mal irgendwas schreiben, um die Seiten zu füllen. Mir fällt solch eine Szene wieder ein, ich formuliere sie – und dann steht sie da.

Verschiedene Kulturwissenschaftler beklagen das Verschwinden der Grenze zwischen dem Öffentlichen

und dem Privaten. Sie konstatieren eine »Tyrannei der Intimität«, der die »res publica« zum Opfer falle. Sind Ihnen solche Trends egal?
MÜLLER: Es ist richtig, ich kenne keine Tabus. Wir leben heute längst jenseits aller funktionierenden Ordnungen, wir bewegen uns auf den Untergang zu, da ist es lächerlich, noch irgendwelche Geheimnisse zu besitzen. Geheimnis hat etwas mit Macht zu tun – und meine Entblößungen nehmen den Leuten auch ein Stück ihrer Macht, im Sinne des Volksmunds, der sich über den Kaiser freut, der unter seinen Kleidern nackt ist. Darum gefällt es mir, Politiker oder Fernsehstars zu entblößen.
Und warum stellen Sie auch solche Menschen bloß, die weder Macht noch Einfluß haben?
MÜLLER: Die entblöße ich doch nicht!
Rosa von Praunheim zum Beispiel.
MÜLLER: Den habe ich nicht bloßgestellt, der erzählte mir seine Geschichten von sich aus. Mein Gott, was soll ich denn da machen?
Die »Zeit« brachte ein Interview, das Sie mit Ihrer eigenen Mutter über deren und Ihren Lebensweg geführt haben (in Nr. 40/1989). Die Frau, ungebildet und offenbar Alkoholikerin, war betrunken, gelegentlich flossen auch Tränen. Doch die Sprache, die Sie Ihrer Mutter in den Mund legen, ist ungeheuer prägnant, von literarischer Qualität. Der Text hat Tiefe, die ein Interview eigentlich nicht erreicht. Diente Ihnen auch Ihre Mutter nur als ein Vehikel?
MÜLLER: Das Gespräch mit meiner Mutter lieferte nur den Stoff für den Text. Ja, ich habe ihn gestaltet wie ein Stück Literatur, mit Spannungsbögen, mit Dehnungen und Verkürzungen. Es sind meine Formulierungen.
Haben Sie Schamgefühl ?
MÜLLER: Ich? Nein, überhaupt nicht. Oder sollen wir schamvoll untergehen?

Literaturhinweise
(mit der im Text zitierten Literatur)

1. Einführung in den Journalismus

Dovifat, Emil: Zeitungslehre. 6., neu bearbeitete Auflage von Jürgen Wilke, Berlin: Verlag de Gruyter 1976, 2 Bde (Sammlung Göschen).

Dudle, Otto: Dokumentieren – Recherchieren – Informieren. Vom persönlichen Handarchiv zur elektronischen Datenbank. Ein praktischer Ratgeber für das Recherchieren in Bibliotheken, Archiven, Dokumentationsstellen. Aarau und Frankfurt a.M.: Verlag Sauerländer 1991

Haller, Michael: Recherchieren. Ein Handbuch für Journalisten (München: Verlag Ölschläger 1983). Konstanz: UVK Medien [4]1991

Haller, Michael: Die Reportage. Ein Handbuch für Journalisten (München Verlag Ölschläger 1987). Konstanz: UVK Medien [3]1995

LaRoche, Walther von: Einführung in den praktischen Journalismus. München: List Verlag 1975, [14]1995

LaRoche, Walther von; Buchholz, Axel (Hrsg): Radio-Journalismus. Ein Handbuch für Ausbildung und Praxis im Hörfunk. München: List Verlag 1980 [7]1997

Claudia Mast (Hrsg.): ABC des Journalismus. Neuauflage. Konstanz: UVK Medien [7]1994

Meyer, Werner: Journalismus von heute. Hrsg. von *Jürgen Frohner,* Percha: Verlag R.S. Schulz 1983

Projektteam Lokaljournalisten (Hrsg): ABC des Journalismus. München: Verlag Ölschläger [6]1989 (vergriffen)

Pürer, Heinz (Hrsg): Praktischer Journalismus in Zeitung, Radio und Fernsehen. Salzburg: Kuratorium für Journalistenausbildung 1984; Deutsche Ausgabe: Konstanz: UVK Medien [2]1996

Schneider, Wolf; Raue, Paul-Josef: Handbuch des Journalismus. Reinbek bei Hamburg: Rowohlt Verlag 1996.

Schlapp, Hermann: Einstieg in den Journalismus. Ein Leitfaden zum Handwerk. Aarau: Verlag Sauerländer 1989, [2]1991

Schult, Gerhard; Buchholz, Axel (Hrsg): Fernseh-Journalismus. Ein Handbuch für Ausbildung und Praxis, München: List Verlag 1982

Weischenberg, Siegfried: Nachrichtenschreiben. Journalistische Praxis zum Studium und Selbststudium. Opladen: Westdeutscher Verlag 1988, [2]1990

2. Sammelwerke zur Journalistik

Koszyk, Kurt; Karl Hugo Pruys (Hrsg): Handbuch der Massenkommunikation. München: Deutscher Taschenbuchverlag 1981

Noelle-Neumann, Elisabeth; Schulz, Winfried; Wilke, Jürgen (Hrsg): Publizistik / Massenkommunikation. (Fischer Lexikon), Frankfurt: Fischer Taschenbuch [4]1994

Rundfunktechnik, München: Verlag Dokumentation Saur KG 1978

Weischenberg, Siegfried: Journalistik, Band 1 und 2. Opladen: Westdeutscher Verlag 1992, 1995

3. Zur Geschichte und Theorie des Interviews

Bleyer, Williard G.: Main Currents in the History of American Journalism. Boston: Houghton Miffin Co. 1927

Brady, John: The craft of interviewing. New York: First Vintage Books 1976

Charnley, Mitchell V.: Reporting. New York: Holt, Rinehart & Winston [2]1966

Dittmar, Heinrich: Das Interview. In: *E. Dovifat und K. Bringmann* (Hrsg): Journalismus. Bd. 2 der Schriftenreihe des Deutschen Instituts für publizistische Bildungsarbeit. Düsseldorf: Rheinisch-Bergische Druckerei- und Verlagsgesellschaft 1961, 70-85

Ecker, Hans-Peter; Landwehr, Jürgen; Settekorn, Wolfgang; Walther, Jürgen: Textform Interview. Darstellung und Analyse eines Kommunikationsmodells. Düsseldorf: Pädagogischer Verlag Schwann 1977

Groth, Otto: Die unerkannte Kulturmacht. Band 4. Berlin: Verlag Walter de Gruyter 1962.

Netzer, Hans-Joachim: Thesen über das Interview. In: Publizistik Heft 1/1970, 31-37

Nilsson, Nils Gunnar: The Origin of the Interview. in: Journalism Quarterly 48. Jg. (Heft 4/1971) 707-13

Penzler, Johannes: Fürst Bismarck nach seiner Entlassung. Leipzig 1897

Ryan, Michael; Tankward jr, James: Basic News Reporting. Palo Alto 1977 (Kap. 8: Effective Interviewing; 175-203).

Schmölders, Claudia: Die Kunst des Gesprächs. Texte zur Geschichte der europäischen Konversationstheorie. München: dtv 1979, [2]1986
Sennett, Richard: Verfall und Ende des öffentlichen Lebens. Die Tyrannei der Intimität. Frankfurt a.M.: S. Fischer 1983
Turnbull, George: Some Notes on the History of the Interview. In: Journalism Quarterly, 13. Jg. Heft 3/1936, 272-79

4. Das kriminalistische Interview (Verhör)

Bauer, Günther: Moderne Verbrechensbekämpfung. Bd 1: Kriminaltaktik. Aussage und Vernehmung, Meldewesen, Lübeck 1970
Geerds, Friedrich: Vernehmungstechnik. Lübeck: Verlag für polizeiliches Fachschrifttum Georg Schmidt-Römhild. [5]1976

5. Das therapeutische Gespräch

Argelander, Hermann: Das Erstinterview in der Psychotherapie. Darmstadt: Wissenschaftliche Buchgemeinschaft 1970
Balint, M. und E.: Psychotherapeutische Techniken in der Medizin. Bern/ Stuttgart: Huber-Klett-Verlag 1961
Lorenzer, Alfred: Der Analytiker als Detektiv, der Detektiv als Analytiker, in: Psyche 39 (1985) 1-11.
Lorenzer, Alfred: Die Wahrheit der psychoanalytischen Erkenntnis. Frankfurt: Suhrkamp Verlag 1976
Schulz von Thun, Fridmann: Miteinander Reden, Band 1 und 2. Reinbek bei Hamburg: Rowohlt Verlag 1993
Thomä, Helmut; Kächle, Horst: Lehrbuch der psychoanalytischen Therapie. Berlin: Springer-Verlag 1985 (Kapitel 6: Das Erstinterview und die Dritten im Bunde, 172-221).
Wazlawick, Paul: Menschliche Kommunikation. Bern: Verlag Hans Huber [4]1974
Wittkowski, Joachim: Das Erstinterview in der Psychologie. Interviewtechnik und Codierung von Interviewmaterial. Opladen: Westdeutscher Verlag 1994

6. Das Interview in der Markt- und Meinungsforschung

Atteslander, Peter: Verzerrungen im Interview. Zu einer Fehlertheorie in der Befragung. Opladen: Westdeutscher Verlag 1975
Gutjahr, Gert: Psychologie des Interviews in Praxis und Theorie. Heidelberg: Sauer-Verlag 1985
König, René (Hrsg.): Das Interview. Formen-Technik-Auswertung. Köln: Kiepenheuer & Witsch 1952, [10]1976
Reinecke, Jost: Interviewer- und Befragerverhalten: theoretische Ansätze und Konzepte. Opladen: Westdeutscher Verlag 1991
Scheuch, Erwin K.: Das Interview in der empirischen Sozialforschung. In: *König, René* (Hrsg): Handbuch der empirischen Sozialforschung. Bd. 2: Grundlegende Methoden und Techniken der empirischen Sozialforschung. Stuttgart: Ferdinand Enke Verlag, [3]1973, 66-190

7. Über Presse-Interview und -Gespräch

Grünewald, Heidi: Argumentation und Manipulation in Spiegel-Gesprächen, Frankfurt: Verlag Pedter Lang 1985
Jaene, Hans Dieter: DER SPIEGEL. Ein deutsches Nachrichtenmagazin. Frankfurt: Fischer Taschenbuch Verlag 1968
Just, Dieter: DER SPIEGEL. Arbeitsweise – Inhalt – Wirkung. Hannover: Verlag für Literatur und Zeitgeschehen 1967
Listl-Steinkrauss, Cristina: Das Spiegel-Gespräch – eine Form politischer Kommunikation. München: Magisterarbeit an der Ludwig-Maximilians-Universität München. Manuskript 1984
Uschold, Christine: »Ein Interview ist eine Liebesgeschichte, ein Kampf, ein Koitus.« Die Interview-Technik bei Oriana Fallaci. Magisterarbeit im Fach Kommunikationswissenschaft an der Ludwig-Maximilians-Universität München. Manuskript 1988

8. Über Rundfunk-Interview und -Gespräch

Arnold, Bernd-Peter: ABC des Hörfunks. Konstanz: UVK Medien (Ölschläger) 1991

Buchholz, Axel; LaRoche, Walther von: Radiojournalismus. Ein Handuch für Ausbildung und Praxis im Hörfunk. München: List Verlag [6]1993
Braun, Egit: Die Eunuchen. Naumarkt: Zelter-Verlag Egit und Jutta Braun 1989
Friedrichs, Jürgen: Journalistische Praxis: Das Interview. In: Fernsehen und Bildung, Jhrg. 10/3, München: Verlag Dokumentation 1976
Friedrichs, Jürgen; Ernenputsch, Werner: Interviewpraxis. In: Fernsehen und Bildung. München: Verlag Dokumentation. Heft 3/1979
Georgi, Uta: Psychologische Aspekte im journalistischen Interview. Arbeit zur Interviewmethodik. Dipomarbeit im Diplomstudiengang Journalistik der Universität Leipzig Manuskript 1996
Häusermann, Jürg; Käppeli, Heiner: Rhetorik für Radio und Fernsehen. Aarau und Frankfurt: Verlag Sauerländer 1986
Klaus, Elisabeth; Thomas, Carmen; Würzberg, Gerd H.: Ein Herz für O-Töne. Der Alltagsjournalismus. Stadthagen: Bernhard-Pätzold Verlag 1990
Merten, Klaus: Vergleich der Fernsehauftritte von Helmut Kohl und Johannes Rau in der Sendung »Journalisten fragen – Politiker antworten« – Abschlußbericht der Projektgruppe »Medien und Wahlen« (Manuskript). Münster: Institut für Publizistik 1986.
Steinbrecher, Michael; Weiske, Martin: Die Talkshow. 20 Jahre zwischen Klatsch und News. Konstanz: UVK Medien (Ölschläger) 1992
Politische Gesprächskultur im Fernsehen. Hsrg. von der Bundeszentrale für politische Bildung, Bonn: BpB Schriftenreihe Bd. 271, 1989
Thomas, Carmen: Hallo Ü-Wagen. Rundfunk zum Mitmachen. Erlebnisse und Erfahrungen. München: List Verlag 1984
Wachtel, Stefan: Sprechen und Moderieren im Hörfunk und Fernsehen. Konstanz: UVK Medien [2]1995
Wachtel, Stefan: Schreiben fürs Hören. Trainingstexte, Regeln und Methoden. Konstanz: UVK Medien 1997

9. Interviews, Gespräche und Personenporträts in Buchform

Casdorff, Claus Hinrich; Rohlinger, Rudolf Costa: Kreuzfeuer. Interviews von Kolle bis Kiesinger. Berlin: Lenz-Verlag 1971
Gaus, Günter: Zur Person. Porträts in Frage und Antwort. 2 Bände. München: Feder Verlag 1964 und 1966
Gaus, Günter: Porträts in Frage und Antwort. München: dtv 1965
Haller, Michael (Hrsg): Klaus Haefner contra Joseph Weizenbaum: Sind

Computer die besseren Menschen?, Zürich: pendo-profile 1990
Haller, Michael (Hrsg): Jürgen Habermas: Vergangenheit als Zukunft. Zürich pendo-profile 1991
Haller, Michael (Hrsg): Friedrich Dürrenmatt: Über die Grenzen. Die fünf letzten Interviews. Zürich: pendo-profile 1991
Haller, Michael (Hrsg): Süssmuth, Rita; Schubert, Helga: Gehen die Frauen in die Knie ? Ein Streitgespräch, Zürich: pendo-profile 1990
Müller, André: Entblößungen. Interviews mit Rosa Albach-Retty u.a.. München: Goldmann-Taschenbuch 1979
Müller, André: Interviews. Mit Ariane Mnouchkine u.a.. Hamburg: Hoffmann und Campe 1982
Müller, André: Im Gespräch. Mit Claus Peymann u.a.. Reinbek: Rowohlt Verlag 1989
Weizsäcker, Carl Friedrich von: Die Unschuld der Physiker? Ein Gespräch mit Erwin Koller. Zürich: pendo-Verlag 1987
Witter, Ben: Spaziergänge mit Prominenten. Hamburg: Hoffmann und Campe 1982; Neuauflage Frankfurt: Fischer Taschenbuch 1984, [2]1986
Witter, Ben: Schritte und Worte. Zeitgeschichte in Augenblicken (Hrsg. von *Siegfried Lenz),* Hamburg. Hoffman und Campe 1990

10. Sonderformen des Presse-Interviews

Hensel, G. (Hrg): Indiskrete Antworten. Der Fragebogen des F.A.Z.-Magazins Band 1. Reinbek bei Hamburg: Rowohlt-Verlag 1987
Tagliarini, Carla: »Jedes Interview ist Fight und Love Story«. In: ZEIT-Magazin Heft 44 vom 22. Oktober 1976

11. Über Sprache, Rhetorik und Gesprächsführung

Häusermann, Jürg; Käppeli, Heiner: Rhetorik für Radio und Fernsehen. Aarau und Frankfurt: Verlag Sauerländer 1986
Hartig, Willfied: Moderne Rhetorik. Rede und Gespräch im technischen Zeitalter, Heidelberg: I.H.Saur Verlag 1963, [11]1988
Lüger, Heinz-Helmut: Pressesprache. Tübingen: Niemeyer Verlag [2]1995
Lucas, Manfred: Überzeugend reden. Düsseldorf: Econ Praxis 1988
Steiger, Rudolf: Lehrbuch der Diskussionstechnik. Frauenfeld: Huber Verlag 1983, [3]1986

Völzing, Paul-Ludwig: Begründen, Erklären, Argumentieren: Modell und Materialien zu einer Theorie der Massenkommunikation. Heidelberg: Quelle & Meyer 1979

12. Zur Interview-Psychologie und nonverbalen Kommunikation

Argyle, Michael: Körpersprache und Kommunikation. Paderborn: Junfermann Verlag 1979, [6]1992

Argyle, Michael/Tower, Paul: Signale von Mensch zu Mensch. Wege der Verständigung. Weinheim/Basel: Beltz Verlagsunion 1981

Delhees, Karl H.: Soziale Kommunikation. Psychologische Grundlagen für das Miteinander in der modernen Gesellschaft. Opladen: Westdeutscher Verlag 1994

Morris, Desmond: Der Mensch mit dem wir leben. Ein Handbuch unseres Verhaltens, München und Zürich: Knaur Verlag 1978

Scherer, Klaus R.; Wallbott, Harald G. (Hrsg): Nonverbale Kommunikation: Forschungsberichte zum Interaktionsverhalten. Weinheim und Basel: Beltz Verlag [2]1982

Schober, O.: Körpersprache - Schlüssel zum Verhalten. Bedeutung und Nutzen der Körpersprache im Alltag. München: Heyne 1989

Schulz von Thun, F.: Miteinander reden 1 - Störungen und Klärungen. Reinbek bei Hamburg: Rowohlt rororo Sachbuch 1981

Schulz von Thun, F.: Miteinander reden 2 - Stile, Werte und Persönlichkeitsentwicklung, Reinbek bei Hamburg: Rowohlt rororo Sachbuch 1989.

13. Medienrecht und Interview

Branahl, Udo: Medienrecht. Eine Einführung. Reihe Fachwissen für Journalisten. Opladen: Westdeutscher Verlag 1992

Damm, Renate: Presserecht. Kommentar. Reihe Journalismus von heute. Percha: Verlag R.S.Schulz 1985

Deutscher Presserat: Schwarzweiss-Buch. Spruchpraxis 1990-1995, Band 1 und 2. Bonn: Trägerverein Deutscher Presserat 1996

Mathy, Klaus: Das Recht der Presse. Ein Leitfaden für die Redaktionsarbeit. Köln: Deutscher Instituts-Verlag [4]1988

Soehring, Jörg: Das Recht der journalistischen Praxis. Recherche-Darstellung-Haftung. Stuttgart: Schäffer Verlag1990

Die Autoren der Fremdbeiträge

Amelie Gräf, Jahrgang 1954, studierte Germanistik, Sozial- und Politikwissenschaften. Bis 1995 war sie freie Journalistin für den Hörfunk und Fernsehen (NDR); seit 1995 ist sie stellvertretende Leiterin der Evangelischen Akademie Nordelbien in Hamburg. Daneben ist sie seit 1985 als Dozentin in der Journalistenausbildung tätig, unter anderem für Interviewtechnik an der Akademie für Publizistik in Hamburg.

Reimer Hintzpeter und *Ulrich Zeutschel,* beide Jahrgang 1954, sind Diplompsychologen mit Schwerpunkt pädagogische Psychologie. Seit 1988 tragen sie das Beratungsbüro »Hintzpeter & Partner, Managementberatung für Personal- und Teamentwicklung« in Hamburg. Beide haben sich schon während des Studiums auf den Einsatz der audiovisuellen Medien in Erziehung und Unterricht spezialisiert; Reimer Hintzpeter führt auch Interviewtraining für Journalisten durch.

Heiner Käppeli, Jahrgang 1948, ist Studienleiter am Medienausbildungszentrum (MAZ) in Luzern. Nach seinem Studium (Germanistik und Jura) arbeitete er als Rundfunkjournalist. 1980 wechselte er in den Ausbildungsdienst von Radio und Fernsehen der SRG (deutsche und rätoromanische Schweiz) für den Bereich Sprache und Rhetorik; seit 1987 ist er beim MAZ und leitet Kurse im Bereich Rhetorik und Hörfunkausbildung.

Journalismus

UVK Medien

Gunter Reus
Ressort: Feuilleton
Kulturjournalismus für Massenmedien
1. Auflage 1995
320 Seiten, br.
ISBN 3-89669-024-8

Gottfried Aigner
Ressort: Reise
Neue Verantwortung im Reisejournalismus
1. Auflage 1992
272 Seiten, br.
ISBN 3-89669-019-1

Presse

Michael Haller
Die Reportage
Ein Handbuch für Journalisten
3., überarbeitete Auflage 1995
336 Seiten, br.
ISBN 3-89669-011-6

Werner Nowag
Edmund Schalkowski
Kommentar und Glosse
erscheint Sommer 1997
ca. 400 Seiten, br.
ISBN 3-89669-212-7

Peter Brielmaier
Eberhard Wolf
Zeitungs- und Zeitschriftenlayout
1. Auflage 1997
280 Seiten, br.
ISBN 3-89669-031-0

Hörfunk

Bernd-Peter Arnold
ABC des Hörfunks
1. Auflage 1991
288 Seiten, br.
ISBN 3-89669-017-5

Robert Sturm
Jürgen Zirbik
Die Radio-Station
Ein Leitfaden für den privaten Hörfunk
1. Auflage 1996
384 Seiten, br.
ISBN 3-89669-003-5

Norbert Bakenhus
Das Lokalradio
Ein Praxis-Handbuch für den lokalen und regionalen Hörfunk
1. Auflage 1996
296 Seiten, br.
ISBN 3-89669-004-3

Heinz Günter Clobes
Hans Paukens
Karl Wachtel (Hg.)
Bürgerradio und Lokalfunk
Ein Handbuch
1. Auflage 1992
240 Seiten, br.
ISBN 3-89669-022-1

Claudia Fischer (Hg.)
Hochschul-Radios
Initiativen – Praxis – Perspektiven
1. Auflage 1996
400 Seiten, br.
ISBN 3-89669-027-2

Wolfgang Zehrt
Hörfunk-Nachrichten
1. Auflage 1996
240 Seiten, br.
ISBN 3-89669-026-4

UNI-PAPERS

UVK Medien

Band 1
Heinz Pürer
Einführung in die Publizistikwissenschaft
Systematik, Fragestellungen, Theorieansätze, Forschungstechniken
5., überarbeitete Auflage 1993
208 Seiten, br.
ISBN 3-89669-042-6

Band 2
Erhard Schreiber
Repetitorium Kommunikationswissenschaft
3., überarbeitete Auflage 1990
368 Seiten, br.
ISBN 3-89669-043-4

Band 3
Werner Früh
Inhaltsanalyse
Theorie und Praxis
3., überarbeitete Auflage 1991
268 Seiten, br.
ISBN 3-89669-044-2

Band 5
Thomas Knieper (Hg.)
Statistik
Eine Einführung für Kommunikationsberufe.
Mit einem Geleitwort von Heinz Pürer
1. Auflage 1993
448 Seiten, br.
ISBN 3-89669-046-9

Band 6
Klaus Merten
Uwe Rutenfranz
Friederike Uhr
Empirische Kommunikationsforschung
Darstellung, Kritik, Evaluation
2., überarbeitete und erweiterte Auflage, erscheint Frühjahr 1997
ca. 450 Seiten, br.
ISBN 3-89669-211-9

Band 7
Jan Tonnemacher
Kommunikationspolitik in Deutschland
Eine Einführung
1. Auflage 1996
296 Seiten, br.
ISBN 3-89669-002-7

CLOSE UP

Schriften aus dem Haus des Dokumentarfilms

UVK Medien

Herausgegeben von Rolf M. Bäumer, Dieter Ertel, Kurt Stenzel, Rainer C. M. Wagner und Peter Zimmermann

Band 1
Peter Zimmermann (Hg.)
Fernseh-Dokumentarismus
Bilanz und Perspektiven
2. Auflage 1994
384 Seiten, br., 16 SW-Abb.
ISBN 3-89669-129-5

Band 2
Peter Zimmermann (Hg.)
Deutschlandbilder Ost
Dokumentarfilme der DEFA von der Nachkriegszeit bis zur Wiedervereinigung
1. Auflage 1995
256 Seiten, br., 42 SW-Abb.
ISBN 3-89669-130-9

Band 3
Heinz-B. Heller
Peter Zimmermann (Hg.)
Blicke in die Welt
Reportagen und Magazine des nordwestdeutschen Fernsehens in den 50er und 60er Jahren
1. Auflage 1995
304 Seiten, br., 30 SW-Abb.
ISBN 3-89669-131-7

Band 4
Manfred Hattendorf
Dokumentarfilm und Authentizität
Ästhetik und Pragmatik einer Gattung
1. Auflage 1994
448 Seiten, br., 30 SW-Abb.
ISBN 3-89669-132-5

Band 5
Dieter Ertel
Peter Zimmermann (Hg.)
Strategie der Blicke
Zur Modellierung von Wirklichkeit in Dokumentarfilm und Reportage
1. Auflage 1996
384 Seiten, br., 25 SW-Abb.
ISBN 3-89669-133-3

Band 6
Hans-Joachim Schlegel (Hg.)
Die subversive Kamera
Zur anderen Realität in mittel- und osteuropäischen Dokumentarfilmen
erscheint Frühjahr 1997
ca. 300 S., br., ca. 30 SW-Abb.
ISBN 3-89669-134-1

Band 7
Erwin Leiser
Auf der Suche nach Wirklichkeit
Meine Filme 1960–1996
1. Auflage 1996
256 S., br., 24 SW-Abb.
ISBN 3-89669-208-9

Band 8
Robert Schändlinger
Erfahrungsbilder
Visuelle Soziologie und dokumentarischer Film
erscheint Frühjahr 1997
ca. 380 S., br., ca. 35 SW-Abb.
ISBN 3-89669-214-3